- Elisabeth Howards -

Mit den Flügeln der Seele dem Licht entgegen...

Bewusst leben,
erfüllt glauben,
getröstet sterben -

und verbunden bleiben im Licht der Liebe Gottes.....

ISBN: 978-3-942684-07-1

Erste Auflage 2011

Bestellung mit persönlicher Widmung (wird zugeschickt)
und Kontakt gerne möglich über: **Post.Lisa@web.de**

Satz und Layout: Lisa Howards
Einbandgestaltung; alle Fotos, gemalten Bilder und Karikaturen
stammen von Elisabeth Howards, die Rechte liegen bei ihr.
Ausnahme: Kopernikus (S.384), Mutterliebe (S.340),
Abdruck der Karte „Gericht" (S.314) mit freundlicher Genehmigung
der U.S.Games, Glaskreuz (S. 251) von Franziska Fischer

Bitte besuchen Sie auch www.dieBüchermacher.de

„Ich lebte einfach weiter, - so als wäre nichts gewesen...“

Diesen Satz ließ der verstorbene Vater der Autorin, der so eine große Angst vor dem Sterben hatte, ihr ausrichten über ein „Medium“ , das Verbindung aufnehmen kann zu den Seelen in der jenseitigen Welt.

Dieses Buch ist ein wundervolles, ja einzigartiges Geschenk für alle, die sich Gedanken machen über das Leben, das Sterben und den Tod, aber auch über das Weiterleben jenseits unserer sichtbaren Welt.

Für alle, die Trost und Hoffnung suchen und die lange schon im Herzen spüren: es gibt nicht nur ein Weiterleben nach dem Tod, sondern auch ein Wiedersehen mit allen Menschen und auch Tier-Seelen, mit denen wir auch zuvor in unserem Leben auf innige Weise verbunden waren, und für uns heute bereits die Möglichkeit, mit ihnen in wunderberer Freundschaft zu leben.

Ein **liebevoller Wegweiser** für alle spirituell offenen und suchenden Menschen die bereit sind, über den traditionellen „kirchlichen Gartenzaun“ hinauszublicken,- für jene, die ihre alten Glaubensbilder und traditionellen Lehren, mit denen sie groß geworden sind, überprüfen wollen und auch offen sind für die Lehre von der Wiedergeburt...
Habe ich wirklich nur „**ein** Leben“, - **ein <u>einziges,</u>**
in dem ich all das unterbringen soll, was mir so wichtig ist?
Was sagte Jesus dazu?
Auf welchem Standpunkt stehen heute die christlichen Kirchen?
Wie können wir heute aus einem erneuerten Bewusstsein im Wandel der Zeit Orientierung und auch Antworten des Glaubens finden, die unsere Seele nähren, erfüllen und wirklich trösten können und so auch unserem christlichen Auftrag der Liebe und der Heilung gerecht werden?
Ein Buch für alle, die mitten im Leben stehen oder sich mit diesem Thema auseinander setzen wollen. Aber auch für Menschen, die in Kirche und Sozialen Berufen mit alten, kranken und sterbenden Menschen zu tun haben.
Mit 90 Fotos und 12 selbst gemalten Bildern der Autorin.
Elisabeth Howards ist Jahrgang 1966 , verheiratet, 5 Kinder,
arbeitet als freie Pastoral-Theologin, als Kirchen-Musikerin und als Hobby-Fotografin.

Dieses Buch habe ich geschrieben

.... für alle,
die sich mit ihrem Schmerz und ihrer Trauer
über einen lieben Menschen
den sie „verloren" haben,
nicht abfinden wollen,

.... für alle,
die ihre lieben Verstorbenen
mit großer Sehnsucht suchen
und sie wieder finden wollen,
- nicht erst in der „Ewigkeit",
sondern im Hier& Jetzt,
mitten in deinem Leben ....

.... für alle,
die erfahren wollen,
wie einfach und schön
- aber auch wie wichtig -
es ist,
mit ihnen
in Freundschaft und in Liebe
über alle sichtbaren Grenzen hinaus
verbunden zu bleiben...

... und für alle,
die offen und bereit sind,
sich Gedanken darüber zu machen,
was die christliche Botschaft
uns auch heute im 21. Jahrhundert
sagen kann und will...!

Wo ist die Brücke,
über die ich gehen kann
- wo das „Eingangstor“
in die „Jen-seitige“Welt,
um dich wieder zu
finden....?

Ich will nicht leben
mit dem Gefühl,
dich „verloren“zu haben,
- will nicht warten,
bis in die „Ewigkeit“,
um dich wieder zu
sehen und dich in
meine Arme schließen
zu können....

Ich will JETZT mit
Dir reden,
so wie ich es immer
getan habe,
JETZT mit dir leben,
um meine Leere zu
füllen mit deiner
Gegenwart,
um meinen Schmerz
und meine Trauer
heilen zu können!

Ich will auch das
„Warum“
verstehen lernen,
das mich so
„fassungs“-los macht,
eine Antwort finden
auf meine so vielen
Fragen....!

...ein Buch,
das man nicht einfach liest,
um es dann wieder beiseite zu legen
und in das Regal zu stellen, -
sondern ein Buch, das man immer wieder
in die Hand nehmen und daraus schöpfen wird,
um den Trost und die Liebe zu spüren,
die uns immer dann zuteil werden,
wenn wir mit unseren Liebsten
- hier und auch dort -
verbunden sind.

Die Liebe
und die Offenheit,
mit der dieses Buch geschrieben wurde,
ist Ausdruck meiner tiefen
Verbundenheit mit meinen Liebsten,
wurde von ihnen begleitet und inspiriert
und soll auch dich begleiten
in deinen Fragen die noch offen sind,
die dich so sehr bewegen,
um auch deinen Schmerz zu heilen.

Möge es für dich
zu einer Quelle der Inspiration
und auch für die christlichen Kirchen
ein liebevoller Beitrag
zur Erneuerung unseres
christlichen Glaubens werden.
Das Geheimnis des Lebes und des Todes
besteht immer wieder
im Wandel und in der Erneuerung,
welche aber nur im Los-lassen und
im Vertrauen auf Gottes heilende Liebe
erfahren werden kann...

Ein kleines Vorwort.....

*** Ich habe in meinem Leben viele Bücher gelesen.......**
über Jesus Christus , weil mich keine andere Person so sehr fasziniert wie diese und weil ich nie damit fertig werde, immer neue Aspekte und Inspirationen von seiner Person, seinem Leben und seiner Lehre für mich und mein Leben zu gewinnen.

* Ich habe kirchliche und theologische Bücher studiert, sowie Katechismen gewälzt, weil ich ihre Antworten aus dem christlichen Glauben, dem Glaubens-schatz der Kirchen mit ihren Lehren und Traditionen wissen und erfahren, vor allem aber für mein Leben prüfen wollte, ganz besonders in dem, was die Themen **„Leben und Sterben, Tod und Weiterleben nach dem Tod"** anbelangt....

* Mich haben diesbezüglich Veröffentlichungen von christlichen Autoren interessiert, weil es mich drängte zu erfahren, wie sie die Botschaft Jesu in unserem 21. Jahrhundert interpretieren und den Menschen heute zeigen, was **„spirituelles Leben"** bedeuten kann, aber auch, was unsere christliche Hoffnung über den Tod hinaus zulässt ...

* Ich schätze wunderbare Bücher, in denen beschrieben wird, in welcher Weise ein hellsichtiges oder –fühliges Medium heute sein Charisma und seine ganz besondere Gabe in den Dienst der Menschen stellen kann. Wie es Mittler sein kann „zwischen" den Welten, den Kontakt herstellt zu den Seelen in der jenseitigen Welt und uns ermöglicht, dass wir wirklichen Trost erfahren, indem uns die ganze Liebe und die Freundschaft unserer Liebsten zuteil wird.
Und die mich in der Überzeugung nur bestärkt haben: Unsere „Toten" sind überhaupt nicht tot, sondern „quick"-lebendig, sie wollen und suchen den Kontakt mit uns, sie wollen uns trösten und mit uns in Verbindung bleiben!

.... aber ich kenne bisher nur <u>EIN</u> EINZIGES BUCH,

das diese Aspekte und Blickwinkel - die sich meist ergänzen! -
in **<u>einem</u> einzigen Buch** zu beleuchten vermag.

Du hältst es hier in deinen Händen....!

Und nicht nur das....:
Das spannendste Buch ist und bleibt das **<u>eigene</u> Leben**, die eigenen Erfahrungen, Erlebnisse und die Geschichten, die das Leben selbst schreibt!
Dieses Buch wäre nicht „**<u>mein</u> Buch**",
wäre nicht darin mein ganz eigenes Leben „verwoben",
geschrieben aus einem liebenden, wachsamen und offenen Herzen...

Dieses Buch widme ich ......

* **meinem Opa**, der mich mit seinen über 100 Jahren immer wieder mit seiner geistigen Wachheit und Offenheit überrascht und den ich bewundere, mit welcher Innigkeit und Liebe er seiner Frau – und all seinen verstorbenen Lieben - im Jenseits verbunden bleibt.

* **meiner Mutter**, die mit einer bewundernswerten Ausdauer den schweren Weg der Chemotherapie überstanden hat, - mit allen Höhen und Tiefen , die eine solche Behandlung mit sich bringt - und jetzt jeden Tag mit ihren Enkeln bewusst und glücklich verbringt, so als wäre es ihr letzter Tag im Leben...

* **meinen guten Engeln**, die mich immer führen und leiten und meinen Liebsten, die mir bereits in die Welt unseres liebenden Gottes voraus gegangen sind, mich von ihrer Seite aus mit ihrer Nähe und Liebe, mit vielen guten Gedanken unterstützen und mich immer wieder neu ermutigt haben...

* ganz besonders auch **Ludwig**, dem Bruder von Johannes, der mir zur richtigen Zeit die richtigen Impulse zukommen ließ. Ihm sage ich herzlichen Dank für seine Offenheit, Freundschaft und Begleitung, und auch meinen Spruch: **„Wenn die Zeit reif ist für bestimmte Dinge, dann geschehen sie fast von selbst!"**

* und nicht zuletzt **meiner eigenen Familie**, meinen Kindern Tommy und Theresa, Miriam und Pauli, meinem „Großen" Manuel, der mich wohlwollend in seinen PC- Kenntnissen unterstützte und mir half, wenn mein Laptop mal wieder nicht das machte, was ich wollte, sondern ganze Seiten und Einheiten in eine Flut von Hieroglyphen, bzw. endlose Fragezeichen verwandelte oder ganz abstürzen ließ. Meine Kinder und auch mein Mann Mike mussten es einfach akzeptieren, dass ich zwei Jahre lang jede freie Minute – die kleinen „Aus-zeiten"- vor dem Bildschirm verbrachte - ganz nach dem Motto: zuerst die „Hausarbeit, dann das PC-Vergnügen", so dass dieses Buch immer nur "minuten-und scheibchenweise" entstehen konnte...
Da dies hier meine letzten Zeile sind, die ich in mein Scriptum einfüge, verspreche ich euch, ab jetzt habe ich den Kopf wieder frei für Eure Gedanken. Der PC wird ruhen und ich habe wieder mehr Muse für „Eure" Spiele.. Und ab jetzt werden in unserem Haus auch keine kleinen Zettel mit Notizen mehr herumliegen...
Ich finde es toll, dass mein Mike mir so vieles zutraut und mich einfach „machen" lässt.. Es ist ein großartiges Geschenk, auch im Glauben und in der Spiritualität einen gemeinsamen Weg zu gehen, miteinander zu wachsen und sich gegenseitig immer auch von „oben" - beschenken zu lassen....
Wer offen ist für einen „Weg-mit-Gott", der erlebt immer wieder Überraschungen und wird auf Schritt und Tritt beschenkt, bekommt aber auch die Kraft, die Heraus-Forderungen des Lebens **gemeinsam** zu „meistern"....

Inhaltsverzeichnis- Übersicht

Jeder Mensch
hat „seinen“ Engel,
der ihn begleitet
und führt,
in dieses Leben hinein,
und wieder aus
diesem Leben hinaus.

Spüre seine
Liebe und Nähe,
schenk ihm dein
Vertrauen, denn er
meint es nur gut
mit Dir!

Er weiß,
was Du brauchst
auf deiner Lebens-Reise,
die eine „Reise deiner
Seele“ ist und kümmert
sich um Dich, als ob
es niemanden sonst
auf dieser Welt gäbe!

Lieber Leser !

ich erlaube mir einfach, dich mit „Du“ anzusprechen.
Dieses mein Buch habe ich in einem sehr persönlichen Stil – eben dem Meinen – geschrieben und da passt kein „Sie“.
Im Englischen ist das leichter, da gilt „You“ sowohl für die Britische Königin, wie auch für deren Putzfrau.

In der deutschen Sprache sorgt die Anrede da immer wieder für Irritationen.
Ich möchte dich gerne in meiner offenen Art an die „Hand“ nehmen und mit dir eine kleine „Rundreise“ besonderer Art unternehmen.
Eine spirituelle Reise rund um das Thema „Tod und Sterben“, aber auch über das „Ankommen und Empfangen“ werden, über das Weiterleben im jenseitigen Reich und über die Liebe und Freundschaft mit all jenen, mit denen wir uns hier und dort verbunden wissen.

Natürlich werde ich auch von mir erzählen, von meinen Erfahrungen, die ich mit meinen Angehörigen und mit Menschen machen durfte, die mir über Jahre und Jahrzehnte so sehr ans Herz gewachsen sind .-
So, als wären sie ein Teil von mir selber und die ich beim Sterben begleiten durfte.
Oder deswegen nicht begleiten konnte, weil der Tod plötzlich, unerwartet und überraschend kam und ich mit der hinterbliebenen Lücke selber erst fertig werden musste, - und nicht nur Jahre, sondern Jahrzehnte brauchte und trauerte , bis ich schließlich „die Brücke ins Jenseits“, den Kontakt mit meinen Lieben wiederfand.

Ich möchte meine Erlebnisse mit dir teilen und berichten von den Möglichkeiten, - davon, wie schön und einfach es ist, all unsere Lieben im jenseitigen Reich wieder zu finden und mit ihnen in Verbindung zu bleiben.
Aber ich möchte dir auch Mut machen, dich selbst auf die Reise zu begeben, die eine „Reise der Seele“ ist hin zum Licht und hin zur größten Liebe, die sich mit keinem unserer Worte beschreiben , sondern nur **erleben** lässt. -

In einem Reich, das „Gottes Reich“ ist, in dem wir alle leben, uns entwickeln und reifen, unsere wichtigen Erfahrungen machen dürfen.

Beides gehört zusammen, das Diesseits und das Jenseits!

Wer um einen lieben Menschen trauert und über den Schmerz hinaus die Liebe tief in sich spürt, wer die Verbindung sucht zu dem Menschen und zu der Seele, die er „verloren" hat, der wird sie auch wieder finden...

Dem wird es auch möglich sein zu erleben, wie „lebendig" die Verbindung und der Kontakt über alle für uns sichtbaren Grenzen hinaus möglich sein kann....

Wir müssen nicht
erst warten bis
in die „Ewigkeit", -
so lange, bis wir uns im
Jenseits wieder sehen,
um wieder in Liebe vereint
zu sein.
Nein, es ist **jetzt** schon
möglich, heute, an jedem neuen Tag, den wir erleben und der uns geschenkt ist.
Heute, im Hier &Jetzt !
Wer die Liebe in sich trägt und die Sehnsucht spürt, der wird die Brücke finden,
aber die Verbindung wird eine „spirituelle" Dimension haben.
Auch wenn diese Liebe „geistig-seelischer" Art ist,
so ist es uns doch möglich, eine tiefe Freundschaft zu erleben,
die alle Fragen und alle Themen zulässt, die im Leben noch offen waren.
So ist Heilung, ein Wachsen und eine Weiter-Entwicklung dennoch möglich.

Die Traurigkeit und der Schmerz darüber, was nicht mehr „sein kann",
so wie auch alte Wunden können geheilt werden,
auch der Schmerz der Trennung kann sich wieder wandeln in Freude
und in das Gefühl, einander wieder zu „haben" und zusammen zu gehören.
Denn es geht nicht nur darum, dass der Verstorbene seine „Ruhe" findet,
sondern auch darum, dass wir - die Zurück-Gebliebenen –
die „Ruhe" wieder finden in unserer Seele,
dass der Schmerz und der Kummer in uns geheilt wird und die Freude
wieder zurück kehrt in unser Herz und unser Leben .

So ist es für jeden Menschen möglich,
selber diesen wunderbaren Trost, dieses Geschenk zu erleben und zu erfahren.
Egal, ob es sich um ein kleines Kind handelt, das so früh schon wieder
in das lichte Reich der Liebe Gottes zurück gekehrt ist oder um einen Menschen,
mit dem ich vielleicht viele Jahre meines Lebens verbringen durfte.
Oder, ja auch um eine geliebte Tierseele, die mir sein absolutes Vertrauen,
seine Treue und seine Freundschaft geschenkt hat.
Der Tod, er bedeutet nicht das „Ende“, sondern nur eine „Wende“
in einen neuen wunderbaren Abschnitt hinein,
der eine Fortsetzung dieser meiner irdischen Lebens-Geschichte
im jenseitigen – geistigen – Reich der Liebe uns ermöglicht.

Der Mensch ist nicht „tot“, auch die Tier-seele ist nicht tot,
sondern genauso lebendig wie zuvor in seinem irdischen Leben.
Und diese „Toten“ haben uns manchmal mehr zu sagen und mitzuteilen,
ja, der Kontakt wird sogar von ihrer Seite aus mehr erwünscht,
manchmal sogar ersehnt, als uns hier das so bewusst ist!
Dieses geistige Reich ist auch gar nicht so weit weg von uns.
Wer die Sprache der Liebe spricht,
die immer auch die Sprache unseres liebenden Geistes Gottes ist,
wird erfahren und erleben können, dass es keine „Trennung“
zwischen den Lebenden und den sogenannten „Toten“,
zwischen dem „Dies“-seits und dem „Jen“-seits gibt.
Bereits im II: Vatikanischen Konzil wurde es so formuliert:

„Die Toten sind uns näher,
als wir es uns selbst manchmal sind...“.

Ich hatte bereits als Kind das Glück,
zumindest empfand ich es wirklich als meinen inneren großen „Schatz“,
mit dem „lieben Gott“ stets auf „Du“ zu sein, -
frei und ungeniert – so weit ich nur zurück denken kann,
alles aussprechen zu können, was mich im Innern bewegte.
Immer schon habe ich es geliebt, mich in meiner „inneren Stimme“ mit
meinem „inneren Vater“ zu unterhalten, und da wurde es mir auch nie langweilig.
Ich fühlte mich nie alleine, denn es war immer jemand da, der mir zuhörte,
und der mir das Gefühl gab, wichtig zu sein. Alles, jeder Gedanke,
alles was ich auf dem Herzen trug, war wichtig und wurde ernst genommen.
Immer gab es was zu erzählen und zu fragen ,
denn neugierig war ich von Klein auf und das auch von Grund auf..!
So wusste ich einfach, dass Himmel und Erde „zusammen-gehören“,
dass Gott und Mensch als „Einheit“ gedacht sind.
Ich wusste es, weil ich es immer so erlebte.

Glaube war für mich nie nur bloßes Geschwätz oder etwas,
wofür ich mich irgendwann bewusst entschieden habe.
Es war für mich ein Lebensgefühl, eine wunderbare Realität ,
ohne die zu leben ich es mir gar nicht anders vorstellen konnte und kann.

Es war nie nötig, mich zu überzeugen von einem „Glauben an Gott" oder davon,
dass ich nach meinem Tod irgendwann auch noch weiterleben kann und darf,
weil beides tief in mir – so weit ich nur zurück denken kann –
als innerste Überzeugung lebte, und ein ganz wesentlicher Teil
von mir selbst war und auch immer bleiben wird.
Manchmal, wenn ich diese Liebe besonders nah empfand und ein tiefes Glück
in mir verspürte, dann kribbelte ein leichter Schauer über meinen
ganzen Kinderrücken hinunter, und schüttelte mich hinterher ein wenig hindurch.
Dieses Gefühl war etwas ganz „Besonderes", ein „heiliger Schauer",
den ich so später leider immer seltener erlebte.
Aber auch nicht direkt vermisste, denn der Kontakt,
diese Liebe zu „meinem inneren Vater", der „warme Strom",
der blieb immer und ist heute noch so lebendig wie damals....
Ich wusste, Jesus war mein innigster vertrauter Freund und sein Vater
war auch mein Vater, der immer, zu jeder Stunde und in jedem Augenblick
einfach „DA" war, und ist...
Ich wusste auch, Jesus „glaubte" nicht nur an seinen himmlischen Vater,
er „**erlebte**" ihn , und zwar als Vater **<u>und</u>** Mutter zugleich.
Er hatte die Gewissheit, dass Gott wie ein guter Vater ist,
der jeden Menschen über alle Massen liebt, aber auch wie eine wunderbare Mutter,
die jeden „birgt", ihm die Nähe und Geborgenheit schenkt, die jeder braucht.

„Erleben" bedeutet: **gefühlte Gegenwart**, unsichtbare,
aber doch spürbare Verbindung in der Tiefe der eigenen Seele.
Dieses Erleben ist es auch, das es mir möglich macht, dieses Buch „**so**" zu schreiben...
Über diesen „Vater-Mutter"-Gott wollte ich nie diskutieren,
weil auch ich dieses innere Gefühl und das innere Wissen um seine Existenz und auch
Gegenwart **erleben** konnte: Beide waren als „Einheit" fühlbar nahe, jederzeit verfügbar,
immer ansprechbar. Nur ein Gedanke an ihn- oder sie-, und schon spürte auch ich diese
Nähe und Liebe. Manchmal als „Trost", dessen ich bedurfte, das heißt,
als innere Stimme, die mir ins Ohr flüsterte... „mach dir nichts draus, es wird schon
wieder...", oder einfach als Gefühl, es steht direkt jemand neben mir, der mich anlächelt
und sagt:„...Es ist gut so, mach weiter so, ich bin da für dich, ich passe jetzt gut auf dich
auf, ich helfe dir, verlass dich auf mich...! "
Ich wusste und spürte, so wie ich war, wurde ich geliebt und zwar unendlich...
Und dieses Wissen gibt mir – damals wie auch noch heute –
ein Gefühl der Geborgenheit und Liebe, die ich niemals missen möchte.
Es gab keine Geheimnisse, - Lachen und Weinen, meine Gedanken und Gefühle, -
alles durfte sein so wie es war, und so wie es war, war es gut und in Ordnung .

Erst später in der Schule erfuhr ich von dem „Gott der Bibel“, der sich selber den Menschen zeigt und seinen Namen sogar nennt: **„Ich-bin-der-Ich-bin-da“.**
Ein etwas ungewöhnlicher Name ist das, dachte ich mir damals als Kind, aber ich verstand sofort seine Bedeutung auch für mich...
Ja, mehr noch: dieser „Ich bin da“ war immer auch der :„**Ich bin – IN DIR- da**“, und das nicht nur ab und zu, sondern immer und jederzeit!
Ein Gott, der nicht nur im „Außen“ lebt, sondern in meinem „Innen“ zu Hause ist.
Die „Seele“, sie ist unser einzigartiges „Juwel“, unser Schatz, den jeder Mensch und auch die Tiere in sich beherbergen und uns nicht nur für **dieses** Leben gegeben ist; - ich wusste und spürte das, - ein Geheimnis, das mich immer faszinierte.

Jeder Mensch bringt bereits als ganz kleines Kind seine „ganz eigene Seele“ mit auf diese Welt, und mit ihr auch ganz bestimmte Erfahrungen und Bedürfnisse, aber auch seine ganz spezielle Lebensaufgabe, deren Spur es (wieder) zu entdecken und weiterzuführen, - heraus-zu-„**SPÜR**“-en gilt.
Aber nicht nur das: jedes Kind bringt auch seine ganz eigenen speziellen „inneren Schätze“ mit, die vielleicht zu vergleichen sind mit einem „Festgeld-Konto“, das gut angelegt ist bei einer „besonderen“ Bank und deren Wert niemals weniger, sondern immer nur „mehr“ werden kann...!
Auch ich fühlte mich als dieses blonde, blauäugige Kind überaus reich beschenkt.
Heute bin ich so weit, dass ich in diese Schatzkiste greifen kann und diese Schätze, die bereits zu dieser Kinderzeit in mir angelegt waren, in diesem Buch **mit DIR „teilen“ möchte.**

Jedes Kind lebt unter dem besonderen Schutz des Himmels und ist von Grund auf „spirituell“, das heißt, es ist mit der geistigen Welt verbunden – mit seinem ganz speziellen Schutzengel, der ihn leitet und führt, und zwar das ganze Leben hindurch – und auch wieder darüber hinaus...!

Kinder, die zur „Welt kommen" , sind gut „eingepackt", bzw. leben noch
in diesem „Schutzmantel" der Liebe und des Lichtes.
Sie sind noch verbunden mit der „Nabelschnur in den Himmel"
und werden durch diese auch „genährt".
Sie spüren und erleben ganz natürlich diese „Einheit" und sind „zu Hause" in der „Innenseite" ihrer Seele. In einem Buch hatte ich diesen Satz entdeckt:

„Engel leben im „Innen", doch viele der Menschen leben im „Außen"...."

Kinder sind noch sehr mit diesem „Engel" verbunden.
Sie bleiben in ihrem „Licht", - auch noch so widrige Umstände können dies nicht verhindern! Wachsen Kindern in schwierigen Verhältnissen auf oder werden sie von großen Ängsten geplagt, so leiden sie natürlich in ihrer Seele.
Dieses Leiden kann ihre Energie zum Leben schmälern
und ihren Energie-Körper schwächen, ihr Körper kann krank werden,
aber es kann ihnen niemals ihr „Licht in der Seele" nehmen!
Sie bleiben stets mit diesem Licht verbunden.

Ihre Seele ist wie eine Sonne.
Besonders Babies und kleine Kinder strahlen dieses Licht auch aus.
Wie oft „baden" sich – meist unbewusst – erwachsene Menschen
in diesem Licht der Kinderseele, - wenn eine Mutter mit ihrem Kind im Kinderwagen vorbei fährt, - egal wo.... Kinder tun älteren Menschen gut!
War früher in einem Haus mit mehreren Generationen eine ältere Person krank,
so hat man ihm ein kleines Kind mit in das Bett gelegt.
Ich wage sogar zu behaupten, dass meine schwer krebskranke Mutter ihre Chemotherapien sicher auch deshalb so gut überstehen konnte, weil sie in den letzten Jahren fünf kleine „Bettschläfer" hatte, die ihr so viel von dieser klaren und reinen Energie schenken konnten. Sie war immer „vollgetankt" mit Liebe und Freude, die ihr die kleinen Kinder schenkten. Diese Nähe war es, die ihr so viel Kraft gab in Zeiten, in denen sie kaum mehr stehen konnte und auch nicht wusste,
ob sie die eine oder andere Woche überhaupt noch überleben würde...

Jeder Mensch – wenn er zurückdenkt – hat vielleicht noch
ganz bestimmte Erinnerungen – wenn es auch nur ganz Wenige sind -
an diese „Einheit", die ihn in seiner Kindheit ganz speziell geprägt haben.

Manche Erinnerungen , wenn es glückliche und positive waren,
sind wie eine Sonne deren Strahlen uns immer noch wärmen oder wie ein Strom ,
der aus einer klaren Quelle noch über Jahre hinweg in unseren Lebensstrom hinein fließt, und aus dem wir noch lange, vielleicht sogar ganze Jahrzehnte schöpfen können...
Andere, waren es negative Erlebnisse, können uns wie dunkle Schatten verfolgen und – bewusst oder unbewusst - für Ärger sorgen, weil sie sich wie Blockaden immer wieder in den eigenen Lebensweg stellen .

Egal, in welchem Alter, ob mit 30,50,70 oder 90 Jahren ,- es werden immer wieder dieselben Stolpersteine sein, mit denen wir zu tun haben, wenn diese Erlebnisse nicht geheilt oder wir uns mit ihnen nicht versöhnen konnten, oder wie ich es ausdrücke, wenn wir bestimmte „Lektionen“ noch nicht „gemeistert“ haben.
Meist wird wohl eine gut durchwachsene „Mixtur“ aus Licht und Schatten bleiben, und mit ihr eine Herausforderung der es sich zu stellen gilt, an der wir wachsen und reifen , unsere ganz eigenen Erfahrungen machen können...

Jeder Mensch webt seinen ganz eigenen Lebensteppich, entwirft seine eigenen Muster und bestimmt die Farben, doch über den Zeitpunkt, wann dieser Entwurf vollendet ist, bzw. über die Zeit, die uns zum „Weben“ des Teppichs bleibt, darüber können wir nicht immer ganz selbst bestimmen. Manchmal heißt es, sich zu fügen in einen Zeitrahmen, der mir nicht unbedingt passt und mir so lieb ist.
Ich darf aber sicher sein: ich habe so viel Zeit wie ich brauche,
um meinen ganz eigenen „Teppich“ zu voll-enden.
Auch wenn die Zeit in diesem jetzigen Leben begrenzt ist,
auch im Jenseits habe ich die besten Möglichkeiten,
an meinem „Meisterstück“ weiter zu arbeiten, es so weiter zu entwickeln,
wie es nur **mir selber** entspricht.
Auch wenn ich an diesem heutigen Tag nicht alles geschafft habe,
was ich mir vorgenommen habe, morgen ist ein neuer Tag,
an dem ich mit neuer Kraft und neuen Ideen mich wieder
an „**mein Werk**“ machen kann....!

Ich machte mir bereits als Kind viele Gedanken über das Geheimnis des Lebens und auch des Todes und spürte auch zu den Menschen, die mir in die „lichte Welt“ Gottes voraus gegangen waren, eine ganz besondere „innere“ Verbindung.
Ich wusste einfach, dass dieses mein und unser Leben weit mehr ist als die sicht-bare Spanne zwischen Geburt und Tod.
Mit 16 Jahren schrieb ich mein Tagebuch:
„Ich könnte nicht glauben, dass das Sterben das Ende meines Wesens wäre, dass mein Leben plötzlich abbrechen würde, ohne dass „**etwas**“ nach dem Tode folgt, für das ein Leben lang zu hoffen und zu lieben es nicht Wert gewesen wäre.“
Heute glaube ich es nicht nur: ich **weiß** es, dass das, was ich niemals angezweifelt habe, wirklich wahr ist. Ich – meine Seele oder mein „Geist-körper“ – wird, wenn „**meine**“ Zeit gekommen ist, auch nach meinem physischen Tod weiterleben und es wird ein Abenteuer werden, auf das ich mich genauso freue wie auf jeden neuen Tag meines jetzigen Lebens!
Immer schon hat mich auch das „innere Leben“ Jesu interessiert,
sein „Mensch“-Sein, seine Spiritualität, seine Ehrlichkeit und auch der Mut, seinen Weg und die erkannte Lebensaufgabe bis in die letzte Konsequenz hinein zu gehen.
Kaum ein Mensch hat mich so fasziniert, weil er von Grund auf „**authentisch**“
und sein Handeln und Wirken ein Ausdruck seiner absoluten inneren Verbundenheit mit seinem himmlischen Vater war.

Was er dachte und sagte, wie er handelte,
kam aus diesem liebenden Herzen, aus dieser Einheit heraus.
Wer in seinem Leben diese Liebe und dieses Vertrauen zu spüren bekommt,
dem kann es leichter fallen, die große Angst vor dem Sterben und vor dem Tod zu verlieren, weil er sich getragen und geborgen weiß von derselben liebenden Hand,
wie es auch Jesus für sich empfand.
In meinem Buch möchte ich mich ganz orientieren an diesem „Bewusstsein",
weil ich glaube sagen zu können, dass es auch in mir und in **jedem** Menschen lebt,
ob es ihm nun „bewusst" ist oder nicht...!
Jeder Mensch trägt in sich diesen „lebendigen Funken", diese Liebe und das Licht,
wenn es auch oft von äußeren Dingen, von Sorgen und Ängsten verdunkelt
oder verschüttet wird.

Ich bin evangelisch getauft, aber katholisch erzogen worden, weil mein Vater als „protestantischer Brite" einen kleinen Bauernhof im Frankenwald vererbt bekam von meinem Ur-Opa, der bereits im letzten Jahrhundert hierher ausgewandert war. Worüber heute kein Mensch mehr spricht, was aber für diese damalige Zeit sehr außergewöhnlich, ja fast unmöglich war: er machte aus seiner Konfession nie einen Hehl und heiratete als „Protestant" eine katholisches Mädchen.
Meine Mutter blieb aber bis zu ihrem heutigen Tage in ihrer Seele „ur-katholisch".
So kannte ich beide Konfessionen und Gotteshäuser, sowie auch deren Orgeln –
und konnte auch mit meinen katholischen Mitschülern mitreden, obgleich ich in der „Evangelischen Bibellehre" unterrichtet wurde. Da ich selber evangelische Theologie studiert habe und mit der Kath. Theologie bestens vertraut bin, sind mir gerade die „traditionellen Glaubensbilder" ein großes persönliches Anliegen.

Ich weiß, dass diese „Bilder", die uns alle irgendwo prägen – falls wir in diesen „kirchlichen Kinderschuhen" groß geworden sind -, uns eine persönliche Hilfe und Stütze sein, aber auch sehr einengen können, wenn wir uns nicht rechtzeitig darum bemüht haben, die „zu eng gewordene Schnur" sanft und behutsam zu lösen, um **eigene Schritte** zu wagen in den großartigen Reichtum einer Beziehung mit einem unendlich liebenden Gott, der nichts so sehr will als die „Befreiung" von allem,
was einschnürt und einengt, ganz nach dem Motto:

„UBI SPIRITUS DOMINI IBI LIBERTAS", was so viel heißt wie :
„Wo der Geist des Herrn ist, da ist Freiheit...." (2 Kor 3,17)

Ich kenne persönlich so viele wunderbare Menschen,
die als überzeugte Christen mitten in unserer Welt leben
und die Kraft für ihr Leben aus diesem Glauben schöpfen.
Sie sind geprägt von einer reichen Glaubens-Tradition und geben Zeugnis,
sind aber dennoch offen und empfänglich für die Wahrheiten **„jen-seits"**
des „traditionellen **kirchlichen** Gartenzaunes" hinaus.

Mir gefällt seit der Zeit meiner kirchlichen Jugendarbeit die Bedeutung
des Wortes „Katholisch“ im Sinne von **ALL-umfassend**,
auch wenn es nicht immer so verkündet und gelebt wurde und auch wird.......

Im meinem Buche möchte ich in diesem Sinne ganz „Katholisch“ denken,
auch wenn es von den Lehrmeinungen der Römisch-Katholischen,
wie auch jener der Evangelischen Kirche abweicht, sicher aber nicht vom
christlich-spirituellen Denken, das über bestehende Dogmen der Kirchen
„hinaus zu denken“ wagt...Und doch „konservativ“, so wie es der Apostel Paulus
an seine griechische Gemeinde in Thessalonich geschrieben hat (5,21):

„Prüfet alles und das Gute behaltet!“

Genau diese Freiheit, - und wie Paulus es nennt **- „Freimut“,**
selbst für dich zu „konservieren“, was du als wahr und als stimmig
herausgefunden hast, zu spüren und zu prüfen, wo steh ich mit meinem Denken,
was ist stimmig für mich, bzw. was sagt mein Gefühl, meine „innere Stimme“ dazu...?
... dazu soll Dich dieses Buch anregen.
Denn nichts in deinem Leben ist wichtiger, als auf diese deine „innere Stimme“
zu hören. Sie ist dein eigener „innerer Kompass“, der dir stets anzeigen kann,
was richtig und wichtig für dich ist. Sie ist von jeher verbunden
mit deinem inneren Wesenskern, mit deinem eigenen „Engel“,
der dich stets führt und leitet, sie ist die „Stimme“ deiner Seele.
Der Heilige Paulus nannte diese „innere Stimme“ den „Tempel des Heiligen Geistes“
(1 Kor 6,19) , der „Ort“, an dem Gott selbst ganz nah und gegenwärtig ist.

Tu also alles dafür, dass diese Stimme in dir lebendig bleibt und lass nicht zu,
dass sie verschüttet wird, vielleicht weil es immer wieder andere Stimmen oder
Menschen gibt, die dich beeinflussen möchten, dir sagen möchten, was für dich richtig
und wahr ist. Du allein kannst hineinspüren in dein Herz und so heraus finden,
was für dich „stimmig“ ist.
In dir selber sprudelt eine Quelle, die mit dem klaren Lebensstrom
der göttlichen Quelle stets verbunden ist und es auch immer war!
Wenn es dir durch dein Leben hindurch gelingt, dieser deiner Stimme treu zu bleiben
und du dich verbindest mit der lebendigen Quelle, die nie versiegt,
dann wirst du stets das Richtige tun. Dann wirst du auch „Deinen“ Weg finden,
der sicher **dein** Weg der Erfüllung sein wird,
- auch wenn dieser Weg nicht immer frei sein wird von Steinen....

In dem Wald, den ich von meinem Vater vererbt bekam,
befindet sich eine klare Quelle, aus der immer frisches klares Wasser nachfließt.
Schon als Kind hat mich diese Quelle und das reine klare Wasser fasziniert,
aus der es bereits sprudelte, als ich noch nicht hier geboren war.

Egal zu welcher Jahreszeit, sogar in dem heißesten Sommer, den ich erlebte – es war der Sommer im Jahre 2003 -, war es immer die gleiche konstante Wassermenge, die aus den Tiefen des Waldbodens quoll, obwohl alle Böden im weiten Umkreis ausgetrocknet und die Pflanzen verdurstet oder abgedörrt waren.
Nie ging ich in unseren Wald, ohne bei „meiner Quelle“ vorbei zu schauen, mich an dem weichen klaren Wasser zu erfrischen und dafür zu sorgen, dass das Wasser gut abfließen kann.

Sie war – und ist - für mich ein lebendiges Symbol dafür, dass die Ströme der Liebe niemals versiegen , dafür, **dass das Leben immer weitergeht**, es immer im „Fluss“ bleibt......

Aber auch dafür, dass wir – wenn wir mit dieser Quelle verbunden bleiben – immer mit so viel frischem Wasser versorgt werden, wie wir nur brauchen, **ja - sogar im Überfluss leben können und dürfen.**

In Joh 4,4 steht es so geschrieben:
„Das Wasser, das ich ihm gebe, wird in ihm selber zur sprudelnden Quelle werden, deren Wasser `ewiges Leben´ schenkt.
Über ein Jahr lang durfte ich die folgenden Seiten meines Buches füllen mit dem „Wasser“, das jeden Tag neu in meine „Quelle“ hineinsprudelte.
Es gab für mich – neben der Liebe zu meiner Familie – nichts „Erquickenderes“ und nichts, das mir mehr Spaß bereitete als die Zeit, in der ich vor dem PC verbrachte, um alles, was sich „in meiner Quelle“ Tag für Tag angesammelt hatte, in diese Zeilen hinein-fließen zu lassen...!
Ich hoffe und wünsche mir – auch wenn es sich um ein an sich schwieriges Thema handelt, dass meine Gedanken und Ideen auch in dich hinein-sickern, dich beleben und erfrischen, dich mit Liebe, Trost und auch mit Hoffnung erfüllen können!

Mit dem Tod angstfrei umgehen lernen...

das ist mein wichtiges Anliegen...
Das Leben bekommt eine ganz andere, tiefere Qualität,
man lebt entspannter, befreiter, wenn man gelernt hat,
„richtig" mit dem Tod und auch dem Sterben umzugehen -
und zwar angstfrei: genannt auch: **„ars muriendi"**...!
Aber das ist einfach gesagt... angstfrei...
Da sind viele Hindernisse auf diesem Weg zu überwinden.
Kein Mensch auf dieser Welt, kein „irdisches" Lebewesen kann sich auf Dauer
vor diesem Thema „drücken" oder „davon schwindeln".
Wir gehen mit jedem neuen Tag – ganz „tod-sicher" - unserem eigenen Tod entgegen,
doch die Frage ist nur, ob wir „**bewusst**" auf ihn zugehen,
weil wir dieses unser Leben „bewusst" leben und er-leben,
oder ob wir irgendwann „hinein-schlittern",
vielleicht sogar überrumpelt oder überrannt werden.

Der Tod kann einem schnell und unvermittelt begegnen
und zwar in einer Art, mit der man so nicht gerechnet hat.
Schließlich ist der Tod das unberechenbarste Faktum, das es so im Leben gibt.
- Sei es bei Angehörigen, in der eigenen Verwandtschaft, in der eigenen Familie,
oder sei es, dass sich eine schwere Krankheit abzeichnet,
die einen mehr oder weniger zwingt, sich diesem Thema zu stellen und
ein Ausweichen nicht mehr zulässt.

Der „welt-oberste" Benediktiner , also „Chef" aller Benediktiner – Notker Wolf –
rät jedem Menschen, den Tod in unserem Leben nicht aus den Augen zu verlieren:

„Nicht der Tod ist unser Un-Glück.
Unglücklich werden wir nur , wenn wir ihn verdrängen und so tun,
als könnten wir vor ihm fliehen..."

Natürlich, wir müssen den „Bruder Tod" nicht gleich „umarmen" wie einen
leiblichen Bruder... so hat es Bruder Franziskus uns im 13. Jahrhundert vermitteln wollen.
Gerade die eigenen Brüder und Schwestern sind jene, zu denen wir oft jahrelang –
manche ein Leben lang ein zwiespältiges, gespanntes Verhältnis haben,
das durchaus geprägt sein kann vor einer gewissen „Hass-liebe",
die ein versöhntes Nebeneinander in Harmonie und Frieden nur schwerlich dulden.....

Blättere ich Zeitschriften aller Art durch, dann wird mir wieder voll bewusst:
Der Tod ist das „Tabu-Thema" Nr. 1 in unserer Gesellschaft.
„Alt"-Werden und die Versorgung im „Alter" sicher zu stellen,
das ist ein wichtiges Thema, das viele von uns beschäftigt ,-

vielleicht eben deshalb, weil es mit bestimmten Ängsten und vielen offenen Fragen verbunden ist und – nicht zuletzt sich uns in wirtschaftlichen Krisenzeiten noch viel mehr aufdrängt. Aber selbst da steht die Auseinander-Setzung mit dem „Tod und dem Sterben", auch die damit verbundenen Fragen um das Weiterleben im Jenseits auf einem ganz anderen Blatt. - Der Tod passt nicht in unsere moderne Gesellschaft.
Er stört – so scheint es- das nie endende Werden,
das Wollen und das Streben, die Entwicklung und das Leben.

Nein...Nicht ganz! - Nur dort, wo er mich **nicht persönlich** betrifft,
hat er für viele einen nicht zu unterschätzenden Unterhaltungswert.
Das Sterben und der Tod sorgen auch für Spannung und Abwechslung,
für Ent-Spannung und Unterhaltung. Als Krimi im Fernsehen oder im Kino,
als Buch-Thriller oder gar als Stadt-Festival!
Die Spannung von schier endlosen Verfolgungsjagden, die Kriegsspiele in den PC-Programmen immer jünger werdender Jugendlicher, die sich länderweit darin vernetzen und auch nächtliche Thriller helfen, Abstand zu bekommen vom ihrem – manchmal langweiligen –Alltags-er-leben.
Das „Spiel mit dem Tod" ist gefragter denn je!
Es ermöglicht einen „Kick" ganz besonderer Art.
Denn der Schmerz, den das Sterben und auch das Los-Lassen
von einem mir lieben und vertrauten Menschen oder auch Tier verursacht,

er betrifft mich hier nicht, - ich bleibe gut verschont
und muss mich nicht damit auseinander setzen!

Vielleicht haben wir Menschen eine Taktik - eine Art „Strategie"- gefunden,
wie wir mit dem „Problem" Tod fertig werden können,
- indem wir mit ihm einfach „spielen"...?
Haben nicht die Perser aus eben diesem Grund das Brettspiel Schach erfunden,
weil sie irgendwie mit dem Problem ihres größten Feinden fertig werden mussten?
Das benachbarte Reich, deren Herrscher sie bedrohte, oder Völker, deren Machthaber sie sich unterwerfen wollten, - auf dem Schachbrett wurde dieser durchschaubar, - berechenbar und konnten Taktiken eingeübt werden.
Das Ziel war es, den größten Feind schach-matt zu setzen.
Denn dieser Feind war eine reale Bedrohung, mit der es fertig zu werden galt.
Man musste kämpfen, und es gab nur: den Sieg oder den Untergang...

Leider hilft uns ein noch so spannender Krimi oder ein Computer-Programm,
auch ein Schachspiel wenig im Umgang mit dem Problem „Sterben und Tod".
Es dient eher der Ablenkung, aber das war wohl bei den Persern ganz ähnlich...!
Der Tod ist und bleibt eine Bedrohung -ein Feind ?- unseres Lebens...
Ich kann ihn ablehnen und bekämpfen, verdrängen und verbannen, und doch bleibt er immer der gewisse Unbekannte, der jedes Lebewesen auf seinem Lebensweg begleitet.

Ich kann mich mit ihm anfreunden und ihn einladen, mit ihm sprechen, „Du auf Du“ mit ihm werden, mich vielleicht sogar arrangieren mit ihm?

Jahrhunderte lang hat man den Tod als entsetzliches Schreckgespenst dargestellt – das Trauma der Pest in Europa hat das Verhältnis zum „Bruder Tod“ fürchterlich gestört und Nachwehen davon sind - wenn auch unbewusst - heute noch im Umgang damit vielfach vorhanden....Der Tod – dort, wo er mich ganz persönlich in meinem Leben und meinem Umfeld betrifft, wird und wurde nur allzu gerne verdrängt .
Etwas anders gestaltet sich dieser Umgang in Südamerika:
dort wird der Tod als nette liebenswürdige Frau dargestellt: sie kommt - wenn es so weit ist - um einen an der Hand zu nehmen und liebevoll zu begleiten...
Was nicht heißen mag, dass es dort nicht auch genauso Menschen gibt, denen der Tod ebensoviel Unbehagen bereitet und Angst macht wie unser eins.
Immerhin wird aber in vielen dieser Kulturen - wie auch in asiatischen Ländern - der „Totenkult“ anders wie bei uns europäischen Ländern gelebt und gestaltet.
Auf den Friedhöfen der dortigen katholischen Kirchen werden in der Allerheiligen- und -seelenwoche wahre Feten abgehalten. Kaum ein Fest bedarf einer derart intensiven Vorbereitungszeit, verdienen doch bereits viele Kinder einmal im Jahr ein kleines Zubrot für ihre Familie, indem sie mit kleinen Eimerchen und weißer Farbe die Gräber auf den engen Friedhöfen neu tünchen.

Zum Fest spielt fröhliche Musik wie bei einer Geburtstags-party, an den Gräbern der Verstorbenen nimmt die Familie ihr Mittagessen ein.
Es wird gegessen und getrunken mit verschiedensten Speisen, die bereits Tage zuvor vorbereitet wurden.

Es wird fröhlich gelacht und man erzählt sich Geschichten, die man früher mit den Toten erlebt hatte. Die Verstorbenen gehören immer noch - nicht nur zur Welt der Lebenden - , sondern auch noch zur eigenen Familie und nehmen auch an ihrem Leben teil.

Der Tod gehört einfach zum Leben,
- ist ein Teil von ihm,
wenn auch für viele dennoch
nicht der Schönste...!

Ich selber habe an einer solchen „Fete“ in Cebu/Philippinen teilnehmen dürfen und war überrascht, wie farbig, locker und ungezwungen diese fröhlichen Menschen, die tagtäglich so sehr ums nackte Überleben kämpfen müssen, mit ihren Toten „leben“. Etwas makaber war – für mich -, weil die Friedhöfe viel zu klein und die Toten viel zu viele sind ... Dadurch finden die vielen Großfamilien an den viel zu kleinen Gräbern gar nicht alle Platz, so dass einfach „auf“ den Gräbern Platz genommen wird, um das festliche Mittagsmahl einzunehmen.
Aber auch das schien niemanden so recht zu stören, denn Berührungsängste oder „unheimliche“ Gefühle angesichts dessen, dass sie sich auf dem Grab ihrer Verstorbenen niederließen, sind diesen Menschen einfach unbekannt.
Ihre Toten sind anwesend- wenn auch nicht sichtbar - und immer noch ein ganz wichtiger „Teil ihres Lebens“... Sie **„ahnen“** nicht nur, sondern sie sind **ge-wiss**“, dass ihre „Ahnen“ immer noch in einer ganz geheimnisvollen und auch wichtigen Weise mit ihren Lieben verbunden sind .

Der Umgang mit dem „Tod an sich“ ist natürlicher, aber dieser „Umgang“ allein darf nicht darüber hinweg täuschen, dass in diese Trauer von Millionen von Menschen sich noch ganz andere Gefühle mischen: Verzweiflung, Wut und Resignation.
Denn der Grund für das Sterben ihrer Liebsten ist, weil sie ihnen zwar ihre ganze Liebe, nicht aber das **Not-Wendige** zum Überleben bieten können.

Der Lohn ihrer Hände Mühen reicht nicht zum Leben und zum Über-Leben.

Die Menschen auf diesen Gräbern trauern um ihre Kinder, ja, aber sie wissen auch nicht, wie es in ihrem Leben weitergehen soll.

Der „Himmel“, das Herz Gottes selber weint über diese tagtäglichen Katastrophen, die sicher nicht der Wille Gottes , sondern „Menschen“- gemacht sind.
Dazu aber in einem späteren Kapitel mehr....

Wir hängen an unserem Leben und an unseren Lieben....
...stelle dich tagtäglich unter Gottes liebenden Schutz !

Um etwas klar zu stellen: ich bin selber eine leidenschaftliche Mutter von fünf wunderbaren Kindern und es wäre das Schlimmste, das ich mir überhaupt vorstellen könnte, wenn von heute auf morgen etwas Furchtbares passieren würde mit meinen Kindern oder Enkeln, meinem Mann oder in meiner Familie.
Dann hieße es, jetzt schau mal, ob du all das, was du anderen als „Wegbegleiter", Weisheit und Trost für einen angstfreien Umgang mit dem Tod mitgibst, auch im eigenen Leben so umsetzen kannst und dir selber Hilfe ist.
Der Tod eines lieben Mitmenschen, den man wirklich geliebt hat, vor allem aber der eines eigenen Kindes das es zu betrauern gilt, ist mitunter das Schlimmste und das Schmerzhafteste, mit dem wir Angehörigen leben und zurecht kommen müssen....

Vieles im Leben geschieht und oft schon habe ich mir als Kind bereits sehnlichst gewünscht, ein dummes, trauriges oder gar schreckliches Geschehen rückgängig machen, oder die Zeit noch einmal zurück drehen zu können.

Nur für einen kurzen Moment, der das Leben so plötzlich veränderte, um anders reagieren und handeln zu können.
Aber es ging nicht mehr.
Manches lässt sich wieder gut machen, einrenken , verzeihen, aber nach dem Tod und den Verlust eines lieben Menschen - schlimmer noch, wenn es plötzlich und unerwartet geschieht - ist alles, wirklich **alles** anders.

Wenn der Tod eingetreten ist, dann gibt es kein „Zurück-drehen" , kein Rückwärts mehr, nur noch ein Vorwärts.
Aber dieses Vorwärts hat in diesem Fall meist seine „Basis" verloren, und man sieht sich mit einer absoluten „Leere" konfrontiert.

Natürlich....
Wir haben nicht alles in unserer Hand,
und können vielleicht auch nicht immer alles abwehren,
aber wir können – und das kann jeder und jede – sich gut schützen.
So gut es eben geht.
Auch – und besonders - mit himmlischem Segen!
Dieses „Segnen", sich und andere unter Gottes Schutz stellen, das können wir besonders von unseren jüdischen Glaubensbrüdern und –schwestern lernen.
Vom ersten Gedanken am Morgen bis zum letzten Gedanken beim Einschlafen sprechen sie ihre Segenssprüche – meist nicht laut, sondern leise im Herzen oder in Gedanken aus.
Man nennt das Wort **„Baruch".**
Egal, ob am Morgen der Magen knurrt oder die Kaffeemaschine nicht funktioniert, es mit der Verdauung nicht richtig klappt, die Autotüre eingefroren ist oder der Zug zu spät kommt. Immer gibt es einen Grund für eine Segensbitte oder- dank!
Das ganze Tages- und auch Nachtgeschehen wird in dieses „Leben mit Gott" eingebunden. Übrigens hat man dem anderen immer einen Segen mitgeschickt mit den Worten: „Hals und Bein sei dir gesegnet"... also „Hals und Bein-Baruch...."
Die Deutschen haben das nicht richtig verstanden und so wurde aus dem Wort „Baruch" der „Bruch" gemacht ...also der Wunsch „Hals-und Bein-**Bruch**" daraus, was eigentlich das Gegenteil meint...!

Leben „hier" und Leben „dort"- Dies-seits und Jen-seits, Erde und Himmel, Mensch und Gott gehören zusammen

Es geht darum, zu begreifen, dass Mensch und Gott,
menschliches und göttliches Leben zusammen gehören, eine Einheit bilden.
Es hat immer zusammen-gehört. Das Buch der Bibel will uns das von Anfang an erzählen in Geschichten und Mythen, die auch in vielen anderen Kulturen sich ähneln. Wir sind ein lebendiges **Ab-bild** von diesem Gott!
Viele Menschen tun zwar so, als ob es Gott nicht gäbe und sie glauben, dass sie ihr Leben genauso gut auch ohne diesen Gott „meistern" können, - vielleicht, weil sie meinen, dass dieser Gott irgendeine „Instanz" außerhalb unseres Erdballes sei, der immer wieder in unser Leben und Schicksal eingreift, uns prüft oder dem wir wohl Rechenschaft ablegen müssen, spätestens dann, wenn dieses unser Leben endet...!
Wenn dir dein Glaube dies sagt, dann ist es sicher viel besser ,
wenn du ohne „diesen" Gott auskommst.
Denn dann wirst du dein Leben tatsächlich viel glücklicher verbringen...!
Denn unser Gott ist **alles dies sicher nicht**...!!!
Er ist ...einfach nur : **DIE LIEBE.**

Die Quelle, aus der diese Liebe fließt. Und sonst nichts....!
Und wir Menschen leben : von dieser Liebe .

Die Liebe macht unser ganzes Leben aus,
und von ihr können wir nie genug bekommen!
Doch nur ein Mensch, der seine Liebe teilt und sie seinem Mitmenschen schenkt,
wird erfahren, dass diese Liebe wieder ins **eigene** Herz zurückkehrt,
spürt den Reichtum und das Glück. Die Liebe ist „göttlich“ und immer dann,
wenn wir offen sind für diese, sie in uns spüren und erleben können,
dann nehmen wir diesen Gott tief in uns auf und **er-leben** auch ihn.

Denn „Leben" und „Lieben" stammen aus derselben Wortfamilie,
ähnlich wie im Englischen: „Live" und „Love".
Dazu gehört auch noch das „Loben", leider auch das „Leiden" in unserem „Leibe".
Die Liebe Gottes - der „Himmel" wollte nicht alleine für sich sein.
Denn **ALL-eine** ist es selbst im Himmel nicht schön!
Eine „himmlische Liebe" ist nur dann erfüllend, eben „göttlich", wenn sie sich im „Du", in einem Gegen-Über wiederfinden und dort Antwort finden kann.
Die Liebe, sie drängt immer auch nach der Erfüllung in einem Du!
Vielleicht ist es jene Sehnsucht, die wir von unserem Gott „vererbt" bekamen,
- unser Sehnen, das uns stets antreibt, in ihm zur „Ganz-heit" zu finden,
um so zu „seinem Ab-Bild" zu werden?
Das Symbol des jüdischen Glaubens ist der Davids-Stern,
der sich zusammen setzt aus 2 Dreiecken. Ein Dreieck zeigt mit der Spitze nach unten und symbolisiert das göttliche Wirken - von „oben" nach „unten" -, das andere Dreieck zeigt mit der Spitze nach oben und will das Leben der Menschen ausdrücken, die „unten" leben, aber sich nach „oben" aus-richten, ihre In-Spiration und inneren Bilder, ihre Visionen und Führung von „oben" empfangen. Beide Drei-ecke ineinander geschoben, ergeben zusammen einen Stern, den **Davids- Stern.**

Mit einer Jugendgruppe hatte ich in einer Freizeit dieses Thema erarbeitet.
Wir haben zusammen diese Collage erstellt und gespürt, wie sehr alles zusammen gehört, wie sehr wir selbst aus Liebe geschaffen und doch ein Teil, ein lebendiger Ausdruck der göttlichen Liebe sind, die sich immer wieder manifestiert.
Ebenso gehören Mann und Frau zusammen, sind sie doch aus Liebe dazu erschaffen, sich gegenseitig zu er-„**gänz**"-en, füreinander da zu sein und miteinander zu verschmelzen, eine „**Ein**"-heit zu bilden.
Oder viel einfacher: (was aber manchmal gar nicht so einfach ist!):
auch das „Denken" und das „Fühlen" gehört zusammen: ein Mensch, der „nur" im Denken zu Hause ist, weiß zwar viel, wird aber dennoch nicht alles in diesem Leben verstehen und erklären können und nicht unbedingt glücklich werden.
Und ein Mensch, der „nur" im Fühlen zu Hause ist, wird irgendwann „überschwemmt" werden von seinen Eindrücken und im Leben nicht umhin kommen, sich auch eine „Struktur" zu erarbeiten ,- die vor allem in unserer westlichen Welt notwendig ist, um bestehen zu können. Das eine kann ohne das andere nicht gut sein:

so will es die göttliche Schöpfung: eine „gute Mischung", ein gutes „In-ein-ander" ist gefragt...! So wie „oben", so auch „unten"....

Doch so, wie Gott und Mensch, Himmel und Erde einfach zusammen gehören, eines ohne das andere zwar denkbar, aber nicht sinnvoll ist, so gehören auch das Leben und das Sterben, der Tod zum Leben im Jenseits, also das „Vorher" und „Nachher" zusammen. Das „Vorher" allein für sich gibt keinen Sinn, wenn es kein „Danach" gäbe....! Ebenso existiert das Dies-seits , das heißt, unser sichtbares Leben - unsere "Existenz" - nicht für sich allein. Es ergänzt sich mit dem Jenseits und bildet mit ihm eine wundervolle Einheit, - wie wir noch sehen werden....

Doch die Vergänglichkeit dieser unserer „Existenz" bereitet uns Menschen
zusammen mit dem Sterben und dem Tod manchmal heftige Bauchschmerzen,
die zu lindern oder zu heilen uns nicht immer einfach so gelingt.
Um diese Schmerzen in den Griff zu bekommen, hilft kein Medikament mit „Placebo"-Effekt, denn die Realität wird uns immer wieder einholen...
Vom ersten Augenblick unseres Seins sind wir bedroht von der Vergänglichkeit,
von der Möglichkeit, dass unser „leibhaftiges" Leben wieder endet.

Bereits Kinder erfahren die „Vergänglichkeit"........

Auch Kinder schon werden mit der Vergänglichkeit,
mit dem Sterben und dem Tod konfrontiert, bereits sie stellen ihre Fragen.
„Wo ist nun meine geliebte Mimi, die Katze, die noch gestern gelebt und mit der ich auf der Couch gekuschelt hatte, aber über Nacht auf der Strasse überfahren wurde.
Ist sie nun im Katzen-Himmel?
Werde ich sie jemals wiedersehen.... ?"
Die ersten schmerzhaften Erfahrungen mit dem Tod machen Kinder oftmals,
wenn sie sich von ihrem geliebten Tier verabschieden müssen und erleben
Traurigkeit und Trennung, das Bleiben von Liebe und Dankbarkeit ebenso
wie so viele offene Fragen, die eine zufriedenstellende Antwort suchen...
Auch ich stellte mir als Kind viele solcher Fragen.
Ich kann mich gut erinnern, als ich in meinem Bett lag,
- vielleicht war ich so fünf Jahre alt und streichelte mit den Fingern
meiner rechten Hand über meine linke Hand und den Arm hinauf.
Ich fragte dabei den „lieben Gott" ernsthaft und drängend,
wie es sein kann, warum so eine schöne Hand, ein so schöner Körper
wie der meine, irgendwann wieder „tot" sein, ja ver-wesen sollte ... ?

Warum muss mein Körper überhaupt wieder „sterben",
wo er doch „mein" Körper ist und ich mich so wohl und glücklich in ihm fühle...?
Wo es doch so schön ist, so jung und so lebendig zu sein...?!
Das konnte und wollte ich einfach nicht verstehen.
Das ist doch reine Verschwendung – so dachte ich - wenn ein Mensch zuerst
so lange braucht, um überhaupt erst einmal auf diese Welt zu kommen und
dann so viele Jahre braucht, nur, um groß zu werden und dann
– von einer Sekunde auf die andere – der Körper einfach wieder – „tot" ist!
Ich fand das ziemlich gemein und konnte bei aller Liebe den lieben Gott
in diesem Punkt einfach überhaupt nicht verstehen.

Warum sind die Menschen überhaupt zum Sterben bestimmt?
Warum muss so was wie der Tod überhaupt sein ?

Nun, das Argument meines Opas, dass irgendwann so viele Menschen auf dieser unserer schönen Welt nicht mehr alle Platz finden würden, hatte schon irgendwo seine Logik, die auch mein kindlicher Verstand so stehen lassen musste.
Der Gedanke, dass ich irgendwann sterben muss und damit mein schöner Körper einfach kaputt geht, belastete mich sehr. Er machte mir Angst.
Wie wird diese Hand und mein Arm aussehen, wenn sie „tot" sind?
Ich versuchte mir das bildlich vorzustellen.
Manchmal hatte meine Katze eine tote Maus oder einen Vogel auf die Terrasse gelegt und meine Mutter hatte diese toten Tiere einfach hinter unser Haus geworfen, wo sie dann langsam verwesten...Es blieb nicht viel übrig von diesen kleinen Tierchen.
Sollte mein Ende auch so ähnlich aussehen?
Die Vorstellung darüber alleine schon löste in mir großes Befremden aus und die Gedanken darüber stimmten mich manchmal ernsthaft traurig.

Ich schimpfte mit diesem Gott und sagte ihm:
„Kannst du dir bitte für uns Menschen nichts Anderes, - Besseres - einfallen lassen, wo du uns doch selbst erschaffen hast und wo du uns doch so sehr liebst?
Du liebst doch jeden Menschen!
Wie kannst du es dann zulassen, dass **das** unser Ende ist...?"
Diese Fragen und mit ihnen ein großes geheimnisvolles Rätsel sollten mich noch lange beschäftigen...

Es bleiben so viele offene Fragen...
1000 mal frage ich nach dem „Warum" ?

Wenn der Tod plötzlich und unerwartet kommt

Herzinfarkt oder- stillstand, plötzlicher Hirnschlag oder Gehirnblutung, ein schrecklicher Unfall im Verkehr, am Wasser oder zu Hause ist überall und jederzeit möglich.
Von einer Sekunde, von einer Stunde auf die andere ist alles anders.
Ein Schock, der bis in die tiefsten Wurzeln lähmt, sprachlos macht.
Vor allem dann, wenn ein Elternpaar sein geliebtes Kind verliert.
1000 mal und mehr wird darüber nachgedacht,
wenn ich anders reagiert hätte,
wenn ich die Anzeichen eher erkannt hätte,
wenn wir früher oder später unterwegs gewesen wären,
oder die Route anders gewählt hätten,
wenn ich mich genauer erkundigt hätte,
wenn...!!!

Fragen, die sich so einfach nicht beantworten lassen...

Vor allem dann, wenn es nicht nur das Schicksal einer einzigen Familie betrifft, sondern ein ganzes Land von einer gewaltigen Katastrophe überrascht wird und nicht nur das Trauma einer Familie auslöst, sondern ganze Länder- ja die ganze Welt erschüttert und traumatisiert wird....
Wenn ein Tsunami von einem Tag zum andern über 230.ooo Kinder wie Erwachsene – Menschen aus allen Nationen der Welt – in den Tod reißt oder ein Mega-Erbeben in Haiti in nur 35 Sekunden fast ebenso viele Menschenleben auslöscht? Ein ganzes Land in Schutt und Asche versinkt und den ohnehin ärmsten Länder der Welt für Jahrzehnte jeglicher Zukunftshoffnung beraubt werden? Wenn in Chile eine ebensolche Mega-Katastrophe eine Wucht hat, dass sogar die Erdachse- wenn auch nur minimal – sich verschiebt...? Wir wissen heute, dass sich die Erdkrusten laufend verschieben, aneinander reiben, ja, sich untereinander schieben und wir mit den „tickenden Zeitbomben“ leben müssen. Wie gut, dass wir nicht wissen, was noch alles auf uns zukommt!
„Niemand kennt weder den Tag, noch die Stunde...!“

Bereits im Jahre 1985 saß ich vor einer glühenden und dampfenden „Mayon“, die vulkanische „Dame“ auf den Philippinen, deren glühenden Risse in jeder Nacht weithin sichtbar waren. Der große Vulkanausbruch blieb bis heute glücklicherweise noch aus. Aber was oder wer bestimmt, warum oder wo eine Katastrophe ausgelöst wird und wo Menschen noch verschont bleiben?
Ich glaube daran, dass der Tod eines Menschen nicht nur mit seinem Lebensalter zu tun hat, sondern auch mit seiner Lebens-Aufgabe. Und es auch kein Zufall ist, dass ein Mensch eine Tsumani-Katastrophe überlebt und so viele andere Menschenleben von einer Stunde zur anderen einfach ausgelöscht werden. War es Bestimmung, dass ausgerechnet diese Familien zu dieser Zeit dort ihren Urlaub verbrachten und dort ihren Tod fanden? Oder geheime Vorsehung, dass andere Familien, die ausgerechnet an diesem einen Tag einen Ausflug ins Landes-Innere unternahmen, vor diesem Unglück verschont bleiben sollten, weil der Tod für sie noch nicht „bestimmt“ war?
War es Bestimmung, dass die einen im Twin-Tower am 11.9.2001 in dieser Katastrophe umkamen und für andere, die eben gerade an diesem Tage krank oder verhindert waren, noch nicht die Zeit zum Sterben war?
Kann es möglich sein, dass es für so viele Menschen in einem Flugzeug, einem Schiff, einer Stadt, in der vielleicht ein unheilvoller Anschlag verübt wird oder einem ganzen Land es **gleichzeitig** eine „Bestimmung“ gibt oder deren Lebens-Aufgabe erfüllt ist, um ihr Leben so und zu diesem Zeitpunkt zu beenden?
Diese Gedanken übersteigen meine Vorstellungskraft fast- grenzenlos...!
Es gibt viele Fragen, auf die ich keine Antwort kenne,
aber die mich trotzdem beschäftigen.
Auf alle Fälle: wir sollten lernen, uns glücklich zu schätzen für jeden Tag,
der uns geschenkt ist und an dem wir verschont bleiben vor einer schweren Krankheit, einem Unglück oder einem Todesfall. Jeden Tag, den wir gesund erleben dürfen, die Zeit, die uns geschenkt ist und so kostbar ist, umso intensiver zu leben mit den Menschen, die wir wirklich lieben. Vielleicht kommt es nicht darauf an, wie **lange** ich leben darf, sondern darauf, wie **intensiv** ich es leben kann!

Einfach „dumm gelaufen"....- oder sehen wir nur „die eine Seite"...?

Meine liebe Freundin Karin.
Fährt mit ihren Freunden in die Schweizer Berge und stürzt vom Matterhorn.
Bei einer Bergwanderung ausgerutscht und fällt 1oo m in die Tiefe.
Mausetot. 25 Jahre jung.
2 Tage vorher haben wir noch am Telefon lange gequatscht und gelacht.
Tagelang schreie ich ihren Namen „Karin!" ins Ungewisse und hoffe, dass sie mich hört. Ich will eine Antwort von ihr. Will wissen, warum das passieren musste, wo sie doch 2 Tage vorher noch von ihren nächsten Plänen und Zielen sprach.
Weggerissen von ihrer Familie und ihrem Freund, der sie und den sie wirklich liebte.
Herausgerissen mitten aus ihrem jungen, für unsere Einschätzung un-vollendetem Leben.

Mein Onkel Hans:
Er fuhr mit seinem Auto, als er sah, dass der Schulbus vor ihm anhielt, um die Schulkinder aussteigen zu lassen. Langsam überholte er diesen Schulbus, als just in diesem Moment ein 8-jähriges Mädchen blitzschnell vor dem Schulbus die Strasse überqueren wollte und mitten in Onkel Hans´ Auto rannte.
Es prallte so unglücklich auf die Motorhaube und wurde auf die Strasse geschleudert, dass es noch an der Unfallstelle verstarb. Monatelang konnte mein Onkel nicht schlafen, musste schwere Medikamente nehmen und war sogar suicid-gefährdet.
Er kann heute noch nicht mit seinem Auto an dieser Straßenstelle vorbeifahren.
Um in die Stadt zu kommen, nimmt er lieber einen längeren Umweg in Kauf.

Vor allem Kinder stellen ihre Fragen...
Meine Kinder gehen am morgen gemeinsam aus dem Haus zur Bushaltestelle, um in die Schule zu fahren. Von weitem schon sehen sie, dass da etwas mitten auf der Strasse liegt.
Als sie näher kommen, erkennen sie, dass es ein totes Tier ist, das unserer Katze Mümmeli ähnlich schaut. Sie ahnen Schlimmes.
Ja, es ist unsere geliebte Hauskatze. Eine starke Bremsspur lässt erahnen, wie es passiert ist. Der bloße Anblick- ein Schock für meine Kinder, und auch später für uns.
Mümmeli´s Kopf ist bis zur Unkenntlichkeit zerquetscht. Der Tod ist grausam!
Etwas später klingelt bei mir das Telefon. Meine Tochter Theresa ist am Telefon.
Sie rief vom Klassenzimmer aus an. Ich kann sie kaum verstehen, so verheult ist ihre Stimme. Den ganzen Vormittag in der Schule konnte sie keine klaren Gedanken fassen.
Meine Kinder waren traumatisiert. Als sie nach Hause kommen, fragen sie nur:
„Mama, warum ausgerechnet unsere Mümmeli....?"

Oder: Mein großer Sohn Manuel hat einen schönen Hasen, eine echte deutsche Riesendame, ein Prachtexemplar und meines Kindes besonderer Stolz...
Da die Sonne scheint, lässt er das Tier aus dem Stall hüpfen, damit es in der kleinen Einzäunung fressen kann... am Abend will er sie wieder in den Stall zurück heben, doch die Hasendame ist verschwunden.

Die ganze Familie wird alarmiert zu suchen, doch sie bleibt spurlos verschwunden. Noch nie ist das Tier über den Zaun gehüpft. Manuel schaut noch wochen -, ja, monatelang aus dem Fenster und hofft manchmal insgeheim auf ein Wunder. Er will einfach wissen, **was** passiert ist, **wo** sich sein geliebtes Tier befindet ... Tiere verschwinden, Menschen verunglücken tagtäglich irgendwo... Und zurück bleiben einfach nur der Schmerz, und mit ihm viele offene Fragen, auf die es zunächst keine zufrieden stellende Antwort geben kann....

Die Fragen, sie bleiben oft ein Leben lang
und mit dem Fragen auch der Schmerz....
Die Antworten, sie bleiben meist aus...

Eine andere Geschichte...
Da ist ein junger Mann, der abends allein zu Hause ist. Er hört Geräusche von draußen, die ihn verunsichern. Er steht auf und geht mit seinen Badeschlappen an den Füßen auf den Balkon, beugt sich weit über das Balkongeländer um zu sehen, wer oder was diese Geräusche verursacht haben könnten. Da rutscht er aus seinen Schuhen, fällt über das Geländer und stürzt so unglücklich in die Tiefe, dass er innerhalb von wenigen Minuten verstirbt...
Und noch eine (von so un-endlich vielen ...!)
Meine liebe Freundin Claudia (Taufpatin meines jüngsten Sohnes Pauli) arbeitete jahrelang Seite an Seite ihrer Laborassistentin Gabriele. Diese geht zum Arzt, bricht bei der Untersuchung zusammen und stirbt noch an dieser Stelle. Der Arzt kann nur noch den Tod feststellen...

Warum das eine oder das andere genau „so" passieren musste:
tagtäglich passieren auf der weiten Welt, zu jeder Sekunde einfach „dumme" Unfälle... Diese machen uns fassungs-los, rat-los, lassen uns „zweifeln" an dem Sinn oder Unsinn dieser kleinen oder großen Katastrophen, und manchmal sogar „ver-zweifeln"...! Oder sind diese „Un-fälle" doch gar keine „ZU-Fälle"?
Wir können nicht in die „andere" Seite hineinschauen und oft nicht verstehen: das **„Warum"...?** Wir können vielleicht nur **erahnen,** warum **„GENAU DAS",** genau diese Person oder dieses Tier zu dieser Stunde, diesem Zeitpunkt in diesen Tagen **so** versterben, - diese oder jene Katastrophe sich so ereignen – **„musste"** ? -.

Schuldvorwürfe machen das Leben schwer...

Viele Schuldgefühle, mit denen sich auch Ehepaare über Jahre hinweg zermürben können, belasten zu dem bestehenden Kummer auch noch die eigene Beziehung, die irgendwann daran zu zerbrechen droht, wenn es nicht mehr möglich ist, die Trauer gemeinsam zu tragen und wieder gemeinsame Wege zu finden, um in diesem Leben als Ehepaar aneinander und miteinander Freude zu erleben.

Ich denke an ein Ehepaar, das zwei ihrer Kinder bei einem Autounfall verloren hatte und an ein weiteres Elternpaar aus meinem Dorf, in dessen kleinem Häuslein im eisigen Winter der Wärmestrahler Feuer fing und in kürzester Zeit das gesamte Dachgeschoss in ein flammendes Inferno verwandelte.
Die drei Kinder wurden im Schlaf so überrascht, so dass ein Fluchtweg unmöglich war. Sie konnten nicht mehr gerettet werden. Wochenlang stand das ganze Dorf unter Schock. Der Schmerz - der traumatisierten Eltern – zermürbten sie so sehr.
Doch statt sich gegenseitig über den großen Schmerz und die Verzweiflung hinweg zu helfen, verschanzten sich beide Elternpaare in ihrem Schneckenhaus und versuchten, allein mit dem ganzen Trauma und der Enttäuschung fertig zu werden.
Eine Hilfe von außen lehnten sie entschieden ab. In beiden Fällen kapselte sich die Mutter in ihrem Schmerz an ihre Kinder und ließ den eigenen Mann nicht mehr an sich heran. Die Schuldvorwürfe, mit denen sie sich gegenseitig über Monate hinweg belasteten, waren so schwer, dass sich die Paare trennten, obwohl die Beziehungen – als die Kinder noch lebten – eigentlich „intakt" waren.
Die Väter konnten nicht anders, als sich zur Trennung zu entschließen, weil es im Leben auch noch was anderes geben müsse als nur den Schmerz, die Frage nach der Schuld und das schwere Leid. – Verständlich!

Meine alte Nachbarin Lena mit weit über 80 Jahren erzählte mir von ihrem Mann, der damals vor vielen Jahren ihre eigene Mutter zum Arzt fahren wollte.
Er steuerte das Auto an einen Baum und die Mutter kam zu Tode.
Lange Zeit quälten beide schwere Schuldvorwürfe und schließlich kamen auch die Vorwürfe der Verwandten hinzu, so dass diese Ehe – zusätzlich zur Trauer und dem Schmerz über den Verlust – mit diesen Belastungen nicht mehr fertig wurde.
Doch eines Morgens erwachte Lena und sah ihre Mutter ganz lebendig in ihrem Zimmer sitzen... Ihre Mutter lächelte und sagte, sie sollen doch bitte aufhören mit den Vorwürfen, denn niemand hat an diesem Unfall Schuld.
Es war keine böse Absicht. Da, wo sie jetzt lebe, gehe es ihr sehr gut und sie sei sehr glücklich. Es werde nicht lange dauern, dann werden sie wieder vereint und zusammen sein. Es sei alles gut, so wie es jetzt ist.
Nach diesem Erlebnis war meine Nachbarin bis auf den heutigen Tag beruhigt, und sie hat auch keine Angst mehr vor dem Tod, sondern sieht einem Wiedersehen mit ihrer Mutter gelassen und freudig entgegen.
Und selbst zermürbt man sich mit „Selbst"-Vorwürfen...
„Hätte ich doch! - Wäre ich doch! - Warum habe ich nicht?
Was hätte ich anders tun oder wie hätte ich anders reagieren sollen....? "
Man wird auch die Vermutung, vielleicht sogar Überzeugung nicht los, dass man bei einem „anderen" Handeln dieses oder jenes Unglück abwenden, ihm ausweichen hätte können. Doch irgendwann sollte man selber an einen Punkt kommen, um zu sich selber zu sagen : „Es tut mir so schrecklich leid, dass ... dieses so gelaufen ist, aber ich habe zu diesem Zeitpunkt nach bestem Wissen und Gewissen gehandelt. Ich konnte zu jener Zeit dies oder jenes einfach nicht wissen und habe mein Bestes versucht..."

Schluss mit den Vorwürfen,sie machen das Leben nicht leichter....!
Sie sind nur un-nötiger Ballast und vergiften alle Beziehungen !

Schuld-Fragen und Selbst-Vorwürfe wirklich **los-zu-lassen,** die über Jahre hinweg wirklich mein ganzes Leben belasten, meine Lebensfreude enorm trüben, meine Lebens-Energie als Dauerzustand schwächen können, sind eine große persönliche Herausforderung. Sich selbst zu verzeihen,
wenn etwas anders gelaufen ist, als man es sich selber vorgestellt hätte...
Die Fähigkeit, etwas „gut" sein zu lassen, los-lassen zu können,
und dadurch ge-lassener zu werden, sich selber nicht immer zu kritisch zu bewerten oder sich dafür zu entscheiden, dass ich mich jetzt „**nicht mehr ärgere**",
nannte der Heilige Ignatius von Loyola (1491-1556) aus dem später der Jesuitenorden hervorging- **„Indifferenz".**

Es bedeutet, Dinge die einfach „anders" gekommen sind als man sich selbst erwünscht oder erhofft hatte, - oder auch schief gelaufen sind, **so** zu-lassen können.
Und auch jene Gelassenheit sowie das Vertrauen, dass all das, was ich für mich in meinem Leben wirklich brauche und für meine Seele wichtig und notwendig ist, zur richtigen Zeit auf mich zukommt, geschieht, ja, mir geschenkt wird.
Das Vertrauen, dass so, wie es sich im Leben eben ergeben oder gefügt hat, schon „gut" ist und seinen Sinn hat, auch wenn ich diesen nicht immer begreife...
Dass ein Mensch eine Sache von Herzen los-gelassen hat, merkt er auch daran, dass sie ihn nun nicht mehr beschäftigt oder nicht mehr darüber nachdenkt, was er „anders" oder besser hätte machen können...!
Wer sich selber verzeihen kann, dem fällt es sicher später in der jenseitigen Welt viel leichter, mit sich selbst nicht zu sehr kritisch „ins Gericht" zu gehen.

Es bleiben im Leben so viele offene Fragen, auf die es im Moment einfach keine endgültige Antwort gibt...und doch vertraue ich auf den verborgenen Sinn, der sich hinter jedem dieser „kleinen und großen Katastrophen" verbirgt.
Immer wieder treffen Ereignisse ein, die man sich selber sicher so nicht gewünscht hätte, Situationen, mit denen man sich plötzlich konfrontiert sieht und mit denen man gezwungener Maßen umgehen lernen muss. Krisen, in die man unversehens hineingeraten kann, Verluste, die man hinnehmen muss oder Begebenheiten, die das eigene Leben in eine Richtung gelenkt haben, die man wohl im Rückblick eher hätte umgehen oder vermeiden wollen.....

Als der Kärntner Politiker und Landesmann Jörg Haider in einem nächtlichen Autounfall im November 2008 zu Tode kam, wurde dessen Ehefrau Claudia Monate später gefragt, ob sie sich die Frage nach dem **„Warum"** stelle....
Ich darf sie hier aus diesem Interview zitieren: „Ich bin ein gläubiger Mensch und bisher ist mir die Frage danach erspart geblieben.
Ich denke, wenn Gott einen Punkt setzt, dann sollte ich kein Fragezeichen hinzufügen."
Mich hat diese Aussage von Frau Haider sehr bewegt.

Sie respektiert den Willen Gottes als solchen und vertraut wohl darauf, dass alles seine Zeit und auch seinen Sinn hat. Auch wenn ihr Mann plötzlich und völlig unerwartet aus dem aktiven Leben herausgerissen wurde.

Trotzdem wage ich es, meine Frage zu stellen:
ist unser Gott einer, der das „gewebte Tuch" einfach abschneidet, weil er die uns gegebene Zeitspanne und „unsere" Stunde selbst vorgibt? Oder gibt es doch eine geheime „Abmachung" mit meinem Schöpfer, in die ich irgendwann vor meinem Leben bereits mit ihm mit ein-gestimmt habe, um dieses angebliche Schicksal jetzt als **„meine ganz eigene"** Lebensaufgabe zu erfüllen ?
Ist „meine" Zeit jetzt schon in seinem Buch eingezeichnet und gibt es eine Bestimmung, die jetzt bereits „festgelegt" ist und die ich nur erahnen, aber nicht wissen kann und auch nicht muss?
Kann ich voll darauf vertrauen, dass alles seine „Richtigkeit" und seinen Sinn hat? Natürlich, ich kann jeden Abend mein Leben in die „Hände meines Schöpfers" legen, voll Vertrauen und Zuversicht, aber ob es eine Zeit in seinem „Kalender" gibt, die exakt „meine" Zeit und mein Schicksal sein wird...?

„Wir wissen, dass Gott bei denen, die ihn lieben, alles zum Guten führt..." (Röm 8,28)

In einem bin ich mir sehr sicher:
wir sehen immer nur die **„eine"** Seite einer Tragödie, eines Unfalles oder einer Katastrophe, aber nicht die „andere" Seite, die verborgenen Fäden, die in der unsichtbaren Welt für uns verschlossen, dort sicher aber nicht ohne „Sinn" gewoben werden. Was von unserer „irdischen" Seite aus manchmal als völlig sinn-los erscheint und Dinge geschehen, für die wir nur ein verständnisloses Kopfschütteln übrig haben, ist wohl auf der **„Seelen-Ebene"** ganz anders zu deuten:
dort ist es vielleicht Bestimmung, oder sogar eine Erfüllung!
Es gibt kein Geschehen, weder auf der Erde noch im Himmel, das „sinnlos" wäre und auch nichts, was einfach „so" dem Zufall überlassen bleibt. Dieser „höhere" Sinn und seine „höhere" Bestimmung bleibt uns aber oft unverständlich und ist nicht immer einsehbar.
Wir können natürlich ein Fragezeichen dahinter setzen, doch wer sein Vertrauen voll auf Gott setzt, der soll auch wissen, dass letztendlich alles nur zu unserem Guten sein kann und im Sinne unserer guten seelischen Entwicklung geschieht, auch wenn der Schmerz in unserer Seele uns bedrückt. Ich darf alle meine Fragen die ich jetzt noch nicht beantworten kann, zulassen. Auch ich bin ein neugieriger Mensch und glaube daran, dass ich hoffentlich einst auch eine befriedigende Antwort darauf bekommen werde... Dies gehört zur „Ahnung" und auch zur „Hoffnung" meiner Seele...!
Aber ich wünsche dir, meinem lieben Leser, mit meinem Buch ein bisschen weiterhelfen zu können. Vielleicht kann es dir eine Hilfe sein, um mit den noch ausbleibenden Antworten umgehen zu lernen, indem wir einen „kleinen Blick **hinter** die Kulissen werfen"!

„Es muss schön sein beim lieben Gott...", so dachte ich mir...

Das erste Mal, dass ich als Kind wirklich mit dem Tod eines mir bekannten Menschen konfrontiert wurde, das war im Alter von 9 Jahren, als mein Opa starb.
Ich möchte dies deshalb erzählen, weil es mich heute als Erwachsene selber erstaunt, wie unbefangen ich damals mit dem Tod und Sterben eines mir lieben Mitmenschen, eines „alten" Menschen umgegangen bin, trotz aller offenen Fragen, die in mir eine zufrieden stellende Antwort suchten.
Es ist mir noch in guter Erinnerung, wie das Telefon bei uns klingelte und meine Mutter ans Telefon ging. Sofort hörte ich an ihrer Stimme, dass irgend etwas passiert sein musste. Sie war aufgeregt und fing sofort zu weinen an.
Als ich neugierig nachfragte, sagte sie, unser Opa – ihr Vater- sei soeben an einem plötzlichen Hirnschlag verstorben und sie müsse sofort zu ihrem Heimatort fahren, weil sich dort alle ihre Geschwister treffen würden. Ich sollte lieber zu Hause bleiben, weil das jetzt für mich absolut nichts sei....Auch fing ich lauthals zu weinen an, aber nicht weil ich erfahren hatte, dass mein Opa, den ich und der mich sehr gerne mochte, verstorben war, sondern deswegen, weil ich da nicht mit durfte.
Ich war meiner Mutter überaus dankbar, als sie nachgab...
Instinktiv spürte ich, dass da etwas Wichtiges geschehen war, das mich sehr interessierte und bei dem ich unbedingt dabei sein wollte. In der Wohnstube meiner Großeltern waren schon alle Tanten und Onkeln versammelt. Der Schrecken stand ihnen allen ins Gesicht geschrieben. Ich drückte mich durch die weinenden Verwandten hindurch, bis ich ganz bei meinem Opa stand. Ganz nahe.
Ich schaute sein Gesicht einfach nur an. Ganz entspannt lag er da, aber sein Gesicht wirkte nicht traurig. Sicher, sein Körper lag tot vor mir, aber dies hinderte mich nicht im Geringsten daran, die Liebe zu ihm zu spüren.
Nichts Befremdendes ging von ihm aus, ich fühlte nur eine Vertrautheit die mich erstaunen, aber nicht weinen ließ. Ich spürte die Verbindung zu ihm und wusste einfach, dass er gar nicht tot war, sondern nur schlief.
Das war nichts, was mich traurig sein ließ. Freilich wusste ich, er würde hier und Jetzt nicht mehr aufwachen, und trotzdem lebte er in einer anderen Welt, beim lieben Gott weiter. Daran hatte ich keinen einzigen Zweifel.
Dies spürte ich und es war schön, dies einfach so wahrzunehmen.
Ich fühlte mich ihm jetzt sogar noch mehr – und anders – verbunden als vorher und freute mich insgeheim mit ihm.
Die Tatsache, dass sein Körper jetzt „tot" war, war für mich in diesem Moment gar nicht mehr so das große Problem. Viel wichtiger war für mich das Gefühl, dass ich seine Seele spüren konnte, eine Verbindung zu ihm hatte und wusste, dass mein Opa eigentlich gar nicht „tot", sondern ganz lebendig war, aber anders, als zuvor.
Langsam begann ich zu ahnen, dass die Seele, die dem toten Körper innewohnte, vielleicht noch wichtiger war als der Körper selbst. Und vielleicht konnte diese leise Ahnung ein erster Schritt zu einer kleinen Versöhnung mit meinem großen Problem sein...?

Irgendwie wusste ich, wir verstehen uns jetzt noch genauso gut wie vorher,
aber halt eben **anders**. Und ich wusste auch, da wo er jetzt war,
da ging es ihm richtig gut. Es war, als konnte ich ihn lächeln fühlen.
„Es muss schön sein beim lieben Gott", so dachte ich ...
Warum sollte ich da weinen, wo ich doch wusste, wo er war?
Da war für mich nichts, was mir Angst machen oder etwas mit ihr zu tun
haben sollte. Langsam schaute ich mir meine Tanten und Onkel an
und dachte nur, die verstehen das nicht und weinen deshalb.

„Ich wünsche mir einen schönen Tod..."

höre ich immer wieder ältere Menschen sagen....
Eigentlich hatte mein Opa einen schönen – ich finde gnadenvollen – Tod.
Er hatte sein Leben gelebt und konnte zufrieden sein. Er wohnte bis zuletzt mit
meiner Oma im netten alten Häuschen und wurde bestens umsorgt.
Er hatte keinerlei Schmerzen, nur – er konnte sich auf seinen plötzlichen Tod so nicht
direkt vorbereiten. Das war für ihn wie für uns auch eine absolute Überraschung .-
Ein Weggehen ohne Verabschiedung.
Aber was weiß ich schon? Vielleicht war es ja doch anders!?
Wir sehen ja immer nur die eine Seite, nämlich unsere eigene....
Vielleicht hatte sich mein Opa dies genau so gewünscht?
Einen ruhigen, schnellen und schmerzlosen Tod.
Ohne einen großen Leidensweg, der ihm so wirklich erspart geblieben ist.
Vielleicht hatte er schon seit geraumer Zeit eine leise Vor-Ahnung gehabt,
die er zwar mit sich herumgetragen, aber nie ausgesprochen hatte.
Ich war immer dankbar dafür, dass es allen meinen Großeltern, die ich erleben durfte,
gegönnt war, in Frieden und ohne allzu große Beschwernisse alt werden zu dürfen,
die eigenen Kinder und Kindeskinder heranwachsen zu sehen und sich ihrer erfreuen
zu können.
Und so alt werden zu dürfen, dass man sich in Ruhe mit den Gedanken vertraut machen
konnte, irgendwann - wenn es an der „Zeit" ist – das Neue zu-lassen können ,
bereit zu sein für das „Neue", das man nun erleben darf....
Ein solches Leben - ist ein Geschenk , - eine Gnade!

Der Tod selber, für den der ihn erlebt, tut nicht „weh",
es ist nur ein „leiser, schmerzloser Übergang" in die andere Welt,
denn die Toten leben weiter, sie sind nur eine „Ebene höher".....
Es ist ein Akt des Los –lassens, des Bereit seins.

Doch die Art und Weise, bis zu diesem Moment,
das ist das Ungewisse, das niemand von uns wirklich wissen kann.
Bleiben uns Krankheiten erspart oder müssen wir Schmerzen erdulden...?
Diese Fragen werden offen bleiben, ihre Antworten werden sich „offen"-baren.

Das ist es vielleicht auch, was vielen Menschen große Ängste bereitet.
Die Vorstellung, in Schmerzen und in geistiger Umnachtung dahinzusiechen, - das wünscht man weder sich selbst noch einem Anderen.
Gut, gegen Schmerzen gibt es heutzutage wunderbare Mittel aus der Medizin.
Doch jene, die eine Chemotherapie hinter sich gebracht haben oder mitten in diesem Prozess stehen, erleiden manchmal wahre „Höllen“ -qualen.
Nicht nur körperliche Belastungen, sondern Talfahrten, die komplett die ganze Psyche des Menschen fordern mit all seinen Ängsten und Sorgen.
Es ist ihre Entscheidung, zu kämpfen für dieses Leben, den Mut und die Hoffnung nicht so schnell aufzugeben, sich nicht so leicht abzufinden.

Meine Mutter pflegte stets zu sagen:
„Was mich nicht umbringt, macht mich nur noch stärker...!“
Sie sagte aber auch: „Wenn meine Enkel – das Liebste, was ich habe – mich nicht jeden Tag mit ihrem Lächeln erheitern und ermuntern würden, meine Liebe zu ihnen mir nicht tagtäglich sagen würde: es lohnt sich, um dieses Leben zu kämpfen: längst schon hätte ich meinen Herrngott darum gebeten, mich von diesen höllischen Schmerzen zu erlösen, und längst schon hätte ich aufgegeben...!“ Immer wieder erweist sich die **eigene Familie** als jene Kraftquelle, die als wichtigste Stütze und Rückhalt einfach unverzichtbar ist...

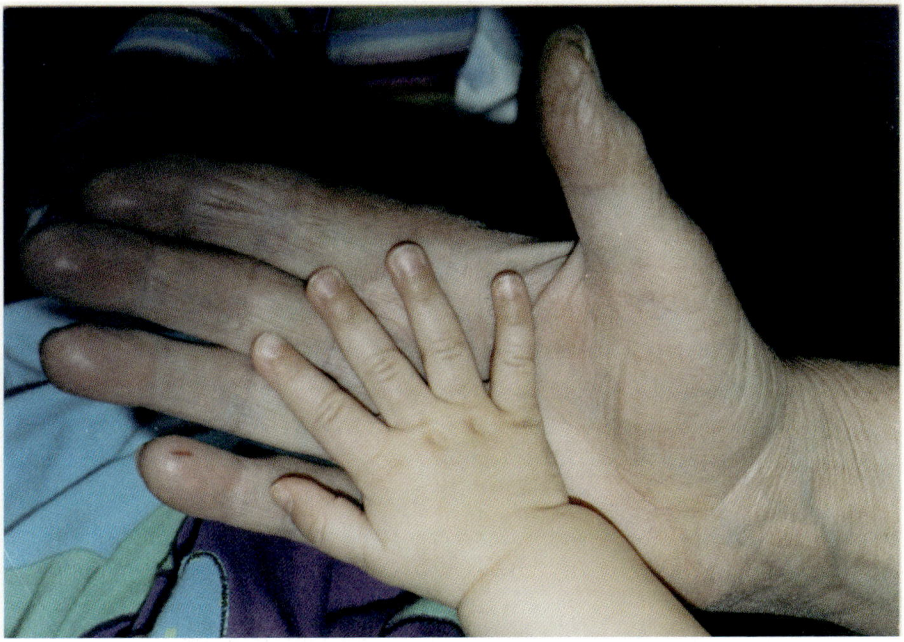

Und trotzdem: Jede Krankheit, jedes Leid hat auch „seinen“ Sinn.
Ich habe solche schwerkranke Menschen erlebt.
Sie hatten manchmal ein wunderbares Lächeln auf ihren Lippen, egal ob es sich um ein Kind oder einen alten Menschen handelte.

Dieses Lächeln war von einer Liebe beseelt,
die ich sonst nicht einmal von kerngesunden Menschen so spürte.
Niemand kann es wissen, vielleicht etwas ahnen...
Welche Prüfungen in meinem Leben warten auf mich und wollen bestanden werden?
Armut, schwere Krankheiten und das Abschied nehmen von lieben Menschen –
diese gehören wohl zu den schwierigsten Prüfungen unseres Lebens.

Mein Vater und meine Mutter mussten von heute auf morgen
mit ihrer Diagnose klarkommen : Krebs in fortgeschrittenem Stadium.
Meine Hausärztin sagte mir einmal den Satz:
„Krebs bedeutet Krieg im eigenen Körper.
Eine Chemotherapie bekämpft mit allen Mitteln radikal diesen Feind des Körpers.
Sieger oder Verlierer – der Ausgang eines solches Krieges bleibt ungewiss..."

Der bekannte Hollywood-Schauspieler und begnadeter Tänzer Patrick Swayze wurde
im Jahr 2008 mit der plötzlichen Diagnose Bauchspeicheldrüsen-Krebs überrascht und
musste mit dieser klarkommen. Er unterzog sich einer schweren Chemotherapie und
nannte sie die „Hölle" auf Erden. Eine wahre Schlammschlacht gegen den Tod.
Er gewann sie, gegen alle Prognosen seiner behandelnden Ärzte.
Aber leider nur für eine kurze Zeit. Er kämpfte mit seiner ganzen Kraft für sein Leben
und tat das, was er am liebsten tat: Filme drehen, und zwar bis an sein Lebensende.
Was ihm Kraft gab?
Der Glaube daran, dass sein Vater, der bereits 27 Jahre zuvor verstorben war,
noch immer bei ihm ist und in Liebe mit ihm verbunden bleibt, egal, was passiert:
„Ich verlasse mich auf meinen persönlichen Schutzengel.
Ich will einfach glauben, dass mein Vater bei mir ist, hier neben mir in diesem Zimmer
steht. Es gibt schließlich ein Leben nach dem Tod.
Wenn nicht, warum sollten wir hier sein? Ich glaube an eine höhere Macht.
Und auch daran, dass der Glaube und die Liebe zu meiner Frau Lisa stärker ist als der
Tod." – Patrick Swayze lenkte sich mit seiner Arbeit ab und kämpfte um sein Leben,
doch nach knapp zwei harten Jahren musste auch er sich geschlagen eben....
Für seine Frau Lisa Niemi, die 38 Jahre lang mit seiner „Jugendliebe" glücklich
verheiratet war, bleibt nach allem Kampf den sie verloren haben, auch der Trauer
-Schmerz, „der einen immer wieder überkommt, als wird man von einem Tier angefallen
und sich anfühlt, als gehöre einem der eigene Körper nicht mehr..."
Ausgerechnet mit der Rolle von „Ghost" feierte der Star seinen großen Kino-Erfolg:
Darin spielte er einen Mann, der als Toter im Zwischenreich von Leben und Tod
versucht, seine Frau zu beschützen. Als er dieses Reich verlassen kann,
um ganz im Jenseits anzukommen, schickt er ihr die Botschaft:
„Es ist wunderbar. Die Liebe, die wir im Innern tragen, die nehmen wir mit!"
Vielleicht war es kein „Zufall", dass er damals ausgerechnet „diese" Rolle spielte. Ahnte
er, dass er diese Botschaft später tatsächlich als „seine wirkliche Rolle" leben würde..?
Seine Frau Lisa bezeugt dies:
„Ich spüre seine Anwesenheit und fühle, dass er mich nicht verlassen hat...!"

Diagnose Krebs: Plötzlich ist alles anders....

Das ganze Leben wird plötzlich radikal (das bedeutet : von der Wurzel her) umgeworfen, umge-krempelt, umge-„stülpt"....
Es gibt schmerzhafte Überraschungen, die einen treffen wie der Blitz aus heiterem Himmel –, mit denen man so nicht oder niemals gerechnet und sich auch nicht gewünscht oder ausgesucht hätte.
Die eigene Welt, sie bricht zusammen, - und das vielleicht schon von heute auf morgen...
Ein solche Diagnose stellt sich quer mitten in den eigenen Lebensweg.
Sie lässt sich nicht wie ein Hindernis einfach beiseite schieben, sondern es gilt: dieses Hindernis sich zur eigenen Lebens- bzw. zur **„Überlebens-Aufgabe"** zu machen.

Sie stellt mich vor die Wahl: Will ich kämpfen für mein Leben hier, für meine Zeit, die ich hier mit meinen Lieben noch verbringen möchte, für meine Zeit, die ich noch brauche, um bestimmte Aufgaben zu erfüllen ?
Den Menschen in dieser Situation werden plötzlich die Augen geöffnet für das, was wirklich wichtig ist im Leben, für das was wirklich zählt, für das, wofür ich wirklich leben möchte...
Vielleicht ist auch die schreckliche Erkenntnis damit verbunden, die mir so ganz auf einmal klar macht: „Hilfe, ich habe doch noch gar nicht `richtig gelebt´!
Soll das alles gewesen sein, was mir **mein Leben** bisher geboten hat ?"

Jeder Mensch geht mit einer solchen „Hiobs-Botschaft" auch anders, ganz „individuell" um.
Der eine sucht sich eine Vertrauensperson, der er voll und ganz vertrauen, sich selbst anvertrauen kann, weil er einfach jetzt auf alle mögliche Unterstützung und Hilfe angewiesen ist, die nur denkbar ist.
Ein anderer braucht einfach nur seine komplette Ruhe, zieht sich in sich selbst zurück und will die Situation erst einmal nur für sich abschätzen und klären.
Oder man weiß sich nicht anders zu helfen, als sich nun mit jedem Mittel abzulenken, um diese knallharte Wahrheit weit von sich weg zu schieben, sie zu verdrängen, was aber schließlich nicht möglich ist, weil die nackte Wahrheit einen immer und immer wieder einholt, keine Ruhe lässt...

Jede Krankheit - leichte oder auch schwere - will mir etwas Wichtiges mitteilen, hat eine Botschaft genau für mich, auch wenn sie unbequem ist und ich nicht unbedingt bereit bin, mich mit dieser auseinander zu setzen.
Die Kinder-Krankheiten, die ich durchkämpft und überstanden hatte – nie zuvor hatte ich mich danach wohler und stärker gefühlt.
Es war, als hätte sich mein kleiner Körper dadurch vollständig erneuert.
Auch meine Kinder hatten nach ihren überstandenen Krankheiten einen reiferen, ja gefestigteren Eindruck gemacht. Die Krankheit selbst war vielleicht das „Mittel", das einen neuen Reifeschub ermöglichte.

Ich bin fest überzeugt, dass auch jede Krankheit ihren tiefen Sinn hat,
auch wenn er sich in jenen schwierigen Momenten nicht ergründen,
sondern sich vielleicht erst viel später erahnen lässt.
In unserem Leben geht es darum,
dass wir Menschen in die „Tiefe" gehen, uns wandeln, - immer wieder neu.
Doch dieser Weg ist meist etwas unbequem und vielleicht auch mit Schmerzen
verbunden, denen ich logischer weise aus dem Weg gehen,
sie - so es irgend möglich – vermeiden möchte...!
Es gibt zudem viel zu viele Angebote,
die uns immer wieder abhalten, wegholen, ablenken.
Eine Krankheit kann die Aufgabe haben, uns Menschen wieder zurückzuholen,
uns klar zu machen, worauf es wirklich ankommt,
was wirklich zählt und wichtig ist.
Uns wach – und aufzurütteln, zu verstehen, womit, - mit welchen Themen –
ich mich in meinem Leben auseinander setzen, was ich ändern muss....

Ein Herz-infarkt, ein Tumor, ein Gehirnschlag,
oder eine andere schwere Krankheit kann der Auslöser sein,
der bewirkt, in seinem Leben die „Not-bremse" zu ziehen,
den Rettungsanker zu werfen und die Segel um zu legen,
ehe es wirklich zu spät ist....
Mit dieser schrecklichen Botschaft kann auch die Einsicht und die Erkenntnis
reifen, nun auch sein eigenes Leben „radikal", von der Wurzel her ändern zu wollen.
Dinge anders gewichten zu wollen, als bisher das der Fall war....
Vorsätze, die man vielleicht schon Jahre lang vor sich hergeschoben hat,
nun end-gültig in die Tat umzusetzen.
Ich bin mir sicher:
jede Krankheit, auch der Krebs hat seine –oft seelische -Ursache.
Mein Vater war über 20 Jahre lang Raucher und warum er so lange Jahre rauchte,
auch das hatte seine Ursache. Zudem plagten ihn Jahre zuvor schwere Todesängste.
Genau 3 Monate, bevor mein Vater verstarb, bekam er seine Diagnose:
„Lungenkrebs". Wir alle wussten, wie die Lage stand.
Nur mein Vater wusste es nicht, aber er **ahnte** es vielleicht.
Der Arzt meinte, es wäre besser für ihn, wenn er noch hoffen könnte bis zum Schluss.
Ja, er hatte immer noch gehofft, er würde wieder gesund werden.
Er hing an diesem Leben und er war in keinster Weise bereit,
dieses sein Leben „jetzt" loszulassen. Er hing an seinen kleinen Enkeln,
die ihm tagtäglich ihr Lachen, ihre Fröhlichkeit und ihre Nähe schenkten.
Er wollte dieses wunderbare Glück jetzt nicht verlieren.
Das Schlimmste wäre, die Hoffnung aufgeben zu müssen.
Irgendwann lag mein Vater so schwach im Bett, dass ihm das niemand mehr
zu sagen brauchte, wohin dieser Weg führen würde.
Aber mit ihm über den Tod zu **reden**, das brachte niemand fertig.
Bis zum Schluss nicht.

Es beeindruckt mich immer wieder,
wie offen und unverhohlen bereits vor über 3000 Jahren zur Zeit Davids die Menschen ihr Herz vor Gott ausschütteten. Klage und Leid, Sorgen und Plagen: alles wurde so ausgesprochen, wie es aus dem Herzen floss.
Ein solches „Kraft-Gebet" formulierte ich für meine liebe Bekannte Hella, die sich nach einem langen schweren Kampf mit dem Blutkrebs geschlagen geben musste....

Hella´s Klage und Schrei-Psalm......

„O Gott, was soll das nur? Was machst du nur mit mir?
Was hast du vor? Wo soll das hinführen? Ich kann es nicht verstehen!
Glaube mir, ich habe eine Höllenangst,
ich möchte mein Leben festhalten, weiß aber nicht, wie..!
Hörst du nicht meinen Hilferuf? Ich will nicht sterben!
Ich werde kämpfen mit aller Zeit und mit aller Kraft,
die mir noch verbleibt für dieses mein Leben! Ich hänge an meinem Leben
und werde nicht loslassen! Zu vieles habe ich noch vor,
meine Träume von meinem Leben sind längst noch nicht ausgeträumt!
Ich habe keine Zeit zum Sterben, es passt mir nicht, - **nicht jetzt!**
Meine Pläne gebe ich jetzt nicht auf! Da ist noch zu vieles,
das ich mir vorgenommen habe für dieses mein Leben.
Ich bin nicht bereit und lasse mich nicht herausreißen,
wegreißen von all dem, was mir so teuer, so lieb, so wichtig ist.
Ich kann doch jetzt nicht alles liegen und stehen lassen,
zusammen packen und dann einfach gehen! Ich kann und will das jetzt nicht!

Wer hat diese Krankheit, dieses Schicksal sich für mich ausgedacht,
wer diesen bösen Fluch über mich verhängt? Wie kann ich ihn wieder los werden?
Bist du Gott dafür verantwortlich? Kannst du denn das so für mich wollen?
Willst du mich leiden sehen oder willst du, dass ich diesem Schicksal
meinen entschiedenen Kampf ansage?
Du bist doch ein Gott, der die Menschen liebt
und wohl auch keine Freude daran hat, sie leiden zu sehen, - oder?
Ich träume von einem anderen Leben, einem glücklichen, gesunden!
Ich bin nicht bereit, mich in dieses Schicksal zu fügen. Ich will nicht sterben!
Ich gebe mein Leben nicht so einfach her und lasse es mir nicht entreißen.
Ich will es nicht wahrhaben, dass der Krebs meinen Körper einfach
verschlingt und auffrisst, wie ein Raubtier seine erlegte Beute.
So lange es mir möglich sein kann und mit aller Kraft,
die noch in meinen Knochen steckt, werde ich ihm davon laufen,
ihm entkommen und entfliehen. So leicht lasse ich mich nicht einholen.
Auch wenn mein Körper schwach ist, mein Geist ist lange noch willig und stark!

O Gott, wenn du mir hilfst, dann kann ich es schaffen !
Mit Dir könnte ich alle Hindernisse überwinden..
Nur in Dir verbleibt meine letzte Hoffnung, und auf diese baue ich...
Steh mir bei mit meiner kleinen Kraft und hilf mir,
diese Höllenfahrt zu überstehen....! Denn allein vermag ich das nicht.
Du schenkst mir die Kraft, wenn die meine langsam ausgeht...
Mit dir bin ich stark...! **Bitte hilf mir !!!“**

Diesen „Schrei-und Hilfe-Psalm“ habe ich für meine liebe Bekannte Hella geschrieben. Jahrzehnte lang war sie als Hebamme in dem Kreissaal tätig, in dem auch ich meinen fünf Babies das „Licht der Welt“ schenken durfte.
Sie sorgte dafür, dass die „kleinen Seelen“ in einer sanften Geburt hier in diesem irdischen Leben gut ankommen und liebevoll empfangen werden konnten.
Jeder wusste, wenn sie Dienst hatte, dann brauchte keine werdende Mutter Angst zu haben. Auch ich konnte mich auf ihre gute Kraft, auf ihre Erfahrung und ihre guten Hände verlassen. Bei ihr wusste ich mich bestens aufgehoben.
Doch plötzlich warf die Diagnose „Blutkrebs“ ihr ganzes Leben aus der gewohnten und auch geliebten Bahn. Fast drei Jahre lang kämpfte sie mit ihr ganzen Kraft gegen diesen Krebs. Ihre liebe Kollegin Rita, ebenfalls (auch „meine“) Hebamme begleitete sie in dieser schweren Zeit. Doch Hella war stark, sie wollte diese harte Strecke ihres Lebens so weit als möglich selber durchkämpfen.

Doch als die Blutwerte so schlecht wurden, dass sie befürchten musste, die folgende Nacht nicht mehr zu überleben, fuhr Rita sie in das Klinikum...
„Ich muss doch wohl nicht sterben, oder....?“, fragte Hella ganz leise, wusste aber auch, dass Rita ihr keine genaue Antwort darauf geben konnte...
Plötzlich aber stand das Thema „Sterben“ so nahe, dass es auch ausgesprochen werden musste.... Rita beruhigte sie. Doch das war nun auch der Augenblick, wirkliche Fragen zu stellen. „Hella, gibt es wichtige Dinge, die ich wissen sollte? Du weißt, deine Kinder wohnen in der anderen Ecke dieses Landes und ich bin Deine beste Freundin. Du musst mir das wissen lassen!“ Diesmal war es Hella, die ihre Freundin zu beruhigen versuchte: „Nein, es ist alles geregelt. Ich habe alles aufgeschrieben ...!“ Damit beließ Rita dieses Thema auf sich beruhen...

Die folgenden Tage zeigten, dass es für Hella kein Zurück mehr in dieses Leben gab. Die Tochter aus Berlin wurde gerufen, die Zeit schwand dahin und damit auch das schwache Leben ihrer geliebten Mutter.
Beide, die Tochter von Hella und auch Rita, wie alle ihre Freunde waren völlig überrumpelt von der schnellen Nachricht ihres Todes.
Nicht nur von dieser Nachricht, die sie alle „fassungs“- los machte, sondern auch von der Aufgabe, viele wichtige Dinge nun irgendwie selbst regeln zu müssen.
Dafür suchten sie in der Wohnung Hellas nach diesem Schreiben, einem Testament, das alles beinhalten sollte, was sie nun auch wissen sollten.
Beide stellten die Wohnung komplett auf den Kopf, aber sie fanden kein Schreiben.

Es existierte nicht, wie sie feststellen mussten.
Rita und auch die Tochter waren völlig ratlos: „Hella. Was sollen wir nun tun..?
Wir wollen doch in deinem Sinne handeln! Du stellst uns vor eine schwere Aufgabe!
Nun musst du uns aber auch helfen, sag uns, wie wir vorgehen sollen!
Wir haben doch nie über dieses Thema gesprochen!
Möchtest du eine kirchliche Beerdigung oder eine Urnenbeisetzung und die Frage, wo willst du das haben? Wo willst du deinen „Platz des Friedens“ finden?“

Beide Frauen machten sich auf dem Weg und fanden einen sehr schön gelegenen, ruhigen Waldfriedhof in Berlin, ganz in der Nähe der Wohnung der Tochter.
Sie spürten, das war der Platz, der Hella sicher sehr gefallen hätte.
Sie spürten die „Zusage“ ihrer Mutter und besten Freundin und wussten, dass ihre Entscheidungen nun ganz in ihrem Sinne waren. Auch die Feier war „ihre“ Feier der Verabschiedung, auch, wenn sie sich das sicher ganz anders vorgestellt hätten.
Sie wussten, Hella war einfach noch nicht so weit.
Sie konnte nicht über den nahenden Tod sprechen, sie wollte und konnte diese schreckliche und traurige Gewissheit nicht wahrhaben. Sie hatte dieses ‚Gehen-müssen', diesen Schmerz einfach verdrängt. Und „verdrängen“ ist nur allzu „menschlich“!
Stirbt die Hoffnung nicht zu aller-letzt???
Solange man diesen Willen zum Überleben hat, kann und will man kämpfen!
Wenn man unangenehmen oder schmerzhaften Dingen nicht ins Auge blicken will, sich nicht auseinander setzen, fügen will, schiebt man es weg, weit vor sich her.
Das ist ganz „normal“ so, denn der Kampf gegen den Krebs, wenn man ihn aufnimmt, zehrt **ALLE** Lebenskräfte auf. Da sind die vielen Termine, die alle Kraft, die der eigene Körper ja gar nicht hat, aufbringen muss .
Da bleibt oft weder die Zeit und die Muße, noch die Bereitschaft und auch die Kraft, sich mit diesem Thema wirklich zu befassen: das Sterben und der Tod.
Nein. Dieses Thema „muss“ manchmal sogar bewusst ausgeblendet werden, um weiterkämpfen zu können für dieses Leben, an dem man doch so sehr hängt....!
Auch wenn es so wichtig wäre, sich auch diesem Thema zu stellen...!

Wohl ganz ähnlich ging es Gabriele, der Arbeitskollegin meiner Freundin, deren Name ich bereits erwähnte. Dass sie beim Arzt tödlich zusammenbrach, war das Ende eines vier Jahre langen Kampfes mit dem Brustkrebs.
Doch niemand wusste darüber Bescheid. Sie wollte diesen Kampf ganz alleine mit sich selbst austragen. Die eigenen Töchter und auch der – getrennt lebende – Ehemann sollten von diesem Leid ‚verschont' bleiben. Sie verstanden erst nach dem Tod ihrer Mutter, was diese in diesen Jahren durchkämpft und durchgestanden hatte.
Die Arbeitskolleg/inn-en und Freunde, sie waren einfach „platt“, denn sie erfuhren erst in der Predigt des Pfarrers den Grund, warum Gabriele beim Arzt zusammen gebrochen war und sterben musste. Sie hatte sich gegen eine Chemotherapie entschieden, weil sowohl ihre Mutter, wie auch ihre Schwester mit der gleichen Diagnose diesen Höllenkampf auf sich genommen und ihn dann doch verloren hatte. Lange und auch schwer genug hatte sie ihre Lieben leiden sehen. Dieses Leiden und den Kampf wollte sie sich selbst und auch den anderen ersparen.

Die einzige, der sie sich anvertraut hatte, war ihre Chefin. Ihr „musste“ sie es sagen. Der Grund, warum sie sich vier Wochen lang – vor ihrem Zusammenbruch - nicht mehr zur Arbeit schleppen konnte, ohne ein ärztliches Attest vorweisen zu können, zwang sie dazu, sich zu „outen“. Ohne ein gültiges ärztliches Attest hätte sie die Versicherungs-Ansprüche verloren.
Nur aus diesem Grund ließ sie sich einen Arzttermin geben.
Gabriele war eine sehr gläubige Frau. Sie hatte wohl ihren Tod, das Wissen darum sicher nicht „verdrängt“, sondern war ganz wissend und „bewusst“ auf ihren Tod zugegangen. Aber ihre Entscheidung war es, diesen Weg ganz alleine zu gehen.
Sie wollte und konnte andere Menschen nicht damit belasten.
Sie wollte und konnte sich aber auch nicht begleiten, sich helfen lassen.
Es war ihre ganz persönliche Entscheidung, sich nicht zu öffnen,
alles so kommen zu lassen, wie es eben kommen sollte.
Der Tag ihrer Beerdigung war ein trüb-nebeliger, grauer Regentag im Herbst.
Was es Zufall oder ein gutes Omen, ein lichter Gruß an alle ihre Lieben,
die immer noch starr und geschockt vor ihrem offenen Grab standen:
der graue Himmel riss plötzlich auf, die Sonnenstrahlen erhellten das ganze Grab und den Sarg und die Lichtstrahlen fielen bis tief in ihr Grab hinein.

So,
als wollte sie sagen:
„Macht euch keine Sorgen mehr um mich.
Mein Leidensweg ist nun vorbei.
Meinen kranken Körper habe ich jetzt abgelegt.
Meine Mutter ist bei mir und es ist sehr schön, wieder mit ihr zusammen zu sein.
Es geht mir gut..

Seid mir nicht böse, wenn ich euch so viel Kummer und Trauer bereitet habe.
Ich schenke euch meine ganze Liebe, ja ich bin mit meiner Liebe bei euch. Bleibt mit mir verbunden, ich liebe Euch...!“

Einen Tag später in der Zeitung:
Wir vermissen dich
– Dein Lachen, Deinen Humor, Deine Liebe,
Deine Freundschaft, Deine unverwechselbare Art und Weise,
wie Du unsere Freundin und Kollegin warst....!

Mit dem nahen Tod sich zu befassen ist schwer, -
über den nahen Tod zu sprechen aber noch viel schwerer.
Reden, - über seine wahren Ängste sprechen zu können,
ein Segen, ein Geschenk, einen Menschen seines Vertrauens zu finden...!

Dies verlangt von einem Menschen eine große persönliche Reife ab.
Nämlich die Bereitschaft, mich etwas ‚Ungewissem' zu stellen.
Und dieses Ungewisse ist das, was mir Angst und Unbehagen bereitet.
Reden ist manchmal sehr anstrengend.
Das bedeutet, ich brauche einen Menschen, zu dem ich absolutes totales Vertrauen habe, dem ich meine **innersten Ängste**, - alles, was mich bedrückt und mir Sorgen bereitet , **öffnen** kann und darf.
Einen Menschen, der mich auch versteht ohne viele Worte.
Das ist gerade für ältere Menschen, die es nicht gewohnt sind oder in ihrer Generation es nicht gelernt haben, **offen** über ihre Gefühle zu sprechen, nicht gerade einfach. Älteren Menschen tut es gut über ihre Krankheiten zu sprechen- wobei es **immer** wichtig ist – egal welchen Alters – sich aus-sprechen zu können, eigenen Sorgen und Ängsten Luft zu machen.

Bei Senioren-Runden nimmt dieses Thema „Krankheit, Leiden, Sorgen und Ängste" oft eine ganz zentrale Stellung ein.
Hier ist der Raum, sich darüber auszutauschen und neuen Mut zu finden.
Aber über diese Angst, die der eigene Tod und das Sterben immer wieder auslöst, zu sprechen, das ist meist eine ganz andere Sache.
Hier kommt man an eine Grenze, vielleicht, weil manchmal die Worte dafür fehlen oder weil dies kein Thema ist, worüber man sich **einfach so** unterhält...
Aber genau diese Gedanken verfolgen oft jeden - gerade der älteren - Menschen wie ein Schatten auf Schritt und Tritt ...
Das Thema Tod wird gerade auch hier meisterhaft verschwiegen und verdrängt, dabei wäre der „Bedarf" so riesengroß, wäre es **so** wichtig, alle seine Ängste los zu werden, sich auszutauschen und einander Mut zu machen, Vertrauen zu finden.
Da ist Lesen vielleicht etwas einfacher, das kann ich ganz allein für mich tun und ich kann mir meine ganz eigenen Gedanken machen.
- Dafür brauche ich mich niemandem zu ‚outen'...

Das Schwere sind zudem für viele Menschen die Stationen vorher,
weil man eben alles auf sich zukommen lassen muss
und dazu eine ungeheure Gelassenheit und Vertrauen braucht,
die man oft einfach gar nicht hat.
Ein Mensch der ein unheilbares Leiden hat, weiß nicht, wie lange es dauern wird,
wie viele Schmerzen man noch aushalten muss, was mit einem geschehen wird.
Diese Stationen sind die Stationen des Kreuzweges, des eigenen Kreuz-weges.

Auch Jesus musste hadern mit der Ungewissheit, was wird noch werden,
was wird noch alles auf mich zukommen, was gilt es noch alles auszuhalten?
Auch er litt Schmerzen und flehte darum, dieser schwere Kelch möge ihn verschonen,
an ihm vorüber ziehen.
Auch auf ihn kam der Tod mit den schrecklichsten Qualen direkt zu,
er konnte und wollte auch schließlich diesem Schicksal nicht ausweichen.

Das sind die vielen offenen Fragen, die mir Angst bereiten...
Was geschieht im Tod mit mir?
Wie werde ich diesen Übergang in die „neue“ Welt erleben?
Wohin werde ich gehen und was werde ich erleben...?
Werde ich allein gehen oder hilft mir jemand?
Werde ich meine körperlichen Leiden mitnehmen oder kann ich sie hier zurück lassen?
Wie werde ich mich in meinem Denken und Fühlen, in meiner Leiblichkeit erleben?
Bleibt mir mein schöner Körper erhalten,
oder kann ich auch **ohne** diese „feste“ Materie gut weiterleben?

Gibt es einen Himmel, der mich erwartet oder werde ich zuvor noch einer Prüfung
„unterzogen“? Was wird die „Ewigkeit“ für mich bedeuten?
Kann ich alle meine Freunde und Lieben wieder finden, auch meine Tiere,
die ich bereits verabschieden musste in meinem Leben und die mir so lieb waren?
Genau, um mit diesen Fragen und den Ängsten die sich daraus ergeben,
umzugehen, dafür habe ich diese Zeilen, dieses Buch geschrieben.

Ich hätte meinem Vater gerne gesagt:
„Papa, du brauchst überhaupt keine Angst zu haben vor dem was kommt,
vor dem, was dich erwartet!“
Wochen vor seinem Tod, als er noch in der Lage war Zeitung zu lesen,
sich mit geistigen Dingen zu beschäftigen, vielleicht hätte ihm solche Zeilen
oder gute Gespräche geholfen und ihn getröstet, ich weiß es nicht.
Wenn der Körper schwach wird, dann hilft kein Buch mehr,
sondern nur noch die Hand eines lieben Menschen und helfen auch nicht mehr
viele Worte, sondern nur noch die Nähe und die Liebe des andern zu spüren.
Zu wissen, ich bin nicht allein. Gerade für diese letzte Phase im Leben sind die
Palliativstationen in unseren Kliniken ein wahrer Segen.
Zu wissen, ich bin gut aufgehoben und geborgen bis zum letzten Atemzug.

Hier kümmern sich Menschen **menschlich,** medizinisch und oft auch spirituell um ihre Patienten und bemühen sich um eine feinfühlige Begleitung, - versuchen , sie in ihrer letzten Zeit zu ermutigen, zu erheitern, zu trösten und mit ihrer Zuwendung ihr Herz zu erwärmen.
Die Patienten auf diesen Stationen – sie sind es, die oftmals ihre „Koffer" bereits gepackt haben. Sie sind bereit für Zeit ihrer „Abreise" oder müssen noch etwas ausharren im „Wartezimmer" Gottes, auf dass ihre Stunde kommen möge...

Ein Segen aber, wenn es vorher schon - egal in welchem Alter – gelingt,
sich mit diesem Thema „Sterben, Tod und Vergänglichkeit",
zu dem unabdingbar auch die andere Seite: „Weiterleben im Jenseits" gehört,
sich so auseinander zu setzen und vorzubereiten, dass man darüber „Bewusstheit" erlangt. Es ist wichtig, sich den eigenen Fragen und auch Ängsten zu stellen,
„Licht" in das eigene Dunkel zu bringen.
Um Vertrauen fassen zu können in die Menschen, die einen liebevoll begleiten wollen,
vor allem aber in die eigenen Seelenkräfte und den himmlischen Helfern,
die mich sicher niemals alleine lassen.
Denn die Dinge die einem Angst machen, verlieren ihre dunkle Macht ,
wenn man sich mit ihnen auseinander setzt, sich mit ihnen beschäftigt!
Ich hätte meinem Vater so vieles sagen wollen und können,
was den Tod und das Leben danach betrifft.
Doch etwas verbot mir, mit ihm darüber zu reden.
Es war wohl, dass ich spürte, dass er es selber nicht wollte.
Es ist tatsächlich so - eigentlich paradox: als Tochter stand ich ihm für diese so wichtige Aufgabe einfach zu nahe. Das ist schon so bei den eigenen Kindern...
Über ganz wichtige Dinge, die wirklich ganz des Vertrauens sind,
sucht man sich lieber eine Freundin, den besten Freund,
dem man dann wirklich das ganze Herz auf einmal ausschütten kann.
Mein Vater war nicht bereit dazu, obwohl ihm sein eigener Tod sicher Tag und Nacht vor Augen stand und die Angst alles in ihm durcheinander wirbelte.
Diese Angst verfolgte ihn wie sein eigener Schatten, sie machte ihn sprachlos.
Vermutlich fand er gar keine Worte für das, was auf ihn in den kommenden Tagen und Wochen zukommen sollte... Wenn es ernst wird, dann geht es absolut ans Eingemachte, dann gibt es kein Festhalten mehr, dann heißt es Los-lassen können.

Wenn man sich gewahr wird, es gibt jetzt nur noch eine Richtung,
es gibt kein Zurück mehr, kein Entfliehen, dann ist jedes Ankämpfen gegen die Strömung, jedes Bemühen, den Kopf so lange wie möglich über Wasser zu halten, sinnlos. Wer seine Kraft dafür aufwendet, **gegen** die Strömung zu schwimmen, dem wird ganz rapide alle Kraft, die er noch hat, ausgehen und wird vielleicht sogar in diesem Kampf einfach erschöpft untergehen.
Die Strömung verlangt mit zu schwimmen, sich dem Strom zu überlassen,
wenn möglich – mit Liebe und Vertrauen,
und nicht mit quälender Todes-Angst und Schreckens-Nöten....

In dem Vertrauen, dass das, was kommt, nicht das Ende, sondern nur ein ganz leiser, natürlicher und auch schmerzloser Übergang sein wird.
In dieser Phase, wenn die Kräfte des Körpers von Woche zu Woche, von Tag zu Tag schwinden, - so wie das Eis das in der Sonne schmilzt, dann hilft – für den Angehörigen - nur noch „Da- sein" und Beten.

Es ist wohl die schwerste Prüfung des eigenen Vertrauens, das Kommende zulassen zu können, um im Los-lassen zu erfahren, ich kann, muss aber hier auch nichts mehr festhalten...
Nur die Hand eines Menschen, dem ich vertrauen kann und den ich liebe....
Als ich am Körper meines Vaters leichte blaue Flecken entdeckte, wusste ich, dass seine Lunge ihn nicht mehr mit genügend Sauerstoff versorgen konnte und nun die Endphase in seinem schweren Kampf erreicht war.
Sein Körper reagierte mit hohem Fieber, was gut war.
Nach außen hin mochte man meinen, sein Leiden hätte jetzt den Höhepunkt erreicht, doch ich wusste, das Fieber sorgte dafür, dass er jetzt schmerzfrei und sogar gelöst sein konnte. Der äußere Eindruck trügt!
Im Inneren des Sterbenden werden nun ganz andere Phasen erreicht, zu denen wir aber in der Außenwelt keinen Zugang mehr haben können.
Als der Tod meines Vaters eingetreten war, wusste ich, es war geschafft.
Er war erlöst vom körperlichen Leiden und nun auf dem Weg in seine „neue" Welt und Heimat. Ich wünschte und betete von Herzen, dass er einen liebevollen Empfang erleben und in der anderen Welt gut angekommen würde.
Ich versprach ihm, alles dafür zu tun, dass es eine schöne, liebevolle und würdige Beerdigung für ihn geben würde. Da ich selber Orgel spiele und den Pfarrer gut kenne, konnte ich da einiges dafür tun...

Als wir alle im Totenhäuschen des Friedhofes um seinen Sarg standen, schön mit Blumen geschmückt, da spürte ich wieder diese Vertrautheit, die ich damals schon als Kind empfand. Ich ahnte nicht, ich **wusste** einfach, dass es ihm jetzt gut geht und einfach nur froh ist, all diese schweren Tage und Wochen überstanden zu haben.
So, als wäre er anwesend und würde über uns lächeln, uns sagen wollen:
„Weint doch nicht, es geht mir doch gut...! Ich habe keine Schmerzen mehr und ich bin nicht tot, sondern ganz lebendig. Ich bin gut angekommen und übrigens euch viel näher als ihr denkt...! Alles ist gut...!"
Eine tiefe Dankbarkeit für alles, was mein Vater für mich – für uns alle - getan und geleistet hatte und auch Dankbarkeit für all das, was er noch an Schönem erleben durfte, die Kinder am Hof, denen er tagtäglich beim Spielen und auch beim Streiten zugesehen hatte. Hier in seiner gewohnten vertrauten Umgebung hatte er alt werden dürfen, fast 80 Jahre. Hier war er geboren und hier konnte er auch wieder sterben. Sein Zeitpunkt, in die andere lichte Welt zu wechseln, war jetzt gekommen und das war es, was es zu akzeptieren galt. Eigentlich kein Grund zur Traurigkeit für mich. Fast spürte ich etwas Feierliches.

Da ich ein „fühliger" Mensch bin, fällt es mir sehr leicht, die Gefühle eines anderen zu „„er-fühlen", die „Innenseite" eines anderen Menschen zu verstehen.
Und das, was bei mir ankam von meinem Vater, war das Gefühl einer ungeheuren Erleichterung. So, als wäre eine Zentnerlast von ihm abgefallen.
Es lastete auf ihm bis zu seinem Lebensende die Traurigkeit darüber, jetzt nicht mehr bei uns sein zu können, doch nun schien diese Schwere der Freude, einfach angekommen zu sein und auch das Erstaunen darüber, immer noch bei uns sein zu können - wenn auch nun in „anderer" Form - gewichen zu sein. Auch das Staunen darüber, ein neues „Körper-Gefühl" zu haben, denn das Leiden war ein für allemal überstanden. Ein Gefühl, als wäre man „neu geboren", mit einem gesunden frischen Körper, in dem man sich wieder so richtig wohl fühlt und auch die Freude über die lieben Menschen, die ihm einen wunderbaren herzlichen Empfang bereitet haben und es ihm ermöglicht haben, ganz schnell in leichter Weise anzukommen, sich dort einzufinden...

Es war so, als würde mein Vater sagen:
„Es ist jetzt wirklich gut, hier zu sein. Ich genieße mein Hier-Sein
und fühle mich frei von Schmerzen und Ängsten, von alten Lasten und Sorgen,
als hätte ich einfach ein altes Kleid abgelegt, - ... wie neu geboren!
Ich kann gar nicht verstehen, warum ich vor diesem „Übergang" – dem Sterben –
eine so riesengroße Angst hatte! Dabei war es ganz leicht, hier anzu-kommen.
Ich fühle mich leicht, er-leichtert und will jetzt einfach nur ausruhen.
Ich hatte so viel gekämpft in den letzten Tagen
und brauche jetzt einfach wahrlich Ruhe und Erholung, - eine Pause.
Ich will das Neue jetzt auf mich zukommen lassen, aber das,
was ich bis jetzt sagen kann, ist das: es ist großartig! Seid getröstet!
Es ist mir schon lange nicht mehr so gut gegangen wie jetzt!
Ich habe wirklich ALLES, was ich brauche.
Macht euch also bitte keine Sorgen über mich....!"
Das war das „Gefühl", das bei mir ankam, als ich vor dem mit Blumen
wunderbar geschmückten Sarg meines Vaters stand.

Als ich beim Verlassen dieser kleinen Halle auf Verwandte traf, die ich schon so lange nicht mehr gesehen hatte, da kam mir ein herzlicher Lacher aus.
Meine Mutter sagte mir später, dass dieses mein Verhalten bei den anderen großes Befremden und auch Entsetzen ausgelöst hatte. Ob ich denn nicht traurig sei?
Fast erschien der Eindruck, als ob es mir nichts ausmache,
dass mein Vater verstorben sei. Auch dies musste ich akzeptieren.
Der Tod und das Lachen passt eben nicht zusammen und in der Nähe eines Toten, meines Vaters, lacht man nicht. Dafür konnte ich jetzt mit meinen Talenten und Fähigkeiten alles tun, um im Gottesdienst einen schönen würdigen und festlichen Abschied zu gestalten, in dem die Trauernden die „Brücke in das Reich Gottes" erspüren sollten. Denn auch eine Geburt in den Himmel löst auf der „anderen" Seite eine unbeschreibliche Freude aus, und wird sicher auch dort **gebührend** gefeiert...!

„Ich bin die Auferstehung und das Leben. (Joh 11,25 ff)

Wer an mich glaubt,
wird leben,
auch wenn er stirbt.

Und jeder,
der lebt und an mich glaubt,
wird in Ewigkeit nicht sterben.
Glaubst du das ?!“

Ich glaubte nicht nur,
nein, ich **wusste** es :
es ist **seine Geburt**
in den „Himmel“.
Wir feiern im Gottesdienst nicht nur seinen Abschied, sondern auch seine „neue Geburt“, ebenso wie wir Christen nicht nur den Tod Jesu feiern, sondern eben: das Weiter-Leben, seine Auferstehung.

Die Musik und eine gute Predigt mit Fürbitten und Gebeten, die unsere Gedanken, unser Empfinden ausdrücken, eine gute Gemeinschaft mit allen seinen Freunden sind wunderbare Mittel, um „seine“ Geburt in den Himmel auch zu feiern.
Ich setzte mich mit der Urlaubsvertretung unseres Pfarrers, einem polnischen Aushilfspfarrer in Verbindung, da unser Gemeindepfarrer im Urlaub war.
Und weil dieser noch Schwierigkeiten mit unserer deutschen Sprache hatte, bot ich ihm an, die Predigt für ihn zu schreiben. Er vertraute mir und nahm dankbar an.
Das war eine einmalige Gelegenheit für mich, auch in eigenen und persönlichen Worten auszudrücken, was unsere Hoffnung und unser Glaube über den Tod hinaus vermag.
Und wie sehr unsere „Toten“ immer noch ganz lebendig und nahe bei uns sind, und es auch bleiben werden. Die gute alte „Schubert Messe“, feierlich gesungen und noch kleinere Sologesänge wie das „Ave Maria“- ein Wunsch meiner Mutter – sie waren ins Herz gegangen. Die Botschaft war angekommen.
Bei meinem Vater und auch bei meinen Verwandten und jenen, die gekommen waren.
Und dafür war ich sehr dankbar.

Aus dem „Nachruf" meiner Tageszeitung:

**Ich bin gegangen, nur einen kleinen Schritt und gar nicht weit.
Und wenn ihr dorthin kommt, wo ich jetzt bin,
werdet ihr euch fragen, warum ihr denn geweint habt!**

Einen sterbenden Menschen begleiten zu dürfen, ist ein ausgesprochenes Geschenk

Dazu möchte ich zuerst eine kleine Geschichte erzählen....
In einem Brief kündigte sich meine beste Freundin Hanna an.
Sie wollte mich an meinem Studienort Bamberg für ein paar Tage besuchen.
Die Freude war unbeschreiblich, denn wir hatten uns über ein Jahr lang nicht mehr gesehen. Wir genossen jede Stunde zusammen, waren wir doch wie zwei „Seelen-schwestern", die einander auch ohne viele Worte verstanden.
Viel zu schnell waren unsere gemeinsamen Tagen vergangen und als der Abschied nahte, war es keine Frage für mich, diesen Abschied so liebevoll und herzlich wie möglich zu gestalten....
Ich begleitete sie mit der Trambahn zum Bahnhof. Station für Station ließen wir nochmals die schöne historische Stadt an uns vorbeiziehen. Ich ließ es mir nicht nehmen, sie so weit zu begleiten wie es mir möglich war und suchte mit ihr den richtigen Zug, der sie wieder sicher und wohl erhalten in ihre Heimat zurück bringen würde.
Sie setzte sich so in ihr Zugabteil, dass sie mir nochmals zulächeln konnte und schob das Fenster herunter, um noch ein paar letzte Worte miteinander wechseln zu können, sich noch mit einer lieben Geste letzte gute Wünsche zuzurufen...

Als der Zug sich in Bewegung setzte, winkten wir einander noch lange zu.
Ihr Bild wurde immer kleiner, aber wir winkten einander immer noch zu, so lange, bis der Zug aus unserem Blickfeld verschwand.
Den Weg zurück wollte ich alleine zurückwandern. Voller Freude, Dankbarkeit und Glück mit so vielen netten Erinnerungen und Bildern in meiner Seele, ging ich diesen Weg wieder zu meiner kleinen Wohnung zurück.
Nicht nur aus diesen letzten Tagen des Zusammenseins, nein alle Bilder waren ganz lebendig in mir, alle, seit unserem Kennenlernen. Die Gespräche klangen noch nach und ich spürte, obwohl wir jetzt „physisch" getrennt waren, unsere Herzen waren immer noch verbunden wie durch einen unsichtbaren Faden, der uns miteinander verband.
Ein Teil von ihr war bei mir verblieben, ein Teil von mir war bei ihr verblieben, - wohlwissend, dass der „liebe Gott" mich immer wieder beschenkt mit allem, was ich brauche, um in diesem Leben glücklich zu sein. Wer in der Liebe verbunden ist, kennt keine „Trennung"! Liebevolle Weg-Gefährten, die einem helfen in der manchmal schmerzhaften Suche, der Sehnsucht, den Traum von einem glücklichen Leben zu verwirklichen, sind ein wahres Geschenk!

Das war vor über 20 Jahren.
Heute hat meine „beste" Freundin - so wie auch ich - längst ihr „Herzblatt" gefunden, Wurzeln geschlagen und eine eigene Familie gegründet. Aber heute noch, wenn wir miteinander telefonieren oder uns eine e-mail zusenden, ist die Vertrautheit und Freundschaft so lebendig wie damals. Auch wenn wir über Monate hinweg nichts voneinander gehört haben, so wissen wir doch umeinander. Warum ich das hier erzähle? Als es um den Abschied ging , hätte ich mir nicht vorstellen können, zu meiner besten Freundin zu sagen: „Diese Tage waren sehr nett mit dir. Aber bitte geh den Weg zum Bahnhof alleine zurück. Ich werde dich hier in meiner Wohnung verabschieden, dich noch einmal herzlich drücken und dir von hier aus noch einmal zuwinken, bis du samt Gepäck und Reisetasche um die Ecke verschwunden bist..."

Wer einen Menschen wirklich liebt, der versucht ihn so lange zu begleiten, wie es einem nur möglich ist. Auch das Begleiten eines Sterbenden ist geprägt von diesem Abschied nehmen, vom Mit-gehen und Mit-tragen bis zur letzten Station und Minute seines Lebens. Doch das Sterben in unserer Gesellschaft ist nach wie vor ein „Tabu-Thema", dem man sich nicht gerne freiwillig auszusetzen vermag....
Angehörige fühlen sich manchmal enorm erleichtert, wenn sie ihren „Liebsten" in einer Klinik, Pflege- oder Palliativstation gut aufgehoben und medizinisch bestens versorgt wissen. Wenn sie sich überfordert fühlen, körperlich und psychisch an ihre Grenzen kommen, dann ist dies der einzig richtige und auch empfehlenswerte Weg.
Wir können nur froh und dankbar sein, dass es diese Möglichkeiten gibt....
Geht es hier doch ganz entscheidend darum, das wirklich Bestmöglichste für den Sterbenden zu tun...und mit ihm zu entscheiden...
Wo will der Angehörige seine letzten Tage und Wochen verbringen?
Was kann ich als „Nächster" leisten und ermöglichen?
Auch in einer Pflegestation ist es möglich, meinem Lieben immer wieder wissen zu lassen, dass ich **DA** bin, kann ich Begleiter und Tröster sein, kann ich Zuspruch geben und ein Gebet – wenn auch nur leise für mich allein - sprechen.

Du schenkst uns Zeit, und in ihr auch das Leiden,
doch willst du bei uns sein und uns begleiten.
Herr, lass uns stille werden, dass wir sehn:
Du willst zu aller Zeit mit uns durchs Leben gehen...!(EVG Nr. 592, 3)

Als die Ärzte bei meinem Vater feststellten, dass der Krebs zu weit fortgeschritten und eine Operation nicht mehr möglich ist, war nur ein Gedanke da...
„Papa, komm nach Hause und verbringe deine letzte Zeit hier an dem Ort,
der dir so vertraut und lieb ist. Hier bist du nicht nur **geboren**,
sondern auch **„geborgen"**, hier bist du aufgewachsen, hast dein Leben gelebt.
Hier darfst du es auch wieder voll-enden in dem Wissen,
dass immer jemand für dich da ist."

Meine Mutter, meine Geschwister und ich, wir alle hatten das Gefühl, es ist gut so, das Beste, das wir ihm in den letzten Wochen und Tage geben konnten. Dieses Gefühl der Geborgen- und Vertrautheit ist für die Sterbenden so wichtig, um auch los-lassen zu können, zu wissen, es ist alles gut. Eben dieses Gefühl wird auch **uns** trösten und beruhigen, weil wir gewiss sein können, alles in unserem Bereich Mögliche getan zu haben. Es ist der letzte Dienst, dem wir als „Nächster" unserem Angehörigen erweisen können.

Hab aber kein schlechtes Gewissen, wenn dies in deiner Begleitung eines Sterbenden nicht mehr möglich war. Wenn die Umstände sich anders ergeben, dann hat auch das seinen Sinn. Dann können immerhin auch die eigenen liebevollen Gedanken und das Gebet den Sterbenden zu seinem „letzten Zug" begleiten....

Wichtig ist, dass **ich** meine Scheu verliere vor dem, was sich „Sterben und Tod" nennt. Denn der Tod ist nur eine Erneuerung, ein Hinübergehen, ein Wechseln der Räume, ein Ablegen der Hülle, die mir für dieses Leben so kostbar war, aber dann seine Aufgabe erfüllt hat und in diesem Sinne nicht mehr „gebraucht" wird.

Unsere Aufgabe ist es, mit unserer Liebe unseren Nächsten, Angehörigen, Liebsten zu seinem „Bahnhof" zu geleiten, unsere Liebe mitzuschicken, in dem Wissen, dass es keine Trennung gibt, seine Nähe nach dem „Hinübergleiten" noch genauso bei mir sein wird, wenn ich es selbst nur zulassen kann....

In dieser Zeit, als mein Vater nicht mehr aus seinem Bett konnte, weil ihn einfach schon die Kräfte verlassen hatten, schätzte ich es sehr, dass unser lieber guter Nachbar Georg ihm fast täglich einen Besuch abstattete.
Immer verband sie eine freundschaftliche Herzlichkeit, hatten sie sich doch in den Jahren der harten Bauernarbeit gegenseitig ausgeholfen und unterstützt , wo es nur ging und waren einander immer verbunden geblieben.
Ich wusste, ihn schmerzte es besonders, dass er seinen guten, um nicht zu sagen, besten Freund nicht mehr in unmittelbarer – irdischer –Nähe wusste...
Schon bald, als mein Vater begraben war, war dieser liebe alte Georg es, der mir bekannte, dass er sehr um meinen Vater trauere, dass er ihm sehr fehlt....

5 Jahre später wurde ihm die gleiche Diagnose – Lungenkrebs – gestellt.
In der folgenden Zeit mit Bestrahlung und Chemotherapie fühlte er sich oft intensiv mit meinem Vater verbunden und ich wusste darum .
Als es auch bei ihm in die „Endphase" seines Lebens ging, er also matt und schwach in seinem Bette lag, nicht mehr fähig, dieses zu verlassen, besuchte ich ihn regelmäßig mit meinen Kindern, war er doch meinen Kindern die letzten Jahre fast ein liebevoller „Ersatz-Opa" geworden, der Kinder liebte und immer ein nettes Lächeln, ein freundliches Wort für sie übrig hatte....
Meine Kinder hatten diese Herzlichkeit immer geschätzt und dafür auch seine Nähe manchmal gesucht.

Genau eine Woche vor seinem Tode wusste ich, dass bei meinem Besuch der richtige Zeitpunkt gekommen war, nach so manchen kleinen Erzählungen auch über den nahen Tod zu sprechen. Georg war zwar matt, aber doch war er geistig wach, hatte uns erkannt und mit einem milden Lächeln uns begrüßt. Ich wagte einen Versuch und sagte zu ihm...

„Du kennst doch meinen Vater Paul....denk dran, wenn es dir mal ganz schlecht geht und du merkst, dass es nicht mehr lange dauern wird, dann ist mein Vater ganz sicher für dich da. Er wird auf dich aufpassen und wenn es soweit sein soll, dann wird er dich ganz bestimmt auch abholen. Er wird da sein für dich, wenn du ihn brauchen wirst....! Du weißt ja, welch große Angst er vor dem Sterben hatte. Und dabei hat er mir später gesagt, dass es gar nicht schlimm war mit dem Sterben, er lebte ganz einfach weiter und musste sich später selber wundern, warum er eigentlich so viel Angst hatte vor dem Sterben..“
Georg hatte mir ganz aufmerksam zugehört und ich spürte, dass ihm meine Worte alles andere als unangenehm war. Ganz im Gegenteil, ich war selber ganz überrascht, dass er fast dankbar, ja erleichtert war, über diese „Sache“ sprechen zu können. Georg richtete sich mit seiner matten Kraft leicht auf und sagte einen einzigen Satz in diesem ganzen Besuch „Ja, das habe ich auch vor.....!“
Mit diesem einzigen Satz meinte er: „Ja, ich weiß, dass mich der Paul abholen wird, für mich da sein wird, wenn es denn so weit ist. Ich weiß das schon sehr lange, und ich habe immer darauf gehofft, dass dies so sein wird!“
Da wusste ich und fühlte mich vollkommen bestätigt, dass er in den letzten Wochen und vielleicht auch Monaten immer die Verbindung zu meinem Vater gesucht und gefühlt hatte. Alte Freunde, die - haben sie auch die Seiten gewechselt - bleiben immer noch die alten Freunde, die sie immer waren, da ändert auch der Tod nichts.
Beim Wechsel spürt der Sterbende, wer für ihn da sein wird, wer ihn begleiten und auch wieder freudig empfangen wird.

Oftmals wissen alte oder kranke Menschen bereits Jahre vor ihrem Tod,
wer diese Person sein wird,
zu **wem** sie dieses Vertrauen haben und von
wem sie sich wünschen, empfangen zu werden.

Noch eine Sache war mir wichtig, in meinem Gespräch mit dem lieben, guten Georg zu klären...„Du hast doch nichts dagegen, dass ich- wenn es einmal so weit ist- für Dich die Orgel spielen und ein paar schöne Lieder singen werde. Auch meine Kinder werden mich auf der Flöte begleiten. Das möchten wir gerne für dich tun....“
Und ich lächelte ihn dabei herzlich an....Jetzt kam der zweite Satz in diesem Gespräch. „Ja, das machst du für mich, das freut mich...“
Und es kam ein mattes Lächeln zurück, das für mich alles ausdrückte.
Ich wollte, dass er noch zu Lebzeiten wusste, dass er sich auf mich verlassen kann und diese Sache mit der Beerdigung, zumindest was die Musik anbelangt, er voll mit mir rechnen kann...

Dadurch, dass ich ihm mit meinem Angebot entgegenkam, wollte ich ihm ersparen, dass er mich darum bitten musste, denn ich wusste, dass es auch sein Wunsch war, aber jetzt vermutlich einfach zu schwach war, mich danach zu fragen.
Wer spricht schon gerne von seiner eigenen Beerdigung, so lange man noch am Leben ist? – Auch wusste ich, dass für „seine Begleitung zum himmlischen Bahnhof "gesorgt war. Ein paar Tage später, als sein Sohn Hannes frühmorgens an meiner Haustüre mit verweinten Augen klingelte, war mir sofort klar, was geschehen war.
„Mein Vater ist soeben verstorben....". Ich nahm meinen Nachbarn einfach in die Arme, obwohl dies sonst nicht unserem Umgang entsprach...und konnte nicht anders als zu sagen...„Sei froh, jetzt hat er es überstanden....!"
Obwohl Hannes gewusst hatte, dass an jedem Tag dieser Moment eintreten konnte, war er jetzt doch fassungslos und geschockt, wusste auch nicht, wie er mit dieser „Sache" umgehen sollte. Mir kam dieser Satz in den Sinn:

„Man sieht die Sonne untergehn,
und erschrickt dennoch, wenn es plötzlich Nacht wird!"

So hatte er auch nichts dagegen, dass ich jetzt eilends mitkam.
Georg lag friedlich in seinem Bett, der ganze Körper war bereits erstarrt. Dennoch legte ich ihm meine Hand auf seine Brust und streichelte nochmals seine Wangen. Sprach ein paar letzte aufmunternde Sätze zu ihm.....Ich wusste, er war „angekommen" und ich ahnte oder vermutete nicht nur, ich **spürte** und **wusste** es, dass jetzt zumindest mein Vater bei ihm war.

Meine Zeit steht
in deinen Händen.
Nun kann ich ruhig
sein, ruhig sein
in dir...
Du schenkst
Geborgenheit,
du kannst alles
wenden.
Schenk mir ein
festes Herz,
mach es fest
in dir....!

Die „Ahnung vom ewigen Leben"....ist es „Ahnung - oder innere Ge-„wiss"-heit", dass es nach meinem Tod weitergeht."..?

Der bekannte Benediktinerpater Anselm Grün gab im Jahr 2008 ein neues Buch heraus mit dem Titel „Was kommt nach dem Tod?"
Darin „klopft" er die Aussagen aus der Psychologie, der Philosophie und natürlich auch aus der Heiligen Schrift „ab", inwieweit diese Aussagen machen können über den Tod und dem „Leben danach".
Und bezieht sich dabei auf die Anschauungen des Tiefenpsychologen C.G.Jung, dass tief in unserer Seele eine **„Ahnung" vom „ewigen" Leben** ist, und wir ermutigt werden sollen, diesen „Ahnungen" der eigenen Seele zu vertrauen.
Weiter heißt es: „...die Seele **weiß** in ihrer Tiefe, dass mit dem Tod nicht alles aus ist und dass es noch eine andere Form des Lebens gibt, die nicht an die Kategorien von Zeit und Raum gebunden ist. Sie **ahnt**, dass es so etwas wie „Ewigkeit" gibt: ein Leben ganz im Augenblick, ein Leben, in dem die Grenzen zwischen Zeit und Ewigkeit, zwischen Gott und Mensch und zwischen den Menschen aufgehoben werden."

Ich frage mich immer wieder: in welchen Bereichen müssen wir uns mit „Ahnungen" begnügen, und wo können wir sogar von einem „bescheidenen **Wissen**" sprechen ?
Wir Menschen können nämlich nicht alleine auf „Ahnungen" bauen, wir Menschen suchen und wollen, brauchen eine Ge-**wiss**- heit, das aus einem **„inneren Wissen**" und deshalb auch Überzeugt-sein entspringt...
Etwas, das mir nicht nur sagt: „Ich ahne, dass dies so sein könnte, sondern ich weiß und deshalb glaube ich daran, dass dies auch so `ist´"!
Glauben bedeutet, etwas für „Wahr-halten", das ein anderer mir aus seinem **Wissen** mitge-teilt hat! Ein Wissen, das gedeckt wird durch die eigene Lebens-Erfahrung.
Bereits beim alten Psalmdichter (Ps 27,13) heißt es nicht, ich „ahne", dass ich Gott „schauen" werde, sondern es heißt, - ich **weiß** es...!
„Ich bin gewiss zu schauen die Güte im Land der Lebenden...."
Und auch der mit so schwerem Leid gebeutelte alte Hiob bekennt es:

„Ich weiß, dass mein Erlöser lebt.
Er schafft mich neu am jüngsten Tag....!"

Manche Menschen ahnen ihren Tod lange schon voraus....

Wenn es um die „Ahnung" der eigenen Seele geht, dass es nach dem Tode ein „Weiterleben " gibt, dann vermutlich deshalb, weil die „Seele" selber nicht „endlich", sondern von Gott selbst für die „Un-Endlichkeit" geschaffen wurde,
- und deshalb über diese Schwelle der Endlichkeit **„hinaus-fühlen"** kann.
Ein gläubiger Mensch steht immer auch mit der „unsichtbaren, geistigen Welt" in Verbindung und lernt, ihr zu vertrauen, sich von ihr führen zu lassen.

Was meinen Vater anbelangt, bin ich mir sicher, dass er mindestens ein halbes Jahr vor seinem Tod „etwas" geahnt hatte. Tage und wochenlang saß er vor laufendem Programm in seinem Fernsehsessel, war aber abwesend, reserviert und in sich selbst versunken. Oftmals fragte ich mich, was wohl in ihm vorgehen mag?
Er konnte sich nicht beklagen, denn er war nicht krank.
Aber er spürte wohl, dass „seine" Zeit bald kommen wird.
„Wie", - das ahnte oder wusste er genauso wenig wie wir. Das **„weiß"** wohl niemand...!

Eines Tages sagte ich zu meinem Mann:
„Ich habe das Gefühl, dass mein Vater dabei ist, mit seinem Leben abzuschließen." – Obwohl er natürlich an jedem der kleinen Enkelkinder mit ganzem Herzen hing, die ihn tagtäglich in der Stube und draußen auf dem Hof erfreuten.
Aber er hatte keine große Lust mehr etwas zu unternehmen, wollte einfach seine Ruhe haben. Und ich spürte sehr wohl und ahnte, dass etwas Wichtiges in ihm vorging.
Die Zeit war für ihn gekommen, sich für einen anderen –neuen- Abschnitt vorzubereiten.
Viele Menschen ahnen ihren Tod voraus.
Meine Tante Anna ahnte zu einem Zeitpunkt, als sie sich noch guter Gesundheit erfreute, dass sie innerhalb weniger Monate sterben würde, was dann auch so kam.
Das aber erzähle ich später.

Unser ganzes Leben ist von „Ahnungen" bestimmt – sie leiten und führen uns

Ahnungen gehören **von Grund auf** zu unserem Fühlen und Denken und lassen daraus oftmals ein Handeln resultieren. Sie gehören zu unserem ganzen **gelebten irdischen Leben**, und nicht erst in den Bereich der jenseitigen Welt, sondern zu unserem inneren Gefühlsbereich wie auch zur eigenen Intuition und können uns immer wieder in unserem Leben **weisen und führen**.

Ahnungen sind wie „Blitzmomente", in denen die Seele intuitiv spürt, dass etwas **„Besonderes"** im Gange ist. Das ist nicht nur, dass man eine besondere Spürnase hat für Zusammenhänge, die man so nach und nach erkennt, - nein: Ahnungen werden einem **„gegeben"...**

Dazu möchte ich zwei Begebenheiten aus meinem Leben erzählen...
Als ich in der 8. Klasse einmal in der Schule einen Jungen in der Pause laufen sah, war ich innerlich gerührt. Für einen kurzen Moment spürte ich ganz tief in meinem Innern ein kleines Aufflackern, eine Freude, die mich in meinem Herzen berührte und sogar mit einer „Ahnung" verbunden war. Da war etwas, das mich irgendwie **ahnen** ließ, dass dieser Junge - obwohl aus den unteren Klassen - für mich wichtig sein würde in meiner späteren Zukunft. Ein kurzes Bild tauchte in mir auf, vielleicht werde ich den mal heiraten...?
Ich musste selber schmunzeln über diesen Gedanken, ließ ihn aber einfach so für mich stehen. Schnell vergaß ich auch wieder diesen flüchtigen Moment.

15 Jahre später, als mich eine Freundin zum Tanzen mitnahm, **ahnte** ich schon den ganzen Tag über, dass ich an diesem Abend eine für mich wichtige Bekanntschaft machen würde, obwohl ich niemanden dort kannte. Das traf auch so ein.
An diesem Abend lernte ich meinen Mann kennen und verliebte mich ganz schnell.
Es war Mike, derselbe Junge von damals in meiner Schule.
Ein paar Jahre später – ich arbeitete voll in meinem Beruf, wachte ich eines morgens auf und sagte mir: „Heute abend habe ich Kirchenchorstunde und ich werde „meinen Leuten" eine wichtige Mitteilung machen: nämlich, dass es einen guten Grund zur Freude gibt, denn ich erwarte ein Kind. - Nein, Leute!
Es gibt sogar **doppelten** Grund zur Freude. Es werden Zwillinge sein!"
Ich konnte das zu diesem Zeitpunkt wirklich nicht wissen, aber ich **ahnte** es.
Erst zwei Wochen später wurde aus dieser Ahnung reelle Ge-**wiss**-heit,
als ich einen Termin beim Arzt hatte. Es waren wirklich Zwillinge unterwegs!

Ahnungen können unterschiedlichster Art sein....
Wir sollten in unserem Leben Ahnungen sehr ernst nehmen und lernen,
dass wir sie nicht mit unseren Sinnen „erfassen" müssen, um ihnen unser Vertrauen zu schenken, sondern bereit sein, uns von ihnen **führen** zu lassen.
Sie schicken Botschaften an unsere Seele, sie können mahnen und signalisieren, warnen und appellieren, sie kann aber auch die „Stimme eines Engels" sein....!

Über den Tod und „das Leben danach" gibt es mittlerweile vieles, das man nicht nur „er-ahnen" kann, sondern wirklich auch „weiß"...!

Da wir laut P. Anselm Grün aber nichts „ End-gültiges über den Tod und das ewige Leben sagen, bzw. **wissen** können" (denn die Bibel liefert keine genaue Beschreibung darüber, was im Tod und danach passiert, sondern bleibt eher im Bereich der bildhaften Vergleiche, wenn es um das Himmel-Reich geht)...
„...so verweist uns doch das „Wissen der menschlichen Seele" auf die **Hoffnung**, dass wir im Tod nicht für immer erlöschen..."

Über das „Leben nach dem Tod" gibt es aber weitaus mehr,
als die „**bloße Ahnung** der eigenen Seele".
Sicher, jede Seele wird den Schritt des „Übergangs" ganz individuell erleben,
aber grundsätzlich sind Ahnungen **alleine** nicht gerade tröstlich .
Ahnungen lassen uns im Bereich des Ungewissen.
Und dieses Unge-**wisse,** vor allem, wenn es um die Erfahrung des Todes und „dem Leben danach" geht, ist für viele Menschen mit großen Ängsten verbunden.
Wer **weiß,** worin dieses **„Ungewisse"** besteht, für den wird die Ahnung zu einer inneren Ge-**wiss**-heit, die es möglich machen kann,
dass sich Ängste ganz ge-**wiss** nach und nach auflösen können
in Liebe, Licht und Vertrauen... vielleicht nicht ganz, aber sicher größtenteils.....

Das ist nicht nur eine Ahnung, dass es so sein **könnte,** es ist ein Wissen, einfach, weil es „wahr“ ist: **auf den letzten Atemzug des Menschen im Diesseits folgt sogleich der erste Atemzug der Seele im Jenseits!**
Das Leben vergeht nicht, sondern die Seele verlässt den irdischen Körper und legt seine Hülle ab, aber unsere Geist-Seele lebt ohne eine kleinste Unterbrechung in diesem leisen Übergang – für uns unsichtbar - weiter!
Sie ist und bleibt so lebendig, wie sie es immer war!

Dieses „Wissen“ **kann** zu einer Brücke des Vertrauens werden,
auf die ich es wagen **kann**, langsam einen Schritt nach dem andern zu setzen.
Wenn dieses „Kann“ zu einem „inneren Wissen“ wird,
entsteht ein Be-„**wusst**-sein, das mich stärken und mir enorme Kraft geben wird!
Auch im Englischen Wort „Know-ledge“ hat das Wort Be-„wusst“-sein seine Sprachwurzel im „Wissen“. Dabei **wissen** wir schon sehr viel!
Spätestens seit Elisabeth Kübler-Ross, die es sich in ihrem Leben Jahrzehnte lang zur Aufgabe gemacht hatte, Sterbende zu begleiten. Sie hat ihre ganzen Erfahrungen und ihr Wissen, die sicher auch „Wahr-heiten“ sind, in ihrem Buch „Über den Tod und das Leben danach“ nieder geschrieben und zwar in einfacher verständlicher Sprache , so dass es auch schon Kinder verstehen können.
Diese Wahrheiten stehen zwar so nicht in der Bibel, sind aber dennoch **„wahr“** und lassen für uns Rückschlüsse zu, die auch für uns Christen überaus trost- und hoffnungsreich sein können! Die Ungewissheit lässt sich eingrenzen mit dem kleinen Bisschen, das ich schon jetzt im Leben **wissen** kann, - und auch wissen sollte!

Die christliche Theologie betont,
dass wir Menschen für „ein ewiges Leben auf Gott hin“ geschaffen sind ,
„für ein Leben in seinem Reich, in seiner Gemeinschaft“, - das ist unbedingt wahr, aber bitte nicht erst **nach** meinem Tod! Diese „ewige Leben“ beginnt ja nicht erst **nach** meinem Tod, sondern ist bereits **Teil meines jetzigen Lebens**, auch, - wenn uns das nicht immer so bewusst ist!
Hier, auf dieser meiner, unseren schönen Welt darf ich jeden Tag neu erleben und erfahren, was es heißt: ein **„Kind Gottes“** zu sein. Hier bereits bin ich eingehüllt und eingetaucht in seine Liebe, was auch die Taufe ausdrücken möchte. –
Jesus betonte stets, dass das „Reich Gottes“ nicht erst im „Jenseits“ Wirklichkeit wird, sondern heute, im **Hier & Jetzt erleb-bare und spür-bare** Realität werde!
In mir – meiner Seele – wie auch in den Gemeinschaften mit den Menschen, mit denen ich mein Leben teile. Jetzt, hier in meinem Leben, darf und soll ich erkennen, dass die Liebe Gottes immer und überall gegenwärtig ist, jedes Lebewesen um mich herum seinen lebendigen Geist „atmet“. In ihm darf ich jetzt schon „ruhen“, denn da, wo ich meine Mitte spüre, da kann ich auch der Spur Gottes folgen.
Das ist der Sinn und das Ziel für die „Reise meiner Seele“, einzutauchen in das Mysterium der Liebe Gottes, zu erfahren, dass ich ein lebendiger Teil, ein „ewiges Ab-bild“ seiner Liebe, seiner All-macht und Weisheit bin.

<u>Wenn es Zeit wird für den Wechsel ....</u>

<u>wenn der Tod eintritt...</u>
<u>was nachher kommt,</u>
<u>wohin man geht....</u>
<u>genau darüber weiß man aber mittlerweile eben vieles,</u>

und jeder Mensch wird diesen Schritt ganz anders – individuell – erleben.
Aber wer der geistigen Welt,
wer dem lieben Gott vertrauen kann,
wer sich vertrauensvoll in seine liebenden Hände überlassen kann,
der braucht einfach **<u>keine</u>** Angst zu haben.

<u>Neues Leben – auf der Erde</u> -
Die Geburt eines kleinen Kindes –
Ein Mensch kommt an-

Ankunft **<u>aus</u>**
der geistigen Welt

<u>Der Tod</u>-
Menschen gehen wieder -

<u>Ankunft</u>
<u>**in** die geistige Welt –</u>

Es ist meine Geburt
in den „Himmel" ...
Leben hier und Leben dort ,
es ist EINES,
es gehört zusammen,
die Seele bleibt ...
- „ich" bleibe „ich"
wir wechseln nur „die Räume"....
wir lernen hier und wir lernen dort...

Jede neue Geburt geht mit Schmerzen und mit schweren Zeiten einher, aber wenn diese Zeit vorbei ist, wenn die Ankunft da ist, dann ist die Freude so riesengroß...

Auch Jesus kannte die Situation einer gebärenden Frau: (Joh 16,20,b ff)
„...euer Kummer wird sich in Freude verwandeln.
Wenn die Frau gebären soll, ist sie bekümmert, weil die Stunde da ist.
Aber wenn das Kind da ist, denkt sie nicht mehr an ihre Not
über der Freude, dass ein Mensch zur Welt gekommen ist."

Die Geburt eines kleinen Kindes und der Tod eines Menschen haben vieles gemeinsam....

Auch ein Baby im Mutterleib spürt,
dass es bald so weit ist,
dass es aufregend wird,
dass etwas in Bewegung kommt,
dass es nur noch vorwärts geht und kein Zurück mehr gibt,
dass seine ganze Mitarbeit und sein ganzer Einsatz gefordert wird.

Es muss sich in die richtige Richtung bewegen,
zulassen, ja los-lassen können und sich nicht wehren ,
sondern sich vertrauensvoll in den Gang der Dinge fügen.
Intuitiv macht es normalerweise alles richtig und so muss es schon von Anfang an Vertrauen haben in sich selbst, dass das, was es macht, seine Richtigkeit hat.
Es arbeitet seinem Ziel entgegen, - das heißt: ankommen dürfen, - erwartet werden, - willkommen sein ....

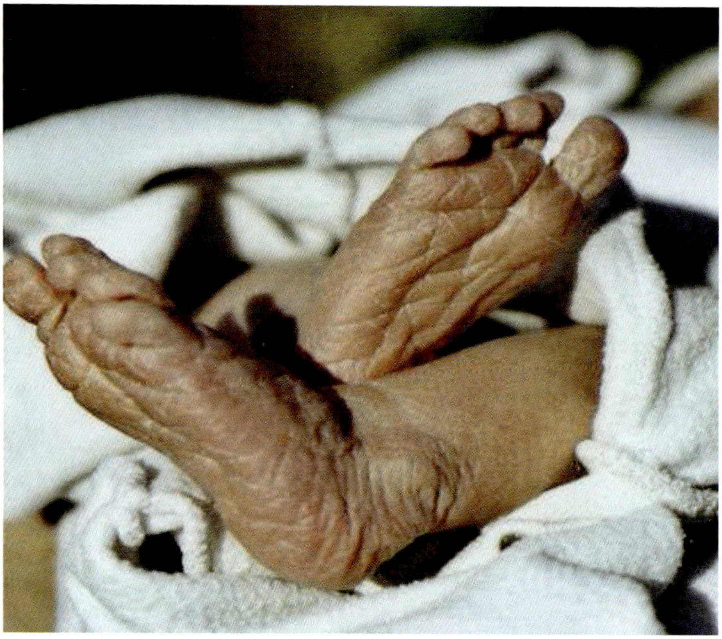

Aber zuvor muss es sich hart durch einen dunklen Tunnel hindurch arbeiten, - und das erfordert alle Kräfte dieses kleinen Wesens, den totalen Einsatz. Das absolute Wollen.

Vielleicht gibt es auch Babies, die noch gar nicht hier ankommen wollen.
So warm und geborgen, eingehüllt und vertraut mit ihrer Umgebung,
glückselig in der Einheit mit ihrer Mutter.

Aber auch für sie gibt es kein Bleiben.
Auch für sie heißt es irgendwann – jetzt ist es Zeit für den Wechsel.
Dann sorgt Mutter Natur dafür, dass der Wechsel zustande kommt-
oder die Medizin muss etwas nachhelfen.
Babies scheinen ihren Zeitpunkt zu kennen.
Manche Mütter warten tagelang auf ihr Ankommen
und die Zeit vergeht viel zu langsam, - hat etwas quälendes...
Anderen Babies wiederum kann es gar nicht schnell genug gehen...!
Schnell zwängen sie sich durch den engen Kanal,
kämpfen und arbeiten für die neue Freiheit mit Kopf, Armen und Beinen,
um sich zu befreien aus der viel zu engen Behausung.

Hat es sich durch den engen Tunnel hindurch gezwängt,
dann ist sogleich alles Schlimme vorbei und überstanden.
Dann tut es auch nicht mehr weh.
Auch für die Mutter, - meistens zumindest ...
Wenn das Köpfchen da ist, dann ist die größte Hürde normalerweise überstanden,
um plötzlich da zu sein und zu sagen **„Hallo, - hier bin ich!“**
Wenn der eigene Kreislauf zu arbeiten beginnt,
die Lungen die neue Luft aufnehmen und ein erster Schrei möglich wird,
dann wird es end-gültig Zeit, das Alte loszulassen.

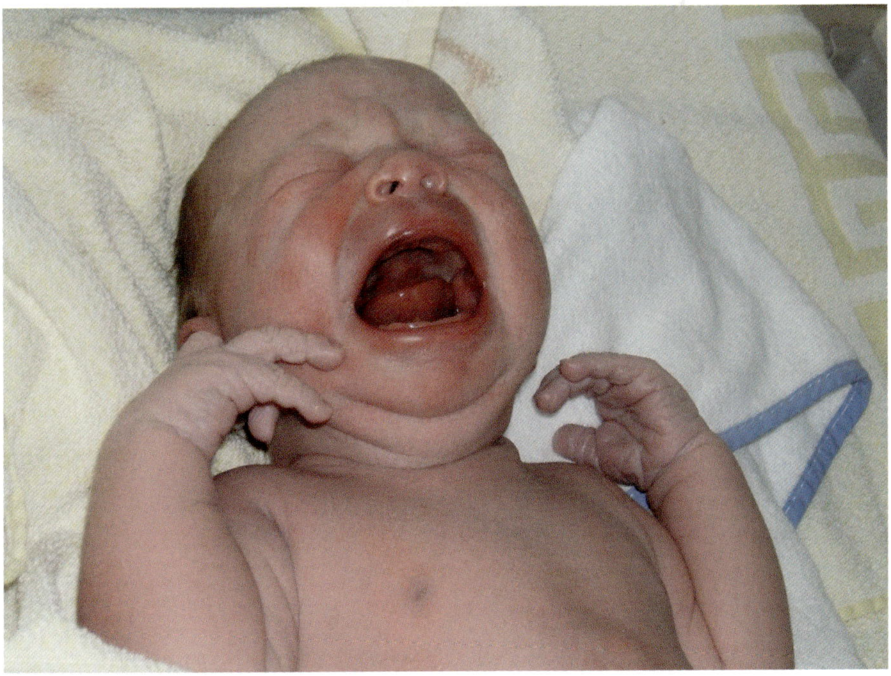

Der Mutterkuchen, der das Baby 9 Monate lang ernährt hat,
wird nun nicht mehr gebraucht.

Mit dem Abtrennen der Nabelschnur verabschiedet sich der kleine nun eigen-ständige Mensch von der körperlichen Verbindung mit seiner Mutter, aber auch von seinem „geistigen Begleitschutz", denn das heranwachsende reifende Kind in der geborgenen „Höhle" war noch ganz besonders verbunden mit der geistigen, jenseitigen Welt, von der aus es aus eigenem Willen mit neuen Zielen „gestartet" war.
Ist die Nabelschnur durchtrennt, beginnt das neue, -„eigene" Leben.

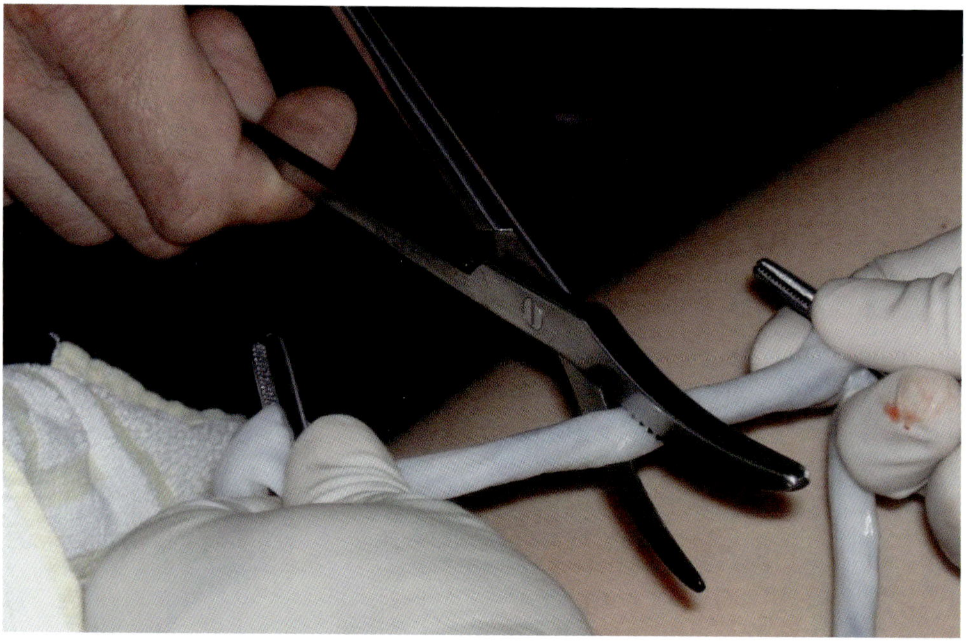

Die Mutter nimmt ihr Kind in ihre liebende und wärmende Obhut
und wird fortan alles Mögliche dafür tun,
damit das kleine Geschöpf wachsen und gedeihen kann, -
alles, damit sich Körper, Geist und Seele optimal entwickeln können.

Das wäre zumindest der „Optimal-Fall",
den man sich für jeden neuen „Ankömmling" nur ersehen und erwünschen kann!
Die Ankunft des neuen Erdenbürgers - so sollte es sein !- wird sehnlichst erwartet.
Mutter, Vater, Geschwister, Omas, Opas,
alle haben sie bereits auf das Baby gewartet -
ihre Freude ist unbeschreiblich.
Die neue Nachricht verbreitet sich in Windeseile
und viele kommen, um das neue Geschöpf zu begrüßen,
in die Arme zu nehmen, zu spüren das Glück und die Liebe,
um zu verschmelzen und dankbar zu sein.
Die Freude zu teilen und dem Kind spüren zu lassen:
wir sind da für dich, du brauchst keine Angst zu haben...!

Alle meine Babies, die ich zur Welt gebracht habe,
waren von der – teils sehr schweren- Geburt absolut erschöpft,
und haben sich erst mal einfach nur: ausgeschlafen.
So lange, wie nach der Geburt haben sie später sehr lange nicht mehr geschlafen.
Auch muss sich der Neuankömmling erst an die neue Situation gewöhnen.
Alles ist neu und anders. Aber gut und interessant!
Das helle Licht, das blendet, das war so vorher nicht.
Warm und dunkel, laut und leise,
Stimmen und auch Geräusche, die ich schon kenne und solche,
die ich erst noch unterscheiden lernen muss.

Der Tag und die lange Nacht.
Mein neues Bettchen und die neue Umgebung.
Auch die Eltern und Geschwister müssen sich erst an das neue Baby gewöhnen.
Da ist ein kleiner Mensch, der von nun an einfach zu uns dazu gehört
und für immer bei uns bleiben wird.
Für die Eltern bedeutet das, für ein Kind oder noch für eines zu sorgen,
Tag und Nacht. Für die Geschwister bedeutet es,
da ist jetzt noch jemand, mit dem ich die Liebe und die Zeit
meiner Mama und meines Papas teilen muss.
Auch Oma, Opa und die Verwandten bekommen eine neue Rolle zugeteilt.

Das Baby spürt,
hier ist meine Familie.
Hier will ich neue Erfahrungen machen.
Die Mühen des Kämpfens haben sich gelohnt.
Ich habe mein großes Ziel erreicht.
So ist es, wenn ein kleines Baby hier auf Erden ankommt.

„Was....Du glaubst nicht an ein Leben nach der Geburt....?" .....fragt der eine Zwilling den anderen...

Den folgenden Text hat eine Freundin im Internet entdeckt und mir weitergegeben.
Da der Autor unbekannt ist, nehme ich diesen netten Dialog eines Zwillingspärchens
im Bauche ihrer Mutter in mein Buch mit auf....

...ein ungeborenes Zwillings-pärchen, belauscht im Bauch der Mutter:

„Sag mal, glaubst du eigentlich an ein Leben nach der Geburt?"
fragt der eine Zwilling.
„Ja, auf jeden Fall! Hier drinnen wachsen wir und werden groß und stark für das,
was draußen an der frischen Luft kommen wird."

Antwortet der andere Zwilling:
„Ich glaube, das hast du eben erfunden!", sagt der Erste empört. „Es kann kein **`Leben nach der Geburt´** geben – und wie soll denn „frische Luft" bitte aussehen?"
„So ganz genau weiß ich das auch nicht. Aber es wird sicher viel heller sein als hier. Und vielleicht werden wir herumfliegen können und mit dem Mund tolle Sachen essen?"
„So ein Schwachsinn habe ich ja noch nie gehört! Mit dem Mund essen, was für einer verrückte Idee! Es gibt doch die Nabelschnur, die uns nährt. Und wie willst du etwa herumfliegen? Dafür ist doch die Nabelschnur viel zu kurz!"

„Doch, das geht ganz bestimmt. Es wird eben alles nur **ein bisschen anders** sein!"
„Du träumst wohl! Es ist doch noch nie einer zurück gekommen von **‚nach der Geburt'**. Mit der Geburt ist das Leben einfach zu Ende! Punktum!"

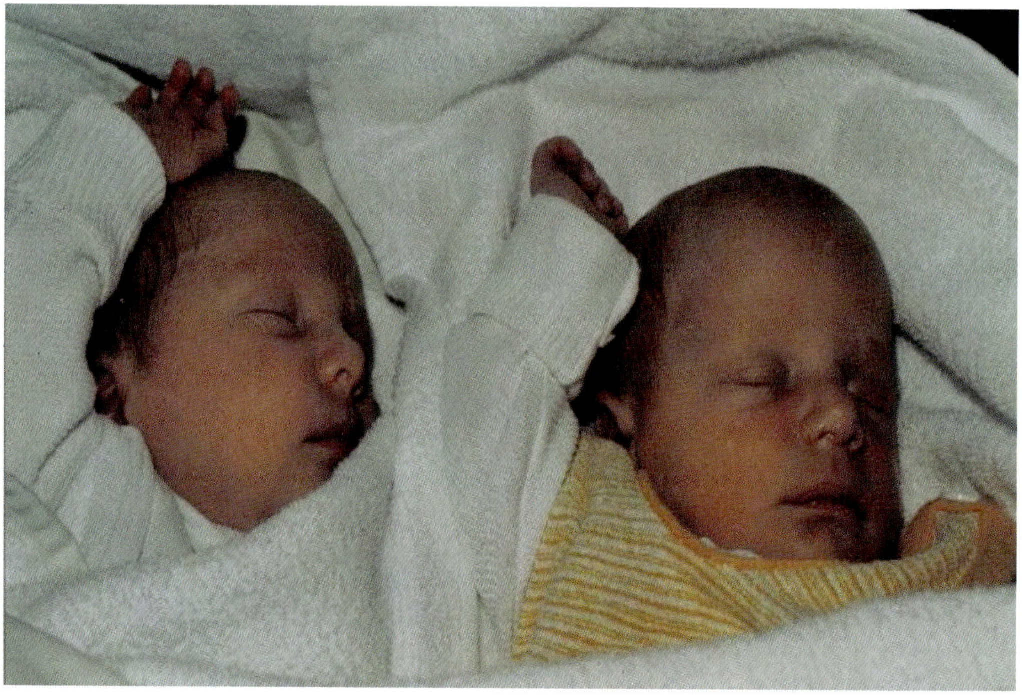

„Ich gebe ja zu, dass keiner genau weiß, wie das **Leben `nach der Geburt´** aussehen wird. Aber ich weiß, dass wir dann unsere Mutter sehen werden und sie wird sich sicher für uns sorgen."
„Mutter??? Du glaubst doch wohl nicht an eine Mutter?
Wo soll denn **DIE** sein, bitte-schön?" „Na hier – überall um uns herum.
Wir sind und leben in ihr und durch sie. Ohne sie könnten wir gar nicht sein!"
„So ein Blödsinn! Von einer Mutter habe **ICH** noch nie etwas bemerkt, also gibt es sie auch nicht! Schluss damit!"
„Doch, manchmal, wenn wir ganz still sind, kannst du SIE leise singen hören. Oder spüren, wenn SIE unsere Welt ganz sanft und liegevoll streichelt ...!"

Du wirst dich fragen , was hat das jetzt alles mit dem Tod zu tun ? Auch mein Tod ist eine Geburt. Eine „Geburt in den Himmel“ . Und die verläuft gar nicht so viel anders.

Ob die Seele eines Menschen
oder vielleicht auch eine Tierseele ahnt,
dass die Zeit für den „Wechsel“ in nicht mehr allzu langer Ferne liegt, oder
wie der Hl. Paulus es beschreibt aus dem Leib **„aus-wandern“** möchte (2 Kor 5,8),
ob es konkrete Anzeichen dafür gibt, die Müdigkeit des Alters
oder die Beschwernisse einer Krankheit,
oder sogar der Wunsch, wieder mit den Liebsten zusammen sein zu wollen,
von denen man – viel zu lange – getrennt schien...?

Andere kämpfen mit dem letzten Rest ihrer verbliebenen Hoffnung,
verzweifelt, viel zu jung und noch lange nicht bereit,
sich zu verabschieden und diese Welt mit allem,
was sie hier aufgebaut und verwirklicht haben,
um sich noch fest zu klammern an dieser sichtbaren Wirklichkeit
an der Hand ihrer Liebsten. Sie fühlen sich herausgerissen aus ihrer Welt,
in der sie noch so manches planen und vorhaben, - ja , nicht nur das,
sondern ratlos und verzweifelt sind, wenn sie an ihre Familie
- vielleicht Kinder - denken, die sie zurücklassen müssen
und die sie eigentlich noch so dringend brauchen würden.
Es gibt Menschen, die werden einfach überrascht,
mitgenommen von einer Stunde auf die andere
und andere sehnen sich gerade zu nach viel zu langer Zeit
von der Schwere und Müdigkeit, um endlich einfach erlöst zu werden.

Der Tod ist nur ein „Übergang" in eine neue Welt, ein Wechsel von einen Raum in den anderen...

Manche Menschen fallen in ihrem Sterben vor ihrem „Übergang“ in eine Art Koma.
Sei es, weil der Leidensweg einer Krankheit dahin führt,
dass die Kräfte einfach schwinden und den Körper „herunterfahren“...
Das ist ein guter Schutz für den Körper, für Geist und Seele.
Schmerzen werden nicht mehr so bewusst wahrgenommen
und Geist und Seele können sich besser für den Übergang vorbereiten.
In dieser Phase spürt die Seele des Menschen bereits ihre „himmlischen Geburts-helfer“,
wenn sie bereit ist, solche anzunehmen und sich nicht gegen sie versperrt.

Zu diesen Helfern können durchaus liebende Seelen gehören, Menschen, mit denen sie bereits vorher verbunden waren, ein Kind oder Verwandte aus der geistigen Welt, eine Art „Empfangs-Kommitee", die sich sehr freuen, uns empfangen zu dürfen.

Sie sind bereit für den Himmel, in Frieden mit sich, mit Gott und der Welt. Die „Geburts-Wehen" für eine neue Geburt in den Himmel können so unterschiedlich, so stark und auch so heftig sein wie bei einer irdischen Geburt.

Wenn die werdende Mutter gelernt hat, richtig mit den Wehen umzugehen, richtig zu atmen, los-zu-lassen, sich hinein zu begeben mit Vertrauen in das, was kommen will und sich nicht ängstlich verkrampft oder ankämpft gegen jede neue Wehe, dann kann sie erleben, dass alles gar nicht so schlimm ist.

Das Neue wird kommen, und die Freude wird riesengroß sein...
Das weiß die Mutter, die das neue Leben in sich trägt...

Auch der Sterbende ist wie eine Mutter, die das neue Leben in sich trägt.
Es heißt loslassen, geschehen lassen, denn das neue Leben, - es will kommen.
Meine Seele, sie trägt mich, sie ist und bleibt lebendig, sie kann nicht sterben...!

Vertraue dem Licht, der Liebe in deiner Seele, denn sie kennt den Weg zum Licht!

„Ich gehe zu denen, die mich liebten.
Und warte auf jene, die mich lieben.“

In deinem Licht schauen wir das Licht...!“ Ps 36,10

Nur wer sich „wandelt“, der bleibt lebendig!

Auch ein Schmetterling ist zuerst eine „Raupe“, er muss sich „wandeln“, seine alte Hülle zurücklassen. Im „Alten“ ist der „Kern des Neuen“ längst schon enthalten, es ist Teil seines genialen – göttlichen – „Planes“ ...

Eine Schmetterlingsraupe ist meist eher unscheinbar, unauffällig (was nur ihrem eigenen Schutze dient) oder aber das Gegenteil: besonders knallig und bunt, um der Abschreckung zu dienen. Aber man sieht es ihr meist wirklich nicht an, welche Pracht und Schönheit sich hinter dieser Unscheinbarkeit verbirgt.

Ob der physische Körper eines Menschen, - seine „Hülle“ -
durch einen Unfall oder durch eine schwere Krankheit
einen solchen Schaden nimmt, dass ein Weiter-Existieren
dieser „Hülle“ in der irdischen Welt nicht mehr weiter möglich ist, -
die Stunde, der Weg und die Umstände sind so individuell
wie es die Menschen wohl selber sind...
Und egal, welcher Religionsgemeinschaft er auch angehören mag,
auch seinen ganz **eigenen** Schutzengel, der ihn immer begleitet.
Jede Seele ist von seiner „geistigen“ Natur aus „spirituell“.
Das ist keine Frage der Weltreligion oder der Konfession.
Das ist ein „göttliches“ und deshalb auch ein universelles, kosmisches Prinzip.

Auch ich werde erwartet.

Schon zu Lebzeiten darf ich mir überlegen, aussuchen,
wen ich mir wünsche, über wen ich mich besonders freuen würde,
wenn „er“ oder „sie“ auf mich warten und mich empfangen würde.
Von wem wünsche ich mir über die Schwelle des Todes in die neue Welt
hinüber begleitet zu werden ?
Vielleicht habe ich einen Menschen, Freunde oder Verwandte besonders geliebt und sie waren mir in meinem Leben immer besonders nahe, habe mich mit ihnen seelisch verbunden gefühlt und sie leben schon in der anderen, in der geistigen Welt. Oder ich habe gute Freunde – aus der Kindheit oder aus dem erwachsenen Leben –, mit denen ich mich zeitlebens gut verstanden und die bereits vor mir die Seite „gewechselt“ haben.

Stell es dir etwa so vor: du hast einen guten Freund, einen Menschen den du sehr liebst und der über längere Zeit weit weg war, vielleicht weil er wegzog oder auch verreist war. Du freust dich schon lange, weil er dir mitgeteilt hat, dass er vorhat dich wieder zu besuchen und zu dir zu kommen. Wochen zuvor schon denkst du darüber nach und planst du, wie du ihn empfangen willst und wie du dieses Ereignis mit ihm feiern willst, was du mit ihm unternehmen möchtest und was ihr euch alles zu sagen habt. Tage zuvor bereits ist diese Ankunft mit großer Vorfreude erfüllt und es ist wie ein großes Fest, wenn dieser Tag endlich da ist.
Von weitem schon erkennst du deinen guten Freund und ihr schließt euch in die Arme, lacht aus vollem Herzen und freut euch...
Freut euch wie die kleinen Kinder, die es endlich erwartet haben,
ihren Geburtstag feiern zu dürfen oder die jetzt wissen....
in wenigen Stunden kommt es .... das Christkind.....?!
Wochenlang erwarten sie in Vorfreude das „Wunder“- bare Ereignis.....
Ich muss mir im Klaren sein, dass es – mitten in meinem Leben – schon jene Seelen auf der „anderen“ Seite gibt, die sich unheimlich auf meine „Ankunft“ freuen und sich diesen Moment ersehnen, ihre Aufgabe darin spüren, mich wieder begrüßen und in ihre Arme schließen, wieder zusammen sein zu dürfen..

Und zwar nicht erst **zu** diesem Moment, sondern schon eine ganze Weile **zuvor**.
Wenn ich Witwe oder Witwer bin, dann spüre ich vielleicht wohl ganz besonders noch die Liebe meines geliebten Menschen und wünsche mir sehnlichst, nicht mehr alleine zu sein. Viele alte Menschen oder auch jene, die sehr früh ihren Partner verloren haben, warten nur darauf, wieder endlich mit ihrem Partner ver-eint zu sein. Oder ich habe ein Kind verloren und diesen Verlust jahrelang als besonders schmerzlich erfahren, habe es immer noch und immer wieder schmerzlich in meinem Leben gesucht. –
Ich kann absolut getrost sein, dass meine Liebsten auf mich warten, mich er-warten, wenn meine Zeit gekommen ist.
Und zwar bereits zu einem Zeitpunkt, an dem ich wirklich Hilfe brauche.

Centa, die Mutter meiner besten Freundin Hanna, hatte als junge Mutter ein schwer herzkrankes Kind geboren, das sofort nach der Geburt in eine weit entfernte Klinik verlegt wurde. Es war nicht immer möglich, bei ihrem kleinen Sohn zu weilen.
Beide, sie und ihr Mann mussten miterleben, wie dieses Kind mit fünf Monaten verstarb. Nie hatte Centa diesen Schmerz und diese Trennung verwunden. Die Sehnsucht, wieder bei ihrem kleinen Sohn zu sein, wurde mit ihren Jahren fast unerträglich, aber sie sprach nur ganz selten darüber. Kurz vor ihrem Tod- sie litt vier Jahre an Lymphdrüsenkrebs – sprach sie diese Sehnsucht aus. – War diese Krankheit der Weg, auch der Weg ihrer eigenen Seele, wieder dorthin zu finden, wo sie sein und bleiben wollte?

Viele Menschen spüren und wissen bereits schon längere Zeit vor ihrem Tod - oft sehr genau -, welche Seelen ihnen besonders nahe sind und wer es sein wird, der sie vorbereiten und empfangen wird. Ja, manchen ist es sogar möglich, Tage vor ihrem Sterben diese Seelen (meist mit dem inneren „geistigen" Auge) zu **sehen.**
Ihre Anwesenheit, ihr Lächeln, ihre Nähe macht es uns Menschen leicht, los-zu-lassen, mit ihnen mit zu gehen, dorthin, von wo das strahlende Licht kommt.
Gerade Menschen, deren Todesstunde gekommen ist, können spüren, wie **nahe** der „Himmel" ist. Angehörige, die ihre Lieben in dieser Stunde begleiten, können Zeuge davon werden, wie ein Lächeln über deren Gesicht huscht...
Das Ankommen lässt alle Angst und den Schmerz zerfließen,
die Sterbenden erkennen manche ihrer Angehörigen aus der geistigen Welt wieder, die sie mit ihrer Liebe empfangen und begleiten.
Als der Hl. Stephanus gesteinigt wurde, so heißt es in Apg 7,55: „Er aber, erfüllt vom Heiligen Geist, blickte zum Himmel empor, sah die Herrlichkeit Gottes und Jesus zur Rechten Gottes stehen und rief: „Ich sehe den Himmel offen...!"

„Dann sah ich einen neuen Himmel und eine neue Erde...
Da hörte ich eine laute Stimme vom Thron her rufen:
Seht, die Wohnung Gottes unter den Menschen!
Er wird in ihrer Mitte wohnen und sie werden sein Volk sein.
Er wird alle Tränen abwischen von ihren Augen.
Der Tod wird nicht mehr sein, keine Trauer, keine Klage, keine Mühsal.
Denn was früher war, ist vergangen." (Offb.21,1-4)

Sterbende können warten.....

Ich habe von „**Ahnungen**" gesprochen.
Als meine Tante Anna im Dezember 2008 verstarb, gab sie bereits 3 Monate zuvor ihrer im Haus lebenden Tochter einen Umschlag und sagte dazu: „Hier ist das Weihnachtsgeld für alle meine Enkel enthalten, bitte teile es ihnen aus, wenn es so weit ist, denn ich werde es dann vermutlich nicht mehr tun können. Aber mich beruhigt es, wenn ich dieses Geld bereits jetzt bei dir abgeben kann..."
Meine Cousine war absolut perplex, denn ihrer Mutter fehlte wirklich nichts.
Sie war bei guter stabiler Gesundheit.
Tante Anna **ahnte** bereits Monate zuvor **ihren Tod voraus** und sie war auch bereit für „ihren" Tod. 2o Jahre zuvor war ihr Mann, mein Onkel verstorben und sie sagte „...2o Jahre, das sind jetzt genug. Für mich wird es jetzt Zeit, ich werde müde , - des Lebens müde und wünsche mir nur noch, endlich wieder bei meinem Mann zu sein...".-
Bald kurze Zeit darauf saß sie abends auf ihrer Couch, sie betete.
Ihre Tochter war verwundert, gewöhnlich lief den ganzen Tag über ihr Fernsehgerät, doch dieser war abgeschaltet. Alles war ruhig.
Ihre Mutter saß einfach da und betete im Stillen. Einen Tag später erzählte sie ihrer Tochter, sie hätte in der Nacht einen schönen Traum gehabt. Sie hat ihre vor langer Zeit verstorbenen Eltern und auch ihren Ehemann im Traum gesehen und sie wären jetzt da. Sie bleiben bei ihr, um sie abzuholen. Sie hatte sich diesen Traum gewünscht und nun sei es so gekommen.
Andere erschrecken über einen solchen Traum: für meine Tante war es eine echte innere Beruhigung, ein Wunsch der in Erfüllung ging, - ein Geschenk. So, als ob sie sagen wollte, jetzt ist alles gut, ich brauche keine Angst zu haben.
Einen Tag später kam ihr Sohn ins Haus, um nach dem Rechten zu schauen.
Er wunderte sich, denn seine Mutter war irgendwie verändert, ganz anders als sonst.
Sie klagte nicht über Schmerzen und war auch nicht besonders gesprächig.
Am nächsten Morgen, es war noch dunkel und Tante Anna wollte sich gerade im Sitzen anziehen, da sackte sie einfach in sich zusammen und rutschte auf den Boden.
Ihre Enkelin hörte ein dumpfes Geräusch und schaute sofort nach. Sie versuchte, ihre Oma alleine wieder auf die Couch zu ziehen und rief nach ihrer Mutter, meiner Cousine.
Ein plötzlicher Hirnschlag mit schwerer Gehirnblutung war eingetreten.
Tante Anna wurde sofort mit dem Hubschrauber ins Klinikum geflogen.
Zwei Wochen lang lag sie im Koma. Immer, wenn ihre Kinder sie abwechselnd besuchten, glaubten sie von ihr wahrgenommen zu werden.
Tante Anna wurde von einer Lungenmaschine beatmet, sie konnte nichts mehr sagen.
Aber es war so, als spürten sie ihr Lächeln. Sie konnte es nur nicht mehr körperlich zeigen. Die Ärzte machten klar, dass ihr Gehirn schwer geschädigt war und wenn sie diese Tage auch überleben würde, dann wäre sie nicht mehr ansprechbar.
Es war nur eine Frage der Zeit, dass sie dieses Leben beenden würde.
Meine Cousine betete darum, dass ihre Mutter nicht in der Abgeschiedenheit des Klinikums – ohne ihre Liebsten – sterben müsse, sondern sie verspürte den tiefen Wunsch, ihre Hand halten zu dürfen, wenn es denn so weit wäre.

Schließlich hatte sie ihr Leben lang mit ihrer Mutter in ihrem „Mutterhaus“ zusammengelebt. Dieses Gebet wurde erhört.
An einem Nachmittag – ihre Kinder besuchten sie immer zur gleichen Zeit – waren beide Kinder mit der Schwägerin zusammen gekommen.
Kaum waren sie zu dritt angekommen, der Priester sprach sein Gebet zu Ende, da holte die Tante einmal tief Luft. Meine Cousine hielt ihre Hand und Tante Anna konnte jetzt los-lassen. Sie hatte genau den Zeitpunkt abgewartet, bis all ihre Liebsten um sie versammelt waren, um sie in das jenseitige Reich hinüber zu begleiten.
Jetzt konnte sie in Frieden scheiden.

Auch Tiere sind dankbar für eine „Sterbe-begleitung“ und können warten....

Dass Sterbende warten können, bis ihre Liebsten eingetroffen sind,
- wenn sie das so wollen - , habe ich nicht nur mit Menschen, sondern auch ganz besonders mit Tieren erlebt. Da ich von klein auf mit Tieren auf dem Bauernhof meiner Eltern groß geworden bin, hatte ich immer wieder Katzen, Hasen, Kühe und Ziegen, die mir ganz besonders ans Herz gewachsen waren. Gerade die Tiere zeigten mir, wenn sie einmal wirklich Vertrauen zum Menschen gefunden hatten, ihre Zuneigung und Freundschaft, ihre Treue und Liebe.
Wenn es um die Treue geht, kennen die Tiere keine Falschheit! Dessen können wir absolut sicher sein. Sie sind es, die vom Be-**seelt-**sein aller Kreatur erzählen.
Gerade dann, wenn es ihrem eigenen Tod entgegen geht, suchen sie diese besondere innige Zuneigung und Verbundenheit zu dem Menschen ihres Vertrauens.
Ich hatte zwar in der Schule gelernt, ein Tier kenne keine Angst und Furcht, wenn es um das Sterben geht, es könne deshalb also auch keine entsprechenden Gefühle „zeigen“, meine Erfahrung hatte aber mir immer wieder Anderes gezeigt.

Tiere spüren nicht nur, wenn es ihrem Ende zugeht, sondern ich habe immer wieder in ihrem Gesichtsausdruck erkannt, was Traurigkeit und Angst, Unsicherheit bis hin zur Panik bedeuten kann. Wenn ein Tier dem Sterben nahe kommt und einen Menschen zum vertrauten Freund hat, dann sucht und braucht es ganz besonders diese Nähe. Sie ist es, die ihm Schutz und Sicherheit gibt, ebenso wie beim Menschen.

Ich kann mich so gut erinnern an jenen Morgen, an dem ich noch meine Häsin Nelly streichelte in dem Wissen, dass sie es wohl nur noch ein paar Stunden schaffen würde und ich mich verabschiedete, weil ich zur Arbeit aufbrechen musste. Erst am späten Nachmittag kehrte ich heim und schaute sofort nach ihr. Sie hüpfte mir entgegen, fast so, als wäre sie gesund, munter und frisch.
Dann legte sie sich unvermittelt direkt vor meine Füße hin und fing zu singen an.
Es waren Laute, die sich nicht nach jammern und schmerzendem Wehklagen, sondern wirklich nach Gesängen anhörten.
Noch nie zuvor hatte ich einen ähnlichen Laut von Hasen vernommen.

Ich streichelte meine Nelly und sprach mit ihr, bedankte mich bei ihr für alles Schöne, das wir zusammen erleben durften, für die schönen Jahre, für ihre Treue und Liebe.
Sie sang noch ein paar Minuten, sang sich in ihren Tod hinein.
Nelly hatte auf mich gewartet, dessen war ich mir absolut sicher. Erst dann, als sie meine Nähe und Liebe spürte, war sie bereit und ihre Zeit gekommen, los-zu-lassen.
Erst, als sie mich an ihrer Seite wähnte, war sie sicher genug, gehen zu können.
Bereits als Kind empfand ich diese Erlebnisse, ein geliebtes Tier in seinen Tod hinein zu begleiten, als ganz besonderes Geschenk, für das ich immer noch sehr dankbar bin.

Ganz ähnlich erlebte ich es, als ein paar Jahre später meine Ziege Rosa starb.
Der Tierarzt gab ihr längstens noch einen Tag.
Doch sie schaffte es noch eine ganze Woche. - Und nie war sie zärtlicher!
Sie schmiegte ihren Kopf in meine Arme und ich konnte ihr nochmals alles sagen, was ich auf dem Herzen hatte. Ich wusste, sie brauchte tagtäglich meine Nähe und schrie, wenn ich sie wieder verließ. Sie selbst war es, die mir unmissverständlich klar machte, sie wollte in diesen Stunden des Sterbens nicht alleine sein.
Als ich ihren Kopf mit meinen Händen umfasste und mein Gesicht zärtlich an ihres drückte, mit ihr laut sprach und sie streichelte, da konnte sie sich fallen lassen, loslassen, die Augen schließen. Ganz friedlich und still legte sie ihren Kopf in das Heu und blies ihren Atem aus.
Ich spürte noch lange ihre Dankbarkeit für diese Begleitung in das Sterben hinein.

Mensch- wie Tier- sind dankbar für diese Begleitung ,
suchen und brauchen diese Nähe, die Hand und die Liebe,
den Trost des anderen, sind dankbar für dieses wunderbare Vertrauen,
die für beide Seiten ein bleibendes Geschenk sind.
Und manchmal habe ich das Gefühl,
es gibt auch so etwas wie eine Freundschaft und Verbundenheit über deren
Tod hinaus. Nicht nur ein Gefühl, - es ist ein **„inneres Wissen“** darum.

Als mein schwerkranker Kater Maxi zum „Sterben ging“, kam er noch einmal und legte sich demonstrativ mitten auf meinen Hausgang. Er schaute mich sehr müde und traurig an und ich hatte diesen schweren Blick verstanden, der besagte:
„Ich bin jetzt noch einmal gekommen, um mich zu verabschieden.
Meine Zeit ist gekommen, ich möchte aber nicht alleine sein.“

Dieses Sterbe-Erlebnis mit Maxi machte mir Eines klar:

Unsere Tiere, sie bleiben unsere Freunde
und werden immer noch unsere Freunde sein,
wenn wir einst die Seiten „wechseln“ werden.

Kinder warten mit dem Sterben, bis sie das Gefühl haben, dass ihre Eltern den Abschied und die Trennung verkraften können... - im Kinder-Hospiz...

In Deutschland leben etwa 22.000 Kinder, die von einer unheilbaren Krankheit oder einer sehr schweren Behinderung gezeichnet sind und die wissen, dass sie tagtäglich mit dem Schlimmsten rechnen müssen...
Ein Schicksal, das immer auch die ganze Familie und auch deren Verwandte betrifft. Die Eltern und auch die Geschwister wissen, dass sie über kurz oder lang Abschied nehmen müssen von dem Liebsten, das sie haben, weil die Lebenserwartung wirklich begrenzt ist. Sie erleben, dass der Tod immer „präsent“ ist, denn niemand kann sagen, wann dieser Zeitpunkt kommen wird, an dem sie bereit sein und loslassen müssen. Das kann am nächsten Tag, in einer Woche oder vielleicht auch erst in einem oder sogar mehreren Jahren sein. Eine plötzliche und akute Verschlimmerung des gesundheitlichen Zustandes kann aber immer eintreten, mit dem Tod muss immer „gerechnet“ werden ...

Eine betroffene Mutter drückt die Erfahrung, die sie durch ihre schwerkranke Tochter im Kinderhospiz machen konnte, aber auch ihre Eindrücke und Gefühle so aus: „Sterbende Kinder haben ein ganz klares Bewusstsein. Sie können weiter „schauen“ als wir und sind auch in ihrem „Spüren“ sehr feinsinnig und sensibel.

In dem Raum, in dem sich ein sterbendes Kind befindet, sind ganz besondere Schwingungen, weil sie einfach schon eine „andere“ Welt sehen und bereits mit ihr verbunden sind.
Sie spüren, wohin sie gehen werden, auch wenn sie dieses „Wohin“ noch nicht in Worte fassen können.

Diese Kinder, sie spüren selber, dass die Zeit für den „Wechsel“ von dieser Welt in ihre „neue Welt“ nicht mehr in allzu weiter Ferne liegt. Aber sie haben auch selber ihre Ängste, wissen sie doch, dass auch sie Abschied nehmen müssen von ihrem Leben und von ihren Lieben, was ihnen sicher genauso schwer fällt. Doch sie behalten manchmal ihre Ängste und ihre Traurigkeit lieber für sich, um ihre Eltern und Geschwister nicht noch mehr zu belasten, was ihnen selbst auch nicht immer ganz leicht fällt...

Sie sind auf ihrem Weg sehr weit und nehmen ihre Eltern mit auf diesen Weg. Die Kinder warten in der Regel auf ihre Eltern. Sie spüren, wann ihre Eltern bereit sind, dass sie diesen Schritt des Sterbens und des Abschiednehmens mit ihrem Kind gehen und auch verkraften können. Sie warten, bis sie das Gefühl haben: „Jetzt sind meine Eltern so weit, dass sie den Schmerz ertragen können, dem dieser Trennung folgen wird. Auch dann, wenn sie nicht mehr sprechen können, spüren sie das oft ganz genau, **wann** dies sein wird. Es ist, als ob sie sagen wollten:
„Jetzt ist der Zeitpunkt gekommen, an dem es „gut“ ist, an dem meine Eltern das schaffen könnten.“ - Los-lassen bedeutet, es **zu-lassen** können, dass das Kind jetzt gehen darf. Auch in dem Wissen, dass nicht nur die Liebe **zurück-bleibt**, sondern auch das Kind selbst nach seinem Tod noch ganz spürbar in ihrer Nähe **ver-bleibt**. Die Verbindung zu seinem Kind, das man liebt, reißt ja **nie** ab!

In einem Kinderhospiz (in Deutschland wird dieses Netz – vor allem in den großen Städten erst aufgebaut) werden sterbenskranke Kinder und ihre Familien fürsorglich begleitet, gepflegt, aber auch ent-lastet.

Gut ausgebildete Mitarbeiter sorgen für eine professionelle Pflege, schmerz-medizinische Versorgung und seelsorgerliche Begleitung. Die Eltern können sich von den Anstrengungen der häuslichen Pflege erholen und können hier eine Welt erleben, in der es möglich ist, Kraft zu schöpfen, neue Energie zu tanken und jeden Tag, der einem noch im Miteinander geschenkt ist, intensiv, bewusst und dankbar mit ihren Kindern zu erleben. Sie können sich den Geschwisterkindern und dem kleinen Patienten besser zuwenden, als dies zu Hause oft möglich ist. Hier lässt sich auch die nötige Kraft schöpfen, um ihr krankes Kind auf dieser letzten Wegstrecke liebevoll zu begleiten. Auch angesichts von Leid und Traurigkeit kann hier eine Welt erlebt werden, in der auch dieses Leben „positiv" gesehen und jeder neue Tag – im Miteinander der betroffenen Familien die hier das Schicksal wochenweise miteinander teilen-, zu einem ganz besonderen Erlebnis, ja, auch Geschenk werden.

Doch nicht allen betroffenen Eltern, die mit ihrem Kind diesen schweren Weg gehen müssen, ist ein Aufenthalt in einem Kinderhospiz möglich.
Gerade in der Palliativ-Medizin hat sich in den letzten Jahren sehr viel getan, und sich diese so wichtige Arbeit auch im gesellschaftlichen Bewusstsein etabliert. Hospizvereine kümmern sich um Schwerstkranke und Sterbende, und bemühen sich intensiv um den Aufbau eines palliativen Netzwerkes zur professionellen Rund-um-die-Uhr-Begleitung. (Seit April 2007 hat jeder gesetzlich Versicherte, der an einer unheilbaren und weit fortgeschrittenen Krankheit leidet, Anspruch auf eine spezialisierte ambulante Palliativ-Versorgung (SAPV) !)
Da vor allem Kinder – aber nicht nur diese!- ihr Zuhause brauchen und auch für die Eltern ein täglicher Besuch im Klinikum nicht zumutbar ist, werden die Palliativ-Stationen nach „außen" verlegt, in das Krankenzimmer der Kinder daheim.
Hier können beide – die Eltern mit ihrem Kind in Begleitung mit dem betreuenden Arzt - in der gewohnten Umgebung - die letzten Lebensphasen bewusst erleben.
Die Eltern werden in der palliativen Medizin angeleitet und unterwiesen,
und so dafür gesorgt, dass das Kind nicht unter Schmerzen leiden muss .
Der Vater eines schwerkranken Kindes wurde gefragt, wie er denn das alles aushalte!
Er verneinte ganz spontan diese Frage und meinte, ihr Kind sei für sie die größte Bereicherung. Das, was zählt sei einzig und allein die Liebe!

„Niemals habe ich in meinem Leben mehr geliebt,
als in den letzten Lebenswochen meines kranken Kindes...
Niemals zuvor hat sich in meinem Leben mehr verändert als in dieser Zeit.
Die Liebe zu meinem Kind hat mir gezeigt, was „wirklich" wichtig ist im Leben .
Niemals zuvor habe ich einen größeren Schatz entdeckt – die reine göttliche Liebe,
die mich immer wieder zu meinem Kind trägt und mich mit ihm verbindet..."
Christa S., Mutter einer 11-jährigen Tochter, verstorben im November 2008 an Leukämie

Der Himmel ist näher, als du denkst !

Das Band der Liebe zu seinem Kind ist und bleibt das größte Geschenk - kein Tod kann daran etwas ändern!

Wenn die „Silber-schnur" reißt...

Der physische Körper ist bereits im Mutterleib
untrennbar mit seiner „Silberschnur“ verbunden. –
Sie ist seine Verbindung nach „oben“, der dünne – aber sehr stabile –
Draht zur geistigen Welt, - denn immer – zu jeder Stunde,
ist und war der Mensch eine Einheit aus Körper, Geist und Seele,
stets verbunden mit seiner geistigen Herkunft und Heimat.
Auch wenn die körperliche Hülle stirbt, der Geist und seine Seele sind „ewig“,
sie leben weiter.
Im Buch der Weisheit 2,23 heißt es:

**„Gott hat den Menschen zur Unvergänglichkeit erschaffen,
und ihn zum Bild seines eigenen Wesens gemacht...“**

Wenn die Silberschnur „reißt“, trennt sich der „Astral-Leib“ von seinem Körper.
Dann ist es Zeit, das Alte, den physischen Körper los zu lassen.
Er bleibt aber noch Stunden bis Tage mit ihm verbunden.
Für den Sterbenden ist dies der Zeitpunkt,
in dem die „neue Geburt“ in vollem Gange ist.
Wie diese Geburt genau erlebt wird, ist natürlich sehr individuell.
Manche tauchen in eine neue Welt ein, durchflutet mit hellem warmen Licht.
Vielleicht erlebt man – mit vollem Bewusstsein- ein schnelles Gleiten durch einen
langen Tunnel, an dessen Ende ein sehr helles Licht strahlt,
so als ob man von diesem „magisch“ angezogen würde...
Viele erleben ihr ganzes Leben nochmals in einer Art „Rücklauf“,
und schauen wie in einem rasenden Kinofilm ihr ganzes Leben nochmals an.

Nichts wird ausgelassen, alles Wichtige und auch Unwichtige
hat seinen Platz in den großen Lebenskapiteln...
Was allen gleich ist...: das Gefühl für die Zeit ,
vielleicht auch für den „Raum“ verliert sich...
Das ist so ähnlich wie bei einem Traum, den man im Schlaf erlebt hat.
Beim Aufwachen kann man unmöglich sagen, **wie lange** dieser Traum gedauert hat...
10 Sekunden oder eine Stunde. Manche Träume scheinen die halbe Nacht gedauert
zu haben, so viel hat man scheinbar erlebt.
So ist das auch jetzt... manchen Lebenskapiteln will man sich jetzt mehr widmen,
anderes lässt man im Schnell-Lauf vorbeiziehen...
A propos „Träumen“... Auch dann, wenn ich meinen Traum nur in „Bildern“ erlebe,
so quasi „Zuschauer“ bin, oder mich selber erlebe als Person, die aktiv handelt, -
immer – oder meist – erlebe ich mich „**in vollem Bewusstsein**“.

Als ganzer Mensch mit „Leib und Seele“.
Auch, wenn im Schlaf eigentlich nur der „Geist“ unterwegs ist...

Im Traum habe ich einen – meinen – „Geist-Körper", mit dem ich mich voll bewegen, laufen oder sogar „fliegen" kann, auch wenn mein physischer Leib im Bett liegt und tief schläft. Im Erleben dieses „Geist-Körpers" würde mir wohl nicht „im Traum einfallen", dass ich irgendwie körper-los oder unvollständig wäre....

Manche Träume sind sogar so intensiv, dass ich sie wirklich physisch wahrnehmen kann. Das Gefühl echter Freude, aber auch echten Schmerzes kann richtig physisch – körperlich – wahrgenommen werden. Stimmt´ s ...?
Das erlebt man schon bei kleinen Kindern die beim Träumen unruhig schlafen, zu strampeln beginnen oder mit den Armen in der Luft herumfuchteln , im Schlaf sprechen (wenn auch unverständlich und lallend) oder laut lachen, bzw. auch zu weinen beginnen.
Ich erlebte sogar folgendes:
Ich träumte, in unserem Obstgarten unter dem schönen großen Walnussbaum zu stehen. Plötzlich schlug ein Blitz in diesen Baum ein. Die Gewalt dieses Blitzes erfasste auch mich und ich schreckte mit einem Herzstechen aus diesem Traum auf. Es dauerte einige Tage, bis diese Schmerzen wieder nachließen und noch ganze 4 Wochen, bis dieses Stechen schließlich wieder ganz verschwunden war. Ich war sogar besorgt, mein Herz hätte von diesem schrecklichen Traum Schaden genommen!

Auch wenn der Mensch schläft, - selbst im Traum gehören Geist-**und**-Körper zusammen, sind sie eine Einheit und kann Erlebtes sich auch **körperlich** auswirken. Und: wer kennt es nicht? Du schläfst tief und fest, schlummerst mitten im Tief-schlaf – plötzlich wachst du auf und wirst aus dem guten tiefen Schlaf oder auch aus einem tiefen Traum gerissen. Es ist **wie ein Faden, der plötzlich abreißt!**

Ein Zurückfinden in den Tiefschlaf ist dann fast nicht mehr möglich.
Vor allem dann nicht mehr, wenn ich mich entschließe, aufzustehen und vielleicht noch ein Glas Wasser zu trinken, und sich dann noch ein – meist ziemlich unwichtiger - Gedanke in meinen Kopf schiebt, und dieser zu „arbeiten" anfängt: dann ist es ein für allemal vorbei mit meinem tiefen Schlaf. Es kann wieder eine oder mehr Stunden dauern, bis ich meinem Körper das geben kann, was er so dringend braucht:
....die Ruhe der Nacht.
Dieses Gefühl von einem „Faden", der einfach durchtrennt wird und zu dem ich nicht mehr so leicht zurückfinden kann, kann vielleicht eine kleine Spur von dem vermitteln, was geschieht, wenn die „Silberschnur" von der ich gesprochen habe, beginnt, sich von seinem physischen Körper zu trennen.
Ich bin von Anfang an, seit dem Mutterleib mit dieser „Silberschnur" verbunden.
Sie ist quasi meine **„Nabelschnur" in die geistige Welt,**
die mich mit meinem physischen Körper mein ganzes Leben hindurch verbindet, mein „geistiger Draht" nach oben, meine Verbindung in den Himmel.
Wenn diese reißt, sich trennt und ihre „Hülle" zurücklässt,
ist das natürlich ein viel intensiveres, komplexeres Geschehen!

Es gibt Menschen, die durch einem Unfall oder einer schweren Krankheit so plötzlich überrascht werden, dass sie entweder erleben, dass sich auch ihre Seele oder „Geist-Körper", bzw. Astral-leib für kurze Zeit von ihrem Körper trennt.
Man nennt dies ein „Nahtod-erlebnis".
Darauf werde ich aber später zurückkommen.
In diesem Fall bleibt die „Silberschnur" erhalten, denn sie kann sich sehr „dehnen".

Der Astral-leib, das geistige Bewusstsein des Menschen bleibt mit seinem physischen Körper verbunden, auch wenn er sich für eine Zeitspanne „außerhalb" befinden mag. Ein Mensch erlebt dann beispielsweise bei einem Verkehrsunfall, dass er in seinem Bewusstsein über seinem Körper schwebt und diesem quasi von **„oben"** oder von **„außen"** zuschaut und sich sogar vielleicht wundern mag, welches „Spiel" hier eigentlich gespielt wird, gar nicht begreifen kann, was hier abgeht. Und auch gar nicht sich dessen bewusst ist, dass sein eigener Körper schwer verletzt oder blutüberströmt am Boden liegt, so dass Außenstehende vermuten mögen, der Verletzte durchleide wirklich furchtbare Schmerzen .
In Wirklichkeit kann es sein, dass dieser Mensch in seinen außer-körperlichen Erfahrungen - nicht viel von dem dramatischen Zustand seines physischen Körpers mitbekommt. Sollte wirklich der Tod eintreten,
dann erst wird auch diese Verbindung der Silberschnur endgültig durchtrennt.
Die Entscheidung aber darüber liegt nicht alleine in unserer eigenen Hand.

„Ein"-schlafen und „Ent"-schlafen waren bereits in der Bibel ein wichtiges Thema!

Auch in den Erlebnissen, die uns von Jesus erzählt werden, gibt es Ereignisse, in denen „Schlafen" und „Ent-schlafen" ganz nahe beieinander liegen und es nicht immer ganz klar ist, ob die „Silber-Schnur" bereits gerissen ist oder nicht!
Als das **12-jährige Töchterchen des Synagogen-Vorstehers Jairus** im Sterben lag (Mk 5,21-43), fiel er vor Jesus auf die Füße und flehte ihn um Hilfe an:
„Meine Tochter liegt im Sterben. Komm und leg ihr die Hände auf,
damit sie wieder gesund wird und am Leben bleibt!"
Darauf kam Jesus mit, doch da er noch aufgehalten wurde,
schien das Töchterchen bereits verstorben zu sein.
Als Jesus sagte: „**Das Kind ist nicht gestorben. Es schläft nur**...!",
lachten ihn die vielen Leute aus. Sie glaubten ihm nicht.
Jesus schickte alle Leute aus dem Haus hinaus und nahm außer seinen Begleitern nur die Eltern mit in den Raum , in dem das Kind lag.
Er fasste das Kind an der Hand und sagte zu ihm:
„Talita kum!, was heißt: „Mädchen, ich sage dir, steh auf!"
Sofort stand das Mädchen auf und ging umher...
Die Leute gerieten außer sich vor Entsetzen....
In dem Falle dieses Mädchens war die „Silberschnur" noch nicht „gerissen".
Die Geist-Seele hatte sich noch nicht von seinem physischen Körper getrennt.

Jesus konnte die Seele dieses jungen Mädchens nochmals „zurück holen".
Er konnte aber auch dann, wenn diese sich bereits von seinem Astral-Körper gelöst hat, die Seele wieder in den bereits „toten" Körper zurück holen.
In der **<u>Geschichte des toten Jüngling von Nain</u>** (Lk 7,1-17) wird von einem „Toten" berichtet, den man gerade auf der Totenbahre aus dem Stadttor hinaustrug, als Jesus mit seinen Jüngern hinzu kam und sie alle Beobachter dieser Szene wurden.
Man weiß nicht, war dieser einzige Sohn seiner Mutter nur bewusstlos, schein-tot
- oder wirklich „tot".
Wichtig ist in dieser Geschichte, dass Jesus – als er die weinende Mutter sah – „Mit-leid" hatte und zwar so sehr, dass er zu dieser Bahre herankam, sie mit seiner Hand berührte und mit dem „Toten" zu sprechen begann:
„Ich befehle dir, junger Mann: Steh auf!"
Da richtete sich der Tote auf und begann zu sprechen.
Vermutlich war die Silberschnur doch noch nicht „gerissen" und Jesus konnte ihn mit der Geisteskraft seiner Anwesenheit, seiner Nähe, Präsenz und Berührung, mit seiner starken Liebe wieder „ansprechen", bzw. zurück holen.
Im Falle seines **<u>besten Freundes Lazarus</u>** (Joh 11) war der Fall sehr eindeutig, wenn Marta Jesus völlig aufgewühlt, voller Trauer, aber auch mit einer Wut im Bauch sagt...

„Herr, er riecht schon, denn es ist bereits der 4. Tag...!
Wärst du hier gewesen, dann wäre dies sicher nicht so passiert...!"

Hier scheint das Wort „schlafen bzw.**ent**-schlafen" für einige Verwirrung zu sorgen.
Jesus ließ den Schwestern von Lazarus ausrichten: „Diese Krankheit wird nicht zum Tod führen. Lazarus, unser Freund schläft, aber ich gehe hin, um ihn wieder auf zu wecken."
Da sagten die Jünger zu ihm:
„Herr, wenn er schläft, dann wird er wieder gesund werden!"
Nicht immer eindeutig erscheint die Situation, wenn von „Schlafen" gesprochen wird.
Es ist nicht klar, handelt es sich um den Zustand des Schlafens oder darum, dass ein Mensch bereits „**ent**-schlafen" ist. Das heißt, die Jünger wussten um die Möglichkeit des „Schlafens", das aber noch kein „**<u>ent</u>**-schlafen" war.
Sie wussten also, dass ein Bewusstloser oder ein im Koma liegender jederzeit wieder „aufwachen" konnte....Es hätte ja wirklich sein können, dass Lazarus ganze 4 Tage lang im Koma lag oder bewusstlos war, aber die Beschreibung Martas war eindeutig: **„Er riecht schon...!"**
So schien sogar für Jesus selbst das wirkliche „Ent-schlafen" mit einer schrecklichen Gewissheit verbunden gewesen zu sein: Jesus hatte aber von seinem Tod gesprochen, während sie meinten, er spreche von dem gewöhnlichen Schlaf.
Darauf sagte ihnen Jesus unverhüllt:
„Lazarus ist gestorben."(V.14) Jesus Tränen und seine Trauer waren echt.
Es war vermutlich selbst für ihn überraschend und er hatte wohl selbst nicht damit gerechnet, dass Lazarus wirklich „ent-schlafen" würde. Das heißt,
Jesus musste nun akzeptieren, dass der Tod eine eingetretene Realität war.

Er wollte seinen Jüngern, seinen besten Freunden und auch uns zeigen, dass es ihm vermutlich wirklich möglich war, auch dann, wenn die Silberschnur sich **vollends** von seinem physischen Körper ge-löst hat, dass er sogar dann die Seele zurück holen, und den wirklich „toten" Körper nochmals neu beleben konnte...
Denn er sagte : „Ich freue mich für euch, dass ich nicht dort war, denn ich will, dass ihr glaubt!" Jesus wollte aber vor den Leuten keine „Show" abziehen, als er rief: „Lazarus, komm aus deinem Grab...!" Und dieser tatsächlich erschien: mit Binden um seinen Händen und Füßen, das Gesicht verhüllt mit einem Schweißtuch....

Grundlage für dieses Handeln war nicht die Lust nach einer tollen Show-einlage, sondern dieser: **eine wunderbare, ehrliche und tiefe Liebe.**
In Vers 5 heißt es : „Denn Jesus liebte Marta, ihre Schwester und Lazarus."
Er verlängerte seinen Aufenthalt, weil er von der schweren Krankheit seines Freundes erfuhr und blieb noch 2 Tage länger. Als er im Grab sah, wie seine Freundin Maria und auch die Juden weinten, musste auch er weinen, war im Innersten erregt und erschüttert.
Die Juden sagten: **„Seht, wie sehr er ihn liebt...!"**
Diese tiefe Liebe ist es wahrlich, die Wunder bewirken kann und die es vermag: die Seele eines Menschen wieder in dieses Leben zurück zu holen...
Jesu Liebe muss wahrlich tief und unerschütterlich gewesen sein...!

Der alte Brauch früher, als man den Toten noch 3 Tage lang ihre „Totenruhe" im Hause gewährte, hatte schon seine Bedeutung! Man wusste, dass auch der soeben Verstorbene seine Zeit braucht, um sich langsam und in Ruhe von seinem gelebten Leben und auch von seinem physischen Körper zu lösen.
Es war die Zeit, sich in aller Ruhe von seinem Angehörigen zu verabschieden.
Einen „Toten" zu beherbergen, bedeutete Tage voller Respekt und großem Ehrgefühl.

Ich kann nur empfehlen, sich nach dem eingetretenen Tod eines Angehörigen zuerst einmal Zeit zu lassen. Auch früher wurde zuerst die Verwandtschaft in Kenntnis gesetzt und gewartet, bis alle eingetroffen waren und dann in aller Ruhe ein Gebet für den Verstorbenen gesprochen oder in Katholischen Kreisen der Rosenkranz gebetet.
- Heute muss alles sehr schnell gehen!
Sogar die Hygiene-Vorschriften würden heutzutage einen solchen Brauch nicht mehr gestatten und dulden. Es kann oft gar nicht schnell genug gehen, den Toten aus der Wohnung oder aus dem Haus zu bringen. Einem Toten ins Gesicht zu schauen oder diesen toten Körper in seiner direkten Umgebung zu wissen, löst vielfach Unbehagen aus. Ein guter Freund erzählte mir: „Als ich meinen toten Vater sah, hatte ich das Gefühl, ein \`Anderer´ liegt vor mir...es war einfach nicht mehr \`mein Vater´."
Ist ein Mensch ganz **persönlich** betroffen vom Tod eines nahestehenden Menschen, dann will man vielleicht lieber diesen Menschen so in Erinnerung behalten, „wie er eben war", also er noch am Leben war, um diese Er-„**inner**"-ung zu ver-**inner**-lichen.
Das veränderte Gesicht eines Toten, vor allem dann, wenn man ihn gut gekannt oder jahrelang mit ihm gelebt hatte, kann einen wirklich - erschrecken...

Sehr oft spiegeln die Gesichtszüge des Toten die Stimmung wider, in jener der Verstorbene verschieden war. Die Einen haben harte, fast verzerrte Gesichtszüge, andere scheinen fast zu lächeln und strahlen sogar noch im Tod die Liebe und fast so etwas wie „Wärme" aus...
Als Kind hatte ich es immer erlebt, dass die Toten in einem offenen Sarg aufgebahrt wurden: im Altersheim, im Krankenhaus oder auf dem Friedhof.
Die „Toten-Maske" gehörte einfach dazu. Es war die „andere" Seite des Lebens....

Heute werden aufgebahrte Tote in den Friedhöfen nur noch in geschlossenen Särgen aufgestellt, zumindest in unserem deutschen Lande.
Im Krimi oder in den Nachrichten ist das pure Gegenteil der Fall. Dort werden Schwerverletzte gezeigt, werden die Sterbenden und auch die Toten präsentiert und absichtlich anvisiert, wird der Tod geradezu proklamiert und verherrlicht.
Der Zuschauer starrt quasi auf den Toten und nimmt dieses Bild in sich auf.

Worin sich allerdings im wirklichen und realen Leben nicht viel geändert hat: kaum ist der Tod eingetreten, beginnt der Wettlauf mit der Zeit.
Eigentlich wissen die Angehörigen gar nicht, wen sie zuerst verständigen sollen:

* Den Hausarzt, der die Todes-Ursache und den Zeitpunkt des eingetretenen Todes schriftlich bestätigen muss;
* die zuständigen Behörde von der Gemeinde, um eine Sterbe-Urkunde ausstellen zu lassen;
* dem Mesner einer Gemeinde, der die Totenglocke läutet, damit alle aus der Pfarrei und Umgebung von dem Vorfall erfahren und der Tod eines Gemeinde-Mitgliedes - er auch eine „neue Geburt in den Himmel" verkündet wird....;
* den Pfarrer oder das Pfarramt, um den Termin für die Beerdigung festzulegen;
* das Beerdigungs-Institut, um so manche Fragen zu klären (Sarg, Urne, etc...)
  a) die Zeitung mit einer Todesanzeige zu beauftragen;
  b) die restliche Verwandtschaft, die Anteil nehmen möchte.....

Da mein Vater am frühen Abend in seinem Bett verstorben war, konnte er immerhin noch für diese Nacht in dieser seiner gewohnten Umgebung bleiben und wir uns in Ruhe von ihm verabschieden. Meine ganze Familie brauchte diese Stunden, um zu verstehen, was jetzt geschehen war und zu akzeptieren, dass „seine" Stunde des Abschiedes, aber auch des Neu-Beginnes jetzt gekommen war...
Für uns war dies nicht nur eine Nacht der Trauer, sondern vor allem auch der Dankbarkeit und des Los-lassens...Als am Morgen der große schwarze Wagen vorfuhr, um den Sarg zu bringen, war ich entsetzt, wie mit einem „toten" Körper umgegangen wird. Meine Mutter wünschte, dass mein Vater einen schönen Anzug tragen sollte.
Die Männer schlossen hinter sich die Schlafzimmertüre, - und dann ging es los: die Arme wurden gebrochen, damit diese in die Ärmel geführt werden konnten.
Es wurden weiße Kügelchen - chemische Substanzen - über den ganzen Leichnam gestreut, sogenannte Geruchs-Killer, deren ätzender Gestank sich über das ganze Stockwerk im Haus entsetzlich ausbreiteten...

Ich musste meine Kinder, die dieses Geschehen beobachteten, wegschicken, weil ich zum Einen vermeiden wollte, dass sich diese letzten Bilder von ihrem geliebten Opa in ihrer Erinnerung festsetzen sollten und zum anderen hatte ich absolute gesundheitliche Bedenken beim Einatmen dieser beißenden Luft! Vorsichtig fragte ich nach, ob diese (zudem nicht gerade kostenlose!) Maßnahme denn wirklich so sein müsste, aber die Antwort bestand nur in einem wortlosen Achselzucken....
Ich fand es wirklich geschmacklos und mir wurde ernsthaft bewusst, dass auch der tote Mensch noch eine „Würde“ hat, die ihm auch in dieser Phase noch unbedingt zuteil werden sollte.... Heute erlauben es die Bestattungs-Institute wieder, den verstorbenen Angehörigen, selber in die letzte „Ruhestätte“ hinein zu betten und auch so viel Zeit (in der Regel 36 Stunden) zu gewähren, dass man sich in aller Ruhe auch von zu Hause aus von seinem Lieben verabschieden kann.

Gott verlässt seine geliebten Kinder nicht in der Stunde des Todes

Auch Jesus konnte an seinem Leiden nicht vorbei gehen, es nicht abwenden, auch wenn er so sehr darum gefleht hatte...

„Vater, wenn du willst, nimm diesen Kelch von mir! Aber nicht mein, sondern dein Wille soll geschehen...!“ (Lk 22,42)

Auch Jesus wusste, dass sein Vater, seine Mutter im Himmel ihn mit aller Macht und Kraft der Liebe unterstützen würde, ihm in den schwersten Stunden seines Lebens so nahe sein würde als es nur möglich ist.

Warum sollte ihn sein innigster Vater-Mutter, dessen absolute Liebes-Erklärung er vernahm bei seiner Taufe am Jordan: „Du bist mein über alles geliebter Sohn. An dir habe ich Gefallen gefunden...!“

Warum sollte Gott ihn ausgerechnet in der schwersten Stunde seines Lebens **„verlassen“?** Dass Jesus das Gefühl hatte, er fühle sich verlassen am Kreuz und beim Sterben, haben die Kirchen aus seinen Worten geschlossen:

„Mein Gott, mein Gott, warum hast du mich verlassen ?“

Eigentlich wurde „die“ Kirche offiziell nie richtig schlau aus diesen Worten Jesu, heißt es doch in Psalm 27,10 ausdrücklich:
„Wenn auch Vater und Mutter mich verlassen, der Herr nimmt mich auf....“
Und bereits bei Jesaja (49,15) steht geschrieben:
„Kann denn eine Frau ihr Kindlein vergessen, eine Mutter ihren leiblichen Sohn?
Und selbst: wenn sie ihn vergessen würde: **ich vergesse dich nicht!“**

Dieses Rätsels Lösung lernte ich in meiner drei-monatigen Bibelschulzeit in Nazareth verstehen und für diese Lösung war ich sehr dankbar .
Dieser „Ausschrei Jesu“ am Kreuz von der Verlassenheit Jesu wurde nur von den Evangelisten Matthäus (Mt 27,46) und Markus (Mk 15,34) überliefert.
Vor allem von Matthäus ist bekannt, dass er für die frühen Judenchristen schrieb, an sie besondere seine Botschaften richtete.
Und was wollte er diesen ganz besonders mitteilen?
Dass Jesus „mit Fleisch und Blut“, aus innerster Überzeugung ein Jude war, glaubte und lebte, - und auch starb.
Jesus starb nach römischer Zeitrechnung „um die 9.Stunde“.
Da der Tag der Römer nach unserer heutigen Zeitrechnung morgens um 6 Uhr begann, war die 9. Stunde nach unserer Zeitrechnung nachmittags um 15 Uhr, - jene Stunde, zu der auch in fast allen christlichen Kirchen die Karfreitags-Liturgie stattfindet.
Das ist aber just die Zeit, in der damals wie heute jeder Jude weiß, dass der „Tag endet“ und deshalb auch jeder gläubige Jude sein „Abendgebet“ spricht. (Wir haben von den Juden diese Zeit übernommen in dem Brauch, dass am Samstag um 15 Uhr die Kirchenglocken bereits den „neuen Tag“, unseren Sonntag einläuten. Bei diesem Glockenläuten wussten früher alle bäuerlichen Bediensteten auf dem Felde, dass sie ihre Arbeit beenden durften, um den Feiertag, die den Juden den „Sabbat“ nennen , zu beginnen).
Dieses Abendgebet besteht aus dem Psalm 22 und in jenem 2. Vers heißt es:
„Mein Gott, mein Gott, warum hast du mich verlassen“.
Dieser Psalm besteht aber nicht nur in diesem Vers und dieser Angstklage, sondern vielmehr in der **Gewissheit des Heils.**
Denn bereits drei Verse später heißt es:
„Dir haben unsere Väter vertraut, sie haben vertraut und du hast sie gerettet.
Zu dir riefen sie und wurden befreit, dir vertrauten sie und wurden nicht zuschanden.“
Dieser Psalm endet mit dem Vers 32:
„Seine Heilstat verkündet man dem ganzen Volk, denn er hat das Werk getan...“
Jeder Jude sprach auswendig dieses Abendgebet, tagtäglich.

Wenn die beiden Evangelisten einen Ausschnitt aus diesem Psalm 22
um die 9.Stunde Jesus in den Mund legten, dann wollten sie folgendes mitteilen:

* Jesus war Jude, und um diese Zeit sprach er also – wie alle seine Glaubensbrüder, bzw. - schwestern das Abendgebet.
* Jesus hielt sich sogar in seinem Tode an die Gesetze und Gebote der Juden.

Die Evangelisten, auch Jesus selbst, arbeiteten üblicherweise mit „Kürzeln", das heißt, wenn sie ein „Zitat" sprachen, dann meinten sie eine ganze Geschichte, ein Gebet, den sinngemäßen Zusammenhang aus der alten Überlieferung .
Jeder Jude verstand das und so auch die frühen christlichen Gemeinden, die noch jüdischen Ursprungs waren. Sie verstanden alle die Botschaften von Matthäus und Markus: Jesus war Jude, er sprach wie alle anderen Juden um die 9. Stunde sein Abendgebet.
Dass ausgerechnet in der Stunde von Jesu Tod dieses Kürzel des 2. Verses in den Mund gelegt wurde, hatte vielleicht seine besondere Bewandtnis, die ich wiederum nicht kenne. Jedoch hatte dieses „Kürzel" für sehr viel Verwirrung in der christlichen Auslegung gesorgt. Und noch heute führt nicht selten die Spur der Auslegung an den Kar-freitagen in unseren christlichen Kirchen in die völlig falsche Richtung eines Gottesbildes, das dem Vater- und Muttergottes Jesu überhaupt nicht „gerecht" wird.

Gott verlässt seine über alles geliebten Kinder doch nicht gerade dann, wenn sie am allermeisten seiner Hilfe, seiner Nähe und seiner Kraft bedürfen!

Welche Eltern, die ihr Kind wirklich lieben,
würden es **ausgerechnet** in diesen schweren Stunden allein lassen?
Jesus fühlte sich nicht verlassen, ganz im Gegenteil, nie war ihm Gott näher als in dieser seiner schweren Stunde! Sein Gott trug sein geliebtes Kind hindurch durch alle Schmerzen, alle Peinigungen, durch all die Dunkelheit hindurch zum klaren und strahlenden Licht des Lebens!

Auch Papst Johannes XXIII, dessen Person und Leben, Charisma und Wirken mich immer schon sehr beeindruckt hat, drückte seine Zuversicht so aus:
Nur für heute werde ich fest glauben – selbst wenn die Umstände das Gegenteil zeigen sollten - , dass die gütige Vorsehung Gottes sich um mich kümmert, als gäbe es sonst niemand in der Welt!

Keine Angst, wenn jemand zu spät kommt.

Oft werden Angehörige aus einem Krankenhaus verständigt,
wenn es so weit ist, sich von seinem Lieben zu verabschieden.
Oder ein plötzlicher Tod lässt ein solches Abschied nehmen gar nicht erst zu.
Auch wenn die Silberschnur schon „gerissen" ist,
die Seele bleibt noch Stunden oder gar Tage im Astral-Leib.

Sie muss sich selber erst orientieren, an den neuen Zustand gewöhnen.
Ich kann mir sicher sein, auch wenn der Tod bereits eingetreten ist, -
der Verstorbene wird meine Nähe, meine Anwesenheit spüren und alles,
was ich jetzt noch sagen will, meine Gedanken und meine Liebe wird er wahrnehmen,
- ja sogar noch für längere Zeit meine Berührung fühlen können.

Auch, wenn die körperliche Hülle bereits am ver-**wesen** ist,
der „Äther-Körper“ ist noch „offen“ und wer sensibel ist, wird dies auch spüren,
kann die An-**„wesen“**-heit dieser Seele, dieses Menschen noch erfühlen...
Es ist immer Zeit für eine Versöhnung, für eine Entschuldigung,
für alles, wofür vorher entweder keine Zeit oder keine Möglichkeit war
oder die Zeit dafür noch nicht reif war etwas auszusprechen,
was aber längst schon im Herzen da war, und einfach nicht gesagt werden konnte.
Eine Verbindung ist immer möglich.
Es gibt immer Dinge, die einem im Nachhinein leid tun,
die besser hätten zuvor bereinigt werden sollen .
Ich bin der Meinung, die „Vergebung von Schuld“,
die Versöhnung **braucht seine Zeit** – wie alles unter unter dem Himmel
und auch „im“ Himmel alles „seine“ Zeit hat .
Man kann eine Versöhnung nicht herbei zwingen.
Schuld kann erst dann wirklich aus dem Herzen vergeben werden,
wenn die Zeit und Umstände dafür reif sind.
Man sagt zwar „vergeben“ kann man immer, zu jeder Zeit,
aber oft braucht es diese Zeit, bis „Gras“ über eine Sache gewachsen ist.
Unter dem neu gewachsenen Gras können noch alte Wunden aufbrechen,
wenn sie nicht richtig ausgeheilt wurden. Vielleicht kann auch dies ein Trost sein:

Wir haben alle Zeit die wir brauchen,
- auch über den Tod hinaus!

Menschen tun sich nichts Gutes, wenn sie sich unnötig weitere Schuldgefühle aufladen,
weil sie es „vorher“ nicht mehr geschafft haben, ihrem Angehörigen etwas Wichtiges
zu sagen oder sie um Vergebung zu bitten. Aber es gibt auch die Situation,
dass jemand tief im Herzen spürt und es einem **wirklich leid tut**,
weil er bestimmte Dinge nicht mehr vor dem Tod „loswerden“ konnte.
Vielleicht, weil es noch nicht möglich war,
dem eigenen Herzen den richtigen „Ruck“ zu geben und sich selbst zu feige war,
noch nicht über den eigenen Schatten springen konnte.
Jeder von uns weiß: es gibt wohl nichts Befreienderes, Er-Lösenderes als die
ehrliche tiefe Vergebung von Schuld, die Befreiung von alten Lasten,
das Ausräumen von so manchen – oft unnötigen Missverständnissen....
Nichts Schöneres als eine wirkliche Versöhnung, die ein neues, aufeinander zugehen
ermöglicht und ein leichteres, glücklicheres Leben schenkt.

Du sollst wissen, es ist **immer** Zeit, es gibt **immer** die Möglichkeit,
mit deinem Lieben etwas zu „bereinigen".
Auch – und erst recht dann – wenn sie bereits verstorben sind!
Es ist **immer** Zeit für ein ehrliches Gebet, für eine Aussprache,
für eine Bitte um Verzeihung. Wenn ich dieses aufrichtige Bedürfnis habe,
und einen Verstorbenen um diese Vergebung bitten möchte,
oder ich noch einmal wirklich aus dem Herzen ein **DANKE-SCHÖN** sagen möchte:
Meine Botschaft der Liebe und mein Zeichen der Freundschaft kommt ganz sicher an.
Sie wird wahrgenommen.
„Die Toten" sind uns viel näher, als wir es glauben und vermuten!

Ruhe finden für die Seele....

**„Kommt alle zu mir, die ihr euch plagt
und schwere Lasten zu tragen habt.
Ich werde euch Ruhe verschaffen....
Lernt von mir, denn ich bin gütig
und von Herzen demütig;
So werdet ihr Ruhe finden für eure Seele."** (Mt 11,28+29)

Menschen, die **vor** ihrem „Übergang" schwer zu kämpfen hatten,
tiefe Ängste ausgestanden und große Schmerzen durchlitten hatten,
für sie ist es jetzt Zeit, wirklich zuerst einmal: nur auszuruhen.
Man möge es einen **„Heilschlaf"** nennen, in dem man wieder langsam
zu Kräften kommt und sich regeneriert. Auch, sich neu orientiert.
Auch diese Phase kann ganz unterschiedlich lange dauern.
Ob eine Seele jetzt einfach nur „Ruhe und Frieden" braucht, ab-schalten
oder einen gewissen Abstand gewinnen möchte und so wie nach einer langen
anstrengenden Reise sich einfach nur mal so richtig ausschlafen möchte,
oder schnell schon wieder neugierig wird ob der neuen Umgebung...
Jeder so wie er will und es braucht...

Auch im Alten Testament schon wurde dieses Bild verwendet,
als das Volk Israel „in das **Land der Ruhe und des Friedens**" einzog.
Ein „Land" , in dem nach einer anstrengenden , unruhigen Phase
endlich Still-stand , Ruhe, Pause, Regeneration , ein „zu-sich-finden" –
angesagt war. Auch die Freude darüber „endlich angekommen zu sein".
Das ist so ähnlich, wie wenn sich eine Familie auf den Weg ins Urlaubsdomizil
macht und weiß, dass die Strecke bis zum Strand in Italien etwa 12 Stunden
Autofahrt abverlangt. Umso schöner dann, wenn man´s endlich geschafft hat
und sich so richtig freuen kann, weil man jetzt das Gefühl hat,
so „richtig" angekommen zu sein...

Der Moment ist gekommen,
in dem man die Füße hochlegen und wirklich genießen und entspannen kann.
Die Schulkinder, die sich so lange auf ihre Sommerferien gefreut haben,
und dann, - endlich die ersten Tage - welch ein Wohlgenuss, ein Aufatmen!
Hurra, es ist geschafft, wieder einen Schritt weiter zu sein!
Eine anstrengende Phase des Lernens und Mühens hinter sich lassen zu dürfen
und ein Kapitel abschließen zu können.
Alle Arbeitenden - auch Mütter und Väter -, die sich ihren verdienten
und ersehnten Urlaub nun wirklich gönnen dürfen.
Ein Arbeitnehmer oder auch Selbständiger, der sich nach langen Jahren des
Einsatzes und der Arbeit endlich auf seine wohlverdiente Pension freuen kann.
Eine arbeitende Mutter, die sich durch die Tage der Schwangerschaft hindurch
geschleppt hat, und sich jetzt endlich auf ihren „Mutterschutz" erfreuen kann...
(Leider nur für unsere westliche industrialisierte Welt, in der solche Gesetze zum
Schutze des Menschen auch weitgehend ernst genommen und eingehalten werden...)
Das Gefühl zu haben, ich darf jetzt aus-ruhen,
ich bin jetzt angekommen, - und zwar: bei **mir selbst**...!

Bei den Seelen, die in ihrer neuen Heimat ankommen, ist das nicht anders.
So wie ein kleines Baby – so es sich seinen Weg in das Neue Leben durch den
„engen Tunnel" selbst erkämpft hat und sich wirklich seine „Sabbatruhe" erst mal
verdient hat, so braucht auch der neue Ankömmling im jenseitigen Reich eine
ordentliche Erholungspause.

Und so wie alle kleinen Menschen – wie auch Tierbabies - erstaunlich neugierig
sind ob ihrer neuen Umgebung, so sind auch die neu angekommenen Seelen erstaunt
über die Anwesenheit vieler lieber alter Freunde und Verwandter.
Sie spüren die alten wunderbaren Seelenverbindungen, **schauen**, wer „da" ist und
für den, der im Diesseits mit der Sprache des Herzens gesprochen hat, jener wird auch
dort im Jenseits viele vertraute und bekannte, ja manchmal sehr lange und auch intensiv
vermissten Freunden wieder begegnen, sie „**schauen**" einander...

Aber dieses **„Schauen"** ist nicht nur eine Tätigkeit der Augen,
sie ist ein ganz-heitliches Erleben mit allen Sinnen,
ein „eingetaucht" sein in das Meer der Liebe und der Freude.
Die Freude ist es, die dann noch viel intensiver gefühlt und erlebt wird,
als es hier in unserem irdischen Befinden so manchmal möglich ist.
Es ist das Empfinden von „reinem Glück und reiner Liebe" für all jene,
deren Herz auch zuvor schon geöffnet war für die Ströme der Liebe.
Und es ist das „Erwachen" in der Erkenntnis, wieder ganz angekommen zu sein
im Hafen (heaven) der Heimat, die einfach : **die Liebe ist!**
Zu spüren, hier bin ich zu Hause, hier gehöre ich hin und hier fühle ich mich wohl.
Hier bin ich glücklich, weil auch so liebe Bekannte und Freunde da sind,
die ich schon längst aus vergangenen Tagen kenne und mir vertraut sind.

In Psalm 17,15 wird dieses Erleben so ausgedrückt....

„Ich aber will in Gerechtigkeit dein Angesicht schauen, mich satt sehen an deiner Gestalt, wenn ich erwache....“

Wenn sich die versammelte Trauergemeinde am Grab eines Verstorbenen versammelt und der Pastor oder Pfarrer den letzten Segenswunsch spricht :
„Ruhe in Frieden. Und das ewige Licht leuchte dir“,
dann drückt dieser Wunsch eben dieses Empfinden aus.
Für die christlichen Kirchen ist nach dem Tod eines Menschen für dessen Seele vorgesehen, dass sie vor allem **„ruht“,** - eine Ruhe für **alle Ewigkeit!**
Das Lebensprogramm, bzw. der Pilgerweg ist abgeschlossen, die Seele wird gereinigt und kann nun für ewig bei Gott in vollkommenem Glück und Frieden **ruhen.**
Weitere Erfahrungen oder Erlebnisse sind in dieser Ruhe wohl nicht mehr vorgesehen!

Eigentlich weiß aber jeder, der im Urlaub –hoffentlich so richtig - entspannen konnte, dass es nach dem „Urlaub“ auch wieder weiter geht.
Ich habe als Kind in den Zeiten der Sommerferien immer genau die Tage gespürt, als die „Waage“ wieder umgekippt ist, das heißt, die Tage, in denen ich einfach nur „abschalten“ und genießen konnte, die Freude darüber, was ich hinter mich gebracht hatte, verbunden mit dem Stolz, eine Aufgabe gemeistert zu haben, und dann die Tage, als der Kopf sich bereits wieder mit den neuen Gedanken füllte und ich auch plötzlich wieder Lust hatte, mich mit einer neuen Aufgabe vertraut zu machen, die als Nächstes anstand....Ferienjob, neues Schuljahr, Beginn des Studiums, neuer Start in den Beruf.
Auch für Israel, die im „Land der Ruhe und des Friedens“ endlich angekommen waren, galt ähnliches. Sie hatten zwar ihr „Domizil“ gefunden, wo sie nun wirklich sesshaft werden und Wurzeln schlagen konnten, aber von „Ruhe und Frieden“ kann bis auf den heutigen Tag und auch bis in ferner Zukunft wohl kaum die Rede sein...! –
Ich denke, jede Seele in der jenseitigen Welt darf und kann diesen Wunsch so lange in Anspruch nehmen, wie sie ihn für sich als gut und entsprechend empfindet.
Der Mensch im Lichte Gottes darf und soll **„aus**-ruhen“!
Auch im richtigen Leben heißt es: „Wer einer Heilung bedarf, **re**-generieren möchte, sei es an Leib oder an Seele, der soll Ruhe bewahren, Ruhe geben, aus-ruhen!“

Im Alten Testament wird davon berichtet, wie auch Gott selbst nach „getaner Arbeit“, nach den 6 Tagen der Schöpfung, am 7.Tag „**aus**-geruht“ hat.
Doch dies ist eine „feierliche Pause...!“, und mit Stolz und Freude verbunden.
Kennst du die Freude und das Wohlbehagen, abends nach all der erledigten Arbeit dir eine „Feiertags-Halbe“ zu gönnen und dich ihres Wohlgeschmackes zu erfreuen, sie so richtig zu genießen?
Oder die Zufriedenheit und der Stolz, eine Arbeit erledigt zu haben, die du sehr lange vor dich hergeschoben hast und nun endlich bewältigt hast ?
Dann schmeckt das Bier besonders gut, auch und gerade weil man weiß, dass man sich diese Halbe und die damit verbundene Ruhepause redlich verdient hat!

Es ist die Freude und die Zu-**„Frieden"**-heit darüber,
zurückblicken zu können auf das, was man geschafft hat, weil man vielleicht das, was man sich vorgenommen hatte, nun auch wirklich erledigen konnte.
Das Gefühl: „Jetzt habe ich diese Pause aber wirklich verdient...!",
darf nun auch sein und die Ruhe mit allen Fasern so richtig genossen werden.

Im Judentum wurde und wird diese Ruhepause sehr ernst genommen und geradezu „verordnet"! Noch heute gilt dieser Ruhetag -der Sabbat- ,als eines der strengsten Gesetze des Judentums, wenn dabei auch mit viel List und Tücke „geschummelt" wird...! Doch jeder Sabbat ist gedacht als eine **„schöpferische Pause"** und jeder Mensch sollte sich in diesem Punkt das Verhalten der Tier – und Pflanzenwelt dringend zum Vorbild nehmen!
Hast du mal kleinen Tierbabies, wie Lämmern, Zicklein und Kälbern zugesehen, wie schnell diese nach dieser „schöpferischen Pause" auf ihre eigenen Beine wollten, um diese **neue Welt** für sich zu erkunden?
Auch im richtigen Leben der Juden dauert der „Sabbat" wirklich nur einen Tag, danach geht das Leben – neu gesammelt und erholt, **re**-generiert wieder weiter.
Der Weg in das „Land der Ruhe" geht auch nur über diesen Weg:
von „Herz zu Herz" über die Liebe, die jene Seele mit den Menschen im Dies-seits wie im Jen-seits miteinander verbindet.

Dieser Wunsch: „ **Ruhe in Frieden**" bedeutet aber nicht **„Endstation".**
So wie eine alte Eisenbahnlock, die ihren Dienst getan hat und nun für die Nachwelt in ein Museum gestellt wird....
Die Entwicklung der menschlichen Seele geht weiter!
Wie, das entscheidet Jeder und Jede mit seinem „himmlischen Begleiter und Führer" ganz individuell. Der jeweils nächste Schritt geht immer über das „innere Erkennen" und dafür stehen uns alle möglichen himmlischen Helfer mit Rat und Tat zur Seite, um uns darin zu führen, zu stärken und zu unterstützen.
Der freie Wille des Menschen, seine Möglichkeit zur Weiterentwicklung bleibt auch im Jenseits für **immer** bestehen.

„Ich lebte einfach weiter, so als wäre nichts gewesen"....

Mein Vater war mit Lungenkrebs verstorben .
Ob es ihm nun in seiner neuen Welt wieder gut ging ?
Ich lernte ein „Medium" kennen(Erklärung folgt später!!) ,
das mit meinem Vater in der geistigen Welt Kontakt aufnehmen konnte.
Sein Name ist John Olford und wohnt in der Nähe von Augsburg.
John ist ein äußerst sensibler, gewitzter Mensch, der die Gabe und Fähigkeit hat, Seelen in der anderen Welt zu vernehmen, zu hören und auch zu sehen, und zwar ohne über irgend ein Vorwissen von meiner Seite aus zu verfügen.

Er legt sogar großen Wert darauf, wirklich keine Information zu haben,
da er auf keinen Fall irgendwie von außen beeinflusst werden möchte.
John legte beide Hände an seinen oberen Brustraum und sagte:
„Hier oben muss was gewesen sein und er – dein Vater- läßt sagen,
er konnte am Schluss nicht mehr richtig atmen, er bekam keine Luft mehr,
aber das ist nur noch eine Erinnerung, denn das Leiden sei jetzt vorbei.“

Mein Vater, der so eine riesengroße Angst vor dem Ungewissen hatte
das ihn erwarten würde, er war so völlig überrascht,
dass es „einfach weiterging“.
„Ich lebte einfach weiter, so als wäre nichts gewesen...“,
konnte er mir (durch John) berichten. Er bestätigte, der Lungenkrebs gehört der Vergangenheit an und es geht ihm wieder richtig gut. Mein Vater ließ mir noch mehr erzählen: sein jüngerer Bruder war 1944 im Kugelhagel an der Front im II.Weltkrieg gefallen, und er hatte sich so gefreut, ihn wieder zu sehen, war überrascht,
ihn in seiner Ausgeh-uniform anzutreffen. Er war auch höchst erstaunt,
ihn so vital, so gutaussehend anzutreffen und meinte:
„Ich dachte, du wärst so schwer verletzt worden?“
Sein Bruder antwortete: „Ja, das ist wahr, aber das ich schon lange vorbei
und jetzt geht es mir richtig gut.“
Der Dichter Heinrich von Kleist hat diesen „naht-losen“ Übergang bereits
ein Jahrhundert früher so beschrieben:

„ Es ist, als ob wir aus einem Zimmer in das andere gehen....“

„Seht, ich mache alles Neu !“

Und hier eines der besten Dinge, die der „Himmel“ zu bieten hat:
Es gibt eine **100% -E VOLLKASKO-VERSICHERUNG**
Für jeden und für alle Teile **VÖLLIG KOSTENLOS**
Und das unter 100% er Garantie !!!
Ja, - du hast ganz richtig gehört!
Unser „Chef“ hat für **ALLE, -wirklich für alle ! –**
bereits lange vor unserer Zeit einen „Versicherungs-Vertrag“ abgeschlossen,
der allerdings hauptsächlich nur für unsere „äußere Hülle“ gültig ist.
Denn in der Bibel steht es bereit schwarz auf weiß:

„Er, der auf dem Thron saß, sprach:
Seht, ich mache alles neu!“
(Offenbarung 21,5)

Diesen Satz darf man wirklich ganz wort-wörtlich nehmen...
Menschen, deren körperliche Hülle ziemlich „demoliert“ war,
nehmen sich nun wieder als **komplett vollständig und unversehrt** wahr.

Das heißt, wenn ich einen Finger verloren hatte auf der letzten Reise,
bei der Ankunft ist meine Hand wieder ganz gesund und vollständig .
Menschen mit einer Behinderung oder einer schweren Krankheit,
Schwerverletzte in einem Unfall oder jene,
die Opfer eines schlimmes Verbrechens geworden sind.
Wenn der physische Körper - in welchem Zustand auch immer –
zurückgelassen wird, in der geistigen Welt erlebt man sich wieder - als **„gesund“.**
Das heißt, deine Hülle kann noch so kaputt und demoliert sein,
wenn du auf der anderen Seite ankommst, bist du wieder total **„komplett“,** -
alles wieder da.
Das ist so, wie wenn du dein irdisches Auto voll zu Schrott gefahren hast ,-
bei der Ankunft „drüben“ steht eine richtig schöne neue Limousine vor dir,
ein netter Engel überreicht dir lächelnd und höflich die Schlüssel dafür
und sagt: „Die gehört nun dir, steig bitte ein und fahr los!“....
- Noch eine Erklärung dazu :
Natürlich gibt es bei meiner Ankunft keine „Autofabrik“, in der ich mir ein
„neues Modell“ aussuchen darf. Aber egal, welches Leiden meine körperliche Hülle
hier auf Erden durchmachen musste und egal, welche Schäden sie davon getragen hatte,
diese Zeit des Leidens ist nun ein für alle mal vorbei. -
Bei der Ankunft in den neuen Gefilden erwartet oder erwache ich
wieder in meinem eigenen neuen – **erneuerten** - Körper.

Fahr aber bitte nicht gleich zu schnell,
denn wir haben hier keine Geschwindigkeitsbegrenzungen
und du musst dich erst an das neue Tempo gewöhnen!
Das Tempo hier ist nämlich ein völlig anderes und mit dem neuen Gefährt
kannst du so richtig Gas geben. Auch wird es etwas anders bedient:
- es hat nämlich kein Gas- und Bremspedal, das mit den Füßen bedient wird,
sondern du fährst mit dem Tempo deiner **eigenen Gedanken!**
Und das funktioniert so: kaum denkst du dir was Schönes aus,
z. B: ich möchte gerne an einen schönen weißen Sandstrand fahren,
- schon bist du auch da! Oder: ich möchte gerne meinen alten Lehrer besuchen
und fragen wie es ihm geht...mit ein bisschen Glück, - es stehen überall
freundliche Helfer zu Verfügung, die spontan Auskunft geben,
bin ich bei ihm und es ist eine Freude des Wiedersehens,
dass die kleinen Engel vor Freude tanzen.
Oder: du willst mal schnell nachschauen, was deine kleinen Enkel zu so Hause
treiben, weil sie dir schon fehlen - auch kein Problem: so lange du hier bist,
hast du ein dauerhaft gültiges Ticket, mit dem du mühelos die Schranken
zu der anderen Seite wechseln kannst und zwar immer und so oft du nur willst.

Du kannst zwar mit deinen Lieben reden über alles was du willst,
aber sie können dich mit ihren Ohren leider nicht mehr so richtig hören
und mit ihren Augen leider nicht mehr so richtig sehen.
Aber in ihrem Herzen könnten sie – dich erfühlen,
erspüren, wenn sie feinfühlig und auch offen dafür sind.
In ihren Gedanken könnten sie deine Gedanken erfahren,
aber nur - wenn sie wirklich mit dir in Verbindung bleiben wollen.
Vor allem Kinder in der Geistigen Welt suchen und brauchen
noch die Nähe ihrer menschlichen irdischen Mutter und Vater,
auch ihrer Lieblingsplätze an denen sich wohl fühlten.
Der „neue" oder „er-neuerte " Körper in der geistigen Welt,
in dem ich mich nun wahrnehme,
ist aber so nicht direkt mit dem Unserem zu vergleichen .
Es ist ein „geistiger Körper", der keinen Hunger und Durst mehr hat
und nicht mehr gefüttert werden muss, aber dennoch „wachsen" kann.
Denn auch Babies und Kinderseelen, die im geistigen Reich angekommen sind,
bleiben nicht auf Dauer diese kleinen Wesen, auch sie werden größer und
können wachsen. Sie werden bestens betreut von anderen Seelen,
Müttern und Vätern, die diese Aufgabe gerne und mit großer Liebe übernehmen.
Aber im Himmel gibt es keine Küchen und Wirtshäuser,
keine Kaufhäuser mit Modeabteilungen und dementsprechend auch keine Firmen,
die mit der Müllentsorgung beauftragt werden müssen.
Die „Logistik" läuft nach anderen Gesetzen...
und dennoch brauchen wir auf nichts zu verzichten,
was uns im irdischen Leben so wertvoll war.

Nichts, was uns in unserem irdischen Leben so wertvoll war, geht verloren...!

Wenn wir im jenseitigen Reich ankommen, wird nicht nur unser Körper wieder als **vollständig** erlebt, ich erhalte sogar jetzt wieder **alles**, was mir hier auf meiner irdischen Reise unterwegs **„verloren"** ging, - sofern es mir noch wichtig erscheint – wieder zurück! Dazu ein Beispiel aus meinem Leben:
Ich habe bereits mit 12 Jahren intensiv mein Tagebuch geschrieben und darin auch meine mir wichtigsten Erfahrungen der „ersten großen Liebe" verarbeitet. Es war das „Buch meiner Seele", aber leider kein abschließbares Tagebuch, sondern eines, das ich mir selber zusammen gebastelt hatte. Es war mein „Heilig-tum", denn auf jeder Seite ließ ich meine Seele „hinein fließen".
In diesem Buch war mein ganzes „ICH" mit allen Höhen und Tiefen,
allen Geheimnissen und Erfahrungen, die nur mein „lieber Gott" allein kannte und ich.
Meine Einträge begannen meist mit „Lieber Vater...", denn er war von klein auf mein innerer Gesprächspartner, mein vertrautester Freund, mein inneres Gegenüber,
jener, der sich mit mir freute und auch mit mir litt...

Da es kein besonders gutes Versteck für mein Buch in meinem Zimmer gab, schob ich es stets unter meine Bettmatratze- wohl in dem Wissen, dass mir meine Mutter täglich mein Bett machte. Zugegeben, das war etwas leichtsinnig von mir.
Eines Tages - ich weiß heute noch das genaue Datum ! - kam ich nach Hause und merkte sofort, dass irgendetwas nicht stimmte. Beim Mittagessen war meine Mutter sehr schweigsam und ebenso meine ältere Schwester. Nachdem ich meinen Teller leer gegessen hatte, fing meine Mutter selber an. Beide hatten darin gelesen, was ich ihnen heute noch nicht unbedingt verziehen habe!
Sie wussten über alles Bescheid! Ich fing zu brüllen an und wollte nur noch mein Buch haben. Mutter gab es mir zurück. Einige Stunden später entschloss ich mich, diesen meinen persönlichen „Schatz" dem Feuer im Holzofen zu übergeben.
Ich öffnete das Ofentürchen und sprach in meiner inneren Stimme zu meinem lieben Gott...: „Ich weiß, dass der Tag kommt, da wirst du mir dieses mein Büchlein wieder geben mit allem, was da drinnen steht: Wenn ich einst bei dir in deinem Reich sein werde, dann werde ich es wohlbehalten wieder bekommen." Ich übergab es dem Feuer und hatte nicht den geringsten Zweifel daran, dass sich mein Gebet zu einer - mir bestimmten Zeit - erfüllen würde.

Ich ahnte es schon immer,
dass all unser Erlebtes,
all unsere Erinnerungen,
unser ganzes Leben bei Gott
wunderbar aufgehoben sein
würde.
Erst viel später hörte, erfuhr ich,
dass in **Gottes großem**
„Buch des Lebens"
tatsächlich alles, ja **<u>ALLES</u>**
verzeichnet sein würde.
Und auch, dass Teile dieses
Wissens auch „ab-rufbar" sind,
aber nicht für jeden Menschen der hier auf dieser Welt lebt.
Dieses Buch wird auch die **<u>„Akasha-Chronik"</u>** genannt. Hier ist alles gespeichert", wie auf einer riesigen - vielleicht kosmischen - Festplatte. Alles, was du in deinem Menschen-Leben und auch alle Menschen jemals gedacht, erlebt, erfahren, wie sie gehandelt haben, **„ALL"** das ist auf dieser „geistigen Matritze" verzeichnet und enthält jede Inkarnation mit seinen ganz eigenen Abschnitten und Kapiteln, - mit allem, was „war".

Zehn Jahre später passierte mir nochmals Ähnliches:
Ich hatte gerade meinen ersten Freund und wollte diesen von einer Telefonzelle aus anrufen. Da der Zettel mit seiner Nummer in „meinem" Buch lag, holte ich es aus meiner Tasche, legte es auf das große Telefonbuch in der Zelle und rief ihn an.
Da ich noch eine Nummer aus dieser Gegend brauchte, blätterte ich einmal in diesem großen Nummernbuch, ließ aber mein Tagebuch zwischen den aufgeschlagenen Seiten liegen. Als ich merkte, dass es längstens an der Zeit war, zum Zug zu kommen, packte ich meine Tasche und lief aus der Zelle. Erst später im Zug bemerkte ich schmerzlich meinen Verlust. An der nächsten Station stieg ich spontan aus und fuhr diese Station nochmals zurück. Ich betete wie verrückt, mein Herz klopfte zum Zerspringen und ich rannte die Strecke zurück, so schnell ich konnte. Aber leider umsonst.
Ein älterer Mann telefonierte gerade in dieser Zelle und er wusste von nichts.
Mein Buch, es war weg. Ein halbes Jahr Lebens- und Liebesgeschichte mit allen Höhen und Tiefen meines Herzens war – zumindest in dieser geschriebenen Form – unwiederbringlich verloren. Als ich dieselbe Zugstrecke nochmals zurück legte, betete ich in meinem Herzen:

„Lieber Gott,
wenn ich einst bei dir sein werde, dann möchte ich es allerspätestens wieder zurück haben. Versprichst du´s mir?" Ich spürte „ihn" lächeln und dachte bei mir, was sich der Leser wohl denken würde bei einer solchen Lektüre...! –
Sie war sicher spannender als mancher Heimatroman, denn sie war gefüllt mit meinem eigenen Herzblut, mit dem Kampf um einen Menschen, den ich zwar sehr liebte, aber mit dem es offenbar nicht bestimmt war, glücklich zu werden...
Offen, ehrlich, leidenschaftlich und unverblümt.
Intuitiv wusste ich es immer schon: alles was mir hier auf Erden **„verloren"** geht, **irgendwann werde ich es wieder bekommen.**
Und was immer es auch ist, wenn es für mich von hohem Wert , - ein „Schatz" ist, an dem mein „Herzblut" hängt, dann finde ich es, bekomme ich es wieder zurück.
Das gilt auch für die Menschen, die ich hier auf meiner Lebensstrecke irgendwann aus den „Augen", aber nicht aus meinem Herzen verloren habe.

Noch ein Beispiel:
Meine Freundin hatte ihre Foto-Aufnahmen eines ganzen Jahres, die sie mit ihrer Digital-Kamera gemacht hatte, zwar auf ihrem PC abgespeichert, aber nicht auf eigene CD´s gebrannt. Schöne Erlebnisse waren auf ihrem PC „ver-ewigt":
da war ihre Goldene Hochzeit, die Bilder der Geburt ihrer ersten Enkeltochter, wunderbare Reiseerinnerungen, herrliche Naturaufnahmen und noch vieles mehr.
Eines Tages geschah es, dass die komplette Festplatte ihres PC abstürzte.
Alle Daten, einschließlich der schönen Aufnahmen, waren unwiederbringlich verloren.
Es war ihr auch kein sonderlicher Trost, als ich ihr sagte....„Wenn die Zeit kommt, bekommst du alle „Highlights" wieder zurück. Nichts geht verloren...."
Es gibt im jenseitigen Reich **ALLES**, was du begehrst, sogar ohne dafür bezahlen zu müssen. Aber natürlich solltest du wissen, **warum du** dieses oder jenes begehrst!

Wenn dir eine Sache ganz wichtig erscheint oder du dir wünschst, an einem bestimmten schönen Ort zu sein, dann bekommst du das, sofern das gut für dich ist oder damit Erfahrungen verbunden sind, die für deine Seele wichtig sind.
Manche Wünsche erübrigen sich vielleicht dann wohl von selbst.
Denn da wir keinen „materiellen Körper" mehr besitzen und es auch keine „Fort-Pflanzung" mehr in unserem irdischen Sinne gibt, werden zumindest sexuelle Wünsche nicht mehr bestimmend sein. Es gibt aber nichts, worauf du verzichten müsstest, wenn es denn wirklich wichtig für dich ist.
Oder was Du vermissen würdest...
Das Leben hier ist nämlich **Freude und Liebe – PUR!**
Der Spaß kommt sicher niemals zu kurz!
Aber wisse, für den Spaß **allein** bist du nicht hier,
auch hier gibt es „Lernkurse", denn das Lernen hört - leider - nie auf.

Die Seele entwickelt sich immer weiter und lernt immer wieder dazu...!

Warst du froh – im irdischen Leben- deine Schullaufbahn hinter dich gebracht zu haben, hier „darfst" du wieder „zur Schule gehen", ...aber keine Angst,
es gibt keine Klassenzimmer und auch keine strengen Lehrer,
das Lernen macht vielleicht auch nicht immer Spaß...
Aber: es gibt viel Neues dazu zu lernen, miteinander und voneinander.
In der „Lebensschule" der geistigen Welt erfahren unsere Lieben wohl über viele Themen, die nicht nur für den Kopf, sondern vor allem: für unsere **Seele** wichtig sind. Vielleicht könnte ein Fach heißen:
... „Lachen, Spaß und Humor, vor allem: Lache über dich selbst!",
oder: „Lerne zu tanzen, sonst wissen die Engel bei uns mit dir nicht sehr viel anzufangen....!"
oder: „...wie Verletzungen meiner Seele aus der letzten Reise wieder geheilt werden können"...
oder: „...warum die Erfahrungen aus meinem letzten Leben – auch die schmerzlichen- für mich lehrreich und gut waren..."
oder: „...wie ich mein Wissen und meine Liebe zum Wohle anderer Seelen einsetzen und teilen kann.."
oder...„wahres Glück kommt nur aus meinem Innern, wo auch Gott selbst zu finden ist..."
oder: „...Rückblick und Ausblick meiner Lebens-Stationen: beim nächsten Mal wird alles – noch viel – besser!"...
oder: „...Ideen und Aufgaben für ein nächstes neues Reiseziel meiner Seele"...oder... ?

Ehrlich gesagt, meine eigene „irdische" Schulzeit war alles andere spaßig:
vieles hätte ich mir gerne selber ersparen wollen. So viel Spezialwissen das zu lernen war, - vor allem in den Abitursjahren - kann sich so ein kleines Menschenhirn im Leben nie alles merken, so dass das Viele, oft Unwichtige längst wieder vergessen wurde.

Meist war es Lern-(reines Fakten-)wissen ohne einen Bezug zu meiner Seele, zu dem, was in mir selber vorging und das was mich nicht wirklich interessiert hatte.
Immer wieder wurde mir klar, unser Schul- und Studiensystem ist zwar bestens dafür geeignet, schier end-loses Wissen anzusammeln, aber wer die **„Weisheit des Lebens“** sucht, der muss in **„sich selber“** suchen...!
Darin musste ich aber eigene Wege finden, mir das anzueignen, was ich wirklich lernen und beherrschen wollte, -
da half mir mein Schulsystem nicht besonders viel weiter...
Im Studium war das nicht viel anders, eigentlich noch viel extremer...
Ich freute mich so riesig auf **mein** Studium, weil ich mich von nun an nur noch dem Thema widmen wollte, das mich immer schon brennend interessierte, nämlich der Religion, Spiritualität und dem Bibelwissen, - und natürlich der Musik...!
Aber das, was ich erlebte, waren dicke Skripten von über 400 Seiten, die ich in die Hand gedrückt bekam und die ich bis zum Ende des Semesters „zu schlucken“ hatte, um dann in der Prüfung parat zu haben... -
natürlich alles zu mindestens 98 % reines Kopfwissen...“.
Ein Studium hat ja schließlich wissenschaftlich zu sein !
Aber immerhin , einer der wenig wirklich guten Renner war damals das Fach „Spiritualität“, dessen Vorlesungen von einem Ordensmann gehalten wurden.
Die Räume waren völlig überfüllt von jungen Studenten, deren Sehnsucht nach Antworten aus dem Glauben heraus getragen wurde und die von Jesus Christus und seiner Lebensweisheit, seiner Liebe und innigen Gottesbeziehung lernen wollten.
Auch ich gehörte dazu und nahm jedes Mal für mich dankbar gute Gedanken und Lebensweisheiten mit. Das „Wesentliche“, das ich mir im meinem Studium wirklich gemerkt habe, stammt aus diesen Vorlesungen, weil hier die eigene Seele in ihrer Tiefe wirklich angesprochen wurde...!

Was bleibt, ist – nicht immer nur - die Liebe

„Was bleibt, stiftenden die Liebenden,“ so heißt es....Das stimmt.
Was aber auch bleibt, das sind- wenn ich ehrlich in mich hineinhöre, eine Unmenge von offenen Fragen, die ich mit meinem Lieben vielleicht noch klären wollte, unausgesprochene Dinge, die Eltern wie Lebenspartner oder Angehörige trotzdem noch sehr beschäftigen.
Gerade mit den Menschen mit denen wir oft tagtäglich unser Leben teilen, gestalten sich Beziehungen nicht immer am einfachsten.
Selig, wer wirklich in Frieden mit sich und seinen Kindern, Geschwistern und Verwandten Gott entgegen gehen und auch im Frieden im Beisein der eigenen Familie diesen Abschied vollziehen kann.
Die Realität ist manchmal -leider – etwas anders.
Wenn ein Angehöriger – vielleicht auch eine Person aus dem näheren Bekanntenkreis „geht“, so heißt das lange noch nicht automatisch, dass vieles in dieser Beziehung „ge-klärt und auch abgeschlossen“ ist.

Ganz im Gegenteil:
Unsere „Nächsten" sind und waren oft unsere größten „Lehr-meister" im Leben. Die eigenen Eltern hat man sich nicht selber ausgesucht – (oder vielleicht doch?- in einer „Absprache" mit unseren „himmlischen" Lehrmeistern noch vor dieser Lebenszeit?)... Die eigenen Kinder hat man sich vielleicht sehnlichst gewünscht und dann später erfahren, erkannt, dass mit ihrer eigenen Persönlichkeit unerwartete Herausforderungen und Lebensaufgaben verbunden waren, die ich mir vielleicht vorher auch nicht unbedingt freiwillig ausgesucht hätte, aber durch die ich völlig neue „Lektionen" gelernt oder mich auch zu neuen Horizonten geführt haben....
Mit den eigenen Lebens-Partnern ist man sicher nicht immer nur im Himmel geschwebt, sondern hat man vielleicht auch schwere Zeiten mit Konflikten verbracht, sich an Themen „gerieben", so dass so manches nach einem Todesfall noch offen geblieben ist.

Mit dem „Weg-Gang", dem Scheiden meines „Nächsten" entsteht oft eine neue Situation. Ein neuer Abschnitt, der es aber auch erst möglich macht, im **Abstand**, aus einer anderen Warte, alte Erlebnisse und Situationen **neu** zu bewerten.

Da sind vielleicht noch alte Konflikte, die - oft über lange Zeit hinweg - stehen geblieben sind und nicht gelöst wurden, - manches, das noch weh tut.

Da sind - vielleicht Gefühle der Wut, vieles, das noch einer Klärung bedurft hätte. Manches lässt sich wohl „vergeben" und kann sich auf-lösen mit dem Gefühl, dass es „gut" ist so.

Anderes aber bleibt in einem unguten Gefühl, einer Schuld, einer Blockade oder einer Last.
Eine Wut, die im Nachhinein bleibt: sie ist nicht dazu da, um sie zu bekämpfen.
Eine Wut, das ist nicht immer nur eine „schlechte" Energie.

Wir sollten ihr dankbar sein, denn sie ist es, die uns zeigt:
„Da gibt es etwas, das nicht in Ordnung ist, das zurecht gerückt werden sollte und einer Änderung bedarf. Und diese geballte Energie gibt mir die Kraft und auch den Anstoß, dies zu tun, bzw. in Angriff zu nehmen. Es liegt an unserer Phantasie, Wege zu finden, um diese Wut in ganz **konstruktive** Wege umzulenken...
Das meint auch im biblischen Sinn der Begriff: „Gerechtigkeit schaffen".
Manch einer braucht nun vielleicht erst einmal nur „Zeit",
um Abstand zu gewinnen. Ruhe, um wieder langsam zu sich zu finden.
Kraft, die verloren ging, wieder neu zu schöpfen.
Denn das „Aufarbeiten" fängt jetzt erst an...
Merke dir alle Fragen und nimm sie ernst.
Lass nichts verloren gehen.
Merke sie dir oder schreibe sie auf, wenn es viele und wichtige sind....
Es gibt die Zeit und die Möglichkeit, diese zu klären.
Vielleicht erübrigt sich manches im Lauf der Zeit.
Aber es kann Fragen geben, die warten trotz alledem auf eine Antwort.
Und lassen der Seele nur schlecht seinen Frieden finden.
Denn diese Fragen, wenn sie wirklich als Belastung empfunden werden,
sie bleiben als „negative Energie" wie ein dunkler Schatten erhalten.

Unter Umständen über Jahre und Jahrzehnte und womöglich sogar über die eigene Lebensgrenze hinaus, um später in der jenseitigen Welt nach einer Klärung und Auf-Lösung zu suchen.... Es ist nur ratsam, diese Dinge nicht zu verdrängen, sondern jetzt – diese uns gegebene Zeit – dafür zu nutzen.
Für den, der offen und bereit ist, wird die Zeit kommen, dann wird sich vieles, vielleicht sogar alle noch offenen und belastenden Fragen klären lassen, -
all das was mir noch auf dem Herzen liegt.
Und das nicht erst in der „Ewigkeit"!
Ein Problem das zurückgeblieben ist, kann **immer** angesprochen, ausgesprochen werden. Solche ungelösten Blockaden können auf Dauer wirklich ein physisches Leiden auslösen, - und das muss wirklich nicht sein!

Vielleicht gelingt es,
sei es bei einem Spaziergang oder bei einer anderen Gelegenheit –
ich persönlich nutze dafür gerne die Zeit meiner Autofahrten bei schöner Musik, wenn ich alleine unterwegs bin ! - es ganz konkret auszudrücken, mit den „Lieben in der geistigen Welt" zu reden.
Manchmal ist es nur ein „Danke-Schön",
manchmal aber auch ein „Verzeih mir bitte!"

Nichts bleibt ungehört.
Und nicht selten kommt ein warmes, dankbares Lächeln zu mir zurück...
Die Liebe findet immer seine Adresse und wird sicher dankbar angenommen.

„....das Wort , das dir hilft, kannst du dir nicht selber sagen..."
(chinesisches Sprichwort)

Das Trauern ist wichtig.
Es ist Zeichen einer wahren und tiefen Liebe.
Der Tod, die Trennung hinterlässt tiefe, offene Wunden.

Es ist wie ein schwerer Stein, der auf der Seele lastet und sich über lange Zeit hinweg nicht von der Stelle wälzen lässt.

Trauern und Abschiednehmen werden ganz oft in der Einsamkeit, in der Stille des eigenen Herzens gelebt und bewältigt.

Ein solcher Verlust – noch schlimmer der plötzliche Unerwartete ! – kann einen Menschen **TOTAL** aus der gewohnten Lebens-Lebensbahn werfen oder für eine Familie zur echten Tragödie werden.

Nichts ist mehr,
wie es vorher war.

Eine liebe Bekannte, die vor wenigen Jahren völlig plötzlich und unerwartet ihren Ehemann durch einen Sekundentod „verloren" hatte, sie **„sucht"** ihn tagtäglich noch, indem sie ihn manchmal bis zu dreimal am Tag - an seinem Grab **be-„sucht"**, ihm frische Blumen bringt, ein kleines Gebet spricht, ihm Weihwasser über sein Grab sprengt und ihre ganze Trauer, ihren Schmerz „aus-jammert"....
Sie hält es – alleine – in ihrem Haus einfach nicht mehr aus, diese Leere, ohne ihren Mann zu leben und flüchtet sich nach „außen", unternimmt viele kleine Reisen, um dem Alleinsein entfliehen zu können.
Das Grab ist der Ort, an dem wir unsere Liebe und unseren Schmerz hintragen, unsere Liebe „pflegen" können, wissend, dass sich dort der Körper, ihre An-**wesen**-heit befindet, - doch die Seelen, sie treffen sich auf anderer – höherer Ebene – wieder und auch diese will gelebt und gepflegt sein.

Manche Trauernde tragen diesen Schmerz oft jahrelang mit sich.
10, 20 Jahre und mehr sind „keine" Zeit. Auch nach dieser Zeit empfinden sie es, als wäre ihr liebster Mensch erst vor einem oder wenigen Tagen von ihnen gegangen. Ich glaube, wer nicht wirklich trauert, hat auch nicht wirklich geliebt...!

„Dir selbst aber wird ein Schwert durch die Seele dringen" (Lk 2,35)

Schon in der Bibel wird der Schmerz, den Maria bei dem Verlust um ihres über alles geliebten Kindes Jesus empfunden hat , als „Bild" ausgedrückt...
Wer wirklich trauert, der kann diesen Schmerz Mariens gut nach empfinden.
In vielen Kirchen wird dieses schmerzhafte Empfinden der Trauer mit einer Figur dargestellt, die Maria zeigt mit einem Schwert, das mitten aus ihrer Brust ragt.
Dieser Schmerz zieht sich tatsächlich durch den ganzen Körper
und kann über Wochen, bei manchen sogar über Jahre hinweg lähmen.
Hat nicht auch Jesus wirklich Tränen geweint um seinen über alles geliebten Freund Lazarus, der bereits 4 Tage zuvor verstorben war? (Joh 11,17-44)
Alle weinten sie, die Schwester des Lazarus - Maria- und ihre jüdischen Freunde, die sie in ihrem Hause trösteten .
„Er riecht schon..." - die Bibel drückt es recht vornehm aus, da es in Israel es oft bis zu 4o Grad im Sommer hat, kann man sich das auch durchaus vorstellen.
Auch Jesus war so im „Innersten erschüttert"(V.33) und innerlich erregt (V.38), dass er seinen Tränen einfach freien Lauf ließ.
Auch Jesus wollte sich nicht mit diesem plötzlichen Tod abfinden
und entschloss sich, seinen Freunden die „Herrlichkeit Gottes" zu zeigen .

Da Jesus immer mit seinem Vater im Himmel verbunden war, hatte er – gerade in diesem auch für Jesus so wichtigen Moment – seine Heil- und Wirkkraft dafür eingesetzt, „seinen" Toten wieder in das Reich der „Lebenden" zurück zu holen.
Die Liebe lebt, sie kennt keine Grenzen, sie macht das Unmögliche möglich !
Jesus wollte uns das immer wieder eindringlich vermitteln!
Wer eine Bibel hat, möge diese wunderbare Geschichte nachlesen!
Auch der Apostel Paulus spricht von „echtem Kummer", als sein engster und vertrautester Mitarbeiter „tatsächlich so krank war, dass er dem Tode nahe war. (Phil 2,26-28) ...Aber Gott hatte Erbarmen nicht nur mit ihm, sondern auch mit mir, damit ich nicht **vom Kummer überwältigt** würde...!"

Wie gut, dass es mittlerweile Gesprächskreise gibt, die einladen zu ihrem **„Trauer-kreis".**
In diesem Kreis darf alles Schwere mitgeteilt und zugelassen werden.
Man muss erst lernen, mit der Leere und der Lücke, die im Leben entstanden ist und hinterlassen wurde, umzugehen, mit ihr zu leben.
So, wie die Menschen die von uns gehen, sich erst orientieren und in ihrer neuen Umgebung eingewöhnen, sich zurecht finden müssen, so gilt das Gleiche auch uns.
Alles ist plötzlich anders und man weiß auch, dass es nicht mehr **so** werden wird wie zuvor. Es wird wieder werden, nur eben **„anders",** doch bis dahin ist oft noch ein weiter Weg. In diesem Kreis, in dem andere Menschen mindestens genauso trauern wie ich, darf ich **so sein** wie ich bin und zwar **so lange** wie ich will...!

Trauer, Tränen, Trennung stammen vermutlich auch aus derselben Wortfamilie und drücken dasselbe Empfinden aus.

Aber dazu gehört genauso das Wort „Trost".

Echter Trost zeigt sich anders als „Mitleid".

Bis die trauernde Seele echten Trost empfindet, braucht es Zeit, - manchmal sehr viel Zeit....

Wichtig in einem Trauerkreis ist,
dass alle Trauer und aller Schmerz zugelassen werden kann.

„Freut euch mit den Fröhlichen und weint mit den Weinenden..“(Röm12,15)

Dazu gehört, dass alle Erinnerungen der Liebe an den Verstorbenen wie in einem „Schatz-Kästchen“ der eigenen Seele gut aufbewahrt werden.
Sie sind es, die uns – manchmal unser ganzes Leben lang – begleiten und an die wir uns auch klammern, uns oftmals die Kraft zum Weiter-Leben geben.

In einer Todesanzeige las ich folgenden Spruch:

„Erinnerungen sind das einzige Paradies, aus dem wir nicht vertrieben werden können....

Wichtig aber ist auch genauso, dass ich nicht stehen bleibe in meinem Schmerz und darin erstarre. Davon hat niemand etwas, weder ich noch meine Mitmenschen. Ich brauche mich mit meiner Trauer nicht ein- oder abkapseln und darf nicht zulassen, dass ich mich auf Dauer von der „Außenwelt“ mit ihr abschneide.
Wer sich abkapselt, lässt zu, dass in einem selber vieles verkümmert oder abstirbt.
Wir sind für **dieses** Leben bestimmt,
auf dass wir uns öffnen und **dieses** Leben in seiner Fülle leben!
Um Menschen die in dieser Situation leben und auch leiden, es leichter zu machen, wieder den „Schritt nach draußen“ zu finden, konnte unser Seelsorge-Team es in meinem Dekanat ermöglichen, die Idee eines **„Trauer-Café´s“** zu verwirklichen....

Ein Einladungsschreiben wurde dem Gemeindebrief beigelegt,
der an alle Familien und Gemeinde-Mitglieder monatlich zugestellt wird....
Zusätzlich erhielten alle eine schriftliche Einladung, in deren Familie im Jahr zuvor sich ein Todesfall ereignet hat.

Den Text dieses Schreibens möchte ich als „Anregung“ hier abdrucken:

Am ...., den
wird zum ersten Mal in unserem Dekanat eingeladen zu einem

Trauer- Café

Eingeladen sind alle,
die einen lieben Menschen verloren haben und um ihn trauern.
Dabei spielt es keine Rolle, wie lange dieses Ereignis schon her ist,
denn die Zeit des Trauerns hat keine festgelegten Grenzen.
Das Trauercafé wird alle 2 Monate im Gemeindezentrum von ....
stattfinden. Versorgt werden wir dabei von den Frauen der ....
Frauengemeinschaft.
Wir beginnen mit einer kurzen Andacht, in der wir unserer lieben Verstorbenen gedenken und bleiben dann bei Kaffee und Kuchen zusammen, um uns auszutauschen und zu unterhalten.
Auch werden wir in einem kurzen Vortrag Anregungen darüber hören, wie wir mit unserer Trauer leben, Trost erfahren und dennoch lebens-froh bleiben können. Über den Tod hinaus mit unseren Lieben in Verbindung zu bleiben, ist sehr wichtig.!
Manchmal ist es aber schon ein kleiner Trost zu wissen,
dass man mit der gelebten Trauer nicht alleine ist
und dass es Menschen gibt, denen es ganz ähnlich ergeht.
Wir hoffen, dass das Trauercafé zu einem Ort wird,
an dem noch einmal die Gefühle ihren Platz finden dürfen,
die im Alltag oft einfach weg gedrängt werden.
Nähere Informationen werden Sie noch bekommen.
Oder: Die Termine in diesem Jahr werden sein: ....
Mit freundlichen Grüssen,

ihr Seelsorge- Team.....

Da ich dieses Trauer-Café in meinem Dekanat mit initiiert hatte, nahm ich auch an diesem Treffen teil. Ich war erstaunt, ja gerührt, als ich sah, dass meine entfernte Nachbarin Maria den Raum betrat. Sie war eine erst 50- jährige Witwe, die ihren Mann ein halbes Jahr zuvor an Darmkrebs verloren hatte.
Gemeinsam hatten sie das schwere Schicksal getragen und über 7 Jahre lang mit ihrem Mann einen Weg zwischen Hoffen, Bangen und Kämpfen durchlebt.
Ein ganzes halbes Jahr lang hatte ich diese Frau nicht mehr gesehen.
Jetzt war sie zum ersten Mal wieder von sich aus „unter die Leute" gegangen.
Sie fühlte sich von dieser Einladung persönlich angesprochen und spürte, dass jetzt die Zeit gekommen war, wieder einen Schritt nach außen zu machen.
Nach dieser langen Zeit und mit dem Wissen, was alles geschehen war, waren wir etwas wie scheue Rehe, die sich erst wieder langsam aneinander herantasten mussten.
An diesem Nachmittag sprach sie nicht viel, aber ich merkte ihr an, dass sie sich sehr wohl fühlte in diesem Kreis, war da doch etwas, ein gemeinsames Thema, das alle hier miteinander verband.... die Trauer und der Schmerz, die Zeit, die langsam auch Wunden zu heilen vermag und sicher auch die Sehnsucht, in Verbindung zu sein und zu bleiben mit dem Menschen, mit dem man eine lange Zeit des Lebens verbracht und den man auch wirklich geliebt hatte.
Als wir aufbrachen und uns auf den Heimweg machten, bot ich ihr an,
sie mit dem Auto mitzunehmen, da wir ja ein weites Stück Weg gemeinsam hatten.
Maria nahm dankbar an. Plötzlich fing sie zu erzählen an.
Wochenlang hatte sie sich von ihrem Schmerz einfach nur abgelenkt.
Mit geschäftlichen Telefonaten, mit Zeitschriften, Rätseln, Internet, e-bay und laufendem Fernseher.
Sie wollte einfach nur ihre Ruhe haben und viele Freunde, auch die ihres Mannes hatten dies gespürt, sich zurück gehalten und wohl auch gar nicht gewusst, wie sie mit einem so trauernden Menschen umgehen sollten. Ihre einzige erwachsene Tochter konnte sie gelegentlich besuchen, aber auch nicht mehr. In ihrem Haus hatte sie alles ganz so gelassen, wie es immer war und sie wollte auch nichts daran ändern...
Als ihr Mann verstarb, hatte sie das Gefühl, dass mit seinem letzten Herzschlag plötzlich auch die Zeit in ihrem Leben stehen geblieben war...
Lange Zeit war sie wie „betäubt", jetzt fühlte sie aber, dass die Zeit gekommen war, einen neuen Schritt nach außen zu machen. Sie hielt es in dieser Isolation nicht mehr aus, die Stille im Haus erdrückte sie. Sie wollte wieder einkaufen gehen, neue Farben in ihr Haus bringen, wieder kreativ werden und sogar vielleicht wieder anfangen, Klavier zu spielen, denn früher, als ihr Mann noch gesund war, liebte sie es, ihre „Jugendstücke" auf dem Klavier herunter zu klimpern. Ihr Mann liebte den hallenden Klang im Hausflur über alles. Aber mit den Sorgen und dem Kampf ums Überleben konnte sie einfach nicht mehr spielen. Auch mit ihrer Trauer war alle Musik „in" ihr wie lahm gelegt, - wie abgestorben. Ich spürte, dass ich ihr so viel sagen wollte und wieder einmal fühlte ich mich in meinem Innern ganz bestätigt, dass es gut ist, **dieses** Buch zu schreiben. Ich wusste gar nicht mehr, wie lange wir im Auto – vor ihrer Haustüre – geplaudert hatten, aber ich spürte, dass es für mich Zeit wurde, nach Hause aufzubrechen und dass meine Kinder mich bereits erwarteten.

Maria hatte einfach erzählt und ich fühlte mich von ihrem Vertrauen sehr beschenkt. Ich bot ihr an, einmal in der Woche zu mir zu kommen, um die alten Klavierstücke wieder aufzufrischen und eine Tasse Kaffee dazu zu trinken...
Das war der Beginn einer neuen Freundschaft,
obwohl wir uns bereits lange zuvor kannten und ich um sie wusste....

Hilfe im „Trauer- Zentrum"....

Mit der eigenen Trauer fertig zu werden, sie zu bewältigen,
wird als echtes Anliegen heute sehr ernst genommen
und vor allem auch in kirchlichen Häusern als wichtiges Thema angeboten.

In vielen – größeren und auch schon kleinen -Städten gibt es sie mittlerweile: das „Zentrum für trauernde Kinder" oder auch „Zentrum der Trauer", für alle, die sich betroffen und angesprochen fühlen.

Hier erfuhr ich auch die Geschichte von Meike, 13 Jahre jung.

Sie und ihre kleinere 11- jährige Schwester Tina, sowie deren Mama Sabine verloren drei Jahre zuvor ihren Papa, bzw. Ehemann. Er war – mit 47 Jahren - an einem Gehirntumor verstorben . Alles – das eigene Leben wie auch das Familienleben – geriet komplett aus den Fugen.

Meike selbst erzählt:
„Ein ganzes Jahr lang versuchte jede in der Familie, mit dem eigenen Schmerz klar zu kommen. Wir Schwestern verkrochen uns in unseren Zimmern oder versteckten uns hinter unseren Hausaufgaben, ohne uns jedoch wirklich darauf konzentrieren zu können. Meine Schwester und ich sackten mit unseren Noten in der Schule total ab. Ich wollte mich so sehr konzentrieren, konnte es aber nicht.
Immer kamen mir die gleichen Bilder hoch...

Die letzten Worte, die er uns zuflüsterte, das tote Gesicht von Papa und dann, wie der Sarg von Papa in dem dunklen Loch im Grab verschwand.
Wir alle waren gleich hilflos, Mama, Tina und ich.
Wir fühlten uns einfach verlassen... Es war so leer in unserem Haus.
Ich hätte so sehr den Trost von Mama gebraucht, aber erst später verstand ich: sie konnte mir nicht helfen, denn sie brauchte selber Hilfe und vor allem ihre ganze Kraft für sich selber. Sie wusste ja auch nicht, wie es weitergehen soll.
Ob ihr Verdienst ausreichen würde als Postbotin, um uns ernähren zu können.
Papa hatte sich immer um alle Finanzen gekümmert.
Jetzt musste sie sich erst in all diesen Sachen neu zurecht finden.
Meine Schwester und ich, wir machten uns große Sorgen um Mama.
Oft hatte sie ein verweintes Gesicht und dann versuchten wir, so gut es ging, ihr in unserem Haus zu helfen. Manchmal dachte ich sogar daran und hatte Angst, dass auch sie sterben könnte. Erst später erfuhr ich von Tina, dass sie die selben Gedanken und auch Ängste hatte.
Irgendwann hat uns Mama erklärt, wir gehen in dieses Zentrum, wo auch andere Kinder sind, die genauso traurig sind wie wir auch, weil auch sie jemanden verloren haben, der ihnen wohl ebenso wichtig und so lieb war.
Ich hatte keine Ahnung, was da auf mich zukommen würde, aber schon gleich merkte ich, wie gut mir - und uns - das tat.
In meiner Schule wollte und konnte ich nicht sprechen. Hier musste ich nicht sprechen.
Als ich andere nette Mädchen kennen lernte, spürte ich sogleich, dass sie den gleichen Schmerz wie ich auch kannten. Es war etwas, das uns sofort miteinander verband.
Unter dem Sternenhimmel im Kuschelraum zogen wir uns am liebsten zurück und dort konnten wir unsere Geschichten erzählen, einander zuhören, unserer Trauer freien Lauf lassen. Oder auch manchmal gar nichts sagen, einfach nur Musik hören...

Erst beim Spiel im Tobe-Raum merkte ich, welche Wut sich in mir in all den Monaten angesammelt hatte... Ich war stinke sauer und hatte so viele Fragen:
Warum musste ausgerechnet unser Papa diesen Tumor bekommen und daran sterben?
Warum hat Gott uns **unseren** Papa genommen, wo er uns doch jeden Tag fehlt und wir ihn so sehr brauchen? Ich war so sauer und bin es manchmal heute noch, weil ich nicht mehr mit Papa spielen kann, weil ich niemanden mehr habe, der mir die komplizierten Matheaufgaben erklärt, weil er uns einfach allein gelassen hat, weil ich nicht mehr so reden kann mit ihm wie früher und ja: weil alles so trostlos und leer ist ohne ihn...Wir hängen als Familie immer noch völlig in der Luft.
An Papas Geburtstag haben wir seine Lieblingstorte gebacken und zum Kaffee eine schöne Kerze angezündet. Wir haben an seinem Grab Luftballons steigen lassen.
Das hat uns getröstet, aber ehrlich gesagt, ich gehe nicht mehr so gern zum Grab.
Nicht, weil ich ihn nicht mehr so liebe oder weil ich ihn vergessen möchte, sondern weil ich dann wieder tagelang mit dem dumpfen Schmerz der Trauer zu kämpfen habe...
Dieser Schmerz lähmt mich und zieht mich sehr nach unten, macht mich fast depressiv.
Es hat mich mehr getröstet, dass ich bei meinen Matheaufgaben sein Bild auf meinen Tisch gestellt habe und dabei das Gefühl hatte, er ist hier bei mir, er will mir Kraft geben und helfen."

Lieber Leser!

Hier, an diesem Punkt fängt die **„spirituelle Trauer-Hilfe“** an. –

Nicht nur zu spüren,
dass der Verstorbene noch ein ganz wichtiger Teil des eigenen Lebens ist, sondern auch die Nähe und Gegenwart, die Liebe zu **erleben**, den Kontakt zu suchen zu dieser Seele, die uns oft viel näher ist, als wir es wohl vermuten....!

Wenn eine wirkliche, tiefe Seelenverbindung im Leben bestanden hat, dann wird diese ganz sicher genauso weiter existieren, und spürbar bleiben können.

Die Liebe hört mit dem „Tod“ eines geliebten Menschen nicht auf, - ganz im Gegenteil!
Wenn wir ihm erzählen, - er wird es hören!
Wenn wir an ihn denken, - er wird es spüren!

Gott schließt nicht eine Tür zu, ohne gleichzeitig ein Fenster zu öffnen..

Nur fällt es manchmal unsäglich schwer und es braucht Zeit, bis man bereit ist, den Schritt von der geschlossenen Türe weg, hin zum geöffneten Fenster zu wagen in dem Vertrauen, dass auch der Blick aus dem Fenster noch Überraschungen bereit halten kann. Es wäre so sehr zu wünschen,
dass der Leiter oder das Team eines Trauerkreises vermitteln kann,
dass es nicht nur eine Zeit der „Trauer und der Tränen“ gibt,
sondern auch eine Zeit des „Suchens, der Hoffnung,
der Freude und des **Wiederfindens**“ gibt.

Und zwar nicht erst, wenn wir so weit sind, dass wir die andere, geistige Welt betreten dürfen, um unsere Liebsten wieder in unsere Arme schließen zu können. Sondern, **jetzt: und zwar im Hier & Jetzt** !

Auch „Leben und Liebe", dazu gehört auch noch das „Loben"
gehören zu einer Wortfamilie und sind eine echte „Lab-sal" für unsere Seele.
Deshalb: Bleibe nicht stehen, lass nicht zu, dass du in deiner Trauer erstarrst,
mag sie auch noch so heftig und so schmerzhaft sein.
Suche den Trost und erfahre ihn dadurch, dass du **Kontakt** suchst mit dem,
den du „verloren" hast, mit dem, den du so sehr vermisst!

Versuche, die Leere und die Einsamkeit, den Schmerz und die Trauer
wieder zu füllen mit der Liebe, die dich verbindet mit dieser Seele.
Öffne dein Herz, damit sie zu dir sprechen und Dir ihren Zu-spruch schenken kann.

„Je schöner
und voller die
Erinnerung,
desto schwerer
die Trennung.

Aber die
Dankbarkeit
verwandelt
die Erinnerung
in stille Freude.

Man trägt
das vergangene
Schöne nicht
wie einen
Stachel,
sondern wie
ein kostbares
Geschenk in
sich."

Dietrich
Bonhoeffer

**<u>Helft den Trauernden, über die Brücke der Liebe zu gehen,
denn es gibt keine Trennung, keinen Tod,
nur einen Übergang in die andere Welt.</u>**

Nur diese Brücke zu finden und zu betreten, das kann ich nicht unbedingt alleine.
Später vielleicht schon, aber nicht im Moment der Trauer und des Schmerzes.
Ich bin immer wieder überrascht, wenn ich eine moderne Buchhandlung betrete
und entdecke, wie viele wunderbare Bücher und nette kleine Lektüren
es mittlerweile zum Thema „Tod und Trauer" gibt.

Das war lange Zeit nicht so.
Titel wie „**<u>Jenseits</u>** der Trauer" machen mich neugierig.
Doch in jedem dieser Bücher finde ich **<u>nicht einen</u>** Satz über „das **Jen**-seits..."
„Die letzten Dinge selber regeln, in die Hand nehmen"...
Solche und ähnliche Bücher machen wirklich Mut, geben Anregungen und
viele gute Tipps, um alles, „was sich im Diesseits" abspielt,
selbst regeln und rechtzeitig organisieren zu können.
Wer dies alles so weit schafft,
der kann beruhigt sein und wird den Frieden in seinem Herzen spüren.
Wer es aber auch schafft,
sein Herz von der Liebe Gottes erfüllen und einhüllen zu lassen,
wer sich von ihr getragen weiß, der spürt nicht nur äußere Sicherheit,
sondern wird auch von einer inneren Geborgenheit und einem
Vertrauen getragen, das weiter reicht und tiefer geht,
der wird auch das Licht und die Liebe in seiner Seele spüren.
Und dies sind die wahren Brücken, über die ich in die „andere geistige Welt"
finden kann. Die Liebe ist das, was letztendlich wirklich zählt.
Gott ist die Liebe, die „Ewigkeit" in sich trägt.

Es gibt mittlerweile nicht nur Lektüren, sondern auch vermehrt sehr gute Sendungen ,
im Fernsehen wie im Rundfunk über die Themen „Tod und Trauer".
In der Allerseelenwoche hörte ich im Rundfunk eine gute Sendung,
in der eine Autorin ihr neuestes Buch vorstellte über die „Trauer".
Sie erklärte die verschiedenen Phasen der Trauer.

Also, es ging darum, nicht nur den „Tod" ,
sondern die „Trauer" als solche mit Hilfe einer Trauer-Gruppe zu bewältigen.
Zu erkennen , in welcher **<u>Phase der Trauer</u>** ich mich befinde.
Dieses Analysieren und Erkennen an sich kann sicherlich sehr interessant sein,
aber ich glaube, dass diese Erkenntnis allein nicht unbedingt sehr **<u>tröstlich</u>** ist...!
In dieser Sendung wurde mit keinem Wort der Begriff „**Jenseits"** erwähnt,
so, als ob dieses Thema „Jenseits" mit „Tod und Trauer" nicht viel zu tun hätte...

Das Bestreben eines Trauer-Kreises sollte meiner Meinung nach <u>auch</u> sein,
Hilfe zu bekommen, um mich persönlich auf den Weg machen zu können,
um **die „Seele" meines Lieben**, den ich so sehr vermisse, **wieder zu finden**. –

Eine **Brücke, bzw. eine Verbindung** für die Trauernden **herzustellen**,
damit sie selber erleben und spüren, dass ihre Lieben in der anderen

* für uns un-sichtbaren Welt gut aufgehoben sind, dass es ihnen gut geht und
* sie selber so liebend gerne mit uns in Verbindung bleiben wollen.
* klar zu stellen, dass das Zusammensein mit dem, den man so sehr liebt, nicht erst „in der Ewigkeit, sondern **<u>JETZT, in der Gegenwart</u>** möglich ist!

Dann wird die „Ahnung der Seele" zur inneren Gewissheit und diese kann mich wirklich trösten, der Stachel des Schmerzes kann genommen, bzw. ge-**wandelt** werden, so dass eine Zeit wirklich Wunden heilen kann... wenn sie auch den lebenden Menschen so nicht ersetzen kann.
Die Liebe und die Verbundenheit bekommt eine „spirituelle" Dimension.
Das bedeutet, dass die Verbundenheit zu einem fühlbaren lebendigen Band wird und ein Austausch von „Seelen-Energie", ein Kontakt und eine Freundschaft in Gedanken und in der Liebe jederzeit möglich ist.

Sonnendurchfluteter Tag
blauer
offener
Himmel
meine Sehnsucht
zieht mit dem Wind
Erinnerungen
werden lebendig
ich sehe
dich lachen
höre
deine Stimme
fühle
deine Hände
erspüre
deinen Blick
meine Sehnsucht
nach dir
zieht mit dem Wind
die Wunde des Abschieds
vernarbt
auf deinem Grab
liegt eine Rose
von mir
es ist gut
in der Ewigkeit
sehen wir uns wieder
für immer

In Liebe
Sabine

<u>Lebe in der Gegenwart, bedeutet :</u>
<u>Hole Deine „Schätze" in Dein „Jetzt" !</u>

Wer trauert, neigt dazu,
sich oftmals in der **Vergangenheit** aufzuhalten,
in der Erinnerung.
Und das ist auch wichtig und „richtig" so.
„Das, was bleibt, stiften die Liebenden...", so heißt es.
Bleiben soll die Erinnerung, alles was man „ver-inner-**LICHT** " hat.

Gerade Partner sind über Jahre hinweg aneinander gewachsen,
das war „Entwicklung und Reifung" über Höhen und Tiefen hinweg.
In der Erinnerung bleibt, was wir einander bedeutet und einander gegeben haben.
Da leuchten die Höhen aus einem Weg heraus wie schöne glänzende Perlen.

Die Zeiten, in denen sich die Seelen wirklich berührt haben,
sind „Zeiten der Ewigkeit", sie bleiben sicher eingeschrieben im „Buch des Lebens".
Aber auch die Aufgaben, die im Miteinander „gemeistert" werden konnten,
waren die „Prüfungs-Aufgaben" im Leben, durch die und an denen beiden Seelen
reifen und ihre wichtigen Erfahrungen machen konnten.

Auch das Leben mit seinen Höhen und vor allem seinen Tiefen kennt seine „Meister-prüfung".

Diese Schätze sind es, die in den Seelen eingeschrieben sind wie die Jahresringe in einem Baum.

Maria, die Mutter Jesu war ein Mensch, eine Frau mit einem liebenden Herzen und sie hatte die Fähigkeit, **alles im Herzen zu „bewahren"...**
In Lukas 2,19 heißt es....
„Maria aber bewahrte alles, was geschehen war, in ihrem Herzen und dachte darüber nach.."

Diese Textstelle bezieht sich zwar auf eine Episode aus dem Leben des jungen Knaben Jesu, aber diese Fähigkeit, Wesentliches, Entscheidendes, im Herzen zu bewahren, auch das Schöne und das Wunderbare als Geschenk im Herzen zu tragen, das ist eine Fähigkeit, das vielen Trauernden echten Trost bringt.

Ich vergleiche meine Erinnerungen mit einem Garten,
durch den ich jederzeit **„wandeln"** kann...:
dort gibt es kleine Vergiss-mein-nichte ebenso wie Rosen mit Stacheln,
einen Apfelbaum mit halbreifen Früchten ebenso wie eine herrliche Trauer-Weide,
unter der ich gerne Platz nehme, um meine innere Ruhe zu finden.
Meine Erinnerungen, - sie sagen mir:
Nicht traurig zu sein, dass unsere gemeinsame Zeit nun vorbei ist,
sondern dankbar zu sein für die Zeit, die im Miteinander geschenkt war und diese Erinnerungen in einem **gemeinsamen Garten** weiterhin zu pflegen, denn diese Früchte aus diesem Garten: sie dürfen und sollen weiterhin wachsen und reifen...!

Gut ist es, wenn wir lernen **„JA"** zu sagen zur **Vergangenheit**,
dem dort Gelernten und Erfahrenen, dankbar zu sein für das Positive,
das möglich war und die Traurigkeit darüber, was **noch** nicht möglich war,
los-zu-lassen. Die Vergangenheit ist ein wichtiger Teil von mir,
sie hat mich geprägt, mich zu dem gemacht, der und die ich heute bin.
Aber leben soll und muss ich im **„Heute ,- im Hier & Jetzt".**

Das Leben versteht man nur im Rück-Blick, gelebt werden muss es aber im Vorwärts!

(E.Swedenborg)

Deshalb versuche, Ja zu sagen zu den Möglichkeiten und Chancen deiner Gegenwart.
Wer trauert, neigt dazu, die geschenkte Zeit passiv an sich vorbei ziehen zu
lassen, stehen zu bleiben, doch auch diese Zeit ist wichtig und will gelebt sein.
Doch dies ist nicht alles ! Jeder neue Tag ist ein Geschenk des himmlischen Vaters
und will in seiner Fülle gelebt sein.
Es gibt sie, diese Fülle, auch wenn wir zuerst nur den Schmerz des Verlustes
wahrnehmen. Die Gegenwart, sie birgt Chancen und Herausforderungen,
die zu meistern sicher auch einen Lebens-Schatz entdecken lassen.
Der **Augen-Blick** ist immer der wichtigste Moment in meinem Leben
und will mir zum Geschenk, nicht nur zur Last und zur Prüfung werden.

Die **Gegenwart-** auch ich ertappe mich immer wieder dabei, dass ich viel zu sehr
in der Vergangenheit oder in der Zukunft lebe und dabei das Wunder-bare, -
das Schöne, das dieser Moment – der Augenblick bietet – ganz übersehe.
Ich ertappe mich dabei, dass ich viel zu sehr an das denke und mich beschäftige mit
dem, was mir fehlt, anstelle mich über das zu freuen, das auszukosten und zu leben,
was ich habe!
Ein Beispiel: An einem schönen sommerlich warmen Oktobersonntag beschließe ich,
mit meiner Familie spontan ein Picknick zu machen, mit einem herrlich klaren Blick
über den schönen Frankenwald, der wie gepinselt und gemalt in allen Farben des
Herbstes vor uns liegt. Die Sonne strahlt am Himmel und wärmt uns.
Und doch hänge ich mit meinen Gedanken der vergangenen Woche nach
oder lebe in der Erinnerung an „frühere Zeiten", denke darüber nach,
was in der kommenden Woche alles zu erwarten ist,
welche Termine anstehen und was wohl alles bewältigt werden muss.
Plötzlich gebe ich mir einen inneren Ruck und sage mir:
„Nein, das ist jetzt überhaupt nicht wichtig!
Wichtig ist jetzt nur, dass die Kinder fröhlich sind, dass es uns allen schmeckt,
dass die Sonne scheint und mein Mann mir noch eine kleine süße Nachspeise
„Merci" zuschiebt, das ich „augen-blicklich" zu genießen weiß!
Wichtig ist, dass „wir" uns haben, die Zeit, die uns geschenkt ist,
die Gegenwart, die uns gehört und die wir für uns nutzen dürfen,
der Reichtum, den wir alle genießen dürfen.

Die **Dankbarkeit für den Augenblick**, - für all das,
was ich habe und mir geschenkt ist,
was meine Gegenwart so sehr bereichert, das ist die „Kunst des Lebens“!
Natürlich, meine Gegenwart ist immer zugleich auch der „Brennpunkt“ für meine Vergangenheit und für die Zukunft die wie ein unbeschriebenes Blatt vor mir liegt.
Ich darf nur nicht vergessen, dass trotz aller Trauer in mir
auch ein „gegen-wärtiges Leben im Paradiese“ möglich ist und das,
in Gemeinschaft und Verbundenheit **mit** dem Menschen, den ich betrauere!

Der wichtigste Augen-blick ist das **JETZT!**
In diesem **JETZT** liegen alle Schätze verborgen.
In dieser Schatztruhe wartet noch so viel Un-gelebtes, Mögliches,
das erst wieder ent-deckt werden, in mein Bewusstsein gerückt werden muss !
Wenn ich es schaffe, eine **lebendige** Brücke zu meinen Liebsten zu bauen,
dann fällt es vielleicht leichter, die Gegenwart wieder mit Sinn und Freude
zu füllen, ohne an der „Lücke im Leben“ verzweifeln zu müssen.

Denn unsere Lieben im Jenseits wünschen sich nichts sehnlicher, als dass wir die Farben in unserem Leben wieder zum Leuchten bringen und glücklich sind.
Dann kann ich wieder zu einem **„JA zur ZUKUNFT“** finden, zu ihren Entwicklungen und Möglichkeiten, auch wenn in diesem Moment noch nicht alle Farben leuchten...

Jesus lebt und will, dass wir mit ihm leben und glücklich sind!
Auch unsere Toten, sie leben und wollen,
dass wir mit ihnen leben und mit ihnen glücklich sind.

Es gibt
eine BRÜCKE
die LEBEN und TOD
verbindet,-
es ist die **LIEBE.**

Nur durch
die LIEBE
lässt sich
TOD UND LEBEN
über -
BRÜCKEN!

Lass deine Lieben teilhaben an deinem Leben,
schaffe ein „Brücke" auf der ihr „hin-und her-wandeln" könnt!

Hier ein paar kleine Tipps....!
Stelle ein schönes Bild oder
eines deiner Lieblingsbilder auf,
das dem Menschen zeigt,
den du so sehr liebst und im Herzen trägst
(falls eine Auswahl von Bildern vorhanden ist.)

Unserem Engel

Chiara

zum 5. Todestag

Liebe ist die größte Kraft
im Universum.
Liebe ist das, was zwischen uns
und Dir die Brücken baut,
und das Einzige, das zu Dir
bis in den Himmel reicht.

In Liebe:

Stelle dieses Bild an einen guten Ort
in deiner Wohnung, deinem Haus auf,
von wo aus du gut und gerne mit ihm
in Verbindung sein kannst und willst.
Rede mit deinem liebsten Menschen
in der geistigen Welt, teile ihm alles mit,
was dir so wichtig ist, alle deine Gedanken
und was du auf deinem Herzen trägst.
Wenn du allein in deiner Wohnung lebst und dich sonst niemand hört, rede laut!
Alle deine Gedanken,- erzähle, was dir so wichtig ist und du auf dem Herzen hast.
Wenn du spazieren gehst oder im Auto fährst (mit Musik geht das wunderbar...!),
lasse deine Lieben teilhaben an deinen Gedanken,
deinen Erfahrungen und deinem derzeitigen Leben !
Wer zu seinen Liebsten zuvor im irdischen Leben eine tiefe innige Verbindung lebte,
der kann sie auch „danach" weiter leben!

„Wenn ihr mich sucht,
sucht mich in euren Herzen.
Habe ich dort eine Bleibe,
bin ich immer bei euch, -
denn ich lebe in eurem Herzen."

Aus dem Musical „Phantom der Oper“

Denk an mich,
denk an mich zärtlich
wie in einem Traum..

Erinnere dich,
keine Macht trennt
uns außer Zeit und
Raum....

An dem Tag,
wann er auch kommen
mag, an dem du
Abschied nimmst von
mir, lass das Gestern
weiterleben, schließ es
ein in Dir....!

Natürlich war von
allem Anfang klar,
dass ich dich
irgendwann verlier,
aber wenn du dich
zurücksinnst, such
mein Bild in dir...!

Denk an unsre Zeit im Sonnenschein,
denk nicht an das, was nicht hat sollen sein....
Denk an mich, sieh meine Zeichen , wenn du dich verirrst.
Versuch wie ich, stärker zu zeigen, wenn du müde wirst.
Denk an mich und quälen Sorgen dich,
dann tritt hervor und scheu dich nicht
vor mir und immer wo du auch sein magst, **such mein Bild in dir**.

Was entsteht, auf dieser Welt vergeht,
und eines Tages gehn auch wir....
doch Gefühle sind un-sterblich - ich bleib da bei dir...

Die geistige Welt- oder auch: das „Reich Gottes“ lässt unsere Liebe nicht verloren gehen, da sie - wie unsere Seele - in ihr beheimatet sind; sie sind wie die Liebe Gottes „ewig“ ...

Es heißt zwar: „bis dass uns der Tod scheidet...“ und das bedeutet, dass mit dem Sterben eine Ehe „offiziell“ aufgelöst ist, - der „Ehe-Vertrag“ endet und eine Witwe, bzw. Witwer wieder heiraten kann, wenn sie das wieder wollten. – Noch im Jahr 1900 lebte ein Europäer durchschnittlich 45 Jahre, was bedeutete, dass man vielleicht 20 oder auch 30 Ehe-Jahre zu leben hatte. Da hörte sich das Eheversprechen noch ganz anders an: „bis dass der Tod uns scheidet...!“
Die harten Lebensbedingungen in der „guten alten Zeit“ und die Tatsache, dass so manche guten Ehefrauen als „Gebärmaschinen“ funktionierten, sorgten dafür, dass ein Ehegatte wieder schneller zum Witwer wurde als es ihm lieb war.
Im meinem Familienstammbaum kam es sogar vor, dass ein Urgroßvater viermal verheiratet war...(und das ohne Scheidung!) Oder anders herum: dass eine Ur-Oma, die mit ihren 8 Kindern plötzlich Witwe wurde, lebensnotwendige Unterstützung bekam von ihrem ledigen Schwager, der als Ehemann und Stiefvater einspringen konnte.

Infolge der damals aufblühenden Infektionsmedizin stieg das statistische maximale Lebensalter bis heute auf 83 Jahre für Frauen und 79 Jahre für Männer.
Ein Neuge-borenes wird heute statistisch gesehen 100 Jahre alt.
„Goldene Hochzeiten“ (50 Jahre Ehe) oder gar eine diamantene Hochzeit (60 Jahre) sind also längst keine so große Seltenheit mehr.
Die Gründe dafür, dass heutzutage fast jede zweite Ehe geschieden wird, liegt an vielen anderen Aspekten, die es vor Jahrhunderten noch gar nicht gab: der Wandel der Zeit wirkt sich in allen Bereichen der Gesellschaft aus.
Dennoch, - eines ist gleich geblieben:
Wenn die geliebte Frau oder der geliebte Mann verstorben ist, ist zwar „offiziell“ die Ehe aufgelöst, aber damit endet noch lange nicht die seelische und geistige Verbindung zu dem Menschen, mit dem man vielleicht Jahrzehnte verbracht – und auch innig geliebt - hat. Denn es heißt auch:

> „Was Gott verbunden hat, das **darf** der Mensch nicht trennen“(Mk 10,9).

Das bedeutet, der Mensch braucht und soll diese Verbindung auch nicht zu trennen, wenn die Liebe noch spürbar weiterlebt im Herzen und sie für ihn noch wichtig und erfüllend, einfach gegen-wärtig ist. Die Liebe ist keine „menschliche Erfindung“, sie ist seit ewigen Zeiten universeller- kosmischer- göttlicher Natur und wir Menschen sind ein in-karn-ierter,- „fleisch“-gewordener Funke Gottes“.

Der Tod tut der Liebe auch keinerlei Ab-bruch, -
es sind ganz andere Gründe im Leben eines Menschen, die eine Liebe zum „Erlöschen“ bringen. Es sind meist Gründe, die der Mensch **selber** verursacht und in seinem eigenen Entscheidungsbereich liegen. Dafür hat er seine eigene Freiheit, seinen Weg so zu wählen, wie es richtig und erfüllend für ihn erscheint.

Der alte Prophet Kohelet drückt es so aus (Kap 3):

**„Es gibt eine Zeit zum Schweigen und eine Zeit zum Reden,
eine Zeit zum Umarmen und eine Zeit die Umarmung wieder zu lösen,
eine Zeit zum Lieben und eine Zeit zum Hassen."**

Im „Hohelied" des Alten Testaments wird es so ausgedrückt (8,6)

Leg mich wie ein
Siegel auf dein Herz,
- wie ein Siegel an
deinen Arm!

**Denn stark wie der
Tod ist die Liebe.**

Auch mächtige Wasser
können die Liebe nicht
löschen, auch Ströme
schwemmen sie nicht
hinweg."

Am Sterben und Tod eines geliebten Menschen liegt es nicht, dass eine Freundschaft, eine Liebe **getrennt** wird.
Wer gelernt hat im Leben, mit „den Augen der Seele" zu schauen, oder wie es Antoine de Saint-Exupery im „Kleinen Prinzen" ausdrückt...

**„Das Wesentliche ist für die Augen unsichtbar,
man sieht nur mit dem Herzen gut",**

der wird auch die Liebe zu seinem geliebten Menschen weiterhin spüren,
ja sogar noch intensiver erleben als zuvor, denn in Gottes guter Schöpfung,
im ganzen Kosmos, geht „nichts", keine geistige Energie, kein Gedanke,
und vor allem: die **Liebe** nicht „verloren". Sie ist, wie Gott selbst auch: ewig!
In dieser Liebe ist es auch nach dem Tod eines Menschen weiterhin möglich,
in tiefer Freundschaft miteinander verbunden zu bleiben, füreinander da zu sein,
aus den „gemeinsamen Schätzen" zu schöpfen und an der gemeinsamen Liebe
weiterhin zu wachsen.

Als ich mich mit meinem betagten Opa (derzeit 102 Jahre) unterhielt,
jammerte er, weil die Tage so langsam vergingen – ohne seine gute Frau,
die 3 Jahre zuvor eines friedlichen Todes verstarb .
Das Alleinsein zu ertragen, die Stille und die Leere, keinen mehr zu haben,
der einem zuhört, für einen da ist; immer nur Fernsehschauen und Radiohören,
oder die Zeitung zu lesen...das kann doch nicht alles sein!
Spontan sagte ich zu ihm ...„Du musst mehr mit deiner Traudi sprechen!
Ganz so, wie du es immer getan hast. Erzähl ihr einfach alles,
was du auf dem Herzen hast, deine Gedanken die du denkst.
Lebe so, als wäre sie immer noch da, ganz so wie früher,
wo sie Dir auch immer gerne zugehört hat...
Dann hast du auch nicht das Gefühl, so alleine zu sein!“
Mein Opa war so gerührt, dass er fast weinen musste, und sagte:
„Endlich jemand, der mich wirklich versteht!
Ich tu das ja immer, aber ich habe schon Angst gehabt, mich erklärt bald jemand
für verrückt, weil ich immer laut in meiner Wohnung spreche. Du weißt ja,
in meinem Wohnzimmer habe ich meiner Traudi einen kleinen „Altar“ errichtet.
Ein schönes Bild von ihr, ein Kreuz, eine Kerze und ein Engel steht darauf.
So habe ich das Gefühl, dass sie immer noch da ist.
Aber darüber kann ich mit niemandem sprechen.
Ich habe gewusst, dass du mich da verstehen wirst ! Ich danke dir dafür !“

Ein kleines Beispiel, wie meine Mutter die „Freundschaft“ zu einem zuvor
verstorbenen Freund meiner Familie, auch nach dessen Tod weiter pflegt.
Die Ehefrau des Verstorbenen , ein passionierter Musiker,
der jahrzehntelang in einer „Blechbrass“-Musikerband mitgespielt hat,
gab meiner Mutter eine Cassettenaufnahme ihres Mannes mit bekannten Melodien.
Tagtäglich höre ich diese Musik aus der Küche meiner Mutter erklingen.
Es ist fast so, als ob der liebe alte Freund selber anwesend wäre
und über „seine Musik“ auch sein Humor und sein Lächeln.
Über diese Musik bleibt sie mit diesem guten alten Freund verbunden,
lebt die Brücke vom „Diesseits“ ins „Jenseits“.
Es gibt so viele Möglichkeiten, diese „Brücken ins Jenseits“ zu leben, zu gestalten.
Ein Gedanke, ein Gebet, ein Erinnern, ein Sprechen mit dem andern.

„Teil-haben“ lassen ist was anderes, als „fest-halten“ wollen!

Auch ein schönes, gepflegtes Grab mit frischen blühenden Blumen
drücken die Liebe und die Dankbarkeit aus.
Auch sie sagen: „Du bist nicht vergessen, du lebst in meinem Herzen weiter,
du bist und bleibst für mich wertvoll, du hast hier so vieles hinterlassen,
das in uns weiterlebt und das uns zum Segen ist, für den wir dankbar sind.“

Im Hause meines Vaters gibt es viele Wohnungen.

Wenn es nicht so wäre, hätte ich dann zu euch gesagt:
Ich gehe , um einen Platz für euch vorzubereiten?
Wenn ich gegangen bin und einen Platz für euch vor-bereitet habe,
dann komme ich wieder und werde euch zu mir holen,
damit auch ihr dort seid, wo ich bin.
Und wohin ich gehe – den Weg dorthin kennt ihr...“ (Joh 14,2-3)

Jesus spricht in Bildern, die wir gut verstehen können,
weil sie aus unserem Alltagsleben genommen sind.
Schau dir einfach mal „deine“ Wohnung an... hier hast du – hoffentlich –alles,
was du brauchst, um leben zu können und um dich wohl zu fühlen.
Nicht immer entspricht eine „irdische“ Wohnung auch der eigenen Traum-vorstellung
von Wohnung... sei es, weil es einfach an „irdischen Mitteln“ mangelt
oder Umstände und Zeit es nicht anders erlauben oder sei es,
weil es immer an irgendeiner Stelle in dieser Wohnung auch etwas Chaos gibt.
Wenn ich einen Wunsch frei hätte,
welche Wohnung würde ich am liebsten beziehen?
Mach doch mal die Augen zu und stelle dir vor, wie deine „Traum-Wohnung“ –
oder vielleicht sogar „Traumhaus“ auszusehen hätte ?!
Lass einfach mal deine Phantasie spielen...!
Wie klein oder wie groß sollten meine Räume sein?
Welche Farben sehe ich, welche Bilder hängen da?
Wünsche ich mir allein zu sein oder wünsche ich mir einen bestimmten Menschen,
einen guten Freund oder gar ein bestimmtes Tier bei mir?
Welche Aussicht wünsche ich mir?
In welcher Landschaft, Umgebung wünsche ich mir zu leben,
so dass ich mich richtig wohl und glücklich fühle?
Vielleicht habe ich mal eine interessante Landschaft in einem Buch, in einem Kalender
oder sogar in Natura gesehen, die mich ganz besonders angesprochen und fasziniert hat, -
aus welchem Grund auch immer.
Und mir den leisen Wunsch vermittelt hat, hier zu leben, das wäre einfach toll!
Ich wäre glücklich, hier könnte ich so richtig „in meiner Mitte“ sein.
Das wäre Labsal, heil-end, hier würde ich mein Heil finden,
„heil-ig“ leben...
Welche Musik wünsche ich mir?
Laute, leise oder brauche ich einfach nur die Stille?
Möchte ich ganz bestimmte Bücher um mich haben ?
Womit wollte ich meine Zeit verbringen ?
Sei dir aber um Eines gewiss:

Es geht hier nicht mehr um das „Haben“, sondern um das „Sein“ !

Hier werden keine Paläste gebaut, von denen aus man auf die „buckligen Hütten“ anderer herunter schaut, es gibt hier keine Konkurrenz, kein Macht und Prestige-Denken, keine Rendite und auch kein Wirtschaftswachstum, sondern nur noch ein freudiges Miteinander, vielleicht um das Verwirklichen gemeinsamer Ideen,
- zum eigenen – wie auch zum Wohle anderer.
Es kann natürlich sein, dass bestimmte Seelen ihre Anfangszeit nicht gleich in einem „Diamantschloss“ verbringen können, sondern in einer Umgebung, die noch sehr wenig „Licht“ durchlässt. Das hängt dann aber mit ihrem irdischen Leben zuvor zusammen: vermutlich lebte ihre Seele auch zuvor in einem Zustand,
der vielleicht nur wenig Licht und damit auch Liebe eindringen ließ.
Auch der Apostel Paulus drückt es im 2.Korinther-brief (5,1) so aus:

**„Wenn unser irdisches Zelt abgebrochen wird,
dann haben wir eine Wohnung von Gott,
ein nicht von Menschenhand errichtetes „ewiges Haus“ im Himmel.“**

Eine „Wohnung“ von Gott kann und wird wohl so unterschiedlich sein,
wie es dem **Bewusstsein** des Menschen entspricht.
An diesem Bewusstsein aber wird es wohl auch liegen,
in welcher „Ebene“ die Seele „einziehen“ und verbleiben will und auch wird.
Es wird sicher nicht so sein, dass der „Hausherr“ bei meinem Ankommen mir
eine Wohnung „zuweist“ und zu mir sagt: „Du darfst in dieser Etage einziehen“
und zu einem anderen: „...und du kommst ein paar Stöcke tiefer...“
und zu einem nächsten: „....und du darfst in der Dachwohnung hausen....!“
Der Satz Jesu im „Vater unser“ - Gebet: „Wie im Himmel, so auch auf Erden“
kann hier auch durchaus umgedreht werden: „**Wie auf Erden, so auch im Himmel!“**

**„Mein Himmel“ wird so groß, so tief, so weit und so schön sein,
wie ich innerlich fähig bin, diese Schönheit und Liebe in mir
aufzunehmen!**

Es liegt also nicht an Gott, welchen „Teil“ des Himmels **er** mir „zuweisen“ wird,
denn in ihm sind alle Schätze der Liebe, Weisheit, der ALL-Macht und des Glückes
in unendlichem Masse verborgen, so wie wir es ausdrücken:

„Denn dein ist das Reich, die Kraft und die Herrlichkeit“.

Aber an mir allein liegt es,
wie viel der Liebe und des Glücks ich in meiner Seele **empfangen** kann.
Mein jetziges Leben und mein „Bewusstsein“ in diesem meinen Leben wird
darüber bestimmen, welche „Etage“ die Richtige für mich sein wird.
Wir können so viel bewegen mit unserer Kraft, nicht nur mit unseren körperlichen
Anstrengungen, nein, vor allem auch mit unserer **mentalen** Kraft.
Wir erschaffen mit unseren mentalen Kräften, mit unserem geistigen Bewusstsein
jetzt bereits - **„die“** Wohnung, in welche wir einst einziehen werden.

Je größer die Liebe, die ich in meiner Seele zu empfangen bereit und fähig bin,
auch, um diese Liebe anderen Menschen zukommen zu lassen, desto **groß-artiger** wird
dieser Himmel sein, den ich erfahren werde, wenn ich diese irdische Ebene verlasse.
Wenn meine Gedanken aber voll sind von Schuldgefühlen, Urteil über mich selbst
und andere, voll Bitterkeit und auch Hass, werde ich auch weiterhin diese in meiner
zukünftigen „himmlischen" Wohnung erleben und dort vorfinden. So lange, bis ich
mich selbst entschieden habe, dass es noch „erhabenere" Formen des Seins gibt!
Die Wohnung, die ich im lichten himmlischen Reich Gottes beziehen darf,
ist sicher genau auf **meine** Bedürfnisse und **meine** Möglichkeiten zugeschnitten.
Von dort aus darf ich mich neu „einnisten", mich wohlfühlen und entfalten,
meine nächsten Schritte und Aufgaben erkunden.
Das Leben und das Bewusstsein, das ich mir **hier** in diesem Leben erarbeitet habe,
das wird dort in meiner „himmlischen Wohnung" ganz sicher auch seine gute
Fortsetzung finden und zwar ganz in **„meinem"** Sinne, das heißt, in dem,
was der Weiter-Entwicklung meiner Seele gut und dienlich ist!
Das heißt dann aber auch, ich kann **jetzt** schon einiges dafür tun,
um an meiner „himmlischen Traum-Wohnung" etwas zu „basteln".

Dafür rät uns Jesus, unsere „inneren Schätze" nicht in ein Tuch einzubinden,
um sie darin zu verwahren (Lk 19,20) und zu konservieren, sondern als unser
ur-eigenstes „Kapital" großzügig anzulegen, damit sie wuchern können...!
Denn darum geht es, die Fülle der ganzen Liebe Gottes in vollem Maße, -
mit ganzem Herzen - zu erleben und in ihr zu wachsen, denn sie lebt in **jedem** von uns!

So manche dieser Ziele, sind aber nicht im Alleingang zu verwirklichen ,
sondern nur im friedlichen **Miteinander**, von Herz zu Herz.
So gibt es im Himmel – wie auch bei uns auf Erden auch „Vereine",
die sich auf ganz bestimmten Ebenen, - oder „Wohnungen" für ein
ganz bestimmtes Ziel einsetzen und bestimmte Interessen teilen,
um sich als „Gleichgesinnte" zusammen zu finden, um sich auszutauschen,
voneinander zu lernen, einander weiter zu helfen, um an gleichen Zielen gemeinsam
zu arbeiten und vor allem darum geht es: um **aneinander Freude** zu haben...

„Himmel" und „Himmel" - „ sky" and „heaven"

In der deutschen Sprache gibt es – leider – nur **ein** Wort für den „Himmel".
Als Kind schon schaute ich sehr oft zum Himmel rauf, um die Gewissheit zu haben,
der liebe Gott ist da oben und er schaut vom „Himmel" herunter.
Genauso wusste ich, wenn ein Mensch gestorben war und mir meine Mutter sagte....:
„Der lebt jetzt im Himmel", - auch dann schaute ich zum Himmel rauf und spürte
die „Verbindung" zu dieser Seele, die jetzt da „oben" war. Die Englische Sprache drückt
sich deutlicher aus: sie kennt **zwei** Begriffe für den „Himmel."

„The sky" ist der Himmel über mir, zu dem ich aufschaue, um zu sehen wie das Wetter
wird oder um in der Nacht den Lauf der Sterne zu beobachten und mit dem Begriff
„heaven" ist der religiöse – der „himmlische" Zustand gemeint, das geistige Reich oder
Jenseits, der „Ort", an dem die Seelen der Menschen bei Gott weilen dürfen.

„heaven" ist also der **„himmlische Hafen"**, in dem die Einheit mit Gott, die Glück-Seligkeit, die gefühlte und gelebte Liebe unter den Menschen im Leben und genauso auch danach - gelebt und realisiert werden kann.
- Auch zur Zeit Jesu wurde im jüdischen Glauben dieser „Himmel" als die **unmittelbar erlebte** Nähe zum Schöpfer verstanden.

„Wie im Himmel, so auch auf Erden"...oder: „Wir tragen den Himmel in uns..."

Jesus selbst hat es so gelehrt: der **„Himmel auf Erden"** - „Heaven on Earth", beginnt nicht erst **nach** meinem Tod, sondern soll sich **in** meinem Leben, **hier&jetzt** verwirklichen und auch Gottes Wille: „geschehe wie im Himmel, **so auch** auf Erden..." Dieser Himmel möchte im Wirken Gottes **jetzt** bereits mein Leben durchdringen, sich in meinem Leben zeigen und für mich zu einer **erlebbaren** Realität werden, denn Himmel und Erde, die sichtbare und die „unsichtbare" Welt gehören zusammen und bilden eine Einheit, so wie auch das Leben hier und das Leben nach dem Tod zusammen gehören.

Dieser „Himmel" kann sich auch manchmal in unseren Träumen zeigen:
...wer kennt es nicht : ich erwache aus einem nächtlichen Traum und bin so erfüllt von einer wunderbaren Begegnung, von einer Tiefe, von einem Lachen oder von einer schönen Musik, deren Komposition mir völlig neu, - aber so schön und erfrischend war, dass ich am liebsten diesen Traum - für immer - festhalten wollte?
Wer erwacht, der möchte am liebsten gleich wieder in diese „Traumrolle", dieses wunderbare Erleben zurück schlüpfen und sehnt sich eine Fortsetzung herbei...
Es ist, als hätte ich ein Stück „Ewigkeit" erlebt
oder mich für einen kurzen Moment der Himmel „geküsst"...
- eine Harmonie, die nur schwerlich so in der realen Welt zu finden ist.
Im Traum ist es möglich, Menschen zu begegnen und Dinge zu erleben, die so unterschiedlich, phantastisch und irreal sind und doch:
ich begegne Menschen, von denen ich später beim Erwachen feststellen muss, dass ich sie nicht immer kenne, weder einem Namen noch einer Erinnerung an Personen in meinem realen Leben zuordnen kann.
Und doch erlaubt der Traum in der Begegnung ein Vertrauen, eine Intensität - positiver wie auch negativer Art- , eine Kommunikation in der nur eines zählt:
die **Begegnung auf der „Seelen-ebene"**.

Da ist es möglich, dass eine Freundschaft erlebt wird mit einem entgegen gebrachtem Vertrauen, - so, als ob man diese „Person" schon ein ganzes Leben lang kennen würde. Man glaubt, sich noch nie begegnet zu sein und doch freut man sich und lacht man miteinander, spürt eine Verbindung im Herzen, eine Seelen-verwandtschaft, die irdischen Leben manchmal nur sehr schwer zu finden ist. Eine Vertrautheit, die keiner Erklärung bedarf. Tagelang kann einen dieses intensive Gefühl begleiten und Erinnerungen daran können sogar über Jahre hinweg erhalten bleiben.

Für das Eingeborenen-Volk der Maori ist diese Traum-Welt die „**eigentliche reale“** Welt und die sichtbare Welt, in der wir Menschen leben, nur der „Schein“...!

Wer eine echte Freundschaft, Vertrauen und Liebe erfährt,
(Liebe ist immer „himmlisch“, da Gott die Liebe ist!)
gleich wann oder wo, der taucht ein in ein „himmlisches Gefühl“
und es ist viel Wahres daran, dass den Liebenden keine „Stunde schlägt....“
„In der Liebe und in den Träumen, da ist alles möglich...“, so heißt es...!
Die Grenzen für die Zeit scheinen für kurze Zeit zu verschwimmen...
Diese Intensität, mit der in solchen - leider viel zu seltenen! - Träumen
eine Begegnung, eine Umarmung, Herzlichkeit oder das innere Verstehen
wahrgenommen wird, hat mich immer wieder überrascht und fasziniert.
Sie sind im wahren „irdischen“ Leben echte „**high-lights**“,
wahrer Ausdruck der „himmlischen Freude“...
Oder: - man erlebt im Traum das Gegenteil: eine Auseinandersetzung,
auch verborgene Konflikte um ein spezielles Thema, das wohl aus dem
ganz normalen Alltag gegriffen wurde, werden mit Personen ausgetragen,
die auch nicht an „irdisch“ lebenden Mitmenschen geknüpft werden können .
Das Unterbewusstsein drängt mit seinen – manchmal auch verdrängten –
Erlebnissen und Gefühlen an die Oberfläche der eigenen Traumwelt
und verschickt seine ganz speziellen Botschaften....
Reales und Phantastisches vermischt sich zu einem bunten Traumteppich.

Aber das, was mich immer wieder fasziniert:
die **Begegnung auf der „Seelen-Ebene“.**
Solche Begegnungen sind für mich Spiegelbilder für die Begegnungen mit Seelen in der geistigen jenseitigen Welt, auf die ich mich im jetzigen Leben schon wirklich freuen darf.
Gleiches zieht Gleiches an: wenn ich ein Mensch bin, der aus der Quelle der Liebe und des Lichtes lebt, dann ziehe ich auch entsprechende Seelen an und finde die Resonanz, die ganz **mir** entspricht.
Seelen, die sich – auf geistiger Ebene – anziehen, finden ganz schnell Kontakt zueinander, erleben eine Freude , - wie Freunde, die sich nach langer Zeit wieder gefunden haben und einfach in die Arme schließen können.
Sehr schnell und unkompliziert können sie sich miteinander verbinden und Freundschaft schließen oder feststellen, dass sie sich schon längst, vielleicht sogar seit „Ur-zeiten“ kennen...!

Das kann man sich vielleicht etwa so vorstellen:
ein Bach entspringt irgendwo in einer kleinen unscheinbaren Quelle. Der Bach wird zum einem kleinen Fluss, immer stärker und größer und verbindet sich mit anderen.
Aber es gibt viele Flüsse, von denen dieser kleine Fluss wohl nur eine kleine leise Ahnung hat, dass es sie irgendwo gibt. Er kennt sie aber nicht, weil sie ganz woanders entspringen und auch eine andere Laufrichtung haben: allen ist aber eines gemeinsam...
sie fließen bergab, immer in Richtung eines großen Meeres.

Erst wenn alle diese kleinen oder größeren Flüsse in das Meer münden und dort alle zusammen treffen, dann sind alle miteinander verbunden, findet jeder den Kontakt zu jenen, die auch ihm entsprechen und das kann sehr schnell gehen, denn die Flüsse sind nun nicht mehr getrennt, die Wassermassen haben sich vermischt.

Nebenbei bemerkt:
Humorvoller Weise hat Bully Herbig in seinem Film „Hui Buh" dies so genannt: „Seelensuppe", aber diese hatte leider einen anderen „Beigeschmack"!
Wer darin landete, hatte wohl etwas im Leben „verbockt" und musste jetzt noch etwas „nachschmoren", vergleichbar mit dem Bild des „Fege-feuers"...
Nichts desto trotz: der Humor ist wichtig!
Schließlich gibt es ja auch weitere solche humorvollen Bilder über den „Zustand", in dem wir uns noch **vor** unserer irdischen Geburt befanden, als wir uns noch in „Abrahams Wurstkessel" wähnten....!

Was ich aber mit dem „Meer", in dem alle kleinen und großen Flüsse münden und sich dort auch „auflösen und vermischen", sagen wollte :
Niemand „löst sich auf" oder wird „vermischt", denn jeder bleibt in seiner „Seelen-Persönlichkeit" ganz der, der er „ist" und immer „war", aber es ist viel schneller möglich und unkomplizierter, sich mit denen zu „verbinden", die eine ähnliche „Chemie", bzw. Energie aufweisen, nach dem Motto: „Gleiches zieht Gleiches an...!"

Es ist nicht mehr nötig, wie in unserem irdischen Leben, aus dem Haus zu gehen, ins Auto zu steigen, um den anderen zu besuchen, auch braucht man weder Telefon noch Handy, auch das SMS-en ist überflüssig, denn hier wird kommuniziert mit der Kraft der Gedanken und der Liebe, - und die sind noch viel schneller...!
Hier werden Botschaften blitz-schnell empfangen und wieder zurück geschickt...!
Oder anders ausgedrückt: die Energien ziehen sich ähnlich schnell an, wie die Gedanken es zulassen und lösen ein ganz bestimmtes Gefühl oder auch „inneres Bild" beim Empfänger oder auch bei einer ganzen Gruppe aus...
Dieses Leben ist ein Leben voller Überraschungen, **- Freude PUR**, immer wieder einer Seele zu begegnen und eine – vielleicht ur-alte -Vertrautheit zu erleben, sich in ihr wunderbar empfangen und aufgehoben zu wissen.
In unserem irdischen Leben dauert es manchmal sehr lange, bis Menschen sich trauen, Freundschaften zu schließen, ihr Herz öffnen, um das Vertrauen des anderen zu gewinnen.
Zu viele kleine - irdische - Hindernisse blockieren den Weg, um auf der **Seelen-ebene** zueinander zu finden.

Hier möchte ich noch eine **Begegnung der „himmlischen Art"**
- aus meinem ganz normalen irdischen Leben - erzählen....
Als ich mein Abitur geschafft hatte, lagen ganze vier herrliche freie Sommermonate vor mir, bis mein Studium der Theologie im November beginnen sollte.
Ich hatte also noch Zeit, mir etwas zu überlegen.

In meiner Schulzeit hatte ich schon von „Taizé“ gehört und auch eine Fernsehreportage hatte mich un-endlich neugierig gemacht. Junge wie alte Menschen aus der ganzen Welt treffen sich dort für eine oder mehrere Wochen, um in einer Mönchsgemeinschaft im Süden Frankreichs miteinander zu leben, zu beten und die Arbeiten zu teilen. In der schönen großen Kirche trifft man sich morgens und abends zum gemeinsamen Beten und Singen mit Liedern die ins Herz gehen und um die ganze Welt kreisen.

Ich hätte gerne sofort eine solche Reise angetreten, doch alleine – es fehlte am Geld, denn ich musste bereits für die Ausgaben im Studium planen. Da wurde mir ein Sommerjob in der Schweiz angeboten. Ein Bio-Bauernhof suchte nach Saison-Erntehelfern die bereit waren, auf den Feldern Unkraut zu jäten. Mir war das nur recht, ich konnte mein Geld verdienen und von Bern nach Macon war es fast nur noch ein Katzensprung. Nach 2 Monaten harter Arbeit war es so weit. Ich stieg am Bahnhof von Macon in den Zubringerbus ein, der alle 20 Minuten vom Bahnhof abfuhr und mich direkt nach Taizé bringen sollte. Als ich im Busgang nach hinten tappste , traute ich meinen Augen nicht. Auf der letzten Rückbank saß meine allerliebste beste Freundin Hanna, der ich einen Tag zuvor noch eine Postkarte von meinem Arbeitsdomizil aus abgeschickt hatte. Sie hatte gewusst von meinem Auslandsaufenthalt, nicht aber von dieser Woche in Taizé. Sie hatte sich –„zu-fällig“ für dieselbe Woche für die gleiche Gruppe angemeldet und war nun „zu-fällig“ mit dem gleichen Bus zu dem gleichen Ziel unterwegs. Wir brauchten die ersten Tage, um zu begreifen, dass dies kein Traum, sondern ein Geschenk der Wirklichkeit war. Uns war eine gemeinsame Woche geschenkt, ohne dass eine von der anderen etwas gewusst oder auch nur geahnt hätte. Immer wieder mussten wir uns anschauen und lachten einfach drauf los, freuten uns wie zwei kleine Kinder. Dass man mal „zu-fällig“ jemandem begegnet, den man von irgend woher kennt, ja, aber ausgerechnet meine Freundin, die mir seit einigen Jahren meine wichtigste und liebste Wegbegleiterin war ... Die Frage ins Kloster zu gehen hatte uns sehr lange beschäftigt, eine gemeinsame Reise nach Assisi hatten wir schon gemeinsam erlebt und uns beide nur noch intensiver innerlich verbunden. Dies war übrigens auch die Zeit, in der ein lieber Franziskaner-Pater allen Ernstes zu mir sagte:„...Elisabeth, tritt in einen Orden ein, - oder gründe selber einen....!“ Meine Antwort höre ich heute noch in meinen Ohren..: „Sehr gerne, wenn ich dort auch heiraten und Kinder kriegen darf...!“

Diese spontane Überraschung, einen Menschen den man von Herzen so gerne hat so unvermittelt zu begegnen, das ist - **„Himmel –pur“!**

Mein lieber Leser!
Im „Himmel“- jenseits unserer sichtbaren Grenzen- wird es nicht anders sein! Wir werden immer wieder überrascht werden von Begegnungen mit Menschen, die wir lange schon kennen und die uns sehr vertraut sind.

Und es wird viel einfacher sein, die Freundschaft vom Herzen her zu spüren und zu erleben, weil auf der **„Seelen-ebene“** alles viel einfacher und unkomplizierter ist ! Man spürt, was der andere denkt und fühlt und kann somit viel besser aufeinander eingehen und sich verstehen. Die Seelen im Jenseits spüren, wenn gute Freunde aus dem irdischen Leben im Jenseits angekommen sind. Vielleicht bekommen sie einen Impuls aus der lichten Sphäre, einen Freund zu begrüßen oder vielleicht auch den Auftrag, einen Freund, eine Freundin oder eine Verwandte beim Übergang abzuholen, zu helfen bei ihrer Eingewöhnung in das neue Reich.

Manche Seelen, die sich so schwer tun, diese irdische Welt zu verlassen, -
es fällt ihnen viel leichter, ihre Angst los-zu-lassen und mitzugehen,
wenn sie die Nähe und die Liebe eines vertrauten Menschen und Freundes erleben.
„Medien“ (ab S.168) berichten immer wieder davon, dass es den Seelen in der jenseitigen Welt ein großes Bedürfnis ist, uns hier mitzuteilen und wissen zu lassen, dass sie wieder eine Verwandte oder Bekannte „gefunden“ haben...!

Was mir noch aufgefallen war:
In der Schweiz musste ich mich sehr bemühen, 2 Monate lang ganz „nach der Schrift“ zu sprechen , hochdeutsch wäre übertrieben, aber mit meinem sehr ausgeprägten fränkischen Dialekt hätte mich kein einziger Mensch in diesem „Emmental“ verstanden. Ich war völlig verdutzt, weil ich keinen einzigen Satz in meinem schönen Fränkisch herausbrachte, als ich meiner lieben Freundin begegnete.
Es dauerte wirklich drei ganze Tage, bis meine Muttersprache wieder so richtig aus mir herausfloss...! Hanna war sogar ziemlich irritiert, weil sie mich so einfach nicht kannte! Aber die Umstellung war nicht so einfach .
Auch das ist für mich ein Sinnbild:
Wer in der geistigen Welt ankommt, für den spielt die „irdische Sprache“ keine Rolle mehr. Es ist ganz egal, ob jemand chinesisch oder fränkisch spricht.
Die Kommunikation läuft über die „geistige“ Ebene,
die immer auch ganz direkt mit meinem Gefühl, meiner Seele verbunden ist.
Wenn sich ein Franke in Peking in eine Chinesin verliebt, dann zählt in erster Linie die Sprache der Seele, der Liebe und die des Herzens. In unserer irdischen Welt ist aber eine wörtliche Sprache für unsere irdische „Kommuni“-kation von enormer Bedeutung und sorgt leider oft für viele Irritationen und Missverständnisse...
Es ist im Himmel viel leichter, „zu lieben“ und diese Liebe miteinander zu teilen, weil es keine sprachlichen Missverständnisse mehr gibt.

Auch die Menschen zur Zeit Jesu stellten mit ihren „irdischen“ Vorstellungen von der Liebe und vom Zusammenleben der Menschen ihre ganz **irdischen** Fragen und wollten es genauer wissen: **Heiraten im Himmel die Menschen auch, wenn sie sich lieben?**
Eigentlich war diese Frage eine „Fang-Frage“ der Sadduzäer an Jesus, denn sie glaubten nicht an die Auferstehung. (Mt 22,23-33) Sie konnten sich nicht vorstellen, mit welchem Mann eine Frau im Himmel **weiterhin** verheiratet sein würde, wenn sie hier auf Erden mit allen sieben Männern, bzw. Söhne einer Familie es war.

Diese Frau wurde immer wieder Witwe, denn einer nach dem anderen verstarb und wurde jeweils an den nächsten Bruder weiter verheiratet....
„Mit welchem dieser sieben Brüder würde diese Frau nun im Himmel verheiratet sein?"–
Mit dem Ersten oder dem Letzten, mit allen oder mit gar keinen von denen?
Mit der Antwort Jesu hatten sie so nicht gerechnet:

„Nach der Auferstehung werden die Menschen nicht mehr heiraten, sondern sie werden sein wie die Engel im Himmel...."

Und das konnten sich die Sadduzäer noch viel weniger vorstellen....!
Im Himmel wird nicht mehr geheiratet, deswegen gibt es dort weder Standesämter, noch Modeschauen für Brautleute und es bedarf auch keiner Formalitäten mehr, um die Liebe mit anderen Seelen zu teilen...
Und weil es auch keine „körperlichen Bedürfnisse" mehr gibt, erübrigt sich die Frage nach einem Sextourismus genauso wie die ganze Latte von „lustvollen" TV-Programmen. Und dennoch braucht der Mensch, der er in seiner geist-seelischen Einheit verbleibt, auf nichts zu verzichten, was ihm wichtig wäre oder zur höchsten Erfüllung dessen, was wir uns unter „Glück" vorzustellen vermögen, führen kann.
Die Intensität einer „himmlischen" Liebe ist mit „irdischen" Wörtern und Begriffen ohnehin nur schwerlich zu beschreiben.
Jesus wusste aber, warum er die Freude im Himmelreich mit einer „Hochzeit" verglichen hatte. – Als der beste Freund meines Mannes Hochzeit feierte, schrie er seine Freude im Festsaal hinaus: „Ihr sollt es alle hören, dass ich heute der glücklichste Mann auf der ganzen Welt bin....!"
Diese Glück-Seligkeit ist es, die den „Himmel" in uns lebendig werden lässt...
Hier auf Erden darf und kann, ja soll sich die Sehnsucht ihren **leibhaftigen** Ausdruck verschaffen: in der leiblichen Nähe, in der Zärtlichkeit; in unserem ganzen Leben gehört die Einheit von **Körper-Geist <u>und</u> Seele** zusammen, das heißt, unser ganzes emotionales Empfinden drückt sich über unseren **Körper** aus.
In unserer „Geist-Seele" wird alles Fühlen und auch das Denken bewusst, oft auch unbewusst wahrgenommen. Ein Gedanke, manchmal ein Impuls von „Innen", manchmal auch von „Außen", erreicht unsere seelische Ebene und kommt durch unsere Lebenskraft, unser Wollen in Bewegung, - wird zur „E-Motion."
Hier auf Erden braucht diese Geist-Seele aber auch seinen Körper, um zu seiner Ganzheit zu finden. Der Körper will bejaht, geliebt und angenommen werden.

Liebe und Leib, Geist, Seele und Körper, sie gehören zusammen, sie wollen eine Ein-Heit sein.

Im Umarmen und Küssen, im Zärtlichsein und in der ehrlichen, aufrichtigen Hingabe der Sexualität dürfen wir einander beschenken, einander als himmlisches und „**Wunder**-bares" Geschenk erfahren. Was der Leib zu schenken vermag, was wir mit unserem Körper ausdrücken dürfen, **kann** „himmlisch" sein. Gott selber hat die Nähe zu unserem menschlichen Körper gesucht, **sich ver-Leib-Licht...!**

Im Jen-seits werden wir dieses „himmlische Sein“ - **ohne** unseren physischen Körper - doch als neu-artig und anders erleben. Aber wir werden sehr schnell feststellen, dass uns dort **nichts** fehlen wird und wir nichts zu vermissen brauchen, was wir sonst hier auf Erden wert-schätzen oder einfach daran gewöhnt sind. Materielles Denken kann zwar manchen Seelen im jenseitigen Reich immer noch von großer Wichtigkeit sein, wenn sie diese Seite auch hier entsprechend gewichtet hatten, aber sie werden vermutlich diese Entsprechung dort nicht mehr finden, sondern vielleicht erkennen, dass es noch ganz andere „Schätze“ im Leben gibt, die einen Menschen noch un-endlich „reicher“ machen können.

Für eine solche Seele wird die Orientierung zunächst sehr schwer fallen, wenn sie in der „geistigen“ Welt ankommt. Es zählt eigentlich nur, ob der Mensch die Liebe erfahren hat und seine Liebe mit anderen Menschen teilen konnte und auch, welche „Erfahrungsschätze“ die Seele mitbringt. Es zählt, wie sehr dieser Mensch wirklich **„Mensch“** war und auch bemüht war, dass durch ihn dieser „Himmel auf Erden“ auch für andere Menschen erfahrbar und erlebbar werden konnte. Denn diesen Himmel gibt es nie nur für sich alleine, sondern immer nur in der „Gemeinschafts-Packung“, weil die Liebe nicht nur **in** sich selbst, sondern nur im „DU“, in der Begegnung seinen wahren Ausdruck findet.

Der Himmel - ist er „ganz oben“ - oder „ganz tief in uns“ ?
Oder: wenn Seelen sich in ihrer Tiefe begegnen und berühren dürfen....

Was meint Jesus, wenn er vom „Himmel" spricht? Wie lebt er diesen „Himmel auf Erden"? Jesus begegnet der Samariterin am Jakobsbrunnen. (Joh 4)

Zur größten Mittagshitze, zu einer Stunde, da der eigene Durst am größten ist und gestillt werden möchte, bittet Jesus eine Frau am Jakobs-Brunnen (welcher immerhin 32m tief ist!) und die gerade ihr Wasser mit einem Behälter hochzieht, ihr von diesem Wasser zu geben, es mit ihm zu teilen. Auch der Hunger muss groß gewesen sein, denn er schickt seine Jünger in die Stadt, um Nahrung für ein Mittagessen zu besorgen. Jesus zieht es vor, alleine mit der Frau am Brunnen zurück zu bleiben.
Er fühlte wohl, es steht eine besondere und auch interessante Begegnung bevor, nicht nur deshalb, weil diese Frau sicher eine besondere Frau war, sondern durch diese Begegnung auf der **„Seelen-ebene"** auch ein tiefer Austausch über Glaubens-fragen möglich war.
Samariter- Land war für Juden „Feindes-Land".
Das bedeutete: sprich niemanden an, lass dich auf Nichts und Niemanden ein, grüße keinen dieser Einwohner, vermeide jeglichen Kontakt.

Für Jesus scheint das nicht zu gelten.
Er hält sich nicht an diese Konventionen und sie entstammen einer Tradition, hinter der er nicht steht, sie kommt nicht von ihm. Er fühlt und spürt, dass durch diese Begegnung nicht nur das „Tor" zum Herzen und auch zum Glauben dieser Frau erobert werden würde, sondern gleichzeitig der Beginn einer wunderbaren Freundschaft zu einem ganzen samaritischen Dorf eröffnet werden kann.
Diese Chance und dieses Geschenk ist einzigartig, ein Geschenk des liebenden Vaters im Himmel und er nimmt diese Chance wahr, dieses Geschenk an.

Jeder Mensch damals wusste, was es bedeutete,
wenn ein Mann an einem Brunnen eine Frau ansprach:
das bedeutete nichts anderes als: ich will „anbandeln" mit dir...!
Viele alttestamentlichen Liebesgeschichten begannen am Brunnen.
Nur dort war ein Gespräch und eine Begegnung zwischen den Geschlechtern erlaubt.
Das war wohl auch der Grund, warum die Begegnung des Engels Gabriels (als „männliches" Engel-wesen) mit der jungen Frau Mariens - in der jüdischen Tradition - an einen „Brunnen" verlegt werden musste.
Nur dort geziemte sich ein Gespräch zwischen einem Mann und einer Frau.
Von einem jüdischen Mann - und ganz besonders von einem Rabbi - verlangte die Sitte absolut strenge Zurückhaltung gegenüber einer Frau...
Doch Jesus hielt sich auch nicht an diese Regel bei der Unterredung mit „seinen" Frauen.
In dieser Geschichte heißt es :
„Inzwischen waren seine Jünger zurück gekommen. Sie wunderten sich, dass er mit einer Frau sprach, aber keiner sagte: Was willst du? Was redest du mit ihr?"
Sie lassen ihn in seinem Tun gewähren.
Jesus ist offen für Gefühle, und er steht zu seinen Gefühlen.

Er ist immer offen für Begegnung und kann auch Nähe und Zärtlichkeit, ja auch Erotik zulassen. - Zumindest lässt er sich nicht irritieren, wenn Außenstehende sich ihre ganz „eigenen“ Gedanken machen und hat auch kein Bedürfnis, sich in einer solchen Situation vor Außenstehenden zu rechtfertigen.
„Es ist, was es ist...“, und das, was „es“ ist, ist sehr viel – es ist kostbar!

Jesus finde ich nicht im Himmel,
sondern in meinem Herzen.
Markus, 9 Jahre

Das „Himmelreich“, von dem Jesus spricht, kann bedeuten...

mit einem „wildfremden“ Menschen bei einer ersten Begegnung in einem spontanen Gespräch so viele Gemeinsamkeiten und auch eine Tiefe zu entdecken, zu spüren, dass man sich so vieles zu sagen, zu erzählen und mitzu-teilen hat,
um nach solch einer Begegnung sich einfach nur in die Arme zu schließen und zu sagen:
„Ich bin so dankbar, dich hier und jetzt getroffen zu haben,
dich kennen und auch lieben zu dürfen...!
Du bist ein wunderbares Geschenk für mich und darin erkenne ich auch,
wie sehr mich mein Vater- meine Mutter - im Himmel liebt..!“

Jesus macht uns Mut zu solch einer Offenheit.
Er lebte und liebte stets die Begegnung auf der „Seelen-ebene“. Warum?
Weil er selbst in ihr „lebte“... Wer dies ebenso in seinem Leben von ganzem Herzen zulassen kann, der hat das „Wesentliche“ von dem „Reiche Gottes“ verstanden, so wie Jesus es gemeint und diese Liebe mit ganzem Herzen und seiner ganzen Fülle auch gelebt und absolut freizügig verschenkt hat!
Und auch so gelehrt hat: **„Wie im HIMMEL, so auch auf ERDEN!“**

Ein weiteres Beispiel ist die Salbung seiner Füße....
Oder: Skandal im Hause des Pharisäers Simon....

Es sind zwei ganz ähnliche Geschichten, mit ganz ähnlichen Umständen:
Bei Matthäus (26,6-13) und bei Markus ist es „eine Frau“(Mk 14,3-9),
Lukas spricht von einer Sünderin, die in der Stadt lebte (Lk 7,36-50).
Vielleicht ist sogar Maria Magdalena gemeint - und Johannes erzählt von Maria, die Schwester von Marta und Lazarus, die er - beide - liebte.
Jede dieser Frauen will nur eines: Jesus ein Zeichen einer tiefen Zuneigung und Liebe zu schenken - und das vor versammelter Mannschaft. Lukas erzählt, dass die Frau von hinten sich an Jesus heran schleicht. „Dabei weinte sie und ihre Tränen fielen auf seine Füße. Sie trocknete seine Füße mit ihrem Haar, küsste und salbte sie mit dem Öl.“ (V.38)
Jesus spürt genau, was die anderen denken und was auch in seinem Gastgeber vor sich geht, und geht nicht gerade zimperlich mit diesem ins Wort:

„Du hast mir kein Wasser zum Waschen der Füße gegeben; sie aber hat ihre Tränen über meinen Füßen vergossen und sie mit ihrem Haar abgetrocknet. Du hast mir zur Begrüßung keinen Kuss gegeben, sie aber hat mir unaufhörlich, seit ich hier bin, die Füße geküsst...! Da hast mir nicht das Haar mit Öl gesalbt; sie aber hat mit ihrem wohlriechenden Öl die Füße gesalbt...!" Jesus verteidigt diese Frau und ihr Tun.... „Warum lasst ihr diese Frau nicht in Ruhe? Sie hat ein gutes Werk an mir getan....!"
Die Absicht des Evangelisten und der Theologie zielt darin,
einen Zusammenhang zur Salbung nach seinem Kreuzesleiden herzustellen.
Ich sehe aber darin **auch** einen besonderen Charakterzug Jesu,
der uns auch ganz speziell eine wichtige Mitteilung machen möchte und die heißt:

Lebe die Liebe,
lasse deine Gefühle sprechen, habe den Mut,
deine Zuneigung auch in einer körperlichen Geste zum Ausdruck zu bringen!
Sei zärtlich, habe ein positives Verhältnis zur Erotik und genieße diese
Augenblicke der Sinnlichkeit,
denn sie sind ein wunderbares Geschenk des Himmels,
das hier auf Erden gelebt werden will.

Jesus zeigt es uns und lebt es uns vor:
Jeder Mensch, jedes Lebewesen lebt vom ersten Augenblick seines Da-seins von der **Zu-Neigung**, von einem gelebten Ja, vom Angenommen sein, von der Liebe.
Wir sollten lernen, diese wirklich zuzulassen und anzunehmen.
Jesus hätte auch sagen können: „Liebe Frau, so komm, wir suchen uns einen anderen Platz oder wählen einen besseren Zeitpunkt für dieses Geschenk der Liebe, das „passt" hier nicht in diese Szene"....

Nein, Jesus will uns sagen:
Für die Liebe ist immer dann Zeit,
wenn sie ehrlich und auf-richtig
„sprechen" will, wenn sie sich ihren
Ausdruck im Miteinander suchen will...
die Zeit dafür „passt" immer...!
An uns liegt es nur, diesen „Himmel"
zu leben..! Denk nicht darüber nach,
was andere sich denken mögen!
Sei spontan und ehrlich, steh zu deinen
Gefühlen und lass dein Herz sprechen!

Jesus ist alles andere als „leibfeindlich": er liebt die Nähe und auch den Körper-Kontakt, er streichelt und umarmt, liebkost und genießt diese Momente, er ist ein „Mensch der Gefühle", begegnet den Menschen auf der Seelen-ebene.
Er lebt nicht nur seine „männliche", sondern auch seine „weibliche Seite",
Animus und Anima, beide leben in Harmonie und Freundschaft miteinander.

Von diesem „Vorbild Jesu“ und von diesem seinen Verhalten scheinen die Kirchen im Laufe der Jahrhunderte nicht gerade viel gelernt zu haben, wenn sie versucht haben, stets alle ihre Gefühle strengstens unter Kontrolle zu halten, den **„COELI“** auf Erden zu leben... Die Lebensformen – vor allem in der katholischen Kirche sind durch den **Pflicht-**Zölibat heute noch im 21. Jahrhundert nur für jene wirklich „himmlisch“, die Gottes Liebe zu den Menschen verströmen wollen, aber sich auch in der ehelosen Lebensweise wohl fühlen und damit gut klar kommen...also wirklich „berufen“ fühlen.

Im Großen und Ganzen aber hat diese „Pflicht“ für sehr viele „menschliches Leiden“ und für viel Unwahrheit gesorgt. Dieses aber ist ganz sicher nicht im Sinne Jesu, zumindest hat Jesus nirgendwo in seinem Evangelium dieses als „**Gebot**“, nicht einmal als eine „persönliche“ Empfehlung gepredigt. Jesus selbst würde sich heute vermutlich nur wundern und wohl ungläubig den Kopf schütteln, wenn er erfahren würde (er weiß es natürlich!), dass die Orthodoxe Kirche im Jahre 2009 alle ökumenischen Beziehungen mit der Protestantischen Kirche abgebrochen hat, nur deshalb, weil diese zum ersten Mal in ihrer Kirchengeschichte von einer „**weiblichen** Bischöfin“ geleitet wurde!

Die Liebe, sie ist ein „Geschenk des Himmels“, das „auf Erden gelebt“ - sich im Leibe ausdrücken darf und auch soll! - Jesus und die Ehelosigkeit

Seine Aussage „Wer es fassen kann, der fasse es...!“(Mt 19.12) war nicht daraufhin gerichtet, dass Gott selbst Menschen beruft, um des Himmelreiches willen allein zu bleiben, ehelos zu sein. Jesus erklärt dies nochmals so schön für alle:
die Schöpfung Gottes hat den Menschen als **Mann und Frau** erdacht und geschaffen.
„Der Mann wird Vater und Mutter verlassen und sich an seine Frau binden,
und die zwei werden **ein Fleisch** sein. Sie sind also nicht mehr zwei, sondern **`EINS´ “.**

Eine Einheit, die sich auch nicht so einfach trennen lässt.
Jesus ergreift eindeutig Partei für die sozial schwach gestellte Frau,
denn die Ehefrau konnte – laut dem Gesetz des Mose – aus dieser Ehe jederzeit wieder entlassen werden und der Mann die Scheidungsurkunde einreichen.
Umstritten waren lediglich die Gründe, welche dies rechtfertigten:
nach der strengeren Auffassung des Schriftgelehrten Schammai waren dies:
Ehebruch, ansteckende Krankheit, Geisteskrankheit und Unfruchtbarkeit.
Nach der Auffassung des Schriftgelehrten Hillel aber - die zur Zeit Jesu vorherrschend war - , war dies: **alles, was dem Mann an seiner Frau missfiel,**
- ohne Angabe von weiteren Gründen!
Und damit war der Ausnützung, dem Missbrauch der Frau Tür und Tor geöffnet.
Eine Sichtweise, die Männer nicht erst vor 2000 Jahren als Vorzug und Regel für sich entdeckt haben!

Dass Jesus sich so sehr für den Schutz und die Stellung einer Frau, die man von Herzen liebt, so sehr einsetzt, das missfiel seinen Jüngern sehr:

„Wenn dies die Stellung des Mannes in der Ehe ist,
dann ist es nicht gut zu heiraten!“(Mt 19,10) –

Jesus will ihnen erklären - vielleicht auch vorleben- was es bedeutet, eine Frau wirklich zu lieben, beziehungs-fähig zu sein, mit einem Wort: zur Ehe „fähig“ zu sein.
So ist auch sein Spruch zu deuten: „Manche sind von Geburt an zur Ehe un-fähig, manche sind von den Menschen dazu gemacht und manche haben sich selbst dazu gemacht. – Um des Himmelreiches willen. Wer dies erfassen kann, der erfasse es!“
Die Kirchen haben im Lauf der Jahrhunderte eine ganz andere Deutung für sich daraus erschlossen. Im frühen Christentum gab es noch für einen Bischof nur eine Regel und die lautete: **„nur“ eine** Frau, sowie wohl erzogene Kinder, einen guten Ruf zu haben und nicht dem Alkohol verfallen zu sein!

Jesus gibt uns ein wunderbares Beispiel von seiner Liebes-Fähigkeit, die zur echten Hingabe fähig und ganz ein Ausdruck der zärtlichen Liebe Gottes ist. Er hat an keiner Stelle der Evangelien die Ehelosigkeit empfohlen oder ausgedrückt, wer Gott mit ganzem Herzen und „un-geteilt“ dienen, bzw. ihm nachfolgen wolle, für den wäre es angebrachter, auf die Liebe zu einem Ehepartner zu verzichten. Er hatte es auch nicht nötig, in seiner Bergpredigt uns eine Belehrung über die „Keuschheit“ zu hinterlassen, sehr wohl aber von der **Bedeutung eines „reines Herzens“.**

Für ein „Leben in Christus“ heißt es im katholischen Katechismus (KEK) (Art 6/ II)

- **Keuschheit verheißt „Unsterblichkeit“;**
- Die Keuschheit erfordert das Erlernen der Selbst-Beherrschung, die eine lang-wierige Aufgabe ist und um die man sich in allen Lebenslagen neu bemühen muss.
- Sie folgt den Gesetzen des Wachstums und durchläuft verschiedene Stufen, in denen sie noch unvollkommen und für die „Sünde“ anfällig ist.
- Entweder ist der Mensch Herr über seine Triebe und erlangt so den Frieden, oder er wird ihr Knecht und somit unglücklich. Der Mensch erwirbt sich eine solche Würde, wenn er sich aus aller „Knechtschaft der Leidenschaften“ befreit und sich die geeigneten Hilfsmittel wirksam verschafft. Unter dem Einfluss der Liebe erscheint Keuschheit als eine „Schule der Selbsthingabe.“
- Die Tugend der Keuschheit wahrt die Unversehrt- und die Ganzheit der Person.
- Bei der Taufe verpflichtet sich der Christ, in seinem Gefühlsleben keusch zu sein. Selbstbefriedigung ist als eine in sich schwere ordnungswidrige Handlung zu brandmarken. Die körperliche Vereinigung zwischen einem Mann und einer Frau, die nicht miteinander verheiratet sind, ist Unzucht.
- Entscheiden sich Menschen zu einem ehelosen Leben in der Nachfolge Jesu, so ist die Keuschheit eine hervorragende Weise, sich leichter mit „un-geteiltem“ Herzen allein Gott hinzugeben.

Die Keuschheit bedeutet – laut KEK- die geglückte Integration der Geschlechtlichkeit in die Person, aber ich persönlich glaube nicht, dass dies nach diesem „Rezept" funktionieren kann! Die katholische Kirche erhebt diesen hohen moralischen Anspruch an ihre Gläubigen und auch an ihre Priester, obwohl es Jesus selbst nicht tut! –
Ich habe in den Evangelien keinen einzigen Satz aus Jesu Mund gefunden, in denen das Wort „Keuschheit" gefallen wäre! Dafür stellt er aber die **Treue** an oberste Stelle!

Warum ist es nicht möglich, einfach den Worten Jesu zu folgen, wenn er sagt: „Liebe deinen Nächsten, wie dich **selbst**", - vor allem **liebe dich selbst** und auch deinen Körper, denn er ist ein **himmlisches Geschenk, ein Geschenk Gottes!**
Und deshalb ist auch alles an ihm: GUT!
Sei behutsam mir dir und auch mit dem Menschen, die du liebst...!
Nur aus einer gesunden Liebe zu sich selbst, aus dem Annehmen der eigenen Körperlichkeit und auch der Sexualität ist es möglich, den anderen anzunehmen!
Nur dann, wenn ich eine gesunde und glückliche Beziehung zu mir selbst habe, werde ich auch alles unterlassen, was mir selbst und auch anderen schaden könnte, nach dem Gebot Jesu: **„Was du nicht willst, dass man dir tu,**
das füg auch keinem andern zu!" oder in positiver Weise ausgedrückt:
„Alles, was du von anderen erwartest, das tu auch ihnen!"

Von Klein auf zeigen bereits die Kinder, welche Zärtlichkeiten sie lieben und annehmen, und wann eine Grenze erreicht wird, an der ihr Gefühlt sagt:
„Stop, da fühle ich mich nicht wohl, das will ich nicht, das ist mir zu nahe oder zu viel!" Egal, ob dies die Küsschen von Oma und Opa sind oder die Umarmung von Mama und Papa. Es gilt von Anfang an, bereits in der eigenen Familie dieses „Fein-Gefühl" zu erlernen: wie kann ich dem anderen, den ich doch sehr gerne mag, nahe sein, ohne ihn aber zu be-**drängen**...? Im Bezug auf die menschliche Nähe ist es gut, von klein auf die „innere Stimme" zu achten, die klar und deutlich sagt:
„Nein" zu allem, was mir unangenehm erscheint, mir nicht entspricht oder mich überfordert, oder „Ja" zu einer Liebe, die mir Halt und Kraft gibt, die mir Vertrauen und Geborgenheit schenkt. Auch im späteren Leben können seelische Verletzungen nur wieder so geheilt werden: durch die bedingungslose Annahme, durch Liebe und Vertrauen, zu erfahren, **so wie ich bin, bin ich wertvoll und liebens-„würdig"!**

Jesus sah sich nicht in der Rolle eines „Sittenpolizisten", sondern als entschiedener Anwalt der **Armen und der sogenannten Sünder,** die als **„Loser"** bei den religiösen Eiferern in Ungnade fielen. Er hatte kein ausgelassenes Verhältnis zu den Frauen, aber ein ausgewogenes und ungezwungenes. Er spricht nicht von der Beherrschung der Triebe, sondern von der Liebe, die sich ehrlich und offen zeigen darf, offen für Begegnung und Beziehung. Es wäre heute viel wichtiger, dieses **befreite Jesus-Bild** in den christlichen Kirchen zu vermitteln und auch zu leben!

Der **„Coeli"**, der Himmel darf und soll sich „erden",
hat nicht Gott selbst sich in einem menschlichen Kind **„ver-leiblicht"**?

Um „Himmels-Willen"...?!

Monatlich betet die katholische Kirche in den Gottesdiensten und Fürbitten darum, dass sich wieder mehr junge Menschen für den Priester- und Ordensberuf ent-scheiden und bereit sind, mit **ganzer Hingabe und „un-geteiltem Herzen**" in die Nachfolge Christi einzutreten. Wenn jemand, der um Christi willen ehelos bleibt, mit **„un-geteiltem"** Herzen nachfolgt, kann ich dann als verheiratete Frau und Mutter von fünf Kindern, die ich mein Leben mit einem Mann teile, nur noch mit **„ge-teiltem"** Herzen dienen? In der Liebe und in der Nachfolge Christi kann doch es nur darum gehen, so wie Jesus es sagt: „Liebe Gott mit deinem **ganzen** Herzen, mit **ALL** deinen Sinnen, mit **ganzer** Seele und deiner **ganzen** Kraft!"

Ganz egal, ob ein Mensch verheiratet ist oder nicht, - Jesus hat nie von einer Liebe mit einem „ge-teilten Herzen" gesprochen. Auch dann, wenn ich meinen Mann und meine Kinder über alles liebe, wird mein Herz immer ganz und gar Gott gehören und wird der Gottesliebe doch nichts weg genommen, ganz im Gegenteil!
Die Liebe lässt sich nicht auf-teilen! Im Himmel ist die Liebe ALL-Eins....!
Natürlich, gibt und gab es immer Menschen - auch außerhalb der Kirchenmauern-, die sich **ganz freiwillig** zu einem ehelosen Leben entscheiden, deshalb, weil diese Lebensform ihnen so entspricht und sie sich allein wohl, aber nicht einsam fühlen.

Als mir eine Werbezeitschrift meiner Diözese in die Hand fiel, in der speziell um den katholischen Priesterberuf geworben wird, fielen mir als erstes die nachdenklichen Gesichter jener in dieser Broschüre auf, die sich mit dieser Frage auf ihrem Lebensweg auseinander setzen. –
Was gibt es schöneres, erfüllteres und glücklicheres, als der Liebe Gottes zu folgen, sich vertrauensvoll in seine Hände fallen und sich von seiner „Weisung" im Leben führen zu lassen, - immer bereit für ein neues Abenteuer? – Warum dann die ernsten Gesichter, in denen vielmehr die Frage geschrieben steht: „Werde ich es schaffen, mein Leben ohne die Liebe zu einer Frau befreit und glücklich gestalten zu können? Was ist, wenn plötzlich die \`Frau meines Lebens´ vor mir steht?"
Den Pflicht-Zölibat hat sich ja nicht Jesus für seine Nachfolger ausgedacht, sondern wurde im Jahre 1139 auf dem II.Laterankonzil von der kath. Kirche beschlossen, und das weniger aus innerer Überzeugung, sondern vielmehr aus ganz pragmatischen Gründen! Auf meinem Lebensweg treffe und begegne ich immer wieder wunderbaren Männern, die sich zum (katholischen)Priestertum wahrhaft berufen fühlen, aber auch die Sehnsucht spüren nach einer gelebten und erfüllten Beziehung mit einer Frau an ihrer Seite. - Bereits in der Zeit ihrer Ausbildung wird meines Erachtens viel zu viel unnötige Energie für dieses „Verzicht" verbrannt und diese so wichtigen Fragen um **des „Himmels Willen"** aus dem Leben verdrängt! Wunderbare Beziehungen werden verheimlicht, bekennt sich aber ein katholischer Priester vor seinem Bischof zu seiner Freundin, wird ihm nicht selten der gute Rat gegeben: „Werden Sie Ihrer wertvollen Berufung nicht untreu, bleiben Sie im Amt und behalten Sie ihre Freundin als Haushälterin! Erwartet die Freundin ein Kind, findet sich auch dafür eine Regelung."

Menschen, die im Dienst der Kirche arbeiten, diese Praxis unterstützen und einen solchen Rat bewusst weitergeben an betroffene Männer, die ins „Kreuz-feuer" geraten sind, laden selber Schuld auf sich und trüben sich ihren eigenen Himmel!

Jener betroffenen Priester, die zwar die Liebe verkündigen, aber sie in dieser Form nicht leben dürfen und nur unter großen Schuldgefühlen ihr Amt weiterhin ausführen, ja, nun wirklich mit „ge-teiltem" Herzen ihren Dienst ausüben müssen. - Auch der betroffenen Frauen, sowie deren Kinder, die völlig unschuldig in eine solche Situation hineingeboren werden. Kinder, deren Papa sie oftmals nicht kennen dürfen und deren Namen verschwie-gen werden muss; Kinder, die von Anfang an mit einem großen Geheimnis leben müssen, das sie aber gar nicht verstehen können!
Männer, die diesem Druck nicht mehr standhalten können, ihrem Herzen folgen und sich zu ihrer Frau oder Familie bekennen, erfahren plötzlich, was es heißt, von ihrer geliebten Mutter Kirche herzlos fallen gelassen zu werden. Sie werden nicht nur mit finanziellen Einbußen der (verdienten!) Rente, sondern oftmals auch mit Verachtung gestraft, so, als wäre ein Christ von seinem Glauben abgefallen! Lange Zeit wurde sogar damit gedroht, dass Gott selbst diese „Untreue" nicht ungestraft sein lassen würde...

Dies ist sicher nicht im Sinne Jesu!

Das **„Coeli"**-bat: Papst Johannes XXIII. sah bereits zu seiner Zeit darin ein Problem, das er mit einem „einzigen Federstrich" aus der Welt schaffen könnte...(Zitat!)
Jesus würde sich heute ganz klar auf die Seite der Frauen stellen, die zum Still-schweigen angewiesen werden und alles mögliche tun, um diesen Kindern so sehr zu geben, was sie brauchen: die Geborgenheit und den Schutz in ihrer Familie.
Jesus, der gerade die Kinder über alle Maßen liebte!
Er stellte das Glück und das Wohl des Menschen stets <u>über</u> die Gebote und war offen für eine Erneuerung, wenn es nicht mehr dem Menschen „diente".

<u>„Selig, die arm sind vor Gott, denn ihnen gehört das Himmelreich!"</u>

Jesus hat nicht nur vom „Himmelreich" und vom „Reich Gottes" gesprochen, er hat sehr genau definiert, was es bedeutet **<u>„Selig"</u>** zu sein.
Die Seligpreisungen der Bergpredigt bilden ein Kernstück der Lehren Jesu.
Wenn im NT vom „Himmel-Reich" gesprochen wird, dann ist es gleichbedeutend mit dem „Reich Gottes". Da im Judentum der „Name Gottes" so nicht genannt werden durfte (ebenso wenig wie auch im Islam), wurde er üblicher weise mit dem Wort **„Himmel"** umschrieben.
Selig, die „arm" sind vor Gott, - damit sind die Menschen gemeint, die wissen, dass sie vor Gott nichts vorweisen können und daher alles von Gott erwarten.
Menschen, die „arm" sind, alles Glück von Gott her erwarten, aber dennoch ihr **mensch**-liches Zutun leisten, sie sind offen genug, sich beschenken und auch führen zu lassen. Offen genug für ein Leben mit ihn, in Ein-heit ihm.

Wenn die Trauernden **Trost finden**, die Friedfertigen das **„Land" erben**,
die nach der Gerechtigkeit Hungernden **„satt" werden,**
die Barmherzigen **„Erbarmen" finden,** dann werden jene Menschen nicht belohnt
mit dem **jen-**seitigen Himmelsglück, sondern mit einer Seligkeit, die bereits
hier mitten im irdischen Leben seine volle Auswirkung zeigt.

„Ich bin gekommen, damit sie das Leben haben und es in **Fülle** haben." (Joh 10,10)
Diese LEBENS-FÜLLE ist aber nicht erst für das Leben **nach** dem Tod, - im Jenseits-
für uns gedacht, sondern soll sich bereits **hier**, mitten in meinem Leben er-füllen.
Hier bereits sind wir für ein **„seliges" Leben** bestimmt! Ein Leben, in dem jeder
Mensch das finden könnte, um an Leib und Seele glücklich zu sein.

Selig, die ein „Reines Herz" haben, denn sie werden Gott „schauen".

Jesus sagt uns dies zu, dass dieses **„Schauen"** nicht erst für die Ewigkeit vorbehalten,
sondern dass „sein Reich", dieses Himmelreich mit ihm in unserer Mitte, bereits
hier - **mitten** in unserem Leben - möglich ist. - Für den, der „glaubt"...!
Jesus wollte genau dies uns immmer wieder eindringlich vermitteln.
Bei der Berufung seiner ersten Jünger, Simon Petrus und Andreas, seinem Bruder,
Philippus und Natanael sagte Jesus:
**„Du wirst noch Größeres sehen: Ihr werdet den Himmel geöffnet und die Engel
Gottes auf -und nieder-steigen sehen über dem Menschensohn...!"(**Joh 1,51).

Als Jesus seinen wunderbaren Freund Lazarus aus dem Reich der Toten zurückgeholt
hatte, sagte er zu Marta: „Wenn Du glaubst, wirst du die Herrlichkeit Gottes **sehen**..!"
– Auch hier spricht Jesus vom **„Schauen",** das aber nicht erst für das Leben nach dem
„Tod"gedacht ist, sondern für JEDEN, der an ihn und an Gottes Herrlichkeit glaubt!
Und das schon jetzt! Wer **mit und in** Gott lebt, darf und wird noch **„Größeres"** sehen...!

Ein „reines" Herz zu haben...., das meint: offen zu sein für die Liebe Gottes
und empfangen zu können, aber auch bereit zu sein, die empfangene Liebe zu bejahen,
weiter zu schenken. Oder so ausgedrückt: bereit zu sein für die **„Empfängnis".**
Maria war offen für die Liebe, Nähe und Gegenwart Gottes, offen für seine Worte und
Gedanken; sein göttlicher Geist trafen auf ihre Bereitschaft, drang ein in ihr offenes Herz
- bereit, fruchtbar zu werden, „Früchte der Liebe" zu tragen. Man kann dies so verstehen:
Maria blieb in ihrem ganzen Leben mit ganzem Herzen Gott zugetan und liebte diesen
Gott, ebenso die Frucht aus ihrem Schoß mit allen Fasern ihrer Seele und ihres Herzens.
Im Katechismus (KKK) Art 510: heißt es dazu:
„Maria ist Jungfrau geblieben, als sie ihren Sohn empfing,
Jungfrau, als sie ihn gebar, Jungfrau, als sie ihn trug,
Jungfrau, als sie ihn an ihrer Brust nährte. **Allzeit** Jungfrau."(gemäß Augustinus)
Die katholische Lehre grenzt aber den Begriff „Jungfräulichkeit" auf seine allein
bio-logische Bedeutung ein. „Durch die un-geteilte Hingabe an den Willen Gottes
wurde das Kind Jesus **jungfräulich empfangen**." (Art 506)

Ich habe kein Problem damit zu glauben, dass Maria tatsächlich durch die wundervolle „Initial-zündung“ des Heiligen Geistes ein göttliches Kind „empfangen“ konnte. Bei Gott ist nichts unmöglich und die absolute Wirkkraft unseres Gottes könnte es vollbringen, dass eine bereite Eizelle zur weiteren Zellteilung so angeregt wird, dass die Bildung und Entwicklung eines Fötus in Gang gesetzt wird. Wäre dies aber der Fall gewesen, hätte es - den biologischen Gegebenheiten zufolge – nicht ein „Mädchen“ werden müssen? War nicht dieser „Mythos“ von der „jungfäulichen“ Empfängnis auch angeregt durch den Glauben und die Vorstellung anderer - auch hellenistischer und auch ägyptischer – Kuturkreise? So weit zur „Empfängnis“...

Aber bei der Geburt: - Bei Gott ist nichts unmöglich, aber wie kann eine Frau „Jungfrau“ bleiben, ihr Schoß „verschlossen“ bleiben, wenn es unter Wehen und Schmerzen auf „natürlichem“ Wege ein kleines Baby zur Welt bringt?
Warum war und sind heute noch diese Glaubenssätze der Kirche so wichtig?
Sicher ist doch: für Jesus selbst war es auch in seinem späteren Leben keine einzige Äußerung darüber wert, ob seine Mutter im „biologischen Sinne“ Jungfrau geblieben ist...

Alle Gleichnisse, die von den „Jungfrauen“ handelten, waren allesamt einfach nur **„junge Frauen“,** vielleicht auch „**jungfräuliche** Frauen“, aber darauf kam es hier nicht an! Ebenso war Maria mit ihren 13-14 Jahren sicher eine junge, aber noch „unberührte“ Frau. Der Katechismus erwähnt aber, dass die Tatsache, dass weder das Markus-Evangelium, noch die Briefe des NT **nichts** von der **„jungfräulichen“** Empfängnis Marias sagen (Art 498), schon zur „Verunsicherung“ beitragen....
Warum war und ist es der Kirche aber so wichtig, nicht die **„Reinheit des Herzens“,** sondern die „Unbeflecktheit“ des Körpers, die Jungfräulichkeit sicher zu stellen?
War dies nicht immer nur ein „Problem“ - auch schon der „frühen“ Kirche?
Hat nicht schon der Hl. Paulus mit seinen Äußerungen seinen Beitrag zu dieser unnatürlichen Entwicklung geleistet, weil er selber ein ganz massives „Problem“ hatte?

Warum geht dies sogar so weit, dass es nicht sein „darf oder kann“, dass sie nach ihrem ersten Kind Jesus nicht **noch weitere** Kinder zur Welt gebracht hat? Weil sie zu diesen weiteren Geschwistern doch ihren Mann Josef als ihren Ehemann „verpflichten“ hätte müssen? Dabei hat die Forschung heute längstens erwiesen, dass der „Herrenbruder Jakobus“, der die junge Christengemeinde in Jerusalem leitete, der jüngere **„leibliche“ Bruder des Jesus** war. Das Steingrab, das vor wenigen Jahren gefunden wurde, belegt dies sogar noch als echten archäologischen Beweis! Worin liegt also das Problem?

Weil nicht sein kann, was nicht sein „darf“ ?

Es kommt immer nur: auf die Liebe an !
Und darauf, dass sich der Himmel **„erden“** kann - durch unser offenes und liebendes Herz, durch unsere Bereitschaft, unser „JA“. Gott wollte so werden wie ein Mensch, so beginnen wie wir Menschen, - uns gleich sein und uns zeigen, wie auch wir dieser Liebe „himmlischen Ausdruck“ geben können! Gott selbst hat uns mit einem „Leib“ erschaffen, deshalb ist auch alles: **GUT** an ihm!

Mein Körper ist ein wunderbares Geschenk , das Himmel und Erde verbindet

Je älter ich werde, desto mehr empfinde ich wahren Respekt und auch tiefe Dankbarkeit dafür, was mein Körper in diesem Leben bereits alles geleistet und „mitgemacht" hat. Wir empfinden es oftmals als geradezu selbstverständlich, dass in unserem Körper alles „funktioniert"! Das Herz schlägt und pumpt, das Hirn denkt und leistet, die Füße tragen und laufen, die Hände heben und greifen, unsere Sinnesorgane sind laufend im Einsatz und noch so unendlich vieles mehr! Erst bei Krankheit und Schmerz wird uns dann wieder bewusst, dass **gar nichts** selbst-verständlich ist!
Und ich stelle fest, dass es mir viel zu wenig bewusst ist, was ich meinem Körper zu verdanken habe und einfach: **nichts selbstverständlich ist!**
Vom ersten Beginn bis zur letzten Minute des Werdens.
Kein Tag, keine Stunde und keine Sekunde!

Mein Körper (aber auch mein lieber Mann!) hat mir fünf kerngesunde, proppere Kinder geschenkt, davon Zwillinge, die miteinander über sechs Kilo Gewicht auf die Babywaage brachten! Unser Körper vollbringt wahre Wunder, nicht nur bei einer Geburt, sondern **tagtagtäglich neu**! Immer wieder. Er ist einzig-artig, wunder-bar, ein Geschenk des Himmels, um seine Liebe und Schöpferfreude hier auf Erden zu leben.
Wir dürfen „Schöpfer" sein, unser Leben weiterschenken.
Mit deiner Hände Arbeit, mit der Kraft deines Körpers kannst du schaffen und leisten, bekommen deine Gedanken und Lebensziele Form und Struktur.

Wir muten unserem Körper oft viel zu, manchmal zu viel.
Er erträgt vieles und muss vielen Belastungen stand halten.
Deshalb: **sei gut zu deinem Körper**, danke es ihm und erweise ihm deine ganze Liebe und Zuwendung. Verwöhne ihn, denn er hat es wahrlich verdient!
Mit guter Nahrung, mit Aufmerksamkeit und Zärtlichkeit, denn er ist in deinem Leben dein **allerbester Freund** und nicht dein Feind, den es zu bekämpfen gilt!
Respektiere seine Grenzen und höre auf seine Signale!
Nur wer einen ge-lösten, er-lösten und befreiten – nicht zügel-losen! – Umgang mit sich selbst und seinem Körper gelernt hat und kennt, der kann auch mit seinem Mitmenschen gelöst und er-löst, - befreit leben.
Der erlebt Nähe und gelebte Herzlichkeit als Geschenk und nicht als Gefährdung.

Ich trage auch „das Paradies" in mir...!

Als Kind hatte ich immer die Vorstellung, wer stirbt, kommt dann ins „Paradies".
Allein das Wort fand ich schon sehr interessant und die Vorstellungen, die ich damit verband noch viel mehr: geheimnisumwoben, herrlich, fantastisch, harmonisch, friedlich und schön. Alle die Menschen die ich liebte und auch meine Tiere, die ich Laufe der Jahre immer wieder schmerzlich loslassen musste, - alle wären jetzt wieder vereint und ich glücklich mit ihnen, für immer!

Auch im jüdischen Glauben war das „Paradies“ eine Bezeichnung für die erste „Station“ nach dem Tode und bestätigt uns das Jenseits als einen Ort, wo die Menschen mit vollem Bewusstsein leben und auch einander erkennen.

Das „Paradies“ beginnt bereits in DIR selbst, und zwar nicht erst nach dem Tod!

Wer hier in seinem ganz irdischen Leben mit seiner „inneren“ Stimme und seinem Herzen den Spuren des Lichtes und der Liebe folgt, der ist bereits auf dem Weg zu „seinem“ Paradies!
Denn tief in meinem und in jedem Herzen, in jeder Seele findet sich der Lichtstrahl des Göttlichen. Ich kann hier schon ein glückliches, erfülltes und friedliches Leben finden, wenn ich lerne, im **„Ein-klang“** mit mir selbst und meinen Mitmenschen zu leben, wenn ich es schaffe, mein Herz für die Liebe und für Gott zu öffnen.
Unsere **Gedanken** erschaffen sich die Realität und Gleiches zieht Gleiches an...!
Es ist uns allen möglich ist, bereits hier auf Erden im „Paradies“ zu leben, denn wir alle tragen es schon **in uns** – in unserem Herzen.

Dazu gehört auch, dass ich lerne, das los-zu-lassen, was mein Leben wirklich schwer macht. Der Druck, der auf mir lastet, weil ich meine, es immer allen „Recht“ machen und den Erwartungen anderer entsprechen zu müssen.
Es gibt Be-„**last“**-ungen, die kann ich loswerden, weil ich einfach nicht mehr bereit bin, sie länger mit mir herum zu tragen. Menschen und Beziehungen die mir nicht gut tun, die mich auslaugen oder überfordern - Wo sind die **„Energie-Vampire“**, die mich meiner guten und wunderbaren Lebenskraft berauben ?
Auch dies gehört „zur Kunst zu leben“, mit dem, was mich be-lastet , „richtig“ umzugehen. Manchmal ist es wichtig, den Ärger in mir los-zu-lassen, **NEIN** zu sagen...
Ich kann mich dafür entscheiden, mich nicht mehr (so viel) zu ärgern, wenn ich es schaffe, mich mehr zu distanzieren. In meinem „kleinen Paradies“ kann ich vieles selbst dafür tun, dass es ein solches wird und auch so bleibt!
Wenn ich zu viel Stress habe, muss ich mich fragen, ob ich mir nicht manchmal einfach zu viel „auf-halse“ und mich dann wundere, wenn ich einen „dicken Hals“ bekomme, ungenießbar werde und gereizt reagiere, oder mein Körper mit einer Krankheit **re**-agiert. Das ist sicher leichter gesagt als getan! Aber jeder kann für sich überlegen: „Was bin ich mir selber wert ?

„Tu dir was Gutes, damit deine Seele Lust hat darin zu wohnen...!“,

Sicher, es gibt auch Belastungen und Hürden, die mir in den Weg gelegt sind und die ich nicht so leicht umschiffen kann. Da gilt es: „Mit ihnen zu arbeiten, um an ihnen zu wachsen.“ Ich kann so vieles für **„MEIN“** Paradies tun!
Wenn ich **zu-FRIEDEN** bin– vor allem mit mir selbst – meiner Umgebung und meinem Leben, meinen Platz und meine Aufgabe gefunden habe, -

ich Freude habe an den Dingen die mich umgeben und mein Potenzial so richtig entfalten kann, habe ich dann nicht schon mein „kleines“ Paradies gefunden, auch, wenn es noch nicht „perfekt“ ist...? Dazu gehört auch das besondere Glück, zur „richtigen“ Zeit den „richtigen“ Menschen zu begegnen...!
Wenn ich volles Vertrauen habe in meine „höhere“ Führung,
dann werde ich auch sicher immer wieder zur richtigen Zeit am richtigen Platz sein, um die nächsten „wunder“-baren Fügungen zu erleben!
Und: „mein Paradies“ im jen-seitigen Leben wäre sicher kein solches,
würde mein Tod und mein Sterben eine **Trennung** bedeuten von all den Menschen, die ich im Herzen trage und dort ihren festen Platz haben!
Wie sollte es wirklich ein **„Paradies“** sein,
könnte ich ihnen von dieser „Ebene“ aus, nicht genauso verbunden und nahe bleiben, wie ich es hier in diesem Leben tagtäglich bin?

Ist der „Himmel" nur für die Christen „reserviert" oder ist Gott ein „global player"?

Der Evangelist Johannes schreibt:
„**Ich bin** die Tür zum Vater; wer durch mich hineingeht, wird gerettet werden.“
„Ich bin der Weg, die Wahrheit und das Leben; niemand kommt zum Vater **außer durch mich!“** (Joh 14,6) - Diese Aussagen Jesu lassen den Schluss zu, dass der „Himmel“ **nur** durch Jesus Christus, nur über ihn erreichbar und zu verwirklichen ist. Er sagt aber auch ganz klar:
„Ich habe aber noch andere Schafe, die **nicht** aus diesem Stall sind;
auch sie muss ich führen, und sie werden auf meine Stimme hören;
dann wird es nur noch eine Herde geben und einen Hirten. :„(Joh 10,16) :
Papst Benedikt XVI. schrieb - damals noch als Kardinal J. Ratzinger- in seiner Eschatologie 190(Lehre von den letzten Dingen) :

„Der Mensch ist im „Himmel“,
wenn er „in“ Christus ist und durch Christus in Gott.“

Im KKK (Art 1025), wie auch im KEK (S.407) wird es so beschrieben:
„Im NT wird der **„Himmel und das ewige Leben“** konkretisiert als das „endgültige Sein **in und mit Christus** und durch Christus beim Vater.“
Der Himmel scheint also nur für jene Menschen „reserviert“ zu sein,
die **„in“** Christus sind. Von **„innen“** her gesehen ist das auch wahr und richtig, nur von **„außen“** betrachtet, wird dies etwas problematisch!
Denn was ist dann mit all jenen, die Christus nie kennen gelernt haben,
weil sie in einer anderen Kultur oder Religion, oder auch „ohne“ Religion aufgewachsen sind? Ist für sie eine andere „Etage“ des Himmels reserviert?
Haben sie denn keinen Platz in unserem „christlichen“ Himmel?
Immer wieder hat gläubigen Menschen - gleich welcher Religion - die Frage interessiert:
„Wer darf nun in Gottes schönen großen Himmel? Wer hat dort nun „Vor-rechte“: die Christen oder die Juden, Moslem oder gar Buddhisten und Hinduisten?
Oder einfach- **„alle** Frommen“, das heißt: alle, die an den „Gott der Liebe“ glauben?

Über diese Frage könnte der liebe Gott sicher von Herzen richtig laut lachen , weil er diese **so** sicher **nie** stellen würde, weil diese eine „typisch“ **menschliche** Frage ist...!
- Schon Jesus amüsierte sich köstlich, nicht nur über die Frage, wer von ihnen der „Größte“ sei (Lk 9,46), sondern auch darüber, dass Jakobus und Johannes es etwas **genauer** wissen wollten und Jesu Versprechen um die besten Plätze im Himmel abbetteln wollten: „Versprich es uns doch, dass einer von uns links von dir und der andere rechts von Dir im Himmel sitzen darf...!“ (Mk 10,37)

Auch die „Zeugen Jehovas“ glauben (immer noch) sicher, die Stelle in der Bibel gefunden zu haben, die eine **genauen** Aufschluss darüber zulässt, wer und wie viele in den Himmel „dürfen“... In der geheimen Offenbarung des Johannes heißt es:
„Ich erfuhr die Zahl derer, die mit dem Siegel gekennzeichnet waren.
Es waren 144.000 aus allen Stämmen der Söhne Israels...“ (7,4)
Da die Zeugen Jehovas alle Aussagen der Bibel „wort-wörtlich“ nehmen und „Symbolisches Denken“ nicht zulassen (wollen oder können), müssen sie sich heute noch tagtäglich ordentlich „ins Zeug“ legen, um einen dieser heiß begehrten Plätze in diesem Himmel zu ergattern!
Obwohl der eine oder andere aber doch so langsam ins Grübeln kommt, denn 144.000 sind ja gar nicht so viele Plätze; dieses streng begrenzte Kontingent also längst erreicht sein müsste! Angesichts dessen, dass ja schon unzählig viele Menschen vor uns gelebt haben und noch viele nach uns kommen werden, die ja das **gleiche** Anrecht auf diesen begehrten himmlischen Platz bei Gott haben, gar nicht so einfach!
Wenn aber Gott tatsächlich **so** denkt und dies in seinem kosmischen, bzw. göttlichen Schöpfungsplan **so** vorgesehen hätte, dann müsste er eine genaue Kalkulation darüber haben, wie viele Plätze noch nicht belegt sind! Was für ihn sicher kein Problem wäre, denn Gott weiß ja alles! Nur aber eben: - ein typisch **„menschliches“** Denken!
Wie sagte schon Albert Einstein?
„Nicht Gott ist relativ und nicht das Sein, sondern **unser Denken!**“
Die Menschen– auch die „religiösen Institutionen“ – haben immer wieder versucht, Gott in seinem Sein und Wirken festzulegen; ...Warum?
Um den Menschen Angst zu machen, ihr Denken und auch selbst die „Regeln“ für den Zutritt Gottes bestimmen zu können? Auch heute noch?
Biblisches Denken ist ohne „symbolisches“ Denken gar nicht „denkbar“!
In der Zahl 12 verbirgt sich nicht nur die Zahl seiner Jünger und auch die Zahl seiner 12 Stämme Israels , sondern in ihr vereinigt sich auch das ganze **kosmische** Denken:
(3= göttliche Zahl x 4 = irdische Zahl .... wie z.B.
4 Himmels-richtungen, 4 Jahreszeiten =12).
Wenn also nun 12x12 = 144 gerechnet wurde: dann meint es einfach:**„ALLE“... !**
Und da die Zahl 1000 als die „Zahl der Fülle überhaupt“ gesehen wurde, bedeutet „144.000“ Folgendes: **Jeder Mensch guten Willens hat eine Chance, auf dass das „Haus Gottes“ voll werde!** (Lk 14,23)
Propheten hat es nicht nur zu biblischen Zeiten, sondern zu allen Zeiten gegeben! Und sie werden auch heute noch in unserer Zeit als das „Sprachrohr Gottes“ seine Botschaft der Liebe und der Wahrheit verkünden.

Einer von ihnen ist Jakob Lorber (1800-64), der in seinem Evangelium genau diese Aussage des Lukas so betont: Ein Schriftgelehrter stellte Jesus diese Frage:
„Wer an dich glaubt und nach deinen Worten handelt, wird das ewige Leben haben, aber wie wird es dann mit jenen sein, die nicht an dich glauben konnten und sich nicht an deine Worte halten konnten, weil sie darüber **nichts** vernommen haben?

Werden diese nahe zahllos viele Menschen alle in den **ewigen** Tod hinüber gehen?"
Daraufhin zeigte ich (Jesus) ihm mit zwei Fingern hinauf an das mit Sternen übersäte Firmament: „Da sehe hinauf, dies ist das Haus meines Vaters! (Jl. Ev 11.245-12-13):
In diesem endlos großen Haus gibt es gar viele Wohnungen. Der mich hier nicht konnte kennen lernen und vernehmen mein Lebendiges Wort, für den wird sich schon in diesem großen Hause irgendeine Gelegenheit finden zu dem Zwecke seines ewigen Lebens! Darum sorge du dich nicht für jene, denn `mein Vater´ kennt sie alle und hat auch nicht einen aus ihnen zum ewigen Falle, sondern zur ewigen Auferstehung aus seiner Liebe und Weisheit ins Dasein gerufen!"
Auch ich bin ein gläubiger Christ und lebe mein Leben mit und **„in"** Christus.
Er ist mein Vorbild auf Erden und in seinen Fußstapfen beteilige ich mich gerne daran, seinen „Sauerteig" auf dieser Welt noch ein kleines bisschen weiterwirken zu lassen.
Ich beherzige aber auch die Aussagen der christlichen Kirchen:

„Wir ehren alles, was auch in den anderen Religionen als „wahr" und als „heilig" erachtet wird!"

Jesus selbst war es, der sich explizit und vehement für „die **Anders-denkenden"** eingesetzt hat. Die „Feinde" in der damaligen Welt Israels waren (neben der Besatzungsmacht der Römer) vor allem die Nicht-Juden,die „**Un-**läubigen", wie z.B. die Samariter, die „ihren" Gott auf dem Berg Garizim, und nicht wie alle Juden auf dem Berge Zion anbeteten. Es galt, sich auseinander zu setzen mit jenen, die nicht Schriftgelehrten und nicht Pharisäer-Jüdisches Denken lebten. So war es einem Juden nicht erlaubt, sich einem Samariter zu nähern, mit ihm zu sprechen, weil er ein „Andersgläubiger", und damit ein „Feind" war.
Jesus wollte und konnte das nicht gutheißen. (Mt 5,43-48)

Er zeigte immer wieder offen und ehrlich seine gesellschafts-kritische Meinung, die sich nicht am **„Außen"**, sondern allein am **„Innen"**, am **Menschen** und seiner **Seele,** an der Liebe orientierte.
„Ich aber sage Euch: Liebt eure Feinde und betet für die, die euch hassen, damit ihr Söhne eures Vaters im Himmel werdet. Denn er lässt seine Sonne aufgehen über Gute und Böse, er lässt regnen über Gerechte und Ungerechte.

Wenn ihr nämlich nur die liebt, die euch lieben, - welchen Lohn könnt ihr dafür erwarten?... Ihr sollt also vollkommen sein, wie es auch euer himmlischer Vater ist...!“
Unsere „globalisierte vernetzte“ Welt fordert uns auf, auch in den „Andersdenkenden “ oder „Anders-gläubigen“ den Bruder und die Schwester zu sehen,
- das allein macht unsere „Vollkommenheit“ aus! Jesus hat immer den **Menschen** vor Augen gesehen, gleich welcher Herkunft und Rasse, oder Anschauung des Glaubens!

Allerdings war es – laut dem Evangelisten Matthäus- sogar Jesus nicht von Anfang an „gegeben“, derartig „global“ zu denken. Es war für ihn ein ganz „eigener“ Lernprozess, als ihn ausgerechnet eine ziemlich kaltschnäuzige, aber nicht respektlose kanaanäische – also heidnische - Frau- seine „inneren Augen“ und auch sein Herz dafür öffnete...(Mt 15, 21ff). Hartnäckig wie sie war, „verfolgte“ die Frau, deren Tochter von einem Dämon gequält wurde - Jesus und seine Jünger und ließ sich von deren abweisendem Verhalten nicht abschütteln. Jesus reagierte anfangs gar nicht auf deren flehende Bitte um Heilung ihrer Tochter... Er ignorierte diese Frau einfach. (auch heute noch jüdische Tradition: Wer heute im Judentum aufgenommen werden will, muss auch darum bitten und wird zuerst dreimal angelehnt!)
Da sie sogar den Jüngern zu lästig wurde, baten sogar sie Jesus darum, er möge sich doch ihrer endlich annehmen... Jesu Antwort war aber klar und eindeutig:
„Ich bin **nur** zu den verlorenen Schafen des Hauses Israel gesandt...!“
Die Aussage Jesu: „Es ist nicht recht, das Brot den Kindern wegzunehmen und es den Hunden vorzuwerfen!“, ließe schließen, dass er nicht gerade wertschätzend über das heidnische Volk dachte...Doch die Kanaaniterin zeigte sich schlagfertig: „Ja, du hast Recht, Herr! Aber selbst die Hunde bekommen von den Brotresten, die vom Tisch ihrer Herren für sie abfallen!“ Darauf konnte selbst Jesus nichts mehr erwidern....Erst die tiefe Gläubigkeit der Heiden und seine ganz eigenen Lebenserfahrungen zeigten ihm, dass er sich in seinem Denk-Horizont korrigieren und lernen musste, in „weiterem, größerem Rahmen“ zu denken. Als Paulus gut 20 Jahre später in Athen die vielen Götzenbilder entdeckte, erfasste ihn „heftiger Zorn...“ (Apg 17,16) Doch auch er musste sich eines Besseren belehren lassen : „Nach allem, was ich sehe, seid ihr **besonders fromme** Menschen....! Sie sollten Gott suchen, ob sie ihn ertasten und finden könnten:

Denn keinem von uns ist er fern ...!“
„Denn in ihm leben wir, bewegen wir uns und sind wir...!“(17,27)

- Unser Gott ist ein „global player“!
Tatsächlich wird jeder seinen „Himmel“ etwas anders erleben und je nach unter-schiedlichem kulturellen und religiösen Hintergrund mit anderen – je eigenen - Vorstellungen und Erwartungen ankommen, eine andere „Sprache“ sprechen und verstehen. Doch da es nur **einen** Gott der Liebe gibt, der unser „**ALL**-er“ Vater ist, und wir alle „seine“ Kinder sind, darum kann es auch nur **„einen“** Himmel geben!

„In Gottes großem Himmel ist Platz für alle seine Kinder Gottes....“

„Denn wie es im Himmel viele Wohnungen gibt, so gibt es auch viele Wege dahin...“

Theresa von Avila

Es gibt im Himmel keinen „Platz-Anweiser“, der die neuen Ankömmlinge einteilt und ihren Platz, ihre zukünftige Wohnung gemäß ihrer Konfession oder ihrer Religion zuweist. Keinen, der sagt....„Woher kommst Du und woran glaubst Du ?“ Es gibt auch keine „Spezial-Einteilung“: einen Himmel für Christen, einen für Moslems, einen für die Buddhisten oder für jene, die ins „Nirwana“ möchten, auch keine Spezial-Etage für jene, die sich als Atheisten ausgeben..... Nochmals: das Bedürfnis, nach „Systemen“ einteilen zu wollen oder sich selbst sogar für die „Besseren, bzw. die Erwählten“ zu halten, denen aufgrund ihrer besonderen Zugehörigkeit zu einer Glaubensgemeinschaft ein „besonderer“ Platz im Himmel zusteht, entspringt rein dem „**menschlichen** Wunsch-Denken....“! Jesus hat stets davor absolut gewarnt, über andere Menschen zu urteilen und den Maßstab an anderen anzulegen! (Mt 7, 1-5) Die Absicht des Evangelisten Matthäus bestand gerade darin, das jüdische Volk zu provozieren: glaubt nicht, das Heil Gottes ist allein Euch geschenkt! Was uns Jesu Verhalten eindeutig zeigt, ist folgendes: nämlich nicht nach der „Glaubens-**Herkunft**“ eines Menschen zu fragen, sondern seinen Zuhörern ein , – **sein**- ent-scheidendes „Kriterium“ zu stellen:

„Erkennt sie an ihren Früchten !“ (Mt 7,20)

Allein daran wird sich jeder Mensch – **gleich** welchen Bekenntnisses - messen lassen müssen: **welche „Früchte“ bringe ich aus meinem Leben mit?** „Jeder gute Baum bringt gute Früchte hervor, ein schlechter Baum aber schlechte. Ein guter Baum kann keine schlechte Früchte hervorbringen und ein schlechter Baum keine guten Früchte.“ (Mt 7,18) Jesu früheste Erkenntnis in seinem Leben dürfte wohl diese gewesen sein: allein die „Zugehörigkeit“ zu einer Glaubens-Gemeinschaft sagt noch gar nichts darüber aus, ob ein Mensch „gute oder schlechte Früchte“ hervor bringt. Auch die Erkenntnis, dass er gerade in den „**ganz eigenen** Reihen“ viel mehr Probleme hatte, Menschen zu finden, die bereit waren, ihr Herz für die Liebe Gottes zu öffnen und diesem Gott wirklich zu vertrauen...! Mt 8,25 „Wo ist euer Glaube?“, bzw. (Joh 7,5) „Auch seine Brüder glaubten nämlich nicht an ihn...!“ Jesus war immer wieder erstaunt, ja gar sprachlos, dass er den „größten Glauben“ gerade in den „**anderen Reihen**“ vorfand, in den Reihen der sogenannten Un-Gläubigen oder den „Heiden“: (Joh 4,39): „Viele Samariter aus jenem Ort kamen zum Glauben an Jesus“ . Auch dann, als in dem Grenzort Kafarnaum eine Garnison mit den Truppen des Herodes Antipas stationierte und der Hauptmann dieser Söldnertruppe Jesus rufen ließ, weil dessen Diener gelähmt und mit Schmerzen zu Hause lag. Jesus bekannte nach der Heilung des Dieners: (Mt 8,5-13)

„Einen solchen Glauben habe ich in ganz Israel noch bei niemandem gefunden!“

Jesus geht mit dieser seiner Erfahrung sogar so weit, dass er sagt:
„Viele werden von Osten und Westen kommen und mit Abraham, Isaak und Jakob im Himmelreich zu Tisch sitzen; die aber, für die das Reich bestimmt war, werden hinaus geworfen!" Sogar in der Beschreibung des „Welt-Gerichtes" bei Mt 25,31 ff, wenn „alle Völker vor ihm zusammen gerufen werden", auch dann gibt es nur

ein Kriterium für die „Gerechten":

das nicht die Frage ist, zu **welcher** „Religion" die Schafe oder die Böcke gehören, (damals gab es weiße Schafe, die auf die Heilsseite rechts und die schwarzen Ziegen, die auf die Unheils-seite links kamen!) , sondern **nur** die Fragen:

* Habt ihr den Hungrigen zu essen und den Durstigen zu trinken gegeben ?
* Habt ihr die Fremden und Obdachlosen aufgenommen?
* Habt ihr die Kranken besucht und die Nackten bekleidet?
* Habt ihr auch den Menschen im (oft auch inneren) Gefängnis eure Achtung und Liebe erwiesen?

„Alle Religionen sind Eins"-

unter diesem Titel hat der Dalai Lama sein Buch herausgegeben und damit will er verbinden und vereinen, was zusammengehört: alle Gläubigen, die den Gott der Liebe in ihrem Herzen tragen und folgen, sollten nur das **eine** gemeinsame Ziel haben:
der Menschheit in Liebe und Frieden zu dienen und in Einheit mit Gott „vollkommen" zu werden. –
Was nicht heißen muss,
dass jeder Mensch den **gleichen** Glauben haben sollte!
Die Wege können so unterschiedlich sein, wie es Menschen gibt, aber **das Ziel** sollte das Gleiche sein!
Dazu eine kleine Beobachtung:
Während meiner Schulzeit „jobbte" ich in den Sommerferien regelmäßig auf der Frauen-Insel im Chiemsee. - Ich liebte es, in meinen freien Stunden - meist mit ein paar Freundinnen - mit einem Leihboot um die Insel herum zu paddeln und die Abende gemeinsam am Seeufer ausklingen zu lassen. Egal, von welcher Position ich auf den schönen alten „Campanile" schaute, immer zeichnete er sein Spiegelbild auf die glitzernde Wasseroberfläche, und von jeder Position rund herum um die schöne Insel zeigte der Turm seine „andere Seite".

Das Ziel war aber immer das Gleiche!

Jede Position im See, so nahe oder auch so weit weg ich von meinem Richtpunkt entfernt lag, gewährte jeweils eine ganz eigene, spezielle Perspektive.

So sah ich damals - mit 20 Jahren - auch ein Sinnbild für die „Suche“ nach dem **EINEN ZIEL**. - Jeder Mensch, wo immer er auch in seinem Leben stehen, und zu welcher Religion er auch gehören mag, das **eine** Ziel bleibt immer gleich: der **EINE** GOTT und die **EINE** große LIEBE.

„Wer also der Liebe folgt, ist „automatisch“ auf dem richtigen Weg! Der ist bereits in Gott und auch in Christus, - auch dann, wenn ihm dies gar nicht be-wusst ist...!“

Sagte nicht bereits der Hl Augustinus: **„Liebe und tu, was Du willst...?“**
- Welche religiösen Anschauungen wir auch haben,
alle Menschen überleben ihren physischen Tod und leben in der geistigen Welt weiter. Aber jeder wird die „Wohnung“ beziehen, die ihm vertraut ist, die ihm „Heimat“ ist und in der seine Seele auf ganz individuelle Art sich weiter entwickeln kann.
Dieser **EINE** Himmel kennt so viele verschiedene „Wohnungen“, wie es „Seelen-Ebenen“ gibt und lässt Platz für eine grenzen-lose Vielfalt **aller** erreichbaren Bewusstseinszustände, in dem gilt: „Gleiches zieht Gleiches“ an...! Wir Christen können aber mit dem Hl. Paulus einstimmen, wenn er an die griechische und damit heidnische - Kolossergemeinde schreibt und bekennt:„Sie sollen die tiefe und reiche Einsicht erlangen und das göttliche Geheimnis erkennen, das Christus ist: (Kol 2,2)

„In ihm sind ALLE Schätze der Weisheit und der Erkenntnis verborgen!“

Gottes große Liebe ist **ALL-**mächtig, sie kennt aber keine „Macht-ansprüche“ im menschlichen Sinne, sondern zeigt sich darin, dass sie **„ALL-eins“** ist!
Deshalb gibt es auch kein „Machtgerangel“ zwischen Buddha, Konfuzius, Mohammed, Sai Baba in Indien oder den vielen wunderbaren Propheten unserer Zeit und Christus, sondern sie sind auch in Gottes Wahrheit und seiner Liebe: **ALL-eins...!**

„Gott will, dass ich meinen eigenen Willen habe...!“

Gott hat mich für die Freiheit geschaffen.
Das gilt von meinem ersten Dasein, von meinem ersten „Bewusstsein als Seele“.
Und das gilt bis zu meinem letzten Atemzug und auch darüber hinaus...
Gottes Weisheit, Allmacht und Liebe hält alles zusammen.
Dessen können wir sicher sein. Doch sein Wille, sein fester Entschluss heißt:
Er liebt uns als **freie** Geschöpfe mit einem **freien** Willen.
Wahre Liebe will, dass der Andere „frei“ ist, frei entscheiden kann und in dieser Freiheit die Möglichkeit hat, selbst heraus zu finden, was für ihn wahr, gut und „richtig“ ist..., zu experimentieren und **eigene** Erfahrungen zu sammeln.

„Wo der Geist des Herrn wirkt, da ist Freiheit“...! (2Kor 3,17)

Es heißt zwar, Gottes **Wille** zählt am „Ende".
Natürlich, sein Wille geschehe, tagtäglich und **sein** Wille sei immer zu unserem Besten, zu unserem Wohl, auch wenn wir ihn nicht immer verstehen.
Aber auch mein „letzter Wille" ist wichtig !
Auch mein Wille zählt bei Gott (wenn er gut ist für mich...)
- Was will ich ? Kenne ich meinen „letzten" Willen?

Wenn ich dafür einen Wunsch frei hätte, was würde ich mir wünschen ?
Wie, wann und wo -, auch mit wem....- könnte ich mir vorstellen, dieses mein Leben hier auf dieser Welt zu leben und auch zu „vollenden" ?
Was wäre mir besonders wichtig ? Wie und auch wo will ich meine letzte Zeit verbringen ? Vielleicht ist es nicht viel, das ich selber bestimmen kann, aber die kleinen Freiheiten die mir bleiben, sollte ich unbedingt nutzen.
Sofern mir die Gnade geschenkt ist, und diese Lebensreise nicht plötzlich für mich unerwartet abbrechen, sondern einst friedlich mein Leben vollenden darf.
An mir liegt es, den Tod, das heißt meinen „Über-gang" zu meinen Lebzeiten nicht zu verdrängen, um damit irgendwann in dieses Thema hinein zu schlittern, sondern mir meiner Ideen, Wünsche und Visionen, meiner Möglichkeiten frühzeitig bewusst zu werden. An mir liegt es, sie zu nutzen. Doch „nutzen" bedeutet auch, dass ich mich rechtzeitig mit meiner „Chef-Etage" in Verbindung setze und die Kontakte zu meinen „himmlischen Helfern" jetzt schon pflege, sie informiere von meinen Wünschen.

Wer Gott wirklich vertraut, der - so bin ich überzeugt – kann mit seinem „himmlischen" Chef schon so etwas wie eine „innere Vereinbarung" treffen.
Mir gefällt in diesem Sinne, wie im 18. Kapitel der Genesis (1.Buch Mose) Abraham mit Gott- dem Herrn über Leben und Tod - verhandelt:
Das lasterhafte Leben, das die Menschen in Sodom und Gomorra führten, gefiel dem Herrn überhaupt nicht und ließ in ihm den Entschluss reifen, diese Orte dem Untergange zu „weihen". Doch Abraham verhandelt mit seinem „Chef" fünfmal.
„Vielleicht gibt es 5o Gerechte in der Stadt. Willst du auch sie wegraffen und nicht doch dem Ort vergeben wegen der 50 Gerechten dort? Das kannst du doch nicht tun! Dann ginge es ja dem Gerechten genauso wie dem Ruchlosen.
Sollte sich der Richter über die ganze Erde nicht an das Recht halten?"
Auf diese Weise handelt Abraham seinen Gott von 50 auf 45 herunter, dann auf 40, schließlich auf 30 und auf 20 und dann letztendlich auf 10 Gerechte.
Schließlich sprach der Herr (18,32) „Ich werde sie um der 10 willen nicht vernichten..."
Wer sich in arabische Gefilde begibt und etwas kaufen möchte, der muss wissen: er muss gut handeln können. Das hat sich bis heute nicht geändert. Was mir aber gut gefällt: Gott wird als einer vermittelt wird, mit dem man durchaus gut verhandeln kann, solange man ihm auch gute und überzeugende Argumente liefern kann, so wie Abraham das tat.
Das Wichtige ist, im Gespräch, in gutem Kontakt, in gutem Einvernehmen mit der „Chef-Etage" zu bleiben. Und diesen „Draht nach oben", bzw. „nach innen" kann ich tagtäglich „warm halten", dafür sorgen, dass immer „frisches Wasser aus der Quelle nachfließen" kann, um lebendig zu bleiben.

Natürlich, wer wünscht sich schon ein schlimmes Leiden mit qualvollen Schmerzen? Das kann doch nicht im „Sinne Gottes“ sein !
Auch inmitten solcher Prüfungen bleibt Gott der Nahe, der jeden Schritt begleitet und mitgeht, alle die großen Ängste mit-trägt. Aber auch in diesem Leiden ist es möglich, Wünsche und auch „einen letzten Willen“ zu äußern und kann ein ehrliches vertrauensvolles Gebet wirklich Erhörung finden.

Wenn der „letzte Wunsch“ seine Erfüllung findet....

Gretas Wunsch konnte erfüllt werden: sie schläft mit ihrer Lieblingsmusik ein

Eine liebe nette, aber schwerkranke 88 Jahre alte Frau- Greta - , die ich in einem Praktikum in der Alten- und Pflegestation im Krankenhaus kennen lernen durfte, wusste, dass ich – wie sie- Musikliebhaberin war. Sie erzählte mir, dass sie zu Hause in ihrer Wohnung eine ganze Sammlung klassischer Musik hatte, die sie sehr vermisse. Ich konnte es über ihre Angehörige organisieren, diese in ihr Krankenzimmer bringen zu lassen. Die herzensgute alte Frau war so dankbar und strahlte übers ganze Gesicht, als ich ihr eine ihrer Musik-Cassetten einlegte.
Eines Tages hörte ich Händels- Xerxes – Largo, ein Stück, das auch ich sehr liebe, aus ihrem Zimmer erklingen. Ich trat ein in ihr Zimmer und wir strahlten uns beide an.
Als ich ihre Hand in meine nahm, schaute sie mir ernsthaft ins Gesicht und sagte: „...wenn ich einmal sterbe, dann wünsche ich mir diese Musik dazu...!“
Ich drückte ihre Hand fester, streichelte ihre Wange und versprach ihr, sollte dies in den Wochen meines Praktikums geschehen, werde ich dies veranlassen, so weit es mir möglich sei. Sie schien sehr beruhigt und glücklich darüber zu sein. Auch den anderen Schwestern auf dieser Station erzählte ich von diesem - für mich sehr ergreifenden- Erlebnis. Ich hatte wirklich nicht erwartet, dass dieser Zeitpunkt bereits drei Tage später eintreffen würde. Greta hatte gerade ihr Mittagessen eingenommen und ich legte ihr eine ihrer Lieblingscassetten ein, damit sie mit „ihrer“ Musik in den Mittags-schlaf hineinschlummern konnte. Nach über zwei Stunden tiefen Schlafes wunderte ich mich, weil es nun langsam an der Zeit sein sollte, wieder aufzuwachen.
Ich schaute in ihr Gesicht und erschrak zutiefst, weil ich bemerkte, dass sie gar nicht mehr atmete. Ich schlug sofort Alarm bei den anderen Schwestern.
Tatsächlich konnte man nur noch ihren Tod feststellen.
Ich blieb noch einige Zeit an ihrem Bett stehen und schaute ihr lange ins Gesicht.
Mich faszinierte dieses friedliche Gesicht mit seinen völlig entspannten Zügen.
So, als würde sie lächeln. Und auch so, als würde sie mir nochmals ein leises Dankeschön zuflüstern wollen für die schöne Musik, die sie in ihren letzten Tagen noch genießen durfte, für die nette Begegnung und die Herzlichkeit.
Da klopfte es schon an der Türe. - Ihre Verwandten waren gekommen. Als ich am nächsten Tag dieses Zimmer aufräumen sollte und dem Recorder die Cassette entnahm, fiel mir auf, dass das Band nicht bis zum Ende gelaufen war, sondern sich – vermutlich selbst – ausgeschalten haben musste, denn niemand hatte in dieser Zeit ihr Zimmer betreten.

Ich legte die Cassette nochmals ein, um festzustellen, bei welcher Musik sich das Gerät ausgeschaltet haben musste. -
Tatsächlich war das Ende vom Xerxes- Stück zu hören.
Ich hatte es vermutet und war zutiefst gerührt.

Eine Bemerkung hierzu:
So wie sich manch werdende Mutter eine spezielle Musik wünscht, um sich in den schweren Stunden der Geburt besser entspannen zu können, um nicht noch mehr zu verkrampfen, sondern loslassen und das Kind freigeben zu können, so kann auch schöne Musik helfen bei der „Geburt in den Himmel“, um zu entspannen und das los-lassen zu erleichtern.
Die Energie-körper des Menschen – Astral-körper- können sich leichter vom physischen Körper lösen und somit auch leichter die Seele frei-geben.

An diesem jenen gleichen Tag wurde eine andere sehr alte Patientin in diese Station eingewiesen. Ich musterte dieses Gesicht und war erstaunt über die strengen und scharf geschnittenen Gesichtszüge. Diese Frau schien ziemlich verlassen und auch verwahrlost zu sein. Meine Aufgabe war es, ihr die Füße zu waschen und die Nägel an Händen und Füßen zu schneiden, die sehr verschmutzt und teilweise auch längst eingewachsen waren. Die Frau sprach nicht viel.
Mit meinem Lächeln und freundlichen Zureden konnte ich ihr auch kaum eine Reaktion entlocken. Noch überraschter war ich, als ich am nächsten Tag diese Frau in ihrem Zimmer aufsuchen wollte, doch dieses leer vorfand. Sie war in dieser letzten Nacht verstorben. Ganz alleine. Die Schwestern erzählten mir sogleich von ihrem leisen und einsamen Ableben. Ich wollte sie dennoch noch einmal sehen.
In der Kapelle – auf dieser Station- lag sie aufgebahrt mit zwei brennenden Kerzen.
Der Anblick ihres kantigen Gesichtes und des zusammen gebissenen Mundes tat mir weh. Was musste diese Frau alles erlebt haben, dass sie so erstarrte?
Oder: welche Angst musste ihre Seele so zugeschnürt haben, welchen harten Todeskampf musste sie hinter sich gebracht haben ?
Es war, als ob sich ein schwerer grauer Schleier über dieses Gesicht und den ganzen Menschen legte.

Nicht „mein“, sondern „dein“ Wille geschehe, ...
Oder : Ein frei-willig auf sich genommenes Leiden kann ungeahnte Kräfte frei setzen..

Auch Jesus nahm den qualvollen Weg auf sich, auch er stand Todesängste durch, aber er konnte sich in jedem Augenblick dieser seiner schwersten Tage in seinem Leben der Nähe und der Liebe seines himmlischen Vaters absolut gewiss sein.
Jesus bat darum:(Mt14,36)

„Vater, wenn es möglich ist ,
lass bitte diesen schweren Kelch an mir vorüber gehen “.

In dieser Nacht im Garten Gethsemani fand eine der intensivsten und innerlichsten Begegnungen mit der größten Liebe seines Lebens statt: seinem himmlischen Vater, aber auch sein größter Kampf: lange zuvor schon ahnte Jesus, worin die Konsequenz seiner Botschaft, die quer stand zur damaligen Welt, münden würde.
Lange zuvor schon spürte er, dass sich jene, die Angst um ihre Macht hatten, zusammenschließen und sich gegen ihn verbünden, gegen ihn vorgehen würden.

Doch die Angst vor allem Ungewissen, das noch auf Jesus zukommen sollte, schien ihn zu erdrücken. Ausweglosigkeit und starres Bangen ließen ihn sogar „Blut schwitzen"....
Aber Jesus begriff in dieser Begegnung mit seinem Vater-Mutter-Gott den Sinn dieses seinen schweren Weges, erkannte innerlich auch seine Lebensaufgabe, deren er „Meister" werden sollte. Es war der Zeitpunkt, an dem sein „persönlicher" Wille und der „höhere" Wille sich begegneten, in der Tiefe der Liebe und auch in deren Freiheit zusammen fanden, verschmelzen konnten.
So konnte Jesus aus freien Stücken , frei-willig sich entscheiden, nicht davon zu laufen, sondern sich dieser schwierigen und schmerzhaften Aufgabe zu stellen.
Wohl bewusst, dass Jesus die „volle Unterstützung" seines himmlischen Vaters und aller himmlischen Kräfte, wie auch seiner Freunde und Weggefährten hatte.
Diese intensive Begegnung, deren Zeuge auch nur seine engsten und vertrautesten Freunde wurden, gab ihm schließlich die Kraft, „JA" zu sagen zu seinem Weg und diese Tage Schritt für Schritt durchzustehen.

Martin Luther King (1929- 1968) musste auch diese „Kampf-stunden" durchleben und überstehen. Inmitten von Morddrohungen und Todesängsten erlebte er ganz plötzlich - er befand sich gerade in seiner Küche – ein unmittelbares Bewusstsein der Gegenwart Gottes. Er beschrieb dieses Erlebnis danach in seinem Tagebuch:
„Fast plötzlich verließ mich die Angst. Meine Ungewissheit verschwand.
Ich war bereit, allem ins Auge zu sehen."
Es gibt schwere Situationen, die kaum eine andere Wahl zulassen, die einen fast dazu zwingen, in der Not zu „vertrauen". Es ist nicht immer leicht, den „Sinn" einer schweren Krankheit und eines Leides, das wir zu er-tragen haben, zu verstehen.

Gott will aber nicht unser Leid und unseren Schmerz !

Es gibt einen Grund und eine Ursache ,
warum ausgerechnet ich dieser oder jener „Lebens-Aufgabe" ins Auge blicken muss und zu ihrer Bewältigung herausgefordert werde. Das Wort **„Aufgabe"** beinhaltet beides: es kann bedeuten, dass ich mich der Herausforderung stelle, bereit bin, an ihr zu wachsen und versuche, diese nach meinen besten Kräften zu lösen. Oder: dass ich geneigt bin zur „Lebens-Aufgabe", das heißt , dass ich **„aufgebe"** und resigniere, weil ich nicht mehr kann und meine Kräfte mich verlassen oder einfach das Vertrauen in mich selbst und meine himmlischen Helfer verloren habe.... Gott straft mich nicht mit Leid und Schmerz, sondern er gibt mir die Kraft, um diese Aufgabe, die zu meiner Lebens-Aufgabe wird, **voll-enden** zu können.

Jesus und mit ihm viele wunderbare Menschen zeigen uns, dass es möglich ist, mitten in diesem Schmerz und dem Leiden auch voller Liebe zu sein und es mit Liebe zu tragen, ohne Hass und Verbitterung, sondern in dem vollen Vertrauen, dass wir es nicht alleine zu tragen haben. –
Und auch in der Art und Weise, **wie** wir dieses Leiden tragen und er-tragen, zu einer Botschaft für andere werden können.
Freiwillig übernommenes Leiden hat eine verändernde Kraft, die es möglich macht, dass uns Kräfte zufließen, von denen wir zuvor noch nicht einmal eine leise Ahnung hatten und die uns über uns selbst hinauswachsen lassen.

Jesus fand in der schwersten Stunde seines Lebens zu diesem Entschluss:
„Nicht MEIN, sondern DEIN Wille geschehe...“, was auszudrücken vermag: „Ich habe verstanden, dass Dein Wille für die Vollendung und Erfüllung meines Lebens gut und auch sinnvoll ist!“

Mein letzter Wille sollte nicht zum Nachteil meiner Liebsten sein....

... sollte es wirklich um „mein (Ab)-Leben“, um meinen „Wechsel und Übergang“ gehen. Natürlich kann ich auch noch meine Wünsche, Bitten, Hoffnungen und Erwartungen an meine Angehörigen aussprechen, aber ob sie immer Erfüllung finden, ob sie sich darauf einlassen können, darauf kann ich nur vertrauen.

Ich denke dabei an den alten Johann aus meinem Dorf, der über 10 Jahre liebevoll von seiner Frau gepflegt wurde. Deren Tochter wollte die Mutter mit diesen Belastungen nicht alleine lassen, da die Betreuung – Tag und Nacht – sehr an die psychische und auch körperliche Belastbarkeit der Mutter gingen.
Die Tochter zog mit ihren 3 Kindern samt Ehemann in dieses Haus ein. Es wurde eng. Doch der Vater äußerte bis zu seinem Tode streng seinen Willen, dass bitte an diesem Haus, das er vor Jahren selbst geplant und gebaut hatte, nichts verändert werden sollte. Nur wenige Wochen nach dem Tode des Vaters wurde der Witwe und auch der jungen Familie im Hause bewusst, dass sie sich eigentlich schon seit Jahren einen großzügigen Umbau dieses Hauses wünschten - Geld war vorhanden - und auch schon ihre eigenen Vorstellungen dazu hatten. Heute steht dieses Haus prächtig umgebaut da, eine Augenweide für jeden, der vorbei kommt....
Der alte Johann hielt an seinem Wunsch bis zu seinem Tode fest. Er wollte sich sein Lebenswerk so bewahren, wie er es geschaffen hatte.
Dass er aber damit anderen, seiner Frau und den Kindern alle Möglichkeiten verwehrte, sich nach ihren Wünschen und Vorstellungen das viel zu eng gewordene Haus um zu gestalten, daran hinderte ihn sein eigener Starrsinn. Er konnte nicht los-lassen und seine Familie hatte lange Zeit ein schlechtes Gewissen, weil sie nicht dem letzten Willen ihres Vaters und Gatten entsprechen konnten.
Noch ein anderes Beispiel: Hilde hatte sich ganze 15 Jahre um ihren kranken Ehegatten gekümmert, der unter der Alzheimer Krankheit litt. Die Pflege des verwirrten Mannes forderte in den letzten Monaten seines Lebens alle ihre Kraft und Geduld ein.

Noch in den letzten Tagen bekräftigte er seine Bitte an seine Frau:
„Ich möchte nicht, dass du in einen Flieger steigst und eine Reise unternimmst..."
Dabei hatte Hilde schon in früheren Jahren gerne mal mit ihren Kindern oder Verwandten eine Flugreise ange-treten – ohne ihren Mann.
Es waren noch keine 8 Wochen nach dem Tod ihres Mannes vergangen, da buchte sie nach langer Zeit wieder ihre wohlverdiente erste Reise auf Teneriffa und begann, sich langsam wieder richtig zu erholen an Leib und Seele. Langsam wurde sie wieder „Sich-Selbst", denn sie hatte über Jahre hinweg ihre ganze Lebenskraft ihrem Mann gewidmet und ihre eigenen Wünsche hintan gestellt. Sie genoss diese Reise (und überlegte sich noch weiter Reiseziele!) - ohne ein schlechtes Gewissen zu haben, denn sie hatte alles Erdenkliche für ihren Mann getan.

Gestaltungsideen und - wünsche für mein eigenes „Abschieds-fest"....

Ich kann mir frühzeitig überlegen, wie ich meine Beerdigung gestalten möchte.

Das hört sich vielleicht etwas skurill oder befremdend an, aber es soll mich nicht daran hindern, mir einfach mal darüber meine Gedanken zu machen....

Falls dies jetzt einfach (noch) nicht „dein" Thema ist, dann überblättere einfach diese Seiten .

Wenn du ein Mensch bist, der wirklich auf seine „innere Stimme" hört, dann bekommst du sicher recht-zeitig den „Impuls" und spürst genau, wann es Zeit ist, dich mit diesem Thema auseinander zu setzen....!

Wenn du bereits Ideen und konkrete Vorstellungen hast, solche, die du vielleicht schon lange mit dir herum trägst und spürst, dass es wichtig und an der Zeit ist, sie fest zu halten, dann scheue dich nicht und nimm diesen Impuls ernst...

Ich darf mich selber wichtig nehmen und deshalb....:
Ich kann alle meine mir ganz wichtigen Dinge auf ein Blatt Papier bringen, und wenn ich alles fertig habe (das darf ruhig eine längere Zeitspanne in Anspruch nehmen, wenn ich diese Zeit habe), es bei meinem Testament oder einem vertrauten Menschen hinterlegen, oder auch einem vertrauten Menschen erzählen...
Will ich eine „kirchliche" Beerdigung? In welcher Kirche?
Wo soll mein Grab sein? Wie soll es aussehen und gestaltet sein ?
Kenne ich einen Priester, dem ich besonders mein Vertrauen schenken kann und mit dem ich bereits jetzt über meine Vorstellung und Wünsche sprechen kann?
Kenne ich Lieder, die ich besonders gerne mag?
Was will ich meinen mir lieben Menschen nochmals mitteilen?
Ich kann meine Gedanken, - alles, was mir wichtig ist, aufschreiben und für eine Predigt zusammen stellen. Auch meine innere Überzeugung, das, was mir in meinem Leben sehr wichtig ist und war.

Vielleicht habe ich so etwas wie eine „Botschaft", etwas, das mir ganz besonders am Herzen liegt und das ich in diesem Moment meines Abschiedes den Menschen, die mir sehr wichtig sind, nochmals mitgeben möchte?

Gefällt mir ein schöner Spruch besonders gut, der ausdrücken kann, was ich gedacht und empfunden habe?

Ein Satz oder ein Spruch, ein Zitat oder ein Vers aus der Heiligen Schrift kann vielleicht mein „Lebensmotto" zum Ausdruck bringen, - ja, so etwas wie eine Botschaft an meine Liebsten sein?

Vielleicht stand mein Leben unter einem ganz besonderem, speziellen „Thema" oder es gab eine bestimmte Lebensaufgabe, die dieses mein Leben auszeichnete, ihm einen ganz eigenen Sinn gab?

Ungewöhnliche Menschen „verdienen" eine ungewöhnliche Abschieds-Feier!

Es gibt viele offene Priester und pastorale Mitarbeiter in unseren Kirchen, die sich gerne bemühen, eine persönliche „Feier der Verabschiedung", mitfühlend zu gestalten. Hier in der Trauerfeier soll dafür auch Phantasie und Möglichkeit, persönlicher Raum und Zeit geschaffen werden. Es ist auch möglich, dass Angehörige, Verwandte oder Freunde nochmals ihre Verbundenheit mit Worten oder Bildern ausdrücken. Ein schönes vergrößertes Bild, das den Verstorbenen so zeigt wie er war und wie wir ihn auch in unserem Herzen in Erinnerung tragen sollen, darf neben der brennenden Osterkerze - mit Blumen geschmückt - aufgestellt werden.
Eine eigens angefertigte Kerze für den Verstorbenen, die den Namen und ein Bild dessen trägt, kann an der Osterkerze entzündet werden zum Zeichen unserer Verbundenheit mit unseren Lieben über den Tod hinaus. Diese Kerze darf mit nach Hause genommen werden, wo sein Licht in unserer Wohnung unsere Trauer erhellen und als kleiner Trost in unserem Herzen verbleiben kann.

Auch ein „Symbol", das zum Verstorbenen passt, kann neben der Kerze postiert werden.
Bei einem Gärtner, der besonders mediterrane Pflanzen liebte, wurden neben der Osterkerze ein Zitronen- und Orangenbäumchen aufgestellt.
Bei einer älteren Frau, die zeitlebens als Schneiderin Kleider aus eigener Fertigung trug, durfte deren Lieblingskleid während der Feier nochmals ihr „Wesen" bei uns spüren lassen.
Ein im Dorf sehr beliebter Mann, der Zeit seines Lebens ein leidenschaftlicher Angler war: für ihn stellte der Pfarrer „seine" Angel bereit.
In einem Gottesdienst durften die Enkelkinder ihrer Lieblingsoma kleine Abschieds-Briefe, auf denen sie eigene Gedanken und Bitten formuliert hatten, vorlesen und danach mit in ihr Grab legen.
Die Liebe sucht sich immer ihren ganz besonderen Ausdruck!
Denn so unterschiedlich auch die Menschen sind, so vielfältig sind auch die Möglichkeiten, um der Liebe persönlichen Ausdruck und Sprache zu geben.
Als mein Vater verstarb, suchte ich die schönsten Blumen aus und stellte sie als große Pflanzschale zu seinem Grab. - Heute noch blühen diese Blumen in meinem Garten weiter und drücken meine Verbundenheit und Dankbarkeit mit ihm aus!
Ein schönes Kondolenzbuch, in dem jeder das ausdrücken kann, was ihm auf den Herzen liegt, kann einem noch Jahre später Kraft schenken und die Liebe spüren lassen.

Die Freunde von Gabriele organisierten auf die Schnelle eine persönliche Gedenkfeier, die nach der kirchlichen Trauerfeier stattfand, und in der jeder, der wollte, nochmals frei Erinnerungen oder nette Anekdoten erzählen konnte.
Hier wurde nochmals für alle spürbar, was sie für die Hinterbliebenen wirklich bedeutete. Einige Freundinnen schlossen sich spontan zusammen und organisierten einen Lebenslauf mit Bildern von ihr, den sie an die Wand beamten. So mancher glaubte, die ganz persönliche Präsenz von Gabrieles Anwesenheit zu spüren...
Wir dürfen als Christen glauben und vertrauen, dass das Wort Jesu „Wo 2 oder 3 in meinem Namen versammelt sind, da bin ich mitten unter ihnen!" (Mt 18,20), auch für **alle** liebe Menschen gilt, mit denen wir in der Liebe Gottes verbunden sind!

Was ist ein „Medium"?

Ein „Medium", das ist ein ganz „normaler" Mensch wie du und ich, aber mit einer besonderen Fähigkeit.

Im Bild ausgedrückt, könnte man es so sagen: Stell dir einen schönen großen starken Baum vor.
- Der Baum streckt seine Arme, seinen Kopf und seinen Geist weit in den Himmel aus, empfängt die wunderbaren Sonnen-Strahlen und kann das **„Licht von oben"** zusammen mit dem **„Wasser des Lebens"** in eigene Lebensstärke um-wandeln.

Mit den Beinen steht der Baum aber fest auf dem Boden und seine Wurzeln reichen tief in den Boden hinein. Bildlich und symbolisch gesprochen ist er :

„eine Verbindung zwischen Himmel und Erde"....

Der Apostel Paulus hat dies so schön ausgedrückt im 2. Korintherbrief 3,16:
„Wisst ihr nicht, dass ihr Gottes Tempel seid und der Geist Gottes in euch wohnt? ...Gottes Tempel ist heilig, und der seid ihr !“

* Menschen , die im „ Geiste Gottes“ leben, egal, welcher Konfession oder Religions-Gemeinschaft – sind ebenfalls wie „Bäume“, die ihr Herz und ihre Seele vom „göttlichen Licht“ und seiner Liebe durchfließen lassen, durchlässig, - „trans-parent“ für seine Liebe und Anwesenheit. - Aber stehen dennoch fest, verwurzelt auf der Erde – mitten im Leben – und sind mit ihr verbunden.
* Menschen, die durch ihre starke Wurzeln auch so manchen Stürmen des Lebens trotzen können....
* Menschen, die im Innern ihrer Seele nicht nur wissen, sondern spüren und erleben: „Oben“ und „Unten“ gehören zusammen, - wir dürfen in diesem Kraftfeld unser Leben gestalten und zulassen, dass Gottes Geist und Liebe durch uns hin-durch fließt und auch wirkt.

Gottes Geist lebt in uns und wir leben in ihm, ob wir das wissen, erleben und spüren oder nicht...

Das heißt, jeder von uns sollte eine solche Verbindung zwischen „Himmel und Erde“ sein!

Der Hl. Paulus hat ein paar Kapitel später (Kap 12) in wunderbarer Sprache ausgedrückt, dass **JEDER**, der offen ist für diesen Geist Gottes und seiner Liebe, mit ganz unterschied-lichen Charismen gesegnet ist und es ganz verschiedene „Gnaden“-gaben, verschiedene Kräfte und verschiedene Dienste gibt, die aber ALLE durch den **EINEN** Geist Gottes bewirkt werden und die dafür da sind, dass sie anderen **NUTZEN** sollen (12,7)

Welche Fähigkeiten werden da angesprochen?

* Weisheit mit zu teilen, Erkenntnis und Glaubenskraft zu vermitteln;
* die Gabe, Krankheiten zu heilen und Wunderkräfte zu besitzen,
* prophetisches Reden und die Gabe, „Geister“ zu unterscheiden,
* verschiedene Arten von „Zungenrede“, bzw. die Gabe, diese zu deuten, was dem Hl. Paulus sehr am Herzen liegt.

In den frühen Christengemeinden war es also ganz üblich,
ein „Medium“ zu sein und mit diesen Fähigkeiten die Gemeinde aufzubauen...
Wer in „Zungen reden“ konnte, wurde zum Sprachrohr für die geistige Welt.
Es konnte Aussagen treffen , die nicht aus „ihm selbst“, sondern ihm von einer „höheren Ebene“ mitgeteilt wurden, ihm ins Herz gegeben wurden in Form von Worten, inneren Bildern oder einer Vision.
Es war üblich, in „Zungen“ zu reden und so diese Rede zu deuten, dass sie für die Mitglieder in dieser Gemeinde eine Offen-barung, eine Er-kenntnis, eine Weis-sagung und eine „Lehre“ aus all diesen ziehen konnte. Und zwar in der Weise, dass sie den anderen „aufbaut“, das heißt, zu einer echten Hilfe mitten in seinem Leben wird und er aus dieser „Mitteilung“ leben, aus ihr schöpfen kann.
Ich denke, man kann den Hl. Paulus als bestes Vorbild für jedes „Medium“ nennen, das heute seine Gabe und Charisma in diesen Dienst der Liebe Gottes stellt!

Bereits im **Alten Testament** spielt „das Medium“
stets eine ganz entscheidende und auch tragende Rolle: die **Propheten**.
Sie erhalten ihre Weisungen und Visionen nicht aus sich selbst, aber sie vernehmen diese Stimme von „ganz innen“ und doch stammt sie – von „ganz oben“! So wurden die Propheten zum **„Mittler“ zwischen Gott und dem Menschen**, zum Sprachrohr von Einzelnen, wie auch von ganzen Völkern. Auch der Prophet Samuel vernahm die Weisung in seinem Herzen, war sich aber lange nicht sicher, ob dies seine „eigene“ Stimme ist, die er da hört oder ob es Gottes Stimme ist, die ihm eine wichtige Botschaft mitteilen möchte. Der Prophet Samuel ist ein wunderbares Beispiel dafür, dass es auch als „Medium“ nicht immer leicht ist, diese Stimmen zu **unterscheiden.**

Das geht auch uns so: in den ganz „normalen“ Entscheidungen unseres Lebens
gilt es hineinzuhören: welcher „Stimme“ sollte ich nun folgen...?
Manchmal ist es nur ein „neuer“ Gedanke, manchmal eine „Intuition“ oder ein „inneres“ Bild, das man mit dem inneren „geistigen“ Auge wahrnimmt,
aber manchmal ist es: einfach eine Botschaft, ein Anruf, ein neuer Impuls, der **nicht aus einem selber stammt** und der einem sagt, was als „nächstes“ zu tun ist.
Das kann eine neue Erkenntnis sein, die sich wie ein „Geistes-Blitz“ offenbart,
aber auch eine „Warnung“ von außen sein, die mich zur Vorsicht mahnt und sich als klarer Gedanke, als Botschaft ankommt und sich in meinem Bauchgefühl auswirkt.
Meine Erfahrung war und ist es immer wieder, dass das **„erste“** und ursprünglichste Gefühl, das bei mir ankam, fast immer auch jenes war, dem ich wirklich trauen konnte und das sich später auch bewahrheitete.

Der „erste“ Gedanke, Gefühl oder Eindruck täuscht fast nie, weil es noch unverfälscht und klar als Impuls unsere Seele erreicht und noch nicht von unserem Verstand gedeutet werden konnte. Unsere Seele funkt immer schneller, als der Körper reagieren kann!

Die Propheten sind wunderbare Beispiele für Menschen,
die mit ihrem Kopf „die Gedanken Gottes“ **denken**,
mit ihrem Herzen Gottes Liebe **fühlen,**
mit ihren Füßen **fest** auf Boden **stehen,** - also „boden-ständige“ Menschen sind
und: mit ihren Fingern auf den **„Puls der Zeit“ fühlen**.

Aus dem Denken, Spüren und Fühlen erhielten sie Bot-schaften(Angelos=Engel und bedeutet „Botschafter“) die sie weiter vermittelten und wurden zu Taten angeregt, die sogar so wichtig waren, dass ganze Geschicke von Ländern dadurch gut gelenkt und wichtige Entscheidungen getroffen werden konnten. Auch waren diese **Pro-**pheten (**Für**-sprecher) nicht immer be-**geist**-ert von diesen Botschaften!
Der Prophet Jona wusste absolut, was nun – aufgrund der Sachlage, in die er „ein-geweiht“ wurde – zu tun war. Aber er lief genau in die entgegen gesetzte Richtung, wich diesem inneren Auftrag komplett aus und verdrängte ihn.
Eine zutiefst verständliche - und auch menschliche – Reaktion!

Ein Medium kann hell-sichtig oder hell-fühlig sein.
Da es besonders mit dieser geistigen, -spirituellen Welt – in Gedanken, im Gefühl, mit seiner Liebe und der ganzen Seele verbunden ist, in ihr lebt,
kann es auch „innere Bilder“ empfangen oder aber auch „innere Stimmen“ über die eigenen Gedanken wahrnehmen: es kann also eine Botschaft von Gott, ein Wort, ein Bild, eine innere Weisung vernehmen, aber auch die Botschaft einer Seele wahrnehmen, die bereits im Jenseits verweilt. Letzteres ist eine „Gabe“, eine besondere Fähigkeit, ein „Charisma“, das so nicht allen Menschen geschenkt ist, - und das ein Mensch selbst auch „so“ nicht „machen“ kann. Es ist eine Gnade, ein Geschenk von „oben“.

Es steht in einer ganz besonderen Verbindung zu Gott und zu dieser „geistigen Parallel-Welt“, und es fließen auch ständig Kontakte oder finden „Übermittlungen“ zwischen diesen Welten statt. In gewissem Maße kann das jeder von uns! Denn jeder von uns hat „geistig-seelische“ Kontakte und spürt diese Verbindung zwischen jenen, die uns ganz besonders nahe stehen. Wer einen Menschen wirklich liebt, der steht immer auch in einer „geistigen“ Verbindung mit ihm!
Stellen wir uns es so vor: Unsere Lieben leben im Jenseits, etwa so wie in einer „Parallel-Welt“, über uns, neben uns , manchmal mitten unter uns. Es ist keine „materielle“ Welt, so wie unsere „irdische“ Erden-welt, sondern eine „geistige“ Welt, die über unseren „Geist“, über unsere Gedanken und Liebe, über unser Gebet und unsere Seelen-kräfte zu erreichen ist. „Medial“- veranlagte Menschen werden zu einem „offenen, direkten Kanal“ von unserer sichtbaren Welt in die unsichtbare jen-seitige Welt, in der unsere Verstorbenen weilen - mit allen Engeln und Erzengeln in ihrem Reiche Gottes, - und natürlich wieder zurück...!

Sie können Kontakt aufnehmen mit einer Seele, die in dieser geistigen Welt lebt und auch „Botschaften" empfangen..., wird also zum „Botschafter" und Vermittler „zwischen" den Welten, zwischen uns und unseren Lieben , die wir normalerweise so nicht hören und auch nicht sehen können. Es gibt viele Seelen, die bereits im Licht leben; sie haben ihre „Wohnung bei Gott" gefunden und fühlen sich wohl, sind aber uns dennoch in Liebe und Dankbarkeit verbunden und schicken uns immer wieder in ihren Gedanken einen „lichten Gruß" an uns weiter.

Es gibt aber auch Seelen, die sich noch nicht von ihrer „irdischen Seite" lösen konnten, oder noch nicht ganz im Reinen mit sich selbst sind und mit ihrer Energie, manchmal teilweise oder auch ganz hier noch „gegen-wärtig" sind und ihre „Anhaftungen" haben. Vielleicht, weil es ihnen beim Sterben sehr schwer fiel, los zu lassen und deswegen den Weg in das Licht einfach noch nicht finden konnten. Manche von ihnen suchen ganz besonders die Nähe zu ihren hier noch lebenden Angehörigen , „haften sich an", fühlen sich aber in ihrem Zustand eigentlich sehr wohl.

Angehörige, die den Schmerz des Verlustes wie einen Stachel über Jahre hinweg mittragen und in ihrer Trauer festsitzen, nicht hinweg kommen, sich nicht lösen können für ein neues Lebensgefühl, das es ja auch noch gibt, tragen ihre „Liebsten" oft mit sich herum, ohne sich eigentlich dessen bewusst zu sein...Sie wundern sich vielleicht, warum sie unter körperlichen Schmerzen und Symptomen leiden, die ihnen früher fremd waren und die sie sich so auch nicht erklären können...

Ein hellfühliges Medium kann z.B. zugefügte Schmerzen, verletzte Gefühle, eine schwierige Situation, die Trauer oder die Freude einer Botschaft mit seinem eigenen Gefühl erfassen und erspürt die „Art" der Verbindung, die zwischen den verschiedenen Seelen besteht. Es „erfühlt" die Situation eines Menschen und versteht dadurch auch den Inhalt einer Botschaft die dringend jemand mitteilen möchte.
Jede Beziehung „fühlt" sich anders an....du kennst das sicher auch...!

Jeder Mensch, mit dem du in näheren Kontakt steht, löst ein anderes Gefühl in dir aus... deine Mutter, dein Mann oder die Frau, dein bester Freund/ in, deine Kinder, deine Verwandten. In jeder Beziehung wird die „Chemie" neu und anders gemischt. Hell-fühlige Menschen können in diese „Chemie", in die Harmonie oder auch bestehenden Blockaden hineinspüren und verstehen diese „Elemente", aus denen sich diese Beziehungen zusammen setzen und erhalten ihre „inneren Bilder" aus diesem Empfinden.
Sie spüren Glück und Freude ebenso wie den Schmerz und die Trauer, oder alte seelische Verletzungen und Traumen, die einen Menschen belasten.
Manche können auch die „Energie", bzw. Aura einer Seele wahrnehmen, wenn sie hier auf der irdischen Ebene zurückgeblieben ist oder sich an hier lebende Menschen angehaftet, und noch nicht den Weg in das Licht zurück gefunden hat.

Ein Beispiel, das meine Freundin Claudia mir erzählte,
die jahrelang mit ihrer Kollegin Gabriele in der gleichen Praxis zusammen gearbeitet hatte: einige Wochen nachdem Gabriele verstorben war, betrat eine hellsichtige Mutter einer kleinen Patientin diese Praxis und spürte sofort deren An-**wesen-**heit, obwohl sie keinerlei Kenntnis hatte von diesem Todesfall. Sie sagte: „Kann es sein, dass hier vor kurzem eine Frau verstorben ist? Ich höre ihre Stimme, und sie schreit sehr laut. Kann denn niemand ihre Stimme hören? Sie will euch noch eine dringende Mitteilung machen!“ Das gesamte Team war einfach nur: perplex, - und sich anfangs nicht ganz sicher, ob sie dieser Mutter wirklich Glauben schenken sollten!
Doch das Gefühl, die Intuition dieser Mutter führte sie an deren Arbeitsplatz und sogar an den Schrank, in den sonst Gabriele immer ihre Kleider und Wertsachen deponierte, - diese Frau konnte nicht nur die Seele von Gabriele noch sehr klar spüren, sondern auch das weiter-geben und mitteilen, was sie ihren so guten Freundinnen, auch ihrer einstigen Chefin noch sagen wollte.

Dieses Erleben von Seelen, die zurückgeblieben sind, und uns manchmal noch so wichtige Botschaften mitteilen möchten, ist nicht immer ganz einfach. Deshalb ist es oftmals notwendig, sich selbst vor den vielen Informationen und auch Einflüssen zu schützen, um nicht von ihnen „überschwemmt“ zu werden und diese nach einem Gespräch oder einem Kontakt auch wieder zu „löschen“.
Ein „Medium“ lernt in seiner Erfahrung zu unterscheiden: eine „niedrig schwingende“ Seele fühlt sich anders an, als eine bereits weiter entwickelte Seele mit hoher Schwingung. Sie lernen, die Lebenssituation eines Menschen zu analysieren, die Chancen aber auch die Gefahren einer Situation, einer Beziehung oder einer Krise zu erkennen.

Ihr „Sensus“ gewährt ihnen einen Einblick, wie sich eine Entscheidung auch in der Zukunft auswirken kann -positiv oder negativ -und kann Entwicklungen einschätzen, aber keine Lotto-zahlen voraus-sehen! Weil es sich stets den „höheren Diensten“ zur Verfügung stellt und auch verpflichtet weiß, spürt es, was es „darf“ und was sich verbietet. Eigennützige Vorteile oder Aussagen, die den Tod eines Menschen voraussehen, wäre nicht in seiner eigenen Verantwortbarkeit.

Und für jeden Menschen gilt:

Wer sich selbst „nahe“ ist, wer seinen eigenen Gefühlen „traut“
und sie auch zulassen kann, wer in seiner „eigenen“ Seele zu Hause ist,
dem fällt es auch leichter, einem anderen Menschen „nahe“ zu sein,
ihn zu verstehen aus der Tiefe des eigenen Herzens heraus.
Und es wird ihm auch leichter möglich sein, sich „einzuschwingen“,
wenn ein lieber Mensch bereits in die lichte Welt gewechselt ist, -
vielleicht sogar gelingen, selber Kontakt aufzunehmen, einen Dialog mit ihm zu führen.
Es ist möglich, in der eigenen Seele über die Gedankenkraft Kontakt aufzunehmen,
verbunden zu bleiben, ganz besonders mit den Menschen, die man liebt.

Aber nicht jeder Kontakt, den man gerne hätte, kommt auch zustande!
Es gelingt nur, wenn eine Seele im Jenseits auch dafür offen und bereit, also „empfänglich“ ist und diesen Kontakt selber wünscht.
Ich kann also nicht sagen: „Ich würde gerne mal wissen, wo sich denn Amadeus Mozart befindet, um ihm eine wichtige Frage zu stellen...“ oder: „Kannst du bitte mal für mich versuchen, einen Kontakt zu Elvis Presley herzustellen, denn ich war ein heißer Verehrer seiner Musik, und - wenn möglich, möchte ich auch noch zu gerne wissen, ob Michael Jackson den Engeln im Himmel jetzt seinen „Moon-walk“ beibringt...“ ?

Eine erfolgreiche Kontaktaufnahme kann im Normalfall nur zustande kommen, wenn eine wirkliche seelische Verbindung zu diesem Menschen und zu dessen Seele im Leben bestanden hat, oder wenn einem Mensch diese „mediale“ Fähigkeit von „oben her“ gegeben ist. Manche haben diese bereits von Geburt auf in dieses Leben „mitgebracht“, oder aber in ihrem Leben durch eine Krankheit oder einem Leiden einem ganz persönlichen Wendepunkt erfahren und durch eine „Heilung“ langsam oder auch plötzlich erworben . Möglich ist auch, dass ein „Schlüssel-Erlebnis“, ein Traum oder eine innere Vision zu dieser Begabung führt.

**Je direkter und näher der Kontakt zur „Quelle“,
je reiner das Wasser, das aus dieser Quelle fließt,
desto klarer können auch die Informationen sein,
die ein „Medium“ zu empfangen in der Lage ist.**

Ich denke, dass es in den frühchristlichen Gemeinden ein völlig natürlicher Bestandteil der Gottesdienste war, „Botschaften“ aus der geistigen Welt zu empfangen. Man stelle sich vor, die jungen Christengemeinden trafen sich oft versteckt und heimlich in den Katakomben, wo sie ihren „Liebsten“ in der geistigen jenseitigen Welt noch viel näher waren, und sie auch immer wieder um deren Schutz und Hilfe, um Beistand und Kraft baten, um den schweren Verleumdungen und Verfolgungen stand zu halten. Entweder konnte der geistliche Vorsteher einer Christengemeinde selber als Medium in der Christenfeier dienen, oder es waren unter den Gläubigen jene, die mit ihrem Charisma Botschaften empfangen und mitteilen konnten. Nicht nur der Priester war der „geistliche Vorsteher“ und Zelebrant, sondern **jeder**, der zur Feier gekommen war, war mit seinen jeweiligen Gaben und Charismen wichtig und gefragt.

Im britischen Spiritualismus wird seit Jahrhunderten diese Art des Gottesdienstes ganz in der christlichen Tradition gefeiert und jeder, der sich zu einem „Medium“ berufen fühlt, ein Charisma in sich entdeckt hat, wird ernst genommen und gefördert, kann sich weiter ausbilden lassen. Ich bin sehr glücklich darüber, dass diese uralte christliche Tradition mitten im christlich-bayerischen München, aber auch in Augsburg gepflegt, in den christlich-spirituellen Gemeinden weiter geführt wird. Wer sich dafür interessiert, möge sich im Internet unter www.PaulMeek.de oder bei John und Tina Olford info@lotus-spirit.de informieren.

Was sagen die christlichen Kirchen zu diesen „Kontakten"?

„Kontakte zu Verstorbenen", also Botschaften,
die vom Jenseits aus uns hier Lebenden ver-mittelt werden,
sind so in der christlichen, sprich kirchlichen Tradition **nicht** vorgesehen.

„Sie bleiben in der Gemeinschaft der Heiligen mit uns verbunden.
Im **Gebet für die Verstorbenen** kommt diese bleibende Verbundenheit
in besonderer Weise zum Ausdruck"(KEK S.410).

Also im **fürbittenden Gebet** können wir uns zwar **an** unsere lieben Verstorbenen wenden und im Gebet bleiben wir mit ihnen verbunden, aber es gibt keine Möglichkeit, sie „zu kontaktieren".
Die Frage....„Wie geht es dem liebsten Menschen, den ich verloren habe und wie kann ich wieder mit ihm in Kontakt treten oder Verbindung aufnehmen...?"
Diese Frage stellt sich (leider) nicht (mehr oder nicht wieder) vom derzeitigen Standpunkt der christlichen Kirchen aus. Wir Hinterbliebenen und Angehörigen, die wir uns vor Schmerzen und vor tiefer Trauer verzehren, haben diese Fragen auch gar nicht **„so"** zu stellen. Denn es ist nicht unsere „Rolle", dies zu erfahren.
Unsere „Rolle" ist jene, **für** unsere Verstorbenen zu beten, unsere Fürbitten für sie an Gott zu „richten", damit es ihnen gut geht. Unsere Bitten, Gebete und auch Opfer sollen ihnen zu helfen, aus dem Fegefeuer befreit zu werden, damit ihre Seelen den Weg zum Licht hin finden können.
Dafür werden in der katholischen Kirche die Messopfer gelesen.
Für unsere Toten zu beten und mit ihnen über unser Gebet verbunden zu bleiben, ist und bleibt ein wunderbarer Liebesdienst! Unsere Bittgebete wirken ganz sicher und werden wohl auch dankbar angenommen. Wenn wir mit Seelen verbunden sind, von denen wir glauben, dass sie noch nicht in Gottes Liebe hineingefunden haben, dann ist unser Gebet und unsere Liebe für sie sicher eine Wohltat und auch eine Hilfe, dieses Licht in ihrer Seele zu erkennen und dieser Lichtspur zu folgen.

Aber wir selbst müssen uns ehrlich fragen: beten wir für sie aus Liebe, oder deshalb, weil wir Angst um sie haben und fürchten, Gott würde sie immer noch bestrafen, weil sie in ihrem Leben vielleicht zu wenig „gläubig" waren?
Ich kenne so viele gut-gläubige, aber auch ängstliche Menschen, die sich inbrünstig darin ereifern, durch ganz viele Rosenkranzgebete und persönliche Opfer tagtäglich Menschenseelen aus diesem „göttlichen Feuersee" zu befreien und zu erlösen.
Nach dem Motto: je mehr Gebete und je mehr „Feuer-eifer", desto mehr befreite Seelen!
Jesus - und auch Martin Luther- hatten genau mit diesem Denken ihre größten Probleme!
Warum können wir nicht einfach glauben, dass Gott der unendlich barmherzige „Liebe Gott" ist, der jedem Menschen un-endlich verzeiht und hilft?

Hat nicht Jesus eindeutig und klar gesagt: „Jeder trage **SEIN** Kreuz mir nach?" Und hat nicht jeder Mensch genügend damit zu tun, sich um seine **eigene** Seele zu kümmern, darum, seine eigenen Aufgaben in seiner Umgebung so gut wie möglich zu lösen?

Denn in Wirklichkeit sind **wir** es, die Hinterbliebenen, die noch im irdischen Leben die vielfältigen Herausforderungen und Prüfungen auf unserer Lebensbühne „meistern“ müssen..!
Wir sind es, die der Unterstützung und der Führung bedürfen,
wir brauchen die Liebe und die Kraft, unseren Weg zu gehen und um dem „inneren Licht“ in unserer Seele zu folgen!
Für unsere Verstorbenen ist gesorgt, dessen können wir ganz sicher sein!
Sie befinden sich in dem klarsten Licht, das wir uns nicht einmal vorzustellen vermögen, wenn sie bereits in ihrem Leben auf einem guten Wege waren.
Sie sind umgeben mit allen Helfern, die bemüht sind, um noch alle Wunden aus ihrem Leben auszuheilen. Für sie wird alles Mögliche getan, damit sie in ihrem Erkennen und Verstehen, auch in ihrer seelischen Entwicklung voranschreiten.
Aber noch einmal: **Nach kirchlicher Lehre ist die Richtung der Verbindung nur möglich in der „Einbahn-Strasse“,** nämlich von „**hier nach drüben**“, aber sie reicht **nicht** vom Jen-Seits in unsere irdische Wirklichkeit herein.

Diese „Art der Kommunikation“ ist in nach kirchlicher Lehre nicht vorgesehen.
Auch die Gabe, die Rolle, die Fähigkeit und auch die „Auf-Gabe“ eines Mediums spielt deshalb keine Rolle und ist nicht von Bedeutung, weil diese Kontakte im kirchlichen Sinne gar nicht existieren, bzw. nicht „möglich“ sind. Ganz im Gegenteil:
In der „Ecclesia Catholica“ (KKK Art 2116) fällt das Befragen eines Mediums unter die verwerfliche Form von „Wahrsagerei“. Man bedient sich eines Mittels, mit dem man sich „geheime Mächte“ untertan machen möchte. Es fällt unter die Rubrik „Orakel-befragung und Zauberei“ und beabsichtigt, „fremde Götter“ zu Hilfe zu holen.
Es hat - nach kirchlicher Lehre - **nichts** mit „christlichem“ Dienst gemein.

Immerhin aber : Bereits 1995 wurde in der Tageszeitung des HL. Stuhles, der „Osservatore Romano“ durch P. Gino Concetti, einem der damals kompetentesten Theologen des Vatikans verlautbart, dass „aufgrund der modernen Erkenntnisse der Parapsychologie und nach Ansicht der modernen Katechese, die kath. Kirche sich entschieden hat, den **Dialog** mit den Verstorbenen nicht mehr zu verbieten“.

Und gerade dazu macht uns auch Pater Anselm Grün Mut!
Als sich eine Frau so sehr Sorgen machte um ihre Schwester, die kurz zuvor ihren Mann verloren hatte, erklärte er ihr (Zeitschrift LiMa 12/09):
„Die Trauer ihrer Schwester hat das Ziel, zu einer **ver-wandelten** Beziehung zu ihrem Mann zu führen. Der Mann wird von Gott her zum Begleiter der Familie.
So wäre es gut, wenn sie ihren Mann im Gebet fragen würde:
„Was möchtest du mir sagen? Wie möchtest du, dass ich jetzt lebe?“
P. Anselm Grün ermutigt uns Trauernde also, nicht nur die Beziehung zu unseren Verstorbenen zu suchen, sondern in lebendigen Kontakt und Austausch mit ihnen zu treten, sie mit unseren ganzen Fragen und unserer Situation in unser Leben **mit ein-zu-beziehen.** In eine **„neue Beziehung“** zum Verstorbenen zu kommen, nennt er als eine wichtige Aufgabe der Trauer.

Aber mit Hilfe eines „diesseitigen Mediums“ zu unseren Lieben im Jenseits eine Brücke zu bauen, um direkt mit den Verstorbenen in Dialog zu treten, damit haben noch viele kirchliche Verantwortliche ein großes Problem. Diese Verlautbarung des HL. Stuhles aber macht Mut. Das könnte bedeuten, dass der Stellenwert eines „Mediums“- eines Mittlers „zwischen den Welten“- vielleicht wieder neu erkannt, akzeptiert und vielleicht sogar irgendwann auch wieder erwünscht wird? Und deren gott-geschenkte Charismen als Geschenk, aber auch als Chance gesehen wird?
Denn auch im Alten Testament ist genau darüber eine Geschichte bekannt:

König Saul befragt in seiner aussichtsloser Lage ein „Medium“:

Nochmals zurück zum Propheten Samuel: (1.Buch Samuel , Kap 28)
Die Propheten waren nicht nur das „Sprachrohr“ Gottes, die Erzählungen aus dem 1.Buch Samuel zeigen sehr klar, dass den Juden bereits 1000 v. Chr. Jenseitskontakte nicht nur bekannt waren, sondern sie auch in der Not aufgesucht wurden, um in schwierigen Lebenslagen Hilfe aus der jenseitigen Welt zu erfahren.
Samuel, der in seiner inneren Stimme zeitlebens auf Gott gehört hatte, war es nun selbst, der im Jenseits von dem ratlosen Nachfolger König Saul „konsultiert“ wurde. Denn Saul, der stets alle „Winke von oben“ ignoriert und auch seine Ratschläge in den Wind geschlagen hatte, einer der nicht nur krankhaft eifersüchtig, sondern auch an Verfolgungswahn litt, wurde nun von seinen Feinden umringt und bedrängt, er fühlte sich von Gott verlassen und er suchte jetzt als letzten Ausweg die Hilfe, Führung und den Rat des verstorbenen Propheten Samuel.
Da er selbst dies nicht vermochte, einen „Kontakt“ zu dessen Seele herzustellen, - schließlich war er selbst jener, der unter Androhung des Todes dieses verbieten ließ! – suchte er nun selbst vermummt, um nicht erkannt zu werden - eines Nachts eine Frau auf, die einen „Totengeist“ hat“... Diese fand er in der „Hexe von Endor“.

Ohne zu ahnen, dass Saul selbst es ist, der vor ihr sitzt, schöpft sie zunächst Verdacht und hat Angst, dass ihr eine Falle gestellt wird, denn ihr war klar: Saul hatte alle Wahrsager und Toten-„beschwörer“ aus dem Lande verbannt. Nachdem ihr Gegenüber es aber wirklich ernst und auch ehrlich meint, lässt sie sich auf diese Sitzung ein.
Als Saul darum bittet: „Hole mir den Samuel herauf!“, und sie dessen Geist erkennt, wird ihr auch sofort klar, wer da um diesen Rat bittet und erschrickt zutiefst, denn sie hat Angst um ihr eigenes Leben. Als Saul sie aber beruhigen kann und er seinen Schutz zusichert, wird auch ihm klar, dass es tatsächlich Samuel ist, dessen Geist zu ihm spricht. „Er warf sich mit dem Antlitz zu Boden und huldigte....“
Doch Samuel ist alles andere als begeistert und fühlt sich in seiner Ruhe sehr gestört von diesem „niederen Geist“, dem er nun einen Rat geben soll und der ihn nochmals aus seiner – selbst verschuldeten – Misere retten soll. Samuel bleibt nichts anderes, als ihm mitzuteilen: „Warum fragst du mich...? Der Herr tat an dir, wie er durch mich verheißen hat: Er hat das Königtum aus deiner Hand gerissen und es David gegeben. Der Herr wird auch ganz Israel und dich zugleich in die Hand der Philister geben.
- Morgen wirst du mit deinen Söhnen bei mir sein!“

Alles, was Samuel zu sagen bleibt, ist nur dieses: Das, was du jetzt erleben wirst, ist alles eine **Folge deiner eigenen Handlungen!**
Lange genug hattest du Zeit und auch Gelegenheiten, um auf die „Stimme Gottes“ zu hören. Jetzt aber wirst du ernten, was du in deinem ganzen Leben gesät hast. Und jetzt umzukehren, ist zu spät! Da kann ich dir jetzt auch nicht mehr helfen... Wir werden uns sehen: morgen!

Befähigte Menschen, die als „Mittler“ zwischen Himmel und Erde von Gott Botschaften empfangen und auch den Kontakt herstellen können zu den Seelen in der jenseitigen Welt, hat es **immer** gegeben. Schließlich haben wir Christen das beste und **wunder**-barste Vorbild, das Gott uns in seiner menschgewordenen Weise überhaupt schenken konnte, indem er selbst Mensch geworden und uns gleich geworden ist:

Denn: Auch Jesus war ja „ **DAS Medium“** schlechthin!

Jesus war – vermutlich von klein auf – hellfühlend und auch hell-sichtig.
Von ihm ging eine ganz besonders „starke Energie-Aura“ aus, denn auch die blutflüssige Frau sagte sich: „Wenn ich auch nur den Saum seines Gewandes berühre, dann werde ich geheilt!“ (Mk 5,28). Beim Einzug in Jerusalem kamen viele Menschen aufgrund seiner Zeichen und Wunder zum Glauben, „aber er vertraute sich ihnen nicht an, denn **er wusste, `was im Menschen ist´**...“ (Joh 2,24) .

Wurde Jesus zu einem kranken Menschen gerufen, dann wollte er nicht nur wissen, an **welcher** Krankheit dieser leidet, sondern ihn interessierte vor allem auch die **Ursache** dieses Leidens und damit auch die Vergangenheit dieses kranken Menschen.
Und diese konnte Jesus wie in einem offenen Buch **„schauen“.**
„Die Kraft des Herrn drängte ihn dazu, zu heilen...“ (Lk 5,17) .
Das war Jesu innerster Auftrag, seine innerste Berufung, seine Liebe in Form seiner Heilkraft als der „Heiland“ den Menschen zu zeigen, und darin auch die Vater- und Mutter-liebe seines himmlischen Gottes wirksam und auch sichtbar werden zu lassen.

Jesus wusste auch, dass die „schlichten Gemüter“ seiner Jünger noch nicht aufnahme-bereit waren für alle Wahrheiten des Glaubens und seiner Herrlichkeit, die er selber aber „schauen“ konnte. Jene Jünger, von denen er glaubte, dass sie es „ertragen“ könnten, konfrontierte er selber in der Rolle eines „Mediums“.
„Er nahm Petrus, Jakobus und Johannes beiseite und führte sie auf einen hohen Berg, aber nur sie allein... Da wurde er vor ihren Augen verwandelt, sein Angesicht glänzte wie die Sonne, seine Kleider aber wurden leuchtend hell wie das Licht. Und siehe: es erschienen ihnen Moses und Elias in Herrlichkeit und redeten mit ihm .“
(Mt 17,1; Mk 9,2; Lk 9,28)
Die drei Jünger waren von diesem Erlebnis so überwältigt, dass Petrus sofort begann zu überlegen, wie man denn ein solch grandioses Ereignis auch „festhalten“ könne... Indem er „drei Hütten“ bauen wollte, nicht für sich selbst, sondern für Jesus, Mose und Elias.

Was diese Jünger erleben duften, war die Tatsache, in welch strahlender Schönheit sich spirituell fortgeschrittene Menschenseelen nach ihrem biologischen Tod zeigen können, und von diesem „Einblick in die jenseitige Welt“ waren sie nachhaltig sehr beeindruckt. Jesus befahl ihnen: „Sagt niemand von dem Geschauten, bis der Menschensohn von den Toten auferstanden ist!“

Er konnte nicht nur selber Kontakt aufnehmen mit den „sogenannten Toten“, er konnte sogar bewirken, dass sein bester Freund Lazarus, von dem seine Angehörigen sagten: „Herr, er riecht schon, denn er ist bereits vor 4 Tagen von uns gegangen“, wieder zum Leben erwachen konnte. Er sprach ganz normal mit den „Geistern“, die in sich gefangen waren und konnte durch den Kontakt helfen, dass diese wieder befreit, ja er-löst wurden.
Die Vertreter der Kirche wussten natürlich sehr wohl, dass es Seelen gibt, die in sich selbst „gefangen“ sein können und es „Anhaftungen“ von jenseitigen Seelen an den hier lebenden Menschen gibt. Den christlichen Auftrag, im Namen Jesu „Dämonen“ auszutreiben, hat die Kirche über alle Jahrhunderte hinweg sehr ernst genommen, und sich darin sogar sehr ereifert. Auch heute noch gibt es in der kath. Kirche diese „speziellen Einsatzkräfte“, die ihre Aufgabe darin sehen, Menschen von ihren „Anhaftungen“, oder ihrem „Dämon“ zu befreien.
Doch sie hat sich nicht nur darin ereifert, diese „vom „Teufel besessenen Mächte“- oft mit harter Gewalt- loszuwerden, sondern auch all jene „medial“ begabten Menschen, die es ja immer schon gegeben hat und deren „über“-sinnliche Gabe man nur in wenigen Ausnahmefällen schätzte! Immer wieder wurden diese „be-gabten“ Menschen verkannt und schließlich glaubte man auch eine Möglichkeit gefunden zu haben, diese loszuwerden, indem man einfach behauptete oder versuchte zu beweisen, dass **jene** es sind, die „in einem Bunde mit dem Teufel“ stehen!

Der Hl. Paulus war einer der ersten und zugleich – für Jahrhunderte- einer der letzten Verkünder der Lehre Christi, der freimütig aussprach, dass es außer Jesus auch noch andere Menschen mit „außergewöhnlichen Geistesgaben“ gibt, und dass sie – unter günstigen Vorbedingungen – auch „Wunder“ zu tun vermögen!
Nachdem die Kirche sich aber zu einer machtvollen, und auch in weltlichen Belangen einflussreichen Institution entwickelt hatte, trat für die freie Entfaltung der seelischen Kräfte eine verhängnisvolle Wendung ein. Gesetze und Dogmen, im Namen Jesu verfasst, lenkten und regelten genau die religiösen Inhalte, die nun zu glauben waren und die der christlichen Lehre ihre Identität gaben.
Es war fortan riskanter denn je zuvor, über **mediale Kräfte** zu verfügen...!
Einige unerschrockene Medien wie Franz v. Assisi, Theresa von Avila, Katharina v. Siena oder auch Hildegard von Bingen wurden zwar heilig gesprochen, viele andere jedoch, die meisten wurden als Ketzer verbrannt und blieben namenlos.
Die große Seherin Jeanne d´ arc widerfuhr „post mortem“ doch noch Gerechtigkeit, indem sie 25 Jahre nach ihrer Verbrennung auf dem Scheiterhaufen von der Kirche rehabilitiert und weitere 500 Jahre später unter die Heiligen aufgenommen wurde.
Die christliche Kirche des Mittelalters betrachtete sich selbst als die einzige von Gott eingesetzte Vermittlungsstelle zwischen Gott und den Menschen.

Es galt als „sünd-haft", mit Gott und dem Himmel **direkt in Verbindung** zu treten oder zu behaupten, dass dies **möglich** sei. Gab jemand eigene, persönliche Einsichten preis, die vom allein gültigen Dogma abwichen, wartete nicht nur eine schmerzvolle, menschen-unwürdige Todesstrafe, sondern – angeblich schlimmer noch: die Hölle!
Auch heute ist die Einstellung der Kirchen darüber klar und eindeutig:
Die Bibelausgabe (2002), der ich die „mediale" Geschichte von König Saul entnommen habe, hat es sich nicht nehmen lassen, in einer Fußnote zu bemerken:
„Die Begebenheit mit der Hexe von Endor kann man nicht für die Erlaubtheit des modernen Spiritismus auswerten; **denn die Medien sind entweder Betrüger oder Personen, die zu Bewusstseinsspaltungen neigen...."**

Ganz Unrecht hat diese Aussage sicherlich leider nicht, denn es ist wirklich nicht jeder Mensch geeignet und auch den „Kontakten" in die höhere oder auch zu den „niederen Ebenen" gewachsen. Ich kenne Menschen, die mit diesen „Zwischen-welten" lebten, aber mit diesen Kontakten nichts anfangen konnten, - ganz im Gegenteil, sie wurden restlos verwirrt durch diese Stimmen aus der „anderen Welt" und leben heute in der Psychiatrie !
Junge Menschen fühlen sich gerne mal versucht, in diesem „Umfeld" eigene Experimente zu testen....doch wer nicht gut „ge-erdet" ist und spirituell nicht „gereift" ist, kann schnell auch Gefahr laufen, die „Geister", die ich rief, so schnell nicht mehr los und vielleicht auch einer ihrer Sklaven zu werden! Die Bibel selbst lehrt es uns: es gehört zu den **„Grund-versuchungen"** des Menschen, Gott „gleich zu sein", also auch ein Wissen haben zu wollen, das uns aber so nicht immer und auch nicht jedem zusteht.

Menschen mit einer „medialen" Gabe müssen nicht automatisch ein hohes spirituelles Bewusstsein haben! Es kommt immer darauf an, aus welchen Motiven heraus ein Mensch handelt und aus welchem Bewusstsein diese entspringen...!
Leider ist das die Realität in unserer Welt: Schwarze Schafe gibt es überall!
Auf jedem Sektor des Lebens werden suchende und fragende Menschen für eigene mindere Zwecke ausgenutzt und daraus Kapital geschlagen, denn sie haben ein „lukratives Geschäft" für sich entdeckt! Und werfen natürlich einen dunklen Schatten auf jene, die aus lauteren Motiven heraus handeln.
Wer kann schon eine falsche Aussage einer „Wahrsagerin" oder eines Mediums beweisen? Es hatte schon seinen guten Grund, warum das Wahrsagen bei den Israeliten verboten war! Ein Medium mit einem hohen Stundenlohn muss nicht unbedingt die besten Fähigkeiten haben! Es sollte sich immer seiner hohen Ver-antwortung und auch seiner Macht bewusst sein, denn ein Ratsuchender der einen Kontakt herstellen will mit einem lieben Menschen, den er „verloren" hat, lebt oft **jahrelang** mit diesen Aussagen.
Eine „Unterscheidung der Geister" ist hier sicher sehr wohl angebracht!
Und: Ein Medium ist nicht der „liebe Gott", der wirklich **ALLES WEISS...,** sondern kann immer nur **einen** kleinen Abschnitt erkennen, einem Lichtstrahl in der Dunkelheit folgen und nur **eine** Fähigkeit aus dem ganzen Spektrum der Möglichkeiten leben.
Ich wage die These: **jeder Mystiker hatte und hat „mediale" Fähigkeiten, aber nicht jedes Medium ist auch ein Mystiker!**

Ein „Medium“ spürt auch genau, welcher Kontakt und welche Information aus einer „guten Quelle“ sind und solche, vor denen es ratsam ist, sich und andere zu schützen. Jeder Mensch und auch jeder Christ sollte es einüben, darin sensibel zu sein!
Denn es gibt sehr wohl jene Quellen und Informationen, die einem nicht „gut tun“, weil sie eben nicht aus der „Quelle des Lichts und der Liebe“ stammen.
Es gibt die „dunklen Mächte“, vor denen man sich besser in Acht nehmen sollte!
Wer aus der „Quelle“ der Liebe Christi gespeist wird, muss aber nichts fürchten!
Diese Erfahrung machten auch schon die Jünger Jesu: (Lk 10,17-20):
„Die 72 kehrten zurück und berichteten voll Freude: Herr sogar die Dämonen gehorchen uns, wenn wir deinen Namen aussprechen!“ Da sagte Jesus zu ihnen: „Nichts wird euch schaden können. Doch freut euch nicht darüber, dass euch die Geister gehorchen, sondern dass eure Namen im Himmel verzeichnet sind...!“
Aber nicht jeder medial-veranlagte Mensch ist entweder ein Betrüger oder schizoid!

Dass kirchliche Ämter und Personen immer- auch heute noch – vor Menschen mit diesen besonderen gott-geschenkten Gaben warnen und dies auch heute noch im Katechismus unter „verwerflicher Wahrsagerei“ eingeordnet wird, hängt nicht nur damit zusammen, dass sie gutgläubige Menschen und auch Christen **schützen** wollen. Sondern auch damit, weil sie diese spezielle Gabe selbst nie wirklich schätzten ! – Indem sie aber diese wunderbaren Charismen selbst heute noch nicht wert-schätzen und auch nicht leben, überlassen sie „anderen“ damit zwangsläufig „das Feld“!

Die Botschaft Jesu in ihrer damaligen Aussage, in ihrem Auftrag und ihrer Botschaft ist so vielfältig und der Hl. Paulus hat diese Vielfalt erkannt: und auch **zugelassen**!
Ich empfinde es aber gerade heute als eine große Herausforderung für unsere christlichen Kirchen, sich von seinen Aussagen und Einsichten **in neuer Weise** in-„spirieren“ zu lassen und diese **Gaben des Geistes** in ganz neuer Weise zu schätzen!
Der Geist Gottes will wirken, durch jeden Menschen in seinen ganz speziellen Charismen, und dazu gehört besonders die Gabe des Heilens, aber auch – so wie der Hl. Paulus es **sieht:** die **Gabe des „Sehens“...!** (auch wenn er selbst dies nicht konnte!)

Die christlichen Kirchen haben schon früh damit begonnen, so viele ihrer guten „Trümpfe“ einfach aus der Hand zu geben, indem sie diese selber gar nicht erst zuließen, aber auch nicht damit klar kamen, dass der liebe Gott genau diese Gabe für viele Menschen bereit hielt und das auch heute noch tut, für alle, die ein offenes und liebendes Herz haben und natürlich auch: denen es „gegeben“ wird, jene, die dafür berufen sind! - Aber dann auch ein Problem damit hatten, dass es diese „befähigten“ Menschen gibt, die als „Mittler“ zwischen Himmel und Erde tätig sind und diese „Gabe Gottes“ nicht nur ihnen, sondern auch anderen – oft einfachen – Menschen gegeben ist. - Jene es sind, die ihre Gabe in den Dienst Jesu stellen, sich als Mitglied der Kirche Christi verstehen und sich von „oben her“ dazu autorisiert wissen, aber von den Kirchen nicht dazu „legitimiert“ sind...!

* Menschen, die als „Werkzeug Gottes“ mitten in unserer Welt dienen und nicht beabsichtigen, in diesem Beruf unbedingt „reich“ zu werden, sondern dies als ihre „Be-**ruf**-ung“ sehen.

* Menschen, die mitwirken an diesem Reich Gottes, dass andere Heilung erfahren können und auf unserem Planeten mehr Licht und Liebe sich verbreiten kann.
* Menschen, die diese Gottes-Gabe als echtes Geschenk und Gabe, ja als Auf-Gabe erkannt haben, und vielen – auch diesen jenen in der Psychiatrie – wirklich helfen können. –

Auch ich selbst hatte das Glück,
eher über „verborgenem Weg" von diesen wunderbaren Menschen zu erfahren.
Josef, - ein guter Freund von mir - wurde völlig überraschend zu einem „Medium". Er wurde mit der Hell-sichtigkeit beschenkt, indem er nach einer schweren Ehe - und auch Lebenskrise plötzlich „Lichtränder" oder „Schattenkreise" um die ihm umgebenden Personen vernahm. Sehr erfreut war er anfangs nicht darüber, - ganz im Gegenteil! Das, was er sehen konnte, jagte ihm eher große Angst und Schrecken ein und er hoffte inständig, dass dies nur ein vorübergehender Zustand sein würde! Er dachte schon an Schizophrenie und glaubte sich auf dem Weg in die nächste Irrenanstalt, denn er sah plötzlich die Aura eines Menschen, lernte aber schnell, die „dunklen Flecken" um den Kopfbereich herum (Kronen-chakra) zu deuten. Er „sah" plötzlich auch die Seelen, die ihren Weg noch nicht gefunden und sich an nahe Menschen „angehaftet" hatten. Josef erkannte, dass er mit den „Schattenstellen" Organe ausmachen kann, die entweder geschwächt oder erkrankt waren und sein „Zustand", eine Gabe,- eine neue Lebensauf-Gabe für ihn wurde. Heute unterstützt er erfolgreich seine Frau, die Krebs-Patienten behandelt und sie auf dem Weg ihrer Heilung begleitet.

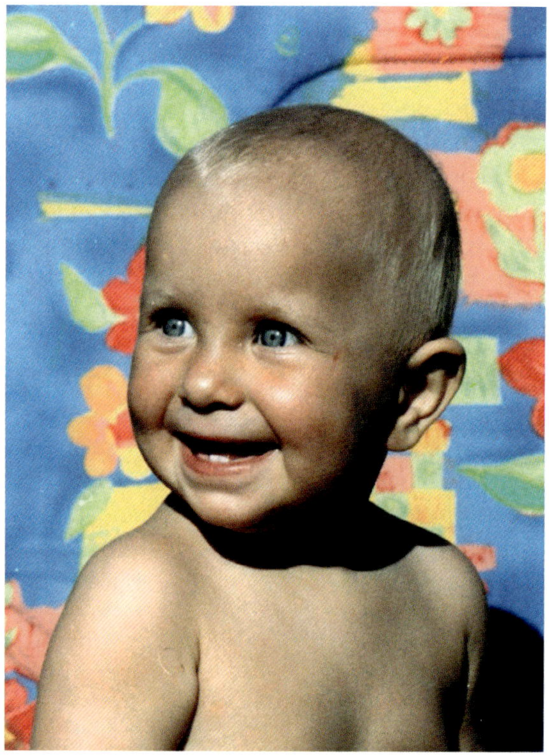

Als Josef meine kleine Tochter Miriam zum ersten Mal sah, - sie war damals etwa 7 Monate alt und ein richtiger Wonneproppen, ging er ganz behutsam an sie heran, legte seine beiden Hände vorsichtig um ihren Kopf herum an und sagte zu mir: „Siehst du das nicht? Sie hat eine vollkommen geschlossene Aura um ihren Kopf herum, so wie ein Strahlenkranz..."!
Ich konnte zwar nur meine lächelnde Tochter sehen und auch nichts Besonderes fühlen, als ich mit meiner Hand über ihren Kopf strich, dachte aber an die Abbildungen vom Jesus-knaben, die ich aus meinen Kinderbüchern kannte. - Jesus, als kleines Kind in der Krippe oder auf dem Arm seiner Mutter Maria, mit einem – wie wir sagen netten „Heiligen-schein..."

<u>Kinder unserer Zeit- sie fühlen und sehen „mehr“....!</u>

Übrigens werden immer mehr Kinder geboren mit dieser Fähigkeit, die Aura eines Menschen sehen und auch „lesen“ zu können. Ich selbst kann die Aura zwar nicht „sehen“, aber ich beobachte immer mehr Kinder, wie sie einfach nur andere Menschen „beobachten“ und sie „be-schauen“.
Als ich in einem Taufgottesdienst die Orgel spielte und der Predigt des Pfarrers lauschte, wanderte mein Blick zu einem kleinen Jungen, etwa 3 Jahre jung, sitzend auf dem Schoße seines Vaters. Die Predigt von etwa 20 Minuten wurden dem Kind absolut nicht zu lange, er war viel zu beschäftigt, einfach mit dem „Schauen“- und ich war damit beschäftigt, dieses Kind beim „Lesen“ zu beobachten. Die ganze Zeit über „beschaute“ er sich die „Person des Pfarrers“. Er schien aus dem Gesicht zu lesen wie aus einem lebendigen Buch, so, als würde er daraus ganz spezielle Informationen ablesen, und diese auch „ein-scannen“...
Nach der Feier sprach ich vorsichtig die Mutter des Kleinen an, und sie bestätigte mir voll die „Gabe“ des kleinen Jungen. Er sieht die Aura des Menschen in vielen Farben und lernt sie auch langsam zu deuten, vor allem wenn sich die Farben fließend verändern.

Besonders hellfühlige , sensible und auch medial begabte Kinder, dieses Phänomen hat es immer schon gegeben. Und auch Kinder, die ganz bestimmte Vorahnungen hatten, welche sich dann auch wirklich so in der Realität erfüllt haben.

Vielleicht sind es in unserer heutigen Zeit die Erwachsenen – **wir selber** –, die sensibler und wachsamer unsere Kinder wahrnehmen, noch mehr auf die Äußerungen achten, die unsere Kinder- manchmal so ganz unbedacht und nebenbei – abgeben.

Kinder, damals wie heute, bringen ihre „spirituellen Schätze“ mit, aber heute liegen sie „offener“ in ihrer Seele, sie sind ganz natürlich mit ihrer „geistigen Quelle“, mit dem Licht und der Liebe Gottes verbunden.

Wer mit Kindern lebt und arbeitet, wer heute in der Kirchenpastoral tätig und offen, empfänglich ist für das „religiöse und spirituelle" Bewusstsein, darf sich immer wieder neu überraschen und beschenken lassen von diesen „kleinen Seelen", in denen so „großartige Schätze" schlummern... !
Ein Thema, das zu diesem Zeitpunkt zwar noch sehr wenige Schlagzeilen macht, längstens aber hoch-aktuell ist: diese Fähigkeit – von der deutschen Ärzteschaft als „virtuelle Hoch-Begabung" bezeichnet, erkannt und auch geschätzt.-
Warum? Weil diese Kinder jetzt schon und auch später als Erwachsene mit ihrer Hellsichtig - und –fühligkeit viel schneller eine Diagnose über einen kranken Patienten erfühlen und „erstellen", mit ihrem „inneren Tensor" erspüren können, welches Medikament für einen kranken Menschen geeignet und „stimmig" ist, und welches nicht...Jedes Jahr werden viele dieser begabten Kinder eingeladen zu einem einwöchigen Treffen. Chefärzte, vielleicht auch die Pharma-industrie sind be-**geist**-ert....!

Wer – gerade – den Kindern heute die Möglichkeit gibt, sich zu öffnen, ihr Herz sprechen zu lassen, kommt aus dem Staunen nicht mehr heraus. Sie sind es, die manchmal uns „belehren" und so wichtige Mitteilungen machen wollen, und die uns mit ihren Einsichten und Weisheiten beschenken können, - und auch wollen. Sie sind oft der geistigen Welt –und auch den Seelen ihrer lieben Verstorbenen – viel näher, mit einer geradezu selbst-verständlichen Art ihnen in Liebe verbunden, als uns das manchmal so bewusst ist.

Noch bevor uns Erwachsenen klar ist, was sich im „Außen" abspielt, haben sie bereits „im Innen" begriffen, was da vorgeht und abläuft.

Ein kleines Beispiel dafür ist Judith,
die 6- jährige Tochter meiner lieben Freundin Claudia.
Der Onkel der kleinen Judith , Joachim, war von Geburt auf geistig und körperlich behindert. Ihr Papa musste sich auch von klein auf damit abgeben, dass der größere Bruder immer mehr der elterlichen Fürsorge bedarf, und auch mehr Aufmerksamkeit brauchte, als es ihm immer lieb war. Als in den letzten Jahren auch die Mutter erkrankte und diese mit der Pflege des behinderten Sohnes überfordert war, war er es, der die Pflege dieses – mittlerweile auch herzkranken – Bruders übernahm.
Als Joachim an einer Grippe mit Fieber erkrankte, wurde er bestens – auch ärztlich-versorgt. Es bestand kein Anlass zur Beunruhigung.
Doch die kleine Judith **war** unruhig. Sie zog abends ihre Mama Claudia beiseite und flüsterte ihre ins Ohr: „Wenn Joachim so krank ist, dann muss er doch ins Krankenhaus. Er wird doch sterben...!" Claudia war ganz bestürzt über diese Vermutung und beruhigte ihre kleine Tochter: „Aber nein! Joachim hat nur eine normale Grippe. Das Fieber wird bald wieder vergehen, und in ein paar Tagen wird er wieder ganz gesund sein! Bei dieser Krankheit muss man nicht sterben!"
Als am nächsten Morgen die Familie erwachte, lag Joachim tot im Bett.
Alle waren schockiert. Wieder war es Judith, die ihre Mama beiseite zog, um ihr etwas ins Ohr zu flüstern: „Aber Mama, ich hab´s dir doch gestern gesagt! Der Joachim wird sterben. Das habe ich doch gemeint. Das wollte ich dir doch sagen!"

Es ist eigentlich sehr schön, dass die christlichen Kirchen jeden ihrer getauften Mitglieder **„Heilige“** nennt oder als **„königliche** Priesterschaft“ bezeichnet wird. Menschen, die in der Nachfolge ihres „Meisters“ Christus leben, dürfen eine lebendige Verbindung sein zwischen der sichtbaren und der unsichtbaren Welt.

Ein „Kanal“ zu sein für die Liebe, die in unsere Herzen und in unsere Welt hinein fließen kann. Genauso wird es auch im Apostolischen Glaubensbekenntnis ausgedrückt:

„Wir glauben an die sicht-bare und an die un-sichtbare Welt !“

Heilige sind Menschen, die auch **mitten im Alltag** ein unmittelbares Bewusstsein der Gegenwart Gottes erfahren können. Ich denke, die christlichen Kirchen hatten einfach eine andere Bezeichnung für ein „Medium“, nämlich: **„Mystiker“**.
Sie konnten „Visionen“, innere Bilder empfangen, hatten aber auch ganz spezielle Lebenswege, ihre persönlichen Krisen zu „meistern“, ehe sie diese Begabung „empfingen“. Gerade ihre Visionen brachten sie dazu, erstaunliche Taten folgen zu lassen. Alleine dieses Thema würde ein eigenes (dickes!) Buch füllen...
Diese „Heiligen“ hat es aber immer gegeben und sie leben heute mitten unter uns.

„Heil-ige“ sind also Menschen, die an ihrem „Heil“ arbeiten und stehen in ihrem Bestreben, selbst „heil“ zu sein und zu werden, mit der „göttlichen Quelle“ in Verbindung. Echte innere Heilung kommt also von Gott und wird durch seine göttliche Liebe bewirkt. Heilung geschieht auch nicht von alleine, ich muss Gott darum bitten mit offenem und ehrlichem Herzen. Diese Heilkraft kann in der Liebe, im Gebet, sogar über die eigene Gedankenkraft und auch in der Berührung an andere Menschen weiter geschenkt werden.

Gott hat auch seine vielen „Helfer“. Der Name des Erzengels Raphael – dargestellt in seiner milden grünen Farbe - bedeutet **„Gott heilt“**. Auch ihn kann ich „anrufen“ und um meine persönliche Heilung bitten, aber auch darum, die „heilenden Kräfte“ die in mir verborgen schlummern, für mich und andere zu aktivieren.
Was eine „Beratung“ betrifft: für mich selbst ist meine „innere Stimme“ das wichtigste Instrument, das prüfen soll, was will ich annehmen, welche Aussagen sind stimmig für mich, mit welchen Aussagen kann ich wenig oder auch gar nichts anfangen....?
Sprechen mein Verstand und Gefühl eine andere Sprache?
Denn die Richtigkeit einer Aussage lässt sich ja nicht oder kaum beweisen!

Ein schönes befreiendes Erlebnis ist es aber, wenn sich **Erleichterung** zeigt, eine alte Last abgewälzt werden kann, tiefes Durchatmen möglich ist, kurzum: eine „Sitzung“ zu einem echten Heilungserlebnis wird. Oder der Stachel und der Schmerz einer Trauer weicht und sogar tiefe Freude und Dankbarkeit in das Herz einkehrt, weil ich meinen liebsten Angehörigen wirklich kontaktieren konnte.
Von einem solchen Erlebnis möchte ich aus meiner eigenen Erfahrung berichten:

Die Seelen in der geistigen Welt- auch sie entwickeln sich weiter...

Ich bekam eine nette Einladung zu einem Vortrag von dem britischen Ehepaar John und Tina Olford, die beide als „Medium“ arbeiten zum Thema.„über den Tod und das Leben danach“.
Zusammen mit meinem Mann besuchte ich diesen Vortrag und wurde darüber informiert, dass am kommenden Tag die Möglichkeit bestünde, in einem Gespräch – einer Sitzung – Kontakt mit einem Verstorbenen aufzunehmen. Da ich immer schon an diesen Dingen interessiert und neugierig war, habe ich mich angemeldet. Ich hatte keine großen Erwartungen an diese Sitzung, sondern wollte dies einfach für mich erleben und mich überraschen lassen, wer sich da wohl bei mir melden würde.

John sagte mir, er sehe ganz hinten an der Türe einen Mann, der ganz schüchtern dasteht, so wie „bestellt und nicht abgeholt“. Dieser Mann wüsste nicht recht, ob er willkommen sei und ob er näher kommen dürfe. Ich hatte keine Ahnung, um wen es sich da handeln sollte. John beschrieb diesen Mann als eher schlank, er muss aber vorher, als er noch lebte, um einiges „stärker“- also dicker gewesen sein.
Er ist nur wieder so schlank, weil ihm das so besser stünde und er sich auch so wohler fühle. Ich hatte noch immer keinen direkten Verdacht. Als John mir präzise Angaben darüber machte, vor wie vielen Jahren dieser Mann gestorben sein muss und seither in der geistigen Welt lebt, da kam mir plötzlich der Gedanke, das kann nur mein Vater sein. Dass er so schüchtern, so unsicher ist, und sich nicht wirklich herkommen traut, das passte absolut zu ihm.
Auch von zu Hause kannte dies. Wenn wir in der Familie zusammen waren oder Besuch da war, hat er immer etwas abseits gesessen, um sich nicht direkt in unser Gespräch einbringen zu müssen. Gefühle zeigen, Emotionen zulassen, seine Meinung vertreten, da war er immer zurückhaltend gewesen.
Gefühle zeigen, das hatte man nicht unbedingt gelernt.
Das war eben seine Generation.
Die Frage: „Hallo, wie geht es dir, was hast du heute erlebt, erzähl mir was...! “ oder einen Zuspruch hat es ebenso wenig gegeben, wie ein herzlicher körperlicher Kontakt in Form einer Liebkosung oder Umarmung.
Mein Vater war ein herzensguter Mensch, der sonst für jeden alles tat und der arbeitete, bis er müde und erschöpft abends in sein Bett fiel, aber Gefühle zeigen und sie ausdrücken, das konnte er bis zu seinem Tode nicht. Ich habe als Kind und auch als heranwachsender Mensch manchmal sehr darunter gelitten, weil es mir schwer fiel, eine emotionale, herzliche Beziehung zu ihm aufzubauen, aber irgendwann habe ich gewusst, dass er das nicht böse meint und er einfach nicht anders konnte.
Ich fragte John, warum er sich denn nicht näher zu mir herkommen traut...?
Ja, meinem Vater sei bewusst geworden, dass er es mir nicht immer leicht gemacht hatte. Das drückte genau diese Stimmung, diese Situation aus.
Und er wollte mir sagen, dass ihm jetzt das sehr leid tut. Er hatte in der jenseitigen Welt viel Zeit gehabt, über unsere Familie nachzudenken, aber er hätte sich jetzt geändert und das wollte er mir nun mitteilen.

Am Ende des Gespräches teilte mir John mit, mein Vater wollte mich jetzt in den Arm nehmen und mir zeigen, dass er das jetzt kann und mir von Herzen alles Gute wünschen. Die Gefühle, die in diesem Moment in mir plötzlich hochkamen, das war ein Gefühl von Zuneigung und Herzlichkeit, wie ich es niemals in unser beider Leben so erfahren hatte können.
John selber spürte diese Energie so stark, dass er fast nicht mehr atmen konnte und nach Luft rang. Aber wir schauten uns beide an und mussten mit Tränen in den Augen richtig lachen. – Er hatte zuvor keinerlei Information von meiner Familie oder meinem Vater und er legt auch großen Wert darauf, von mir keine Angaben zu erhalten. Weder ein Bild noch einen Namen. Die Bilder und Informationen müssen in ihm selber ankommen, entstehen und ihm vermittelt werden.

Ich hatte meinen Vater danach gefragt, wie er den Tod und das Sterben, den Übergang erlebt hätte, weil ich wusste, an welch großen Ängsten er zuvor gelitten hatte. Und ließ mir sagen, dass nichts von alledem eintraf. Er hatte sich selbst gewundert, wie leicht doch alles ging. Da er in seinem irdischen Leben gerne ausgedehnte Spaziergänge machte, freute er sich nun, nichts mehr arbeiten zu müssen, sondern so viel Zeit für sich zu haben und immer, wann er möchte, dies genießen zu können.
Er konnte sich von seinem Leiden und den Ängsten langsam erholen und liebt es, sich in unserer Nähe aufzuhalten, sitzt gerne mal- wenn die Sonne warm scheint – auf dem Bänklein vor unserem Haus, um einfach die Ruhe zu genießen, oder sich an dem Gefühl zu erfreuen, uns nahe zu sein....
Diese Aussagen waren für mich ein echter Trost. Könnten viele Menschen, die so sehr um ihre Liebsten so lange trauern, solche Sätze vernehmen...!

„Wenn ihr an mich denkt, seid nicht traurig!
Erzählt lieber von mir und traut euch ruhig zu lachen.
Lasst mir einen Platz zwischen euch,
so wie ich ihn in eurem Leben hatte.“

Und : Sie sorgen auch für uns...

Eine Geschichte, die mir mein Vater erzählt hat und an die ich immerzu denke, wenn ich an diesem bestimmten Ort mit dem Auto vorbeifahre ...
Er war zum Zeitpunkt des Geschehens gerade 34 Jahre alt und hatte mit meiner Mutter bereits zwei kleine Kinder, seine eigene Mutter war 3 Jahre zuvor verstorben. Auf unserem Hof wurde ein neuer Stall gebaut, und dafür wurden viele Wagen von Kies benötigt, um den Beton herstellen zu können.
Mein Vater saß auf einem alten Bagger, inmitten einer tiefen Kiesgrube, um einen Wagen nach dem anderen mit Kies zu beladen. Plötzlich hörte er eine laute Stimme, die immerzu seinen Namen eindringlich rief. Zuerst war er irritiert und dachte, vielleicht hat der Traktor des Wagens - den damals meine Tante fuhr - eine Panne?

Als er noch einige Male so seinen Namen laut und deutlich hörte, erinnerte er sich ganz plötzlich wieder an den Klang dieser Stimme: es war die Stimme seiner verstorbenen Mutter! Jetzt verstand er gar nichts mehr. Mein Vater stieg von seinem Bagger herunter, um doch nach dem Rechten zu sehen und entfernte sich einige Meter.
Doch just in diesem Moment begann sich die hohe steile Wand in der Kiesgrube zu lösen, stürzte ein und begrub den ganzen Bagger unter sich.
Jetzt wusste er die vielen Rufe zu deuten !

Seine eigene Mutter hatte die Gefahr in der geistigen Welt erkannt und gerade noch rechtzeitig ihren Sohn gewarnt. Sie wurde für ihren eigenen Sohn zum Lebensretter!
Diese Geschichte habe ich in der Predigt, als mein Vater beerdigt wurde, von unserem Pfarrer vorlesen lassen und wollte damit allen, die gekommen waren, zeigen:

die Toten, sie leben weiter und
sie leben - wohl öfter, als wir es vermuten – mitten unter uns !

Ja, wenn nötig, setzen sie sich manchmal gewaltig für unser eigenes Wohl ein...!
Vielen Dank, liebe Oma, auch wenn ich dich in meinem Leben nicht mehr erleben durfte und dich nur von 2 alten schwarz-weißen Bildern kenne:
Ich danke dir sehr und weiß es zu schätzen, was du für uns getan hast!
Wer weiß, was aus meinem Vater und meiner Familie geworden wäre?
Es tröstet mich- wirklich !- dass es auch in Schriften des II. Vatikanisches Konzils so formuliert wurde:

„die Toten sind uns näher,
als wir es uns selber manchmal sind..."
das heißt **: Es gibt keine Trennung.....!**

Die Liebe ist die Brücke vom Diesseits in das Jenseits - und zurück.....

Ein Mensch, den ich seit meiner Kindheit kannte und immer das Gefühl hatte:
„Ich kenne dich seit `ewigen Zeiten´ und wir sind uns einfach vertraut."
Es bedurfte keiner Worte, ein „Augen-Blick" reichte, - und es war, als ob ein warmer, tiefer Strahl in die Seele des anderen eindrang, so, als ob jeder in den anderen „hineinschauen" konnte, eine tiefe innere „seelische" Verbindung,
die uns – seit ich denken kann – geschenkt war.
Kurzum- es war „Liebe", aber wir waren nicht dafür bestimmt,
dieses Leben gemeinsam zu leben. Die Zeit und die Umstände passten nicht.
Aber das „Wenige", das uns in dieser Lebenszeit möglich war, reichte aus, um die Herzen so sehr zu füllen, dass sie sogar als „lebendiges Band" über die Grenze des Todes hinaus zu reichen vermochte, und noch immer vermag!
Ich wusste, Johannes war mit einer Krankheit belastet, aber ich ahnte nicht oder wollte es nicht wahrhaben, dass uns wirklich nur eine kurze Zeit geschenkt sein sollte.

Mein Wunsch sagte mir dennoch:
„Wenn du mal alt bist und es ist „Zeit ist zum Sterben“, dann sollst du wissen, dass du nicht allein sein musst, dann will ich für dich da sein und dich begleiten, dir meine Nähe und Liebe schenken. Nein.
Plötzlich war die Botschaft von seinem absolut unerwarteten Tod.
Und plötzlich war alles anders. Auf einen Schlag. - Gehirnschlag.
Sogar seine Armbanduhr, aber auch sein Wecker an seinem Bett waren mit seinem letzten Herzschlag exakt zur gleichen Zeit stehen geblieben. 22 Uhr 10 Minuten.

„Bedenke: den eigenen Tod stirbt man nur,
doch mit den Tod der anderen muss man leben....“
Mascha Zahéta

Nie hätte ich daran gedacht. Er war doch noch viel zu jung, um zu sterben.
Kein auf Wiedersehen, kein warmer Händedruck zum Abschied, keine Umarmung.
Nichts. Tage und wochenlang war ich wie gelähmt. Ich machte mir schwere Vorwürfe, dass ich die Zeit unserer Freundschaft, die uns gegeben war, viel zu wenig genutzt hatte. Hätte ich nur eine geringe Ahnung davon gehabt, dass der Tod ausgerechnet den Menschen den ich liebte, so plötzlich einfach mitnehmen würde, dann hätte ich mich natürlich viel intensiver bemüht!

Doch plötzlich war es geschehen und die Zeit ließ sich nicht mehr zurück drehen...
Ich wehrte mich gegen diese unsichtbare Wand, die mich von meinem lieben Menschen abhielt und trennte. Ich wollte mich nicht damit abfinden, dass unsere Freundschaft durch so etwas wie den Tod getrennt werden sollte.
Irgendwie musste es doch zu schaffen sein, einen Kontakt, eine Brücke, ein Zeichen zu setzen, das auch er vernehmen und verstehen konnte....

Nicht einmal auf seine Beerdigung konnte ich gehen, denn bis mich die Nachricht von seinem Tod erreichte , - ich kam von einer Reise zurück - war alles schon vorbei. Eine Verabschiedung war nicht mehr möglich.
Ein Besuch am Grab zeigte mir, wie schnell sich doch alles ändern kann:
„Hier, ein Meter unter dieser Erde, da liegt dein lebloser Körper , deine Hülle die du zurückgelassen hast und die du nun nicht mehr brauchst.
Deine Hände, die ich noch so warm und so weich in Erinnerung hatte, dein Gesicht und dein Blick, der mir so vertraut war.“
Tränen und Dankbarkeit und so viele Fragen vermischten sich.
„Johannes, wo bist du jetzt, wie geht es dir, warum bist du so plötzlich gegangen, was kann ich für dich tun, wo kann ich dich wieder finden?
Hörst du mich, ich will mit dir in Verbindung bleiben, - hörst du?!!
Ich will mich nicht einfach damit abfinden, dass du nun aus meinem Leben verschwunden bist. Schick mir ein Zeichen, irgendeines das ich verstehen kann.
Ein Zeichen, das mir sagt, unsere Verbindung lebt weiter!“

In diesen Tagen – ich war damals 20 – schrieb ich in mein Tagebuch:

„Ich will und kann nicht ohne dich leben! Wo kann ich dich wieder finden?
Wo ist das Eingangstor zu der neuen Welt, in der du nun lebst?
Wo ist dieses Tor und die Brücke, die uns voneinander trennt?
Ich möchte dieses Tor und die Brücke zu dir so lange suchen, bis ich sie gefunden habe und dann durch es hindurch schreiten, um wieder bei dir zu sein!

Ich will es **jetzt** finden, **hier** in meinem Leben und nicht abwarten,
bis meine eigene Zeit gekommen ist, um im Sterben deine Welt betreten zu können.
Meine Zeit ist **JETZT**, und dieses Jetzt will ich leben!
Dieses Jetzt will ich mit meiner Liebe füllen, so wie ich es immer getan habe.
Ich bin nicht für die Leere bestimmt, sondern für die Fülle des Lebens,
und die muss auch dann und genauso möglich sein,
auch wenn du nicht mehr „da" bist! Ich werde alles dafür tun,
um dich wieder zu finden, in meinen Gedanken und in meiner Liebe.
Unser Zusammen sein wird wieder möglich sein, und zwar immer dann,
wenn wir es nur wollen. Wir sind nicht mehr von Zeit und Raum bestimmt,
sondern nur noch von der Liebe und die ist immer, sie bleibt, einfach „ewig".
Unsere Gedanken sind der „Raum", in dem wir uns hin-und-her bewegen können."

Weil ich mich von Johannes so nicht verabschieden konnte,
verabredete ich mich mit Bernardette, einer Bekannten, von der ich wusste,
dass sie hellsichtig ist, - ein Medium, das für diese Aufgabe „berufen" ist
und mit verstorbenen Seelen Kontakt aufnehmen kann.
Ich brauchte nicht viel zu sagen und ihr auch kein Bild zu zeigen.
Sie schaute mich einfach nur an und lächelte.
Und sagte: „Er steht neben dir. Er war die ganze Zeit bei dir, in deiner Aura."

Ich wollte wissen, ob er traurig war, weil ich nicht bei seiner Beerdigung dabei sein konnte... Bernardette lächelte nicht nur, sie fing einfach nur laut zu lachen an.
„Wie sollte er traurig sein? Er kam sogleich zu mir, nachdem sein Tod eintrat.
Er spürte nicht nur diese tiefe Seelenverbindung, die ja immer schon da war,
sondern auch die spirituelle Verbindung, die uns zeitlebens geschenkt war.
Er wusste darum und es zog ihn sofort zu mir."
- Die Liebe ist es, die eine Seele beim Übergang ihren Weg finden lässt.
Ich sinnte darüber nach, wo ich zum Zeitpunkt seines Todes mich aufgehalten hatte und warum ich das nicht gespürt hatte. Im Nachhinein wurde mir bewusst, dass ich in diesen Tagen mich ihm sehr verbunden wusste und mich in Gedanken so manches Mal mit ihm unterhalten hatte.
Eine Freundschaft, die so stark ist, dass sie den Tod überwindet.
Ich spürte, es gibt eine Verbundenheit zwischen zwei Seelen,
die den „Tod" **erst gar nicht zulässt!**
Unsere Liebe ist die Brücke vom Diesseits in das Jenseits und wieder zurück.

Als Johannes noch lebte, spürte ich es bereits tief in meiner Seele und wusste es .

**„Was man tief in seinem Herzen besitzt,
kann man nicht durch den Tod verlieren!"**
Joh.Wolfgang von Goethe

Bereits ein paar Jahre zuvor – obwohl ich noch so jung war, eigentlich keine Lebenszeit, um sich Gedanken über den Tod zu machen, hatte ich es so formuliert.... „Wer von uns beiden als Erster sterben wird, der wird für den anderen sorgen und für ihn da sein." Damals schien ich bereits eine leise Ahnung in mir zu tragen, die mir sagte, wenn einer von uns beiden einst die „Seiten gewechselt" hat, dann wird unsere Freundschaft auf „anderer Ebene" weiter bestehen können, und dann wird auch ein anderes „Verstehen" aus einem veränderten Blickwinkel möglich sein.
Dann wird die Zeit, die uns hier in diesem Leben geschenkt war,
in seiner Bedeutung für uns beide noch einmal deutlich werden.

Bernardette sagte mir auch, es sei auf Dauer weder für mich noch für seine Weiterentwicklung gut, dass er in meiner „Aura" lebe und es wäre besser für ihn, wenn wir seine Seele in das „Licht schicken" würden. Er würde sich so zwar nicht „unwohl" fühlen, aber er könnte sich so auch nicht wirklich weiter entwickeln, was weder für ihn, noch für mich unbedingt gut wäre.....
Dieser Rat machte mich zuerst ziemlich traurig, denn eben gerade hatte ich erfahren und war mir bewusst geworden, dass der Mensch den ich so liebte, mir viel näher war, als ich es selbst für möglich gehalten hatte und nun musste ich ihn schon wieder „weg"-schicken... Schon wieder eine Trennung! -
Genau das war es doch, was ich vermeiden wollte!

Meine Bekannte überzeugte mich aber, indem sie mir sagte, „wenn Johannes seinen Weg ins Licht gefunden hat und seinen Weg weiter gehen kann, dann verwandelt sich meine Trauer und der Schmerz der Trennung, dann fühlt sich diese Freundschaft leichter an und ermöglicht mir wirkliche Dankbarkeit."
Ich war nicht vollkommen überzeugt von dem, was sie da sagte und spürte eine große Traurigkeit in mir. Ich hatte das Gefühl, ihn noch einmal zu verlieren, und dagegen stemmte sich wirklich alles in mir...Dennoch vertraute ich Bernardette und ließ es zu.
Ich war bereit zu einem Gebet, das wir beide miteinander ruhig und besonnen,
aus der Liebe unseres Herzens sprechen konnten.
Und es traf genauso ein, wie sie es voraussagte und es mir versprach.
Schon bei der Heimfahrt im Auto spürte ich, dass etwas **„anders"** war.
Das Gefühl... „es ist gut so, und es wird wieder alles gut..." stelle sich bei mir ein.
Langsam fand ich meinen inneren Frieden wieder und ihre Aussage bestätigte
sich mit jedem Tag mehr. „Dein Johannes wird dir viel Licht und Liebe von dem Ort aus zuschicken, an dem er verweilt. Er wird mit dir in Gedanken und in der Liebe verbunden bleiben, und nicht nur das: er wird sogar von deinen Erfahrungen lernen!"

Menschen, die über diese Grenzen hinweg verbunden bleiben, können viel voneinander profitieren, sie können von Gott her zu einem inneren Begleiter werden, über Jahre hinweg, so lange, bis sie wieder vereint sind.
Und dann können sie – wenn sie wollen - , gemeinsam weiter wachsen.
Das bedeutet: in Gottes Liebe verbunden sein und bleiben, eine Freundschaft und Liebe, in der Gottes liebender Geist ganz besonders weht und spürbar, lebendig ist.

Denn die Liebe kennt keine Grenzen. Das ist : „ewiges Leben"....

Das bedeutet: „dein Licht und deine Liebe leuchten uns..."!

Sie leuchtet weiter in unseren Herzen als lebendige Freundschaft in tiefer bleibender Verbundenheit.
In dieser Liebe dürfen wir uns ganz „in" Gott geborgen und getragen wissen und zwar in Dies-seits, **wie auch** im Jen-seits!

Ich muss ehrlich sagen: mein Schmerz der Tränen und der Trennung hat sich erst wirklich **gewandelt** in das Gefühl bleibender Freundschaft und innerer Freude, als ich meine Liebsten „wiederfand".
Das war aber nicht allein aus „mir" heraus möglich, sondern nur durch die Hilfe und Begleitung eines „Mediums", eines Ver-mittlers, wodurch ich die Menschen, die ich „verloren" glaubte, wieder ganz persönlich kontaktieren konnte. Diese „Begegnungen" geben mir die **Gewiss-heit,** sie leben in der anderen Welt wirklich weiter, aber eigentlich gar nicht weit weg von mir... Denn die Verbindung bleibt spürbar bestehen.

Es gibt keine „Trennung", so lange wir die „Brücke der Liebe" in unserem Herzen und in unseren Gedanken suchen und leben. Dieses Erlebnis war es auch, das mir den eigentlichen „Impuls" für dieses Buch gegeben hat.
Hätte ich Johannes in diesem Leben nicht kennen - und lieben und ich für mich nicht gelernt, über diese „Brücke" zu gehen - wann immer ich will und Freude daran habe – so würde es dieses Buch wohl nicht geben...! Beim Schreiben hier habe ich sehr oft das Gefühl, dass **er** es ist, der mich in - seiner - dankbaren Weise begleitet und unterstützt.

„ Das wahre Grab der Toten ist das Herz der Lebenden...!"

In gewisser Hinsicht ist es jetzt – auf dieser „jen-seitigen Ebene" sogar viel einfacher, miteinander Kontakt zu halten und in Verbindung zu sein....
War zuvor im „richtigen" Leben ein Brief, eine Telefonat oder ein Besuch beim Anderen nötig, um mit ihm „kommunizieren" zu können, so kannst du dies nun alles mit deinen „Gedanken" erreichen....
Ein Gedanke der Liebe, dem Menschen gesandt, den du in deinem Herzen trägst, und schon wird beim „Adressaten angeklopft". Er wird diesen Impuls spüren und ihn empfangen. Das ist so ähnlich, wie wenn du eine Nummer auf dem Telefon eintippst, die Leitung auf der anderen Seite aber gerade „belegt" ist.
Eine Stimme im Telefon meldet sich: „Es wird angeklopft...!"
Ganz ähnlich läuft es auch mit dem Kontakt auf der „jen-seitigen Ebene"!
In Gedanken kannst du alles erzählen und mit dem anderen sprechen, ganz genauso, wie du es auch tun würdest, wenn dein Freund oder deine Freundin mit dir auf der Couch sitzt und du dich mit deinem Gegen-über unterhältst,
oder Hand in Hand mit ihm/ mit ihr spazieren gehst.
Das hört sich sicher etwas ungewohnt an, aber dies kann man leicht „einüben"...

Dabei ist es - für die Seele im Jenseits- gar nicht unbedingt nötig, an das Grab dieses lieben Menschen zu gehen. Für den Trauernden ist es aber womöglich hilfreicher, in dieser Nähe diese besondere Verbindung zu spüren, in Kontakt zu treten mit dieser Seele, die Liebe zu spüren und den Erinnerungen nach zu fühlen.
Aber du sollst wissen: das „Gespräch in Gedanken" ist immer und jederzeit möglich!
Es kostet nichts, - und macht beizeiten sogar wirklich Spaß!
Je öfter du es versuchst, umso öfter wird du auch erleben können,
dass es gar nicht so schwierig ist, die Gedanken des anderen zu erspüren
und auch die Botschaft zu „erfühlen", die er/sie dir mitteilen möchte.
Stelle einfach deine Fragen und warte ab, was bei dir „ankommt"....
Vielleicht ist es anfangs noch „Leere" oder die Unsicherheit, ob das nicht doch die „eigenen" Gedanken sein könnten. Das macht nichts. Es kommt die Zeit, da lernst du dies auch sehr gut zu unterscheiden: ein Gedanke, der aus dir kommt, „fühlt" sich anders an als ein Satz, eine Botschaft, die nun nicht „aus dir" stammt...!
Ein warmes, freundliches Lächeln, dass dich aus dem „lichten Reich" er-**reicht,** oder ein wohlmeinender Zuspruch, vielleicht auch mal ein warnender Hinweis kommt „anders" bei dir an als ein „bloßer Gedanke", der dich gerade so eben beschäftigt...!

Gerade für die junge „Handy-Generation" ist es heute in wunderbarer Weise möglich, dies einzuüben. Wie wichtig ist es ihnen, wenn möglich, zu jeder Gelegenheit das Handy mit dabei zu haben! Gar nicht unbedingt für den Notfall ausgerüstet zu sein, sondern, weil es wichtig ist, **„in Verbindung" –on-line -** zu sein!
Ein Schultag, an dem das Handy im Schulranzen fehlt, gibt meinen Kindern das Gefühl, irgendwie „un-vollständig" zu sein. Eine unterschriebene Probe, die zu Hause vergessen wurde, löst bei manchen Kindern weniger eigenen Ärger aus, als das Wissen, sein Handy auf dem Nachttisch vergessen zu haben!
Bereits die Kinder schätzen es überaus, „in Verbindung" zu sein, es treibt sie die Neugier darüber zu erfahren...: „Wer will mit mir in Kontakt treten , wer erwartet von mir eine Botschaft oder wer freut sich, wenn er von mir eine Nachricht, manchmal auch eine wichtige Mitteilung erhält?" Auch die Neugier darüber, - meldet sich jener, dem die eigene Handy-Nummer anvertraut wurde und ein viel versprechender Kontakt erwartet wird? Wer in dieser Weise Spaß hat an den „Dies-seits-Kontakten" und diese mit Liebe pflegt, dem wird es wohl auch nicht schwer fallen, wenn eine wichtige und herzliche Verbindung durch einen Abschied oder Todesfall sich verändert, diese wieder in „anderer" Weise zu suchen und zu finden!

Menschen mit einem Nahtod-erlebnis.....

Während einer schweren Operation oder bei Komplikationen einer Geburt, bei einem Unfall, nach einem Sturz oder einer plötzlichen Attacke: es kann immer geschehen: dass Menschen durch einen kurzzeitigen Herzstillstand oder im Zustand der Bewusstlosigkeit ein sogenanntes „Nah-tod"- Erlebnis haben.
Sie erleben, wie sich ihre Seele - ihr Astral-körper- plötzlich von ihrem physischen Leib, - der körperlichen Hülle- „trennt" und es ist, als ob sie ein paar Meter über ihrem Körper schweben und den Ärzten, dem OP-Team oder dem Unfallteam, von „oben her" zuschauen. Es befällt sie ein Gefühl der Schwerelosigkeit und das Erstaunen darüber, was hier eigentlich abläuft.
Meine Freundin Sigrid erzählte mir, wie sie während einer Unterleibs-OP ihren Körper „verließ".... Nachdem sich ihr gesundheitlicher Zustand dramatisch verschlechterte, hatte der OP-Arzt ihren Ehemann in ein anderes Zimmer geführt, um mit ihm den Ernst der Lage zu besprechen. Er sollte wissen, wie es um seine Frau stand und dass er mit dem Schlimmsten rechnen müsse.
Sigrid überlebte die Operation, kam wieder zu sich und erzählte ihrem Mann, als es ihr wieder besser ging, in allen Einzelheiten von diesem Gespräch.
Sie hatte jedes Wort, das der Chefarzt mit ihrem Mann in dem anderen Zimmer gesprochen hatte, mitgehört. Jeder einzelne Satz war klar in ihrem Bewusstsein, obwohl sie sich 100-prozentig zu diesem Zeitpunkt im Nebenraum des Operations-saales befunden hatte. Menschen haben diese Reise in die andere geistige Welt so weit erlebt, dass sie einen Frieden, die Wärme und Liebe erlebt hatten, auch Farben in einer Intensität wahrnehmen konnten, so wie sie es in ihrem ganzen Leben in dieser Tiefe und Herrlichkeit noch nie gewahr werden konnten.

Dann aber, - plötzlich – bekamen sie einen Schubs, oder gelangten an einen Scheideweg, erlebten einen Engel, der vielleicht sagte:
„Nein, für dich ist es noch nicht Zeit, du wirst noch gebraucht, deine Kinder, deine Familie warten noch auf dich, oder du hast hier auf Erden noch eine wichtige Aufgabe zu erfüllen...“ Für diese Menschen war es ein unglaublicher Schmerz, wieder umkehren zu müssen, und sie waren nicht gerade beglückt, als sie hier wieder „ankamen“. Es brauchte lange Zeit, um sich mit den Rollen und den Aufgaben hier wieder anzufreunden.

Aber was ihnen allen gemein ist:
Sie haben jegliche Angst vor dem Sterben und dem Tod ,
und allem was danach kommt, ein für alle mal verloren.

Im Kath. Erw. Katechismus werden diese Erfahrungen auch so bestätigt:
„Sie machen deutlich, dass das Sterben gewöhnlich nicht angst- und qualvoll, sondern als freude- und lichterfüllt erfahren werden. (S.404). Dies mag für viele auch hilfreich sein, um ihnen die Angst vor dem Sterben zu nehmen.
Dennoch wird in aller Deutlichkeit darauf hingewiesen, dass jene Berichte über Nahtod-Erlebnisse trotzdem nichts zu der Frage beitragen, was im **Tod selbst oder gar nach dem Tod** geschieht. „Denn keiner von denen, die wieder ins Leben zurückgeholt wurden, war **wirklich** tot. Sie alle standen an der Grenze des Todes, aber die Schwelle des Todes haben sie nicht überschritten...“
Heißt das, dass alle die Menschen, die ihre ganz besonderen Erlebnisse an der „Schwelle zum Tod“ uns schildern, eigentlich gar nicht ernst genommen werden Und nicht zählen, weil der „**wirkliche** Tod“ ja noch gar nicht eingetreten ist?
Diese „Schwellen-erlebnisse“ ähneln in ganz vielen Fällen einander.
Alle die Grundelemente, die bei einem „nahen Tod“ erlebt werden:

* Verlassen des physischen Körpes
* ein „Tunnel- und Licht-erleben“, auch das Hören von „Brausen“;
* Begegnung mit Verstorbenen
* Erfahren von „himmlischer Harmonie, Liebe und inneren Frieden“:

werden von Menschen unterschiedlicher Kulturen und Religionen dieser Erde alle vergleichbar und ähnlich erlebt.
Es ist sicher auch wahr, dass medizinisch und wissenschaftlich noch nicht ganz geklärt ist, in wieweit das Gehirn eines Menschen beim Übergang seine Funktionen so „einspielt“, so dass man das Gefühl hat, durch einen „langen Tunnel“ hindurch gezogen zu werden und dem hellen Licht entgegen-schwebt.
Sicher kann aber das Gehirn nicht vortäuschen, **Szenen real mitzuerleben ,**
die die Seele außerhalb des Körpers wahrnimmt!
Und auch die **reale** Stimme, die von manchen Menschen in dieser Situation gehört wurde: „ Du musst zurück, du kannst noch nicht hier bleiben“, kann weder vom eigenen Gehirn vorgegaukelt, noch von der eigenen Phantasie vorgespielt werden oder in einem Traum erlebt worden sein.

Von jenen Menschen, die ein „Nahtod-Erlebnis" hatten, wissen wir bereits vieles, und dies ist immerhin – einer Studie zufolge - **jeder 4. Mensch in Europa!**

Sicher kann man sagen, dass alle jene, die wieder „umgekehrt" waren, ganz ähnliche Erlebnisse hatten, aber von jenen, die dann wirklich „tot" waren, haben wir keine Aussagen. Das stimmt.
Das ist der Grund, warum die kirchliche Lehrmeinung davon ausgeht, dass wir über das, was **nach** dem Tod kommt, keine verbindlichen Aussagen machen können.
Da müssten wir uns schon begnügen mit den Aussagen der Heiligen Schrift, die uns in „Bildern" vom Himmelreich erzählen...Aber sind denn diese Erfahrungen, die allen uns Menschen möglich sind, bis zu diesem „Zeitpunkt" zu erleben, nicht schon sehr viel? Und zwar viel mehr, als dass man sie in einem kirchlichen Lehrbuch mit nur einem einzigen Satz der Erwähnung „abspeist"?
Immer hin so viel, dass sie es den Menschen ermöglicht, die **Angst** vor dem, was **nach** diesem Zeitpunkt kommt, **ein für allemal** zu nehmen!!!
Wenn das Erleben von diesem Glück und der Harmonie, der Liebe und des tiefen Friedens so intensiv wahrgenommen wird, dass man am liebsten gar nicht mehr zurück möchte in dieses irdische Leben, und dieser überwältigende Eindruck schon so einzigartig ist, dann doch kann das, was **nach** dieser „Schwelle" kommt, doch eigentlich nicht viel anders, oder vielleicht nur **noch schöner** werden...!

Amelie , ein wunderbares Mädchen mit „ihrem" Nahtod- erlebnis

Da ich in meiner Kirchengemeinde immer schon aktiv war in der Kinder- und Jugendarbeit, hatte ich auch stets Kontakt mit vielen Kindern und auch von ihnen gelernt. - Amelie war von Anfang an ein besonderes Mädchen mit blonden langen Haaren und einem strahlenden Lächeln. Ein „Seelen-Mensch" mit einem offenen, empfangenden Herzen und einer besonderen Natürlichkeit .
In ihrer Nähe fühlte nicht nur ich mich wohl. Sie war eine Bereicherung für uns alle. Lange schon wusste ich, dass Amelie mit einem schweren Herzfehler zur Welt gekommen war und deshalb immer spezielle Medikamente einnehmen und zu regelmäßigen Untersuchungen musste. Sie hatte aber gelernt, mit diesem Handikap zu leben und umzugehen. Da die Herbstferien mit dem Fest Allerheiligen und Allerseelen bevorstanden, kamen wir auf das Thema Tod zu sprechen. Und dann erzählte sie ganz frei und natürlich von **ihrem** Nahtod-Erlebnis.
Sie hatte plötzlich das Bewusstsein verloren, weil ihr Herz für einen Moment stehen geblieben war. Unversehens erlebte sie, wie sie in einen langen hellen Tunnel hineinglitt, ja gezogen wurde. Und dann sah sie, wie ihr ganzes kurzes Leben wie in einem Film rückwärts lief. Ganz genau, nichts blieb aus.
Es ging rasend schnell und doch verstand sie alles. Sie sah zu, wie sie geboren wurde und dann ging es noch weiter rückwärts: die Monate im Bauch ihrer Mutter, und sogar: „Ich konnte genau zusehen, wie ich entstand im Bauch meiner Mutter. Das war richtig spannend!", erzählte sie frei und gelöst. „Doch musste ich diese Reise abbrechen, weil ich plötzlich jemand da war, der mir einen richtigen Schubs verpasste und mir sagte:

„Nein, du musst wieder in die andere Richtung gehen.“ - Dann kam ich wieder zu mir selber. Seitdem habe ich keine Angst mehr vor dem Sterben.“
Genau ein Jahr später waren wieder Herbstferien.
Amelie malte zu Hause einen wunderschönen Engel auf ein Bild.
Ihre 3 Geschwister liebten es, alle zusammen in einem Raum nebeneinander auf Matratzen zu schlafen. Amelie wollte eigentlich in ihrem Bett bleiben, weil sie sich unwohl fühlte, doch später legte sie sich mitten unter ihre Geschwister hinein.
Am Morgen erwachten die Kinder, doch Amelie rührte sich nicht.
Irritiert rüttelte ihre Schwester sie nochmals, dann lief sie erschrocken zu ihrer Mutter und rief :„Mit Amelie stimmt was nicht! Sie rührt sich nicht mehr!“.
Die Mutter kam sogleich in die obere Etage hoch geschossen und musste zu ihrem Entsetzen nicht nur den Tod ihrer lieben Tochter feststellen, sondern sah zu ihrem großen Erstaunen an der Ecke dieses Kinderzimmers eine blühende Blumenwiese.

So etwas hatte sie noch nie gesehen!
Diese farbige Wiese war ihr sofort ein Zeichen, das sie zu deuten wusste:
Amelie hatte eine Allergie gegen Bienen und Wespenstiche und musste von daher auf Barfuss- laufen in der Wiese verzichten. - Obwohl sie das immer so gerne getan hätte. Dass die Mutter ausgerechnet eine blühende Wiese erblickte, verstand sie als Zeichen ihrer Tochter, dass sie dort wo sie jetzt war, es ihr gut geht und alles mit ihr in Ordnung sei. Obwohl die Welt um sie - die Mutter- herum mit den anderen Kindern und ihrem Mann in diesem Moment komplett zusammen zu brechen schien. Zu ihrer Beerdigung war die ganze Schule versammelt.

Neben einem schönen großen Bild, das Amelie zeigte, so hübsch und natürlich wie selber war, stand auch das Bild des Engels, den sie einen Tag kurz zuvor noch gemalt hatte. Ihr kleiner Bruder Luca hing besonders an der großen Schwester.
Es war für ihn besonders unerträglich, mit dieser Lücke zu leben. Auch er war wie seine Schwester genetisch belastet und litt an diesem unerklärlichen Herzfehler.
Als das Weihnachtsfest sich näherte, schrieb Luca auf einen Wunschzettel:
„Ich wünsche mir, wieder bei meiner Schwester Amelie zu sein.“
Im Februar war es dann so weit. Luca wurde es plötzlich übel und er brach zusammen.
Ein sofort alarmierter Hubschrauber und Rettungsdienst konnte nicht mehr helfen.
Niemand hätte etwas verhindern können. Die Eltern hatten ihr Bestes versucht, waren kurz zuvor noch bei einer ärztlichen Untersuchung, und alles schien bestens zu sein. Vielleicht wollte er wirklich nur zu seiner Schwester?

Für die Familie, die Verwandten, die Schulklassen, den Fußballverein in dem Luca spielte: eine Katastrophe. 1000 Fragen nach dem „Warum“ ?!
Wir können hier in unserer irdischen Welt da nicht hineinschauen und keine „logischen“ Erklärungen finden. Es gibt Dinge, die auf der „Seelen-Ebene“ beschlossen werden, und bei denen wir auch als Nahestehende nur sehr begrenzten Einfluss haben. Aber hier hatten beide Seelen in dieser Welt eine besondere Aufgabe zu erfüllen und auch eine besondere Rolle zu spielen.

Ich bin mir sicher, dass Amelie und Luca heute noch jeden Tag auf ganz innige Weise ihren traurigen Geschwistern und ihren betrübten Eltern sehr nahe sind und ihnen auf ihre Weise ihre Nähe und Liebe schenken wollen und ihnen immer wieder spüren lassen: Wir haben euch so lieb! Wir haben euch nie wirklich verlassen!
Wir sind und bleiben immer bei euch!

Meine Mutter fand ihre eigenen zwei „verlorenen Kinder" wieder...

Dass sich eigene Kinder unerwartet und plötzlich von einem verabschieden, das musste auch meine eigene Mutter durchmachen. Schon als junges Mädchen träumte sie davon, mit dem „richtigen" Mann eine Familie zu gründen und - wenn möglich- , mindestens 4 Kindern das Leben zu schenken.
Um das Jahr 1960 herum war es noch nicht unbedingt üblich, zur Geburt eines Babys in ein Krankenhaus zu gehen. Dafür wurde rechtzeitig die Hebamme des Dorfes informiert, die sich für die notwendigen Untersuchungen und die Geburt zu kümmern hatte. Zu ihr hatte man/frau Vertrauen, - oder musste ihr vertrauen...
Alles schien völlig normal zu laufen. In den Monaten vor der Geburt ihres 2. Kindes gab es keinerlei Anzeichen zu einer Besorgnis. Natürlich, den errechneten Zeitpunkt, sprich den Termin für die Geburt, der war meist ziemlich ungenau und vage.
Die Hebamme musste feststellen, wann es „über" der Zeit war und entsprechende Maßnahmen einleiten, die – ohne Ultraschall – ebenfalls ziemlich ungenau waren.
Als die Wehen einsetzten und das Kind - ein kleines Mädchen - zur Welt kam, bekam das Kind keine Luft zum Atmen und verstarb nach einer guten halben Stunde in den Armen meiner Mutter.

Das Fruchtwasser hatte sich bereits grünlich gefärbt, so dass das kleine Baby im Mutterleib nicht mehr richtig versorgt war. Eine ganze Welt brach für meine Mutter und meinen Vater zusammen.
Draußen war eisiger Winter und meine Mutter musste Tage darauf vom Fenster aus zusehen, wie ein Nachbarsmädchen den kleinen weißen Sarg auf ihren Armen ins nächste Dorf zur Kirche trug. Tagelang weinte sie mit meinem Vater bitterlich. Am liebsten wäre meine Mutter mit ihrem kleinen Kind gestorben. Auch wollte sie selber nicht mehr leben. Mit diesem kleinen Kind war auch etwas in ihr selbst abgestorben. Obwohl meine große Schwester damals 2 Jahre alt war, konnte sich meine Mutter an ihrem ersten Kind nicht trösten. Beim dritten Kind ging sie, um ganz sicher zu gehen, in ein Krankenhaus. Als meine große Schwester 5 Jahre alt war, erwartete sie bereits ihr viertes Kind und wollte es doch wieder, nachdem alles im Krankenhaus ohne Probleme verlaufen war, mit einer Hausgeburt wagen.
Auch dieses Kind - diesmal ein Junge - wurde tot geboren.
Auch dieses Mal, mitten im eisigen Winter mussten meine Eltern dieses schreckliche Erlebnis durchmachen. Fünf Jahre später wurde ich als sechstes Kind, bzw. als viertes lebendes Kind geboren. Als Kind habe ich mich sehr oft gefragt...„Lieber Gott, wo wäre ich jetzt, wenn eines dieser zwei Kinder gelebt hätte? Dann hätte ich ja nicht „nachrücken" können...wo wäre ich dann? Gäbe es mich dann nicht oder wenn ja, dann vielleicht ganz woanders, oder gar bei anderen Eltern?

Diese Fragen beschäftigten mich als kleines Kind bereits sehr...
Meine Mutter hat diesen Verlust ihrer zwei Babies nie verwunden.
50 Jahre nach der Geburt und des Todes ihrer Kinder hatte sie uns heute noch erzählt – es war ein Trauma in ihr, das nie geheilt werden konnte.
Der Wunsch nach einer richtig großen Familie, nach einer eigenen Kinderschar, in diesem Punkt bin ich meiner Mutter sehr ähnlich. Schon als junges Mädchen freute ich mich am allermeisten auf diese „Rolle" und sehnte mir diese Zeit herbei, diese auch leben zu dürfen.
Umso glücklicher war ich mit meinem Mann und meinen Eltern, die mit uns zu diesem Zeitpunkt noch beide im Haus lebten, als ich erfuhr, mit Zwillingen schwanger zu sein. Bei dieser Geburt lief alles wunderbar, -zuerst kam das Mädchen, eine Minute später ward per Kaiserschnitt ein noch schlafender, aber süßer Knabe meinem Bauche „enthoben"...Ihr großer Bruder war gerade zwei Jahre alt und mächtig stolz auf seine neuen Geschwisterchen.
Vor allem meine Mutter im Haus liebte alle unseren Kinder - so, als wären es ihre eigenen. Mittags und Abends schlüpften sie unter die Decke meiner Eltern und durften mit ihnen einschlafen. Abends holte ich sie und trug sie in ihr eigenes Bettchen. Morgens, wenn sie oft bereits im Dunkeln erwachten, tappsten sie schon wieder einen Stock tiefer, um sich wieder zu Oma und Opa zu kuscheln. Es schien, als tröstete sich vor allem meine Mutter immer noch mit jedem unserer Kinder. Nach all den Jahren war sie aber immer noch auf der Suche nach ihren „verlorenen" Kindern. Und es war jahrelang ihr Trost: wenn sie einmal sterben würde, dann könnte sie endlich wieder diese beiden Kinder in ihre Arme schließen, um mit ihnen vereint zu sein.

Als ich in der medialen Sitzung bei John war, drängte es mich zu fragen.
Ich wollte es wissen: „Wo sind diese beiden Kinder, meine Schwester und mein Bruder? Hat sie mein Vater in der geistigen Welt wieder gefunden? Leben sie bei ihm?"
Als ich die die Frage stellte, stutze John. „Nein, es niemand bei ihm. Lebten sie in der jenseitigen Welt, dann wären sie jetzt ganz sicher mitgekommen. Aber es ist niemand da. Er ist alleine gekommen." „Wo sind die beiden dann?", wollte ich neugierig wissen... John hörte konzentriert in sich hinein. Und er bekam die Antwort.
„Sie leben. Sie leben bei dir. Bei Euch. Es ist ein Junge und ein Mädchen.
Es sind ganz klar die Zwillinge. Sie wollten wieder in eurer Familie sein. Zuerst das Mädchen, dann der Junge. In dieser Reihenfolge kamen sie auch wieder an. Sie haben mich als Mutter ausgesucht, aber auch genauso meine eigene Mutter wieder als „Groß-Mutter" erwählt. - Ich war sprachlos.

Natürlich, solche Aussagen eines Mediums lassen sich nicht beweisen.
Wir können nur glauben und vertrauen, dass ihre Botschaft „stimmt" und wie im Falle meiner Familie, die Seelen meiner Zwillingskinder „identisch" sind mit den „Seelen" meiner Schwester und meines Bruders, die ich in meinem Leben nicht mehr kennen lernen konnte. - Sowohl meine Mutter, als auch ich selbst können die Aussagen von John gut annehmen und empfinden diese als „stimmig". Ich kann gut annehmen und glauben, dass die Kinder, die wir - im Mutterleib oder auch im Leben – „verloren" haben, zu einem späteren günstigen Zeitpunkt wieder zu ihrer Familie zurückkehren.

Was meine eigene Mutter anbelangt, ist es wichtig, dass seither der „Stachel des Schmerzes", das Trauma um den Verlust dieser Kinder eine Heilung erfahren hat.
Die alte offene Wunde schien sich nach 50 Jahren des Schmerzes um diesen Verlust endlich langsam zu schließen. Es war ein nicht ganz leichter Prozess für meine Mutter, diesen Gedanken gelten zu lassen, dass sie ihr Leben nicht mit **ihren <u>eigenen</u>** Kindern leben konnte, sondern mit zwei anderen –weiteren geborenen - Kindern, zu denen jetzt meine Zwillinge gehören.
Meine Mutter ist wahrlich tagtäglich allen diesen Kindern eine „wahre Mutter" gewesen.
Das Erste, was ich nun dachte, war: sie braucht ihre „verlorenen" Kinder nun nicht wieder zu suchen, denn sie hatte ja eigentlich beide längst bereits wieder gefunden.

Und sie tagtäglich erlebt. Als ich am Totensonntag - auch meine Brüder waren nach dem Besuch am Grab zu Kaffee und Kuchen wie jedes Jahr gekommen, all dies „frei-mütig" erzählte, waren sie sehr gerührt. Und meine Mutter irritiert... „Ich dachte, wenn ich gestorben bin, dürfte ich meine Kinder wieder sehen, jetzt brauche ich doch nicht mehr nach ihnen zu suchen...".

Immer wieder muss man lernen, die vielen offenen Fragen die im Leben bleiben, dem größeren Geheimnis der Liebe Gottes zu übergeben, in dem Vertrauen, dass es „gut" so ist, und ein für uns verborgener Sinn darin enthalten ist.

Ein Paar, das schwanger wird, muss immer damit rechnen, dass eine „kleine Seele" es sich in den ersten Wochen und Monaten nochmals anders „überlegt".
Vielleicht wird den kleinen Seelen manchmal erst auf ihrem Weg bewusst, dass die Aufgabe, für die es sich hier auf dieser Welt bereit erklärt hat, doch nicht die Richtige war, sich ihr nicht gewachsen oder überfordert fühlt, oder dass der Zeitpunkt vielleicht noch nicht ganz „passend" war.
Paul Meek - das bekannte britische Medium - beobachtete immer wieder, dass eine Frau, dessen Ungeborenes als Mädchen verstarb, bei der nächsten Schwangerschaft einen Buben erwartete und auch umgekehrt! – Die Vermutung könnte nah liegen, dass es kleine Seelen gibt, die spüren und merken, dass sie eigentlich als dieses Mädchen nicht leben wollen, sondern lieber in diesem Leben wünschen, ein Junge zu sein, - und umgekehrt. Und sich dafür nochmals einen späteren Zeitpunkt suchen.

Gerade das, was sich in den ersten Schwangerschaftswochen einer werdenden Mutter abspielt, hat man nur zum Teil in der Hand, aber wenn es aus einem Grund, den wir nicht erfassen können, zu einem Abbruch kommt, dann hat auch das seinen Sinn. Auch diese Fragen lassen sich durch einen Kontakt mit der geistigen Welt, bzw. mit dieser Kinderseele klären. Es kann für eine solche Seele Gründe geben, die sie zu einer „Umkehr" bewegen. In einem solchen Fall fällt es nicht immer leicht, auch in diesem frühen Stadium schon den „freien" Willen dieser Seele zu respektieren. Manche erklären sich bereit zu einer „kleinen"- aber genauso wichtigen- Aufgabe, auch wenn diese nur für einen kurzen „Auftritt" bestimmt sein soll.
Meine gute Freundin, die ihre Enttäuschung über zwei Abgänge hintereinander kaum ertragen konnte, wurde nach kurzer Zeit schon wieder mit Zwillingen schwanger. Diese neue Schwangerschaft war völlig ohne Komplikationen, und bald schon konnte sie ein Zwillingspärchen in ihren Armen halten. Alles Geschehen unter dem Himmel und im Himmel hat seine Bestimmung, seine Aufgabe, seinen Sinn.
Wir müssen nur Vertrauen haben darauf, dass wir tatsächlich geführt werden und jedem von uns Menschen ein liebender „Schutz-Engel" von Anfang an beiseite gestellt wird.
Eine andere ältere Frau, für mich eine „weise" Frau, selber ein begnadetes Medium, sagte mir bereits vor Jahren, „wir kommen alle immer wieder. Und zwar als „ganze" Familien. Wir **suchen** immer wieder den Anschluss und **ver-suchen**, wieder zusammen zu sein, vielleicht aber in wechselnden Rollen ...
natürlich über den Zeitraum von Jahrzehnten und Jahrhunderten hinweg..."

An dieser Stelle möchte ich auf ein wunderbares Buch hinweisen:
Der Titel heißt:: „Ich lebe im jenseitigen Kinderreich“ von Sylvia Barbanell.
Wer dieses Buch gelesen hat, erfährt echten Trost und spürt das Reich der Liebe und des Lichts, in dem die Kinderseelen der jenseitigen Welt verweilen.
Ihre Aussagen belegen, dass sie dort weiterleben, zur vollen Größe heranwachsen und von liebevollen Lehrern unterrichtet werden.
Ich erlaube mir, aus deren Buchrückseite zu zitieren:
„Weine nicht, weil du meinst, du habest für immer die schönste Blume in deinem Garten verloren. In Wahrheit ist diese Blume in einen weit schöneren Garten versetzt worden, wo sie größeren Duft verbreitet und weit lieblicher ist, als sie es auf Erden je hätte sein können. Kinder „sterben“ im eigentlichen Sinne nicht, sondern leben in einer höheren Welt weiter... Und wann sie wieder zu uns zurückkehren, der Zeitpunkt, der Ort und die Umstände, zu dem ihre Seele sich wieder hier einfinden kann, das ist ein Geheimnis, das allein der Himmel „hütet“....!“

„Spion-Glas“................

Es gibt Fensterscheiben und auch Spiegelgläser,
die es erlauben, hindurch zu sehen, ohne selber aber gesehen zu werden.
Man kann den anderen beobachten und alles sehen, was sich auf der anderen Seite abspielt, selbst aber unerkannt bleiben. Man nennt diese Gläser auch **„Spion“.**
Ich habe einen solchen Spiegel entdeckt auf einer Theaterbühne, -
er hing ganz unscheinbar als Dekoration an der Wand.

Die Akteure können alles Geschehen auf der Bühne hinter der Wand mit verfolgen und haben dabei auch ihren ganz eigenen Spaß, wissen doch aber auch genau, wann sie ihren Einsatz haben.
Auch im Festsaal eines Gasthauses entdeckte ich einen solchen Spiegel.

Die Bedienungen wissen, wann sie gebraucht werden und der nächste Gang aufzutragen ist, sind bestens informiert über das, was sich „vorne“ abspielt. - Leider wird diese Möglichkeit unentdeckt zu bleiben und dennoch eigene Vorteile aus den Beobachtungen zu ziehen auch mit unguten Absichten verwendet, wie z.B. in Casinos oder anderen „zwie-lichtigen“ Einrichtungen...!

Wie auch immer, jedenfalls scheint mir die „Trennwand" zur geistigen Welt ähnlich gestaltet zu sein! Die Seelen im Jenseits haben wohl mehr Zugang zu unserer Welt und unseren Lebensräumen, als uns manchmal bewusst - manchen vielleicht auch lieb - ist. Sie können, wenn sie es für wichtig oder auch für notwendig halten, durch diese „Trennwand" hindurch sehen, manchmal auch schreiten, ohne dass wir das aber bemerken. Oder – liegt es gar nicht an dieser „Trennwand"?
Sind es nur unsere Augen mit dem fehlenden „Sehsinn" für die geistige Welt...?
Ich weiß es nicht....!

Wir weinen unsere Tränen und erleiden Kummer und Schmerz, und unsere Liebsten kennen diesen Schmerz und diese Sehnsucht nicht einmal, weil sie jederzeit, wenn ihnen danach ist, uns einen – heimlichen – Besuch abstatten können, sich oft - vor allem die kleinen Kinder – bei uns aufhalten, in unserer Nähe sind, mit ihren Geschwistern und Eltern, Verwandten mitleben, so oft und so lange es ihnen gut tut...
Unser Schmerz besteht darin, dass wir das nicht so einfach von uns aus können!
Es fällt uns schwer, die Brücke zu finden und über sie drüber zu gehen, um in das Reich unserer Liebsten zu gelangen. Dabei ist der Himmel uns so nah.....!

Dennoch dürfen wir und ganz sicher sein: **Immer,** wenn wir ganz tief die Liebe in uns spüren, die uns mit unserem Liebsten in der jenseitigen Welt verbindet, dann wird sie dort als starke warme Energie auch wahrgenommen.
Ich selber muss mir nur im Klaren sein: ist es der Schmerz, die Angst, die Trauer, die die Seele des geliebten Menschen nicht loslassen kann, weil es mir schwer fällt, alleine zu sein und es so furchtbar ist, das eigene Leben ohne den anderen leben und ohne ihn auskommen zu müssen, oder ist es die tiefe Liebe und Verbundenheit, die Dankbarkeit und die Freude, die mich hier in meinem Leben schon den „Himmel" erfühlen und erleben lassen ?
Aus unserer Tageszeitung: Zur Erinnerung zum 10. Todestag:

Immer, wenn wir von dir erzählen,
fallen Sonnenstrahlen in unsere Seelen.
Unsere Herzen halten dich gefangen, so, als wärst du nie gegangen.
Was bleibt, sind Liebe und Erinnerung.

Aus diesen Zeilen klingt es noch so schmerzhaft heraus:
Auch die Zeit kann oft keine Wunden heilen
und der Schmerz ist wie ein Stachel, noch so frisch und lebendig,
wie zu dem Zeitpunkt, als dieses Kind seine Familie verließ....

Ich wünsche dieser und allen Familien, die diesen Schmerz so tief in sich tragen, dass sie es erleben dürfen und erfahren können: es ist möglich, dass sich auch dieser Schmerz wandeln kann.

Sucht die Seele eures Kindes, sie ist nicht verloren, ganz im Gegenteil, sie ist euch vermutlich viel näher, als ihr es vermutet! Wenn ihr den Kontakt wiedergefunden habt, wenn ihr mit eurem Kind wieder sprechen könnt, - so wie ihr es immer getan habt ! - und erleben könnt, wie es ihm geht, wie lebendig es doch ist, dann werdet ihr spüren, dass es nicht mehr „not-wendig“ ist, mit eurem Herzen die Seele dieses Kindes mit samt allen Erinnerungen, die noch so lebendig sind, weiterhin „**gefangen**" zu halten.

Euer Kind kann euch jederzeit, wann es will – wie durch einen Spiegel – schauen und euch erleben, bei euch sein.

Wenn ihr es schafft, eine „lebendige“ Brücke zu bauen, auf der ihr jederzeit hin-und-her-wandeln könnt, dann kann sich auch euer tiefer Schmerz wandeln, ihr könnt ihn **los**-lassen, weil er sich nach und nach wirklich auf-**lös**-en kann.

Natürlich ist es eine der schwierigsten Aufgaben in unserem Leben, zu verstehen, warum ausgerechnet **unser „kleine Engel“** uns so früh schon wieder verlassen musste, warum ausgerechnet dieses Kind bereits seine „Aufgabe“ hier erfüllt haben soll.

Warum ausgerechnet wir an dieser harten Aufgabe geprüft werden und daran reifen müssen.
Und schließlich auch zu verstehen, welche Rolle und Aufgabe dieses Kind in unserem Leben hatte. Wir können nur beten, hoffen und vertrauen, dass wir vor solchen Prüfungen im Leben verschont bleiben!

„Wer das Reich Gottes nicht so annimmt wie ein Kind, der wird nicht hineinkommen..." (Mk 10,15/ Lk 18,17)

Ein kleines Kind ...
sein Körper zart,
zerbrechlich und hilflos,
doch sein Geist, seine
Seele wirkt oft wach,
munter und neugierig,
stark und manchmal
erstaunlich „erwachsen",
- und das mitunter von der
ersten Lebensminute an!

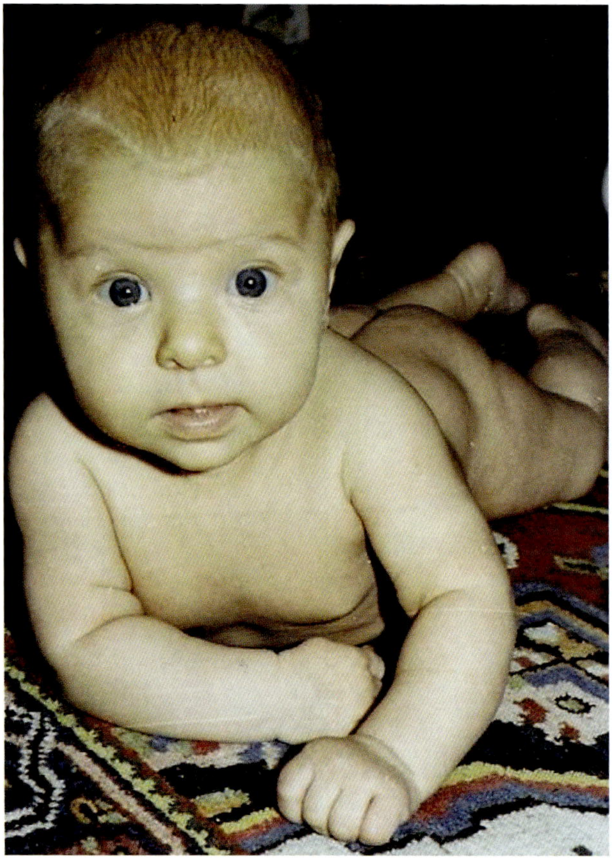

Es ist zuerst einmal
total abhängig:
von der körperlichen und
emotionalen Versorgung
seiner Mutter und der
Zuneigung von seinem
Vater.
Es lebt von der Liebe
und vom **unbedingten**
Angenommen sein.
Nur so kann es sein
Ur-Vertrauen entwickeln,
das ihm in seinem ganzen
Leben sein wichtiges
„Kapital" sein wird.

„wenn ihr nicht werdet wie die Kinder...."

....frei, offen, naiv, kind-lich, unbefangen,
ehrlich, gerade heraus, natürlich, vertrauensvoll,
ohne Angst und ohne Hintergedanken, neugierig,
mit einem absoluten Wissensdrang, unvoreingenommen, phantasievoll,
zeigt offen seine Gefühle und lebt aus seinem „Gefühl" heraus...
fröhlich oder traurig, lachend oder weinend...
Liebend, verschmust, verspielt, verträumt, hingebungsvoll im Spiel versunken,
kann es das Gefühl für Zeit und Raum verlieren, Magie und Wirklichkeit verbinden
sich und sind ganz natürlich mit der über-natürlichen, der geistigen Welt verbunden.

Das schönste Kinderzimmer eines Kindes ist das Herz, und das schönste Wohnzimmer : die <u>Zeit</u> der Eltern...!

Sie sind aber auch forsch, fordernd, unbequem, wütend, authentisch – der kleine „Rebell“ eben...

Und wissen meist sehr genau, was sie wollen...
Kinder ermutigen uns, aus dem „Gefühl“ heraus zu leben, diese zuzulassen...

Nein, nicht nur das:
sie fordern unsere Gefühle heraus.
Aber auch uns Erwachsene, und die alten Menschen auf, das **„Kind <u>in</u> uns“** zu nähren, zu lieben, es lebendig zu halten.

Kinder haben einen unbedingten „Sensus“ für das Wesentliche, für den Kern, die Wahrheit, sie spüren auf den „Grund der Dinge“.

Jesus liebte die Kinder über alles, ließ sie zu sich kommen und beobachtete sie: „Er nahm die Kinder in seine Arme, legte ihnen die Hände auf und segnete sie.“ (Mk 10,13). „Und er stellte ein Kind in ihre **Mitte**“, (Mk 9,36) - ganz demonstrativ! Er wusste, Kinder sind dem „Himmel“ sehr nahe, sie sind mit der geistigen Welt noch sehr verbunden... Er liebkoste sie und schätzte sehr ihre Eigenschaften.
Er selber war in seinem Herzen den Kindern sehr nahe, fühlte sich mit ihnen eng verbunden. Warum ? - Weil er sich stets selbst als „Kind Gottes“, als geliebtes Kind seines Vaters im Himmel wusste und erlebte, offen und empfangend, aufmerksam und mit einem wachen Blick für sich, für seine „Innenwelt“, aber auch für die anderen....
Wie sehr wichtig Jesus die Kinder waren, bezeugt seine Aussage: (Mt 18,10) :

Mach mal die Augen zu....!

Welche Erinnerungen
an meine eigene Kindheit
sind noch besonders
lebendig?
Wo, mit wem, war ich am
liebsten Kind?
Was machte mich glücklich
und unbeschwert?
Wovon träumte ich als Kind
besonders gerne?
Welche Spiele erfreuten mich
besonders?
Welche Freunde hatte ich?

Habe ich noch Erinnerungen
an bestimmte Träume in der
Nacht?
Kenne ich noch die Ängste
und die Tränen, die mir
schier das Herz zerrissen?
Kenne ich noch die Momente,
als Kind dem „Himmel"
ganz nahe gewesen zu sein?
Glück und Freude ganz
besonders spüren zu können?

Diese Momente und Zeiten,
sie glänzen wie kleine Edelsteine hindurch durch unser ganzes Leben...!

Je älter wir werden, desto lebendiger können solche Momente und Erinnerungen
aus der eigenen Kindheit wieder werden. Es reicht ein bestimmter Duft,
der Duft einer Blume oder der spezielle Geruch eines Hauses, eine Melodie
oder ein Lied aus dem Radio, ein Bild oder eine Landschaft –
und schon öffnen sich vor dem „inneren Auge" vielleicht ganze Szenen und
Geschichten, hören wir Stimmen aus längst vergangenen Zeiten,
Lachen oder Weinen, sehen wir Bilder, die wieder lebendig werden.
Das Gedächtnis ist wie ein lebendiger Speicher,
der durch Bilder und Reize immer wieder neu aktiviert werden kann.
Dinge, die scheinbar längst vergessen waren,
können Jahrzehnte später als „alte Erinnerungen" wieder er-wachen.
Längst vergessen und verstaubt, purzeln plötzlich wieder kleine „Puzzle-teile"
aus dem großen Mosaik der Kinderseele, werden wieder wach und lebendig.

Die Bilder sind wie Schätze aus der Vergangenheit, die uns Licht, oder aber auch Schatten sein können. Wenn ein Mensch aus seinem Innersten erzählt, „Wesentliches“ preisgibt, - Kinder können sich das merken!
Den Kern einer Geschichte, eines Märchens, die Wahrheit, wenn sie diese verstanden haben und es „klick“ gemacht hat, dann haben sie das über Jahre hinweg „intus“.
Ich erinnere mich an ein Schülertreffen meines Jahrganges vor 25 Jahren.
Als ich wieder Lehrer traf, die ich bereits in meiner 5. Klasse hatte, war mir plötzlich wieder in lebendiger Erinnerung, dass sie – so nebenbei – ganz Persönliches aus ihrem Leben ausplauderten. Dinge, die wirklich privat waren, aber die ich mir einfach gemerkt hatte, weil sie **„Wesen“-tlich“** waren...!
Nur konnte ich das in diesem Moment nicht mehr sagen, es wäre zu peinlich gewesen... Ich musste nur darüber lächeln!
Es hat sicher seinen guten Grund, wenn „alte und betagte“ Menschen wieder ganz besonders zu ihrem „Kind-sein“ zurück finden. Lachen und Weinen, sich so wirklich von Herzen freuen zu können, ein Herz, das richtig lachen kann und alles frei heraus sagt, was es fühlt, die Gedanken - frohe oder auch traurige – aussprechen zu können; einfach deshalb, weil es für sie wesentlich ist...!

Meine Kindheit - oder : mein „größter Seelen - Schatz“

Aus meiner Kindheit haben leider nur sehr wenige Erinnerungen „überlebt...“.
Natürlich weiß ich noch, wie mein Zimmer und unser altes Haus aussah, wie ich mit meinem Bruder Tom permanent „übers Kreuz“ war, denn er ärgerte mich ohne Ende. Aber ich habe sehr vieles einfach vergessen.
Von den Kinderjahren ist an Erinnerung nicht sehr viel geblieben.
Was mich aber heute immer noch fasziniert: - alle wir Kinder damals hatten weit weniger Spielsachen, Bücher und Fernsehprogramme, als das heute möglich ist!

Mit dem Wenigen, das wir hatten, lebten wir aber umso **intensiver**.
Ich hatte durch meine ganze Kindheit hindurch einen einzigen Teddybär, und den hatte mir mein Vater ganz zufällig von einer Mülldeponie mitgebracht. Er hatte dort Unrat abgeladen und beim Anblick dieses Bären musste er an mich denken.
Es war bei mir „Liebe auf den ersten Blick“. Meine ganze Mädchenliebe habe ich diesem einen Bären geschenkt. Ihn habe ich gewickelt, angezogen und liebkost, als wäre es mein eigenes Kind. Ich spürte damals schon eine große Mutterliebe in mir.
Noch heute – 40 Jahre später – sitzt dieser Teddy in meinem Bücherregal und schaut mich wie damals an, treuherzig und zufrieden.
Wir Kinder haben mit den wenigen Spielsachen nicht nur intensiver **gelebt**, sondern auch intensiver **geliebt**, als es heute vermutlich in vielen Familien – auch in meiner – möglich ist. Meine kleine Tochter hat nicht nur für ein Einhorn, eine Barbie und ein Spielpferd zu sorgen, sondern sie kümmert sich um ganze Großfamilien und um eine ganze Pferderanch, sowie eine Einhornherde, was ihr aber nicht immer gelingt.

Wenn ich an meine Kindheit zurückdenke – ich glaube, ich war insgesamt – was meine intensive Spielzeit anbelangt, sicher nicht weniger glücklich, vielleicht sogar zufriedener...! Was mir auch noch ganz lebendig erhalten geblieben ist, ist das „Gefühl". Auch das „Gefühl" der absoluten Vertrautheit, - einer Freundschaft mit meinem „unsichtbaren Freund", der „in mir" war, dessen Stimme ich immer „in mir" vernahm, dem ich alles sagen und mitteilen konnte – eine echte Freundschaft also, die ich von klein auf als ganz natürlich empfand und auch sehr ernst nahm.
Es war das Gefühl, ich konnte mich auf ihn verlassen, auch wenn ich vieles nicht verstand. Ich fühlte mich geliebt und behütet, und es war mir eine Freude im Herzen zu wissen, dass ich „zwei Väter" hatte, meinen Papa und einen im „Himmel"....

Heute würde ich sagen, es sind die „spirituellen" Erinnerungen, die mich prägten und die in mir bis heute noch ganz lebendig sind.
Sicher vergisst man Vieles, aber selbst das Vergessene ist nicht verloren, sondern gut eingespeichert in unserer Seele.
Gut erhalten wie in einer netten alten „Schatzkiste", in der ich gerne noch krame und aus der mir noch ganz viel Licht und Liebe in mein Herz fließen. Denn diesen Schatz konnte mir und kann niemand auf dieser Welt nehmen noch zerstören, auch wenn die Umstände nicht immer die Einfachsten waren.

Bereits als Kind verspürte ich ein inneres Bedürfnis, ein Zimmer ganz alleine „für mich" zu haben. Dieser Wunsch allein ist nichts Besonderes, doch ich wollte in diesem Zimmer ganz „mit dem lieben Gott allein" sein können, ungestört mich mit ihm unterhalten können, mit allem, was ich auf dem Herzen hatte.
Über dieses Ansinnen sprach ich mit niemandem, ich packte einfach an und das Schöne war, niemand störte mich dabei. Meine Eltern hatten alle Hände voll zu tun auf unserem Hof und auf den Feldern, und meine drei großen Geschwister ließen mich in Ruhe, - sogar Tom, mein Bruder interessierte sich nicht für dieses mein Tun. –
Sie hatten andere Spiele oder mussten auch oft den Eltern helfen. Ich als Nesthäkchen wurde da oft noch verschont und hatte da meine eigenen Freiheiten .
In unserem großen alten Bauernhaus gab es ein altes „Knechten-zimmer".
Jahrzehnte zuvor waren vermutlich in diesem Zimmer der Hofknecht oder eine Magd untergebracht. Doch geschlafen hatte nie eines von uns Kindern in diesem alten Zimmer. Es roch nach feuchten Wänden und der Boden war voller Schachteln, die mit alten Klamotten und Schuhen herumstanden. Eines Tages, - ich war etwa 5 Jahre alt, schob ich alle diese Schachteln in eine Ecke, warf eine alte Decke darüber, sammelte alle Sterbebilder in den Gebetsbüchern die im Haus aufzufinden waren und klebte die leeren Wände mit all diesen „heiligen" Bildern voll.
Niemand suchte mich in diesem Zimmer und wenn, dann war es klar, dass ich „spielte". Auf eine große Schachtel stellte ich eine Vase mit frischen Zweigen von Kastanien-blüten, sowie einen herrlich duftenden Flieder und schon schaute es festlich, - fast nach „Kirche" aus. Wenn ich nun „meine Kammer" betrat, dann roch es schon nicht mehr so modrig, sondern der feine Blütenduft empfing mich und lud mich – ein kleines Mädchen mit langen blonden Zöpfen- ein, einfach beim „lieben Gott" zu sein. –

Heute noch, wenn ich an blühenden Fliederbüschen vorbeikomme und dieser Duft in meine Nase dringt oder wenn ich den voll erblühten Kastanienbaum bewundere, erinnere ich mich gerne an den Duft in „meiner" Kammer....

Dann holte ich mir ein altes Schulheft meiner großen Geschwister, in dem noch ein paar letzte Seiten leer waren und kritzelte – da ich schon lesen und schreiben konnte, in meiner eigenen „Schreibstube" dem lieben Gott meine ersten persönlichen Briefe. Ich ging vielleicht gerade in die Schule, da malte ich mit einem Bleistift gerne an großen Flächen herum. Nicht, weil ich generell herumschmierte und die Wände vollmalte, sondern weil ich mein „inneres Bild" irgendwie nach außen bringen, sicht-bar machen wollte. Unser Garagentor verschönerte ich mit „meinen Kürzeln", einem Symbol. Weder meine Geschwister noch meine Eltern verstanden dieses Zeichen und sie fragten auch nach keiner Erklärung...

– Es war einfach: „mein Zeichen".
Drei Kreise, die einander berührten und miteinander ein Dreieck bildeten. –
Zeichen der Einheit von Vater, Sohn und HL. Geist.
Ich kann mich nicht mehr erinnern, wann und wo, vermutlich in welcher Kirche ich dieses Zeichen gesehen hatte, wichtig war aber, dass ich es verstand .
Es bedurfte mir keiner Worte, weil dieses Symbol ein Teil von mir selber war und ich diese „Einheit" in mir selber spürte. Das Zeichen der Liebe, die von Gott kam und auch ganz lebendig war....
Es war immer da in mir, so weit ich als Kind zurück denken konnte.
Und es machte mir Spaß, all meine Erlebnisse mit diesem „lieben Gott" zu teilen, ob auf der Schaukel oder beim Baumklettern oder beim Spielen am Bach.

Zu unserem Grundstück gehörte ein riesiger Kastanienbaum, den ich schon mit sieben Jahren erklettern konnte. Die starken großen Äste wölbten sich so auseinander, dass ein Innenraum, ein Durchgang entstand. Diesen Platz liebte ich besonders.
Die ganze Energie dieses machtvollen Baumes schien mich einzuhüllen und mich in seinem „Innenraum" zu bergen. Im Sommer, wenn der Baum seine Blätter und Blüten entfaltete, konnte ich mich in diesem Baum so verstecken, dass mich niemand sehen und entdecken konnte.
Ich genoss es, für andere einfach nicht „da" zu sein , sondern nur für mich zu sein, an einem geheimen Ort, der für andere so nicht zugänglich war. Gleich aus dieser „Höhle" ragten zwei Queräste, auf denen ich mein Sitzbrett anbrachte.
Dieser Platz war „mein" Lieblingsplatz und jedes Mal, wenn ich mich auf dieses Brett setzte und meine kurzen Beine nach unten „baum"-el-n ließ („El"= der alte biblische Gottes-name), da wusste ich, jetzt ist auch der liebe Gott ganz nahe.
Ich sagte ihm, dass ich jetzt wieder da bin und wir über „alles" reden könnten....

Auch das Schweigen war gefüllt mit Da-sein und Freude, mit Liebe und Fröhlichkeit.
Diese Religiosität war „in“ mir, ich hatte sie bereits in dieses Leben mitgebracht, - für mich war und ist es keine „Sache der Erziehung“, obwohl meine Mutter mit uns Kindern abends im Bett stets noch das „Vater unser“ sprach.
Mich störte es nicht, dass sie mit uns dieses Gebet sprach,
aber mir waren meine eigenen Gebete lieber, da konnte ich einfach frei drauf los reden und ich wusste, dass der liebe Gott meinen Gedanken immer und jederzeit folgen konnte und sie auch verstand.

Heute noch empfinde ich es so, dass die eigenen Gedanken, Worte und Bitten,
die direkt aus dem eigenen Herzen kommen, auch die Wertvollsten sind.
Denn das bin ich selber, **ganz ich** und so will mich Gott haben,
so wie ich bin, mit allem, was in mir ist und lebt....
Besonders faszinierte mich als Kind der alte Film von „Don Camillo und Peppone“, weil der liebenswürdige und manchmal auch etwas schrullige Pater Don Camillo so unbefangen mit seinem „Herrn am Kreuz“ sich unterhalten konnte.
Ich fand es toll, dass Camillo seinen Jesus so richtig als Stimme hören konnte, sich unterhalten, ihm seine Fragen stellen, manchmal auch disputieren konnte und immer eine Antwort erhielt.
Bekam er mal keine Antwort, so hatte auch dies seine Bedeutung....
Jeden Abend – als ich im Winter oft frierend – in meinem Bett lag, schlief ich nicht eher ein, bevor ich „ihm“ nicht in allen Einzelheiten alles erzählte, was sich von morgens bis abends ereignete.
Alles nacheinander, so wie meine Erinnerung es freigab.
Alles, was mich bewegte, - all das, was sich in meiner Seele angesammelt hatte, wurde in meiner „inneren Stimme“ zum Gespräch, zum Gebet.
Denn der liebe Gott war ein Teil von mir selbst, wohnte in meiner Seele.
Vielleicht war ich 4 oder 5 Jahre, da schlug ich die Bettdecke auf und sagte...,
„Jesus, komm spring rein ins Bett..“, und ich hüpfte hinterher,
schlug die Bettdecke zu und war glücklich und zufrieden.

Jedes Ein-schlafen ist ein „Hinüber-gleiten“ in eine andere Welt....

Im all-abendlichen Einschlafen kann ich es „ein-üben“,
dieses Los-lassen, das „Hinüber-gleiten“ in die andere Welt.
Bin ich ge-löst, ge-lassen und ruhig, wenn ich mich abends „zur Ruhe bette“...?
Oder angespannt, unruhig und nervös...?
Kann ich den Tag gut hinter mir lassen, kann ich getrost auch die unerledigten Dinge, alle Fragen und Sorgen, auch das Schwere und das Leid das mich vielleicht bedrückt, vertrauensvoll „ab-geben“, sie in die Hand eines „liebenden Gottes“ legen und mich fallen lassen in einen tiefen und erholsamen Schlaf, - bereit für eine kleine Reise und ein paar kleinen „Abenteuern“, wenn ich mit meinen Träumen mitziehe für eine kleine nächtliche Weile...?

Habe ich das volle Vertrauen, dass alles gut ist und „die Engel mich behüten", während ich schlafe ? In dem Wissen, dass ich sicher wieder aufwachen werde, um mich zu erfreuen an diesem meinen Leben...?
Nacht für Nacht kann ich das einüben....
Denn das „Einschlafen" hat ein ganz klein bisschen was vom „Sterben", das nichts anderes ist als ein „Wechseln der Räume", wenn man es so sehen will und kann....
Meine innere religiöse und spirituelle Haltung sagt viel dabei aus...

Ein-schlafen und **Ent**-schlafen sind wie zwei „Zwillings-Brüder", die sehr verwandt sind miteinander. Ich bin mir sicher, dass das „Zufallen der müden Augen", also der „Übergang" vom Wachen zum Schlafen und auch zum Träumen genauso „fließend" und auch schmerz-los verläuft, wie es beim „Übergang" im Vorgang des Sterbens geschieht.
Oder hast du schon einmal davor Angst gehabt, in einen tiefen Schlaf zu fallen und davor, in das „Land deiner Träume" zu wandern.... ich glaube, das würde dir doch nicht „im Traume einfallen" – oder ?

Ich kann es nur empfehlen, weil ich es - so lange ich nur zurückdenken kann - selber so erlebt habe... beim Einschlafen beide Hände im oberen Brustbereich aufeinander zu legen und den Frieden, der Liebe im eigenen Herzen nach zu spüren, allen Gedanken die noch da sein wollen (auch wenn sie nicht immer friedliche sind) da sein zu lassen, alles für sich auszusprechen, was noch wichtig ist und „abzulegen" in die gute Hand eines „Größeren", in dem Vertrauen, dass alles gut, ja bestens dort aufgehoben ist und wir sicher geführt werden...

Das ganze Leben ist ein Lernen, „Los-zu-lassen"....

„Als ich ein Kind war, redete ich wie ein Kind, dachte wie ein Kind und urteilte wie ein Kind. Als ich ein Mann wurde, legte ich ab, was Kind an mir war."
(1 Kor 13,11).. Das Los-lassen-können ist Teil unseres Lebens,
- nur wer los-lassen kann, kann sich auch entwickeln, „er-wachsen" werden...
Aber es bedarf nicht, die eigene Kindheit **los-zu-lassen**, sondern nur, dass ich **zu-lassen** kann, dass sich Dinge und auch Sichtweisen, ja, ich mich selbst verändere...
Dieses Los-lassen oder Zu-lassen können betrifft aber nicht nur unsere eigene Kindheit, sondern vor allem auch: die eigenen Kinder: Wer selbst Kinder hat, weiß, wie schnell sie groß werden - und: sie haben ihren eigenen Kopf und ihre ganz eigenen Vorstellungen. Und das meist schon von Anfang an!
Meine Kinder hatten sogar schon im Bauch oft das „Sagen"...
Sobald ich mich im Bette auf die „falsche" Seite legte, gab es kräftigen Protest.
Zwar nicht mit Worten, sondern mit deutlichen Tritten an die Bauchdecke !
Erst dann, wenn ich mich wieder auf die andere Seite wälzte, war wieder Ruhe....

Auch die „Flügel“ bringen die Kinder schon von klein auf mit. Sie wollen selber fliegen lernen, mit ihrem eigenen Willen und mit einem eigenen Ziel.
Darin sollten wir sie unterstützen, so gut es eben geht, und von unseren Wünschen und Vorstellungen los-lassen, - so gut es eben geht. Die Kinder entwickeln sich manches Mal anders, als wir das so gerne hätten. Auch dies gehört zur „Kunst des Lebens“, Kompromisse zu finden, die beide Seiten – Eltern und Kinder gut leben lassen.
Nur wenn ich meine Kinder los-lassen kann, bleiben sie mir erhalten.
Da gilt es für die Eltern nicht selten, manch „bittere Pille“ zu schlucken.
Wir müssen hinnehmen, dass unsere Kinder nicht dafür da sind,
unsere Wünsche & Erwartungen zu erfüllen, sondern dass ihre Aufgabe es ist,
in erster Linie, **„sich selbst“ zu werden**, ihre eigene „Spur“ zu finden,
das „Ureigenste“, das in ihnen steckt – das sie bereits in dieses junge Leben mitgebracht haben, zu entwickeln und zu entfalten.

„Solange die Kinder klein sind, gib ihnen Wurzeln....
wenn sie groß sind, gib ihnen Flügel“, sagt ein Sprichwort.

Das alleine ist schwer genug....!
Und meist eine Aufgabe, die ein ganzes Leben in Anspruch nimmt...!
Auch die Kinder müssen loslassen von ihren Erwartungen an ihre Eltern und Freunde, an die Möglichkeiten, ihre Ziele im Leben umzusetzen.
Kompromisse gelten immer für zwei Seiten....
Eine glückliche Fügung ist es,
wenn die Erwartungen beider Seiten sich decken und übereinstimmen.
Doch dies kann ich nur erhoffen, nicht aber erwarten, am wenigsten erzwingen.
Die Kinder haben ihre ganz eigene „Initial-Zündung“!
Ihre eigene Zeit, Dinge und Ideen für sich zu entdecken,
„Schlüssel-Erlebnisse“, die weg-weisend für ihre weitere Richtung sein können...
Im Wagen und Versuchen, im Testen und Erproben müssen sie selbst herausfinden:
das will ich und jenes will ich nicht, das passt zu mir und dort fühle ich mich nicht wohl.... Ebenso wie wir Erwachsene...

Kinder, die mit Tieren aufwachsen,
machen zudem ihre – oft ersten - schmerzhaften Los-lass-Erfahrungen,
wenn ihr Häslein, die Katze oder der Hund, vielleicht ihr Lieblingspferd stirbt
oder eingeschläfert werden muss... Kinder, die ihre ganze Liebe „ihrem“ Tier-freund geschenkt haben und dafür das volle Vertrauen und die Treue dieses absoluten Freundes erworben haben, - für sie ist dieses Los-Lassen eine furchtbar schmerzvolle Sterbe-Erfahrung. Abschied nehmen, weg-geben, zurück-lassen
und dann erst wieder mit der „Lücke“ fertig zu werden...

Unfreiwilliges Los-lassen müssen – das ist „Sterben“
und das tut weh...

Trauer und Schmerz werden manchmal über Jahre hinweg gefühlt.
Ich kann meinen mittlerweile erwachsenen Sohn Manuel gut verstehen, wenn er an seinem Kleiderschrank immer noch ein Bild von seiner Lieblingskatze kleben hat, die gut 10 Jahre zuvor auf der Strasse überfahren wurde.
Immer noch träumt er von „seiner" Mümmeli und vermisst sie sehr...
Da viele Kleintiere keine hohe Lebenserwartung haben, müssen Kinder- samt ihren Eltern – diese „Sterbe-Erfahrung" machen...und das nicht nur einmal, sondern immer wieder.... Das gilt ebenso für Erwachsene: wer sich einlässt auf eine Freundschaft, auf eine Verbindung und sein Herz öffnet, der muss wissen:
Wer liebt, sollte auch bereit sein, wieder los-lassen zu können.
Und das kann bei Tieren – leider – manchmal sehr schnell gehen.
Unser erster Hase Flocki, den ich meinen Kindern schenkte, war ein echter Schmuse-Hase. Die Kinder machten ihren Mittagsschlaf mit ihm in der Hängematte und wenn man ihn am Finger oder an der Hand schnuppern ließ, schleckte er seine Zuneigung über den ganzen Arm hinauf. Er hoppelte einem nach und ließ sich dort nieder, wo die Kinder waren. Doch er wurde nicht alt. An einem schönen Sommertag fing er morgens zu schniefen und zu husten an, abends legte er seinen Kopf einfach in meine Hand und streckte sich. Er war tot.
Ich schickte die Kinder abends ins Bett und sagte zu meinem Hasen...
„Lieber Flocki , ich kann zwar absolut nicht verstehen, was das soll, dass du uns so schnell schon wieder verlassen musst. Ausgerechnet du, unser aller größter Liebling...!
Sei mir bitte jetzt nicht böse, wenn ich dir dein schönes Fell abziehe...
Ich will einfach eine Erinnerung an dich behalten, für mich und unsere Kinder.
In deinem schönen Fell sollst du bei uns weiterleben..."
Noch nie zuvor hatte ich das getan, einem Tier das Fell abzuziehen. Während ich es tat, redete ich in Gedanken mit ihm, dankte ihm für seine Liebe und Freundschaft.
Heute liegt sein schönes weißes Fell auf meinem Klavierhocker.
Jedes mal, wenn ich mich ans Klavier setze, um zu spielen, weiß ich mich auch in Liebe und Dankbarkeit mit dem besten Hasenfreund verbunden, den wir je hatten....
Manchmal nimmt meine Tochter dieses Fell abends mit in ihr Bett, als Schmusefell oder legt es unter ihren Kopf zum Einschlafen...

Als Manuel sein erstes –braun geschecktes- Pony Susi bekam , - es war „Liebe auf den ersten Blick..."- musste er bereits nach 5 Tagen diese schmerzhafte Erfahrung des wieder Los-lassens machen – und wir mit ihm....
Er hatte sein Pony mit dem Halfter auf die Pferdeweide geschickt.
Unter einem großen Weidebaum ragte ein kleines 20 cm hohes Rohr nach oben, über das ich schon oftmals fast gestolpert wäre, aber es niemals abgesägt hatte.
Just an diesem Rohr wollte sich Susi vermutlich kratzen, hatte sich unglücklicherweise an ihrem Halfter eingehängt und wollte sich in ihrem Schrecken davon befreien, indem es mit aller Kraft seinen Kopf zurückstieß.
Es hatte sich das Genick gebrochen und war vermutlich sofort tot.
Als Manuel ein paar Stunden später „seine" Susi von der Koppel holen wollte, rief er laut schreiend ins Haus...„Kommt alle! Susi liegt am Boden und rührt sich nicht mehr...!"

Wir ließen alles liegen und stehen, und sahen das Unfassbare.
Kein Wiederbelebungsversuch half mehr.
Ich konnte Susi natürlich nicht das Fell abziehen, aber ich schnitt ihr einen schönen Zopf aus ihrer Mähne und hängte diesen über Manuels Bett.
Dieser Zopf hängt heute noch da und half meinem Sohn etwas mit der Trauer klar zu kommen. Aber ich glaube, ein kleines Trauma von diesem schrecklichen Erlebnis ist nicht nur meinem Sohn, sondern auch in unserer ganzen Familie geblieben...
Immer noch, wenn wir unter diesem Weidebaum hindurch gehen, sehen wir dort dieses wunderschöne Pony tot am Boden liegen.....

Los-lassen...., mitten im Leben, immer und immer wieder müssen wir damit klar kommen...

Loslassen, Abschied nehmen, sich trennen zu müssen von Liebgewordenem, - diesen schmerzhaften und oft langwierigen Prozess muss nicht nur jemand durchmachen, weil ein Mensch oder ein geliebtes Tier stirbt....
Ich denke an die vielen Scheidungskinder und deren Eltern:
jede 2. Ehe geht durchschnittlich in unserem Lande zu Bruch.
Irgendwann kommt der Zeitpunkt, die eigenen Kinder mit den Konsequenzen vertraut zu machen, zu konfrontieren und für viele – wenn auch meist völlig unverschuldet- bricht von einem Tag zum anderen eine **ganze** Welt zusammen.
Viele Fragen müssen nun ganz neu beantwortet werden:
„Wo gehöre ich nun hin? Wo sind meine Wurzeln?
Könnt ihr in Frieden auseinander gehen oder werde an mir verbitterte Machtkämpfe ausgetragen? Liebt ihr mich noch genauso wie zuvor?
Wie kann ich trotz all diesen Umständen ein glücklicher Mensch sein und verhindert werden, dass ein Riss in meiner Seele bleibt?"
Für diese Kinder wird die Erfahrung des Abschiedes von einem gewohnten Leben, die Trennung eine ganz persönliche – meist sehr schmerzhafte Erfahrung, die aber auch einen Neubeginn und eine neue Chance bergen kann.

„Los"-lassen ....

Junge Männer im besten Alter verlieren ihre Haarpracht, - manchmal noch bevor sie ihr Leben fest im Griff oder eine Partnerin für ihr Leben gefunden haben.
Das ist für viele sehr frustrierend.
Junge Paare, die sich nichts sehnlicher wünschen als ein kleines Baby, müssen schmerzhaft erfahren, dass man das „kleine Glück" am wenigsten „herbeizwingen" kann.
Jedes krampfhafte Festhalten dieses Wunsches bewirkt noch viel mehr das Gegenteil.
Unser Leben ist in vielem „paradox"....!
Erst dann, wenn dieser Wunsch erst wirklich ganz „losgelassen" wurde, - und das passiert bei manchen tatsächlich erst dann, wenn sie die Vorstellung, ein eigenes Baby bekommen zu können wirklich vollkommen „abgeschrieben" haben, erst dann, ganz plötzlich und unerwartet geschieht das Ersehnte: die Frau wird schwanger.

Einschränkungen jeglicher Art zwingen uns immer wieder zum Los-lassen
unserer eigenen Vorstellungen: da studieren junge Menschen jahrelang für ihren Beruf als Arzt, Anwalt, Lehrer, Ingenieur, Pfarrer oder, oder....
und haben ihre Ideale, Visionen und schönen Vorstellungen.
Und: stellen später fest....Verordnungen und Paragraphen zwingen einen, viel zu viel Energie für meist scheinbar belanglosem „Kleinkram" zu investieren....
„Dafür hatte ich doch eigentlich nicht so lange studiert...", sagt frustriert der eine oder andere...und es bleibt nichts anderes, als sich nicht nur der „schönen Perle" zu erfreuen, sondern auch mit dem ganzen anderen „Acker klar zu kommen"....

Wie viele Menschen sind versucht, ihre Hoffnungen auf einen tollen Start in ihr Berufsleben bereits wieder zu begraben, noch bevor sie richtig einsteigen können?
Nach der 20. Bewerbung, für die sie eine Absage erteilt bekamen, sagen sie irgendwann völlig frustriert: „Das hat doch keinen Sinn, das kann ich mir abschminken!"
Sie suchen – noch mit Idealen und einer guten Portion Optimismus – ihren Platz in dieser Gesellschaft und werden von Anfang an mit Begrenzungen ausgebremst.
Vorsätze, kleinere oder größere, die man einfach nicht schafft, sie umzusetzen, sei es, weil man sich vornimmt, in jedem Monat ein kleinen Betrag auf „die hohe Kante" zu bringen, um doch wieder am Ende des Monats feststellen zu müssen, alle Bemühungen, sie haben doch nichts genützt, weil das Leben einfach auch diese kleinen „Beträge" aufzehrt. Oder Vorsätze von „ich will jetzt endlich mal abnehmen, um mich wieder wohler zu fühlen". Vielleicht, nach den ersten Erfolgen merkt man, es setzt sich doch wieder das alte Gewicht durch....
immer wieder müssen wir damit klarkommen, wir mühsam es ist, los-zulassen...

Die Erfahrung, „erfolg-los" zu bleiben, in der Schule oder im Beruf, das eigene Bemühen, alles zu versuchen und zu geben, mit bestem Willen und aller Kraft, um doch wieder fest zu stellen... „es hat doch nichts gebracht...."
Das ist eine harte Schule des Loslassens...
Seine Arbeit zu verlieren, das Gefühl haben, abgeschoben und abgeschnitten zu sein von den Anderen, sein ganzes Wissen und seine Berufserfahrung „auf Eis" legen zu müssen, sein eigenes Potenzial nicht leben und verwirklichen können, das Gefühl haben, die Lebenszeit verstreiche ungenutzt oder sinn-los.
All diese Erfahrungen sind harte und schmerzhafte Prüfungen des „Los-lassens".

Ungelebtes Leben, unfreiwilliges \`Los-lassen´ müssen, - das sind Erfahrungen des \`Sterbens´- ...

Wer in den Banken aus und eingeht und die umfangreichen Immobilienangebote studiert, kann Zeuge werden von vielen traurigen Fällen, in denen schöne und wertvolle Häuser, bzw. Wohnanlagen –manchmal völlig unter ihrem Wert – ver-äußert werden (müssen). In wie vielen Zwangsverkäufen verbergen sich ganze Tragödien, Beziehungskatastrophen, zerbrochene Lebensträume!?
Unfreiwilliges, schmerzhaftes Loslassen, das ist \`Sterben´-müssen.

Loslassen kostet weniger Kraft als Festhalten, und doch ist es viel schwieriger...!

Los-lassen im Alltag, und in unserem all-täglichen Er-leben:

Diese „Schule des Los-lassens" prüft uns immer wieder, fast täglich, mitten in unserem Alltag. Ein kleines Beispiel dazu: vor ein paar Jahren gab ich noch einige Stunden Nachhilfe-Unterricht in Englisch. An einem Nachmittag gab ich mir besondere Mühe, weil bei meinem Schüler eine Schulaufgabe anstand. Zwei Stunden lang bemühte ich mich, alle Vokabeln und die Grammatik zu wiederholen. Mit einem sehr zufriedenem Gefühl verdiente ich 30 €, verließ aber eilends dieses Haus, denn meine Kinder zu Hause wollten mich ja auch wieder „haben". So drückte ich mehr als sonst auf das Gas und wurde mit Tempo 61 bei Ortsausgang geblitzt. So war ich diesen Betrag sofort wieder los. Meine Arbeit wurde auf der Stelle wieder „umge-münzt"....!

Männer und Frauen müssen LOS-LASSEN,
wenn mit den Jahren ihre „jugendliche Dynamik" nachlässt, die Haare sich grau färben, ihre Power und Kraft einbüßen, was vielen zu schaffen macht und nicht selten auch mit manchen Depressionen einher geht, unsere Gedächtnisleistung deutlich und spürbar nachlässt. Wenn Wechseljahre sich bemerkbar machen, bei Frauen wie auch bei Männern, ein neuer Lebensabschnitt eingeläutet wird.
Das Leben selbst ist manchmal unser „strengster" Lehrmeister.
Überraschungen, die das Leben unvorhergesehen durchkreuzen, zwingen mich vielleicht Altes, meine Vorstellung und Hoffnung loszulassen, machen aber wohl auch einen Weg frei, damit ungeahnte Möglichkeiten sich eröffnen können, mit denen ich so niemals gerechnet hätte.

Partner müssen sich in gegenseitigem Vertrauen los-lassen können,
damit jeder seinen eigenen Weg, seine eigene Mitte finden kann.
Jugendliche ebenso wie Erwachsene, die Angst haben ihre Partner zu verlieren,
sich klammern und festhalten, gehören schneller zu den Verlierern als sie es
ahnen... Ein Glück lässt sich nicht festhalten, so man es will, zerrinnt es in den
eigenen Händen,- das materielle Glück wie das Liebes-Glück.
Dieses „Paradoxe" ist es oft, das uns nicht leicht fällt zu verstehen:
der Partner, die eigenen Kinder, das Liebesglück,
es bleibt uns nur dann erhalten, wenn wir auch bereit sind, diese los-zulassen!

Nur im Los-lassen erfahre ich, was wirklich „Geschenk" ist,
denn ich bekomme wieder alles zurück, aber in „ver-wandelter" Form.
Wenn ich mein Glück nicht an mich reißen muss, um es fest zu halten,
dann kommt es von selber auf mich zu, um mich zu beschenken,
zu bereichern. Wer einwilligt in das „Los"-lassen, kann auch die Angst „los"-werden!
Die Fülle des Lebens bietet sich, wenn ich meine Hände und mein Herz öffnen kann
in Vertrauen auf den, der mir alles schenkt und die Sehnsucht in meinem Herzen
zu stillen vermag.

Los-lassen ist manchmal so wichtig!

Alte Themen, die immer noch ihre Schatten in mein Leben hinein werfen,
„Alt-Lasten", für die es höchste Zeit ist, sie los-zu-werden,
um meine jetzige Lebenszeit nicht noch länger damit zu verbringen.
„Heute würde ich so vieles anders machen....!", denke ich mir selber sehr oft.
Ja, ich kann und will die Zeiten nicht mehr zurückdrehen und ich gestehe mir selber ein:
„damals" konnte ich nicht anders, denn ich handelte so, wie ich es damals eben verstand,
nach bestem Wissen, in gutem Willen und in bester Absicht.
Also lerne ich, mir selbst zu verzeihen, lasse diese „alten Themen" endlich los,
lasse sie „gut" sein und trauere diesen „alten Dingen",
die ich heute sowieso nicht mehr ändern kann, nicht mehr nach!

Los-lassen kann helfen, die Dinge wieder neu zu sehen und mein Leben
um vieles zu erleichtern. Und es kann mich davor bewahren,
dass ich unbewusst alte „unerledigte Themen" an meine eigenen Kinder oder
an die Menschen weitergebe, mit denen ich mein Leben verbringe und sie mit
Dingen be-Laste, die meist wirklich nichts damit tun haben!

Wenn ich um einen lieben Menschen trauere, sollte ich lernen,
diesen Schmerz los-zu-lassen, mich nicht an ihn zu klammern.
Dieser Schmerz lähmt nicht nur mich und hindert mich daran, mich weiter-zu-ent-wickeln, sondern mein Festhalten an diesem Schmerz hindert wohl auch den Menschen - den ich so sehr liebe - in der jenseitigen Welt, seine eigenen Schritte weiter zu gehen.
Meine Tränen machen auch ihn traurig und binden ihn mehr an meine Welt mit all den damit verbundenen Emotionen, als es gut ist für ihn. Sie hindern ihn, weiter zu ziehen in das Land, das keine Grenzen kennt und halten ihn zurück.
Die Seele will dem Licht folgen, kann aber nicht.
Es ist ein wahrer Liebesdienst, den wir unserem Verstorbenen erweisen können,
wenn wir es schaffen, im Gebet dieser Seele so viel Licht und Liebe zu schicken,
damit sich auch unser Schmerz wandeln kann.
Wer in diesem Sinne los-lassen kann, bekommt sicher alles zurück – und zwar
vielfach, wenn auch „anders"... Wenn ein Kontakt – vielleicht durch ein Medium –
mit meinen Liebsten zustande kommen kann, wenn ich diese Seele erleben darf,
meine Fragen stellen und den Segen des Trostes spüren darf,
dann fällt es viel leichter, meine Trauer und meinen Schmerz loszulassen.
Dann kann ich Altes los-lassen, weil ich den Segen des „Neuen" in mir spüre!

„Groß-Eltern-Träume" los-lassen tut weh !

So manche 50 oder 60 – er, die bereits Kinder haben um die „30" und nun
in der „Warteschleife" stehen, um „**GROSS**"-Eltern werden zu dürfen...
„Dafür, dass ich heute stolzer Vater dreier Söhne (alle über 30!) bin, konnte ich in
meinen jungen Jahren selber einiges tun.

Aber dafür, dass ich heute stolzer Groß-vater sein möchte, kann ich leider nichts mehr unternehmen...!", sagte mir Bernd, 63. Sie werden langsam, aber sicher unruhig und nervös, weil sich bei ihren Kindern einfach nichts „tut"... Jene sind längst im heirats-fähigen Alter, denken aber immer noch nicht daran, einen festen Partner fürs Leben zu suchen. Darüber, ob sie mal eine Familie gründen wollen, haben sie noch keine klare Meinung...

Mir fällt nicht nur ein Ehepaar, sondern gleich mehrere ein: sie sind stolze Rentner, genießen ein gesichertes Leben und längst ihre neue Freiheit: aber ihnen fehlt nur eines zu ihrem vollkommenen Lebensabend: das erfüllende Glück, „Groß-Eltern" werden zu dürfen! Bei einer Geburtenrate von durchschnittlich 1,27 Kindern pro Familie (in Deutschland) bleiben so manche Familienstämme ohne Nachkommen!

Marianne und Reinhard: Die einzige Tochter eröffnet die Botschaft vom Glück ihrer großen neuen Liebe. Das Elternhaus wird neu umgebaut, ein Kredit aufgenommen und alles dafür getan, dass sich das junge Paar dort wohlfühlen kann. Sie heiraten, jeder arbeitet erfolgreich in seinem Beruf und dann kommt die verkündete (Hiobs)-Botschaft: **wir wollen keine Kinder**! Wir wollen, dass alles so bleibt, wie es ist.
Unser schönes Leben in trauter Zweisamkeit, der Erfolg im Beruf, unsere Freizeit und auch unsere Freiheit, die Ruhe unterm Dach: das ist unsere Vorstellung vom perfekten Glück! Aber zugleich das Unglück zweier Elternpaare, denen das „Groß-Eltern" werden **„dürfen"** einfach versagt bleibt.

Ich denke, es gibt kein größeres Geschenk der „Jungen" an die „Alten":
ein Geschenk der „Wandlung", der Erneuerung durch ein kleines , junges Leben, -
das Geschenk, lieben zu dürfen und geliebt zu werden von einem kleinen, zarten Wesen.
Ich glaube, manchmal sind sich die selbstbewussten „Jungen" gar nicht so bewusst, was sie ihren eigenen Eltern damit antun, welche wichtige Erfahrung im „Herbst" des Lebens jenen wirklich versagt bleibt, - auch das Gefühl, dass das Leben „SINN" und Zukunft hat!
Ich denke daran, mit welchem Stolz meine Schwiegereltern unser fünftes Baby im Kinderwagen durch ihr Dorf geschoben haben und wie gerne sie heute noch ihren „ganzen Stolz" präsentieren. Unser kleiner Pauli, der ihrem Sohn am ähnlichsten von all unseren Kindern ist. Da kommen wieder so viele alte Erinnerungen hoch....:
„Weißt du noch, wie es damals war vor über 40 Jahren, als wir unseren kleinen Mike im Kinderwagen durch unser Dorf schoben...?
Unser Glück und unsere Freude, unser ganzer Stolz. Alle diese Gefühle, sie wurden jetzt wieder wach und lebendig in uns...! Heute, 40 Jahre später sind diese Gefühle „anders", aber ebenso tief in unserem Herzen. Wir freuen uns immer, wenn „unsere" Kindes-Kinder zu uns kommen, genießen es aber auch, nicht mehr die Verantwortung zu tragen wie früher, die Kleinen wieder abgeben zu können, um wieder ganz `für uns´ zu sein."
Wer diese „Phase" nicht erleben kann, wem dieses späte Glück versagt bleibt, weil ihre Kinder sich keinen Nachwuchs wünschen, wer diesen Wunsch los-lassen muss, kennt diesen Schmerz.

Sehnsucht, die sich nicht erfüllen kann, -
Liebe, die ungelebt und Leere, die zurück bleibt, dieser „Trauer-Schmerz", -
das ist eine schmerzhafte Erfahrung des „Sterbens"...!
Unter den Akademiker-Ehepaaren sind es ganze 40 %,
die ihren Lebenstraum **ohne** eigenen Nachwuchs träumen... !
Da sind einer-seits junge Menschen, die **keine Kinder bekommen wollen,**
anderer-seits absolut verzweifelte Paare, die **keine Kinder bekommen „können"...**
Jedes 8.-10. junge Elternpaar wünscht sich so sehr, ein Baby zu bekommen,
wartet aber vergeblich auf dieses große Glück. Obwohl sie alle Kraft und Nerven,
Zeit und oft auch viel Geld investieren, zerbröseln ihre Lebensträume und dadurch nicht selten eine gute Beziehung.
Es sind nicht nur „die Jungen", die leiden, sondern oft genauso die eigenen Eltern, deren Träume von einem „erfüllten Älter-werden" zerplatzen und mit dem Gefühl leben müssen...„es fehlt ein großes und wichtiges Glück in unserem Leben...!"

Dinge, die ich noch nicht los-lassen möchte oder kann....

Es gibt vieles, an dem mein Herz hängt und manche Dinge,
die zwar in ihrem materiellen Wert nicht viel „wert" sind,
aber die für mich wie ein kostbarer Schatz sind, an denen ich hänge – weil mit
ihnen Erinnerungen verbunden sind, die nur **ich** kenne und die einen wichtigen
Stellenwert in meinem Leben, - einen „festen Platz" in meiner Seele haben.
Dinge, die immer noch zu mir „sprechen",
weil vielleicht durch sie die Verbundenheit mit einem lieben Menschen weiterlebt,
sie wie „eine Brücke" sind zu dem Menschen, der bereits in der jenseitigen Welt lebt.
Wie schön, dass dies einfach **„so sein darf"...!**

Es gibt die Zeit, zu der ich bereit bin,
mich auch von solchen „Schätzen" zu trennen, es kommt die Zeit des Los-Lassens.
Mir fällt immer wieder in meinem Telefonbuch auf, dass auch 10,15 Jahre nach dem Tod und Verlust eines Menschen, die hinterbliebenen – meist – Witwen nicht bereit sind, die Namen im Eintrag ändern zu lassen. Es ist ihnen so wichtig, dass ihr Liebster – wenigstens dem Namen nach – noch „gegen-wärtig" ist. Manchmal ist dies gerade ein Zeichen dafür, dass sie sich längst noch nicht mit dem Verlust und der Lücke abgefunden haben. Daran können auch manchmal Jahrzehnte nichts ändern...!

Sicher, manches ändert sich..
Es gibt vielleicht Dinge, die noch kurze Zeit zuvor scheinbar „existentiell" wichtig für mich waren, aber es ist möglich, dass sich durch gewisse Ereignisse oder einfach auch durch die „Zeit selbst" plötzlich auch die Sicht meiner Dinge ändert und damit auch das Loslassen gar nicht mehr schwer fällt! Jeder braucht seine ganz eigene Zeit dafür...!

„Hüte“ deine Schätze, solange es „solche“ für dich sind...!

Aber vielleicht kommt die Zeit, da du spürst, sie weiterhin zu hüten, „nährt“ dich nicht mehr, ja, dass sie sogar wirklich zu einer Belastung werden können.
Dann wird es Zeit, sie loszulassen...!
Ich wünsche jedem so sehr die Kraft, dann, wenn es Zeit ist, dies zu können.
In diesem Punkt freue ich mich so sehr mit meinem (erheirateten) Opa Jakob, der nach dem Tod seiner Frau noch ganze 3 Jahre lang, bis zu seinem 100. Geburtstag in seinem selbst erbauten Häuschen lebte, alle die Erinnerungen weiter pflegte, aber sich auch von seinen Töchtern und Schwiegersöhnen versorgen und pflegen ließ. Als seine Sehkraft so sehr nachließ, dass das Risiko für einen Sturz, bzw. Unfall einfach zu groß wurde, konnte man ihn (endlich) zu einem Wechsel in ein betreutes Wohnheim überreden.
Aber einmal in der Woche ließ er sich auch zu seinem geliebten Häuschen fahren, an dem sein Herz noch sehr hing. Ein kurzer Besuch, einmal kurz auf seinem alten Sofa Platz nehmen, um auch zu sehen, dass alles noch in bester Ordnung ist, dann war er so weit: er wollte wieder zurück in „sein“ (Wohn)-Heim.
Nach und nach „löste“ er seine Hab-**selig**-keiten auf, seine gut ausgestattete Werkstatt, seine Küche, verschenkte die gut erhaltenen Möbelstücke.
Er selbst konnte noch den Zeitpunkt bestimmen, **wann** er bereit war, „loszu-lassen“. Und nun tat dies auch nicht mehr weh.
Er war so weit, sich zu trennen, ja, auch von seinem „eigenen alten“ Leben...
Aber nicht, von all seinen Erinnerungen.
Losgelassen wird nur das „Haben“, die „Selig“-keit aber bleibt...!

Aufbauen, entwickeln , erweitern und wieder los-lassen....

Unser **materielles** Leben ist von diesen beiden Prinzipien bestimmt:
Immer gilt es: entstehen, entwickeln, aufbauen, vergrößern, ansammeln und erhalten, bzw. bewahren, aber auch wieder:
los-lassen, ab- und weggeben, verkleinern und verringern,
wenn die Kräfte nachlassen oder die Kinder aus dem Haus sind...
bzw. auch **auf-lösen**...
und gilt für den Mikrokosmos im Kleinen-, wie auch für den Makro-Kosmos:
der Bau des Universums mit Urknall, Entstehung von Planeten, deren Verschwinden, um mit einem neuen Urknall wieder zu entstehen ähnelt unserem menschlichen Da-sein, - allerdings in Milliarden von Jahren...!

Im **geistigen** Leben gibt es das auch:
Entstehung, Entwicklung und Erweiterung, Wandlung und Erhaltung, und auch das „Los-lassen“, wenn eine innere Erneuerung des Geistes unumgänglich geworden ist: aber die „geistigen“, inneren Schätze der Seele, sie müssen nicht losgelassen, sondern können unein-geschränkt als wunderbarer Reichtum „mitgenommen“ werden. „Los-lassen“, im Sinne von Absterben - im geistigen Leben gibt es das nicht: **denn der Geist und die Liebe können nicht „sterben“...!**

Wie schön, dass ich über so manches „Los-lassen“ in meinem Leben selber entscheiden kann !

Auch dann, wenn es „nur“ scheinbar kleine Dinge sind,
die ich für mich selber entscheiden kann: über den Zeitpunkt zu bestimmen, wann ich bereit bin, diese Los-zu-lassen, ist ein ganz wichtiger Teil meiner eigenen Freiheit und meiner Selbst-Ständigkeit:

* für mich zu bestimmen, wem ich wann ganz bestimmte Erbstücke überlassen möchte, los-lasse von meinen persönlichen „Schätzen“;
* die Zeit, sich von zu klein gewordenen Kleidungsstücken zu trennen;
* oder von Spielsachen, mit denen die Kinder nicht mehr spielen und nun nicht mehr gebraucht werden – wem kann ich nun eine Freude damit bereiten?
* wann ich bereit bin, einem Menschen, der mich sehr lange verletzt und gekränkt hat, zu vergeben. Denn eine Vergebung von Herzen braucht sehr viel Zeit: sie lässt sich nicht erzwingen! Wie schön, wenn ich selbst die Zeit festlegen kann oder sich die Gelegenheit ergeben kann für einen neuen „ersten“ Schritt...!
* wann ich bereit bin, mich von „alten Briefen“ zu trennen, weil sie mich auch wieder in eine alte Zeit – vielleicht mit negativen Erinnerungen verbunden- zurückholen, die mir aber nicht mehr gut tun und mich „nach unten“ ziehen....!
* Der Zeitpunkt, wann ich bereit bin zu einer Veränderung:
  - meines Wohnortes oder Wohnstils, meines Kleidungsstiles oder Frisur, meiner Lebensgewohnheiten oder meiner Sichtweisen:

- es sei denn, es gibt eine „dringliche“ Notwendigkeit, diese los-zu-lassen...!

Wenn mich das „Alte“ nicht mehr „nährt“, nicht mehr glücklich macht,- oder zu einem Problem wird, ist es wirklich an der Zeit, los-zu-lassen !

Ganz egal, worum es sich handelt:
Alte Klamotten, eine Beziehung, Freunde, die mir nicht mehr gut tun, Bücher, deren Inhalt mich nicht mehr interessiert, Zeitschriften oder auch Berufs- und Arbeitsstellen..... es ist wichtig, zu entrümpeln und loszulassen,

denn **wir Menschen „wandeln“ uns, - und das laufend...!**

In einer wirtschaftlich schwierigen Zeit,
in der viele Menschen „Sterbe-Erfahrungen“ machen, weil es in ihrem Beruf nicht mehr so weiter geht, wie sie es gewohnt waren, weil sie kürzer – oder anders- treten müssen in vielen Bereichen. Es gibt Dinge, die wir wohl lernen sollten zu akzeptieren, aber es gibt Dinge, die uns das „Ende“ einer Entwicklung anzeigen.
Ich sage das deshalb, denn ich habe selbst ganze Jahre meines Lebens einfach „verschusselt“, weil ich nicht gemerkt habe, dass der Zug in dem ich saß, längst schon im Endziel-Bahnhof eingelaufen war, aber nicht auf den Gedanken kam, aus diesem Zug auszusteigen und zu schauen, welcher andere Zug mit einem neuen Ziel in eine neue Richtung starten könnte....!

Es liegt auch in der Natur des Menschen, dass er erst dann zu einer **Änderung** und einem **Neuanfang** bereit ist, wenn die Umstände einen dazu fast zwingen, sei es, weil ein Leidensdruck von innen oder auch von außen entstanden ist, weil man erkannt hat: so wie bisher kann es nicht mehr weitergehen. Doch dieses Erkennen ist mit der Einsicht in das Loslassen-müssen verbunden, und das schmerzt, tut weh... Wer ist schon gerne freiwillig von sich aus dazu bereit?

Wenn dein Leben in eine Sackgasse geraten ist, - Wege versperrt sind, und ein Weiterkommen in der gewählten Richtung nicht mehr möglich ist, dann sieh dies als eine neue Herausforderung an dich, erfinderisch zu werden, einen neuen Weg zu finden, den noch niemand betreten hat, Gedanken zu denken, die noch niemand zuvor in dieser Weise gedacht hat...!

Wenn du dich entschlossen hast, nicht mehr zu leiden oder dich zu ärgern, weil es an dieser Stelle nicht mehr weitergeht, ein Hindernis besteht, für das du selbst vielleicht gar nicht verantwortlich bist, dann überlege dir einen neuen Trampelpfad, der am Ende dieser Sackgasse weiterführen kann. Höre auf deine innere Stimme, denn Gott führt dich immer! In jeder Situation, so ausweglos und verfahren sie auch sein mag, kann ich darauf vertrauen, dass die Hilfe Gottes da ist, - an mir liegt es nur, dass ich seine ausgestreckte Hand ergreife!

Überlasse dich vertrauensvoll dieser inneren Führung , denn für **jedes** Problem im Leben gibt es eine Lösung!- Es gibt einen neuen nächsten Schritt und er führt dich zu einer neuen inneren Erkenntnis, wenn du ihm nur vertraust. Er selbst, der Geist Gottes, ist in deiner Seele lebendig und wirksam, wenn du nur offen dafür bist! Auch wenn du nicht sehen kannst, was sich nach der nächsten Biegung und Kurve deines Lebens verbirgt, denke positiv und lass dich von deinem Leben überraschen!

Auch wenn du den Menschen „verloren" hast, den du am meisten geliebt hast, geh deinen Weg weiter und sei offen. Das Leben geht weiter, du bist nicht für den Schmerz und die Trauer bestimmt, sondern für die Freude und das Leben!

Wie bereits gesagt, es braucht die Zeit, bis man vor der geschlossenen Türe merkt, dass es ist nicht mehr gut ist, einfach dazustehen oder zurück zu schauen, zu betrauern, was einmal gewesen ist. Es braucht die Zeit, bis man von sich aus merkt, jetzt steht ein neuer Schritt an, jetzt ist es wichtig, sich neu zu orientieren, den Weg zum Fenster hin zu wagen, um zu entdecken, dass da draußen die Vögel pfeifen und sie mich herzlich einladen, nach draußen zu kommen, sie mich begleiten wollen auf einem neuen nächsten Schritt in meinem Leben.

Manche Menschen „brauchen" ihre Krankheit , wollen sie nicht los-lassen!

„...was wär´ ich ohne meine Krankheit...?", hört sich komisch an , oder?
Aber tatsächlich - in nicht wenigen Fällen – wollen kranke Menschen gar nicht unbedingt „gesund" werden. Sie **„brauchen"** ihre Krankheit, und wollen sie auch gar nicht unbedingt los-lassen...
Die eigene Krankheit sorgt immer wieder für neuen „Gesprächsstoff" und wenn ich manches mal älteren Leuten - auch in der Gruppe- deren Leiden zuhöre, habe ich wirklich den Eindruck: sie „baden" sich in ihrer Krankheit!
Die Krankheit manchen Menschen – egal welchen Alters- das Gefühl, wichtig zu sein.
Meine Schwägerin arbeitet in einem Heim für psychisch kranke Menschen und betreut diese. Und so manchem dieser Patienten geht es richtig „gut" mit ihrer Krankheit!
Sie bekommen alles, was sie – meinen zu - brauchen :
...die volle Zuwendung und Aufmerksamkeit, alle Fürsorge, zu wissen, es ist jemand da, der sich voll um mich kümmert, dem ich „wichtig" bin...

In unserem deutschen sozialen Netz können kranke Menschen meist gut „aufgefangen" und für sie gesorgt werden. In anderen Ländern kann diese Art der Fürsorge einfach nicht geleistet werden, da muss ein Kranker zusehen, dass er schnell wieder auf die Beine kommt und auch mit dieser Krankheit fertig wird, weil einfach niemand „da" ist, der sich um sein Wohl kümmert oder die existentiellen Sorgen so manche Wehklage erst gar nicht aufkommen lassen kann, einfach deshalb, weil es dieses „soziale Netz" gar nicht gibt!

In meinem Praktikum unter den Ärmsten aller Armen auf den Philippinen war ich immer wieder erstaunt: **eine „Selbstmord-Rate" gibt es dort schlichtweg nicht!**
Obwohl ihre Lebenslage oft mehr als wirklich aussichtslos und zum Verzweifeln ist!
Dort erleben schon die jungen Menschen – von Klein auf -, was es heißt zu Kämpfen für das Überleben, - jede Kraft muss mobilisiert werden: es geht um das eigene Wollen und das Weiterstreben, ohne das man wirklich auf der „Strecke" bleibt...!
So manche Krankheit ist aber auch ein lauter Hilfeschrei der Seele, ein Aufruf an die anderen: „Hallo, bitte kümmert Euch mal um mich! Es geht mir nicht gut!"

Vielleicht auch das Signal, dass durch eine Familien-Aufstellung der „Platz in der eigenen Familie" korrigiert werden müsste und zwar so, dass sich wirklich jedes Mitglied an seinem Platz wohl fühlt, atmen und leben kann, - was auch der biblische Begriff von „Gerechtigkeit schaffen und Auf-richten" meint!
Manchmal muss eine solche Seele sehr lange und sehr laut schreien, bis die anderen Mitglieder aus dieser Familie die Botschaft verstehen:

Der Schrei betrifft nicht nur den Kranken allein, sondern ein ganzes „System", das in sich vielleicht nicht „stimmig" ist, sich dann aber besonders an dem „schwächsten" Mitglied nachteilig auswirkt ....!

Krankheiten, die Menschen und Beziehungen „wandeln"....

Ich möchte die Geschichte von Ulla, einer lieben Frau erzählen.
Sie ist die Mutter meiner langjährigen Arbeitskollegin.
Ulla war auf dem Lande aufgewachsen und lernte dort auch ihren Mann kennen, dieser aber wollte unbedingt sein Leben in der Großstadt verbringen.

Alle Lebensträume von Ulla hatten mit ihrem Leben auf dem Lande zu tun, da sie ihren Mann aber liebte und ihn nicht mehr verlieren wollte, zog sie mit ihm in die große Stadt.
Sie bekam zwei hübsche Mädchen, liebte ihre Kinder und tat alles für ihre Familie.
Wenn ihr Mann von der Arbeit müde nach Hause kam, fand er alles geordnet vor, bekam stets ein warmes Abendessen und auch alle Fürsorge und Liebe deren er bedurfte.
Ihr Mann bestimmte vieles: welches Auto gekauft, welche neue Möbel angeschafft, wann, wohin und wie lange der nächste Urlaub gehen sollte.
Um seine Frau musste er sich keine großen Sorgen machen, sie war immer für ihn da.
Er war auch nicht besonders liebevoll oder bemüht um seine Ehefrau.
Alles lief seinen gewohnten Gang.
Bis zu dem Tag, der alles auf den Kopf stellte: ein Arzt stellte die Diagnose: Brustkrebs in fortgeschrittenem Stadium. Ein OP-Termin wurde sofort vereinbart, sowie ein „Fahrplan" für eine Chemo und Bestrahlungs-therapie festgelegt.
Nach dem 3-wöchigen Krankenhausaufenthalt wurde Ulla sofort in eine Reha verlegt und sie blieb dort noch einmal 3 Monate.

Ihr Mann war von einem Tag auf den anderen plötzlich alleine zu Hause und musste sich selber alleine versorgen, weil beide Töchter längst selbständig und auch weggezogen waren. Über ein Jahr lang hatte Ulla mit ihrer Krankheit gekämpft und - glücklicherweise - auch gesiegt. Ihr Mann musste sich in dieser Zeit oft mit der Frage auseinander setzen, was geschehen wäre, wenn seine liebe und treuherzige Frau diese Krankheit nicht überlebt hätte .
Er kämpfte Tag und Nacht in seinen Gebeten um ihr Überleben.
In dieser Zeit erst wurde ihm wirklich bewusst, was er ihr zu verdanken hatte.
Als Ulla wieder nach Hause kam, war auch alles : **anders.**
Nie war ihre Liebe tiefer und herzlicher, nie war er mehr bemüht um sie als jetzt, wo er vieles dazu gelernt hatte: **nichts war selbstverständlich!**
Er schätzte plötzlich **alles,** was sie für ihn bisher getan hatte.
Nicht nur das, er wusste jetzt mehr als in all den Jahren der Ehe zuvor: dass er seine Frau wirklich liebte.
Das, was Ullas Ehemann – schmerzhaft- loslassen musste, das war sein „Ego".
Das war seine Gewohnheit, dass seine Ehefrau „selbst-verständlich" immer für ihn da war, dass er für gewöhnlich all seine Interessen im Vordergrund stellen konnte: kurzum, dass vorwiegend Alles sich um ihn „drehte"...!

Wandlung bedeutet „Trans- formation".

Ullas Krankheit hatte einen tiefen Sinn.
Sie hatten beide wieder gelernt, zärtlich zu sein, Gefühle sprechen zu lassen.
Und: Ulla hat gelernt, auf sich, - ihre **innere** Stimme zu hören,
eigene Entscheidungen zu treffen, Kleider zu tragen, die sie immer schon tragen wollte und nicht nur jene zu tragen, von denen sie wusste, dass sie ihrem Mann gefallen.
Sie fand ihren eigenen persönlichen Stil und auch ihre eigene persönliche Meinung, die sie in Liebe und Respekt äußern konnte. Vor ihrer Krankheit hätte sie niemals diesen Mut aufgebracht.
Ulla hat einen neuen Zugang zu ihrem eigenen Leben als Frau und auch als Mutter gefunden. Beziehungen „wandeln" sich oftmals durch entsprechende Entwicklungen, die sichin unserem Leben manchmal –ganz ungeplant- „ergeben"...
Aber auch Wünsche können sich „wandeln": Dinge, die einem vor Jahren noch sehr wichtig waren, können heute kaum eine Rolle mehr spielen für mich und mein Leben...!

Im Gottesdienst der Katholischen Kirche spielt die **„Wandlung"** eine ganz zentrale Rolle. Nicht nur von ihrer Bedeutung her, sondern auch im Ablauf eines Gottesdienst ist sie ziemlich **„mittig".** Immer schon war dies ein Geschehen, ein Vorgang, mit dem ich etwas „anfangen" konnte, weil ich seine Bedeutung in meinem ganz eigenen Leben verstand. Es geht **nicht nur** um die „Wandlung" des Leibes und Brotes Christi, es geht um unsere **eigene** Wandlung, um die Wandlung von manchmal ganz banalen Wünschen, weil man merkt, dass es noch viel Wichtigeres im Leben gibt, von meinen kleinen und großen Sorgen, bzw. einfach um mich und mein Leben.
Letztendlich auch um meine „innere" Wandlung auf und zu Gott hin.
Die christliche Bedeutung will uns sagen:
Alles, was ich in meinem Herzen ehrlich vor ihm hintrage, soll **„ge-wandelt"** werden, von Gottes Liebe und in seinem Licht „transformiert" werden.
Ich selbst, die Beziehungen, in denen ich lebe,
meine Hoffnungen, Sehnsüchte und Wünsche, meine Sicht von den Dingen,
auch die Meinung, die ich über andere Menschen - oder auch über mich selbst! - habe...

Jede Krankheit hat eine Botschaft an mich,
will mir etwas Wichtiges in meinem Leben mitteilen,
manchmal kann sie sogar ein neuer Weg-weiser, ein „Geschenk" sein!

Mein Bruder erlitt im Jahre 2009 mit 52 Jahren völlig unerwartet und plötzlich eine Gehirnblutung. Ein schnelles Handeln und eine sofort eingeleitete OP konnte ein schlimmeres Unheil mit unabsehbaren Spätfolgen verhindern. In einer anschließenden Zeit in der Reha musste er sein komplettes - auch berufliches – Leben völlig neu ordnen. In diesen fünf Monaten lernte er aber auch – viele jüngere Menschen – mit gleicher Diagnose kennen, die aber für den Rest ihres Lebens wohl in einer Pflegeanstalt verbringen müssen. Er hatte wirklich Glück im Unglück!
Sein Körper regenerierte sich gut und schnell, und er fühlte sich absolut wieder in der Lage, in seinem Beruf als Bauleiter zu arbeiten.

Er hatte er zu diesem Zeitpunkt eine vielversprechende Bewerbung an einem interessanten Bauprojekt laufen, auf das er sich bereits lange freute. Als mein Bruder aber dieser Firmenleitung in ehrlicher Weise von diesem Einschnitt in seinem Leben erzählte, erhielt er umgehend eine Absage. Auch viele weitere Bewerbungen verliefen negativ: ein 52- Jähriger mit erlittener Gehirnblutung gilt als nicht abwägbarer Risikofaktor, den man in einer florierenden Firma nicht mehr dulden kann.
Da zählt überhaupt nicht mehr, wie erfolgreich und erfahren er zuvor in seinem Beruf war, und auch nicht seine wunderbaren sozialen Kompetenzen. Einzig und allein zählt: dass er vielleicht besser „ersetzbar“ ist....!
Eine Realität, mit der man heute einfach leben lernen muss...!
Nach 2 Monaten des inneren Kampfes in seiner harten Lebenskrise reifte ein neuer Entschluss in ihm: er wollte sich mit dieser Begrenzung nicht abfinden, nicht auf dem „Abstellgleis“ landen und meldete nun das Gewerbe für eine eigene Baufirma an.
Nie hätte er sonst diesen Schritt gewagt. Aber dieser Schritt in die Selbst-ständigkeit zeigte ihm nun einen ganz neuen, **eigen**-ständigen Weg in seinem Leben!

Menschen, die plötzlich mit der Diagnose einer schweren Krankheit konfrontiert werden, sie müssen schmerzhaft erleben, wie ihr komplettes Leben von einem Tag auf den anderen völlig umgekrempelt wird. Damit aber verbunden, öffnet sich auch ein neuer -gewandelter- Blick für die **wirklich wichtigen Dinge** im Leben.
Die Diagnose einer schweren Krankheit ist ein harter Schlag im Leben,
der in kurzen Momenten alles auf den Kopf stellt und auch den Blick,
die Wahrnehmung verändert...
Ehepaare berichten davon, wie sich Streitigkeiten über sonst so belanglose Dinge plötzlich in „Luft auflösen“, weil beide spüren, wie viel wichtiger jetzt ganz andere Themen sind und ganz andere Gedanken, - Sorgen in den Mittelpunkt rücken.
Die Zeit, die einem geschenkt ist, wird wieder umso mehr geschätzt, ja,
jeder neue Tag wird wieder als „Geschenk“ empfunden, über das man so dankbar ist.
Die Zeit, sie wird plötzlich zum kostbarsten Gut in diesem Leben, weil man nie weiß,
wie viel Zeit zum Leben einem noch bleibt...!?

Kleine Dinge, die einem sonst nie aufgefallen sind...
Plötzlich nimmt man sie wahr, gewinnen sie wieder an Bedeutung....
Der erste Sonnenstrahl, der nach langen Nebeltagen wieder zum Fenster herein fällt und einen Raum in wunderbarem Licht erstrahlen lässt.
Das erste Lied der Meisen, das sie nach langen kalten Wintertagen wieder anstimmen und uns verkünden, dass die Tage wieder länger und heller werden...
Die ersten Schwalben, die uns lautstark ihre Rückkehr verkünden,
der erste Schmetterling, der über unseren Kopf hinweg tanzt...
Unsere Sinne nehmen alle die kleinen „Wunder“ des Lebens wieder wahr...

Manchmal wird es einem Menschen erst durch eine Krankheit möglich,
einen **tieferen** Blick für das Leben zu finden: denn es gibt einen „Gesundheitszustand“,
der es einem nicht erlaubt, „alles“ zu verstehen..!

Die Trennung in einer Beziehung kann auch eine Chance sein, wieder zu sich selbst zu finden

Wer sich von seinem Partner getrennt hat, erlebt an sich selbst **haut-nah,**
wie sehr **vergänglich** doch auch eine menschliche Beziehung, die Liebe sein kann! -
Was habe ich in meinen „jungen Jahren“ gekämpft um die Liebe, Herzblut vergossen, ganze Jahre damit verbracht, meine kostbare Zeit und Energie verbrannt, mit dem Ergebnis, dass ich heute keine einzige Verbindung mehr zu diesen Menschen habe, nichts mehr von ihnen weiß...!
Wer sich von seinem Partner trennt, erlebt dieselben Themen:
Abschied nehmen, Los -lassen, das ein bisschen ist wie „Sterben“,
Ablegen von „alten Hüllen“, die zu eng geworden sind, offen zu sein für Neues, einen neuen Beginn zu wagen und neue Ufer zu suchen.

Alles in allem : im „Wandel“ der Zeit : die „Wandlung“....
Nach jeder Trennung in einer Beziehung, auch durch eine Trennung durch den Tod, wird man immer wieder feststellen, wie sehr man sich selbst im Lauf der Zeit, vielleicht auch der Jahre an den eigenen Partner angepasst hat. Was im Grunde gar nichts Negatives haben muss....Aber vielleicht auch bewirkt hat, dass die „ganz eigenen“ Interessen vernachlässigt wurden. Wenn die Kinder groß geworden sind und nun aus dem Haus ziehen: auch dies beinhaltet ein Los-lassen, aber dieses **Loslassen ist viel eher ein ZU-lassen können**, dass sich Beziehungen **verändern.**

Jede Entwicklung bewirkt eine Veränderung: wer Kinder hat, weiß, wie flexibel man sein muss, um diesen ständigen Veränderungen „gerecht“ zu werden!
Eine räumliche Trennung, zu der oft die Eltern noch gar nicht bereit sind, ist dennoch eine Trennung, die manchmal unfreiwillig von einem abverlangt wird und nicht immer leicht zu verkraften ist. In anderen Fällen wird sogar vielleicht eben jene Abnabelung lange schon herbei gesehnt und man weiß sehr wohl , dass man sich lange Jahre, manchmal zu lange an den Interessen der eigenen Kinder ausge-„richtet“ hat.
Die Erziehung, die Sorge und auch die finanzielle Versorgung haben oft dazu geführt , dass die eigenen Interessen, man sich selbst etwas vernachlässigt hat. Wer einen Angehörigen – manchmal über Jahre hinweg – gepflegt hat, weiß, wie oft die Zeit für sich selbst zu kurz kommt...!

Nach jeder Trennung in einer Beziehung heißt es:
in sich hinein-„spüren“, um wieder in die eigene Lebens-„Spur“ ,
in die eigene Mitte zurück zu finden, mich selber wieder neu zu entdecken und zu finden, - um sich selber Antwort zu geben : Wer bin **ich** und was will **ich** wirklich....?
Welche **Seiten** an mir habe ich vernachlässigt,
und welche **„Saiten“** meiner Seele sind auch im Lauf der Zeit verstummt....?
Spüre das Leben in dir, das volle Leben, es will pulsieren!

Es ist generell eine wichtige Aufgabe in jeder Beziehung, sich selbst und seiner Spur treu, - authentisch – zu bleiben, auch wenn eine Anpassung immer erfolgen wird und auch muss. Jedes Paar wird in seiner ganz spezifischen Beziehung immer wieder bemüht sein, die „gemeinsame Mitte“ auszupendeln und auszuloten, eine Balance zu leben, die es gleichzeitig möglich macht, sich selbst und seiner Bestimmung treu zu bleiben.
Die „Kunst der Partnerschaft“ besteht darin,
der je eigenen Entwicklung des **andern** nicht im Wege zu stehen,
aber auch immer wieder **sich selbst** und seiner Überzeugung treu zu bleiben.
Ein Glück und ein wahres Geschenk ist es, wenn beide Partner sich darin ergänzen und bereichern, jeder die **„Schätze“** des andern zu **schätzen** weiß und es jedem möglich ist, trotz aller „Gem-**Eins**-amkeiten“ doch auch seine ganz spezielle „Eigen-Dynamik“ zu ent-falten...!
Ich habe – nicht wenige -Witwen und Witwer erlebt,
die leider erst **nach** dem Tod ihres Partners „so richtig“ aufgeblüht sind....
Mit solchen Geschichten ließe sich ein ganzes Buch füllen etwa mit dem Titel :
„Wie ich mich wieder selbst gefunden habe - der Beginn meines neuen alten Lebens“
Hört sich etwas skurill an, aber es ist tatsächlich so....!

Menschen, deren Beziehung nach evtl. langen Ehejahren nicht nur etwas langweilig und oberflächlich geworden ist, sondern sogar Partner, die neben dem anderen richtig unglücklich gelebt haben, aber sich voreinander nie eingestehen konnten, dass sie auch noch mehr „Zeit für sich“ oder für andere Dinge, Zeit mit Freundinnen und Freunden verbringen wollten. Oder ihr Potenzial an der Seite ihres Partners nie richtig entfalten konnten....Sie erleben die Zeit nach der „Trennung“ durch den Tod als ganz neue Chance, wieder zu sich selbst zu finden, wieder in die „eigene Spur“ zurück zu finden, - **wie ein Tor, das sich öffnet** hin zu neuen Möglichkeiten des eigenen Lebens, das vorher zu öffnen einfach noch nicht möglich war.

Die Tatsache ist wohl nur, dass anstehende Probleme vielleicht zu Lebzeiten nicht wirklich offen, ehrlich und aufrichtig angegangen und ausgesprochen, vielleicht über Jahre hinweg verdrängt wurden oder Ratlosigkeit darüber herrschte, wie man mit schwierigen Themen im Alter umgehen sollte. Schließlich lässt sich ein Mensch nicht mehr ändern, vor allem im Alter nicht mehr und das weiß man auch...!
Viele ältere Menschen werden mit ihren Konflikten in ihrer Partnerschaft wirklich allein gelassen, da sich die eigenen Kinder oft zurück halten oder es niemanden gibt, dem sie sich wirklich anvertrauen könnten.
Oder weil sie keine **Lös**-ungsmöglichkeiten sehen, die eine Änderung einer schwierigen Situation bewirken könnte....Sie vertrauen dann lieber der „Zeit“, sie möge die Probleme irgendwann **„biologisch“** lösen.

Ein Bekannter von mir hatte jahrelang Streit mit seinem Vater, der Senior-Chef in der eigenen Familien-Firma war und bis in das hohe Alter noch die Dinge als Chef zu regeln versuchte.

Der Sohn litt jahrelang darunter, dass er seine eigenen Vorstellungen und auch seine Berufserfahrungen, seine Selbständigkeit nicht wirklich in die Firma einbringen konnte. Ein gewisser Stolz, verbunden mit Hart-Näckigkeit (davon kommt ein „harter und verspannter Nacken"), aber auch ein „Starr"-Sinn des Vaters hatten dies zu verhindern gewusst. Als der Vater mit Krebs erkrankte, konnte , - ja „durfte" der Sohn die Firma nun schrittweise übernehmen.
Ich kannte diese Familie von Kindheit an und da ich nach dem Tod des Vaters die musikalische Gestaltung seiner Verabschiedung übernahm - auch zum Totenmahl eingeladen war, fiel mir Folgendes auf:
Noch nie erlebte ich diesen jungen Mann, seinen Sohn so gelassen und heiter, ja erleichtert, beschwingt und so fröhlich, dass es schon fast peinlich war....!

Die Tatsache, dass ein Mensch „lebt", sagt nichts darüber aus, wie nahe ich ihm bin.....oder: Die Trennung in einer Beziehung als Chance, sich - auf anderer Ebene - wieder näher zu sein....

Dass ich mit einem Menschen unter einem Dach wohne, ein Verwandter gleich um die Ecke haust, oder ich einen guten Bekannten in meiner Nachbarschaft weiß, heißt noch lange nicht, dass er mir „näher" ist, nur weil er „**am Leben**" ist...

In der Zeit, als ich ein Jahr lang auf den Philippinen verbrachte, war ich meiner Familie und auch meinen Freunden, sowie manchen Verwandten viel näher, durch die netten Kontakte, die wir in dieser Zeit pflegten. Jeder Brief, der mich dort erreichte, löste in mir eine unglaubliche Freude aus und veranlasste, dass ich sofort zurückschrieb und so viel zu erzählen hatte. Jedes Telefonat wirkte noch lange in mir nach. Ja, noch nie hatte ich so eine herzliche Verbindung zu meinen Eltern, Geschwistern und manchen Freundinnen, weil sie mich **„weit weg"** wähnten.
Ich empfand eine wahre Sehnsucht nach all meinen Lieben, spürten wir doch in dieser Zeit, was unsere Verbindung und Freundschaft „wirklich" wert ist...!
Und andersherum verhielt es sich genauso.
Aber als ich wieder zu Hause war und mich meine Familie wieder „hatte", lief bald wieder alles „normal", der so herzliche und intensive Kontakt zu meinen Freunden ebbte fast wieder ab. Man wusste ja, der andere ist in meiner Nähe, - einfach „da".

So viele Bekannte, auch Nachbarinnen, die in meiner „Nähe" leben:
es vergehen oft Wochen und Monate, ohne einen persönlichen Kontakt; man weiß ja, dass der andere „da" ist. Und auch mit den eigenen Kindern, die ja „einfach da" und um uns herum sind. Ist mal eines der Kinder oder auch der Partner für ein paar Tage verreist, dann freut man sich so sehr wieder auf das Wieder-sehen, weiß den andern wieder so sehr zu schätzen und auch, was man am anderen „hat"....
Meine Nichte, die im nächsten Ort lebt, hatte ich ganze Monate lang nicht mehr gesehen, denn jeder von uns hatte genug um die „Ohren".

Als sie sich dann aber entschloss, für ein ganzes Jahr als Au-pair-Mädchen nach England zu gehen, gab es nicht nur einen rührenden Abschied, sondern wir hatten in jenem Jahr mehr Kontakt miteinander als in den ganzen Jahren zuvor, wo ich sie doch eh in meiner Nähe wusste. Ich suchte plötzlich wieder den Kontakt über nette mails zu ihr, wollte ihr meine und die Verbundenheit meiner ganzen Familie spüren lassen und dachte mindestens einmal am Tag an sie...- einfach so....!

Spürt man erst nach einer „Trennung“,
was man am anderen wirklich schätzt?

Macht der Abstand erst offenbar, was einem der Mitmensch wirklich "wert" ist?
Wie wichtig er einem ist? Was einem wirklich fehlt, wenn er nicht mehr „da“ ist?
Wird mir erst dann klar, wie sehr ich einen Menschen wirklich geliebt habe,
- dann, wenn er fort ist und es plötzlich: zu „spät“ ist?
Was ich damit auch meine, ist Folgendes: ob ein Mensch „am Leben“ ist,
sagt noch gar nichts darüber aus, wie **„nahe“** ich ihm bin, oder er mir ist.
Doch wenn ein Mensch „geht“, vor allem dann, wenn er stirbt,
ist man zutiefst betroffen, entsetzt und bestürzt und spürt eine große Traurigkeit
über diesen Verlust. Manchmal kann aber ein Mensch, der nicht im Dies-seits,
sondern im Jenseits lebt, einem viel näher sein.
Es kommt nur auf die **seelische Verbindung** an, - darauf,
ob meine Liebe den andern sucht und wie stark diese Liebe ist.
Da spielt es wirklich keine Rolle, ob ein Mensch „lebt“, -
oder ob ich meine „Brücke“ ins Jenseits baue....!

Mit einem leichten Rucksack reist es sich leichter ...!

Wie beschwerlich und „müh-**selig**“ es sein kann, wenn man auf einer Reise zu viel Gepäck mit dabei hat, das man vielleicht dann doch nicht brauchen kann, und nur unnötig mitgeschleppt werden muss, müssten eigentlich viele meiner deutschen Leser gut nachempfinden können, denn schließlich sind wir „Deutschen“ seit Jahren die ungeschlagenen „Weltmeister im Reisen“.!

Nein, die Reise von der ich spreche, ist keine einfache Urlaubsreise, ein kurzes Abtauchen in eine „andere“ Welt, um dann wieder gestärkt und mit vielen neuen Eindrücken zurück zu kehren, den Reisekoffer auszupacken, um wieder alles an seinen gewohnten Ort zurück zu stellen.(In gewisser Hinsicht ja!!)
Aber ich spreche hier von dem „Reise-Gepäck“ meines Lebens,
einem „unsichtbaren“ Rucksack, der mich auf meinen Lebensetappen begleitet.
So manche Last erweist sich nicht selten als un-nötiger Ballast , der mir mein Leben wirklich **schwer** macht, und auch vielfältige Be-**schwer**-den auszulösen vermag... - physisch und psychisch – an Leib und Seele...

Zur Kunst des Lebens gehört es, rechtzeitig diesen „Lebens-Rucksack" mit allem, was ihn un-nötig beschwert, zu erleichtern. Da sind vielleicht noch alte Dinge, die sehr viel Platz einnehmen, eigentlich nur Ballast oder viel zu schwer sind, um noch länger mitgetragen zu werden.

Es gibt Menschen, - wenn sie gehen, sie „hinterlassen" alles geordnet, -
sei es, weil sie Zeit genug und Möglichkeiten hatten, noch alles für sich zu regeln.
Oder sei es, weil sie – die innere und äußere Ordnung – liebten...
Und es gibt Menschen, die ein wahres Chaos hinterlassen,
weil der Tod sie einfach überrascht hat, oder weil in ihrem „Rucksack" zu viel altes „Gerümpel" war, das sie zu Lebenszeiten noch nicht in der Lage waren zu ordnen,
zu organisieren, sich selber eine klare Lebenslinie zu schaffen.
Wie schaffe ich es, meinen „Rucksack der Seele" rechtzeitig,
- und das kann man immer und zu jeder Zeit veranlassen –
so zu entleeren, dass er mich so **wenig wie möglich** beschwert ?
Wenn ich abends einschlafen will, dann spüre ich hinein in diesen „Rucksack". -
Was belastet mich und von welchen Dingen müsste ich mich freiwälzen,
um befreiter atmen zu können, - um wirklich **glücklich** zu sein?
Sind es Beziehungen, die mich belasten und nicht geklärt wurden,
in denen alte Verletzungen noch vernarbt sind, oder vielleicht alte Narben
sich sogar entzündet hatten und nicht wirklich ausgeheilt wurden?

Natürlich: Alles, wofür jetzt nicht die Gelegenheit war oder die Zeit ist,
dies auszu-heilen oder „Alt-Lasten“ los zu werden:
Das Leben in der jenseitigen Welt geht weiter, - auch dann habe ich noch alle Zeit zum „Heilen“ die ich brauche, dessen kann ich getrost sein! Aber: was ich **jetzt** noch in diesem meinen Leben **los- werden** und die Verstrickungen, aus denen ich mich jetzt noch **lösen** kann, - alles, was **er-löst** ist, erleichtert mir auch meine „Reise ins Jenseits“ ungemein und verleiht mir „wahre Flügel“...!

Grundsätzlich gilt: wer „verzeihen“ kann, hat es viel leichter...!

Und wer es nicht schafft, meist „alte“ Dinge von Herzen zu vergeben,
bei dem ist es wie mit einem schönen Ballon, der sich in einem Gestrüpp verfangen hat und deshalb nicht weiterfliegen kann... Aber diesen Ballon aus einem solchen Gestrüpp wieder heraus zu lösen, ist manchmal ein sehr schwieriges Unterfangen...
Vielleicht war es ein anderer, der diesen Ballon ganz allein da hinein geworfen hat und es trifft mich gar keine Schuld, dass diese unglückliche Situation so entstanden ist? Dann fällt es wohl etwas leichter, mir selbst einen Schubs zu geben, auf den anderen einen großzügigen Schritt zu wagen, ihm die Hand zu reichen und zu sagen...
„Was soll ´s ? - Irgendwann muss mit einer alten „Sache“ auch wieder Schluss sein. Lass es gut sein...!“
Manchmal braucht es wirklich ganze Generationen, bis - durch einen neuen glücklichen Umstand- sich eine neue Situation ergeben kann, ein frischer Windstoß, der es nun ermöglicht, „anders“ mit einer „alten“ Sache umzugehen. Oftmals kennen junge Generationen gar nicht mehr den wahren Grund für eine alte „Familienfehde“ und sind auch nicht mehr länger bereit, diese „alten Energien“ weiterhin zu nähren...

Wer dies schafft, der kann vielleicht plötzlich erleben und zusehen,
wie bei einem Wetterumschwung ein frischer Wind aufkommt,
der den Ballon ganz alleine aus dem dichten Gestrüpp wieder hinaus bläst.
Und du stehst da und kannst gar nicht anders, als dich wie ein kleines Kind zu freuen, weil dieser schöne Ballon endlich wieder frei und unbeschwert in den hohen Himmel fliegen kann, vom Wind fortgetragen wird, dorthin, wo es ihm am besten gefällt.
Manchmal aber sind die Gründe und die Ursachen,
warum vielleicht dieser schöne Ballon sich schon viel zu lange dort verhangen hat, und auch, wie er dort hinein gekommen ist, sehr verworren und kompliziert und ich stecke da mit meiner ganzen Person voll drin.
Es ist wie ein Wollknäuel, dass sich verknotet hat und es ist nur unter größter Mühe möglich, einzelne Fäden aus dem Gewirr zu lösen, ohne dass das Knäuel selbst dabei kaputt geht. Bei einem hartnäckigen Knoten hilft manchmal nur noch eine Schere. Wenn eine festgezogene Schlinge, ein harter Knoten, der sich mit bloßen Fingern einfach nicht mehr auseinander ziehen lässt, dann durchtrennt ist, ist es wieder leichter, einzelne Fäden aus dem ganzen Gewirr heraus zu ziehen, auch wenn das ganze schöne Wollknäuel nicht mehr aus einem einzelnen ganzen Stück besteht.

Ein wahrer Segen
für den, der es schafft,
den einen oder anderen
Stein recht-zeitig
loszuwerden!

Allein in der Liebe Gottes
ist es möglich, diese
„Steine" aufzulösen
und zu ver-„wandeln"
durch die Heilung und
Vergebung der Liebe.
- Wann aber diese Zeit
dafür „reif" ist,
das entscheidest du
in deinem Herzen
ganz alleine!

Ein Mensch,
der in Frieden mit sich,
seinen Angehörigen und
Freunden lebt, der kann
getrost mit einem leichten
Rucksack über die Höhen
und Täler des Lebens
wandern, und jeden neuen
Tag bewusst als Geschenk
des Himmels erleben, -
und sich daran erfreuen.

Vielleicht sind aber es aber auch materielle Sorgen
oder auch „erbliche" Angelegenheiten, die meinen „Rucksack" beschweren
und denen ich nachkommen sollte ?

In diesem Punkt bewundere ich meine Mutter, die es noch vor ihrer schweren Krankheit geschafft hat, all ihren materiellen Besitz, auch die Ersparnisse so überlegt an alle ihre Kinder und Enkel zu verteilen und zu vererben, dass sie selbst zwar gut versorgt und in finanzieller Sicherheit sich wähnen kann, aber frei und unbe-schwert ihre guten letzten Jahre verleben kann.
Sie erlebt „Besitz" nicht mehr als Aufgabe und Verantwortung, und damit gewissermaßen auch als Last, sondern sie ist frei zu sagen: „Ich kann in Frieden gehen, wenn es an der Zeit ist, denn es gibt nichts mehr (Materielles), das mich be-schwert, und ich habe keine schweren Steine mehr in meinem „Rucksack"....".

„Was“ wir mitnehmen in unserem „Reise-Rucksack“
in die „neue Welt bei Gott in seinem Licht und seiner Liebe“,
darüber können wir selber einiges mit entscheiden,
wenn wir die uns gegebene Zeit richtig zu nutzen wissen.
Wenn ich wirklich eine Schuld mir aufgeladen habe,
die ich bis jetzt sehr erfolgreich vor mir hergeschoben oder verdrängt habe,
muss ich sehr wohl wissen, dass diese wie schwere Steine in meinem Rucksack sind,
die auch den Antritt in die Reise des Jenseits wirklich erschweren können.

Mein katholischer Onkel erlebte eine wahre Befreiung von so vielen der „alten Steine“,
als er eine Woche vor seinem Tod in einem Beichtgespräch mit einem guten alten
Freund der Priester war, diese **„los“** wurde und sich sogar in schweren Tränen
auf-**„lös“-**en konnten. Das Sakrament der Krankensalbung stärkte ihn,
machte ihn ge-löst und er konnte seinen inneren Frieden wieder finden.
In einer guten Todesstunde war es dann so weit: jetzt war es „gut“
und es fiel es ihm nicht mehr schwer, **los-**zu lassen von diesem Leben.
Jetzt konnte er das **„Zeitliche segnen“,** und nun war es „Er-**Lös**-ung“!

Ich stelle fest, dass es immer mehr Menschen- darunter mehr Frauen als Männer -
gibt, die es sich „ehrenamtlich“ zur Aufgabe gemacht haben, alte und auch sterbende
Menschen, in den Pflegeheimen und auch Palliativ-Stationen, aber auch Kinder,
die dem Sterben nahe sind, bei ihren Familien zu Hause oder in der Klinik zu besuchen
und zu begleiten. Nicht selten kann aus einem Besuch, aus einem
„Gesprächs-Partner“ auch ein Freund und Weg-Begleiter werden .
In diesen vertraulichen Gesprächen geschieht „Seel-Sorge“.
Welches Geschenk, wenn in einem solchen Gespräch ein gutes Vertrauen entsteht,
ja so mancher „Stein“, der sich noch „schwer“ anfühlt, aus dem Reise-Rucksack geleert
werden kann. Wer in sich und mit sich selbst Frieden schließen kann,
der kann viel leichter los-lassen, wenn es denn Zeit dafür ist.

Sammle „wahre Schätze“ in deinem Reise- Rucksack!

Jesus sagt : **„Sammelt euch nicht Schätze hier auf der Erde,
wo Motte und Wurm sie zerstören
und wo Diebe einbrechen und sie stehlen,
sondern sammelt Euch Schätze im Himmel,
wo weder Motte noch Wurm sie zerstören
und keine Diebe einbrechen und sie stehlen.
Denn wo dein Schatz ist, da ist auch dein Herz.“ (Mt 6,19- 21)**

Jesus selbst kannte die Raffgier vieler reicher Menschen,
die nie genug bekommen können.

Immer wieder „sucht" ihre Seele nach dem bleibenden Glück,
nach wirklichem Erfüllt- sein und merkt nicht,
wie aus dieser **„Suche"** sehr schnell eine **„Sucht"** werden kann.
Die Seele sucht die „Seligkeit", aber wer sie mit den materiellen Schätzen allein zu erreichen, den Durst zu stillen ver-sucht, der bleibt in ihrer Tiefe doch unerfüllt.
In Lk (12,15-21): erzählt Jesus das Beispiel eines Reichen, der anstelle mit seinem Bruder zu teilen, sich überlegt, wie er seine Ernte noch mehr für sich selbst absichern kann, indem er noch größere Scheunen baut.
„Da sprach Gott zu ihm: **Du Narr!** Noch in dieser Nacht wird man dein Leben von dir zurückfordern. Wem wird dann all das gehören, was du angehäuft hast ?
So geht es jedem, der nur Schätze für sich selbst sammelt, aber vor Gott nicht reich ist...! - Gebt acht, hütet euch vor jeder Art von Habgier!"
Alle drei Synoptiker Matthäus (19,23), Markus (10.23) und Lukas (18,24) schrieben diesen Satz Jesu auf, was einmal mehr bezeugt, wie sehr diese Aussage von Bedeutung und Wichtigkeit war:

**„Wie schwer ist es für Menschen, die viel besitzen,
in das Reich Gottes zu kommen...!"**

Ich kann keine materiellen Schätze mit in das Jenseits nehmen.
Aber alle meine „Highlights" und alle meine Erfahrungs-**Schätze,**
die in meiner Seele „abgespeichert" sind.
Alle Erfahrungen, die ich mit meinen Mitmenschen gemacht habe,
die mich und die ich ein Stück meines Lebensweges begleiten durfte,
- immer dann, wenn wir einander zum „Geschenk" geworden sind,
das eingepackt war mit Liebe und Vertrauen.
Etwa so wie auf einer „bank-card" die beim Eintritt am Bankschalter abgelesen werden.
„High-lights" oder „Hoch-zeiten" meines Lebens sind die besondere Glanzpunkte, - Geschenke, die von „ewigem" Wert sind.
Nicht umsonst hat Jesus vom „himmlischen Hochzeitsmahl" gesprochen. (Mt 22,1 ff)
Von einer Freude, die einen aufspringen lässt und zur „Lust der Seele" singen und tanzen lässt. Deshalb: nähre nicht nur deinen Körper und sorge für die Sicherheiten des Lebens, sondern „nähre" auch deine Seele, mit allem was sie braucht,
um sich wohl zu fühlen und glücklich zu sein.
Meine Seele wird immer dazu lernen und reifen, auch wenn die Erfahrungen manchmal alles andere als lustig waren, weil es leidvolle und schmerzvolle Erfahrungen waren, aus denen ich immerhin hoffentlich auch etwas lernen konnte...!
Diese Lernschritte, die meine ganz „eigenen" sind,
niemand kann sie mir nehmen, auch sie sind meine „bleibenden" Schätze.
Bei Jesus Sirach 2,5 heißt es:

**„Denn im Feuer wird das Gold geprüft ,
und jeder, der Gott gefällt, im Schmelzofen der Bedrängnis".**

Im Psalm 39 heißt es:

„Lass mich erkennen,
wie sehr vergänglich ich bin!
Du machtest meine Tage nur eine Spanne lang,
meine Lebenszeit ist vor dir wie ein Nichts.
Ein Hauch nur ist jeder Mensch.
Nur wie ein Schatten geht der Mensch umher.
Um ein Nichts macht er Lärm.
Er rafft zusammen, und weiß nicht, wer es einheimst.“

Materielle Schätze kann ich nicht mitnehmen, aber ich kann damit,
auch wenn ich sie zurücklassen muss, andere Menschen,
meine Kinder oder Verwandte damit bereichern und auch glücklich machen.
Der –materielle- Reichtum ist es, der auch beruhigen und inneren Frieden,
ein Gefühl der Sicherheit schenkt. Reichtum allein für sich gesehen ist ganz **„neutral“!**

Jesus hat niemanden getadelt, nur weil er „reich“ war.
Er hatte viel Kontakt auch mit reichen Menschen und auch sehr gute Freunde unter ihnen. Letztendlich hat ihn auch ein wunderbarer Freund, der zur reichen Oberschicht gehörte - Josef von Arimathäa seinen großen Einfluss geltend machte als es darum ging, Jesus so schnell wie möglich vom Kreuze abnehmen zu dürfen,
in sein eigenes neues Grab legen lassen.
Jesus hatte nie ein Problem damit, sich auch mal mit dem Reichtum der Reichen selbst verwöhnen zu lassen. Aber er hatte ein sehr feines Gespür dafür,
wenn der Reichtum einen Menschen **„unfrei“** machte,
- zu jemandem, der auf seinem „Geld“ sitzt, um es zu be-**„sitzen“;**
ihn eher belastete und dadurch selbst zu einem „Be-**sessenen**“ wurde,
und sich selbst damit die Sicht für die „wesentlichen Dinge“ im Leben versperrte.
Auch Menschen wie diese müssen lernen, los-zu-lassen.
Wenn dies nicht aus freiem Entschluss gelingt, offen und frei zu werden,
kann dieses Los-lassen zu einer sehr schmerzhaften Erfahrung werden.
Erbfragen sollten frühzeitig so geregelt werden, dass sie im Herzen ein gutes Gefühl hinterlassen, - auch das gehört zur schwierigen Kunst des Lebens!
Ein Segen, wenn ich es schaffe, dass das, was ich auch an Materiellem hinterlasse, meinen Lieben keine Belastung, sondern ein Geschenk, nicht zum „Fluch“, sondern zum „Segen“ meiner Hinterblieben werden kann, - eine Hilfe zum Leben sein darf.
Im KKK (Artikel Nr.2556) heißt es:

„Selig, die `arm´ sind im Geiste....!
Um in das Himmelreich einzugehen,
muss man sich von den `Reichtümern´ lösen.

Welche „Reichtümer“ werden hier angesprochen?
Die `materiellen´ oder die `geistigen´ Reichtümer?

Wenn diese Empfehlung für die „**materiellen** Reichtümer" gelten soll,
dann würde ich mir persönlich wünschen, dass die katholische Kirche selbst ein Vorbild darin zeigt, was es bedeuten kann, eine **„himmlische"** Kirche zu sein...!

Mich wundert es sehr, dass dieser Satz ausgerechnet in einem deutschen Katechismus zu finden ist, denn kaum eine Kirche anderer Länder kann sich an dem Reichtum der deutschen katholischen Kirche messen. Sie ist wahrlich mit sehr vielen „Reichtümern" gesegnet und wenn es um das Geld, auch um den materiellen Besitz geht, denkt und handelt sie doch auch meist sehr **„irdisch"!**
Oft viel mehr, als es eigentlich für eine „geistliches" Aufgabe gut und förderlich ist...!
In unserem Land müssen viele ausländische Geistliche mit ihrem Einsatz Geld zusätzlich verdienen, damit sie sich in ihren Heimatgemeinden „über Wasser" halten können. Ein polnischer Pater macht seit Jahren in unserer kath. Pfarrei Urlaubsvertretung, um für sein Kloster **nur** das Geld für die Gasrechnung im Winter aufbringen zu können...!
Ich kann sehr wohl den Ärger deutscher Steuerzahler verstehen, die nur schwer nachvollziehen können, dass viele der kirchlichen Gehälter aus dem **staatlichen** Topf beglichen werden, die Steuereinzahler mit der Kirchensteuer also **doppelt** zur Kasse gebeten werden!
Es ist wahr: vor über 200 Jahren wurden im Zuge der Säkularisation (1803) viele kirchliche Gebäude verstaatlicht und der Staat hatte sich im Gegenzug verpflichtet, dafür die Besoldung zu übernehmen. - Aber wäre es nicht längstens an der Zeit, hier über eine Änderung nachzudenken? Als faire Geste gegenüber den Steuerzahlern ?
Ein deutscher katholischer Bischof, der im Ruhestand eine monatliche Rente von 5000 € bezieht und nicht für eine eigene Familie zu sorgen braucht, wäre zu wünschen, dass auch er sich von diesem Artikel des Katechismus inspirieren ließe!
Wir dürfen nicht vergessen: viele Jahrhunderte wurden Menschen vom Staat und auch der Kirche ausgebeutet, wie Zitronen ausgepresst, klein gehalten und dann mit jenem Satz der Bergpredigt auf ein besseres und glücklicheres Leben im Jenseits vertröstet, nach dem Motto:

„Macht nichts, wenn ihr jetzt (materiell) arm seid,
dafür werdet ihr es später im Himmelreich umso besser haben!
Ihr habt dafür reichlichen himmlischen Lohn zu erwarten!"-

Jesus hatte diesen Satz sicher so nie gemeint:
in **diesem Sinn** sprach er nicht von dem **jenseitigen** Himmelreich,
sondern von dem ganz **irdischen** Leben!
Menschen, die „arm" im Geiste sind, also alles von Gott erwarten,
können dem Himmel oft viel näher sein.
Jesus wusste und erlebte in seinem Alltag, dass es auch **reiche** Menschen geben kann, die sehr wohl „arm" im Geiste sein können, wenn ihr Herz dennoch offen und groß genug bleibt, um die Liebe in diesem Leben von Gott her zu empfangen.
„Geistiger" Reichtum ist sehr oft völlig unabhängig davon,
ob ein Mensch viel oder wenig besitzt,
- es ist meist eine Frage des eigenen Bewusstseins!

<u>Wo dein „Schatz“ ist, da ist auch dein „Herz“ !</u>
<u>„Wahre Schätze sammeln“, was ist damit gemeint ?</u>

Jeder Mensch auf dieser Erde hat seine ganz „eigene“ besondere Gabe,
„der eine so, der andere so...“ (1 Kor 7,7) und jede Gabe ist **gleich** wichtig vor Gott!
Die Menschen sehen dies (leider) meist etwas anders,
und auf unserer Welt zählen oft ganz andere Werte...
Die wirklichen Gaben, Talente und Fähigkeiten – **die des Herzens! –**
sind meist auch eher im Scheinbaren und Verborgenen, sie sind nicht die lauten,
die auf sich aufmerksam machen, jene, die sofort ins Auge fallen.
Diese Erfahrung musste bereits vor 3000 Jahren der Prophet Samuel machen,
als er beauftragt war, anstelle des alten König Saul einen jungen, fähigen Nachfolger
zu suchen und zu salben .... Auch er musste sich belehren lassen: (1 Sam 16,7)

„Gott sieht nicht auf das, worauf der Mensch sieht.
Der Mensch sieht das, was vor den <u>Augen</u> ist, der Herr aber sieht das <u>Herz</u>!“

Er liest auch nicht in den Geschichtsbüchern,
sondern in den <u>Herzen</u> der Menschen...!
Was ich damit sagen wollte: es kommt nicht darauf auf,
welche **„besondere“** Rolle du in deinem Leben spielst und **„WER“** du bist
hier auf Erden, sondern nur darauf, **<u>„WIE“ du diese Rolle lebst....</u>**
(auch wenn sie noch so un-scheinbar und unbedeutend ist...!)

Ich will das mit zwei kleinen Beispielen erklären....
Der Bäcker unserer Gemeinde macht sein „Handwerk“ mit voller Überzeugung, -aus ganzem Herzen. Es macht ihm nichts aus, morgens um 2.30 Uhr aufzustehen und um 3 Uhr mit der Arbeit seines Tages zu beginnen. Pünktlich um 6.30 Uhr öffnet er seinen Verkaufsladen. Jeder, der zu ihm kommt und einkauft, wird nicht nur mit dem frischen Duft warmer Brötchen, sondern auch mit einem herzlichen und warmen Lachen empfangen. Nicht nur der Bäcker, sondern auch seine Frau, die im Laden hilft, begrüßt jeden Kunden mit einer liebevollen, warmherzigen Art. Und jeder Kunde, der diesen Laden wieder verlässt, nimmt nicht nur das Brot mit nach Hause, in die Arbeit oder in die Schule, sondern auch die Liebe und die Freundschaft, ein Wohlwollen, das alle Menschen zu spüren bekommen. So mancher Morgenmuffel fühlt sich nach dem Kauf von frischem Brot gleich besser gelaunt.
Kurzum: eine ganze Gemeinde und alle, die zu unserem Bäcker gehen,
werden mit **<u>„Liebe“</u>** versorgt....!
Es geht nicht nur darum, **dass** er sein „Handwerk gut beherrscht“,
- das können viele andere Bäcker auch, sondern darum:
„wie“ er dieses Handwerk ausführt...! Brot ist vielleicht auch nicht gleich Brot....!
Ein Brotteig, in den die Zufriedenheit, das Wohlwollen und die Liebe eines Menschen mit hineingeknetet wurde, macht den hungrigen Menschen, der es verkostet, vielleicht noch in ganz anderer Weise satt, als wir es vermuten würden!

Teile in deinem Leben mit vollen Händen aus,
schenke von deiner Liebe und Du wirst nie „arm" sein.
Denn die Freude, die Du anderen schenkst, kehrt stets ins eigene Herz zurück..!

Noch ein Beispiel:
Ich hatte nie ein Problem damit, dass vier meiner Kinder morgens ungern das Haus verlassen, um zum Kindergarten oder zur Schule aufzubrechen, - warum?
Weil das Busunternehmen unserer Gemeinde außergewöhnlich nette Busfahrer hat!
Jedes meiner Kinder freut sich, wenn es von weitem „seinen" Bus kommen sieht, freut sich auf eine nette Begrüßung, auf eine humorvolle Bemerkung, auf gute Laune. Auch wenn in der Schule Aufgaben warten, die nicht immer gute Laune aufkommen lassen! Eine Busfahrt mit unseren Fahrern, die von weitem bereits lächeln und grüßen, lassen im Herzen einfach Freude aufkommen. Als meine kleine Miriam 5 Jahre alt wurde, bekam sie von ihrem Lieblings-Busfahrer einen netten kleinen Engel zum Aufhängen geschenkt. Dieser hängt heute über ihrem Schreibtisch und immer, wenn sie ihn anschaut, sendet er seine Botschaft aus.

Und die heißt: **Liebe und Freundschaft.**
Sie heißt: ich freue mich, dass es dich gibt!
Du bist nicht allein, ich mag dich, ich bin für dich da....!

Busfahrer gibt es viele und viele von ihnen sind wirklich gute Fahrer;
solche, auf die man sich wirklich verlassen kann und seine Kinder, auch sich selbst gut aufgehoben weiß: doch solche, die über ihren Dienst und ihre Pflicht hinaus noch mehr leisten, das manchmal mindestens genau so viel Wert ist:
Das ist die Fähigkeit des Herzens und sind die kleinen Aufmerksamkeiten, Menschen nach einer Begegnung immer ein bisschen reicher und mit mehr Freude zu hinterlassen....! Das kann man immer und überall und zu jederzeit, kostet nichts, und macht das Leben um so vieles schöner, froher und lebenswerter!
Und das Schöne daran ist, diese Freude kommt wieder zurück,
sie ist mein eigener „Multiplikator",
vielleicht nicht gleich, manchmal erst sehr viel später...!
Egal, „wo" dein Platz ist im Leben und in dieser Gesellschaft, egal, ob du eine „große" oder eine „kleine" Rolle hier spielst; **- „wie"** du diese bedeutsame oder un-bedeutsame Rolle spielst, das allein macht sie zu einer „**ganz besonderen**" Rolle!

Lebe deine „Gabe", das,
was du kannst und womit du „dienen" kannst...!
Auch eine scheinbar „kleine Gabe", in Liebe gelebt,
kann so „Großes" bewirken!

Jesus hatte gerade diesen Blick, die „Aufmerksam- und Wachsamkeit des Herzens", als er seine Jünger auf die scheinbar „kleine Tat" der alten Witwe aufmerksam machte.

Diese alte Frau, die selbst kaum das Nötigste hatte zum Leben, - auch sie hat 2 kleine Münzen in den Opferkasten geworfen und damit alles gegeben, was sie besaß, - ihren ganzen Lebensunterhalt". (Mk 12,41-44; Lk 21,1-4)
„Dass" sie es tat, war in der Tat eine „große Tat".
Aber **„wie"** sie es tat, mit der ganzen Liebe ihres Herzens, darauf kam es an!
Es war ihre Gabe, von „Herzen", mit Überzeugung und mit Freude zu geben.
Und darauf kommt es auch 2000 Jahre später in unserer Gesellschaft an!
Eine Tagesmutter, die ihr Pflegekind liebt und dieses sich bei ihr so wohl fühlt, eine Kindergärtnerin, in deren Nähe die kleinen Kinder so richtig aufblühen, der nette Hausmeister einer Schule, der für gute Stimmung sorgt, der Fußball-oder Tennistrainer, die Ballettlehrerin oder der Musiklehrer, auf die sich Kinder oder Jugendliche jede Woche freuen, weil sie dort nicht nur ihre Fähigkeiten und ihre Gabe weiter entwickeln können, sondern über das Erleben von Fairness, Spaß und Wetteifer hinaus sich auch als **Mensch** rundum wohl und geborgen fühlen, weil sie dort auch Liebe, Achtung und Zuneigung erfahren, - als der Mensch respektiert werden, der sie sind..., also ihre **„Seele" genährt** wird!
Menschen, die oft für das Leben der „Jungen" weg-weisend und wahre Vorbilder sind! Ein Lehrer oder eine Lehrerin, die das Lachen noch nicht verlernt hat (vor allem das Lachen über sich selbst.. !) –

Menschen, die es geblieben sind und die den Schülern nicht nur Lern-Inhalte mit auf ihrem Lebensweg mitgeben, die im **Kopf** abgespeichert werden, sondern von denen sie Dinge lernen, die im Leben so wichtig sind: lernen, was es heißt, **zu lieben und ge-liebt zu werden.**-Genannt :

die **Bildung des Herzens**:

Dazu gehört natürlich auch, ihre eigenen Talente zu entdecken und zu entwickeln, angespornt zu werden mit vielen guten neuen Ideen, und durch diese motiviert zu werden. Toleranz, Ehrlichkeit und menschliche Wertschätzung zu erfahren, Mut zur Zivil-Courage – und vor allem das Wichtigste: die

Freude und die Liebe zum Leben selbst!

Ich sehe es in meiner - bzw. unserer - Rolle Als Lehrer, Pädagogen und Erzieher und natürlich als Eltern – als eine überaus wichtige Aufgabe in unserer Zeit an, unseren Kindern und heranwachsenden Jugendlichen ihren wunderbaren **SELBST**-WERT zu vermitteln.

Sie so zu unterstützen, dass sie ihre tollen **„Gaben und ihre reichen inneren Schätze“** entdecken und diese **„Wert-Schätzen“** lernen !
Es ist so wichtig, vor allem auch den Haupt(Gesamt)-schülern Mut zu machen.–
Sie sind oft bereits bei ihren ersten Schritten und Versuchen, in diese unsere Gesellschaft hinein zu finden, frustriert und wähnen sich als Verlierer.

Nein ! Wir brauchen Euch!

Und zwar **jeden,** denn **jeder Mensch** verfügt über seine wunderbaren Gaben!
Das was zählt, sind nicht nur (gute) Hochschulabschlüsse, sondern das, was die Menschen heute und immer gebraucht haben, sind tüchtige Handwerker, und – egal, in welchem Job, die ihre Arbeit gut und gerne machen und andere überzeugen, weil sie Menschen sind, die an **sich selbst glauben**. Weil sie das, was sie tun, mit **Liebe** tun...!

Jede Aufgabe, jede Gabe, jede Rolle ist wichtig...!

Wenn du deinen Platz gefunden hast, an dem du zufrieden und glücklich bist, vielleicht sogar deine „Lieblings-Rolle“ oder zumindest eine gefunden hast, mit der Du gut leben kannst, in deiner „Mitte“ angekommen bist, dann wird es dir nicht schwer fallen, aus dem „Vollen“ zu schöpfen...!
Auch wenn es angesichts der Lage am Arbeitsmarkt immer schwieriger wird, genau das zu finden, was man will...! Aber nichts ist aussichts-los!

Es gibt immer einen Weg, zu „finden“...!

Glaube an Dich selbst und an die Schätze, die in Deinem **INNEREN** verborgen schlummern!
Als Vater oder Mutter,
als Chef oder Angestellter,
als Dienst-Leistender oder als –
Empfänger, als Freund oder Nachbar....
Ganz gleich, für welche „Rolle“ du dich in diesem Leben entschieden hast oder dir möglich ist: Sei eine „Sonne“ für die anderen, die Wärme und Liebe ausstrahlt.....

Aber auch für dich selbst,
einfach, weil es schön ist –

„Sonne zu sein..!“

Sammle Schätze, die von „wahrem“ Wert sind!
Freundschaft und Liebe, die dein Herz „reich“ machen,
deine ganz eigenen Erkenntnisse und Lebens-Erfahrungen,
die - vielleicht manchmal auch schmerzhafte - Lern-Erfahrungen waren:
alle diese Schätze können nicht von den „Motten aufgefressen“ werden! –
Diese Schätze sind ganz **„DEINE“**, ein Teil von Dir und sie werden dich begleiten,
wenn die Zeit kommt für deine „eigene Reise“.

Jede gute Tat der Liebe wird dir folgen als „Lichtspur“ und dich begleiten
in das Reich des Lichts und der Liebe. Jeden Menschen, den du reicher zurücklässt
und der mit dir in Dankbarkeit und Liebe in seinem Herzen verbunden bleibt, wird
diese „Licht-Spuren“ noch vervielfachen. Je mehr Menschen das in diesem Leben sind,
um so heller, lichter und froher wird sich „dein Paradies“ auch gestalten !
Alle diese Freude und die Freundschaft deiner Mitmenschen, sie zieht mit ein
in deine zukünftige „Traum-Wohnung“! Dessen darfst du dir ganz sicher sein!

Wichtiger Teil der eigenen Reise-Vorbereitung: Du lebst und du gehst als der Mensch, der du bist und nicht als die „Rolle“, als die du in diesem Leben „gewirkt“ hast...!

Es gibt „Rollen“, in die man hinein geboren, gewählt oder gar hinein „geweiht“ wurde...
„Weltliche“ Rollen wie Adelige, Bürgermeister, Abgeordneter, Kanzler oder Präsident,
oder aber auch „geistliche“ Rollen wie Pfarrer und Ordensleute, Bischöfe und Äbte,
und in der katholischen Kirche reicht die Hierarchie noch weiter...
Und es gibt „Rollen“, die man sich im Laufe des Lebens er-arbeitet hat,
in einer Firma oder Gesellschaft, in einem Amt, in einer Schule oder beim Militär ...

Je „höher“ die Ebene und das Amt, desto größer wird auch die Verantwortung,
die ein Mensch zu tragen hat, - und wohl auch oft die persönliche und die
menschliche Belastung, die damit einher geht...
Hierarchien gibt es auf allen Ebenen, im Tierreich, wie auch im Leben der Menschen
und hat es immer gegeben, dafür haben schon unsere Gene gesorgt.
Das heißt, wir sind so „veranlagt“, Verantwortung für andere zu übernehmen und
auch damit das „Sagen“ zu haben, eine Leitung zu übernehmen oder so ausgedrückt:
„Anführer“ zu sein. Doch die Frage ist, wie sehr wir uns im Leben mit dieser
Rolle und Aufgabe als „ganzer Mensch“ identifizieren.
Diese Lebensrollen, so sehr wir uns auch dafür selbst „berufen“ fühlen und in dieser
„aufgehen“ können: „Lebens-Aufgaben“ sind und bleiben **„nur Rollen“....!**

Ich denke dabei an meinen lieben alten Lehrer, den ich überaus schätze und mittlerweile auch der Lehrer und Schuldirektor meiner Kinder war: Als er in Rente ging,
wurde er gefragt, ob er denn die Schüler oder seine Lebens-Aufgabe nun vermisse:
Seine Antwort: „Keine Sekunde! Ich lebe nicht für meinen Beruf, sondern für mich
und für meine Familie...! **Dort habe ich meine Wurzeln, aus denen ich lebe!**

Auch dann, wenn sich ein Mensch aus tiefstem Innern für eine „weltliche oder auch geistliche“ Lebens-Aufgabe berufen weiß, er ist und bleibt bis zu seinem Lebens-Ende immer nur **der „Mensch“**, der er vor sich selber und natürlich auch vor Gott ist...!

Derselbe alte Lehrer erzählte mir, dass er gebeten wurde, eine Theater-Rolle zu übernehmen. Er sollte einen würdigen Kardinal spielen und er nahm diesen Auftrag gerne an, war er doch früher bereits in einem Seminar mit dem Ziel katholischer Pfarrer zu werden, hatte aber diese Laufbahn umgelenkt, denn er liebte zu diesem Zeitpunkt bereits eine junge Frau, die er dann heiratete und mit der er heute noch sehr glücklich ist. Nach der Theateraufführung bekannte er, dass ihm diese Rolle eine für ihn bis dahin **neue** Erkenntnis einbrachte.
Denn er staunte darüber, wie sehr ihn allein das „Tragen“ des würdigen Kardinals-Kleides ganz neue Gefühle erleben ließen. Würde und Erhabenheit, der Stolz darüber, einer ganz besonderen Sache dienen, aber auch vertreten zu dürfen, ja, nun ein „besonderer“ Mensch zu sein, mit einer ganz besonderen Rolle.
Aber auch die Erkenntnis, eigentlich von den „ganz normalen“ Menschen ein ganzes Stück weiter weg gerückt zu sein....

Warum ich das hier erzähle?
Weil ich glaube, dass jede „Amts- oder Dienst-Kleidung“ zugleich eine „Schutz-Funktion“ hat. Jeder Mensch soll sehen und erkennen, mit wem er es hier zu tun hat: egal, ob Polizist oder Anwalt, Bedienung oder Stewardess, Postbote oder Richter, Nonne oder Pfarrer. Beruf oder „Berufung“? Ist das hier die Frage?
Für einen Menschen, der sich berufen fühlt, ganz dem Menschen zu „dienen“,
glaube ich, ist und bleibt es noch mehr eine Herausforderung,
auf „Augenhöhe“ mit dem Menschen, mit dem man es zu tun hat,
zu bleiben und ganz in Liebe „**dienen**“, ja sich hin-geben zu können.
Je höher die Position, desto mehr!
Ich denke dabei auch an Jesus: auch als angesehener Rabbiner
lebte er in seinem schlichten Kleid und war ganz „Einer der Seinen“,
lebte sein Leben mitten unter ihnen und trug seine „Rolle“ tief im Herzen:
die des **geliebten Kindes Gottes.**
Er solidarisierte sich mit den Armen und Kranken, den Kindern und den Schwachen,
stellte sich ganz auf die Seite der „Verlierer“ seiner Gesellschaft, den „Losern“.
Er legte keinen Wert auf „Hierarchie“, er sah die Menschen nicht von „oben“,
sondern ganz von „unten“. Das war **seine „Rolle“!**
Für jeden Mensch, auch in seiner „bedeutsamen“ Rolle,
zählt am Ende seines Lebens – nein, immer , an jedem Tag des Lebens – die Frage:
Wer bin ich als Mensch - vor mir selber und vor Gott?
Nicht zu vergessen, dass ich in dieser erwählten und gelebten „Rolle“
meine ganz eigenen Erfahrungen in diesem Leben machen,
mein Leben „erproben“ darf, aber dafür, um das **„Mensch-Sein“** zu lernen...!

„Was einer ist, was einer war, beim **Scheiden** wird es offenbar...“

An einer guten Reisevorbereitung ist viel gelegen...! Sie ist das „A & O" !

Wer eine Reise in ein entferntes Land plant, dem helfen
entsprechende Vorbereitungen, um sich dort besser und schneller orientieren,
einfinden und auch dort schneller Kontakt herstellen zu können,
Freunde und natürlich auch Freude an dieser neuen Umgebung zu finden...
- Ist eigentlich klar und logisch... !?

Ein einfaches Beispiel aus meinem Leben:
Für die Sommerferien in meiner Schulzeit lud mich eine französische Familie ein,
die es früher in den Kriegswirren in meine Nachbarschaft verschlagen hatte,
sie für zwei Wochen besuchen zu kommen und zwar in die Bretagne.
Ich war schon sehr aufgeregt, denn schließlich war es meine erste längere Reise mit einem Reiseziel, das mich 2 Tage Zugfahrt kostete und die ich auch ganz alleine antrat.
Meine Eltern trauten mir das zu und da ich sehr früh schon sehr selbständig und keineswegs ängstlich war, ich mir selber noch viel mehr.
Ich war sehr aufgeregt und konnte es kaum erwarten, wusste aber auch, dass zwei Wochen eine begrenzte Zeit waren und ich bald wieder zu Hause mit vielen neuen Eindrücken eintreffen würde. Dass ich in der Schule bereits 5 Jahre lang französisch hatte, erleichterte mir die Ankunft und das Einleben in diese Familie ungemein.
Ich bekam zuvor einen Reiseführer aus der Bretagne geschenkt und hatte schon ganz neugierig und aufgeregt darin gelesen. In meinem Rucksack hatte ich nur das Nötigste gepackt, eine Brotzeit für die lange Hinfahrt, eine Fotokamera, schöne Wäsche und natürlich auch - mein Tagebuch.
Auch die Zugfahrt selbst konnte ich gut nutzen, den Reiseführer zu studieren und darin zu blättern. Ich war also bestens auf diese Reise vorbereitet. In diesen 2 Wochen hatte ich viele Orte in der Bretagne besuchen dürfen, auch den wunderbaren Ort Mont St. Michel, der mich ungeheuer faszinierte. Vieles, das ich vorher gelesen und die Bilder der Sehenswürdigkeiten mir verinnerlicht hatte, war mir dann im Original sofort vertraut und erkannte ich gleich wieder.
Die Vorbereitung erleichterte mir das schnelle Einfinden dort ungemein!

Warum ich dir das hier so erzähle, hat seinen guten Grund...
Auch wir – jeder Mensch ist hier auf der Erde – in seinem irdischen Leben –
auf einer – seiner – ganz speziellen Reise, die eigentlich eine „**Durch**-Reise" ist.
Wir dürfen hier ganz spezielle Erfahrungen machen, wissen aber sehr wohl ,
dass unsere Reisezeit hier begrenzt ist und wir hier ein wichtiges „Kapitel" von wohl mehreren oder vielen schreiben dürfen.
Ist dieses Kapitel irgendwann, wenn es an der „Zeit" ist, für sich abgeschlossen,
dann reisen wir wieder in unseren „geistigen Hafen" zurück.
Wir können in unserem jetzigen – irdischen – Leben viel dafür tun, um die
„Sprache der Seele, der Liebe und des Geistes" verstehen und sprechen zu lernen.
Gott gab uns die Sehnsucht ins Herz, um ihrer „Spur" zu folgen.

Denn die Sprache der Sehnsucht ist auch seine „Sprache" – immer gewesen.
Sie ist der Weg zu **mir selbst**, führt mich in meine innere Mitte.
Vielleicht ist sie sogar – unser „göttliches Erbe"?

Unsere beste „Reise-Vorbereitung" besteht darin,
offen und empfänglich zu werden für diese **„geistige" Sprache ,**
die Sprache der Liebe, weil auch die Welt im Jenseits eine „geistige" Welt ist
(Spirit= Geist), - das Reich der Liebe, in dem es weiterhin um die individuelle
Entwicklung der Seele, um deren Heilung und auch um das **„innere"** Erkennen geht.
Wer seine Gefühle ernst nimmt, auf sie achtet und sich nach ihnen **richtet**,
wer mit ihnen lebt und ehrlich zu ihnen steht, wer offen und empfänglich ist,
und aus der un-erschöpflichen Quelle schöpft, der ist schon auf dem **„richtigen**"Weg.
Das `Reich Gottes´ fängt in deinem Gefühl und in deinem Herzen
- in deiner eigenen Seele – an... So einfach ist das!
Das war auch der Grund, warum Jesus so viel vom „Reich Gottes" sprach: (Lk17,20)
„Das Reich Gottes kommt nicht so,
dass man es an **äußeren Zeichen** erkennen könnte...
es ist schon mitten unter euch !" (bedeudet: IN Dir...!)

Denn das ist unser aller Ziel, der Grund, warum wir „hier" sind:
Unsere Seele will sich entwickeln hin zum Göttlichen Licht und mit ihm verschmelzen.
In unser „göttliches Zu-Hause" wieder zurück zu kehren,
es in unserer Seele selber zu suchen, zu entdecken und zu finden,
uns unserer „göttlichen Natur" wieder zu er-„**innern**", das ist unsere Aufgabe.
Doch das ist für viele Menschen ein langer Weg,
der auch seine ganz eigene Zeit braucht und natürlich brauchen „darf",
denn jedem Menschen steht so viel Zeit zu Verfügung,
wie er für seine ganz eigene Entwicklung, für sein Suchen und Finden braucht!
„Spiritualität" – sie ist die „Ursprache" unserer Seele,
doch oft haben wir vergessen, dass jeder Mensch eine, **- seine!** – spirituelle Seite hat,
und sie ein wichtiger Teil unseres Lebens ist.
Wir haben verlernt, dieser Seite in unserem Leben den Raum zu geben,
den sie braucht, um „atmen" und sich weiter entwickeln zu können...
In unserer materiellen Welt wird diese Seite auch viel zu sehr vernachlässigt,
die Dinge, die hier „zählen", sind ganz andere....
Auch in der Schule geht es – leider - vorwiegend um konzentrierte „Lern-Inhalte",
um wissenschaftliches Denken und um den „Fortschritt" des Wissens.
Nicht selten wird es sogar im Religions-Unterricht versäumt,
neben all den Lerninhalten und Stundenzielen die erreicht werden sollen,
der **eigenen Stimme und dem eigenen Gefühl** zu vertrauen,
die Welt der eigenen Seele und des „Spirit" zu entdecken und zu erforschen,
einer „höheren" liebevollen Führung und Begleitung im eigenen Leben zu folgen,
und ihr zu trauen, kurzum: den Glauben wirklich zu **leben.**
Wichtig ist zuerst einmal, darin ein „Bedürfnis" ganz für sich zu erkennen.

Spiritualität- es bedeutet: in Kontakt zu sein mit mir selbst und meiner Seele, den „inneren" Faden zu verbinden mit dem „großen starken" Faden nach oben, mit dem „Großen Geheimnis des Ganzen", in das wir alle hinein verwoben sind, auch **jenseits** unserer sicht-baren Welt. – Immer wieder hinein zu horchen, was die innere Stimme mir sagen will, hinein zu spüren, welche Bilder sie mir zeigen und welche Impulse und Signale sie mir geben will.

Bei welcher Tätigkeit oder am welchem Ort finde ich am leichtesten zu „mir selbst"?

Wo und wie finde ich meine innere Ruhe und erhalte ich neue Impulse für mein Leben - kann ich auf-tanken und wahrhaft **„auf-blühen"?**

Bekomme ich „innere Bilder" und spüre den Reichtum, die Tiefe meiner Seele, oder ist es auch möglich, so etwas wie eine „innere Vision" zu erleben?
Bzw. kann ich mit meinem „himmlischen Chef" in Kontakt treten, vielleicht sogar mich so richtig gut unterhalten...?
Man könnte auch fragen: Wie und wo fällt es mir am leichtesten, zu **„beten"**?
Jesus sagte: **„Du aber geh in deine „Seelen"-Kammer, wenn du betest, und schließ die Tür zu...!"** (Mt 6,6)
Beten ist etwas Wunderbares, - lass es einfach geschehen in dir!
Es ist die Sprache deines Herzens und deiner Liebe, die du in dir trägst, die immer da ist, wenn du mit deinem Herzen verbunden bist.

Spüre selbst und finde es heraus!

.... bei einem kleinen oder auch ausgedehnten Spaziergang, einer Wanderung (vielleicht in einem schönen Park, in den Wald oder in den Bergen) mit einer guten Pause oder einem Bänklein, das mich einlädt zum Schauen , meinen Blick in die Ferne schweifen zu lassen...

... mich eine Stunde lang in eine heiße Badewanne zu legen und bei schöner Musik zu entspannen, um „in mich hinein hören“ zu können...
... mich mit einem schönen Buch für ein paar Stunden zurück zu ziehen...
... eine Tasse heißer Tee oder Kaffee und ein guter Ratsch mit einem netten Menschen
... einer richtigen Schlaf-Runde ....
... tanzen, trommeln, einem ausgiebigen Waldlauf...
... oder einfach: einen Gottesdienst zu besuchen, eine gute Predigt und schöne Orgelmusik zu hören, ein Abendmahl oder die Eucharistie mit zu feiern, sich in einer guten und netten Gebets-gemeinschaft getragen zu wissen.

Als ich mit einem Jugendlichen über das „Beten“ sprach, fragte ich ihn, wann er zum letzten Mal denn „gebetet“ hätte.... Seine Antwort:
„Das war, als ich zum letzten Mal in der Kirche war, und das ist schon sehr lange her.“
Ich dachte dann nur für mich....„Wenn das Gebet bei dir `nur´ in einer Kirche möglich ist, solltest Du auch öfter mal eine solche aufsuchen...!“
Es gibt viele Christen, die den Kirchen-Raum **brauchen,**
um sich Gott wirklich nahe zu fühlen, um „ankommen“, abschalten, offen zu werden, auch, um die Liebe von „Oben auch im Innen“ zu spüren.

Über die Erfahrungen des Gebetes wird im KKK so gesprochen(Art 2752- 55):

„Das Gebet setzt ein Mühen und einen Kampf gegen uns selbst und gegen die List des Versuchers voraus. Der Kampf des Gebetes ist nicht vom „geistlichen Kampf“ zu trennen der notwendig ist, um mit innerer Beständigkeit aus dem Geiste Christi zu handeln. Im Kampf des Gebetes müssen wir uns falschen Vorstellungen, verschiedenen gängigen Geisteshaltungen und der Erfahrung unsres Scheiterns stellen. Es ist angebracht, diesen Versuchungen, die den Nutzen oder die Möglichkeit des Betens in Zweifel ziehen, mit Demut, Vertrauen und Ausdauer zu widerstehen.
Die Hauptschwierigkeiten im Gebetsleben sind Zerstreuung und Trockenheit.
Zwei häufige Versuchungen bedrohen das Gebet:
der Mangel an Gebet und der Überdruss an geistlichen Dingen, eine Art Depression, die durch das Nachlassen in der Askese ausgelöst wird und zur Entmutigung führt...“
Ich habe diese Zeilen meinen Kindern vorgelesen, und ihre Antwort war:
„Wenn **das** Gebet ist, dann ist es **nichts für mich...!“**

Wer meint, sich für das Gebet mit einem „Kampfanzug“ ausrüsten zu müssen und sich einem Kampf mit „sich selbst“ ausgeliefert sieht, der hat wohl einen „zwanghaften“ Umgang nicht nur mit dem Gebet, sondern wohl auch mit dem christlichen Glauben, mit Gott und sicher auch mit sich selbst! Sicher, manches kostet Überwindung, aber in der heutigen Pastoral jedenfalls kann ich damit keine Werbung für ein erfülltes Christentum machen und auch keine Freude verbreiten!
Eine Düsseldorfer Forschung aus dem Jahre 2006 hat ergeben, dass 40 % der Deutschen ein „säkularisiertes“ Bewusstsein haben, das heißt, in ihrem Leben spielt „Gott“ so gut wie **keine** Rolle.

Sie leben zwar die ethischen Prinzipien, ein guter und menschlicher Umgang ist wichtig, ebenso der Einsatz für eine gerechte und friedvolle Welt, aber die Umsetzung der eigenen Lebensziele in Familie und Beruf, eine erfüllende Partnerschaft,
das Verwirklichen ihrer Lebens-träume, das alles ist auch ganz gut **ohne** Gott möglich.
60 % der deutschen Bevölkerung sind offen für Spiritualität, das heißt, die Suche nach dem „**Sinn** ihres Lebens" stellt ein zentrales Anliegen dar. Von diesen 60 % aber fühlen sich lediglich 10 % fest verankert im „Glaubens-gebäude" der Kirche.
Immerhin bekennen sich **50% aller Deutschen** dazu, dass sie „beten",
und dass das Gebet ein unverzichtbarer Teil ihres Lebens ist, ihnen inneren Halt gibt.
Ich finde es sehr ermutigend, dass sich sogar Prominente dazu „outen", sich bekennen und „Zeugnis" ablegen. Florian Silbereisen, einer der wohl bekanntesten und auch beliebtesten Entertainer erzählt freimütig, dass der Glaube und das Gebet ihm die Angst nehmen und ihm so viel Kraft geben für seine Auftritte,
er den „himmlischen Beistand" für seine Aufgaben sehr zu schätzen weiß,
ihn einfach braucht und sich sein Leben ohne den Glauben gar nicht vorstellen kann..!

Der Spirit lebt in meinem **„ICH"**,
doch er kommt erst in Bewegung und findet seinen Sinn, seine Erfüllung – nicht nur in sich allein - , sondern in der Liebe zu einem Menschen, in einem Gegen-Über.
Die Liebe, die ich von Herzen schenke, kehrt in mein eigenes Herz zurück
und bereichert mich, **zeigt mir, wer ich selber bin.**
Dieser „Feuer-Geist" sucht und braucht die Luft, den Sauerstoff , um brennen zu können, er sucht stets das Neue und will sich in immer neuen Gedanken ausdrücken.
Das Wesen des Geistes ist die „Erneuerung", die Erfüllung im Du der Liebe.

Spiritualität ist nicht an eine bestimmte Konfession gebunden,
sie ist ein universelles Gesetz. Als Jesus seinen Jüngern seinen Heiligen Geist gesandt hat, konnten diese plötzlich „alle" Sprachen verstehen. Jeder Mensch konnte sich in „seiner" Sprache ausdrücken und jeder konnte jeden verstehen...-
Ist das nicht wunderbar? Soll damit nicht jedes „Pfingst"- Fest ausdrücken, dass Gottes Geist ganz **„global"** in **jedem** Menschen wirkt und daher jeder Mensch „spirituell" ist, gleich welcher Religion und Konfession?
Dieser Gott ist die Quelle der Kraft in jedem Menschen. Er ist vor allem im Leid die innere Hilfe und schenkt uns die Kraft die wir brauchen, denn in allem ist die Gegenwart Gottes. Wenn wir ihm den Platz in unserem Leben geben, den er verdient, seine Liebe in uns spüren, dann werden wir geführt von einem Schritt zum nächsten.
Dann werden wir auch erleben, dass viele Überraschungen uns zu immer neuen inneren Erkenntnissen führen.
Wer diese Sprache des „Geistes" in diesem Leben verstehen gelernt hat und lebt, wer sein Wissen mit seiner Seele und seinem „Spirit" verbinden kann, so dass es zur „Weisheit" wird, wer nach „Innen" hört, sich führen lässt und offen, bereit ist für die himmlischen Kräfte, dem wird auch beim „Über-Gang" das Los-lassen leichter fallen und schnell feststellen: „Kenn ich schon, ist mir vertraut, kann ich mich gut und schnell einfinden und auch mich selbst darauf einlassen."

Dieser Mensch wird das „An"-Kommen" einfach als wunderbares „Heim"-Kommen erleben und zwar noch viel tiefer und herrlicher, freudiger und farbiger, als wir uns das hier überhaupt so vorstellen können.

Genauer gesagt, ist **„DER Spirit"** eigentlich eine **„DIE",** - vom Wesen her **weiblich,** so wie auch **„die"** Liebe und **„die"** In-Spiration, **„die"** In-tuition, **„die"** E-motion (das, was im Innern in Bewegung kommt). Im Schöpfungsbericht der Bibel heißt es: **„Die"** RUAH herrschte über den Wassern.. " Übersetzt : „der Geist Gottes ..."

Von dieser „Ruah" stammt auch **die** „RUHE", die ich in mir finde, wenn ich in Frieden und Liebe zu mir selber gefunden habe.

A propos Farben:

Sie sind in der jenseitigen Welt weit klarer, intensiver und leuchtender, als sich das je unser Auge hier in unserem irdischen Leben „ausmalen" könnte...
Fast jeder Mensch, der ein Nahtod-Erlebnis hatte, konnte dies feststellen!

Wer die Reise in das Jenseits antritt, wird sicher – immer von Angehörigen und lieben Freunden empfangen werden, wenn sie im irdischen Leben ihren festen Platz im Herzen gehabt haben, oder sie offen waren für eine herzliche Begegnung.
Sie haben sofort das Gefühl, ich bin hier willkommen, ich kenne und vertraue euch.

Wer sich aber auf dieser irdischen Reise nie oder nur ganz wenig mit „geistigen" Dingen (Geist = Spirit) vertraut gemacht hat, wer diese Sprache im Herzen nur wenig weiter entwickelt hat, der muss sich bei der Ankunft im neuen Reich zuerst einmal einfinden, braucht eine Zeit, um sich zu **orient**-ieren, und mit der „neuen" Sprache vertraut zu werden.
Wer ein – für ihn neues Land – bereist und die Sprache, die dort gesprochen wird, überhaupt nicht beherrscht, der wird große Schwierigkeiten haben, sich verständlich zu machen, die anderen zu verstehen, kann schlecht nach vollziehen, was sich um ihn herum eigentlich abspielt. Es ist schwierig, teil zu haben am Leben der anderen und auch, sich als Teil der Gemeinschaft mit den anderen zu empfinden, sich wohl zu fühlen. Die vielen Migranten in unseren Städten wissen, wovon ich spreche. Sie fühlen sich allein gelassen und isoliert, kapseln sich selber in ihren Gemeinschaften ab, in denen sie sich beheimatet fühlen.

Wenn ein Mensch zum Beispiel völlig „ohne Vorbereitung" bei einem plötzlichen Unfall ums Lebens kommt, wird mit der neuen Situation auch vielleicht deswegen nur ganz schwerlich zurecht kommen, weil er gar nicht weiß, **wo** er sich denn jetzt befindet und mit der neuen Heimat nicht viel anfangen können, - abgesehen davon, dass er vielleicht gar nicht bereit ist, jetzt hier diese völlig ungeplante Reise anzutreten.
Ein plötzlicher tödlicher Unfall ist mit einer „Sturz-Geburt" zu vergleichen.
Ein unerwarteter Übergang in die „andere" Ebene, bei dem man den Übergang weder vorbereitet – noch vielleicht gewollt – erlebt und dann absolut orientierungslos, ja geschockt – oder traumatisiert landet.
So etwas passiert tagtäglich irgendwo auf unserer Welt, zu jeder Stunde.
Auch diesen Seelen eilen ganz schnell Helfer herbei, die sich kümmern und ihrer mit Liebe annehmen. Doch es braucht Zeit, bis sie ihre Orientierung finden und es gibt Menschenseelen, die wollen sich gar nicht helfen lassen, weil sie sich mit der neuen Situation gar nicht abfinden, sich nicht einlassen und längst noch nicht loslassen wollen. Weder fähig, die neue Situation zu erfassen, noch bereit, diese überhaupt anzunehmen.

Was sagen die Kirchen zum : „Tod, dem Sterben und dem `Leben danach´"? Welche Standpunkte vertritt heute die christliche Theologie ?

Ich möchte mich in diesem Buch mit den Aussagen und Lehrmeinungen der christlichen Kirchen auseinandersetzen und versuchen, ganz nahe am **Wort und Leben Jesu** zu bleiben und mich an **ihm** zu orientieren.
Was können und dürfen wir erhoffen, wenn der Tod unser Leben beendet?
Was bedeutet „ewiges Leben" bei Gott und wie können wir die Bilder vom Himmel, vom Fegfeuer und der Hölle für unser Leben „richtig" verstehen?
Ist dieses Leben unsere aller-einzige Chance, die wir haben?
Das heißt, - leben wir nur **„ein"-**mal ?
Was steht in der Bibel ?- Was sagte Jesus dazu ?
Welche Positionen vertreten heute die christlichen Kirchen ?

Ich will hier die kirchlichen Lehren in den wesentlichen Zügen zu Wort kommen lassen, aber auch über den „Tellerrand" hinausblicken, offen sein für die Fragen, die Menschen heute und immer schon bewegt haben, wenn sie ihr Herz und ihre Seele geöffnet haben für die Liebe und das Licht Gottes, aber auch bereit waren, sich mit den Glaubens-lehren auseinander zu setzen.

Wichtig ist,
dass die Menschen heute wirklich **getröstet** werden,
dass Ängste gelöst werden,
ihr Glaube eine **echte Lebenshilfe** und einen **wahren Halt** bieten, zu einer unverzichtbaren Stütze,
zur Quelle ihrer wahren Lebensfreude werden kann.

Denn sie suchen wahrhaft nach Trost, wenn es um das eigene Leben und das Sterben geht, aber auch nach den Spuren ihrer Lieben, die sie von ganzem Herzen betrauern. Gerade viele der älteren Menschen, die sich Gedanken machen über den Tod und das Sterben, - und dem was wir erwarten dürfen, haben ihre Wurzeln im **christlichen Denken** und in den **Glaubens-Bildern**, die über Jahrhunderte hinweg sich entwickelt haben, uns so vermittelt und gelehrt wurden und sind oft sehr tief geprägt davon.
Bei den folgenden Seiten habe ich vor allem an jene gedacht,
die im christlichen Glauben „groß" geworden sind, aber auch an jene, die Menschen in einer schweren Kranheit, im Sterben oder in ihrer Trauer spirituell begleiten.

Es ist wichtig, **Verständnis zu haben für die Glaubens-Bilder** – vor allem der älteren Generation - , denn jene sind ein „Teil" ihres Glaubens und auch ihres Lebens, genauso aber auch die Ängste, die durch diese vielleicht grundgelegt wurden.
Welche „Glaubensbilder" haben sich im Laufe der Kirchengeschichte einfach „eingebürgert", sind ein Teil der Volksfrömmigkeit und zur Glaubenstradition - geworden, und haben sich so in ihrem Denken verfestigt, dass sie heute in unseren Glaubens-büchern vertreten und immer noch so gelehrt und gepredigt werden?

Ja, sich daraus sogar kirchliche Lehrmeinungen abgeleitet haben,
ohne dass diese aber eigentlich **so** in der Heiligen Schrift verzeichnet sind?
Und sich auch Jesus **sicher nicht** so oder so ähnlich zum „Leben nach dem Tod" geäußert hat...! Glaubensbilder und Meinungen, die heute - von kirchlicher Seite - mit einer großen Überzeugung vertreten werden, aber es (noch) nicht zulassen können, darüber zu diskutieren, nachzudenken, geschweige denn die eigenen Positionen neu zu überdenken, oder „neue" Aspekte zuzulassen.
Es also keine „Sache" von „biblischer" Überlieferung,
sondern eine „Glaubens"-Sache oder der Tradition ist!

Die christlichen Kirchen lehrten und lehren diese Glaubens-Wahrheiten:

***** „Jeder Mensch hat genau ein Leben und damit eine „einzige" Chance,
die ihm gegeben wird, um sich in diesem einem Leben
„für" oder „gegen" Gott zu entscheiden..."**

Mein Leben –
Es ist ein **einzig**-artiges Geschenk Gottes an mich....
Im Psalm 139,13 –16 wird es so schön beschrieben....

**„Denn du hast mein Inneres geschaffen,
mich gewoben im Schoß meiner Mutter.
Ich danke dir, dass du mich so wunderbar gestaltet hast.
Ich weiß: staunenswert sind deine Werke.
Als ich geformt wurde im Dunkeln,
kunstvoll gewirkt in den Tiefen der Erde,
waren meine Glieder dir nicht verborgen.
Deine Augen sahen wie ich entstand.
In deinem Buch war schon alles verzeichnet,
meine Tage waren schon gebildet,
als noch keiner von ihnen da war..."**

Weil Gott selbst mein „Inneres" geschaffen
und mir einen wunderbaren Körper dazu geschenkt hat,
in dem dieses „Innere", - meine Seele wohnen darf,
ist diese auch „göttlich", ein Teil von ihm.
Ein „Ab- Bild" unseres Gottes aus seiner Liebe, Allmacht und Weisheit.
Ich als Mensch, mit Leib und Seele, bin kein bloßes Zufallsprodukt...,
sondern ein „lebendig" gewordener Gedanke Gottes.
In einem schönen Lied heißt es „....ein genialer Gedanke noch dazu...!"

Dieses mein Leben ist **„einmalig"**,
doch nach kirchlicher Lehre und christlichem Verständnis aber **„ein-**malig".
Das heißt, mir ist **nur ein** Leben geschenkt.

Ich werde nicht vergessen, wie mir eine gute Bekannte sagte,
sie buche jährlich für sich und ihrem Ehemann eine luxuriöse Flugreise –
obwohl das Geld eigentlich knapp ist -, denn: „..wir leben schließlich nur **ein-mal**...!"
Und ein anderer guter Freund mir bekannte, der sich ganz kurz zuvor von seiner Freundin getrennt hatte, und drei Wochen später sich schon wieder bei der nächsten neuen Freundin einquartiert hatte: „Ich lebe schließlich nur **ein-mal**....!"

Von dieser Überzeugung, auf dieser unserer schönen Welt nur ein **einziges** Mal verbringen zu dürfen, ist unser christliches Abendland weithin geprägt.
Und damit – manchmal ganz unbewusst – auch so manche Entscheidung in unserem Leben....Gott erschafft den Menschen, erschafft seine Seele und schenkt jedem seiner Kinder Gottes ein einziges Leben. Dieses eine Leben ist meine **einzige Chance**, gleichzeitig meine einzige Bewährungszeit nach der Lehre der christlichen Kirchen.
Und wenn meine Zeit abgelaufen ist, dann darf ich mich - so ich ein gutes Leben gelebt habe - nach einer „Prüfung und Reinigung", die Gott selbst an mir vollziehen wird, auf ein „**ewiges** Leben" erfreuen.
Wir sind auf „Ewigkeit" hin gedacht und dürfen dann in Gottes Frieden
<u>ewig</u> - bei ihm und mit ihm - <u>ruhen</u>...
Das heißt dann aber auch, egal, wie kurz oder lang mein Leben ist,
ich muss diese Zeit so gut nutzen wie es eben nur geht,
denn von heute auf morgen kann alles anders sein!
Wer weiß schon, wie viel Zeit mir noch bleibt?

Ein Kind, das nur ein paar Tage leben durfte, hat dann vielleicht Pech gehabt,
ein junger Mensch, der in einem Unfall oder durch eine Krankheit stirbt,
auch für ihn ist die Zeit einfach abgelaufen. Das war´s dann...!
Ein Mensch, der mit einer schweren Behinderung leben muss,
vielleicht schon mit dieser geboren wurde und Zeit seines Lebens mit ihr verbringt, -
auch für ihn ist eben nur diese **„<u>eine</u>"** Erfahrung vorgesehen.

Sie haben halt von dieser schönen Welt leider nicht so viel ,
- nur diesen **<u>einen</u>** Teil - „mitbekommen" dürfen, denn mehr oder „anderes" war nach Gottes Heiligem Willen und Ratschluss, nach seiner Bestimmung einfach nicht vorgesehen....Aber das macht ja nichts, da das Leben bei Gott „ewig" ist,
hat man ja noch **mehr als genügend** Zeit...!
Glücklich jener, der als alter und vielleicht noch gesunder Mensch seine Lebenstage erleben und bis ins hohe Alter seine Jahre genießen darf...!
Dieser hat vom Erdenleben das Längste des Möglichen wohl auskosten dürfen....?
Aber da unser Leben hier sehr begrenzt ist, sowohl in seiner sichtbaren Lebens-Spanne, als auch in den örtlichen Möglichkeiten, die uns halt in einem einzigen Leben gegeben sind, ist es nicht einfach, all das „unterzubringen", was für die volle Reifung, Entfaltung und Entwicklung eigentlich notwendig und auch sinnvoll wäre.
Leonardo Boff, ein brasilianischer Franziskaner-Pater, sagte dazu:

„Ein Mensch kann die unendlichen Dimensionen des Geheimnisses Gottes nicht in einem "einzigen" Akt erfassen..."

Meint er damit, - in einem **„einzigen"** Leben?
Wagt er es, als katholischer Theologe,
die christlichen Kirchen zu einem solchen Denk-(und Glaubens)- Akt anzustoßen ?
Bereits als Jugendliche hatte mich dieses Thema sehr beschäftigt,
und ich hatte immerzu das Gefühl, dass mich der Glaube an das **ein**-malige Leben
nicht zufrieden stellt, ja, mich sogar abgrundtief traurig machte und entsetzt sein ließ.
Immer wieder machte sich die Frage breit :
„Hast **DU,** lieber Gott, dir das für mich und für uns Menschen **SO** ausgedacht?

Soll das **„ALLES"** gewesen sein, das wir von diesem schönen Leben
hier „mitnehmen" dürfen? Ist es uns „bestimmt", dass wir nur einen klitzekleinen
Teil dieser wunderbaren Welt in seiner ganzen Fülle erfassen und erleben dürfen?
Sollen wir uns einfach damit zufrieden geben, - aus –basta ?
Es gibt noch so vieles, das mich interessiert,
vieles, das ich auf dieser meiner schönen Welt noch nicht gesehen und erlebt habe.
So viele Fragen, zu denen noch zufriedenstellende Antworten ausbleiben,
Themen, denen ich mich noch ausgiebiger widmen,
Aufgaben, die ich noch erledigen und „meistern" möchte.
Soll mein **einziges** Leben dafür einfach ausreichen müssen
und mir das noch Fehlende für das „ewige Leben" vorbehalten bleiben ?
Wo steht das geschrieben, dass es nur **„ein"** Leben gibt?
Steht das so in der Bibel? Hat uns das Jesus selbst so gelehrt?
Ein Leben , - es vergeht doch viel zu schnell:
Bereits vor etwa 2400 Jahren formulierten Menschen dieses Empfinden in einem Gebet
an ihren Schöpfer-gott und drückten es im **Psalm 90** so aus:

„Denn tausend Jahre sind für dich wie der Tag,
der gestern vergangen ist.
Von Jahr zu Jahr säst du die Menschen aus,
sie gleichen dem sprossendem Gras.
Am Morgen grünt es und blüht. Am Abend wird es geschnitten und welkt.
Unser Leben währt siebzig Jahre und wenn es hoch kommt, sind es achtzig.
Das Beste daran ist nur Mühsal und Beschwer.
Rasch geht es vorbei, wir fliegen dahin..
Unsere Tage zu zählen, lehre uns!
Dann gewinnen wir ein weises Herz."

Ich finde dieses Konzept vom „**ein**-maligen Leben"
einengend und begrenzend, frustrierend und nicht zuletzt auch - langweilig.
Die Schulzeit und Ausbildungszeit - für die Kinder in reicheren Ländern -
nimmt oft schon bis zu einem Drittel der Lebenszeit ein.

In dieser Zeit dürfen und „sollten“ Kinder vieles lernen, müssen aber auch viel investieren, das meist nur mit hohem persönlichen Einsatz einhergeht.
Anschließend „sollte“ dieses Gelernte in einem anständigen Beruf - wenn möglich bis zum Rentenalter - umgesetzt werden.
Nebenher „sollten“ diese – mittlerweile erwachsenen Kinder – auch noch eine Lebensform mit einem passenden Partner gefunden haben, die beide hoffentlich - wenn möglich für Jahrzehnte - beglücken kann.
Nach unserem westlichen Berufmodell „dürfen“ wir bis in hohe Alter „tätig“ sein und wer es noch erleben darf, kann noch aus dem stattlichen (Entschuldigung: staatlichen) Rententopf schöpfen. (- Wer weiß überhaupt, wie lange noch...?)
Wer sich dann noch guter körperlicher Gesundheit erfreuen kann, hat hoffentlich das Glück, im Alter schöne, wenn möglich noch unbeschwerte Tage erleben zu dürfen. Für wen dann die „Zeit“ gekommen ist, der weiß:
„Das war´s dann...! - Mehr war eben in diesem „einen“ Leben nicht drin...!

In ärmeren Ländern sieht das „Lebensprogramm“ noch viel schwieriger, oft erbärmlicher aus. Hier heißt es allzu oft: schuften, um das **bloße Über-Leben** zu sichern. Dem entsprechend ist die Lebens-erwartung in diesen Ländern auch viel niedriger.

Viele junge Menschen in diesen Ländern können wahrlich mit dem alten Propheten Hiob aus dem AT klagen:
(Hiob 8,12/ 15,32)

„In Blüte und noch nicht gemäht, verwelkt es schon- vor allem das Gras ... Bevor sein Tag kommt, welkt er hin und sein Palmzweig grünt nicht mehr...“

Sollte gerade **diesen** Menschen nur diese **eine** irdische Erfahrung in diesem **einem** Leben zuteil werden?
Wenn ich davon ausgehe, dass im göttlichen Plan nur **ein** Leben für alle Menschen vorgesehen ist, dann ist die Ungerechtigkeit **immer** vorprogrammiert, - dann müssen Lebens-Chancen **immer** ungerecht verteilt bleiben!

Was die zeitliche Lebensdauer eines Menschen betrifft und die qualitative Lebenseigenschaft, also was die Gesellschaft anbelangt, in die ein Mensch hinein geboren wird. Bestimmt demnach Gott selbst, welche Seele, welcher Mensch mit welchem Los oder Schicksal betraut wird ?
Sucht **er** sich das aus, wer mit einem langen Leiden sein Alter verbringen muss und wer damit verschont bleibt?

Wie kurz oder wie lange des Menschen Leben währt,
ob ein Kind in einem britischen Elite-College die Beste aller Aufstiegs-chancen einer modernen Gesellschaft erhält, oder als Waise von Aids- Eltern in einem afrikanischen Kinderheim zugrunde geht ?
Wem er einen goldenen Löffel in die Hand gibt und wem das Hungertuch reicht?
Ob ein Kind in eine Familie hineingeboren wird,
in der es ohne Liebe und auch mit Erfahrungen der Gewalt aufwachsen muss?
Wenn dann ein kurzes oder ein langes Leben,
ein armes oder ein reiches zu Ende geht, dann sind wieder alle Menschen gleich:
In den Beerdigungs-Anzeigen wird dies dann folgendermaßen formuliert:
„...nach Gottes Heiligem Willen verschied..."

„Gott hat es gegeben und Gott hat es auch wieder genommen..."

Dieser **Wille** Gottes ist undurchschaubar, manchmal unverständlich,
vielleicht sogar **will-kürlich** ?

Einen solchen Gott finde ich äußerst fragwürdig!
Kann denn der liebe Gott einfach alles tun, was er will ?
Spielt er seinen Geschöpfen gegenüber **so** seine All-Macht aus?

Hat er sich für jeden Menschen etwas **Ein-maliges,** Besonderes ausgedacht:
die Zeit und der Ort, an dem ein Mensch geboren wird,
also der Platz, an den er hingestellt wird,
die Aufgaben, mit der er einen Menschen betraut oder auch zumutet,
mitsamt der Lebenszeit, die ihm dafür gegeben ist?
Stellt er uns nach seinem Willen und Ermessen auf die Bühne des Lebens
und bestimmt dabei selbst den Anfang und auch das Ende?
Ist unser Leben so sehr von IHM, unserem Schöpfer vorher bestimmt?

Wenn dem so wäre, wäre unser Leben dann nicht ein **"Spielchen"**,
das der liebe Gott mit uns spielt? Und dieses Spiel hätte dann vielleicht den Titel:
Entscheide Dich für mich! Denn am Ende deines Lebens entscheide ich dann
- in hoffentlich barmherziger Weise - über Dich !? -

....Ich will es genauer wissen, und werfe einen Blick in die Heilige Schrift...

Was sagt die Bibel und auch Jesus über die „Wieder-Geburt" des Menschen ?

Die Bibel spricht an verschiedenen Stellen in sehr **ein**-deutiger Weise von der **„Wiederkehr" des Menschen**... so z. B: im Psalm 90,3:

„Gott, der du die Menschen lässt sterben,
und sprichst: Kommt wieder, ihr Menschenkinder!"

Diese Aussage bezeugt sehr deutlich, dass bereits im **Alten Testament** das Denken vom Wiederkehren und einem sich fortsetzenden Leben, also von einem Wieder-geboren grundgelegt war.

Aussagen im Neuen Testament zur Lehre der Wiedergeburt der Seele in einem menschlichen Körper

„Bist du Elija...?", so fragten sie Johannes....

Zur Zeit Jesu war der Glaube, dass ein Mensch „wiedergeboren" wird völlig natürlich. So selbstverständlich, dass es so nicht einmal in Frage gestellt wurde.
Im Johannes-Evangelium kommt dieses Denken gleich im 1. Kapitel klar zum Ausdruck. Und zwar von „oberster Stelle" der Juden: vom „Hohen Rat" selbst.
Im Synedrium, das die Hohenpriester, Ältesten und Schriftgelehrten vereinte, galt es, eine vordringliche Frage zu klären: „Wer ist dieser Johannes, der mit einem solchen Sendungsbewusstsein auftritt und ganze Massen mobilisiert?"
Diese Frage **„Wer bist du?"** wurde ihm gleich persönlich gestellt und sie bekamen eine klare Antwort: „Ich bin nicht der Messias!". Damit war für sie zunächst einmal ihr wichtigstes Anliegen geklärt, denn die Juden warteten sehnlichst auf einen Erlöser, den Messias. – Sollte Johannes dieser sein?
„Also wenn nicht, wer bist du dann? - Elija?"
„Nein, der bin ich nicht!"
„Bist du der Prophet?" (...gemeint war Mose) – „Nein!"
„Aber wer bist du dann? Was sagst du über dich selbst...?"
Elija wurde etwa 800 Jahre zuvor in einem Wirbelsturm zum „Himmel empor" getragen (2 Kön 2,11). Weil man deshalb also von seiner „Himmelfahrt" sprach, galt er nicht als „verstorben".
Seither erwarteten die Juden sehnlichst seine Wiederkunft auf Erden.
Sie hätten Johannes ganz sicher nicht gefragt: „Bist du Elija?", wären sie nicht von der Möglichkeit einer Wiedergeburt ausgegangen. Auch wird deutlich, dass eine „Wiederkunft" nicht aus den „Wolken des Himmels" erwartet wurde, sondern auf dem ganz „natürlichen" Weg, denn auch Johannes erblickte das Licht der Welt mit Wehen und Schmerzen aus dem Schoß seiner Mutter Elisabeth.

Elija war bereits unter uns....

In Mt 17,1-13 dürfen Petrus und die beiden Brüder Johannes und Jakobus im Beisein von Jesus einen Blick in die „andere" Welt werfen. Mose und Elija waren erschienen, und sie wurde Zeugen einer regen Unterhaltung zwischen Jesus und seinen „himmlischen" Brüdern....
Nach dieser wundersamen Begegnung brennt den drei Jüngern eine wichtige Frage auf dem Herzen...: „Es wird gesagt, dass Elija noch **vor** Christus kommen müsse...!" Jesus erklärt ihnen daraufhin: „Elija war bereits unter uns, aber sie haben ihn nicht erkannt und sind mit ihm umgegangen, wie sie wollten." – Jesus sagt damit mehr als klar und deutlich aus, dass in Johannes Elija bereits **„da"** war, aber die Menschen ihn nicht erkannt haben. Johannes trat mit einem erstaunlichen Sendungsbewusstsein auf, prangerte Gewalt und Erpressung an, rief die Menschen zur Umkehr auf und machte ihnen Mut, der Sehnsucht nach einem inneren, erneuerten Bewusstsein in dem symbolischen Schritt, bzw. der Entscheidung zur Taufe, auszudrücken.
Er nahm sich kein Blatt vor dem Mund und prüskierte damit auch Herodias, die Frau des Herodes, der es ein großer Dorn im Auge war, dass Johannes auch dieses Unrecht öffentlich anging: denn sie war die rechtmäßige Frau von Herodes Bruder Philippus. Herodias nutzte die Gunst der Stunde und stiftete ihre Tochter Salome an, bei der großangelegten Feier zu deren 18. Geburtstag von ihrem Vater einen Frei-wunsch zu erpressen: „Ich möchte den Kopf des Johannes!"-
...ein etwas ungewöhnlicher Geburtstagswunsch für eine 18-Jährige!
Doch Herodes konnte nicht aus, versprochen war versprochen, - und das wusste seine listige Frau nur allzu gut. So wurde laut Mt 14,11 noch während dieser Feier Johannes' Kopf auf einer Schale „serviert".
Jesus deutete bei dieser Unterredung mit Johannes und Jakobus auch sein eigenes späteres Schicksal an. Was er seinen Jüngern jedenfalls klarmachen wollte:
Die **Wiedergeburt des Propheten Elija in Johannes war bereits erfolgt!**
Elija war bereits in Johannes wieder zur Welt gekommen, hatte sich in ihm **re-inkarniert**.

Nikodemus will es genauer wissen...

Nikodemus war ein angesehener Pharisäer, Schriftgelehrter und Ratsherr, also ein „Geistlicher" in führender Position. In der Nacht sucht Nikodemus Jesus auf, um ihm eine wichtige Frage, die ihn auf den Nägeln brennt, zu stellen.

„Wie kann ein Mensch, der schon alt ist, geboren werden?
Er kann doch nicht in den Schoß seiner Mutter zurückkehren
und ein zweites Mal geboren werden ?"

Nikodemus war von seinem pharisäischen Hintergrund so geprägt, dass er glaubte, der Mensch bildet als Geist -seele zusammen mit seinem physischen Leib eine un-zertrennliche Einheit, die auch beim Eintritt in die geistige Welt so erhalten bleibt.

Das heißt, der alte Mensch, als der er stirbt, bleibt auch **derselbe alte Körper** in der jenseitigen geistigen Welt. Wie soll dieser „alte Mensch" sich dann plötzlich wieder verjüngen, wenn er wieder als kleines Neugeborenes zur Welt kommt ? Das ist auch nicht so einfach zu verstehen...

Jesus sagt dazu: „Der Wind weht, wo er will und du hörst sein Brausen, weißt aber nicht, **woher** er kommt und **wohin** er geht... So ist es mit jedem, der aus dem Geist geboren ist." (Joh 3,8)

Jesus bediente sich immer an Bildern, die aus dem ganz alltäglichen Leben genommen sind, um Dinge zu veranschaulichen, zu erklären, die nicht ganz so „all-täglich" sind! Im Griechischen, Hebräischen und auch in der Sprache Jesu – aramäisch- hat das Wort **„Wind und Geist** – also die **Geist-seele"** dieselbe Bedeutung.
Genauso könnte man sagen:„... du weißt nicht, **woher die Geist-seele**, die einem menschlichen Leibe inne-wohnt, kommt und **wohin** sie wieder geht..."

Wenn Jesus vom „**Woher**" und vom „**wohin**" spricht, dann meint es
* den **Weg ins Leben** hinein, und
* den **Weg wieder** hinaus, - zurück in das geistige Reich unseres liebenden Gottes.

Da der alte Prophet Kohelet mit dem Wort **„Wind-hauch"** das Ab-leben und das Sterben umschrieb, so könnte man diesen Vers auch hier in dieser Weise verstehen:

„Wie du den Weg des Windes ebenso wenig wie das Werden des Kindes im Leib der Schwangeren erkennen kannst, so kannst Du auch das Tun Gottes nicht erkennen, der alles tut..." (Koh 11,5)

Interessant ist auch folgende Feststellung, die Menschen mit einem Nahtod-erlebnis immer wieder gemacht haben: der Moment, als sich ihre „Seele vom Körper" löste und sie das Gefühl hatten, durch eine langen Tunnel hindurchzugleiten, an dessen Ende sie ein helles Licht erwartet, war dieser Vorgang fast immer mit einem Geräusch von Sausen und Brausen, wie vom Wehen des Windes begleitet. – Egal, ob dieses Empfinden von Körperreaktionen des Gehirnes hervorgerufen wird, - es ist gut möglich, dass diese Erfahrung und die Aussage Jesu vom „Hören des Brausens" hier in einem engen Zusammenhang stehen! Jesus spricht auch an anderer Stelle von eben diesem **„EIN-und wieder HINAUS"**gehen:

Wer durch meine Türe hineingeht, wird aus und ein-gehen und Weide finden

Nicht ganz so augen-fällig oder eindeutig ist die **Rede Jesu vom Guten Hirten** (Joh 10,1-10): „Der Hirt der Schafe ruft die Schafe, die ihm gehören, einzeln beim Namen und führt sie hinaus. Ich bin die Tür; wer durch mich hineingeht, wird gerettet werden; er wird „**ein -und- aus"-gehen** und wird Weide finden."

Dass die Schafe in den Stall **hinein** geführt werden, um dort sicher und geschützt zu sein vor all den Gefahren, die außerhalb lauern, das ist einsichtig. Aber warum wird wieder vom „**heraus"**-gehen gesprochen? Sie – so sollte man meinen – sind doch im „Stall" ihres Herren in absoluter Sicherheit! Die Schafe, sie gehen durch die Türe hinein, aber sie gehen aber auch wieder heraus, um **wieder** auf der Weide zu grasen.

Dort, wo sich ihr Lebensraum und die Nahrungsquelle für ihr „irdisches" Leben sich befindet. Jesus hat nicht gesagt: „Wer durch mich hineingeht, wird **für immer** in diesem Schafstall bleiben. Es wird so für ihn gesorgt werden, dass er wohl nie wieder das Bedürfnis haben wird, auch wieder aus diesem Stall heraus zu wollen...."
Für die Zuhörer schien die Aussage vom „Ein-und wieder Heraus-gehen" in dem Sinne von einem Hineingehen in das jenseitige Leben und das Wieder-heraus-Gehen in das neue irdische Leben kein Problem gewesen zu sein...

Auch nicht für den Evangelisten Johannes, der diesen Ausdruck gut 70 Jahre später ganz beiläufig, aber mit einer Selbstverständlichkeit in diesem Sinne mit einfließen lässt.
- Hätte dieser Ausdruck für die Zuhörer ein „theologisches Problem" bereitet, wäre an anderer Stelle sicher nochmals darauf eingegangen geworden.
Für einen heutigen Leser, der **nicht** mit den Gedanken an die Wiedergeburt vertraut ist, kann diese Stelle und auch deren Bedeutung leicht überlesen werden: sie fällt weiter nicht auf und rückt auch nicht in das eigene Bewusstsein...

Viele aber, die jetzt die Ersten sind, werden dann die Letzten sein, und die Letzten werden die Ersten sein.....

Es gibt Aussagen Jesu, die nicht einfach zu verstehen und zu entschlüsseln sind.
Wechselt man aber die Blickrichtung, wird manches plötzlich logisch und klar...!
Dieser Ausspruch Jesu ist im Denken Jesu so markant, dass er von allen drei Synoptikern aufgenommen wurde: Bei Lukas heißt es: (Mt19,30; Mk 10,31; Lk 13,30).

„Und man wird von Osten und Westen und von Norden und Süden kommen
und im Reich Gottes zu Tisch sitzen.
Dann werden manche von den Letzten die Ersten sein,
und manche von den Ersten die Letzten...!"

Dieser Satz kann eigentlich **nur durch** das Verständnis von einem sich wiederkehrenden Erdenleben und der Wiedergeburt **sinnvoll** ausgelegt werden..!
Es gibt „alte" Seelen, die in vielen Erdenleben ihre wichtigen Erfahrungen gemacht und auch ihre „Lektionen" gelernt, ihr Ziel erreicht haben; es sind jene, die vielleicht zwar lange gebraucht haben und jetzt als „Letzte" ankommen, aber dann als „Erste" den Zugang haben zur immerwährenden und vollen, wunderbaren Gemeinschaft am „Tische Gottes", - womit ein Ort und auch Zustand gemeint ist, an dem es einem an nichts mehr fehlen wird und es einem nur noch „gut" gehen kann...!

Dieser Ort ist kein „Schafstall" mehr, den man wieder verlassen muss, um draußen auf der grünen Wiese wieder zu „grasen", sondern ein Ort, an dem das „Bleiben" angesagt ist und dann niemand mehr „weg" muss, sondern für immer angekommen ist, - also nicht mehr zurück – oder wiedergeboren werden muss.

Die noch „jungen" Seelen, die jetzt vielleicht die „Ersten" sind, auch sie haben ihre Zeit, um sich entwickeln und reifen zu können, denn jeder hat so viel Zeit, wie er nur braucht! Und auch, wenn diese „Letzten" dann irgendwann **ihren** Platz gefunden und eingenommen haben, zusammen mit allen - aus allen Richtungen der Erde – sie alle dürfen zu „ihrer" Zeit in „ihren" geistigen Hafen (heaven) der Seele zurückkehren. Jesus spricht nicht von einer bestimmten Zugangsberechtigung oder Konfession, sondern er spricht ganz einfach: von **„allen"**, aus allen Nationen und allen Richtungen dieser Welt und davon, dass einfach **ALLE** an Gottes großen Tisch willkommen sind, - und zwar für immer!
Ich frage mich aber , warum wurden und werden alle diese Bibelstellen, die eigentlich ein-deutig auf die Wiedergeburt hin-deuten (wenn man denn offen ist für diese Sicht-weise!), auch heute noch im 21. Jahrhundert von den christlichen Kirchen einfach ignoriert oder diese Sichtweise nicht zugelassen, verdrängt und abgelehnt?

Ich wundere mich immer wieder, wie sehr sich heutige Prediger bei solchen Bibel-stellen, wie z.B. der Frage an Johannes dem Täufer:
„Wer bist Du ? Elija? Oder der Prophet Mose?", die sich ja wirklich **zweifellos** auf die Wiedergeburt beziehen, herumwinden, um nicht dazu Stellung beziehen zu müssen! Na ja, das war „damals" der Glaube, aber heute glauben wir ja nicht mehr an „so etwas"! Heute ist das nur etwas für „esoterische Spinner" oder solche, die sich auf dem östlichen Glaubensboden verirrt, dort sich „verloren" haben, - aber **wir** wollen doch auf unserem christlichen, vernünftigen Glaubensboden bleiben...!

Was nicht sein „darf", - kann auch nicht so sein?

Haben wir nicht schon längst in unserem Leben geahnt und uns vielleicht irgendwann einmal gefragt, dass der „Glaube an das **eine** Leben" eigentlich nicht so ganz unserer Logik und auch nicht unserem Empfinden entspricht?
Haben wir nicht schon längst gespürt, dass es noch „mehr" geben müsste, als dieses **einzige ein-malige** – kurze oder auch lange- Leben"?
Gespürt, dass dieser Glaubens-„Rahmen" uns eigentlich doch einengt, ja sogar unter Druck setzt, weil es gilt, all das, was ich noch erleben und erfahren möchte, in diesem „**einen Leben**" unterbringen zu „müssen"?
Über die „**endlichen** Dimensionen" unseres Lebens, bzw. Mensch-seins hinaus auch die „**un**-endlichen des Geheimnisses Gottes" in **einem** „Akt" zu ergründen? Aber wohl dann damit abgefunden, weil die Kirchen uns das immer so gelehrt und gepredigt, uns über Jahrhunderte so vorgegeben haben als **„die"** Wahrheit von Leben und Tod, so - als wäre dieses „Einbahn-Denken" ein göttliches Gesetz? Weil wir damit aufgewachsen sind, aber vielleicht auch nicht gelernt haben, vorgegebene Lehren wirklich und ernsthaft zu hinterfragen, sie für das **eigene** Leben zu „prüfen"...?

Uns zu fragen : **„Es könnte aber doch ganz anders sein?“**

„Woher“ komme ich, - und „wohin“ werde ich wieder gehen ?

Für uns übersetzt, heißt das...
Wenn ein kleines Kind zur Welt kommt, wissen wir nicht,
welche „Seele“ es in sich tragen, „mitbringen“ wird aus der geistigen Welt.
Es gibt Mütter, die vermuten oder spüren es, welche Seele aus der geistigen Welt wieder zu ihr zurückgekommen ist. Dies **kann** ein verstorbener Familienangehöriger, ein Kind aus der Familie oder ein geliebter Mensch sein, zu dem man zu Lebzeiten bereits eine besondere und innige Beziehung pflegen konnte und immer noch die „Brücke ins Jenseits“, der Kontakt lebendig und intensiv erhalten blieb.
Es gibt auch Menschen, die besonders sensibel sind und beim Betrachten von Bildern aus der eigenen Ahnengalerie spüren, wer einem Kind aus der eigenen Familie nicht nur besonders ähnlich, sondern auch eine Seelenverwandtschaft, unter Umständen sogar ein „wieder-geborenes Kind“ möglich sein könnte.

Ein schönes Beispiel dafür beschreibt Waris Dirie in ihrer Lebensgeschichte „Wüstenblume“. Das somalische Wüstenmädchen, das mit etwa 5 Jahren grausam beschnitten wurde und dann fliehen konnte, später als Model in London entdeckt und heute als Uno-Botschafterin eine wichtige Mission zu erfüllen hat, sich entschieden gegen die Beschneidung von unzähligen ahnungslosen Mädchen einsetzt, erzählt, wie sie in jungen Jahren ihren über alles geliebten kleinen Bruder zur Erde tragen musste. Sie hatte jahrelang um ihren kleinen Bruder getrauert und ihn schmerzlich vermisst, aber auch hier in der westlichen Welt seine Nähe und Stärke gefühlt, sich von ihm begleitet gewusst. Als sie mit 23 Jahren ihr erstes Kind erwartete und ein kleines Büblein in ihren Händen trug, da wusste und spürte sie es in ihrer Tiefe:

„Mein lieber kleiner Bruder, er ist wieder zu mir zurück gekehrt...!“
Sie war dem Leben in der Natur der Wüste entwachsen,
aber in ihrer Seele trug sie immer noch dieses ursprüngliche alte Wissen.
Wir können es manchmal nur „erahnen“, welche Kinderseelen uns in unserem Leben begleiten. Wenn sie einst alt sein werden und wieder in den „Himmel“ zurückkehren, wissen wir auch nicht, welchen Weg sie dort weiterziehen werden. Manches kann man vielleicht erahnen und manch kleine Geheimnis um das **„Woher“** lässt sich vielleicht „lüften“. - Im Land des **„Wohin“** hebt sich der Schleier und meine Seele findet ihr Wissen wieder.

Das ist es, was Jesus meint, wenn er sagt..:
„Du weißt nicht, **woher** der Wind, also der Geist, die Seele kommt und **wohin** sie wieder geht.. – So ist es mit jedem, der aus dem „Geist“, bzw. von „oben“ her geboren ist... Das im Bibeltext verwendete griechische Wort **„anothen“** für: von „OBEN“ her geboren werden, läßt aber auch diese Bedeutung zu: wieder, auf´s Neue, noch einmal, bzw. von früher, von den Vorfahren her geboren werden. Jesus bringt damit ganz klar zum Ausdruck, diese Einsicht und das „Bewusstsein“ über diese Zusammenhänge gehören für „geistliche Lehrer“ wie Nikodemus zum „Rüstzeug“, zur Grundlage spirituellen Denkens!

„Du bist der Lehrer Israels und verstehst das nicht ?“

Jesus spricht ganz klar vom **Ziel** dieser „Seelenreise": dem **„Heim-kommen".**
Wir alle haben das gleiche Reiseziel, nämlich zu unserem Ursprung zurück zu finden, einzutauchen in das große Mysterium seiner grenzenlose Liebe. Das ist das Ziel, meiner und aller Seelen auf Erden: „vollkommen" in ihm, unserem Schöpfer zu werden. Er unterscheidet sich darin aber von den Lehren der östlichen Religionen, das als Ziel die „Auflösung" aller Formen nennt.

Die christliche Re-inkarnationslehre unterscheidet sich auch darin: eine **Menschen**-Seele kann sich nur wieder in einem **menschlichen** Körper inkarnieren, weil für die Seelen des Tier- und auch des Pflanzenreiches eine andere „Schwingungsebene" besteht. Wir brauchen also keine Angst zu haben, so wir in diesem Leben wirklich versagt, es an die Wand gefahren haben, im nächsten Leben wieder als Ameise beginnen zu müssen...!
Dennoch: die Vorstellung, nochmals hierher zurückkehren zu können, birgt viele neuer Chancen des Lernens, Wachsens und des Reifens für mich: andere Begegnungen und auch Beziehungen, in denen ich wieder ganz andere Facetten meiner Seele entwickeln kann, andere Orte und Möglichkeiten, - all das, was ich bereits (aus meinen früheren Leben entwickelt habe und ich schon kenne, mir bereits vertraut ist) „verinner-**„licht"** habe, zum Wohle anderer weitergeben kann, so dass sich unsere schöne Erde immer weiter zu einem **„lichten"** Planet entwickeln kann, der auch „geistige" Fortschritte macht. Nicht nur durch mich, sondern durch die ständige Weiter-Entwicklung aller Menschen und auch Lebewesen auf unserem Planeten.

Ich bin davon überzeugt,
dass das Wissen und die innere Überzeugung, dass es nach diesem Leben noch einmal eine Gelegenheit und eine neue, weitere Chance geben kann, all das, was ich bereits an „Schätzen" meiner Seele erarbeitet, gelernt und erfahren habe, weiter zu führen, wenn ich es will - und höhere Mächte mit meinem Wunsch übereinstimmen, dass es mir dann in diesem meinem jetzigen Leben **<u>leichter</u>** gelingen kann, **„los-zu-lassen",** wenn die Zeit kommt, und dieses von mir erwartet wird.
Das „Los-lassen" wird immer eine der schwersten Herausforderungen und Lernaufgaben in unserem Leben sein und auch bleiben. Aber wenn ich dieses Leben in einen weit größeren Zusammenhang stellen und wissen darf, dass ich diese Reise hier fortsetzen kann und darf, dann kann es mir vielleicht aber etwas leichter fallen, nicht „krampfhaft" fest-zu-halten an allem, was mir hier so wichtig und so sehr am Herzen liegt, sondern im Los-**lassen** auch meine Ge-**lassen**-heit bewahren.
Diese Vorstellung lässt mich auch gelöst sein, **so viel Zeit zu haben**,
wie meine Seele einfach braucht, um sich „voll-kommen" entwickeln zu können,
um meine ganz eigenen - manchmal schmerzhaften und auch leidvollen - Erfahrungen zu machen, und in diesen immer neuen Erkenntnissen immer mehr meine eigene Erfüllung und göttliche Bestimmung, immer mehr „ich selbst",
- ja , Gott immer näher zu kommen, ihm „eben-bildlicher" zu werden.

Und dazu erbitte ich mir nicht nur eine „<u>einzige</u>" Lebens-Chance!

Ich darf das volle Vertrauen haben, dass Gott einer ist, der mich in meinem Wollen und meinem eigenen Willen - wirklich ernst nimmt, weil dies ein wichtiger Teil meiner „eigenen" Freiheit ist, selbst bestimmen zu dürfen, was ich brauche und was mir noch fehlt zu meiner ` Ergänzung´, zum „Ganz" oder wie die Bibel – auch die Kirchen - es ausdrücken: um „voll"-kommen zu werden.

Gott nimmt mich in meiner Freiheit sehr ernst, ja, es ist ihm ein großes Anliegen, und will mich mit „**ALL**"-em erfüllen, was mir zu meiner „Ganz-heit" noch fehlt.

Nicht aber erst im Jenseits, sondern bereits mitten in unserem Hier&Jetzt!

Es fällt sicher nicht leicht, mit den „höheren" Mächten einzustimmen, die wohl sagen:

„Mein liebes Kind!
Die Erfahrungen, die du auf deiner jetzigen Lebensbühne machen konntest, sie waren gut und wichtig für dich.
Du hast deine Aufgaben hier erfüllt und du hast gelernt, was zu lernen für dich hier möglich war.
Jetzt ist es aber an der Zeit für Dich, wieder weiter zu ziehen.
Wir möchten dir eine weitere, andere Chance geben, denn es gibt noch ein anderes, für dich neues Land, wo es für dich ganz neue Möglichkeiten gibt, das weiter zu führen, was du dir hier erarbeitet hast. Dafür musst du aber das Vertrauen haben, dich an der Hand nehmen und Dich führen lassen.
Du hast große Angst davor, alles so lieb gewordene hier zurück lassen zu müssen.
Du hängst an ihm sehr. Das ist ganz normal so, wir können das absolut verstehen!
Aber wenn du es nur **zulassen** kannst, dann werden wir dir auch dabei helfen und dich dabei, so weit es nur irgend möglich ist, unterstützen und auch führen.
Wir versichern dir, du kannst mit deinen Lieben immer verbunden bleiben und sie immer besuchen, wann immer dir danach ist. Du wirst nichts vermissen!
Deinen Lieben fällt es sehr viel schwerer, dich weiter ziehen zu lassen, aber auch ihnen ist es möglich, weiterhin in Liebe mit dir verbunden zu bleiben, in Kontakt mit dir zu bleiben. Denn es gibt keine Trennung!"

Alles, was auf Erden verbunden ist, wird es – und erst recht! – auch im Himmel bleiben. Erst – dort im „Himmel“ werden wir erfahren und erleben, mit wie vielen wunderbaren „Verbindungen“ und alten Freundschaften wir bereits „gesegnet“ sind! Und wie sehr wir dieses Reich wieder als unsere eigene „Seelen-Heimat“, als wunderbare Heimkehr empfinden, die wir - einmal angekommen - als das herrlichste Geschenk empfinden, das wir hier nur in unseren Träumen betreten können!

Ein kleines Kind ist erst bereit, seine zu klein, aber so lieb gewordenen Schuhe herzugeben, los-zu-lassen, wenn es **neue** Schuhe an die Hand bekommt, die ihm genauso zusagen und ihm entsprechen, auch, weil es nun merkt, dass es viel bequemer ist, mit den neuen Schuhen zu laufen, weil sie nicht mehr drücken, sondern dem **„neuen“** Wachstums-Stand entsprechen...!

Ein Jugendlicher ist bereit, seine Arbeitsstelle **los**-zu-lassen, bereit, sich auf die Suche nach einer neuen, weiteren Stelle zu machen, weil er alles, was zu lernen möglich war, hier erfüllt hat und nun aber einen neuen, noch geeigneteren Wirkungskreis braucht! Ein Mann ist nach einer sehr schmerzhaften Erfahrung in seiner Beziehung nun endlich bereit, seine Partnerin ganz „ihrem **Los**“ zu überlassen, weil er sich neu verliebt hat und nun „Neu-land“ sieht, endlich die Möglichkeiten hat, ungelebtes Leben wieder zu füllen mit einem neuen ungetrübten Glück und einer neuen Liebe. Das Leben will gelebt sein!

Die Sehnsucht, die uns innewohnt, - sie treibt uns immer weiter an zu „neuen“ Ufern, zu suchen und zu finden, was in uns noch „fehlt“. Die Sehnsucht, sie ist unsere „göttliche Ur-Natur“, sie sucht die Ganz-heit und will „voll-kommen“ er-füllt werden!

Doch uns muss auch klar und bewusst sein:
Nicht immer ist ein „nochmals zurück“ in ein neues Leben hier mit einem Jubel-schrei verbunden! Es gibt sicher viele Seelen, für die eine nochmalige Rückkehr,
- ein Neubeginn kein „Darf“, sondern auch ein **„MUSS“** bedeuten kann.
Dann nämlich, wenn alte Aufgaben noch nicht gelöst oder „nochmals“ gemacht werden müssen, wenn es gilt, neue Lösungen für ein altes Problem zu suchen und zu finden, oder einen „alten Schaden“ wieder-gut-zu-machen....!
Dies ist auch der Grund, warum im Buddhismus und dem Hinduismus das Zurückkommen, die Wiedergeburt immer mit einem „Muss“, und damit auch mit dem Erfahren von „Leid“ verbunden wird. Das Ziel ist es, sich zu befreien aus diesem Kreislauf der Wiedergeburten, das Erreichen eines Bewusstsein, das es erlaubt, nicht mehr hierher zurückkehren und nichts mehr „er-füllen“ zu müssen.

Wiedergeburt – sie keine „Irr“-Lehre, sondern eine Tatsache!-

Nicht nur diese Überzeugung gehörte zum Glaubensgut Jesu und auch seiner Jünger, sondern auch das Gesetz des Karma, das heißt, dass ein unerledigtes Thema oder eine begangene Schuld, aber auch die guten Taten noch Auswirkungen im nächsten Leben haben können.

Wer hat gesündigt, er oder seine Eltern? (Joh 9,1-12)

„Unterwegs sah Jesus einen Bettler am Wegrand sitzen, der seit seiner Geburt blind war. Da fragten ihn seine Jünger: „Rabbi, wer hat gesündigt? Er selbst? Oder haben seine Eltern gesündigt, so dass er blind geboren wurde?“
Sollte der blinde Bettler eine Schuld begangen haben, die sich in Form dieser Blindheit auswirkt, dann muss dies also **vor** seiner Geburt gewesen sein! Da ein Baby aber im Mutterleib nicht „sündigen“ kann, muss dies in einem **Vor-leben** sich ereignet haben. Haben seine Eltern eine Schuld begangen, ergibt sich die Frage: Warum sollte ein unschuldiges Kind für die Schuld seiner Eltern mit Blindheit gestraft werden? Es kann doch nichts dafür !
Diese Fragestellung der Jünger und die Antwort Jesu machen dreierlei deutlich:

* zum einen der Glaube an die Existenz eines Vor-Lebens;
* zum andern der Zusammenhang zwischen Schuld und Krankheit: also die Möglichkeit, dass sich eine Verschuldung in einem Vorleben als „Karma“ erst in diesem Leben als Krankheit, gegebenenfalls auch in einer unheilvollen, schwierigen, auch tragischen Lebenssituation auswirken kann.
* dann die Fähigkeit Jesu, in einem Menschen, bzw. seiner Seele „lesen“ zu können: er benennt die Ursachen und kennt deren Auswirkungen.

Wenn ein Mensch erkrankte, überlegten die Familienangehörigen und auch die Priester zu aller erst, welche „Sünde“ der Kranke wohl begangen haben könnte. Krankheit wurde als eine „Strafe Gottes“ für eine schuldhafte Tat verstanden. So wurde dieser blinde Mann, der von Jesus geheilt wurde von den Pharisäern beschimpft: „Du bist ganz und gar in Sünden geboren und du willst uns belehren? Und sie stießen ihn hinaus...“
Ein Mensch, der krank war, musste dies wohl **selbst** „verschuldet“ haben!
Als in <u>diesem Falle</u> aber die Jünger von Jesus wissen wollten, welche **Ursache** der Blindheit des Bettlers zugrunde liegt, war die Antwort Jesu:

„Nein, weder er noch seine Eltern haben gesündigt, sondern das Wirken Gottes soll an ihm offenbar werden!

Solange ich in der Welt bin, bin ich das Licht der Welt. Sodann spuckte er auf die Erde, machte mit dem Speichel einen Teig, strich ihm dem Blinden auf die Augen und sagte zu ihm: `Geh und wasch dich im Teich Schiloach.´ Der Mann ging fort und wusch sich. Und als er zurück kam, konnte er sehen.“ Es war also im „Plan“ Gottes vorherbestimmt, dass diesem blinden Menschen sich Jesus selbst als das „Licht der Welt“ zeigen und ihm eine wunderbare Heilung zu diesem Zeitpunkt in seinem Leben schenken würde.
Dass sich aber auch gute Taten in einem nächsten Leben positiv auswirken können, wird bereits im Buch der Weisheit (AT:80-30 v. Chr) so beschrieben: (8,19-20)
„Ich war ein begabtes Kind und hatte eine gute Seele erhalten, oder vielmehr :
gut, wie ich war, kam ich in einen unverdorbenen Leib.“
Diese „guten Vor-taten“ müssen wohl geleistet worden sein, **<u>bevor</u>** es in diesem guten, neuen Leben ankam, sich also auf ein „Vor-leben“ beziehen!

Das „Rad des Lebens" im Neuen Testament

Ein weiterer klarer Hinweis darauf, dass der Gedanke an wiederholte Erdenleben und auch die Auswirkungen des Karma im bezeugten Urchristentum grundgelegt und auch natürlich war, gibt es im Jakobus-Brief. (Jak 3,6)
Hier wird vom **„Rad des Lebens"** gesprochen.

Man vermutet, dass mit dem Verfasser dieses Briefes – geschrieben etwa 62 nach Chr. - „Jakobus, der Kleine", auch der „Bruder des Herrn" gemeint war, also ein jüngerer Bruder Jesu, der später zum Kern der Urgemeinde in Jerusalem gehörte.
Jakobus verwendet die griechische Bezeichnung „ho trochós täs genésos":
das immer wieder von neuem sich drehende Rad der Wiedergeburt.

Trochós bedeutet „Rad", und „génesis" kann mit „Werden, Entstehen, Ursprung, Erzeugung oder Geburt" wieder gegeben werden. Der Hl. Hieronymus, der die Evangelien am präzisesten in die lateinische Sprache übersetzte und zeitlich den Ereignissen der Bibel am nächsten stand, übersetzte diesen Begriff auch so:
„rotam navitatis nostrae" = „unser rotierendes Geburtsrad".

Wenn vom „Rad des Lebens" die Rede ist, dann ist nicht nur das „eine" Leben gemeint, sondern ganz klar eine weitere Fortsetzung, eine Folge, so wie ein Rad das sich immer weiterdreht, eine Entwicklung, die fortgesetzt wird.

Doch in dieser Entwicklung ist es von entscheidender Bedeutung, die inneren Wurzeln des Unheils zu reinigen, zu klären, zu heilen, damit das „Böse", das „Un"-Heil **er-löst** werden kann, - so wie Jesus es in der letzten Vater-unser-Bitte formuliert.

„Er-löse uns von dem Bösen."

„Woher kommen Kriege und Streitigkeiten? Doch nur vom Kampf in eurem Innern!" Jakobus weiß, dass der Mensch immer wieder Versuchungen ausgesetzt ist, deshalb legt er ihnen nahe : „Sucht die Nähe Gottes, reinigt die Hände, läutert euer Herz, ihr Menschen mit zwei Seelen!" Aufschluss gibt auch der letzte Satz dieses Jakobus-Briefes:

„Wer einen Sünder, der auf Irrwegen ist, zur Umkehr bewegt, der rettet ihn vor dem Tod und „deckt viele Sünden zu" (5,20).

Dies bedeutet, wenn die Untat eines Anderen, das Übel oder auch das „Un-heil", die Ursache geheilt wird, dann kann verhindert werden, dass die Folgen in diesem und auch folgendem Leben, - im „Rad" des Lebens - weiterwirken.
In diesem ganzen Brief spürt man, dass das Wissen um das Gesetz von Ursache und Wirkung in seinem Denken grundgelegt ist. Denn die „Zunge" verdirbt nur deshalb den ganzen Menschen und setzt das Rad des Lebens ins Brand, weil sie selbst von der „Hölle" in Brand gesetzt wurde.
Dazu sei bemerkt: im **AT** wird oft gesprochen vom „Fluch und Segen".
Erstaunlich dabei aber ist: der „Segen" wirkt ganze 4 Generationen positiv weiter, der „Fluch" aber wirkt auch noch nach 7 Generationen als „Schattenwesen", vielleicht auch als „Dämon" sein Unwesen und sehnt sich nach „Er-Lösung"!

„Wann und warum ging in der Kirchengeschichte der Glaube an die Reinkarnation verloren ?"

Wenn es keinen Zweifel daran gibt, dass Jesus von einem sich wieder-kehrenden Erdenleben und auch von den Wirkungen des Karmas überzeugt war, wie kam es dann, dass im Jahre 553 jeder, der die Wiedergeburt bejahte und daran glaubte, der Ketzerei bezichtigt und plötzlich **verdammt** sein sollte? **Was war passiert?**

Die frühen Kirchenväter Origenes (185-253), Hieronymus (347-419) und Augustinus (354-430), der Hl.Gregor von Nyssa (334-395), aber auch sehr frühe Theologen wie der Hl.Basilius (65-130) waren **allesamt** Vertreter des Gedankens der Wiederverkörperung . Origenes war ein entschiedener Kämpfer für das Urchristentum und der Lehren Jesu, der einflussreichste Theologe der griechischen Kirche und der Bedeutendste der Gesamtkirche vor Augustinus. Er war früher Begründer der Kirchen-wissenschaft, hatte alle weltliche Ehren der damaligen griechischen Bildungswelt errungen und leitete die berühmte Katechetenschule in **Alexandria**, wo sich auch die größte **Bibliothek des Altertums** befand.

Kein Kirchengelehrter nach ihm konnte jemals wieder auf solch umfangreiches Wissen zurückgreifen, denn die gesamte Bibliothek wurde 389 von einem christlichen Glaubensfanatiker – einem Mönch! - in Brand gesteckt! In diesem Feuer wurden die wertvollsten Glaubenszeugnisse des frühen Christentums, aber auch aus dem alten Orient (Persien und Indien, also vedische Schriften), sowie jene Dokumente für alle Zeiten vernichtet, die bezeugt hatten, dass die Lehre von der Wiedergeburt **nie** ein Widerspruch zur Lehre Jesu darstellte, sondern zum **Fundament der christlichen Lehre** gehörte, ja, sogar als fundamentales Dogma als Säule im ganzen Glaubensgebäude galt.
Für Origenes bestand der Sinn allen Lebens in der materiellen Welt darin, dass sich alle Seelen durch viele Inkarnationen hindurch läutern und veredeln, bis **alle** durch die Liebe und Hingabe zu Gott, durch das Beherzigen der Lehre Jesu wieder zurück in die Arme ihres Schöpfers, in die ewige Gemeinschaft Gottes zurückfinden sollten.

„Diese Rückkehr zu Gott muss man sich nicht als ein plötzliches Geschehen vorstellen, sondern als ein allmähliches, stufenweise im Laufe von unzähligen und unendlich langen Zeiträumen sich vollziehendes:“
(Peri Achon III, 6,6)

Und zwar **alle** Seelen, nicht nur jene, die an Jesus glauben.
Augustinus stellte sich in seinen „Confessiones“ (Bekenntnisse) die persönliche Frage:

„Sage mir Gott, Deinem Flehenden, sag es, Erbarmer, Deinem Armen,
ob mir nicht irgendein Leben schon verlebt war,
auf welches mein Kindesanfang erst folgte.
Was aber war noch vor dieser Zeit, meine Wonne, mein Gott?
War ich da irgend-wo und war ich irgend-wer?“

Bis dahin wusste man auch, dass die Menschen selbst es sind, die sich für ihre eigenen Taten verantworten, ihre eigenen Früchte ernten und auch in einem kommenden Erdenleben die Suppe wieder auslöffeln müssen, die sie sich selbst eingebrockt haben. Sogar im **Vierten Ökumenischen Konzil 451**, das in Chalcedon (heutiges Istanbul) stattfand, drei Wochen lang dauerte und mit über katholischen 600 Bischöfen (bzw. deren Vertreter) die bis dahin größte Beteiligung verzeichnete, war die Wiedergeburt **kein** Diskussionsthema, es wurde hier **sogar nochmals bekräftigt**!

Dies sollte sich aber grundlegend ändern,
als Theodora an der Seite ihres Gemahls, des byzantinischen Kaisers Justinian
die höchste weltliche Macht erringen konnte: die Kaiserkrone.
Sie war die Tochter eines Bärenbändigers im Zirkus von Konstantinopel, zugleich eine blutjunge und bildhübsche Hure, deren Dienste selbst vom Adel gerne in Anspruch genommen wurde. Sie wurde eine der Lieblingskonkubinen von Justinian und schließlich im Jahre 523 seine Frau. Als vier Jahre später Justinian zum Kaiser gekrönt und sie damit zur Kaiserin erhoben wurde, war es der ehrgeizigen Frau noch nicht genug:

ihr größtes unsterbliches Vorbild waren die alten Cäsaren, die bei den Römern automatisch als Götter verewigt wurden.
Doch diese Sitte wurde im mono-theistischen Christentum sogleich abgeschafft!
Sie hatte ein großes Problem mit diesem Christentum, das lehrte, dass der Menschen Seele in einem nächsten Erdenleben **wiederkehren** würde, - denn wie konnte sie als Göttin in die **Ewigkeit** erhoben werden, wenn alle Menschen unter dem Gesetz der Wieder-geburt standen? Wie konnte man es verhindern, dass sie, die das Vertrauen von Statthaltern missbrauchte, sich auf Kosten der Bevölkerung gnadenlos Reichtümer anhäufte, nicht wieder in einem kommenden Erdenleben als ganz normaler Mensch wiederfinden würde, - und womöglich noch als Bettlerin?

Noch dazu galt es, ihre eigene sündige Vergangenheit ein für allemal loszuwerden. Letzteres versuchte sie schon mal, indem sie alle ihre früheren bekannten Berufsgenossinnen (etwa 500) misshandeln, martern und schließlich ermorden ließ. Ihr guter Ruf sollte durch diese noch lebenden Mitwisserinnen nicht beschmutzt oder gar gefährdet werden.
Doch auch der Glaube an eine „Wiedergutmachung" der sündigen Taten in einem nächsten Leben waren ihr ein schmerzhafter Dorn im Auge. Denn sie hätte nach dem Karma-Gesetz in einem späteren Leben dafür büßen müssen: dies musste ein für alle mal geändert werden, indem diese Lehre mit Stumpf und Stiel ausgerottet werden sollte. Sie ließ alle jene Stellen, die in der frühen Bibel auf die Wieder-geburt hinwiesen, entfernen, - **eine scheinbar kleine Tat, aber mit epochalen Folgen...!**

Dies war ihr aber nur möglich, weil sie selbst dafür sorgte, dass viele von der damaligen Kirche verbannten Mönche nach und nach wieder mit kirchlichen Ämtern betraut wurden und somit ein eigenes „Agentennetz" über das gesamte byzantinische Reich spannen konnten. Es gelang ihr, den Papst der Opposition der Westkirche (des gefallenen weströmischen Reiches) abzusetzen und diesen durch Papst Vigilius, einen ihrer Günstlinge, zu ersetzen.

In einer einberufenen Bischofssynode (543) konnte sie durchsetzen, dass der Lehre von der Wiedergeburt der Todesstoß versetzt wurde. Doch da die in einer Synode gefassten Beschlüsse für die über das ganze Reich verstreuten Bischöfe nicht bindend waren, musste ein Kirchenkonzil organisiert werden.
Da die Kaiserin mit 39 Jahren mittlerweile verstorben war, verfolgte der ihr verfallene Gemahle Justinian diese dunklen Pläne weiter. Von den Beweggründen dieses Konzils schienen die Kirchenfürsten aber nicht recht überzeugt gewesen zu sein, denn es dauerte ganze 10 Jahre, bis sie der Einladung nach Konstantinopel folgten.
Im Jahre 553 hatten es von über 3000 Bischöfen ganze 165 geschafft:
viele waren diesem aus Protest fern geblieben, andere deshalb, weil die Einladungsbriefe so formuliert waren, dass man hoffen könnte, keiner der Bischöfe der Westkirche würde am Konzil teilnehmen.
Sogar Papst Vigilius hielt sich fern, obwohl er sich zu dieser Zeit sogar selbst in Konstantinopel aufgehalten hatte, - und ließ sich auch nicht vertreten!

Auf dieser Versammlung ließ **der Kaiser** entscheiden, dass von nun an die Wiedergeburtslehre als Ketzerei zu gelten habe und jeder, der sie vertrete, verdammt sei. Damit wurden aber auch die Lehren des Origenes verbannt, die Kaiserin Theodora am meisten gefürchtet hatte. Im Wortlaut:

„Wer nicht verflucht...Origenes samt seinen gottlosen Schriften und alle anderen Häretiker, welche verflucht sind von der heiligen katholischen Kirche,...der sei **anathema**: verflucht.!"

Um diesen Entschluss aber geltend zu machen, brauchte Kaiser Justinian noch die schriftliche Bestätigung, die Unterschrift des Papstes. Er drohte ihm sogar mit der Exkommunikation oder mit der Ernennung eines Gegenpapstes, weil er sich dem Konzil ferngehalten hatte. Die Unterlagen wurden ihm also schnellstmöglichst zur Ratifizierung vorgelegt. Auch stand der Papst unter Druck, weil er wegen der Gefahr der Ostgoten auf die militärische Hilfe des Kaisers angewiesen war und nur auf Betreiben der Kaiserin 537 zum Papst gewählt worden, also deren „Marionette" war. Also gab er denn schließlich nach und unterzeichnete diese Papiere, die die Lehre von der Wiedergeburt und dem Gesetz des Karma endgültig zu einer **„heidnischen IRR-Lehre"** abstempeln sollten.
Was man aber erst später merkte: dieser Bannfluch gegen die Reinkarnationslehre **fehlte** auf diesen Papieren. Der Papst unterzeichnete nur die Unterlagen, in denen es um 3 Gelehrte ging, die der Kaiser als „Ketzer" auf dem Kicker hatte. Geschichts-irrtum, List des Papstes, oder Zu-fall? - Auf alle Fälle:

Demnach ist diese Wiedergeburtslehre offiziell nie von der katholischen Kirche zur „Irr-lehre" erklärt worden!

Den führenden Kirchenfürsten kam nun aber diese neue Entscheidung sehr gelegen. Wer sich mit den internen Kirchen- und Papstgeschichten dieser Zeit etwas näher befasst, weiß, dass es ganz schön „drunter und drüber" ging, wenn es um die Durchsetzung der Machtansprüche - die des Papstes und des Kaisers – ging!
Zudem weiß man, dass im 6.Jhd. n.Chr. in Rom die größte „Ansammlung" aller Kurtisanen weltweit zugegen und deren Gewerbe das lohnendste Geschäft überhaupt war! Die neue Regelung, dass es das alte Gesetz von Karma und Wiedergutmachung, nun in einem nächsten Leben nicht mehr geben würde, war auch ihnen sehr sympathisch.

Und wo vorher die Versöhnung Gottes **ALLEN** Menschen gnadenvoll leuchtete, hatte die Kirche nun selbst die Schlüssel in die Hand genommen und konnte bestimmen, unter welchen Umständen ein Zugang zum Himmelreich möglich sein würde...

Nach dem Tode des Kaisers hätte es von kirchlicher Seite wohl ein „Zurück" zur alten und damit zur **unverfälschten Lehre Jesu** geben können:
nur, die kirchlichen Vertreter wollten gar nicht mehr „zurück"!
Die „neue" Sichtweise hatte eindeutige Vorteile...!

Eine Entscheidung mit grundlegenden Folgen für die kirchlichen Lehren und deren Sicht, Deutung und Auslegung im Lauf der Jahrhunderte (bis heute!)

Die katholische Kirche war nun die **einzige** Vermittlerin zwischen Jesus Christus und legte die kirchlichen Lehren, damit aber auch die Bestimmungen für den „Eintritt“ in das Himmelreich fest. Wer nicht an Jesus und den Lehren der Kirche glaubte, fiel unter das Dogma von der ewigen Verdammnis. Noch zu Zeiten des Franz von Assisi (etwa1220) stand auf den privaten Besitz einer Bibel die Todesstrafe! Nach dem Motto:

„Wer nichts weiß, der muss alles glauben!“

Und wer anderes behauptete, musste um sein eigenes „Haupt“ fürchten,
oder ihm wurde mit dem Feuer des Scheiterhaufens gedroht...!
Diese kirchliche Lehre war und ist heute noch sehr ein-deutig:
„In diesem **einen** Leben entscheidet sich das Heil oder das Unheil des Menschen:
die menschliche Seele gelangt unmittelbar nach dem Tod in den „ewigen Himmel“
oder in die „ewige Hölle“!
Genauso wird es auch heute noch in der katholischen Kirche gelehrt:

* In der **ewigen Vergeltung** – einem besonderen Gericht – wird das Leben auf Christus bezogen – entweder durch eine Läuterung hindurch oder indem er unmittelbar in die himmlische Seligkeit eintritt oder indem er sich selbst sogleich für **immer verdammt.** (1022 KKK)

Die Lehre von der Wiedergeburt und das Wissen um das Karma-Prinzips war nunmehr weder zutreffend noch erwünscht, und so veränderte man Jesu Lehre nach den **eigenen** Gesetzen, konstruierte ein enges, selbst geschaffenes Lehrgebäude und beraubte so das Christentum um wesentliche Teile der ursprünglichen Lehre Jesu. Dies war nicht nur eine bewusste und auch voll beabsichtigte **Verfälschung** der ursprünglichen Botschaft Jesu, sondern auch eine Irre-führung der gläubigen Weltchristenheit, ja, eine mit Absicht vertretene IRR- Lehre, zugunsten der eigenen Möglichkeit, aus der „Frohen“ Botschaft Jesu eine „Droh“- Botschaft zu machen, um mit der Angst über Menschenseelen Macht ausüben, sie **be-herrschen und dominieren zu können.** Nur, wurde diese Wahrheit so lange verdrängt – bis heute noch- dass sie: tatsächlich einfach: „vergessen“ wurde...!

Und es gab auch sie,
jene geistigen Strömungen bei den Katharern und den Templern.
Für sie war die Lehre von der „Prä-Existenz“, also einem „Leben **vor** dem Leben“
der Seele ein wichtiger und „wesen-tlicher“ Bestandteil;
sie setzte sich von den grundlegenden Erkenntnissen der Antike über die Lehren der alten Philosophen ganz selbstverständlich auch im Neuen Testament fort.

Wir dürfen nicht vergessen, dass in Israel nicht nur das geschlossene Judentum vorherrschte, sondern sich in der Heimat Jesu - sowie im gesamten Mittelmeerraum - viele Glaubensströmungen – wie in einem Schmelztiegel ansammelten, die einander beeinflussten. Die großen Handelswege und die neu erbauten Strassen der Römer brachten viele Händler und mit ihnen Kulturen, auch Glaubensansichten in das Land. Der Evangelist Lukas war ein griechischer Arzt, die Evangelien wurden in griechischer Sprache verfasst, und auch die ersten großen Kirchenlehrer entstammten dem hellenistischen Kulturkreis, in dem der Glaube an die Wiederverkörperung weit verbreitet war.
Bei den Strömungen der Katharer aber sei bemerkt, dass sie eine strenge und auch extrem „dualistische“ Glaubenssicht vertraten, bei der alles Weltliche und Fleischliche vom Teufel versucht, von deren Versuchungen die „reine“ Seele geschützt und bewahrt werden musste... Diese Sicht war auch nicht unbedingt „christlich“, aber angesichts der Moral in den privilegierten kirchlichen Rängen – die oftmals keine war – auch verständlich...!
Dennoch: es erstaunt und entsetzt mich immer wieder, mit welcher Vehemenz, - um nicht zu sagen **krimineller Energie**-, damals 200 Jahre lang unter Mobilisierung aller – auch militärischen Mittel- man nannte es „religiösen Eifer“- diese jene Religionsgemeinschaften in einem „kirchlichen Holocaust“ bis zum letzten Mitglied verfolgt und bis in ihre letzten Wurzeln niedergemetzelt und ausgemerzt wurden. Weder zu dieser Zeit, noch 2oo Jahre später zur Zeit der Hexenverfolgungen schien das **5. Gebot** für die Kirchenvertreter zu gelten.....Auch der Dominikanermönch Giordano Bruno wurde wegen seines Glaubens an die Wiedergeburt 1660 auf dem Scheiterhaufen verbrannt!

Im Mittelalter bestimmte die katholische Kirche allein, wie viel die „Eintrittskarte“ ins Paradies und auch die Vergebung der Sünden zu kosten habe. Sie entschied, mit welchem Geldbetrag die Sünde von Betrug, Diebstahl, Ehebruch oder gar Schlimmeres freigekauft werden konnte. Und sie verdiente gut dabei!
Die sündigen Armen trugen mit dazu bei, dass großzügige Kirchenbauten finanziert werden und ganze Städte florieren konnten. Denn wer sich noch größere und noch prachtvollere Bauten leisten konnte, zeigte an, wer noch mehr das Sagen und damit auch die Macht hatte!
Die Kirchenfürsten hingen sehr an der weltlichen Macht, und so war es nicht verwunderlich, dass die Lehre von der Reinkarnation - und damit auch von der „Wieder-gut-machung“- im Konzil zu Lyon (1274) und auch im Konzil zu Florenz (1439) **auf´s Schärfste** erneut verurteilt wurde.

Unsere christlichen Kirchen haben eine wichtige **„Dimension“ des christlichen Glaubens** im Laufe ihrer Kirchen-Geschichte verloren und das Traurige ist, es gibt auch **heute noch** kaum Anlass für seine wichtigen Vertreter, diese wieder zu suchen! Als ich mich mit einer Frau über das Thema Wiedergeburt unterhielt, antwortete sie mir: „Nein, ich glaube nicht an ein `früheres´ Leben, denn ich bin **durch und durch Christ**...!“ –
Die Christenlehre hat mit der Reinkarnation oder mit Begriffen wie „Karma“ nichts (mehr) zu tun, das sind Begriffe aus den östlichen Religionen, aber nicht vereinbar mit der Lehre Jesu und den Lehren der christlichen Kirchen...,
- so sind heute viele Christen fest überzeugt.
Doch wer zu den Ursprüngen zurückgeht, wird eines **anderen** belehrt!

Dieses Thema zählt bis heute zu den größten Tabus in den christlichen Kirchen. Ja, mehr noch, kirchliche Vertreter die heute darauf hinzuweisen oder zu ver-mitteln versuchen, bekommen umgehend dafür ernsthafte Konsequenzen zu spüren! Wer sie öffentlich vertritt, riskiert seine Anstellung, oder wird – wie mir in einem Fall bekannt wurde– sogar für ver-rückt erklärt und damit in Rente geschickt..
Die folgenden Ausfaltungen der katholischen Lehren, die den Glauben der Christenheit bestimmt und geprägt hat, sind aber immer noch unmittelbar mit diesem Geschehen im Jahr 553 verknüpft.

* **„Des Menschen Pilgerweg endet in der Station des Todes... deshalb gilt es zu wirken, solange es Zeit ist** (S.401KEK) **, weil der Tod das definitive Ende der Möglichkeit ist, mit Gottes Gnade das Heil zu wirken....“;**

Unter „Pilgern“ versteht man: Unterwegs sein zu einem „heiligen Ort“, offen sein für neue Erkenntnisse und bereit sein, Neues dazu zu lernen, neue Erfahrungen machen können, sich überraschen lassen, - „reifen“... Kein Stillstand, sondern ein stetes Weiter-schreiten, auch – auf Gott hin! Unterwegs sein, sich auf ihn zu bewegen.

Doch mit dem Tod **endet** nun ein für allemal diese **einmalige** Chance und Möglichkeit, - hier ist das **Ende** des Menschen Pilgerweg!
Für die Zeit im Jenseits sind nach kirchlicher Lehre solche Erfahrungen nicht mehr vorgesehen. Ab jetzt geht es um: „rückblicken, bereuen, abrechnen, verzeihen, schauen und vor allem um das: ....**ruhen**..." Und das bis in alle Ewigkeit!

* **Im Tod kommt es darauf an, ob wir uns für Gott entscheiden... Das Leben wird nur dann voll ernst genommen, wenn es als einmalige Möglichkeit zur Entscheidung für oder gegen Gott verstanden wird und im Tod sein end-gültiges Ende findet.** (KEK S. 409)

Egal, wie kurz oder auch lang dieses **eine** Leben ist: es kommt nur darauf an, ob es mir im Augenblick meines Todes gelingt, „JA" zu sagen zur Liebe Gottes und darauf, ob ich bereit bin zur Vergebung meiner Schuld: das allein entscheidet, **wie** es nach meinem Tod weitergehen wird!
Braucht der Mensch diesen „Druck von oben" (von Gott oder von der Kirche?), um sich entscheiden zu müssen, weil er sonst dieses Leben nicht „ernst" nehmen kann? Und weil allein an dieser eigenen persönlichen Entscheidung liegt, wie im „göttlichen Gericht" über mich entschieden wird?

Deshalb gibt der kath. Katechismus die dringende Empfehlung:
* Wir Lebenden sollen unsere Angehörigen, die im Sterben liegen und auch die Verstorbenen mit unserem Gebet unterstützen, damit sie sich im Augenblick des Todes und in den Phasen danach **wirklich** für Gott **entscheiden** können;
* Die ganze „Gemeinschaft der Heiligen" kann dem Verstorbenen jetzt mit Gebet, Almosen, guten Werken und eigener Buße, auch durch die Feier der Eucharistie zur Seite stehen (KEK S.424)

Die kath. Kirche empfiehlt zudem Ablässe zugunsten des Verstorbenen(1032 KKK). Natürlich geht es darum, sich in seinem Leben „für" Gott, für ein Leben mit ihm und in ihm zu entscheiden, die Frage ist nur, **welche Zeitspanne** dem Menschen dafür gegeben wird!

* **Der Tod selber „muss" sein...** (KEK S.401)
„Ohne den Tod wäre das Leben eine große Langeweile".
* **Erst die Existenz des Todes gibt unserem Leben seine Bedeutung;**

Das hört sich fast so an, als wollte man sagen....
„Seien wir also froh und dankbar, dass es so etwas wie den „Tod" gibt... !
Denn ein Leben ohne den Tod, - ein Mensch, dessen physisches Leben keine zeitliche Begrenzung – und damit keinen „Druck" kennt, hätte wohl kein Ziel, keine Lebens –Aufgabe und damit keinen Sinn, da es ja keine Notwendigkeit zur Entscheidung für oder gegen Gott gäbe? Ihm wäre also irgendwann nur noch : „langweilig"?.... –
Ein Grund, dass der Mensch sein Leben einfach nur ziel-los „ver-lottert"...?

Dieses Argument wird also als Recht –fertigung dafür gesehen,
dass es so etwas wie den Tod geben **„muss“?**
„Brauchen“ wir den Tod, weil uns sonst „lang-weilig“ wird?
Wie ist es dann mit unserer Seele, die unserem Körper innewohnt?
Von ihr glauben und wissen wir, dass sie **„unsterblich“, also „ewig“** ist....
Müsste ich dann nicht genauso annehmen,
es könnte mir auch mit **meiner Seele** irgendwann „langweilig“ werden, weil ich es ja schließlich eine ganze „Ewigkeit“ mit ihr aushalten muss... ? Niemand käme darauf, zu behaupten, es müsste auch für die Seele einen „Tod“ geben, denn schließlich könnte es ihr ja irgendwann auch zu „langweilig“ werden...? Aber nein, da wir ja dann in Gott „ruhen“, wird im Himmel schon dafür gesorgt werden, dass in seiner Ewigkeit keine Langeweile aufkommt?!

Freilich ist klar, dass unser physischer Körper und dessen organische Funktionen seine „biologische“ Begrenztheit hat und auch das Wissen darum, dass das Leben hier eine zeitliche Begrenzung hat, macht es zu etwas ganz **„Besonderem“**, das es zu schätzen gilt und das uns sagt: „Nutze deine Zeit sinnvoll, mach was aus deinem Leben, sehe die Chancen die sich dir immer wieder neu eröffnen...!“
Gäbe es keinen Tod, so würde wohl nicht nur bald unsere schöne Welt aus allen ihren Nähten platzen (dieses ist sogar ein Argument, für das bereits ein Kind ein Einsehen hat!). Aber der Gedanke an sich, dass jeder Mensch in dem ihm gegebenen Körper „ewig“ leben, also in „einem“ Leben ur-alt werden könnte, ist an sich nicht nur komisch, sondern auch „abstrus“...Oder?
Und auch nicht im Kosmos von Gott her für die irdischen Lebewesen vorgesehen.

Der Tod hat **nicht** seinen Sinn darin,
dass dem Menschen auf Dauer nicht „langweilig“ werden muss,
sondern bietet (die im Grunde phantastische) Möglichkeit der **„Erneuerung“ ...!**
Und schließt keineswegs aus, dass es nach diesem einen physischen Leben,
- wenn die Kräfte des Körpers und der Organe erschöpft sind- ,
nicht auch nochmals **ein weiteres** Leben – an einem anderen Ort und zu anderer Zeit geben könnte! Unser Leben ist ja nicht dazu da, um sich in ihm zu „langweilen“, sondern um zu lernen, sich zu entwickeln und darin zu reifen!
Um: „weiter zu kommen“... Unser Hier&Da sein hat seinen Sinn!
So lange es in mir Wünsche, Bedürfnisse und Sehnsüchte gibt, die es noch zu er-füllen gilt, wird es mir sicher nicht „lang-weilig“ werden! Ich - meine "Geist-Seele" –darf, kann so viele Erfahrungen machen, wie es denn wichtig ist für mich. In der uns gegebenen Zeit und Freiheit kann ich meine eigene Sehnsucht stillen, meine Erkenntnisse sammeln. Und in diesem „Wachsen“ haben wir die Chance, Gott immer näher zu kommen, um schließlich irgendwann zu verstehen und zu begreifen, zu erleben, dass in Gottes Liebe sich alle Sehnsucht er-füllt, was es heißt, in der Liebe zu verschmelzen, **„eins“** mit ihm zu werden, - deshalb, weil ich ihn in mir trage, so wie er mich trägt...
Solange wir hier irdische, körperliche Wünsche und Sehnsüchte in uns tragen, die nach einer Erfüllung drängen, solange **werden** wir wiederkehren!

Zudem wird unsere **eigene** Saat und die Ernte, die wir daraus erhoffen dürfen, dafür sorgen, dass keine Langeweile aufkommt! Erst wer vollkommen geläutert ist, sein Glück im Sinne von Selbst- und Gottes-erkenntnis in sich trägt, kein Glück mehr von etwas Äußerem abhängig macht, nichts mehr missen würde, sobald er seinen physischen Körper verlässt, findet er zurück zu seinem göttlichen Ursprung und wird die Seele zu der, als die sich Gott einst „erdacht“ hat.
Weil sie alle Schätze des Glückes in sich trägt, kann sie sich einschwingen in die ewig tanzende und lachende Glückseligkeit der Liebe.

Wie bereits gesagt, es gibt Erfahrungen, die ich besser im „irdischen“ Klassenzimmer mit einem „irdischen“ Körper machen kann. Und das schließt auch nicht aus, dass es Menschen gibt, die bei dem Gedanken, hier nochmals eine „Runde drehen“ zu müssen, nicht gerade einen erfreuten Luftsprung machen, weil sie vielleicht viele leidvolle Erfahrungen machen mussten und die Nase erst einmal „voll“ haben...
Auch für jene wird es im Jenseits ganz sicher himmlische Wegbegleiter und Helfer geben, die mit ihnen zusammen weitere Schritte auf ihrem „Seelenweg“ erschließen können.

* „Gott selber wird noch ergänzen, was in unserem irdischen Leben `gefehlt´ hat...“

Da es nur **ein Leben** nach christlicher Lehre geben kann, stellt sich die Frage:
Was ist mit all den Wünschen und Sehnsüchten, die wir in diesem einen Leben nicht erfüllen konnten? Pläne, die nicht verwirklicht werden konnten, vieles, das noch offen, vielleicht auch abgebrochen werden musste. Einfach Pech gehabt?
Die Zeit war halt abgelaufen und mehr war nicht drin...?
Die kath. Kirche hat sich eine Lösung auch dafür ausgedacht:
Gott wird uns all das, was noch `fehlt´, einfach selbst ergänzen !

Doch ich stelle die Frage: Kann uns Gott unsere „fehlenden Lebenserfahrungen“ unsere Wünsche und Sehnsüchte, die wir in diesem Leben nicht erfüllen konnten, im Jenseits **einfach ersetzen“?**

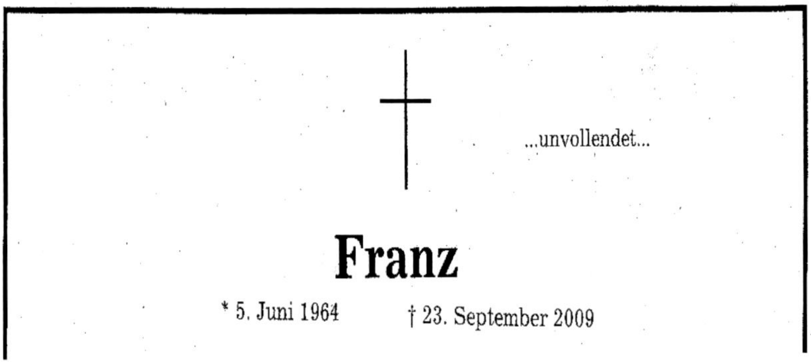

...unvollendet...

Franz

* 5. Juni 1964 † 23. September 2009

Ich möchte dazu ein paar Beispiele – mitten aus dem Leben gegriffen- erzählen:
Die traurige Lebensgeschichte meiner Freundin Lena....

Na ja, sie hat immer davon geträumt einmal eine eigene Familie zu haben – einen netten Mann zu finden und selbst Mutter zu sein, Kindern das Leben zu schenken. Ihr Leben verlief etwas anders. Sie verliebte sich in einen älteren Mann, der aber bereits in seiner ersten Ehe zwei erwachsene Söhne hatte und auf keinen Fall mehr nochmals von „vorne“ anfangen wollte.
Nach einer langen Zeit des Überlegens entschied sie sich, bei diesem Mann zu bleiben und sich zu „arrangieren“. Sie hatten ein nettes Häuschen gefunden und lebten mit ihren Pferden, ihrem geliebten Hund und zwei Katzen.
Denn auch dies spürte sie immer als ihren Lebenstraum. Ein Leben mit Tieren.
Doch die Tiere konnten diesen tiefen Wunsch nach einer eigenen Familie mit Kind nicht ersetzen. Sie fing zu rauchen an und wurde zur Kettenraucherin. Immer, wenn ich meine Freundin traf, blies sie mir den Rauch ins Gesicht und sah alles andere als glücklich aus. Aber sie sprach nicht über ihren Kummer. Ihr Mann, ein wirklich netter Mensch, fing heimlich zu trinken an und wurde bald zum Alkoholiker.
Trennen wollten sie sich nicht, denn das Leben, das sie sich mittlerweile aufgebaut hatten, auch davon wollte sich keiner mehr trennen.
Eines Tages geschah etwas Schreckliches.
Sie war abends mit dem Auto unterwegs und übersah auf einem offenen Bahnübergang sowohl das Licht als auch den schnell herannahenden Zug.
Ihr Auto wurde mehr als 50 m mitgeschleift. Sie starb auf der Stelle.
Ihr Schicksal, ihr Leben ging mir lange nach...
Soll ich daran glauben, dass Gott ihr im Jenseits alles „Fehlende“, eine Familie mit eigenen Kindern „ersetzen“ und sie in vollkommener Glückseligkeit bis an das „Ende der Zeiten“ leben wird?

Mich bewegte auch gerade deshalb das Schicksal von Lena so sehr, weil dieser Unfall so ähnlich auch mir fast um ein Haar zum Verhängnis geworden wäre. Ich war mit meiner Freundin Maria in einer mir fremden Gegend spät nachts auf der Heimfahrt mit dem Auto unterwegs. Beide übersahen wir das blinkende Licht auf einem offenen unbeschrankten Bahnübergang. Noch auf den Gleisen hörten wir schon das laute „Tuuut“ des herannahenden Zuges.
Schon als junges Mädchen freute ich mich darauf, einst Mutter von mehreren Kindern sein zu dürfen und mit einem lieben Mann an der Seite eine richtige Groß-familie zu gründen. Hätte dieser Unfall meinen damaligen Tod bedeutet:
ob wohl der liebe Gott mir im Jenseits dieses „Fehlende“ einfach „ersetzt“ hätte?

„Mein liebes Kind, es war dir auf Erden nicht vergönnt, deinen innigsten Wunsch zu erfüllen – Mutter zu werden und eine richtig große Familie zu haben...
dies sollte leider so nicht sein, aber diesen Wunsch erfülle , -ersetze **ich** dir jetzt ...!
Dieses Glück, dieses Fehlende sollst du von mir bekommen, indem du alle göttliche Liebe und das Glück von mir geschenkt - und ersetzt – bekommst!“
Was kann es denn Größeres und Wundervolleres geben als die Liebe Gottes?
„Bei Gott ist nichts unmöglich“, so hatte schon Elisabeth zu Maria gesagt.

Aber wenn ich zurückdenke an die letzten Jahrzehnte, in denen ich als Mutter und Ehefrau alles Schöne und Lebendige, all die Anstrengungen und Herausforderungen erlebt habe, die eine ganze Versorgung und Erziehung von 5 Kindern mit sich bringt, auch die Sorgen, die nun einmal auch dazu gehören, bis diese alle groß und erwachsen sind?

Kann oder will uns Gott diese Erfahrungen einfach „ersetzen"?

Welchen Sinn macht das?
Vielleicht denke ich in zu „menschlichen" Kategorien... aber ich glaube, Erfahrungen, die Menschen **selber persönlich** gemacht haben, lassen sich weder durch kluge Lehrbücher, noch im Himmel einfach **„ersetzen"...!**

Auch meine Freundin Karin, die mit 25 Jahren vom Matterhorn in den sicheren Tod gestürzt ist. Sie war mitten in ihrem Medizinstudium und träumte sehnlichst von einer eigenen Arztpraxis, wollte sich zusätzlich in der Homöopathie ausbilden lassen und ihren Schwerpunkt auf die Behandlung von Kindern legen. Sie hatte sich bereits informiert und ein Praxissemester in einem Kinderkrankenhaus in Nigeria organisiert.
Sie sprach und war beseelt von diesem Traum, seit ich sie kannte!
Das war ihr Weg und ihre Erfüllung! Für diesen Lebenstraum setzte sie alle Hebel in Bewegung...und dann diese Nachricht...!

Wieder stelle ich die Frage: wird ihr der liebe Gott diese unerfüllte Lebenserfahrung im Jenseits einfach **„ersetzen"?** Wird er zu ihr sagen: „Mein liebes Kind, es tut mir leid, dass du dir diesen Traum in deinem Leben nicht erfüllen konntest und dir all dies in deinem kurzem Leben versagt geblieben ist.
Aber dafür bekommst Du all dies **von mir** geschenkt...?"

Was ist mit all den unerfüllten Wünschen, die sich so viele Menschen aufgrund mieser Zeiten, schlechter Arbeitslagen, unglücklicher Beziehungen (sogar Zwangs-Ehen, wie es früher und auch heute noch in anderen Kulturkreisen nicht unüblich ist), - werden sie im Jenseits einfach **ersetzt?**
Auch wenn Gott **all-mächtig** ist, - eine „billige Gnade",
so wie ich es mir zu nennen erlaube, das hat er einfach nicht nötig!
Jesus hat nie davon gesprochen, dass Gott das „Fehlende" persönlich „ersetzt".

Im Falle meiner Freundin Lena tröstet es mich auch mehr, ihr irgendwann, - wenn die „Zeit" für sie gekommen ist - wieder an eine neue Chance zu glauben, denn ich wusste, da waren noch wichtige Sehnsüchte, die ihr zeitlebens unerfüllt geblieben waren.
Dieser innige Wunsch, diese Sehnsucht ist eine starke Energie, eine Ursache, und diese wird „ihre" Auswirkung haben, sie wird ihre Erfüllung suchen und auch als jene Energie erhalten bleiben, bis sie sich in einer entsprechenden Lebenserfahrung um-wandeln und realisieren kann.

Eines Nachts träumte ich....

.... da sprach mich jemand an, und ich merkte, dass dies niemand anders war als der liebe Gott höchst-persönlich... „O mein Gott, wie komme ich zu dieser Ehre, dass du mich besuchst?“, fragte ich ganz un-gläubig...
„Lisa, ich möchte mit dir reden. Ich muss dich was fragen, und ich würde gerne deine Meinung darüber hören....“, so fragte mich Gott....
(L): „Kann es etwas geben, das du nicht weißt, so dass du mich darum fragen müsstest...?“
(**G**): „Hier geht es um dich, und ich möchte gerne wissen, wie du darüber denkst..!
(L).. „Lieber Gott, nur los, du weißt, dass ich immer ein offenes Ohr für dich habe!“
(**G**): „Was ich von dir wissen will: wärst du jetzt schon bereit, zu mir zu kommen?“
(L): „ Wie meinst du das? – Zu dir kommen ? Ich bin doch immer bei dir.
Und wenn du bei mir bist, bin ich doch auch bei dir, oder?“
(**G**): „Nein, ich meine, ob du bereit wärst, in meine lichte Welt zu wechseln, um ein paar wichtige Aufgaben bei mir zu übernehmen?“
(L): „O mein Gott! Jetzt schon ? Das verschlägt mir zuerst einmal die Sprache!
Was soll das...? Das kannst du doch nicht wirklich ernst meinen, oder?
Ganz ehrlich, du jagst mir einen schönen Schrecken ein... ! Aber gut.... Nachdenken darüber kann ich ja mal mit dir, aber eigentlich auch nicht mehr....! - Pause...
Wie kommst du gerade jetzt auf diese Idee, mich für eine Aufgabe bei dir einzuplanen, wo ich mich gerade auf die schönste Rolle meines Lebens freue? Du weißt doch, soeben - endlich! – habe ich den Mann meines Lebens gefunden, und wir beide freuen uns doch darauf, eine eigene Familie zu gründen. Endlich darf ich Frau und Mutter werden. Was kann es für mich Schöneres geben als das ?
Immer schon habe ich mir das gewünscht. Mein Mike und ich, wir stehen absolut in den Startlöchern für eine gemeinsame Zukunft. Unser „Traum vom Leben“ beginnt sich doch gerade jetzt zu erfüllen....!
Unser schöner Hof, unser Paradies, - und hier kleine Kinder aufwachsen zu sehen....
Wir haben noch so vieles vor uns, uns vieles vorgenommen! Wir haben unsere Träume und brauchen unsere Zeit dafür! Wie kannst du mich jetzt zu diesem Zeitpunkt um so was bitten....!? Das kann doch nicht wirklich dein Ernst sein !“
(**G**): „Aber **ich** könnte dir doch alle deine Wünsche in meinem Reich ersetzen....!
Alles, was noch offen ist in deinem Leben, alles noch nicht Gelebte, alle deine so lange gehegten Wünsche und Pläne, du kannst doch alles von mir haben....!
Ich kann dir doch all das schenken!“
(L): Pause.... „Ich versteh dich irgendwie nicht richtig...
Kannst du denn auch der Vater meiner oder unserer Kinder sein?
Wir sind zwar alle deine geliebten Kinder.
Aber könntest du mir denn auch meine eigene Familie, all das, wovon wir beide jetzt träumen – einfach „ersetzen“? Meinen Mike müsste ich dann ja wohl zurücklassen, allein bei diesem Gedanken dreht sich mir mein ganzer Magen um...!“
(**G**): „Ich würde dir alle deine Wünsche voll und ganz ersetzen....!“
(L): „Weißt du, ich freue mich mein halbes Leben lang genau auf die Zeit, die jetzt vor mir liegt, und dann soll ich einen **„Ersatz“** von dir dafür bekommen?

Ein Ersatz ist doch wohl immer nur ein „Er-satz", aber doch nicht das Original, - oder verstehe ich das falsch? Ich kann mir nicht irgendwie nicht vorstellen, dass du mir auch „dieses Original" schenken könntest? Obwohl ich schon daran glaube, dass es bei dir wohl nichts gibt, das es nicht gäbe.
Aber macht das Sinn?"
(**G**): „Ich habe dir gesagt, ich wollte einfach mal deine Meinung dazu hören."
(L): „Nein. Ganz ehrlich. Kannst du bitte dafür Verständnis haben, wenn ich dir sage, dass mir **sehr** daran läge, diese meine Rolle **selbst** zu leben, und zwar genau jetzt!? Ich darf doch so ehrlich sein? Auch wenn es ein Geschenk ist, das du mir anbietest, ich muss es doch jetzt nicht annehmen, oder...? Ich würde mir meinen Lebenstraum mit Mike gerne hier erfüllen, unsere Kinder gerne hier bekommen, und hier unser gemeinsames Leben leben! Mich reizt diese Aufgabe hier und jetzt zu leben....
Ist das in Ordnung so für dich?"
(**G**): „Lisa, du bist mein Kind und du weißt, dass ich über dich alles liebe!
Ich respektiere deine Meinung und ich werde immer bei dir sein, egal, was ist...!"

In diesem Moment bin ich ganz verwirrt aufgewacht.
Mein Baby im Bauch versetzte mir heftige Tritte. Es hatte wohl – wie so oft um diese Morgenstunde seine Turnstunde in meinem Bauch, und soeben einen Purzel- Baum geschlagen. „Nein, ich will keinen Ersatz", murmelte ich in den Schlaf hinein und drehte mich um. Und ich wusste, alles ist in bester Ordnung... !

Ja, in Gott, im Jenseits warten auf uns **sicher** - alle „Schätze der Erfüllung", die man sich vorstellen kann, - oder auch nicht...!- und die Seele wird auch im Jenseits weiterlernen dürfen, aber es gibt auch Erfahrungen, die der Mensch **nur** im Dies-seits machen kann. Die Seele eines Menschen wird immer nach Erfüllung der eigenen Sehn-Sucht, die ja oft „grenzen-los" ist, nach Ganzheit und Heilung, nach Einheit und „Vollkommenheit" streben. Sie braucht dazu aber auch ein „**menschliches** DU", in dem sie ihre Erfüllung finden und ihre ganz eigenen und wichtigen menschlichen Erfahrungen – auch die der Liebe - machen kann.
Und dazu gehört auch das Erkennen, dass diese grenzen-lose Sehnsucht weder zu stillen ist mit allein „irdischen" Schätzen, noch mit der allein „irdischen" Liebe.
Der Mensch will und muss in die eigene Tiefe gehen, aber diese „tiefen Schätze" der Seele sind mit der bloßen „irdischen" Ebene wohl nicht zu heben...
Ich bin mir absolut sicher, wenn wir von dieser „reinen" Liebe Gottes im Jenseits umhüllt, eingetaucht und erfüllt werden, dann wird vieles in uns geheilt, aufgelöst, und **ergänzt** werden. Aber Gott wird uns **„fehlende" Erfahrungen**, für die wir hier auf dieser Erde unser Leben leben, nicht einfach **ersetzen...**
„Können" schon, aber ich glaube,
dass sein Herz und seine Liebe groß genug sind und er jedem Menschen genügend Möglichkeiten und Chancen gibt, um sie **selber für sich** erleben, erproben und ertesten, also ganz **im Original** machen zu können...
Das Geheimnis der Liebe Gottes besteht ja gerade darin, dass sich der „Himmel" erden muss, sein Wille „wie im Himmel - so auch auf Erden" stattfindet.

* **„Angesichts des Todes wird das Leben zur Herausforderung, zur Entscheidung hier und heute, wird unser Leben unauf-schiebbar, endgültig, drängend.“** (S.401)

Die Zeit zu „punkten“ ist hier und jetzt!
Denn es gilt, bis zum Ende meines Lebens, wann immer das auch sein wird, mein Ziel zu erreichen: Ja zu sagen zu Gott, mich zu entscheiden für ihn. Dieses „Drängen“ erzeugt in mir aber eine Atmosphäre des Druckes, der Spannung und des Stresses. Angesichts des Todes, -weil ich ja nur einmal lebe – muss ich **alles** unterbringen, muss meine Gottsuche, mein Ziel abgeschlossen sein. Und da läuft die Zeit!
Wer weiß schon, wann meine Zeit abgelaufen ist...?
Der Tod ist und bleibt unberechenbar!

* **Weil unser Leben begrenzt ist, ist die Zeit des Lebens kostbar. Deshalb gilt es , die Zeit`auszukaufen´ “,**

doch ich frage mich ernsthaft:
brauchen wir diesen **Druck,** haben wir diesen nötig?

* Brauchen wir es, dass unser Leben „drängend und unaufschiebbar“ ist, angesichts der Tatsache, dass heute oder morgen schon der letzte Tag meines Lebens sein könnte?

* Ist da jemand, der zu mir sagt:
„Nun bitte aber...jetzt beeil dich mal!
Es wird endlich Zeit! Zeit dafür, dass du dich auf die Suche machst und dich schnell-möglichst für Gott entscheidest, ehe es für dich und alles zu spät ist...?“
Denn darauf kommt es an, dass du deinen Zeitpunkt nicht übersiehst und du endlich JA sagst zu dem, der dann am Jüngsten Tag das große Sagen haben wird.?“

* Wird uns hier nicht ein Gottesbild vermittelt, das uns bedrängt und uns Angst macht, wir könnten das Ziel nicht erreichen und uns antreibt, immer noch mehr zu leisten, um seiner Gnade wirklich sicher zu sein?

* Setzen wir uns da nicht selbst unter Druck, oder lassen wir uns be-drängen?

Sicher könnte man behaupten, dieses Mahnen und Drängen wäre schon in den Evangelien zugrunde gelegt, wenn es in der "Rede über die Endzeit"(Mt,24-25)heißt: „Darum haltet auch ihr euch bereit!
Denn der Menschensohn kommt zu einer Stunde, in der ihr es nicht erwartet..."
Oder in Mt 25,13 : **"Niemand kennt weder den Tag noch die Stunde.."**
und auch sogar einige Jahrzehnte später bei Paulus: (1 Petr 4,5)

„Aber sie werden vor dem **Rechenschaft ablegen müssen**,
der schon bereit steht, um die Lebenden und die Toten zu richten..."

Doch heute weiß jeder Theologe und auch versierte Christen, dass mit diesen Mahnreden weniger der eigene, personale Tod und die begrenzte Lebenszeit, die ein Mensch zu Verfügung hat, gemeint ist, sondern dass der Grund dafür, dass „die Zeit damals g**edrängt** hat", ein ganz anderer war:
Der Evangelist Matthäus wollte Juden wie Christen auf das **„nahende Ende"** vorbereiten, also den Zeitpunkt, zu dem Jesus Christus als der Auferstandene in sein Reich und in seiner Herrlichkeit wieder zurückkehren sollte, sowie auf den damit erwarteten Weltuntergang – und damit auch auf das erwartete göttliche Gericht.
Und aus eben den gleichen Gründen gab auch später der Apostel Paulus seine Empfehlung dazu ab, deshalb doch lieber nicht mehr zu heiraten, sondern wie er, ehelos zu bleiben.
Dennoch ist in unserer christlichen Theologie – auch bedingt durch die Glaubenslehre vom „einmaligen" Leben und der Forderung für diese so wichtige Entscheidung für Gott – allerspätestens im Sterben - dieser „drängende" Moment geblieben.

Doch von Jesus selbst stammen diese Reden und das Drängen nicht!

Wenn Jesus vom Reich Gottes spricht, bedrängt er die Menschen nicht, noch will er sie zu einer „Entscheidung für Gott" überreden. Er möchte sie viel eher neugierig machen, es ihnen verständlich und be-**greifbar** machen, es mit Gleichnissen erklären, was er meint. Seine Reden haben eine einladende und werbende Geste: z. B:

* (Mt 13,33/Lk13,21) : in Form eines „**Sauerteiges**, den eine Frau unter einen großen Trog Mehl mischte, bis das Ganze durchsäuert war...";
* oder wenn er von einem „**guten Samen**" erzählt, den ein Mann auf seinen Acker sät. (Mt, 13,24)
* oder vom **winzig kleinen Senfkorn**, das so klein ist und doch, wenn es zu einem großen Baum gewachsen ist, alle anderen Bäume überragt...(13,33) schließlich auch vom **„Schatz im Acker"**(13,44), oder von der **„Perle"** spricht.

Jesus trägt alle Bilder der alten Propheten tief in seinem Herzen, und weiß nur zu gut den Spruch des Propheten Jesaja zu deuten (43,19):

„Seht her, nun mache ich etwas Neues.
Schon kommt es zum Vorschein, - merkt ihr es nicht...?"

Sprüche Jesu wie**...„Wer Ohren hat zum Hören, der höre...!“,**
sind von allen 3 Synoptikern überliefert. (Mt 13,9/ Mk 4,9/ Lk 8,8).
In Matthäus wird die Freude darüber ausgedrückt,
wenn Jesu Zuhörer dessen Rede vom Reich Gottes verstanden haben :
„Ihr aber seid selig, denn eure Augen sehen und eure Ohren hören...!“ (Mt 13,16)
Sicher, Jesus macht den Menschen die Konsequenzen der Nachfolge klar:

„Keiner, der die Hand an den Pflug gelegt hat und nochmals zurückblickt,
taugt für das Reich Gottes...!“(Lk 9,62)

Er konfrontiert jene, die zu ihm kommen, mit einer neuen Lebenssicht, zeigt den Menschen, wo sie sich selber im Weg stehen, spornt sie an, ihre „Talente“ zu leben, nicht zu vergraben, verhilft ihnen zu einem Neuanfang, **aber nirgends: übt er Druck aus oder gar droht er den Menschen**, die sein Wort und seine Lehre hören möchten!

Vielmehr zeigt er in allem ein großes Einfühlungsvermögen und auch eine bewunderns-werte Geduld, auch dann, als Jesus irgendwann sehr frustriert bemerkt, dass sogar seine engsten und vertrautesten Weggenossen, seine Jünger, immer noch nicht verstanden haben, was er eigentlich meint und worum es ihm wirklich geht....!
Und das, obwohl sie Tag und Nacht mit ihm zusammen sind....!
„Begreift und versteht ihr immer noch nicht...?!“ (Mt 16,12/ Mk 8,17)

Er hat nicht ohne Hintergrund seine Gleichnisse in ihrem Inhalt und ihrer Bedeutung so gewählt, dass die Geduld und das Warten mit berücksichtigt werden müssen.
Ein Sauerteig braucht lange, bis es einen „ganzen Trog Mehl“ durchsäuern kann...!
Und ein kleines winziges Samenkorn wird halt nun mal nicht von heute auf morgen zu einem wunderschönen, alles überragenden Senfbaum!
Beides, Senfkorn und Sauerteig darf aber so lang reifen, bis eben die Zeit „reif“ ist.
Die Zeit für die Ernte, sie drängt nicht, - sie hat ihre ganz **eigene** Zeit.
Jesus weiß sehr wohl, dass auch die Schätze der Seele Zeit,- viel Zeit brauchen, um das zu werden, was sie werden sollen. Er hat sogar davor gewarnt, ungeduldig zu sein oder zu drängeln, versucht zu sein, „etwas nach zu helfen“, um das Unkraut aus seinem Acker zu entfernen. Sein Rat:

„Lasst beides wachsen bis zur Ernte!
Reißt das Unkraut nicht aus, sonst zieht ihr auch aus Versehen
die Frucht des guten Samenkorns mit aus dem Boden! (Mt 13,24-30).

Natürlich, der „Hintergrund“ dieses Gleichnisses ist ein anderer,
aber ein wesentliches Element von Jesu Lebenshaltung ist einfach:

„Habt die Zeit und lasst so viel Zeit, wie nötig ist, um wachsen und reifen zu können!
Gebt dem guten Samenkorn die Chance, die es braucht und auch verdient!
Weil sein Vater im Himmel **alle Zeit der Welt** hat, hat auch Jesus **alle Zeit und Geduld**!
Die Zeit,- sie ist ein „göttliches Privileg“,
das er uns aber in **vollem und erfüllten Maße** zukommen lässt!“

Es geht ganz klar um „die **Ernte** eines Lebens", aber auch darum, dass **für diese Ernte - um ganz reif zu werden -** jeder „seine" Zeit braucht und auch hat!
Und nirgends darum, dass die „Zeit drängt", weil die Tage des Sommers gezählt sind, und die Frucht zu einem vorgegebenen Zeitpunkt reif sein **„muss"**!

Er hat nicht gesagt: „Gebt dem guten Samenkorn einen kraftvollen ordentlichen Dünger, damit es noch schneller wachsen kann, denn du weißt nicht, wann die Zeit kommt und die Tage wieder kürzer werden, bzw. wann der Schnitter kommt, um die Pflanzen zu ernten."

Jesus lässt sich Zeit, er lässt sich nicht be-„drängen" und auch nicht aus der Ruhe bringen. Er ist kein Freund der Hetze und der Eile. Was Jesus „ausstrahlt", das ist seine „innere" Ruhe und diese ist es auch, die auf die Menschen wirkt. Aus dieser Ruhe heraus spricht er seine Wahrheit, sieht er den Menschen und erkennt eine Situation, - weiß er, was „Sache" ist.

Was **meine Lebenszeit** anbelangt, kann ich also gelassen sein:
Was „jetzt" nicht möglich ist und ich in diesen meinem Leben nicht „schaffe", das kann sicher zu einem späteren Zeitpunkt nachgeholt oder verwirklicht werden.
Gottes Herz ist sicher so groß und er hat sicher auch so viel Zeit, dass er jedem Menschen die Zeit und die Möglichkeiten geben kann, die er nur braucht !

- Wie ist es, wenn du dich abends in dein Bett legst, über den vergangenen Tag nochmals sinnierst, um dann einzuschlafen...?
Bist du traurig darüber, weil du das eine das andere leider nicht mehr geschafft hast, denn die Zeit, sie hat einfach wieder nicht gereicht für all das, was du dir für diesen Tag vorgenommen hast? Oder denkst du:
„Heute habe ich diese Aufgabe erledigt, es war zwar nicht alles, was ich eigentlich hätte erreichen wollen, aber dafür ist **morgen** wieder genug Zeit!"
Warum sollte es mit „diesem" und dem „nächsten" Tag anders sein, als mit „diesem" und dem „nächsten" Leben?

„Gott hat die Zeit erschaffen . Von Eile hat er nichts gesagt...!"

Jesus lebt es den Menschen vor,
die Botschaft von einem liebenden und verzeihenden, erbarmenden Gott im Himmel, und wünscht sich natürlich, dass die kleinen guten Samen Früchte tragen.
Er wollte uns aber stets klarmachen, wie wichtig es ist, nicht als „Müßiggänger" durch das Leben zu gehen, sondern **wachsam** zu sein und in „Bewusstheit" zu leben.
Aber es **drängt** auch ihn, nämlich danach, seine Zeit zu nutzen, um den Menschen zu helfen, die Kranken zu heilen und macht den Menschen klar:
wer seinem Nächsten alle Liebe erweist, tut dies auch für seinen Gott im Himmel!

Jesus drängt es nach Taten der Liebe und zwar so sehr, dass er am Ende eines Tages oft völlig erschöpft ist, aber: er kann aber auch sehr wohl ärgerlich und zornig werden, wie jeder von uns weiß! Sein Drängen und seine Ungeduld gilt absolut jenen Menschen, die **andere** „drängen“: zur Einhaltung von Geboten, die teilweise längst nicht mehr den Menschen, auch der damaligen Zeit entsprachen...

Er ist äußerst erregt, wenn er den Pharisäern und den Schriftgelehrten seine Meinung kundtut: „Ihr bindet schwere und unerträgliche Lasten und legt sie auf die Schultern der Menschen, die sie kaum tragen können, selbst aber wollt ihr mit keinen eurer Finger daran rühren....!“ (Mt 23,4 und Lk 11,46)
Oder aber: „Ihr verschließt den Menschen das Himmelreich. Ihr selbst geht nicht hinein; aber ihr lasst auch die nicht hinein, die hineingehen wollen...! (Mt 23,13)

Wenn Jesus von sich selber spricht, dann hört sich das ganz anders an:
„Kommt alle zu mir, dir ihr euch plagt und schwere Lasten zu tragen habt. Denn mein Joch drückt nicht und meine Last ist leicht.“ (Mt 11,28-30).

Er geht sogar in **seinem Drängen** noch viel weiter: (Mt 9,17/Mk 2,22/ Lk 5,37)
„Neuer Wein gehört in neue Schläuche. Niemand füllt den neuen Wein in alte Schläuche. Sonst zerreißt der Wein die alten Schläuche....“
Vielleicht sagte Jesus auch zu jenen? „Wer Ohren hat zu hören, der höre...?“
Die Angesprochenen hatten diese sinnbildlichen Reden sehr wohl verstanden und wussten, was er ihnen sagen wollte.... Erst später, als um 100 nach Christus es in der Offenbarung des Johannes so ausgedrückt wird (3,15...) , wird das „Drängen“ klar. Denn Johannes will, dass die Menschen aus ihrer Trägheit und Lauheit auf-wachen, **dass** sie sich entscheiden.

„Du bist weder kalt noch heiß! Wärest du doch kalt oder heiß!
Weil du aber „lau“ bist, weder heiß noch kalt,
warum will ich dich aus meinem Mund ausspeien...!“

Vielleicht ist es klar geworden:
immer geht um die Entscheidung des Menschen **„um des Reiches Gottes“** willen, nicht aber um des **eigenen „Todes“** willen!

Gott ist kein „kosmischer Diktator“, der uns prüft und das Kriterium für den Eintritt ins himmlische Reich festlegt, auch nicht einer, der uns den Zeitpunkt vorgibt, zu der unsere seelische Reife abgeschlossen sein müsste, um vor ihm einst „bestehen“ zu können!
Und auch nicht einer, der uns in die Hölle schickt, wenn wir diese Prüfung nicht bestanden haben. Ein solches Gottesbild war niemals im Sinne Jesu!

Denn Gott ist kein Gott, der den Menschen zum Ja hin „drängt“,
sondern einer, dem die Freiheit seiner geschaffenen Wesen über alles geht!
Er ist einfach nur: der „Gott der Liebe“!

Eine Liebe, die einlädt und wirbt,
die entdeckt und gefunden werden will, aber sich nicht auf-drängt!
Aber einer, der möchte, dass seine geliebten Geschöpfe
in freien Stücken zu ihrem Schöpfer hinfinden,
indem sie aus ihren Erfahrungen lernen,
und Verantwortung für ihre Taten übernehmen.
Und einer, der alle Ge-lassenheit hat, weil er weiß, dass niemand „verloren" geht!

Jahrhunderte lang wurde - auch in unserer christlichen Tradition - Gott zu einem Erziehungs- und „Druck"-Mittel missbraucht, einer Instanz, die uns anmahnt und prüft, wurde mit Mitteln der Angst -und auch der Macht - gearbeitet.
Die Worte „Drängen und Drang-salieren, Drücken und Druck" ausüben,- und „Drohen" stammen aus den gleichen Wortfamilien.

Unsere Lebenszeit – ohne drängenden Zeitdruck auskosten
zu dürfen –... das ist ein göttliches Geschenk....!
Zeit zu haben – ist ein **„göttliches Privileg"!**

Ich empfinde den „Druck" in seiner so vielfältigen Form als eine wirkliche „Geißel" unserer Zeit. Manche Menschen haben sich so an seine – oft so subtilen Formen – gewöhnt, dass sie schon gar nicht mehr wissen, welches Lebensgefühl es auch noch gibt, eines, das sich erlaubt, ohne „Zeit- oder Leistungsdruck" auszukommen.
„Zeit" zu haben, ist in unserer westlichen Gesellschaft „purer" Luxus!

Wer immer „am Limit" lebt und keine Zeit mehr für sich hat, der verliert seine Mitte und auch sich selbst aus dem Blick. Druck und Stress würgt jede Kreativität und freie Schaffensfreude in sich ab, erzeugt Spannung und Ver-spannungen,
und diese wirken sich auch aus in vielfältigsten körperlichen Leiden:
Viele Behandlungen und Rückenoperationen könnten erspart bleiben, aber auch ein zu hoher Blut-druck könnte automatisch gesenkt werden, würde im Leben allein der Druck und damit auch der Stress reduziert werden!
Nur wer keinen Druck von außen und sich selbst nicht unter Druck setzt, wer den „Geist der Freiheit" in sich trägt und sich freimachen kann, der kann auch gelassen seine Seelenkräfte freisetzen und seinem Ziel entgegen gehen!
Der Auftrag der Religionen und der christlichen Kirchen sollte es stets sein, den Druck, der heute auf den Menschen lastet und sie be-„drückt", nicht noch mehr zu vergrößern, sondern zu helfen, dass die Be-Lastungen weniger werden können!
Es Jesus gleich zu tun und den Menschen von allem, was sie so sehr belastet, zu **befreien**!
Sicher, es gibt einen Druck, der „heilsam" ist und bewirkt, dass im Leben etwas vorwärtsgeht, - sich etwas bewegen kann, was bewegt werden muss.

* + einen Druck, den ich „brauche", um zu einer Leistung angespornt zu werden, zu der ich einfach sonst nicht fähig wäre oder keine Lust dazu hätte,

* + oder der Druck, eine Entscheidung zu treffen, die es möglich macht, dass etwas „vorwärts“ geht in meinem Leben;
* - aber auch einen Druck, der völlig überflüssig ist, weil er dem Menschen Kräfte abverlangt, die er für andere Dinge viel sinnvoller einsetzen könnte!

A propos: „Drängen der Zeit, weil diese begrenzt ist...!“
Ich selber kenne das Drängen in meinem Leben sehr gut...!
Wenn ich morgens erwache und es schieben sich die ersten Gedanken in meinen Kopf, die ihr Tagesprogramm entfalten und auch festlegen wollen und ich feststelle, dass ich mir für diesen Tag nicht nur eine, sondern gleich mehrere Aufgaben vorgenommen habe: sei es, weil Termine anstehen, die für Zeitdruck sorgen oder weil ich mir selbst so einiges auferlegt habe: in beiden Fällen mache ich mir den Druck meist **selber**, bin ich **selbst** für das „Drängen“ meiner Zeit verantwortlich!

Auch ich bin ein Mensch, der sein Leben nicht als einen gemütlichen Spaziergang erlebt, sondern eher im Laufschritt, manchmal sogar im schnellen Galopp bewältigt.
Aber nicht, weil ich meine Zeit **„auskaufen“** müsste, weil ja mein Leben vielleicht morgen schon zu Ende sein könnte, sondern weil ich es **„auskosten“** darf, es mir ungeheuere Freude und Spaß bereitet, **„mein“** Leben zu leben! Es ist die Freude, „schöpferisch“ tätig zu sein, an dieser Schöpfung mitwirken zu dürfen.
Und dazu gehört meine Familie mit 5 Kindern, ein schöner Hof mit Tieren, einem großen Obstgarten und auch der Wald. Aber auch die Herausforderung, Jesu frohe Botschaft so zu leben und weiterzugeben, dass in unserem „Heute“, im Hier und Jetzt Gottes wunderbares Reich spürbar und erlebbar werde.

Ich habe mir für dieses Leben keinen „Ruheplatz“ auf der Liegewiese, sondern einen „festen Arbeitsplatz“ ausgesucht, der mich voll und ganz fordert, aber nicht stresst, sondern mich mit Leib und Seele absolut ausfüllt. Jeder Tag ist ein voll gefüllter und zugleich er-füllter Tag! Auch meine Zeit wird immer zu „eng“, weil ich mir meist zu vieles vornehme. Da läuft die Lebens-Zeit nicht nur, sie „rast“ davon!
Aber ich sehe es dann eher gelassen, wenn ich einfach nicht alles schaffe!

Denn: **was ich heute nicht mehr kann besorgen,**
das verschiebe ich ruhig und getrost auf das Morgen....!"

Sabine Kuegler, die Tochter deutscher Sprachforscher und Missionare wuchs mit ihren Eltern und Geschwistern in einem 1978 neu entdeckten Stamm in Papua-Neu-guinea auf. Als sie mit 17 Jahren ihren eigenen Beruf hier in Deutschland erlernen sollte, wurde sie heraus gerissen aus einer Welt, die für sie wie ein Paradies war, in dem die Zeit keine Rolle spielte, weil sie alle Zeit der Welt hatte!
Als sie sich hier in unserer westlichen Zivilisation zurecht finden sollte, wurde sie quasi hinein geworfen in eine völlig andere Welt. Über das „Zeitgefühl“ sagt sie folgendes:

„Das Leben hier ist für mich wie ein Tornado,
es kommt und saugt mich auf, nimmt mich mit,
wirbelt mich voller Hast und Hektik herum, bis ich den Eindruck habe:
Die Zeit dreht sich schneller, als ich mich selbst drehen kann...
Keine Zeit, vor allem das: niemals genug Zeit."

Wer heute den Rat beherzigt, seine wenige Zeit noch „auszukaufen",
der setzt sich noch mehr einem „rast-losen" Lebenswandel aus und läuft Gefahr,
seine eigene „Mitte" zu verlieren, sich ver-rückt zu machen.
Begriffe wie „Aus-kosten" und „aus-kaufen" passen zwar sehr gut in unsere **„mater"-** ialistisch ausgerichtete westliche Welt, letzteres beschleunigt aber noch mehr den Lebenswandel, der die Menschen ohnehin schwindeln lässt.
Denn viele haben alle Hände voll allein damit zu tun, um nur den Alltag einer Familie geregelt zu bekommen, um den Lebensunterhalt zu sichern, mit allem, was heute auch noch alles berücksichtigt werden muss, um „gesellschafts-fähig" zu sein. Ich denke dabei nur an Versicherungen und an alle möglichen Fristen, die eingehalten werden wollen.
Wer heute Kinder großzieht, - aber auch alle Allein-stehenden- hat immer auch zu tun, irgendwelche Vorgaben, die tunlichst eingehalten wollen sein, nicht zu übersehen!

**Unser christlicher Auftrag besteht vielmehr darin,
das Leben zu ent-schleunigen und zu ent-zerren, den Druck,
der den Menschen das Leben in unserer Zeit ohnehin schwer macht,
zu nehmen, um sich wieder mehr auf die eigene „Mitte" zu besinnen, ...**

Abstand zu bekommen von dem Vielen „drumherum", um zu sich selber zu finden.
Jeden Tag als ein wunderbares Geschenk des himmlisches Vaters zu erleben,
und dankbar zu sein für die Zeit, die uns gegeben ist.
Es ist auffallend, wie sehr immer mehr gerade die Klöster oder sog. „Wellness-Tage" in unserem Lande Zulauf finden, um für ein paar Tage in einer „Oase" der Stille und Ruhe Zuflucht zu suchen . Menschen, deren „Seele" in diesem ganzen Trubel und Wirbel der schnellen Zeit irgendwo schwindelig geworden ist und auf der „Strecke" geblieben ist.

Mir fällt dazu ein schönes Beispiel aus meinem Leben ein:
Mich hat das pralle Lernpensum in meinen Studiensemestern derart gestresst und unter Druck gesetzt und ich war frustriert, weil sich die Chance anbot, eine ganze „Spielwiese" der musikalischen Möglichkeiten auszutesten, dazu eine Orgelausbildung zu absolvieren, was ich immer schon wollte. Doch die Zeit und die Kraft, die ich alleine dafür aufwenden musste, um meine theologischen Scripten aus den Vorlesungen zu „schlucken",
ließen es nicht zu, mich dem zu widmen, wovon ich immer schon träumte und das in mir zur Er-füllung „drängte". Erst nach einer längeren Leidensphase reichte ich einen Antrag für ein „Urlaubsjahr" ein und war auch bereit, mein monatliches Bafög von 600 Mark so zu „strecken", dass es auch für ein 2. Jahr reichen würde.

Dies erforderte zwar ein sehr „bescheidenes“ Studentenleben, aber dafür hatte ich ein ganzes Jahr „Freiheit“,- Zeit, so viel ich nur wollte, um mich all den Dingen zu widmen, die ich noch erlernen wollte. Zeit, um mich in der großen Musikbibliothek mit so vielen netten Stücken und Noten auszustatten, dass sie fast für dieses ganze Leben reichen...!
Und auch Zeit, die Angebote meines Theologie-Studiums so wahrzunehmen,
dass sie in der Tiefe meiner Seele ankamen. Nie vergesse ich das Gefühl, als ich den Antrag für mein Urlaubs-Jahr abgegeben hatte. Ich war vergnügt, beeifert, und – voll ausgelastet.
Ein Jahr ganz ohne Leistungsdruck, das es mir ermöglichte, viel mehr zu schaffen,
als ich es von mir selbst je erwartet hatte.
Es war eines der glücklichsten Jahre in meinem Leben!
-Es erstaunt mich generell immer wieder, zu welchen Leistungen – bereits Kinder! – fähig sind, wenn sie aus „eigenem und inneren“ Antrieb handeln und nicht unter „äußerem“ Druck stehen!

<u>Die Zeit:</u>

Den einen ist sie zu viel, den anderen viel zu wenig;
den einen läuft sie davon und sie rennen ihr hinterher,
sie müssen sich ihre Zeit „stehlen“....
Wieder andere vertrödeln ihre so kostbare Zeit ,
weil sie nichts mit ihr anzufangen wissen.
Haben sie keinen Bedarf nach ihr, schlagen sie die Zeit einfach „tot“!
Oder: sie „schmelzen“ ihre Zeit ein,
indem sie Stunden vor TV oder PC verbringen.
Für mich ist die Zeit: meine „beste Freundin“,
die stets weiß, was ich brauche und immer für mich da ist
- das wertvollste Geschenk in meinem Leben!
- Und das: jeden Tag neu!

Den „Wechsel“ der Zeit spüren und er-leben....

Auch die Kinder kennen und lernen es, ihre Zeit, jeden Tag überaus zu schätzen,
den sie in ihren Ferien - ohne Schule - zu Hause verbringen dürfen...
(zumindest meine Kinder...!) Sie kennen genau die Tage und Wochen und wissen,
wie viel der kostbaren Zeit ihnen noch verbleibt!

Sie wissen, wie sehr begrenzt ihr Zeitraum ist, den sie zu Verfügung haben
und wollen ihre Zeit, ihr Wochenende, die Ferien oder wir unseren Urlaub deshalb nutzen,
so gut es nur geht, weil die schöne (druckfreie) Zeit sehr bald wieder vorbei ist.....
aber wie gut, sie wissen ja, diese Ferienzeit ist zwar **ein-malig**, aber die nächsten Ferien,
bzw. Urlaubstage, sie kommen bestimmt!

Bereits die Kinder haben manchmal ein sehr feines Gespür dafür, egal ob in den Ferien oder am Wochenende, wenn es gilt, die Zeit für den „Wechsel" wahrzunehmen: wie viel Zeit habe ich, einfach zum Spielen und Erholen,
zum Entspannen und zum Träumen, und wann „kippt"diese Zeit wieder, um zu spüren: jetzt gilt es wieder, mich meinen Aufgaben, die an mich gestellt sind, zuzuwenden?
Dieser „Wechsel" wird nicht immer gerade als ein „erfreuliches" Gefühl wahrgenommen. Aber unser Leben erfordert ständig von uns, bereit und offen zu sein für den nächsten „Wechsel", der oft auch mit Arbeit und Anstrengung verbunden ist...

Auch **die Jahreszeiten** nehmen uns durch das ganze Jahr hindurch
in seinen immer-währenden Wechsel mit hinein:
Der Frühling: jedes Jahr freue ich mich wieder ganz besonders über das „neue" Leben in der Natur. Ich bin dankbar für jeden „Auftritt" meiner Blumen im Garten
und fühle mich mit jedem neuen Lebensjahr noch mehr mit hinein genommen
in das Staunen, wie sehr sich die Natur in ihren herrlichsten Formen „ab-wechselt".

Jeder Sommertag lässt mich erstaunen über die Fülle der Natur,
aber auch manchmal über die **Macht**, die mich fast zu ihrem „Sklaven" **macht.**
Dennoch, wer genießt nicht jeden warmen herrlichen Sommertag?
Leben – PUR ?
Bereits im August geschieht es dann - meist über Nacht -: der Wechsel vom Sommer in den Herbst: die Morgenluft ist plötzlich klar und kühl, der Nebel legt sich über die Felder: dann weiß ich, die Zeit für den „Wechsel" ist wieder gekommen:
der Sommer ist vorbei. Das „Los-Lassen" fällt nur dann nicht schwer,
weil ich weiß : der nächste Sommer kommt bestimmt ,
- so mir noch ein weiteres Jahr in diesem Leben geschenkt ist !
Nach dem Motto:

„Erlebe deinen Sommer so,
dass er dir auch noch dem Winter wärmt....!"

Ich darf jeden Tag als Geschenk meines Lebens annehmen, ihn **aus-kosten,**
aber dieses „Wissen" nimmt mir den Druck, jeden Tag im Sommer „auskaufen"
zu müssen! Allerdings ist es das, was ich "**ein-malig**" nenne:
Dieser heutige Tag, diese Ferien, dieses jetzige Leben kommt **SO** nicht mehr
zu mir zurück, denn die Zeit lässt sich nicht zurück drehen.
Dieses mein Leben, mit meinem Namen und meinem unverwechselbaren Gesicht,
mit diesem meinen Körper (in Verbindung mit dieser meiner Geist-Seele) ,
mein Leben mit den Menschen, mit denen ich jetzt in dieser Zeit-Spanne an genau diesem Ort so zusammen lebe, den Platz, den ich mir jetzt so gestalte, ist : **EIN-MALIG!**

Auch die Kombination - meiner Eltern und meiner Geschwister,
wie auch meiner Kinder und all meiner lieben Freunde: es gilt sie **JETZT** zu leben!
Diese Zeit ist ein wunderbares Geschenk, das es **jetzt** zu leben gilt,
und eine einzigartige Chance, die es **jetzt** zu nutzen gilt.

So ist auch das Motto aus der Barockzeit zu verstehen:

CARPE DIEM:

Nutze die Zeit, nutze die Chance, in ihr zu wachsen und zu reifen!
Nutze den Tag, denn dieser kommt **so** nicht wieder zu dir zurück...!
Dieses **so ein**-malige Leben schließt aber nicht aus, dass irgendwann,
wenn die Zeit und die Umstände für mich gut und günstig sind,
es eine **weitere** Möglichkeit und Chance für mich gibt,
wieder ein weiteres Kapitel Lebens- und Liebes-Geschichte zu schreiben,
die eine Fortsetzung der „Reise"meiner Seele ist...

Die Liebe, sie „drängt" in die Welt hinein,
die Liebe Gottes, sie möchte ein-dringen!

Wenn in der Advents-zeit der Ruf erschallt: „Seid bereit und kehret um!",
dann meint dieser bereit zu sein, wenn der Gott der Liebe in einem kleinen menschlichen Leib unsere Welt betritt. Auch hier geht es um das **neue** Leben, um die Ankunft der Liebe.
Die Liturgie der christlichen Kirchen haben aber stets diese Ankunft der Liebe auch mit dem Bereit-sein für das göttliche Gericht, im Sinne der Prüfung Gottes verbunden.
Die Liebe, sie ist es aber einzig und allein, die in unsere Welt **hinein „drängen",**
ein- dringen, und alles Leben hier in seine Göttlichkeit ver-wandeln möchte.
Das ist die Botschaft, die alle Christen auf unserer Welt (auch die Moslem als Geburt ihres Propheten Issa) an Weihnachten feiern.
Jesus zeigt uns an Weihnachten den Weg **in das „irdische" Leben hinein...**
An Ostern zeigt uns Jesus durch seine Auferstehung den Weg wieder **aus dieser „irdischen" Welt hinaus,** eine Geburt in den „Himmel" Gottes in unserer Welt,
der uns so nahe wie nur möglich - uns gleich sein möchte.

Gott, der **ALL**-Mächtige,
wollte nicht **ALL**-Eine im Himmel thronen,
denn die Liebe, es zieht sie stets zum Geliebten hin,
sie will ihm so nahe kommen, wie es nur geht.
Deshalb entschloss er sich, zu uns zu kommen,
so zu werden wie ein Mensch und so zu beginnen,
wie wir alle begonnen haben:
klein und nackt, hilflos und auf alle Liebe angewiesen.
Seine Botschaft will uns erreichen, mitten in unserem **ALL**-tag,
dort, wo wir leben und stehen, uns entwickeln dürfen
um uns dessen bewusst zu werden, worauf es wirklich ankommt:
auf die Liebe, die uns in Gott geschenkt ist,
und dessen lebendiges Ab-Bild wir sind.

* Gott wird jedem Menschen seine guten Taten „lohnen“...

Ich habe alle Stellen in der Bibel nachgelesen, in denen es um „Lohn“ geht.
Und festgestellt, dass alle darauf bezogenen Stellen im Alten, wie auch im Neuen Testament sich auf das „irdische, ent-gelt-mäßige“ Ausbezahlen einer eigenen Leistung oder auch anderer handelt. Die Bibel lässt sich verstehen als Rechts-buch mit Unterteil „Arbeitsrecht und Tarif-satzungen“, um das Recht auf den not-wendigen Lebens-unterhalt zu sichern, gemäß Lk (10,7):

„Denn wer arbeitet, hat ein Recht auf seinen Lohn!“

Jesus erlebte tagtäglich die Armut der Menschen: nur wer Arbeit und damit Aussicht auf einen Lohn hatte, der konnte im Kampf ums Überleben gewinnen, denn dieser Lohn war die Lebensgrundlage, der einem Menschen – damals wie auch heute – sein Überleben sicherte.
Wenn Gott selbst – im AT- als jene „Instanz“ in Frage kommt, die einen Menschen belohnt, wie z.B. im Buch Rut 2,12 „Der Herr, der Gott Israels möge dir dein Tun **ver-„gelt“-en** und dich reich belohnen!“, dann bezieht sich dieses Vergelten stets auf das **irdische** Leben, auf eine direkte Belohnung für seinen Einsatz und Fleiß und spricht von der Hoffnung, dass dieser Lohn umgemünzt wird mit einem glücklichen, satten und zufriedenen Leben. Reichtum in diesem Leben, ausgedrückt in einer großen Familie (manchmal mit mehreren Frauen, die für gesunden Nachwuchs und damit für Nachkommen sorgten), vielen Tieren und einem „großen Land“, das war die Vorstellung von der **Belohnung** eines erfüllten Lebens!
Auch im NT geht es immer wieder um das **Recht** auf den Lohn,
der für geleistete Arbeit einem Menschen **zusteht,** bzw. darum, dass dieser Lohn **gerecht** ist und der Leistung entspricht, also um die Sicherung des Mindest-Lohnes!

Wie z.B (in Jak 5,4): **„der Lohn der Arbeiter, die eure Felder abgemäht haben, den Lohn, den ihr ihnen vorenthalten habt, schreit zum Himmel!“**

Wer Jesus richtig versteht, weiß, wie er sein „Reich Gottes“ meint:
nicht eines, das erst im Jenseits anbricht und **dort** jeder seinen gerechten Lohn erhält, sondern eines, das erlaubt, dass sich die Früchte des eigenen Tuns sich bereits im konkreten Leben auswirken und sich auch hier schon „bezahlt“ machen...
Wenn Jesus von sich selbst sagt: (Joh 10,10)

„Denn ich bin gekommen, damit sie das Leben haben und es in Fülle haben...!“, dann sollen wir es nicht erst im Jenseits „gut“ haben!

Bereits bei den Seligpreisungen habe ich erklärt, dass mit dem „Himmel“ einer gemeint ist, der ganz konkret „mitten“ im deinem gelebten Leben, im **Hier&Jetzt** anbrechen und sich dort hier auch verwirklichen möchte, in deiner Seele und in deinem Bewusstsein.

Der Himmel will sich immer wieder neu „erden", das Reich Gottes –
in Liebe und Gerechtigkeit- unter uns lebendig sein, tag-täglich neu....
Es gehört beides zusammen, Jesus hat dieses Leben nicht „getrennt" gesehen...!
Wir sind für dieses Leben hier bestimmt und Gott will, dass es uns auch **hier** gut geht!
Aber Jesus meinte sicher **nicht nur** den materiellen Reichtum, eine Belohnung im materiellen Sinn, sondern vor allem auch den **geistigen** Reichtum.
Denn ein Leben in „Fülle" im Sinne Jesu ist ohne den Reichtum der **geistigen Schätze** gar nicht denkbar und auch nicht sinnvoll!

„Und wer einem von diesen Kleinen auch nur einen Becher frisches Wasser zu trinken gibt, ...er wird gewiss nicht um seinen Lohn kommen...!" (Mt 10,42)

...denn die Freude, die du schenkst, kehrt unmittelbar in dein eigenes Herz zurück!
Jesus spricht von einem „Lohn" für gute Taten, aber dieser wird sich **nicht erst** „dann irgendwann" im Jenseits aus-zahlen, sondern sich **umgehend,** ganz direkt und unmittelbar in deinem jetzigen und konkreten Leben zeigen und deine Lebensqualität in einer wunderbaren Weise fördern...

Ein kleines Beispiel:
ein Chef/eine Chefin, die mit ihren Angestellten gut und menschlich umgeht, Verständnis zeigt, dafür sorgen kann, dass sich das Personal durch ein gutes und zufriedenes Arbeitsklima wohlfühlen kann, weil es Vertrauen haben kann zu ihrem/r Chef/in, nicht zuletzt auch, weil das Gehalt „stimmt":
diese Chefs werden **um-gehend** den Lohn ihrer Mühen zu spüren bekommen, weil sich die Motivation ihrer Mitarbeiter tagtäglich positiv verstärken wird. Menschen, die gerne zur Arbeit gehen, weil sie sich dort wohl fühlen, gut aufgehoben und nicht ausgenutzt wissen, mit dem Verständnis ihrer Chefs rechnen können, sind auch gerne mal bereit, über das gewohnte und erwartete Maß hinaus seine Leistungsbereitschaft zu zeigen.
Auch in schwierigen Zeiten sind sie umgekehrt willens, zusammen zu halten.
Das gute Klima wird weit über diese Firma hinausstrahlen und als Frucht dieser Saat, als „Lohn" zurückwirken, - und sich sogar auszahlen in „barer" Münze!

„Ihr aber sollt eure Feinde lieben und sollt Gutes tun und leihen, auch wo ihr nichts erhoffen könnt: Dann wird euer Lohn groß sein, und ihr werdet Söhne des Höchsten sein!"(Lk 6,37 ff)

Wer Anteil an diesem „besonderen" Lohn erhalten möchte, der sollte auch bereit sein, „besonderes" Verhalten im Umgang mit seinen nächsten Mitmenschen zu zeigen, und zwar nicht nur mit jenen, die eh zu meinen Freunden zählen („Welchen Lohn wollt ihr dafür erhalten?"), sondern vor allem auch mit jenen, die **„jen-seits"** meiner Freundschafts-Grenze leben. Der „himmlische Lohn" ist immer auch gekoppelt mit der **Nächsten-Liebe**, mit dem ganz direkten Umgang in meiner „irdischen Lebens-Welt", mit der Bereitschaft zu teilen und Gutes zu tun..

Der Weg zu Gott geht immer über den **Nächsten**, indem ich mit ihm Frieden schließe. Jesus animiert uns dabei auch zu einer ganz neuen Denk- und Verhaltensweise.
Was er meint, ist folgendes: „Seid erfinderisch und phantasievoll, überrascht den Anderen, den, der so anders ist, der nicht in deine Welt passt, der mit dir an-eckt, mit einer Liebe und einem Vertrauen, die über die gewohnte Grenze der mensch-lichen Barmherzigkeit hinaus geht. Nehmt Maß an der Güte und Barmherzigkeit Gottes, denn dann ändert sich auch der Horizont in deinem Leben, und du wirst Freude und auch Freundschaften erleben, da wo du sie sicher nicht erwartest!"

Jesus macht uns Mut, ja, er fordert uns dazu auf:
„Wir sollen `punkten´ mit Liebes-taten,
denn der Lohn dafür wirkt sich ganz sicher in **unserem Leben** aus!
Und **was** ich säe, bzw. **wie** ich es säe, - es kommt in meinen eigenen Früchten – und oft schon sehr unmittelbar- auf mich zurück!
Manchmal braucht es zwar, bis sich der „Lohn" dieser Saat zeigt in seinen besonderen Früchten, und vielleicht mag dafür diese Lebenszeit nicht ausreichen, aber der Zeitpunkt, an dem du mit „deinen" Früchte belohnt wirst, wird kommen!
Wir säen **hier** in unserem Leben – Gutes und manchmal auch weniger Gutes! – aber die Früchte – beide: die guten und die schlechten - werden wir in unsere „jenseitige Wohnung" mitnehmen und dort auch ihre Auswirkungen haben!
Jesus legt selbst dabei einen ganz „eigenen Maßstab" fest, mit dem gemessen wird:

„Wem viel gegeben wurde, von dem wird viel zurückgefordert werden, und wem man viel anvertraut hat, von dem wird man umso mehr verlangen...!"
(Lk 12,48)

In der geheimen Offenbarung vernimmt Johannes von „seinem" Engel die Rede:
Diese Stelle bezieht sich dabei aber vor allem auf die vielen Märtyrer, die im römischen Reich - zur Zeit der Christenverfolgungen - ihr Leben lassen mussten.
Auch sie sollen wissen, dass ihre Mühen und ihr Lebens-Opfer nicht umsonst waren. Sie sollen nicht um ihren „Lohn" gebracht werden! Auch deshalb ist es für jene Menschen - und es waren Tausende von ihnen! - , eine tröstliche Zusage, auch im Jenseits sich eines „angemessenen" Lohnes sicher sein zu dürfen!

„Siehe, ich komme bald und mit mir bringe ich den Lohn, und ...„ich werde euch geben, was <u>recht</u> ist...!" (22,12)

Was und wie Jesus aber unter einer **„gerechten" Entlohnung** versteht, dafür gibt er uns selbst Aufschluss in einem Gleichnis, das er bewusst so wählt. (Mt 20, 1-16),-
...Die aber von seinen Arbeitern keineswegs als „gerecht" empfunden wird, sondern Anlass für jede Menge Ärger, Zorn und Entrüstung gibt!
Er erzählt von einem Gutsbesitzer, der früh am Morgen sein Haus verlässt, um Arbeiter für seinen Weinberg anzuwerben: mit jedem einigt er sich vorab auf einen zufrieden-stellenden Lohn : 1 Denar.

Die Reaktion der Arbeiter ist für unser menschliches Empfinden völlig verständlich: warum sollte jemand, der sich den ganzen langen Tag abgeschuftet hat, den gleichen Lohn erhalten, wie eben jene, die gerade noch eine Stunde vor Feierabend angeworben wurden? Was will er den Menschen sagen, wenn er sie damit ziemlich empfindlich auf den Gerechtigkeits-Nerv trifft?

Was will Jesus mit diesem Gleichnis ausdrücken?

* jeder bestimmt ganz individuell mit dem Weinberg-Besitzer, **wann** er gedenkt, in den Dienst einzusteigen und **welche** Arbeit er sich jeweils vornimmt;
* wichtig ist dabei weder die „Eignung, noch die Qualifikation", - gefragt ist nur die **Bereitschaft**, in diesem Weinberg aktiv zu werden;
* wer sich den ganzen Tag über abgerackert hat, bekommt deswegen auch nicht „mehr" Lohn für „mehr" Leistung, dennoch bekommt aber jeder den Lohn, der mit ihm vereinbart wurde und den er selbst mit ausverhandelt hat...
* jeder Mensch hat die **gleiche Chance**, die gleiche Aussicht auf den Lohn, egal, wann er seine Arbeit aufgenommen hat.

Wenn ein „Arbeitstag" mit einem „Menschenleben" verglichen wird, dann geht es in diesem Gleichnis vielmehr um die „innere" Erkenntnis: auch wer kurz vor „Tor-Schluss" noch in seinem Leben erkennt und versteht, worauf es wirklich ankommt, wer die Tore seines Herzens weit öffnet, um vom Licht der Liebe **erfüllt** zu werden, wessen Seele zu „arbeiten" beginnt, der wird seinen Lohn, die Freude und das Glück , die **„Fülle" des Lebens umgehend** erfahren. Dabei spielt es keine Rolle, ob einer damit „schon ganz früh am Morgen" beginnt, oder ob er noch kurz vor „Torschluss" sich dafür entscheidet, aktiv zu werden .

Es ist für den Weinberg-Besitzer völlig O.K, dass ein Arbeiter erst in der **letzten Stunde** erscheint und bereit ist, auch jetzt noch seinen Beitrag zu leisten.
Er hätte ihn auch tadeln und ihn zur Rede stellen können:
„Hättest Du nicht schon viel früher mit deiner Arbeit beginnen können ?
Was hast du mit deiner Zeit gemacht, - und warum kommst Du jetzt erst so spät?"
Nein, entscheidend ist nur, **dass** sie willens sind zu arbeiten...!
Der Besitzer sagt auch nicht: „Mit der Arbeit dieses Tages wirst du **einst** im Himmel-Reich entlohnt werden". Nein, der Arbeiter wird **umgehend** ent-lohnt , sofort nach Erledigung der verein-barten Aufgabe, - und zwar in **„barer" Münze!**

* **Jedem Menschen wird unmittelbar nach dem Tod entsprechend seinen Werken und seinem Glauben vergolten.** (1021 KKK)

Wie kommt es zu dem Glaubens-Bild, der Vorstellung von Gott, dass **ER** den Menschen für dessen Mühe und Leistung im Jenseits „be- bzw. ent-lohnt"?

Wir brauchen uns nicht zu wundern, denn Matthäus selbst schreibt von Jesus als den, der „mit seinen Engeln und in der Hoheit des Vaters mit königlicher Macht kommt und jedem Menschen vergelten wird, wie es seine Taten verdienen" .(16,27).
Und auch Paulus zeichnet dieses Bild von Gott, wenn er schreibt: (Kor 5,10):
„Wir müssen alle vor dem Richterstuhl offenbar werden,
damit jeder seinen Lohn empfängt für das Gute oder Böse, das er im irdischen Leben getan hat..!"

Die Vorstellung also, dass Gott **selbst** es ist,
der uns den „himmlischen Lohn" auszahlt, ist auch selbst in der Bibel begründet.
Und dieser Glaube war bereits bei den alten Ägyptern grundgelegt: dort muss der Mensch auch erst im „Totengericht" seine guten und seine schlechten Taten darlegen. Daraufhin legt Gott Anubis das Herz des Toten auf die Waage und wiegt es gegen eine Feder der Göttin Maat, die für die Gerechtigkeit zuständig ist, auf.
(In der biblischen Tradition die Rolle des Erzengels Michael!) .
Nur dann, wenn die Waage im Gleichgewicht bleibt und die bösen Taten nicht überwiegen, kann der Tote ins Jenseits weiterziehen und dort ein unbeschwertes Leben führen. Nicht nur im christlichen Glauben, auch im Islam wurden so manche der altägyptischen Vorstellungen mit übernommen! Auch dort ist die Vorstellung, dass die Taten des diesseitigen Lebens eine Belohnung oder Strafe finden, ein wichtiges Thema: diese werden auf einer Waage im Jenseits abgewogen, der Ort, wo die Menschen die Früchte ihrer Taten ernten. Aber wie soll ich mir das vorstellen?

Wie das Tor im Märchen von Frau Holle (Hölle), wo die ankommenden Mädchen je nach ihren guten oder schlechten Taten belohnt werden mit dem Gold- oder dem Pechregen ? Bekomme ich also von Gott selbst aus seiner Lohntüte ausgeschüttet, was mir zusteht, - nach **„Seinem Ermessen“?**

Oder habe ich da selbst auch ein kleines „Wörtchen“ mitzureden?
Bin **ich selbst** nicht auch beteiligt, das heißt, bringe ich bereits den „Lohn“ für meine guten Taten, oder von dem was ich selbst „verbockt“ habe, selbst mit und muss auch vor **mir selbst** dafür „gerade“ stehen?

Sicher ist aber: Jesus selbst hat den Menschen **nie** ein Bild von Gott ver-mittelt, das ihn als eine **„Lohn-instanz“ für das Jenseits** darstellt!
Er hatte dieses Lohndenken bereits bei den Pharisäern stets aufs Schärfste verurteilt: „Je mehr Gebete ich am Tage herunterrassele und je mehr Opfer ich in meinem Leben bringe, desto mehr kann ich Gott „gnädig“ stimmen und habe `Lohnpunkte´ bei ihm gut, - und desto höher fällt später auch bestimmt mal meine himmlische Lohn-„abrechnung“ aus!“
Auch Martin Luther hatte mit diesem Denken seine größten Probleme!
Denn Gott lässt sich weder auf ein berechnendes „Punkte-Spiel“ ein, noch auf ein „Automaten-Denken“: je mehr Plus-coins und Joker ich oben einwerfe, umso größer wird auch die zu erwartende Belohnung sein! Nicht die Werke, sondern allein der Glaube und die Liebe sind entscheidend! So hat auch Jesus hat vielmehr empfohlen: (Mt 6,6)

„Du, aber geh in deine (Seelen-)Kammer, wenn du betest und schließ die Tür zu; dann bete zu deinem Vater, der im Verborgenen ist!“

Es kann also auch im christlichen Glauben nie um ein „Lohn-Denken“ gehen, denn die Liebe denkt nicht an den Lohn, den sie dafür bekommt!
Eine wahrhaftige, tiefe und ehrliche Liebe hat das auch gar nicht nötig !

* Es kann nur „ein“ Leben des Menschen geben, weil eine Seele in einem „nächsten“ Leben nicht einen „neuen“ Körper bewohnen kann, ohne dass er seine eigene Identität verlieren würde.

Im KEK (S. 409) heißt es : „Vollends **wider**-spricht der Heiligen Schrift und der Glaubensüberlieferung der Kirche die Annahme einer Wieder -Verleiblichung bzw. Reinkarnation der Seele nach dem Tod für ein neues Leben in dieser Welt. Im Hintergrund dieser Lehre steht u.a. (...) die Möglichkeit, das zu verwirklichen, was in der kurzen Spanne eines einzigen Lebens nicht erfüllt werden konnte. Der Grund, warum es nach christlicher Auffassung gar nicht möglich sein kann, dass der Mensch „mehrere“ Male auf dieser Welt leben kann, liegt darin begründet, weil man „Leib und Seele“ nicht in der Weise trennen kann, dass die Seele verschiedene Leiber annehmen könnte, ohne dadurch ihre **eigene Identität** zu verlieren...“

Doch was bestimmt eigentlich die „Identität des Menschen"?

Ist es sein einzig-artiges Gesicht und sein Körper, sein Name (den es ja auch oft doppelt und mehrfach geben kann), seine Stimme oder sein Fingerabdruck, seine einzig-artige Lebensgeschichte und sein Lebensweg, bzw. sein „Lebenswerk ", das er sich in seinem Leben aufgebaut hat und auch hinterlässt, - oder ist es seine ganz eigene Seele, vielleicht auch die Verbindung von Körper- Geist- und Seele,
die einen Menschen genau zu dem „machen",
was er „ist", und was er als seine eigene „I-dentität" sieht, bzw. erlebt?

Worin sehe und erlebe ich **meine Identität**?
Ist es meine Seele, bzw. mein „Ich-Bewusstsein",
das diesem meinem Körper innewohnt, - oder beides?
Mein physischer Körper, den meine einzigartige Geist-Seele beherbergt,
erdacht und erschaffen vielleicht vor sehr langer Zeit, ein Funke aus Gottes Herzen,
ein wunder-barer Gedanke aus seiner Intelligenz und Weisheit,-
als „unsterblichen Juwel", - beide miteinander verwoben und verbunden,
und die in diesem Leben einander bedingen und brauchen?
Meine Geist-Seele, die jeden Tod überdauert, weil sie klares Bewusstsein ist
und immer schon aus der göttlichen Quelle gespeist wurde, ja mit ihr verbunden,
ein Teil von ihr – also „göttlich" und damit auch **un-sterblich** – ist?
Wo steht geschrieben, dass es nicht möglich sein kann, dass diese Geist-Seele in einem neuen Leben wieder in einem neuen, jungen Körper wieder zur Welt kommen und sich dort weiter entwickeln kann? Denken hier die Kirchen nicht zu „menschlich"?
Welche heutige Forschung hat eine solche Möglichkeit widerlegt?

Oder kann einfach nicht sein, was nicht sein „darf"?

Nikodemus hätte genau diese Frage Jesus nicht so explizit stellen können,
wäre das Wissen darum und das Bewusstsein um Wiedergeburt und auch dem Karma nicht bereits im Denken und Glauben der Menschen damals ganz natürlich und selbstverständlich grundgelegt gewesen!
So etwa, wie ich heute nicht erklären muss, dass es möglich ist, zum Mond zu fliegen oder man heute in ein Auto einsteigt, um sich fortzubewegen, bzw. sich dafür anschnallt und auch nicht zu erklären brauche, dass ein Flugzeug fliegen kann oder eine e-mail, bzw. ein SMS auf dem Handy meiner Freundin ankommt.
Dinge, die einfach „so" sind, müssen nicht extra erklärt werden!
Übrigens auch der Grund, warum in der Bibel nichts darüber geschrieben steht,
ob Jesus verheiratet war oder nicht! - Es war im jüdischen Denken so sehr selbstverständlich, dass jeder fromme gottes-fürchtige Mensch, bzw. Jude den Schöpfungsauftrag Gottes („Wachset und mehret Euch!") in seinem Leben so umsetzen sollte,
dass er als erwachsener Mensch eine Familie gründet, um der Liebe Gottes und seiner Schöpfungsfreude in netten, kleinen Kindern lebendigen Ausdruck zu verleihen.

Auch heute noch !
Nämlich, dass ein Erwachsener - gerade auch aus Glaubensgründen - das einfach tut und lebt! Für einen frommen Juden war das eine „Grundpflicht", wollte man Gott nicht beleidigen. – Ein zölibatäres Leben war also nach jüdischem Brauch fast undenkbar! Jesus wurde respektvoll als Rabbi – sowohl von seinen Anhängern und selbst von seinen Gegnern so betitelt! Hätte Jesus als einer der angesehensten Rabbiner seiner Zeit diese Erwartung nicht erfüllt, die gottesfürchtigen Pharisäer hätten sicherlich nicht nur einmal darauf rum-gehackt und er sich dafür rechtfertigen müssen. Aber es gibt keinen einzigen Dialog im NT, der Jesus **daraufhin** zur Rede stellt, oder darauf hinweisen würde!
Auch von Petrus **weiß** man, dass er eine Schwiegermutter hatte,
aber von Frau und Familie war <u>nie</u> die Rede!
Über das Ehegesetz wurde in der Zeit Jesu weder debattiert, noch später geschrieben, weil es: **ganz einfach „gelebt" wurde und im religiösen Leben verwurzelt war.** Niemand wäre darauf gekommen, dass man „so etwas", für die Nachwelt erklären müsste. Und dazu gehört eben auch der Glaube daran, dass sich eine Untat in einem nächsten Leben als „Strafe", z.B. in Form einer Krankheit wieder manifestieren kann...!

Wenn wir heute im 2. Jahrtausend es aber genauer wissen wollten, wie „Seelen-technisch" eine Wieder-Geburt „funktionieren" kann, ohne dass es Probleme mit der eigenen „Identität" gibt - vielleicht müsste unsere wissenschaftliche Forschung in ganz andere Bereiche eindringen, um festzustellen, dass dies absolut kein Problem ist – und nie eines war!
Immerhin hat bereits Mitte des 19. Jahrhunderts Dr. Ian Stevenson an dem „Phänomen der Rückerinnerung" geforscht, indem er immer wieder bei – vor allem intelligenten und überdurchschnittlich begabten - Kindern festgestellt hatte, dass sie sich an die Namen und den Ort ihres früheren Lebens erinnern konnten. Und diese Angaben auch auf ihre Richtigkeit – so weit möglich – überprüfen konnten.

Es ist bereits längst erwiesen, dass Kinder im Traum Dialekte sprachen, die sie nie in diesem Kinderleben erlernt hatten. Alleine diese Forschungsergebnisse – die es in den verschiedensten Ländern und Kulturen gibt – wäre ein absoluter Beweis dafür, dass es wahr ist: es gibt nicht nur „ein" Leben, das wir Menschen leben dürfen, wir sind schon öftere Male hier gewesen, und es ist vielleicht auch gar nicht das letzte Mal, dass wir hier Freundschaften schließen und unsere ganz eigenen Erfahrungen machen dürfen...!

Noch ein Grund, warum es wohl kein Problem mit der „Seelen-identität" gibt,
ist dieser: weil heute – im Beispiel gesprochen – ein Mensch namens Max Huber, dessen Seele vielleicht vor 100 Jahren in einem Körper namens Josef Maier gelebt hat, heute gar nicht mehr **weiß**, und sich nicht mehr **bewusst** daran erinnern kann, dass er damals ein Leben als „Josef Maier" geführt hat...!
Im unserem Unterbewusstsein ist noch vieles von diesem „alten Wissen" gespeichert, doch es ist nicht einfach und für viele Menschen auch gar nicht so wichtig – oder sogar nicht empfehlenswert, sich an alle diese früheren Leben zu erinnern.

Es bedarf einer gewissen menschlichen und auch geistigen Reife, mit diesem „alten“ Wissen in guter und sinnvollen Weise umzugehen...!

Im **Thomas-Evangelium**, das eine Sammlung von Sätzen enthält, die ganz direkt auf Jesus zurückgehen, also dem „authentischen Denken und Lehren Jesu“ entspricht, aber nicht in den Kanon der Evangelien mit aufgenommen wurde, einst von Mönchen im Wüstensand gut versteckt und erst 1945 zufällig wieder gefunden wurde, heißt es im Vers 84 : Jesus sprach:

„An den Tagen, an denen ihr Euer Ebenbild seht, freut ihr euch.
Wenn ihr aber eure Vor-bilder sehen werdet,
die seit Anbeginn in euch sind, die weder sterben, noch offenbar werden.
Was werdet ihr alles ertragen können?“

Wird damit nicht klar ausgedrückt, dass es nicht immer einfach ist, mit den **„Vor-Bildern“** , das heißt, mit den Rollen, die wir in unseren früheren Leben gespielt haben und mit dem was wir früher „gesät“ haben, jetzt aber ernten, - die Erinnerungen, die wir tief in unserem Unterbewusstsein tragen, umzugehen? Die uns aber helfen können, in unserem heutigen Leben daraus Erkenntnisse zu ziehen, vieles besser zu verstehen, erklären, einordnen, aber auch bewältigen zu können.
Irgendwann im Laufe der christlichen Kirchengeschichte wurde es aber so fest-gelegt, dass das Leben des Menschen nicht nur **„einmalig“**, sondern „**ein -malig**“ ist, also dass jeder Mensch nur „**ein**“ Leben hat . So wurde es gelehrt und so haben es die Gläubigen stets geglaubt. Sie haben vertraut, obwohl es vielleicht stets auch (nicht wenige) Christen gegeben hat, die es gewagt haben zu denken.....

„es könnte aber ja auch vielleicht ganz anders sein....?“

...dies dachte sich auch Christopher Kolumbus, aber in einem ganz anderen Zusammenhang, als der Weltensegler nämlich am „Rande“ der Erde **nicht** abstürzte. Bis dahin hatte man nämlich geglaubt, die Erde wäre eine große, runde Scheibe und jeder, der über den Rand der Scheibe hinaus geriet, musste fürchten, abzustürzen in die weiten Tiefen des Weltalls. Kolumbus hatte dieses Risiko, wie auch seine Welten-Erkundler-Kollegen auf sich genommen und waren wohl selber sehr überrascht, wie sie von einem Horizont zum Nächsten segelten, - und einfach „nichts“ passierte...
„Sie segelten einfach weiter, so, - als wäre nichts gewesen...“
Heute weiß man natürlich, dass unsere Heimat - die Erde - keine Scheibe, sondern eine wunderbare runde Kugel ist, und in einem weit größeren Rahmen eingespannt ist. Ja, dass dieser "Rahmen" so fantastisch und grenzen-los ist, dass wir Menschen diese Geheimnisse immer noch nicht voll ausloten und erfassen können (und es auch **nie** werden können...!)

„Das, was wir erfahren und wissen können,
kann immer nur ein `kleiner Teil´ vom Ganzen bleiben.....!“

Es lag an den Menschen und derem „Wissensstand". Nachdem all jene, die für die wissenschaftlichen Forschungsergebnisse zuständig waren, felsenfest behaupteten:
„Die Erde ist eine große runde Scheibe", glaubten sie das auch!
Ihr Weltbild von damals sagte ihnen, dass dies die „ganze" Wahrheit ist,
der sie vertrauen und an die sie auch glauben konnten.
Schließlich konnten sie auch nicht das Gegenteil beweisen!
Obwohl viele von ihnen wohl längst geahnt hatten, dass es auch **„anders"** sein könnte!
Der aktuelle Stand der wissenschaftlichen Forschungen kann immer nur „begrenzt" sein! Auch 500 Jahre später hat sich daran nicht sehr viel geändert: auch unser heutiger Stand der Wissenschaft ist begrenzt und kann immer nur einer „kleiner Teil" vom großen Ganzen sein...

Auch heute wissen wir eines ganz sicher,
nämlich: dass wir „nicht viel wissen"...!

Auch Jesus hat zum Thema „Wissenschaft" eine ziemlich deutliche Anmerkung gemacht: (Mk 12,56)„Das **Aussehen** der Erde und des Himmels könnt ihr deuten. Warum könnt ihr dann die **Zeichen dieser Zeit** nicht deuten ?"
Er selbst ermutigt uns, über die „sichtbare" Wirklichkeit,
die messbaren und nachprüfbaren Fakten hinauszusehen, weiterzudenken und nach den größeren Zusammenhängen zu schauen... Die „Zeichen dieser Zeit" sind und müssen in ganz **anderen Kategorien** erforscht werden! Jesus sagt dazu immer wieder: „Wer Ohren hat zu hören, der höre...!"
Denn:

Bei Gott ist immer viel mehr möglich,
als wir Menschen glauben und denken....!

Übrigens:
Wenn man einem Menschen ein Leben lang erzählt, dass die Erde, auf der wir leben, eine runde Scheibe ist, dann wird er so sehr mit dieser Wahrheit leben, dass er sich ganz einfach gar keine andere Möglichkeit vorstellen kann! Und auch dann, wenn bereits längst das Gegenteil bewiesen ist und die Gegenargumente einleuchtend und logisch sind, auch dann wird es vermutlich noch längere Zeit brauchen, bis er diese „neue" Sicht wirklich von Herzen annehmen kann...!
Und es wird auch nochmals brauchen, bis er so weit ist, diese Meinung auch vor anderen zu vertreten, weil diese neue Sicht der Dinge dann ganz und gar auch in seinem Herzen angekommen ist, die letzten Zweifel überwunden sind und die neue Wahrheit ein **Teil von ihm selbst** geworden ist. Und dann eigentlich plötzlich als „völlig logisch" erscheinen...! Es gibt dann aber sicher auch immer noch jene, die sagen: „Ja, ich habe davon gehört, dass die Erde rund sein soll, aber was ändert das an meinem Leben?
Ich bleibe lieber bei meiner Überzeugung und ziehe es vor, mit **dieser** alt zu werden..!"

Für die „Lehrende Kirche" gilt aber bis heute: wenn die Wahrheit, die man wissen könnte, aber nicht wissen möchte, aus dogmatischen Gründen unterdrückt wird, wird der Glaube dann nicht zur Karikatur...?

Dazu zitiere ich die Schriftstellerin Selma Lagerlöf, die an ihre Nichte am 2.1.1925 in einem Brief so schrieb: Ich würde freilich wünschen, dass sie (die Christen) an Stelle dessen (dem Glauben von ein-maligen Leben) sich auf die Reinkarnation verlassen könnten, aber es dauert wohl lange, bis das ein **allgemeiner Glaube** wird...!

„Dem Menschen ist es bestimmt, ein einziges Mal zu sterben“;

diese Aussage aus dem Hebräerbrief (9,27) wird in der kirchlichen Lehre und auch bei christlichen Autoren als „**die**“ Schlüsselstelle angegeben als eindeutiger Beleg und Beweis dafür, dass für den Menschen nur ein ein-ziges Leben vorgesehen ist und es deshalb auch kein weiteres Leben oder eine Wiedergeburt geben kann.
Dieser Brief stammt nicht von Paulus, sein Verfasser ist unbekannt, man vermutet aber, dass er von einem seiner Mitarbeiter geschrieben wurde. Und man kann davon ausgehen dass jener Verfasser in einem Nebensatz dies auch so gemeint hat:
„Und wie es dem Menschen bestimmt ist, ein **einziges** Mal zu sterben,...
so wurde auch Jesus ein **einziges** Mal geopfert.“
Im großen Thema des Kapitels geht es aber keineswegs darum, ob ein Mensch nur **„einmal“** lebt und damit auch nur **„einmal“** sterben muss, also nicht die Wiedergeburt ist hier das Leitthema, sondern die Tatsache, dass in Jesus ein „Neuer Bund“ begonnen hat, und durch sein **einmaliges Kreuzesleiden** die alten blutigen Opferriten des „Alten Bundes“ **erneuert** werden sollten. Die Hebräer sind Judenchristen und müssen sich daher auch im Besonderen mit diesen ihren jüdischen Opferriten auseinander setzen: es geht im Wesentlichen hier viel mehr darum: offen zu sein für Erneuerung, darum, dass durch Jesus Christus der Zugang zu Gott für **alle** Menschen eröffnet wurde. Um die Frage der Wiedergeburt zu klären, ist es wesentlicher, die direkten Aussagen Jesu im Blick zu haben. Hätte Jesus diesen obigen Satz persönlich so ausgedrückt mit dem direkten Bezug zum Weiterleben nach dem Tod, dann wäre diese Aussage von einem zentralen Stellenwert. Aber Jesus selbst hat **nirgends** so gesprochen!

Aussagen der evangelischen Kirche zum Thema Wiedergeburt

Pfarrer Wolfgang Huber hat im Jahre 2008 als amtierender Ratsvorsitzender der Evangelischen Kirche in Deutschland, ein Lehrbuch
„der Christliche Glaube- eine evangelische Orientierung“ herausgegeben.

In diesem - für den christlichen Glauben maßgebende - Buch wird das Thema „Wiedergeburt“ unter der Rubrik **„Wie kann man dem Tod entrinnen?“**
mit einem schlechten Witz von einer recycelten Dose nicht nur in die nicht ernst zu nehmende Ecke gestellt, - er macht sich damit auch noch lustig über diese Glaubensvorstellung und hakt das Thema damit einfach ab.
Da die „Vorstellung von der Un-sterblichkeit der Seele ihre Kraft für viele eingebüßt hat, bemüht sich nun der Mensch dem **eigenen Selbst unbegrenzte Dauer** zu verschaffen und setzt die **Unsterblichkeit des Selbst** an seine Stelle“. (S.212)

Es ist nicht nur der Versuch, dem Tod seine Schärfe zu nehmen, sondern auch das Erschließen einer Zukunftshoffnung, für welche die Vorstellung von einem persönlichen Gott, ja, wie es scheint, **jeglicher Rückgriff** auf Glaubensvorstellungen entbehrlich ist. Dazu kommt, dass der Mensch über den Umgang mit seiner befristeten Lebenszeit **keine** Rechenschaft ablegen muss. – Das alles passt sehr gut zu einer Gesellschaft, die von dem Zeitgeist des Individualismus geprägt ist."

Meine Stellungnahme dazu:

Auch wer an ein „weiteres Leben" glaubt, erspart sich **keineswegs** die Erfahrung des Sterbens und des „Todes" mit allem, was dazugehört, den Weg des Leidens und der Schmerzen, wie auch der Trauer! – **Ganz im Gegenteil**:

* Jemand, der an die Wiedergeburt glaubt, nimmt ja in Kauf, dass sein Körper im nächsten Leben wieder „sterben" muss, und diese Erfahrung vermutlich schon mehrfach hinter sich „gebracht" hat. Immer wieder, jedes neue Leben wird dieser „Schärfe" der Vergänglichkeit und des Todes in all seiner Unberechenbar-keit ausgesetzt. Immer wieder geht es darum, durch dieses „kleine Tor" hindurch zu „wandeln"...! Es kann also **keineswegs** darum gehen, dem physischen Tod **„entrinnen"** zu wollen! Aber von welchem „Tod" sollte dann die Rede sein? – Etwa, - dem „Leben bei Gott"?
Egal, wann und nach wie vielen Leben ein Mensch in die endgültige Gemeinschaft mit ihm einkehrt oder zurückkehrt, dieses Weiterleben bei Gott im „Himmel" wird bei **allen** gläubigen Menschen dieser Welt als Glaubens- und Lebensziel erachtet, aber sicher nicht als „Zustand des Todes" bezeichnet!
Wenn es ein **Leben** in Licht, Liebe und vollendeter Glückseligkeit gibt, dann **nur dort**! Wovor sollte dann also jemand, der an ein weiteres Leben glaubt, **„entrinnen"** wollen?

* Niemand , egal welcher Religionsgemeinschaft ein Mensch angehören mag, ist **„scharf"** auf die „Schärfe" des Todes! Das Leben ist manchmal hart genug, und wer die Prüfungen des ganz normalen Lebens tapfer besteht, ist meist reif für eine Auszeichnung „himmlischer Art" ! Auch die Hinterbliebenen, die einen lieben Menschen verloren haben, werden mit der knallharten Erfahrung des Abschiedes und des Schmerzes, der Trauer konfrontiert und müssen mit ihr klar kommen.
Das bleibt für **alle** Menschen gleich!

* Wir leben in der „materiellen" Welt der Mutter **Erde** (mater= Mutter) unser physisches Leben und wissen, dass all dieses „**Irdische**" der Vergänglichkeit und damit dem Tod ausgesetzt ist, ja dazugehört. Aber als gläubiger Christ lässt sich diese „Schärfe" des Todes dadurch abmildern, weil er weiß, dass dieser Vorgang des Todes- wie bei einer Geburt - ein völlig natürlicher ist und darauf vertrauen darf, dass bei dieem „Übergang" auch alle Helfer zugegen sind, die dem Sterbenden recht-zeitig zur Seite stehen und ihn mit allen Kräften unterstützen, deren er bedarf, um in das lichte Reich Gottes weiter-„wandeln" zu können.

* Die These, dass viele Menschen mit dem Wissen um die „Unsterblichkeit“ ihrer Seele nicht mehr viel anfangen können, ist schlichtweg einfach nicht wahr! So pauschal über den „modernen“ Menschen zu urteilen, der sich kaum mehr Gedanken macht über die Seele, den Tod und auch darüber, wie es nach dem Tod weitergeht, halte ich für sehr oberflächlich und auch für bedenklich!
Gerade das „kirchliche“ Personal darf junge wie auch alte Menschen nicht unterschätzen, die sich sehr wohl ihrer seelischen Kräfte bewusst und oft auch davon fest überzeugt sind, dass ihre Seele nach dem Tod nicht „tot“, sondern weiterhin lebendig ist und sie es auch bleibt. Für jene lässt sich diese wunderbare Hoffnung auch nicht von ihrem – christlichen- Glauben an den lebendigen Gott trennen!

* Dass ein Mensch **nicht nur an ein** Leben glaubt, ändert in <u>**keinster**</u> Weise etwas daran, dass Gott der ein-und-derselbe **„persönliche“** Gott - bleibt: der „Ich-bin-da“ Gott, dessen Wesen persönlich - ja sogar ganz „intim“ ist!
Warum sollte das auch anders sein?
Gott wird den Menschen auf <u>**jedem**</u> seiner Lebensschritte ganz persönlich mit aller Liebe begleiten, ganz gleich, ob er nun ein einziges oder noch ein weiteres Leben zu leben hat. Das ändert nichts an seiner Liebe zum Menschen und auch nicht daran, wie gläubige Menschen (auch Christen) diese Nähe in ihrem Leben empfinden.
Die Lehre von der Wiedergeburt war zwar zuerst in den östlichen Religionen verankert, der **„persönliche“ Gott** wurde aber erst in den Offenbarungs-Religionen (Judentum- Islam-Christentum) „offenbar“...

* Für alle sterbenden Menschen gilt es, **Rückschau** über das vergangene Leben zu halten, ganz unabhängig von ihren Glaubensanschauungen, (auch Atheisten!) und durchlaufen einen Prozess des „Erkennens und Vergebens“- sich selbst und anderen gegenüber. Ein Mensch, der an die Wiedergeburt glaubt, geht davon aus, dass er **jedes gelebte Leben** <u>für sich</u> in diesem Rückblick nochmals „bewerten“ wird.
Etwa so wie nach einem „Praktikum“, das ich absolviert habe und nun - zusammen mit meinem Lehrmeister - nochmals diese Zeit „durchgehe“, das Gelernte –die „Lektion“ aus dieser Zeit für mich zusammenfasse und „meine Lehren“ daraus ziehe. Es kann also nicht darum gehen, dieser Rückschau oder „Zusammenfassung“ zu **entkommen**, sondern im Gegenteil: genau daraus **für sich zu lernen**!
Die Formulierung „Rechenschaft ablegen müssen“ sublimiert aber, dass ich mich einer „göttlichen Prüfungsstelle“ unterziehen muss, die über meinen Richterspruch befindet und auch über den himmlischen Lohn, der mir nun zusteht.

* Dem „modernen“ Menschen wird einfach unterstellt, dass er dies nun **selbst** in die „Hand nimmt“ und sich durch die Lehre von der Wiedergeburt „unsterblich“ **macht**.
Der Mensch wird so zum **„maker**“, der sich die Unsterblichkeit einfach „er-schafft“.
Es hat somit auch den Anschein, als sei diese Lehre eine **„moderne“** Erfindung, etwas, das sich die Menschen speziell ausgedacht haben, um so dem Dilemma sterben zu müssen, eine <u>**eigenhändige**</u> **Lösung** bieten zu können.

* Der Mensch kann vieles bewirken und „machen“:
Im diesem Bemühen erwähnt Herr Huber auch die Erfindungen der Technik und der medizinischen Errungenschaften, die sich zum Ziele machen, das Leben des Menschen zu verlängern, bzw. **„unsterblich“** zu machen. Er stellt dieses Bemühen auf gleiche Ebene mit der Absicht, durch den Glauben an die Wiedergeburt die „Un-sterblichkeit“ erlangen zu wollen. Wer so etwas behauptet und beide Dinge einfach in einen „Topf“ wirft, hat wohl keine wirkliche Ahnung von dieser Lehre und sich vermutlich auch keine tieferen Gedanken über die biblische Grundlegung gemacht!

* Wenn vom „Zeitgeist des Individualismus“ gesprochen wird, dann macht es den Eindruck, als wolle man damit sagen: „Jeder Mensch pickt sich aus dem globalen Topf gerade das heraus, was er zu seiner `Selbst-erlösung´ meint brauchen zu können, und wirft damit nicht nur das christliche Glaubenssystem einfach über Bord, verleugnet also damit seine christlichen Glaubenswurzeln, sondern ist sogar „**jeglicher** Rückgriff auf Glaubensvorstellungen entbehrlich“. (S.213)
- Wenn damit jene Glaubensinhalte gemeint sind, die der katholischen und evangelischen Dogmatik, bzw. deren traditionellen Lehrmeinung über das Leben nach dem Tod entsprechen, dann in einigen Punkten, vielleicht ja.

Aber grundsätzlich ist dieser Satz eine Anmaßung und Beleidigung aller Menschen, auch eine Absage an alle Menschen, die an den „Gott der Liebe und des Erbarmens“ glauben, - ganz „global“ gedacht, denn es gibt nur den **„EINEN Gott“!**
Natürlich auch jener, die auf Jesus Christus, unserem Er-löser bauen und an ihn glauben, mit ihrem ganzen Leben und Wirken und seinem Auftrag, aus dieser Erde ein Reich des Friedens und der Liebe für alle Menschen zu verwirklichen, am „Reich Gottes“ zu bauen.

* Die Lehre von der Wiedergeburt und auch das Karmagesetz ist keine „moderne“ Methode der Selbst-erlösung oder der Versuch, sich selbst „un-sterblich“ zu machen, sondern viel älter als das Christentum und war auch ursprünglich **Teil der christlichen Lehre**, eine Lehre, die in keinster Weise in Gegensatz zu dem steht, was Jesus selbst gepredigt und gelehrt hat.
- Immerhin glaubt heute mehr als die Hälfte der Weltbevölkerung, und in unserer westlichen christlichen Welt sogar jeder 4. Mensch daran!

Es bringen nur sehr wenige heutige Kirchenvertreter den Mut auf, so wie einst einer der bedeutendsten deutschen kath. Theologen, den das letzte Jahrhundert „hervor gebracht“ hat, Karl Rahner (1904-1984), sich in dieser ähnlichen Weise zu äußern: „Wenn man die ungeheure Verbreitung dieser Vorstellung in Raum und Zeit erwägt, die heute ja keinem engeren Kulturkreis allein angehört und dieses abendländische Empfinden nicht gar zu schnell und selbstverständlich als das `allein Richtige´ einschätzt, dann kann man sich fragen, ob an dieser Lehre nicht doch etwas **`Richtiges´** sein könnte...?“

„Ich bin nicht gekommen die Welt zu richten, sondern die Welt zu retten !" - vom Begriff "Richten"

„Ich bin das Licht, das in die Welt gekommen ist,
damit jeder, der an mich glaubt, nicht in der Finsternis bleibt.
Ich bin nicht gekommen um die Welt zu **richten,**
sondern um die Welt zu **RETTEN.**“ (Joh 12,46+47b)

Dieser Begriff "richten" hat in den letzten 2 Jahrtausenden sicher für viele falsche Vorstellungen gesorgt. Dabei gibt es in der deutschen Sprache kaum ein Grund-Wort, das für so viele unterschiedlichen Bedeutungen verwendet wird.
Wer in den christlichen Kirchen das Glaubens-Bekenntnis spricht,
der betet auch den Satz: **ER** sitzt zur Rechten Gottes, des Allmächtigen Vaters.
Von dort wird er kommen, **zu "RICHTEN" die Lebenden und die Toten.**
Sei mal ehrlich: - welche Vorstellung und welches Bild,
welches Gefühl löst dieser Satz des Glaubensbekenntnisses in dir aus ?
„Lass uns bestehen, wenn wir einst vor den Richter-Stuhl Gottes hintreten...!“
Immer wieder habe ich solche oder ähnliche Sätze in Beerdigungen gehört,
so dass mir fast schon übel geworden ist. Die Vorstellung, dass Gott vor mir auf einem Richterstuhl sitzt - Er, Gott, der Richter über die Lebenden und den Toten - und ich als kleiner reuiger Ankömmling vor ihm stehe. Er, der mit dem rechten Zeigefinger streng über mich hinweg zeigt, alle meine guten und bösen Taten aufgezeigt bekomme,
um dann über mich entschieden zu werden:
Darf ich zu den Linken, - den Rechten oder zu den Rechten - den Schlechten...?
Der Gott, zu dem ich **erst dann** kommen darf, wenn ich „sauber und gereinigt“ bin...!

Alle ähnlichen Vorstellungen von Gott, bitte vergiss sie ganz schnell!

Wirf sie über Bord so weit es nur geht,
denn sie haben mit unserem **barmherzigen Gott** wirklich nichts gemein...!
Gott ist und war nie eine „Extra-Instanz“ , eine „Abrechnungs-Stelle“
für reuige Sünder, die für den Eintritt ins Himmelreich erst „gemaßregelt“
werden müssen, um mit einer reinen, sauberen Seele für ein Himmelreich,
das nur eines höchsten allmächtigen Gottes würdig zu werden....

Gott hat das einfach nicht nötig!
Das ist nicht seine „Rolle“!
Gott ist die absolute reine, und zwar bedingungs-lose Liebe!
Eine Liebe, die jeden einfach so annimmt, wie er ist!

Ich staune immer wieder darüber,
wie „perfekt“ viele der Fernsehsendungen ablaufen!
Da gibt es keinen „Holperer“, keine Versprecher und keinen falschen Ton.

In den Ansprachen oder in den schönen Liedern, - da ist einfach alles fehlerlos!
Unschöne oder falsche Töne werden mit digitaler Technik ausgetauscht,
alles, was nicht so sein soll oder darf, wird heraus „geschnitten",
geglättet, ast-rein gemacht, jeder Pickel und jede Unschönheit wird überschminkt
und geschickt cashiert... Alles muss „perfekt" sein!
Nicht anders, oder noch mehr in den Zeitschriften: dort wird vermittelt,
was angeblich „wahre" Schönheit ist, wie man im Leben zu Erfolg kommt
und eine tolle Karriere schafft. Gezeigt wird ein „makelloses" Außen,
das oft noch mit computertechnischen Möglichkeiten korrigiert oder gar manipuliert
wird: die Beine verlängert, der Po noch etwas knackiger, die Brüste noch voller,
die Haut noch brauner. Hier wird uns vorgegaukelt, wie die Menschen zu sein haben:
perfekt! . –
Doch gezeigt wird uns nur der Schein einer glatten „Außenwelt", -
wie es im **Innen** aussieht, was wirklich zählt im Leben, ein Rezept für ein gelungenes
und glückliches Leben, das kann uns auch hier nicht vermittelt werden !
Ich bin so froh, dass ich vor meinem Gott nicht **so** erscheinen muss!
Ich darf so sein wie ich bin, mit allen meinen Macken, Kanten und Ecken,
mit meinen Schwächen, - einfach, so wie ich bin!

Unser Leben wird „live" gelebt!

Alles in meinem Leben „darf" so sein, wie es ist!
Vor unseren Gott, der Liebe und grenzenloses Erbarmen heißt,
darf ich ganz **„unzensiert"** treten !
Da dürfen Mängel, Fehler und ja, - sogar auch „grobe Schnitzer" sein!
Unser Leben, das ist die Bühne, auf der wir unsere ganz eigenen Erfahrungen machen
dürfen, und dazu gehören Experimente, die gelingen können, - aber nicht müssen!
Wir dürfen und sollen aus unseren Versuchen, der Sehnsucht die uns Menschen
so sehr innewohnt und die uns antreibt zum Handeln, lernen!
Aber auch, dass wir unsere Taten **selber** zu verantworten haben!
- Wir müssen nicht „perfekt" sein,
sondern jeder Mensch darf und soll so sein, wie er **wirklich** ist.
Denn so, wie wir sind, sind wir liebens-**„würdig"!**
Und dazu gehören auch unsere Schwächen und auch Fehler.
Auch die Möglichkeit, scheitern zu können. Genauso liebt mich Gott, und nicht anders!
Der Gott, den das Alte Testament, die Propheten und auch Jesus predigt,
ist auch immer und immer wieder die Rolle Gottes als die des **Retters:**
In Jesaja 42,3 heißt es schon: „Das geknickte Rohr zerbricht er nicht,
und den glimmenden Docht löscht er nicht aus; Ja, er bringt wirklich das Recht...!"
Er zerbricht ihn nicht, sondern er **„richtet"** ihn wieder **auf!**
Woher kommt aber die Bezeichnung vom „Richterstuhl" Gottes ?
Richten im Sinne von Recht- sprechen, - Justiz, Sünden und bösen Taten,
von Ge-rechtig-keit und Abwägen der Sündenschulden ?

Jesus selbst hat dieses Wort „Richten", zwar in diesem Sinne verwendet, nicht aber, um damit eine Eigenschaft Gottes zum Ausdruck zu bringen...

„Richtet nicht, damit auch ihr nicht ge-richtet werdet..." (Mt 7,1)
„Verurteilt nicht, dann werdet auch ihr nicht verurteilt werden.
Erlasst einander die Schuld, dann werden auch sie euch erlassen werden.
(Lk 6,37)

Hier geht es um das Verhalten der Menschen **untereinander.**
Um zu sagen: „...Macht euch kein Urteil über einen anderen Menschen, ein Bild, das diesem ja nie „gerecht" werden kann, denn auch du willst nicht, dass der Andere über dich urteilt, sich ein festes Bild von dir macht...!"
Im Sinne von **„Recht"** sagt der Gutsbesitzer im „Gleichnis von den Arbeitern im Weinberg": **„Ich werde euch geben, was recht ist..." (**Mt 20, 4)
Jesus meint damit, Gott lässt jedem Menschen **in auf-richtiger Weise** das zukommen, was er braucht und ihm entspricht, seinem Wesen -gerecht- wird.
Man braucht sich aber nicht zu wundern:
Das „Gericht –halten" in der Bibel war eine ganz wichtige Sache.
Es wurde „ge-richtet" über ganze Völker, über die Priester, über die Feinde, es wurde gesprochen vom „Tag des Gerichts" und vom „Endgericht".
Man muss wissen, die alten Schriften, die fünf Bücher Mose waren die Gesetze, die **„Richt-schnur"**, an der gemessen wurde.
Die 10 Gebote waren und sind heute noch gültiges Gesetz und tragende „Weisung", an denen sich zu **orient**-ieren nur „richtig" ist. Jenen, die von dieser „Richt-schnur" abgewichen sind, - und das waren teils ganze Völker, ihnen wurde ernsthaft gedroht, dass einem „richtig" Angst werden konnte. In dieser Drohung war ein Flehen enthalten - bitte doch wieder zur Vernunft zu kommen.
Das ist vergleichbar mit einem dringenden Appell der Weltengemeinschaft an Länder wie Pakistan, den Iran und auch Nord-Korea, bitte doch in Sachen wie „Atomwaffen" verantwortlich und im Sinne des Wohles **aller** zu denken, zu planen und zu handeln!

Zur Zeit Jesu hatten sogar die Priester eine sehr zentrale, wichtige Funktion des „Richtens über die Menschen" in ihrem Amte inne. Warum?
Sie entschieden darüber, wenn ein vom Aussatz befallener und deshalb hoch infektiöser Mensch – zum Schutze der Anderen- von der dörflichen Gemeinschaft abge-sondert wurde. Sie wurden getrennt von ihrer Familie und mussten - der Ansteckungsgefahr wegen – im Sicherheitsabstand am Rande des Dorfes leben, wo sie hoffen konnten, dass sie von ihrer Familie und dem Rest des Dorfes nicht vergessen, sondern mit Essen und vor allem auch mit Liebe versorgt werden.
War der Aussätzige von seiner Krankheit genesen, musste er sich den Priestern zeigen und jene fällten ein Urteil, eine Entscheidung, -**richteten**- über den Kranken, ob er wieder in die Dorfgemeinschaft aufgenommen werden konnte, oder ob er wieder in „Abschiebe-haft" geschickt wurde...
An dem Urteils- und Richterspruch der Priester war vieles gelegen.
Die Kranken wurden abge-sondert, abge-zäunt, von den anderen fern-gehalten.

Das Wort „Sünde“ und ab-„zäunen“, „Zaun“ stammt von der gleichen Wort-wurzel.
Der Kranke – so wurde es damals vermutet – war nur deshalb „krank“ geworden, weil er sich wohl versündigt hatte. Und jetzt wurde er von den anderen abge-zäunt. Wer abgesondert von seiner Gemeinschaft leben musste, musste versuchen, ohne deren Schutz zu überleben. Die Priester hatten – ähnlich einem Arzt – auch die Kontroll-funktion inne, sorgten mit göttlicher Autorität dafür, dass das soziale Zusammenleben geregelt wurde und entschieden manchmal auch über: „Leben und Tod“.
Als Jesus den Aussätzigen geheilt hatte (Lk 5,14),
sagte er deshalb zu dem Geheilten: „Zeig dich den Priestern....!“
Sagte der Priester: „Du bist geheilt, du darfst wieder zurück in deine Familie und in unsere Gemeinschaft“, dann war die Welt so weit wieder in Ordnung.

„Richten“ im Sinne der Bibel kennt aber auch noch ganz andere Bedeutungen als jene im Sinne des „Recht-sprechens“, der „Ge-recht-igkeit“.

„Richten“ hat im Sinne von AUF-Richten, -HER- Richten eine völlig andere Bedeutung!

Ein Gericht, das für Freude in froher Gemeinschaft sorgt:
Meine besten Freunde ließen mir aus-richten, dass sie mich besuchen wollen:
ich freue mich also diesem Tage entgegen und sorge für ein leckeres **Gericht**:
Ich richte (in Liebe!) leckere Happen und ein erfrischendes Getränk her,
und wenn ich dann fertig bin, bin ich **„ver-richteter“ Dinge**:
dann lassen wir es uns **richtig** gut gehen!

Auch das ist Richten, -Her-richten!
Der beste Freund meines Sohnes bekam von seinem Großvater eine alte „Quickly“ aus den Kriegszeiten geschenkt. In stundenlanger Arbeit bringt er sie wieder zum Laufen, verleiht ihr neuen Glanz und freut sich jeden Tag schon auf die freie Stunde am Abend, die ihm nach der Arbeit bleibt, um an seinem Hobby weiter zu arbeiten. Er freut sich daran, wie sein Werk von Tag zu Tag wieder das wird, was es einmal war...**Die Freude darüber, dass dies gelingt, das ist Her-richten.**

Eine Braut wird für den schönsten Tag ihres Lebens richtig schön **„her-ge-ichtet“!**
Es gibt aber auch in der Umgangssprache den weniger schmeichelhaften Ausdruck:
...du hast mich aber sauber **zu-ge-richtet...!**
Oder auch Menschen, nicht nur in den kleinen Dörfern auf dem Land, sondern überall auf unserer Welt, die nichts lieber tun als das: ihre lieben Mitmenschen **„aus-richten“**, - das bedeutet, mit großer Lust schlechte Nachrichten über sie zu verbreiten...
Oder: Menschen, die ihr Leben **„zugrunde richten“**, - sei es, weil sie mit einer Sucht belastet sind, ungute Voraussetzungen für ein glückliches Leben finden, eine schwere Schuld auf sich geladen haben oder mit voller, verzweifelter Absicht ihr Leben an die „Wand fahren“...!

Eine Botschaft kann an „Jemanden“ **ge-richtet** sein...
So wie es in der Bibel heißt im Buch der Weisheit 6,9:
„An euch also, ihr Herrscher, **richten** sich meine Worte, damit ihr Weisheit lernt und nicht sündigt“ (was so viel heißt: und nicht andere unterdrückt).

Jesus wollte den Juden in seiner Zeit immer wieder klar machen, worum es ihm geht, worin er seinen Auftrag und seine Bestimmung sieht, doch er prallte immer wieder ab an ihrem kleinlichen Gesetzesverstand und hatte immer wieder Streitgespräche mit ihnen. In Joh. 8, 25 ff sagt Jesus zu ihnen: „Warum rede ich überhaupt noch mit euch? Ich hätte noch viel über euch zu sagen und viel zu „**richten“.“**

In diesem Sinne bedeutet das: „klar zu stellen, erklären, verständlich zu machen“.
Doch wenn der andere, - hier die jüdischen Pharisäer- gar nicht gewillt sind, einen aus dem Herzen heraus zu verstehen, dann bringt das einfach nicht viel.
Jesus kann es dabei niemandem aus dieser Gruppierung **„Recht“ machen**.
Bei diesen „verstockten“ Menschen konnte auch Jesus nicht **aus-richten**...!

Es bleibt dabei : die Bedeutung des Richtens kennt eine vielfältige und hat keineswegs nur negative Eigenschaft!

Da ich mich von Kindheit an gerne mit Märchen, Geschichten und Symbolen beschäftigt habe, liebte ich auch besonders die Bilder mit symbolischer Bedeutung, auch die Bedeutung der Tarot-Karten (Waite).

In diesem Bezug finde ich es sehr interessant, dass die Karte **„GERICHT“** die Auferstehung zeigt und den **befreienden, erlösenden** Aspekt bedeutet.
Das Wesentliche soll hervortreten und das zuvor verschüttete Eigentliche und Wahre soll nun ans Licht kommen!
Im Lichte der grenzenlosen Liebe Gottes werde ich wieder **AUF-ge-richtet**, zu dem Menschen, der ich in Wirklichkeit bin.
Wenn mein Leben fast in Lichtgeschwindigkeit wie ein Film vor meinem inneren geistigen Auge rückwärts läuft, dann verstehe ich - aus dem Blickwinkel seiner Nähe und Liebe - wer ich **wirklich** war, und ich bekomme einen Überblick - eine „Gesamtschau“ - über den Entwicklungs-weg meiner Seele als die, die ich „gedacht“ war und bin. Ich erkenne und erstehe das „Gesamt-konzept“, die Aufgaben die mir gestellt waren und sind, um an ihnen zu wachsen und zu reifen.

Ich verstehe, welche Rolle dieses mein Leben als eigenständiger Abschnitt in diesem „Ganzen“ spielt...Die wunderbaren Momente und Höhepunkte meines Lebens, die schweren Krisenzeiten, in denen ER mich getragen hat, (ob ich es gewusst habe oder nicht), schwierige Erfahrungen, die ich gemacht habe und Lektionen, aus denen ich vielleicht - manchmal sehr schmerzhaft- lernen musste.
Ich bekomme (hoffentlich!) plötzlich Antworten auf so viele offene Fragen, verstehe die Zusammenhänge aus einer ganz anderen - höheren - Ebene .

Ich erkenne, ob ich mein Leben so gelebt habe, wie ich es immer habe leben wollen, ob ich ein glücklicher Mensch war und alles versucht habe, mich und andere glücklich zu machen. Ich erkenne natürlich auch meine verpassten Chancen, die Situationen, in denen ich mir selber und vielleicht auch anderen im Weg gestanden oder sogar geschadet habe, ja schuldig geworden bin, Strickfesseln, aus denen ich mich selbst nicht befreien konnte.

Vielleicht erkenne ich auch Rollen, die ich im Leben gespielt habe,
die aber gar nicht gut für die Entwicklung meiner Seele waren.
Rollen, die eigentlich nicht meine waren, die ich aber trotzdem
gut oder weniger gut gespielt habe.
Alles, was im Leben unter den Deckmantel der Verschwiegenheit gekehrt wurde:
Hier wird es wieder offenbar und verlangt, dass man sich ihnen stellt...
In diesem Erkennen fällt jede Maske ab. Was zählt, das bin ich: als **„Seelen-Mensch.“**

Das vermutlich ziemlich Anstrengende in dieser Rückschau ist wohl:
Wir können im Jenseits auf all das blicken, was wir in unserem Leben getan, geleistet, aber auch unterlassen haben. Unedle, oft eigennützige Motive, aus denen heraus man gehandelt hatte, alles kommt auf den „Tisch“....
Jede Freude, aber auch jedes Leid, das man anderen zufügt,
wird von einem selbst nacherlebt und nachempfunden.
Wenn ich einem anderen Menschen wirklich weh getan oder verletzt habe,
viele Konflikte mit anderen ausgetragen habe,
oder andere durch mich wirklich leiden mussten, dann ist es für kurze Zeit so,
dass ich in die Rolle dieser anderen Person schlüpfe, um zu erfahren,
wie das für **den anderen** war.
Ich fühle die Verletzung des anderen, die ich ihm zugefügt habe.
Ich beginne zu verstehen, wie der andere sich wegen mir gefühlt hat.
Und in diesem Erkennen und Verstehen kann mir mein eigenes Verhalten selber unendlich leid tun. In meinem eigenen Tun und Handeln werde ich be-richten, über mein Leben richten, Gott aber wird es sein, der mich darin nicht beurteilen oder gar bestrafen, sondern darin **auf-richten** wird! Denn hier versteht man den Grundsatz:

Alles, was und vor allem auch, wie ich es ausgesendet habe:
es kommt wieder auf mich selbst zurück...!

* **In der Begegnung mit Gott, angesichts seiner Liebe erkennen wir, was wir im Leben gefehlt haben;** (letztes Gericht-Art 1030 KKK)
* **Alle Menschen, die das Gute getan haben, werden zum Leben auferstehen und die das Böse getan haben, zum Gericht.** (Art 998 ECC)

Nochmals: In diesem Begreifen ist es aber nicht Gott,
der über mich **ur-teilt, - er urteilt oder ver-urteilt niemanden !**
Sondern: Ich werde `auf-gerichtet´ zu dem, der ich wirklich bin!

Genau so formuliert es bereits Paulus im Römerbrief (14,12):
„Also wird **jeder von uns** vor Gott Rechenschaft **über sich selbst ablegen**!"
- Nicht Gott **be-urteilt** mich und mein Leben, sondern allein **ich selber,**
der sich vielleicht sogar ein bisschen selber leid tut,
warum das eine oder das andere einfach „so" gelaufen war.
Aber da heißt es: sei nicht zu streng mit dir selber, sondern so großzügig
und barmherzig, wie es auch dein Vater im Himmel mit dir ist und immer war!
Gott vergibt mir gerne, aber dazu gehört auch, dass ich dem andern,
vor allem aber **mir selbst** vergeben kann! Und das ist manchmal gar nicht so einfach!
„Vergib uns unsere Schuld, wie auch wir vergeben unseren Schuldigern",
- wie sehr kommt doch gerade in dieser Bitte Jesu auch ein tiefer Hinweis auf das Verständnis des Karma-Gedankens zum Vorschein!
In der christlichen Verkündigung ist man heute vielerorts wieder sehr bemüht, diesen Aspekt der Vergebung Gottes und seiner barmherzigen Liebe noch viel mehr zu betonen, denn in der katholischen Lehre wird Gott noch als dieser Richter, als jene „Instanz" vermittelt, bei der es im Sinne von „Ab-rechnen" sehr um das Prinzip: Vergelten Belohnen, Bestrafen geht. „Angesichts" der Liebe Gottes darf und soll aber der Mensch wieder „Auf-ge-Richtet" werden, indem er versteht und erkennt, welche Aufgaben bereits ge-löst wurden und welche Lebensthemen noch er-löst werden wollen.
Denn zu dem Menschen, der ich **„WIRKLICH"** bin, gehören immer auch **beide** Seiten: nicht nur die Seiten, in denen ich „gefehlt", sondern auch das, was ich in meinem ehrlichen Bemühen geschafft habe!
In meiner Begegnung mit Gott werde ich sicher **beides** erleben:
meine wunderbare Seite der Seele, mit ihrer Fähigkeit zu lieben
und der Sehnsucht, die noch ungestillt, manches, das noch un-erlöst in mir ist,
aber natürlich auch die Seiten an mir, an denen ich noch „arbeiten" muss!
Gott be-urteilt mich nicht, aber er hilft mir, mich selbst in der „rechten" Weise zu sehen. In diesem Sinne muss gesagt werden, es gibt böse Taten, Menschen mit einer manchmal schrecklichen Ges-**innung,** aber keine wirklich „bösen" Menschen, sondern unglückliche und manchmal auch ver-blendete (dazu aber noch später...!).

Bereits bei dem Propheten Jesaja steht geschrieben: (Jes 26,8-9)

„Herr, auf das Kommen deines Gerichtes vertrauen wir.
Denn dein Gericht ist ein Licht für die Welt"!

„Von dort wird er kommen, zu richten die Lebenden und die Toten"

Im Artikel 7 des - im Moment aktuellen - Kath. Katechismus wird GOTT als der kommende RICHTER im „Kommen Christi" folgendermaßen beschrieben:
„Der Aufstieg zum Himmel bedeutet, dass er nun in seiner Menschennatur an der **Macht und Autorität** Gottes selbst teil hat. Er ist der **Herr;** er **besitzt alle Gewalt** im Himmel und auf Erden. Er ist **hoch** über alle Fürsten und Gewalten, Mächte und Herrschaften **erhoben.** Christus **herrscht** jetzt schon durch die Kirche, aber es ist ihm noch nicht alles auf dieser Welt **unterworfen.**
Das Reich Christi wird nach einem letzten Ansturm des Bösen **triumphieren.**

Im Gericht am letzten Tag wird das Verhalten und der geheimste Herzensgrund eines jeden **aufgedeckt** werden. Dann wird der sündige Unglaube, der die von Gott angebotene Gnade verschmäht hat, **verurteilt** werden.
Als den Erlöser der Welt kommt Christus das volle Recht zu, über die Werke und die Herzen der Menschen **endgültig zu urteilen.** Er hat durch seinen Kreuzestod dieses Recht „erworben". Wer in diesem Leben die Gnade zurückweist, **richtet sich schon jetzt selbst.** Jeder erhält Lohn oder erleidet Verlust je nach seinen Werken; er kann **sich selbst sogar für die Ewigkeit verurteilen**, wenn er von Geist der Liebe nichts wissen will. Am Tag des Gerichts, am Ende der Welt, wird Christus in Herrlichkeit kommen und **den endgültigen Sieg** des Guten über das Böse **herbeiführen."**

- Ist das die Rolle Jesu Christi, der den Menschen Liebe, Vergebung und Erbarmen bringt? - Oder hat da jemand anders die „Rolle des Richters" übernommen?
Kann denn jemand, der so schreibt, wirklich im Inneren von Liebe und Erbarmen erfüllt sein, oder klingt das nicht eher nach Zorn, Verbitterung und womöglich auch nach innerem Hass? Spricht so die Lehre der katholischen Kirche?
....denn diese ganze „himmlische Droh-Botschaft" hört sich für mich so an:
„Wehe, du nimmst die Liebe Gottes und Christi nicht an,
dann „blüht" dir im Gericht Gottes die Verurteilung!
Und wenn du es sogar dann nicht schaffst, „Ja" zu sagen zu dieser Liebe,
dann „Gnade Dir Gott" – oder auch leider nicht mehr- ,
denn dann bist du endgültig verloren!

Macht, Autorität, Herrscher sein, Unterwerfung, Triumph, Verurteilung, - Das war niemals die „Art und Weise", in der Jesus von sich und „seiner Rolle"sprach!

„Herrscher sein", das wollte er niemals!
Zumindest nicht so, wie die Menschen dies im irdischen Sinne verstanden.
Diese Entscheidung wurde ihm allerspätestens völlig klar, als er in seiner „Wüstenzeit" die verlockende Stimme vernahm: „Ich gebe dir alle Reiche dieser Welt mit all ihrer Pracht...!" Jesus verstand sich lieber in der Rolle des Heilers und des „Heilandes",

der sich solidarisiert mit allen, die ganz „**unten**“ sind, - mit all jenen, die „arm im Geiste“, aber auch offen genug sind für die Liebe und die Weisheit des Herzens, für alle, die Hilfe brauchen und einen „Wegbegleiter“ suchen.
Wer die unendliche Barmherzigkeit Gottes preist und diese auch lehrt, kann nicht im gleichen Atemzug davon sprechen, dass Gott jener ist, der urteilt und auch ver-urteilt! Das passt nicht zusammen !

Jesus hat gerade in diesem Punkt außerordentlich empfindsam reagiert, und empfohlen, **überhaupt nicht** zu ur-teilen! Er hat ebenso empfohlen, nicht von dem Denken und Handeln der Menschen auf das Gottes zu schließen. Wenn Menschen Macht haben und über Menschen in ihrer Macht urteilen, muss das lange noch nicht heißen, dass Gott es auch tut !
Denn die Macht der Liebe spricht eine andere Sprache und hört sich anders an!

Warum ist es nicht möglich, einfach nur zu sagen.....?

„Freut Euch alle!
Denn Gott wird jeden von Euch als sein geliebtes Kind
in seiner grenzenlosen Liebe empfangen und Euch ganz umschließen.
Er wird deinem Herzen den Frieden geben,
nach dem du dich immer so sehr gesehnt hast!
In SEINER großen, göttlichen und **absoluten** Liebe wirst du erkennen,
verstehen und begreifen, wer und wie du **wirklich** bist,
welche Aufgabe du in deinem Leben hattest und auch, wie Du diese erfüllen konntest.
Du wirst „schauen“, wie du nie zuvor „geschaut“ hast!
Du wirst Gott erleben als die größte und unmittelbarste Macht der Liebe,
die du dir in deinem Leben allein nicht vorzustellen vermagst.
Und die bereit ist, von Herzen alles zu vergeben, wenn du deinem Mitmenschen
und vor allem **dir selbst** vergeben kannst.
Du wirst zurückkehren in die göttliche Heimat deiner Seele,
wirst eintauchen in das grenzenlose Licht der Liebe, des Friedens und des Glückes,
das nur Gott allein zu geben und zu schenken vermag.

Deshalb: Freuet Euch alle!“

Das „Jüngste Gericht“

In allen drei großen Offenbarungsreligionen ist man überzeugt, dass die Seele ewig lebt, der Verstorbene einmal auferweckt und nach seinen Taten „gerichtet“ wird. Sie sprechen von einem **„persönlichen“** Gericht, das jeden Menschen unmittelbar nach seinem Tod direkt selber betrifft; sie sind sich aber auch darüber einig, dass es auch ein **„jüngstes Gericht“** geben wird, das aber erst **am „Ende der Zeiten“** für alle Menschen stattfinden wird...

Gibt es also ein **„doppeltes Gericht“** für die Toten? Wann wird dann unsere Zeit der „Auferweckung“ sein?
Direkt nach dem physischen Tod, oder für uns Christen erst dann, wenn Jesus am „Ende“ der Zeiten wiederkommen wird in seiner Herrlichkeit? Die Unklarheit darüber drückt sich in den katholischen Lehren folgendermaßen aus:

* Im Tod findet eine Trennung von Leib und Seele statt. Der Leib wird verwesen, während seine Seele Gott entgegen geht und darauf wartet, dass sie **einst** mit ihrem verherrlichten Leib wiedervereint wird.(Art 997 KKK)
* Weil die Auferstehung aber eng mit der Wiederkunft Christi verbunden ist, findet diese auch erst am „Ende“ der Welt statt, also am „letzten Tag“. (1001)

* An diesem Tag wird die Seele wieder mit ihrem Leib vereint werden (Art 1005)
* Andererseits werden die Toten aber schon in gewisser Weise mit Christus auferstehen (Art 1002 KKK).

Wir Christen glauben an die Auferstehung nach unserem Tod, ja, unser Glaube ist „zentriert“ in dieser Hoffnung, aber werden wir diese erst erleben ganz am „Ende“ der Zeiten“? Bekommen wir dann auch wieder unseren Leib zurück?
Müssen wir damit nicht etwas sehr lange warten?
Das kann ja eine ganze Ewigkeit dauern! Was passiert aber dann, wenn wir sterben?

Im Judentum, so glaubt man, wird der „jüngste Tag“ am Ende der Zeiten, die „Erlösung Gottes“ auf dem Zionsberg in Jerusalem beginnen .
Gott selbst wird „himmlische Jerusalem“ er-„richten“.
Alle Gräber werden sich öffnen und die Toten werden aus ihren Gräbern auferstehen. Der kleine Fluss Kidron ist ein Symbol für die Flussquellen des Paradiesgarten Eden, in dem auch der heutige Felsendom seinen Platz hat. Da die Auferstehung aller Toten von diesem Ort ausgehen wird und viele Menschen gleich zu Beginn dieses wundervollen Geschehen miterleben wollen, drängen sie sich auch noch heute darum, an dieser Stelle begraben zu werden. Auch in dieser Religion wird dieser „jüngste Tag“, der die Sehnsucht nach dem Erleben des wunderbaren Paradies in sich birgt, auch als der **„Tag des Zornes“** bezeichnet... - Auch hier? Zuerst der Zorn Gottes und mit ihm das „Abrechnen“ aller Schuld, der Weg zur Versöhnung, der sich im alljährlichen Versöhnungstag, den „Jom Kippur“ ausdrückt, um in das Paradies zu gelangen?

Zu welchem „Schreckensszenario" des **„DIES IRAE"** haben sich die Drohbotschaften der Kirche über Jahrhunderte hinreißen lassen und wurden diese in den Phantasien zahlloser Malern und Künstler, aber auch in musikalischen Sinfonien ausgedrückt? Bei allen drei Synoptikern Matthäus, Markus und Lukas wird in der **„Rede von der Endzeit" (Mt 24+25)** von dramatischen Ereignissen und kosmischen Erschütterungen gesprochen, die das Wiederkommen Jesu Christi ankündigen.

Die Schreiber waren sich darüber einig, dass das „Ende der Welt" unmittelbar bevorstehen und Jesus bald zurückkehren würde, um die Gottesherrschaft auf Erden zu vollenden. Wenn es heißt: „Jene Tage werden eine Not bringen, wie es noch nie eine gegeben hat, seit Gott die Welt erschuf, und wie es auch keine mehr geben wird." (Mk13,19), dann drücken diese Reden die von ihnen ganz konkret und damals aktuell erlebte Kriegssituation aus: im Jahre 66 n.Chr. entsandte Kaiser Nero ein Heer von etwa 60.000 Mann nach Jerusalem, um diese Stadt einzunehmen, mit dem Ziel, den Unruhen in Judäa end-gültig ein Ende zu setzen.
Im Jahre 70 n.Chr. wurde die Stadt Jerusalem von den Römern komplett niedergebrannt, zerstört, die Einwohner wurden grausam niedergemetzelt. Lukas, der sein Evangelium in diesen Jahren verfasste, gibt diese Schilderungen auch sehr präzise wieder: (21,20) „Wenn ihr aber seht, dass Jerusalem von einem Heer eingeschlossen wird, dann könnt ihr daran erkennen, dass die Stadt bald verwüstet wird...!"

Er war es aber auch, der genau in dieser Situation den Menschen Mut machen wollte(21,28) „Wenn all das beginnt, dann **richtet euch auf** und erhebt eure Häupter, denn eure Erlösung ist nahe!"

Wenn diese Männer in dieser Weise schrieben:
„Das alles muss geschehen. Aber das ist noch nicht das Ende!" (Mk 13,7)
Oder Matthäus und Markus die gläubigen Christen ermutigen:
„Wer aber bis zum Ende standhaft bleibt, der wird gerettet", (13,13)
dann hatten sie diese furchtbare Leidenszeit im Blick!
Sie rechneten fest damit, dass das „Ende der Welt" plötzlich über alle Bewohner der Erde hereinbrechen und wie ein Dieb in der Nacht die Menschen überraschen würde.
So sind auch ihre Mahnungen zu verstehen:
„Seid wachsam!" Markus wiederholt diese Mahnung sogar dreimal!
Aber keiner der Evangelisten schreibt von einem „schrecklichen Szenario",
weil Gott es ist, der nun über die Seelen der Menschen richtet...!

Ganz in Gegenteil: (Mk 13,26+32)

„Wenn der Menschensohn mit großer Macht und Herrlichkeit auf den Wolken kommt, wird er die Engel aussenden und die von ihm Auserwählten aus allen vier Windrichtungen zusammenführen, vom Ende der Erde bis zum Ende des Himmels!"

Jesus selbst spricht vom „Letzten Tag" und zwar in dieser Weise (Mt 24,36), und seine Zusage galt und gilt auch heute noch: (Mt 28,20)

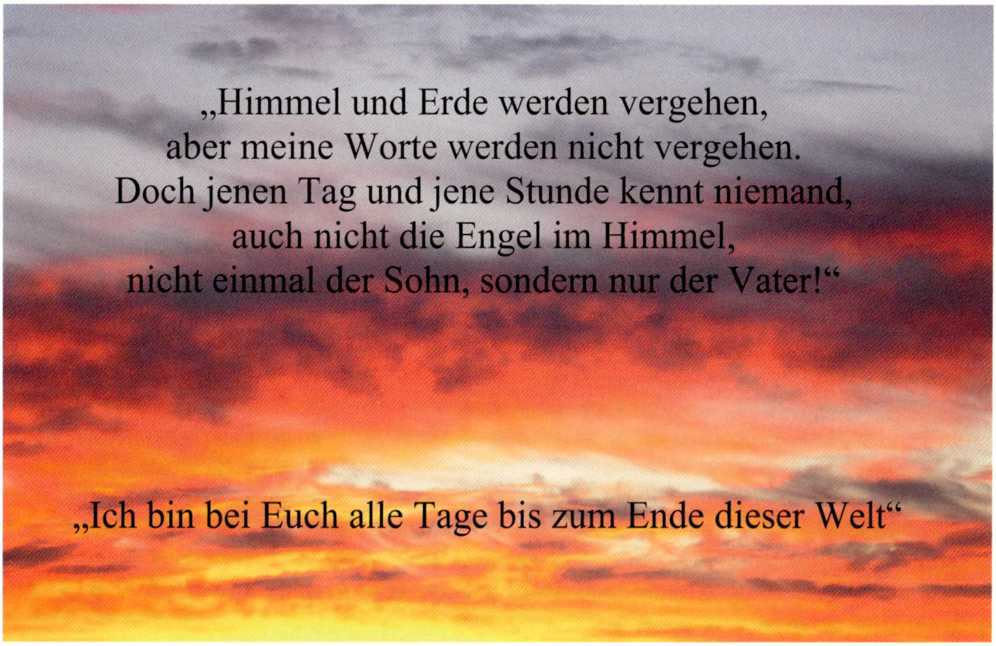

„Vollkommene Sünden-Vergebung durch Gott ,
Reinigung durch Erleiden des Reue-Schmerzes im Fege-feuer,
statt Wieder-gut-machung in einem nächsten Leben..."

Das Problem bei der Lehre von der Wiedergeburt war für viele Kirchenvertreter nicht einmal der Gedanke daran, dass es noch ein oder vielleicht mehrere Leben geben könnte. An diesen alleinigen Gedanken hätte sicher so mancher aus der im 6.Jhd. herrschenden Klassen oder aus den kirchlich-feudalen Kreisen sogar Gefallen finden können! Der springende Punkt, der damals vielen Menschen heftige Bauchschmerzen bereitete und als der entscheidende Stolperstein galt, war eben der:

die Lehre von der Wieder-gut-machung im einem nächsten Leben.

Da viele- das kirchliche Personal nicht ausgenommen! - nicht nur ein vornehmes und feudales, sondern auch ein nicht minder ausschweifendes Leben führten, war der Gedanke daran, in einem nächsten Leben mit all seinen Untaten wiederum konfrontiert zu werden, sehr unangenehm....!
Da war es natürlich viel leichter, die **Vergebung aller Sünden** durch das Bekenntnis derer in der Hl. Beichte zu erlangen, und es gab schließlich später auch die Möglichkeit (aber nur für die Angehörigen der reichen Oberschicht), Arme zu finden, die für Bezahlung deren Sünden für – manchmal nicht wenig -Geld „abtrugen".

* **Jeder Sünder soll Gott um Vergebung bitten; Gott, der Gnädige, der Erbarmen hat, wird uns alle Sünden - und auch alles, was wir in unserem Leben andern zugefügt haben – vergeben;**

Gott wird **alle Schuld verzeihen** und somit ist alle Schuld ein für allemal gelöscht. Der Mensch ist gereinigt und kann mit einer „reinen" Seele bei Gott „ewig" leben. Dies ist die „Lehre" der christlichen Kirchen.
Nach dem Motto: Wer keine Sünden mehr hat (also ein sauberes Sünden-Konto vorzuweisen hat) , der braucht auch keine Sünden-Strafen mehr zu fürchten...!
Und es ist auch viel einfacher, davon ausgehen zu können, wenn einem Menschen, der vielleicht wirklich viel auf dem „Kerbholz" hatte und bei dem nicht nur „lässliche Sünden" auf seinem Register „verzeichnet" waren, nach dem Tod, sofern er seine Taten wirklich aus tiefstem Herzen bereute, wirklich von Gott **ALLES ver-ziehen** wurde, sprich: das ganze „Sünden-register **gelöscht"** wurde....!

Und auch keine Wieder-Gut-Machung in einem späteren Leben von ihm gefordert war.... Würde man denn von Reinkarnation ausgehen, könnte es sein, dass er mit denselben Taten in anderer Form wieder konfrontiert würde, um zu verstehen, was er im Leben zuvor Leben hinterlassen hatte: man nennt es die „alte Schuld" ab-arbeiten, oder einfach das „Karma".
Da die letzte Bewegung innerhalb der Kirche, die die „Gnade Gottes", die allen Menschen ewig leuchten würde und die Wiedergeburt, bzw. das Karma als den „Reinigungsprozess der Seele" lehrten, endgültig grausam ausgerottet wurde, dieses „Karma" also in den christlichen Kirchen praktisch nicht mehr geben sollte, musste der „sündige" Mensch dies fortan im „Feg-feuer", also im göttlichen Gericht **ab-„leiden".**

* **die Seelen werden in diesem Reinigungsprozess festgehalten und spüren den „Reue-Schmerz", besonders dann, wenn Täter hier ihren früheren Opfern begegnen und beginnen zu verstehen, was sie ihnen angetan haben. Diese Reinigung ist deshalb auch mit Leiden verbunden, ermöglicht so aber eine „Läuterung".(Art1030)**

Ich frage mich aber: wenn denn Gott so gnädig ist und vollkommenes Erbarmen mit mir und meinen Fehlern hat, wie kann er mir dann zusehen, wenn ich mich mit Schmerzen und Leiden abquäle, weil ich diese Fehler nun **„ableiden"** muss?
Ist das der „Preis" seiner Gnade, der Preis dafür, dass ich nun für **ewig** bei ihm weilen darf?
Entweder mein Gott ist ein „gnädiger" Gott, dann vergibt er mir meine Schuld in „vollkommener" Weise und erlässt mir auch mein (sinnloses) Leiden, von dem doch weder er – noch der Geschädigte – etwas hat? Außer, das sie eine Qual bedeutet!
In der kath. Lehre ist der Gedanke von der „Sühne", d.h. das **Ab-Leiden** einer Schuld sehr wichtig. Für mich aber etwas, das Gott weder erwartet, noch möchte!

Und ohne eine konkrete Tat der **Wieder-gut-machung**, die beim Geschädigten wirklich ankommt, für mich auch erst dann wirklich sinnvoll: denn eine „Läuterung" soll ja auch einen „lauteren" Umgang mit dem Mitmenschen bewirken...!
Wie sagte Jesus?

„Darum lernt, was es heißt:
Barmherzigkeit will ich, - nicht Opfer!" (Mt 9.13)

Im kath. Sakrament der Beichte gilt die „Wiedergutmachung" als fester Bestandteil der Buße. Ist also durch eine böse Tat einem anderen ein Schaden entstanden, sollte der Täter - soweit möglich- , diesen **Schaden wieder in Ordnung bringen.** Das ist der Sinn der Taten der „Buße" im christlichen Sinn.
Wenn ich jemanden mit Worten Schaden zufüge, dann bitte ich mit Worten um Verzeihung. Wenn es in Gedanken oder Empfindungen geschah, dann kann ich in meinen Gedanken und Empfindungen in der Liebe Christi um Verzeihung bitten. Gedanken und Gedanken-bilder sind ungeheure Kräfte, was vielen Menschen nicht immer bewusst ist und werden auch im Jenseits wieder offenbar, im Positiven wie auch im Negativen.
Habe ich einem Menschen durch eine beabsichtigte Tat geschadet, dann gilt es, diese in irgendeiner Form wieder gut-zu-machen, mich erkenntlich zu zeigen.
Bei der „Sünden-vergebung" durch Gott im jüngsten Gericht wird diese Wieder-gut-machung aber **durch das Leiden „ersetzt".** Der Mensch muss vor Gott seine Schuld durch Leiden und Schmerz **selbst abtragen,** genannt: der **"Reue-Schmerz".**

Wenn ein Bankräuber eine Bank überfallen hat und eine große Summe erbeutet hat, ihn dann aber ein schlechtes Gewissen plagt und diese Tat von Herzen wirklich bereut, sich sodann in der Hl. Beichte durch einen kath. Priester die „Absolution", also die „Vergebung der Sünden" erteilen lässt, dann heißt das noch lange nicht, dass er dafür auch diese Summe behalten darf! Er muss, wenn er wirklich bereut, diesen Schaden wieder in „Ordnung" bringen.
Und zwar: **so gut es nur geht!**
Schwieriger ist es, wenn eine schlimme – was heißt voll beabsichtigte - Tat für einen Menschen schreckliche Folgen hat, die dieser mit dem Leben bezahlen muss, und den Hinterbliebenen einen lebenslangen Kummer bereitet.
Laut kath. Lehrmeinung kommt es nach dem Tod eines Menschen zwar zu einer Begegnung zwischen Tätern und Opfern, aber da es **kein weiteres Erdenleben gibt**, findet diese Begegnung nur im Jenseits statt, und auch dann geht es **nicht** um die **Wiedergutmachung** des Schadens, sondern um das **Verstehen,** welcher Schaden dem anderen zugefügt wurde, darum, diesen Schaden selbst am eigenen Körper **als Reueschmerz abzuleiden.**

Das muss im Jenseits - an „Ort und Stelle" - bereinigt werden, da es ja kein „weiteres Leben" mehr gibt!

Da die christlichen Kirchen also von nur **„einem"** Leben überzeugt sind, wird diese schreckliche Tat sich auch nicht in einem weiteren Leben auswirken, oder eine Rolle zu spielen haben. Bedeutet dann aber, dass durch das „Ableiden" der Schuld der Täter die gestohlene Geldsumme behalten darf?

Beinhaltet die vollkommene Vergebung denn auch die vollkommene Wieder-gut-machung?

Meine Frage geht auch dahin:
warum soll sich denn ein Christ überhaupt „anstrengen", wenn der liebe Gott mit ihm zwar zuerst ins „Gericht" geht, damit er seine Fehler einsehen und auch bereuen kann, dann aber doch **alles** verzeiht, - egal was er in diesem Leben verbockt hat? - Und dann sogar noch **alles** ergänzt – ohne dass er wohl selber was dazu leisten müsste - was noch zu einer vollkommenen Seligkeit fehlt?
In der Auffassung von „Karma und Wiedergeburt" erkennt der Mensch angesichts der Liebe Gottes auch all die Folgen und die Auswirkungen einer bösen und schuldhaften Tat, doch diese jene können sich durch die Vergebung Gottes nicht einfach **„auflösen"!** Sie wird nicht einfach wieder „gutgemacht und geschluckt" durch Gottes Erbarmen und damit alle Ursache, samt ihren Folgen für andere Menschen ge-löscht, - ungeschehen gemacht. Bei Gott ist zwar nichts „unmöglich", aber der Sinn seiner Gnade und seine Rolle besteht eben nicht darin, das Böse des Menschen **„unge-schehen"** zu machen, indem er es **selbst** auflöst,
sondern er lässt diese Aufgabe dem Menschen **selbst** zukommen!

Oder anders ausgedrückt, Gott löffelt uns die Suppe nicht aus, die wir uns selber eingebrockt haben, sondern diese Aufgabe bleibt uns schon selber überlassen!
Bzw. er macht den Teller nicht einfach wieder voll, wenn wir ihn selbst verschüttet haben, aber er hilft uns, mit einem ausgeschütteten und nun leeren Teller klar zu kommen! Vielleicht, indem er uns in unseren eigenen Bemühungen hilft, diesen leeren Teller nun wieder zu füllen...! Oder uns jemanden schickt, der bereit ist, uns von seinem Teller etwas abzugeben und mit uns zu teilen...
Man kann dies kaum deutlicher ausdrücken, als Jesus dies selbst so gesagt hat:
(Mt,5,21) „Wer jemanden tötet, der soll dem Gericht verfallen sein...!
Jesus verschärft sogar noch in aller Deutlichkeit dieses alte Gesetz des Mose:
„Ich aber sage euch, wer seinem Bruder nur zürnt,..., **der kommt von dort nicht heraus, bis er den letzten Pfennig bezahlt hast!"**

Sagt hier Jesus nicht in aller Deutlichkeit, dass der Mensch für seine Taten, vor allem wenn es sich um ein schweres begangenes Unrecht handelt, **selber** dafür „bezahlen", diese ab-**arbeiten** muss und zwar **bis zum „letzten Pfennig"?**
Er spricht nicht davon, dass Gott diese Schuld einfach „löschen", bzw. die Folgen dieser Schuld „auflösen" wird durch eine vollkommene Vergebung ...!

Jesus spricht aber auch nicht davon, dass der Täter seine Schuld in passiver Form „ableiden" wird, sondern davon, dass er selbst für seine Taten in aktiver Form „bezahlen", also ab-sühnen wird, indem die Sache **wieder GUT-gemacht** wird !

Es geht um Vergebung, aber diese Vergebung zeigt sich **gerade** in der Wieder-gut-machung, wenn auch vielleicht zu einer anderen Zeit oder einer anderen Umgebung, denn keine Energie geht verloren.
Die Freiheit der Kinder Gottes besteht eben darin, dass seine Kinder **selbst** „erwachsen" werden dürfen, indem sie zwar ihre eigenen Erfahrungen machen können und dürfen, aber für ihre Taten **selber** gerade stehen, sie verantworten müssen, um daraus ihre eigenen Lehren und Erkenntnisse zu ziehen!

Nach der kirchlichen Lehre ist die Erfahrung, dass die Täter hier ihren früheren Opfern begegnen und zu verstehen beginnen, was sie ihnen angetan haben, eine Form von „Reinigung oder Läuterung", die aber **nur im Jenseits –** im Fegefeuer – geschehen kann. Wer sagt aber, dass dies nicht bereits „hier mitten in unserem Leben" so geschehen kann?

Wenn mein größter Sohn Manuel bereits am Frühstückstisch in einer entsetzlich machohaften Art seinen Montagsmorgen-Frust an seiner kleinen Schwester auslässt und auch sonst keine einzige Gelegenheit verpasst, ihr klarzumachen, dass er sie nicht ausstehen kann, dann bin ich es als seine Mutter, die ihm klipp und klar sagt:
„Jede deiner Bosheiten bekommst du irgendwann wieder zurück!
Irgendwann bist nicht mehr du der \`Erstgeborene´, sondern findest dich in der Rolle des Jüngsten wieder und musst dann in der \`anderen Rolle´ verstehen lernen, was du einst den Kleinen als „Täter" angetan hast!" Wie sagte Jesus?

Die Ersten werden die Letzten,
und die Letzten werden die Ersten sein...!

Wilhelm Busch drückte dies noch etwas bildhafter aus:

„Jeder Jäger wird einmal ein Hase, früher oder später,
denn die Ewigkeit ist lang!"

Wir müssen immer wieder in wechselnden Rollen unsere eigenen Lektionen lernen, um dabei zu verstehen, was es heißt, dass sich „Vergebung" auch in unserem ganz konkreten Leben, in vielen Ereignissen als „Wieder-gut-machung" ausdrückt!
In den Lehren des Buddhismus und auch des Hinduismus – ist **jeder selbst verantwortlich** für seine Weiter-Entwicklung.
Es gilt, sich zu lösen aus alten Verstrickungen, aus alter Schuld, darum, „altes Karma" abzubauen. Und weil diese neuen Lernerfahrungen in diesem Leben auch immer mit „Leid" verbunden sein können, ist es deren Ziel, aus diesem Kreislauf der Wieder-eburten er-löst zu werden, das Ziel erreichen zu können, an dem „nichts mehr Neues" gelernt und auch nichts mehr wieder-gut-gemacht werden muss!

Denn was, bzw. wie ich **heute** säe, wird sich **morgen** bereits als „meine Frucht" zeigen! Der Hl. Paulus drückt sich im Brief an die Korinther (2 Kor 9,6) so aus

**„Wer kärglich sät, wird auch kärglich ernten,
wer reichlich sät, wird auch reichlich ernten!"**

Was es mit dem Fegefeuer auf sich hat....

Das Bild und die Vorstellung vom „Fegefeuer" hat sich erst im Laufe der Jahrhunderte so entwickelt. Im 3. Jhd spricht der Theologe Tertullian von einem „Ort der Rast oder des Schlafes" nach dem Tod. Die Reformation hat die Lehre vom „Fegefeuer" entschieden abgelehnt. Martin Luther drückt es vorsichtig in seiner 17.These so aus, dass Hölle, Fegfeuer und der Himmel in der gleichen Weise zu unterscheiden sei wie „Verzweiflung, annähernde Verzweiflung und die Sicherheit."
Die katholische Kirche erklärt und bekennt in ihrem Katechismus (KEK S. 424) , dass unser deutsches Wort „Fegfeuer", womit ein Ort oder Zustand der Läuterung gemeint ist, eine „recht unglückliche" Übersetzung des amtlichen Wortes „purgatorium" ist.

*** Jeder Mensch bedarf der „Reinigung" von seinen Sünden, um für ein endgültiges Leben in der ewigen Liebe Gottes , für einen Zustand vollendeter Glückseligkeit <u>befähigt</u> zu werden;**

Damit ein Mensch das Ziel seiner Seelen-Reise erreichen und nun im himmlischen „heaven" seine endgültige Heimat findet kann, um leben zu können in Gottes **voller** Glückseligkeit, bedarf es einer Vorbereitung, die Kirchen sprechen von **„Reinigung" oder „Läuterung" der Seele.**
Nur wenn er frei ist von jeglicher Schuld, die ihn noch belastet und auch „bindet" und auch keine „Rechnung mehr offen" ist im irdischen Leben, wenn alle „Fall-stricke" gelöst, Fehler und sonstige „Macken" überwunden sind, ist der Mensch wirklich **fähig,** sich in diese Seligkeit „einzuschwingen" und dort im „ewigen Sein" zu verbleiben.
Das ist die Aussage des obigen Artikels.
Im Katechismus wird es so formuliert:

die Läuterung ist notwendig, um die Heiligkeit zu erlangen, die man braucht, um in die Freude des Himmels eingehen zu können.

Die Kirchen sprechen von diesem „Himmel Gottes" in seiner herrlichsten Form, einem Zustand vollendeter Glückseligkeit, und zwar von der Ebene in der glanz-vollsten und lichtesten Sphäre, die wir uns Menschen hier vermutlich nur ahnungs- weise vorstellen können...! - Eine Ebene, in der wohl keine Menschenseele mehr von seinen sonstigen Fehlern, Macken und Schwächen, geschweige denn von Sündenschuld geplagt wird, sondern einfach nur noch: **<u>„selig"</u>** ist!

Aber diese wunderbarste aller herrlichen Ebenen ist nur **„Eine" von Vielen...!**
Und zwar: das **Ziel aller Seelen**, die hier auf Erden auf ihrer „Pilgerreise" unterwegs sind! Denn wenn ich Jesus richtig verstanden habe, hat er nicht nur von **„einer"** Wohnung, nämlich jener in der „Chef-Etage" gesprochen, sondern davon, dass das „Haus" meines Vaters **VIELE verschiedene** Wohnungen hat!

Und da gibt es zwischen Schwarz und Weiß viele Zwischentöne und höllisch anmutende oder eben paradiesische Sphären, - hüben wie drüben!
- Zeigt sich denn die Erhabenheit unseres allmächtigen Gottes darin, dass neben und mit ihm nur noch „gereinigte", also heilige, gott-ähnliche und engels-gleiche Wesen ihren Platz finden können und dürfen?
Sind wir nicht doch seit Beginn unserer Schöpfung Gottes Ab-bilder, sein Eben-bild und seine über alles geliebten Kinder..? Liebt uns Gott nicht **so**, wie wir sind ?
Ist das der Gott, den Jesus uns gelehrt, verkündigt und gepredigt hat?
Auch bereits König David und die Psalmdichter haben diesen Gott anders gesehen:
So steht in Psalm 113:

„Wer gleicht dem Herrn,
unsern Gott im Himmel und auf Erden, - ihm,
der in der Höhe thront und der hinabschaut in die Tiefe,
der den Schwachen aus dem Staub emporhebt
und den Armen erhöht, der im Schmutz liegt?
Er gibt ihm einen Sitz bei den Edlen seines Volkes.
Die Frau, die kinderlos war, lässt er im Hause wohnen;
sie wird Mutter und freut sich an ihren Kindern. –
Halleluja!"

Ausnahmslos jeder Mensch auf dieser Erde hat Fehler und auch Schwächen und macht Fehler in seinem Leben. Hätte Gott aber je ein Problem gehabt mit seinen „sündigen" Menschen-kindern, wäre er wohl nicht selbst Mensch geworden in seinem Sohn Jesus Christus, um ihnen „gleich" und seinen geliebten Kindern **so nahe wie möglich** zu sein, wäre er nicht „einer von uns" geworden!
Einfach, weil er uns **liebt!** Und uns deshalb so nimmt, wie wir sind.
Hat nicht Jesus selbst gerade ausgestoßenen Juden und auch den Fremden das **bedingungslose** Heil Gottes zugesprochen?
Oder sollte dies **nur** für das „irdische" Leben, nicht mehr aber im „Himmel" gelten?

Wenn es um meine Fehler und Schwächen geht, ist es vielleicht auch eine Frage der „Perspektive" und des Bildes, das wir von Gott und seinen Kindern in uns tragen:
Gilt es, meine Fehler und Schwächen zu beseitigen, um vor Gott **bestehen** zu können, um seiner **„würdig"** zu werden? Oder sind es gerade jene ganz eigenen Erfahrungen, die mir in meinem Leben helfen, um aus ihnen zu lernen, mit der persönlichen Einsicht, diese besser in Zukunft zu vermeiden, um mir selbst und anderen nicht mehr zu schaden und auch auf diese Weise immer mehr zu Gott hinzufinden, meinen Platz „in" Gott zu finden?

Natürlich: um für ein Leben in dieser vollendeten Weise mit Gott **fähig** zu sein, bedarf es einer „Reinigung". Die Frage ist nur:
wie, also durch wen, und auch in welcher Art und Weise,
also, ob diese erst **nach** unserem Tod an mir vollzogen werden soll....?!
Nach kirchlicher Lehre nimmt sich Gott nach diesem **einen** Leben **selbst** diese „Reinigung" vor, ist also: „Chef-sache"!
Und diese geht **nur** über das Bekennen und Bereuen, über die Vergebung Gottes, aber auch über das Erleiden des Reueschmerzes und der „Opfer-stigmata".

*** „Noch so viele irdische Leben würden nicht genügen für die Reinigung und Erfüllung des Menschen; denn Gott allein und das Leben bei ihm ist Heiligung, Gerechtigkeit und Erfüllung des Menschen."** (KEK S.409)

...ein Satz, der nirgends so in der Bibel steht, den die Kirche aber so gedeutet und festgelegt hat.

Ist es also Gott allein, der den Menschen „reinigt"?

Hier wird ausgedrückt, dass der Mensch in seinem Leben eigentlich **nichts** zu seiner eigenen „Reinigung" beitragen kann, weil Gott **allein** es ist, der dies vermag.
Aber ich frage mich, warum das eine das andere ausschließen sollte?
Ja, - das „Heil" können wir nicht allein aus „uns selber" machen,
dazu brauchen wir den anderen, aber auch die Hilfe durch die heilende Liebe Gottes.
Darf aber darüber nicht auch dem Christenmenschen selbst zugetraut werden, aus seinen eigenen Erfahrungen „Lehren" zu ziehen, Erkenntnisse zu sammeln und aus so manchen „Aha-Erlebnissen" eine Art eigene **„Reinigungs-Dynamik"** zu erwirken?
Der Mensch selbst kann immer wieder **eigene** Schlüsse ziehen, selbst erkennen, um zu realisieren: so geht ´s und so geht ´s eben nicht...!
Er ist fähig, selbst dazu zu lernen.
Ja, es geht darum, in der ganzen Freiheit des menschlichen Willens, - den uns Gott **selbst** gegeben hat! - in meinem Leben aus meinem eigenen Fehlern und Schwächen zu lernen, denn die **eigenen** Erkenntnisse – mit Hilfe und der Führung Gottes – sind „Schritte des Reifens" zur eigenen Voll-Endung hin.

Oder ist diese, bzw.mein Vollkommen-Werden ein **göttliches „Gnaden-Geschenk"**, das mir einfach so „gegeben" wird, es aber nicht zum „Null-tarif" geben kann?
Weil nur ein Mensch mit gesühnter und abgelittener Schuld dieses Geschenk erwerben kann? Unser gelebtes Leben selbst ist doch auch das „Ergebnis" einer Reifung auf dem Weg meiner eigenen glücklichen, aber auch schmerzhaften Erfahrungen mit all seinen Höhen und Tiefen, meiner Leiden, die ich durchmachen musste, meiner eigenen Entscheidung und Überwindung, der Möglichkeit, die Freiheit die mir in diesem Leben geschenkt ist, selbst zu erproben!

Die „Läuterung" eines Menschen, was bedeutet, dass er zu einem „lauteren" Menschen wird, kann doch auch durch **viele verschiedene** Wege und Möglichkeiten bewirkt werden. Dass ein Mensch Fehler macht, eine Schuld begeht, dieses Unrecht aber erkennt, ist nur **eine** Erfahrung von so vielen in dem so vielschichtigen Leben des Menschen!
Ein echter Reue-Schmerz kann sehr tief gehen und kommt aus einer tiefen Einsicht, aus dem wirklichen Wunsch, etwas im Leben zu ändern, oder eine Sache wieder gut machen zu wollen. Aber dies ist nur **„eine" Form der Läuterung.**
Immer dann, wenn Menschen **hier** auf dieser Welt, mitten in ihrem Leben eine Sache **be-reinigen**, mit gutem Willen oder auch gutem Vorsatz einen Schritt aufeinander zu gehen, Lösungen finden für ein - oft menschliches - Problem, Bereitschaft zur Versöhnung zeigen in einem guten Vorsatz, es gut, anders oder besser zu machen, dann geschieht: **„Reinigung"! -** Unser eigenes Mittun ist also gefragt!

Jeder kann auch - von sich aus - so manches zur seiner Reinigung und auch zur Er-Lösung beitragen, denn gerade hier will und muss sich der „Himmel auf Erden" realisieren! Ist nicht jeder Mensch für die Entwicklung seiner Persönlichkeit letztendlich auch **selber** verantwortlich, und ist es nicht gerade die Freiheit der Kinder Gottes, selbst „mündig" zu sein als Mit-Schöpfer, die lernen sollten, Ver-Antwortung zu tragen, **aber nicht alleine, sondern mit Ihm,** mit Gott in unserer Mitte?
Das „Leben bei ihm" gibt es ja nicht erst **nach** unsrem Tod, sondern sollte **hier** bereits unser Leben erfüllen und erleuchten, zu unserer „Reinigung" beitragen....

Reinigung bedeutet **auch:** Erkennen und Verstehen durch die eigenen Erfahrungen, die man gemacht hat und auch, daraus Schlüsse oder seine eigene Lehre daraus zu ziehen, und jenes Erkennen bewirkt eine „Wandlung"....
Reinigung bedeutet immer auch, dass der Mensch in seine eigene Tiefe hineinfindet, darum, dass das „Ego" irgendwann dieses begreift: das Geheimnis des Lebens kann nur in der „Selbst"-losen und Bedingungs-losen Liebe verstanden und begriffen werden...! Doch wie kommt man dahin?
Gibt es nicht für jeden Menschen ein ganz **eigenes** „Schlüssel-erlebnis", durch das es möglich wird, zu verstehen worauf es in diesem Leben ankommt?
Meine Frage: geht die Erfahrung der „Reinigung ,bzw. Läuterung" des Menschen immer über das „Leiden"?

Trans-formation kann durch eine schwere Lebenskrise, eine Krankheit oder einem traurigen Erlebnis bewirkt werden, **muss aber nicht**!
Die **wunderbarste** Form einer „Läuterung" ist einfach die einer wunderbaren tiefen Liebe. Zu spüren, hier erlebe ich das tiefste Geheimnis meines Lebens, hier spüre ich meine innerste Bestimmung und finde ein Ziel, für das ich alles geben möchte.
Eine wahre, tiefe Liebe lässt den härtesten, coolsten Mann schmelzen und vermag so viele Wunden des Lebens zu heilen ...- wie schön und tiefgreifend kann eine solche „Läuterung" – **mitten** in diesem Leben – sein! Das Feuer der Liebe vermag einen Menschen von „Grund" auf zu ver-wandeln und zu „reinigen"!

Dass junge werdende Eltern entdecken, was die Liebe zu einem kleinen Kind vermag und dass Menschen erleben, worauf es in diesem Leben wirklich ankommt, nämlich auf die Spuren der Liebe die wir aufnehmen, aber auch hinterlassen dürfen; sie sind jene, die uns ver-wandeln... immer wieder neu...!
Wenn ein junger, oder auch ein alter Mensch sich neu verliebt....!
Das Feuer dieser Liebe kann so wundervolle Entwicklungen in Gang setzen, die Kraft dieser Liebe kann so viel Großartiges bewegen, im Kleinen wie im Großen... - Gibt es eine „effektivere" Reinigung im Leben, als die der Liebe, die Menschen sich einander schenken dürfen, um darin das wundervolle Geschenk der Liebe Gottes entdecken zu dürfen?
Heute, - und alle Tag unseres Lebens?
Das Fegefeuer, das „Purgatorium" kann schmerzhaft, - aber auch wundervoll sein!

Das Fege-feuer, der Himmel und die Hölle, sie finden nicht erst nach unserem Tod im „Himmel" statt, sondern oftmals mitten in unserem Leben!

Bereits unser Leben hier kann zur Hölle werden, wenn es zur Qual wird!
Aber es geht darum, dass sich unser Leben bereits **hier** schrittweise ver-wandelt.
Das Hinaufsteigen zur Göttlichkeit geht über den Weg unserer Erfahrungen, unseres Lebens und Sterbens, aber auch über des Wiedergeboren werdens.
Wie sagte bereits Origenes, einer der wichtigsten und ältesten Lehrer, den die Kirche je hatte, und dessen Lehre sie bis heute verschmäht und nicht wieder entdeckt haben: „Dies kann nicht plötzlich, sondern nur **ALL**-mählich, in vielen kleinen Schritten und Lebens-abschnitten sich vollziehen....!"

Möchte sich der Mensch auf diese Weise „selbst" erlösen ?
Das ist der Vorwurf, den ich hier von kirchlichen Vertretern immer wieder zu hören bekomme! Gott ist es aber, der den Menschen **nicht alleine von „sich aus"** er-löst von seinen Sünden, sondern als Vater des Erbarmens **mit** seinen geliebten Kindern **zusammen** Schritte des Erkennens, des Verstehens und Lernens geht!
Das ist es ja, was wir begreifen und verstehen sollten, dass „oben" und „unten" zusammen gehören und auch zusammen wirken sollen, dass Gott „oben" nicht allein für sich wirken und auch der Mensch „unten" sich nicht selbst allein „er-lösen" kann! Nur wenn der Mensch von sich aus dazu bereit ist und sein Inneres öffnet, dann ist ein Mit-ein-ander und auch ein IN-einander möglich und auch sinnvoll!
Es kann ja nicht nur darum gehen, **dass** der Mensch irgendwann zu seinem „Ja" zu Gott findet (als sogenanntes Eintrittsticket oder als Zugangserlaubnis zum himmlischen Reich), sondern auch darum, **wie** es ihm möglich sein kann, **so weit zu kommen**, und dazu sind eben seine ganz **eigenen** menschlichen Erfahrungen in diesem Leben nötig!
Gott hat seinen geliebten Menschen-Geschöpfen die Freiheit gegeben, selbst zu ent-decken, dass es eine Liebe und eine Sehnsucht gibt, die nicht nur aus sich selbst heraus

gestillt werden kann und alles menschliche Mühen und Schaffen erst dann seinen tiefen Sinn, seine wahre Erfüllung findet, wenn es noch „mehr“ gibt, als nur die irdische - „menschliche“ Ebene, nämlich das Sein und die Erfüllung „in“ und „durch“ Gott.

Doch wer gelangt schon in dieser einer kurzen Lebenszeit zu dieser Einsicht?

Die kirchliche Lehre besagt aber ,
dass diese **eine Lebenszeit** dafür einfach reichen muss!
Denn - egal ob dieses Leben ein Kurzes oder ein Langes ist – dem Menschen würde es ohnehin nie gelingen, in seinem Leben diese absolute Erkenntnis und Erfüllung zu erreichen, denn dafür ist Gottes Größe und Liebe einfach „unermesslich“ und auch für uns unerreichbar. In diesem einen Leben ist es also einem Menschen nicht möglich, das ganze Maß seiner Liebe und seiner un-endlichen Größe zu erfassen.
Das ist auch wahr! Dieses „eine“ Leben ist und bleibt uner-„**schöpflich“** !

Diese Überzeugung entspricht so auch ganz dem Gedanken von der Wieder-geburt: ein Mensch kann in einem so kurzen Leben diese volle Größe Gottes wohl nicht auf **ein-**mal erfassen, bzw. das „volle Programm seiner Seele“ abwickeln...
Dazu braucht es: eben **mehr** als nur „**ein** kurzes Leben“...!
Die katholische Lehre löst aber dieses Problem ganz einfach,
indem uns Gott den „Rest“, den wir in unserem kurzen Leben so nicht schaffen konnten, **selber ergänzt.** Und uns mit seiner ganzen in ihm wohnenden Fülle mit dem, was uns zu noch unserer absoluten Seligkeit fehlt, einfach beschenkt.
Meine Zweifel bestehen aber darin, ob ein Mensch, der sich in seinem ganzen Leben nicht um eine entsprechende „Reise-Vorbereitung“ bemüht hat, also mit einem Bewusstsein die „Reise in das Jenseits“ antritt, das sich kaum oder auch nie mit „geistigen Themen“ befasst hat,- ob eine solche Seele überhaupt fähig ist, diese **„ganze“** Größe in sich aufzunehmen.
Doch nach kirchlicher Lehre übernimmt Gott selbst die Reinigung der Seele, und diese so lange, bis sie dann auch fähig dazu ist...!

Wie entstand der Begriff- „Fege-Feuer“, bzw. Wie kommt „das Feuer“ in die Hölle,

Dies bezieht sich dabei auf einen Vergleich, den Paulus im Brief an die Korinther angestellt hatte. (1 Kor 3, 13 ff) „...das Werk eines jeden wird offenbar werden, jener Tag wird es sichtbar machen, weil es im Feuer offenbart wird.
„Das Feuer wird prüfen“, was das Werk eines jeden taugt.
Hält das stand, was er aufgebaut hat, **so empfängt er Lohn**.
Brennt es nieder, so muss er Verlust tragen.
Er selbst aber wird gerettet werden, doch so wie durch Feuer hindurch.“
Diese Textstelle scheint für christliche Theologen eine wichtige Schlüsselstelle zu sein, der den entscheidenden Hinweis darauf gibt, dass wir nach unserem Ab-leben im

„Feuer“ geprüft werden und auch unsere „Werke“, die wir mitbringen aus unserem irdischen Leben. „Der Herr selbst ist das richtende Feuer, das den Menschen um-wandelt und seinem verherrlichten Leib „konform“ macht“(Ratzinger, Eschatologie187)

Wenn man den Brief jedoch genauer anschaut, erfährt man, dass es hier Paulus um den „Aufbau“ seiner Gemeinde in Korinth ging, die er um 5o n. Chr. selber gegründet und aufgebaut hatte, die aber ein paar wenige Jahre später nach seinem Wegzug in Zank und Streit geraten war (1,11). Mit diesem Schreiben wollte er sie dringendst ermahnen, weil sie unter den Spaltungen die sich ergeben hatten, drohte auseinander zu brechen.
Er fürchtete um das, was er mit seinem ganzen Einsatz dort aufgebaut hatte, appellierte an die Verantwortung seiner Mitarbeiter, versuchte aber auch, sie zu ermutigen:
„Ihr seid Gottes Ackerfeld, Gottes Bau.“

Paulus selbst hat wie „ein guter Baumeister“ den Grund gelegt,
ein anderer – die Gemeinde selbst - baut daran weiter. (1 Kor 3,10 ff)
Er bittet jeden seiner Mitarbeiter, „darauf zu achten, **wie** er weiterbaut“.
Man spürt aus diesen Zeilen förmlich, wie Paulus an seinem „eigenen Kind“,
das heißt, an seiner Gemeinde hängt. Aber er läßt es jedem offen, **„wie“** er weiterbaut:
ob mit „Gold, Silber, kostbaren Steinen, mit Holz Stroh oder Heu“:

Paulus „wertet“ hier nicht, sondern jeder baut mit dem, was ihm halt möglich ist!
Aber jeder ist für das, was er tut und mit einbringt, selber verantwortlich.
Wenn es „niederbrennt“, dann muss er selber den Verlust tragen (Vers 15).
Das heißt, dann kann Paulus nicht die Verantwortung für ihn übernehmen
- von wegen: du bist ja unser Chef – sondern jeder muss **selber** dafür gerade stehen.
„Er selbst aber wird gerettet werden“ , das bedeutet ,
wenn was „schief“ gegangen ist, dann muss er sicher nicht um sein Seelenheil bangen,
sondern wird **auch** gerettet werden.

Aber „durch das Feuer hindurch“ gehen kann in einer Gemeinde bedeuten,
sich mit vielen Konflikten auseinander zu setzen, stand zu halten,
„authentisch“ zu bleiben.

Wer in einer Gemeinde (kirchlich oder politisch) aktiv ist, kennt solche Auseinandersetzungen und kann dieses durch das „Feuer“ hindurch gehen sicherlich gut nach empfinden! Noch einmal aber: es geht hier ganz klar um das Gemeindeleben und um die Verantwortung, die jeder hat. In wirklich keinem Satz oder Bemerkung wird hier auf **das Leben „nach dem Tod“** angespielt.
Gleich im Anschluss an diese Stelle fügt Paulus sogar die wunderbare Bemerkung an:

„Wisst ihr nicht dass ihr Gottes Tempel seid,
und der Geist Gottes in Euch wohnt? ...
Denn Gottes Tempel ist heilig, und der seid ihr!“ (3,16ff)

Ich kann nicht verstehen, warum diese eine Stelle mit dem „Feuer“ aus diesem ganzen Kontext „heraus gepickt“ wird, um die These zu untermauern, dass ein Mensch, der nach seinem Tod vor Gottes Angesicht und Liebe erscheint, in diesem jenem Feuer „geprüft“ werden muss!
So heißt es weiter in der kath. Lehre:
„Auch in unserem Haus, das wir Gott anbieten, gibt es manches Stroh und Heu, das verbrannt werden muss, damit unsere Glaubensentscheidung für Gott in seiner Reinheit offenbar wird. In der Begegnung mit dem Herrn werden wir verwandelt, da brennt uns das Feuer seiner Liebe um „zu jener schlacken-losen Gestalt, die Gefäß ewiger Freude werden kann.“ (Ratzinger-Eschatologie 188)

Zum einen finde ich es schade, dass hier „gewertet“ wurde nach „wertvollen und nicht so wertvollen Baumaterialien“. Im Jahre 50 nach Christus war Heu und Stroh sicher ein nicht minder wertvolles Gut aus der Landwirtschaft. Es gab –damals wie heute- in den christlichen Gemeinden auch Menschen, die sich freuten, mit „Heu und Stroh“ ihren Beitrag zum Aufbau ihrer Gemeinde beitragen zu können. Aber mit dem Leben nach dem Tod- (dazu: Kap. 15)- ist hier für mich kein einziger Hinweis enthalten, dass der Mensch in diesem „Feuer geprüft“ werden muss, um vor Gott **bestehen** zu können!

Nicht nur in der kath. Kirche war dieser Prozess der Selbst-Erkenntnis nach dem Tode nur im **Fegfeuer** möglich, auch im Islam spielt dieses „Bild“ eine wichtige Rolle.
Das Fegfeuer ist ein Ort der Klärung, des mit-sich-ins-Reine kommens.
In anderen Religionen, etwa dem Buddhismus wird dieser „Zwischen“-Zustand „Kama-Loka“ genannt. Der Ort des **„zu- sich- findens.“**
Es drückt eine Wirklichkeit, einen Prozess aus, der so **unabhängig** von der eigenen Religionszugehörigkeit und Weltanschauung abläuft.

In allen Religionen gilt es, an einem „Gottes-Bild“ zu arbeiten,
das einfach die grenzenlose Liebe und Erbarmen Gottes im Blick hat
und <u>nichts anderes</u> als das!
Und das scheint gar nicht so einfach zu sein!

Im Islam wird sehr stark unterschieden zwischen den „Gläubigen“ und den „Un-gläubigen“. Jenen, die an Gott Allah glauben und jenen, die ihn ablehnen.
Leider hat sich in den moslemischen Ländern noch nicht überall herumgesprochen, dass es wirklich nur **<u>EINEN</u> Gott** gibt!

Denn alle sogen. „Offenbarungs-Religionen“, Christen- und Judentum, ebenso wie der Islam haben ihre gemeinsamen Glaubenswurzeln in ihrem **<u>einen</u>** Stammvater Abraham. Und wer weiß, vielleicht verbirgt sich sogar in dem Namen „A-Braham“ die Urwurzel des Gottes „Brahman“, der als Schöpfer-Gott im Buddhismus verehrt wird? Alle, die an den **einen Gott** glauben, sind „Gläubige“, auch dann, wenn sie keine Moslems sind!
Sie sind vielleicht **„<u>anders</u>“-gläubig, aber keineswegs „<u>un</u>“-gläubig!**

Für die „Un-gläubigen" aber, so heißt es in Sure 11/108 des Korans, besteht die Gefahr, dass sie „auf der Brücke über die Hölle, die schärfer ist als ein Schwert, ausgleiten und ins Feuer stürzen und darin bleiben, so lange Himmel und Erde bestehen, wenn Gott es nicht etwa anders beschließe..."
Für uns Christen gilt als Maßstab die Norm, die uns Jesus selbst eindringlich vorgibt: es steht uns Menschen in keinster Weise zu, über andere zu urteilen oder zu „richten", ob ein Mensch als gläubig oder als „ungläubig" zu bezeichnen wäre!

Der Hl. Paulus spricht von „Verantwortung" und „Verwandlung", nicht von Feuer!

Ich habe das Bild einer Kastanie gestaltet das zeigt, wie der Kern „seine" spezielle Frucht hervor-bringt.
Stück für Stück wird der alte Kern in eine völlig neue Form **verwandelt.**

Erst dann, wenn die junge Pflanze selbstständig weiterwachsen kann, und vom „Mutterkorn" unabhängig sich weiter entwickeln kann, löst sie sich ab und lässt die „alte Form" zurück.

Sie hat alles gegeben, um das „Neue" Leben zu ermöglichen und wird nun nicht mehr gebraucht.
Ähnlich wie der Mutterkuchen bei der Geburt eines jungen Babies oder eines Jungtieres.
Um zu dem „Wesentlichen" zu gelangen, muss es seine „irdische Form" aufgeben, zurücklassen, doch das was daraus wachsen wird, ist völlig unterschiedlich,
- einzigartig, herrlich, großartig !

Das Thema: „Was geschieht nach dem Tod...?" ist dem Hl. Paulus so sehr wichtig, ja es **„brennt"** ihm wirklich auf seiner Seele, so dass er ganz ausführlich über die Auferweckung und die „Vollendung des Heils" (Kap 15) und zwar in wundervollem Bemühen schreibt. Genauso hat er es beschrieben, als er die Frage beantworten wollte:

Wie werden die Toten auferweckt?
Was für einen Leib werden sie haben?"

„ ...so ist es auch mit der Auferstehung der Toten...."

was gesät wird ist verweslich...	**was auferweckt wird, un-verweslich ..**
arm-selig	herrlich
schwach	stark
entspricht dem „irdischen Leib"	**entspricht dem „überirdischen Leib"**
	= „Lebendig machender Geist"
Erde	Himmel
Vergänglich	unvergänglich

die Toten ....werden zur „Unvergänglichkeit auferweckt"

wir aber .... **werden: ver-wandelt...**

„Dieses Vergängliche muss sich mit Unvergänglichkeit bekleiden,
und dieses **Sterbliche** mit **Un-sterblichkeit"..**

dann erfüllt sich das Wort:

„Verschlungen ist der Tod vom Sieg.
Tod, wo ist dein Sieg?
Tod, wo ist dein Stachel?"

Noch eine Bemerkung: Hast du hier in den Worten des Paulus irgendwo etwas von „Gericht" oder „Feuer" oder „Prüfung" gelesen ? Ich nicht!
Ich habe nur das Wort **„Verwandlung**" gefunden...
Meine letzte Bemerkung hierzu:
Warum wird in der katholischen Lehre nicht genauso ausführlich seitenweise „philosophiert" über diese wunderbare „Verwandlung"- ganz ohne „Feuer"-so wie Paulus es in seinem 15. Kapitel getan hat ? Antwort: Ich weiß es nicht !
Was mich freut und ich hier bei Paulus entdeckt habe:
Er schreibt ganz direkt von „über-irdischem Leib" oder „lebendig machender Geist".... wir haben heute ein modernes Wort dafür, und nennen es **„Astral-**Leib".

Die Bedeutungen des „Feuers" in der Bibel....

Das Feuer hat durch die ganze Bibel hindurch eine wichtige, eine ganz unterschiedliche, aber auch wunderbare Bedeutung.

* es ist **lebens-rettend**, dient der Orientierung: (Ex 13,21) Schon das Volk Israel konnte unter Führung des Propheten Mose dank der Feuersäule in der Dunkelheit der Nacht den Weg aus der Wüste finden;

* **Gott selbst zeigt sich im Feuer :** (Ex 24,17) Die Erscheinung der Herrlichkeit des Herrn auf dem Gipfel des Berges zeigte sich vor den Augen der Israeliten wie „verzehrendes Feuer"/ (Lev 9,24)- „Feuer ging vom Herrn aus"

* als **Bild für den Zorn** (Num 11,1) „Als der Herr das hörte, entbrannte sein Zorn, das Feuer des Herrn brach bei ihnen aus."

* Und für **ent-brannten Streit** (Sir 28,10) „Je nach dem Brennstoff flammt das Feuer auf, je nach dem Einfluss wächst der Streit."
* Ausdruck für **Liebe und starke Leidenschaft** (Hohe Lied der Liebe 8,6) „Stark wie der Tod ist die Liebe, die Leidenschaft ist hart wie die Unterwelt. Ihre Gluten sind Feuer-gluten, gewaltige Flammen."
* Bild für die **sexuelle Begierde** (Sir 23,16) „ Leidenschaftliche Begierde, sie brennt wie Feuer und erlischt nicht, bis sie sich verzehrt hat; der Mensch, der am eigenen Leib Unzucht treibt, bis das Feuer verglüht."

* Als **Bild für die absolute Verläßlichkeit** (2 Sam 22,31)
„Das Wort des Herrn ist im Feuer geläutert ..."
* **Gott als Beschützer,** der dafür sorgt dass sein geliebtes Land unversehrt bleibt:
„Wenn du durchs Feuer gehst, wirst du nicht versengt,
keine Flamme wird dich verbrennen..." (Jesaja 43,2)
* die **glühenden Worte einer Rede** (Sir 28,1) „Da stand ein Prophet auf wie Feuer, seine Worte waren wie ein brennender Ofen."
* **lebens-nährend**: (Jes 44,15) „Man macht ein Feuer und wärmt sich daran. Auch schürt man das Feuer und bäckt damit Brot."

Selbst Jesus drückt seine Aufgabe, seine Rolle im Bild des Feuers aus:

**„Ich bin gekommen um Feuer auf die Erde zu werfen.
Wie froh wäre ich, es würde schon brennen ..!" (Lk 12,49):**

Was meint Jesus damit?
Er hat sich zeitlebens für die Armen und Schwachen eingesetzt, ist für Wahrheit und Gerechtigkeit eingetreten und so mit den „Hütern des Gesetzes" kollidiert.
In der Auseinandersetzung mit jenen hat er diesen Satz geäußert.

In diesen Worten klingt die Kampfbereitschaft hindurch und seine Aufforderung gilt auch uns, seinem Beispiel konsequent zu folgen. Einsatz und Leidenschaft zu zeigen für jene, die in unseren Systemen „unter die Räder" kommen.

Jesus selbst kam unter die „Räder" und wurde „aufgerieben" in einem System voller Selbst-Gerechtigkeit. Dass die Liebe stärker ist als der Tod und diesen überdauern, ja überwinden kann, diese Wahrheit feiern wir an jedem Osterfest!

Das **Osterfeuer** wird entzündet,
aus ihm wird die Osterkerze als Symbol des Sieges über den Tod **entflammt** und erinnert uns in jedem Gottesdienst neu daran.
Auch Jesu Jünger bekamen ihren „Auftrag", ihre Sendung in die Welt zu hinein zu tragen mit „Feuer-zungen" (Apg 2,3). Und es erschienen ihnen **Zungen wie von Feuer**.

Weil Jesus selbst ihre „**feurige“** Mitte war, konnten sie ihre Angst verlieren, und bekamen neuen Mut, - fanden ihre „Mitte“ wieder. Die junge Christengemeinde und wir als Christen heute haben den Auftrag, das **„Feuer seiner Liebe**“ bis an alle Enden der Welt zu **ent-zünden**, auf dass es in allen Herzen der Menschen **brennen** möge! Der Hl. Paulus drückt es im Römerbrief (12,11) so aus:
„Lasst euch im Geist ent-flammen, und dient dem Herrn...!“
Jedes „Pfingstfest“ ist ein **„Fest des Feuers“**, in dem der „feurige Geist“ der Liebe unser Herz beleben und be-„geist“ern will. Das Symbol Feuer ist doppel-deutig:

Es ermöglicht Leben und es vernichtet Leben.
Ich kann mich daran wärmen,
aber mir auch die Finger daran verbrennen.

Die Angst vor „Sündenstrafen“, oder:
Wir sind Gottes un- endlich geliebte Kinder !

„...und bitte für uns (arme) Sünder,
jetzt und in der Stunde unseres Todes. Amen“

Diese Bitte stammt aus einem der weit verbreitetesten Gebeten der katholischen Kirche rund um den Erdenball: dem „Gegrüßet seist du, Maria“.
Maria, die Mutter Jesu, die selber den schmerzhaften Weg ihres geliebten Sohnes begleitet hat und vom Leid sicher nicht verschont blieb, wurde über alle Jahrhunderte „nach“ Christus angerufen, mit der Bitte um ihren besonderen Schutz und Beistand, ganz besonders in der Todesstunde. Wer wirkliche Ängste durchleidet, vor allem Todes-Ängste, der schreit und zwar so laut er nur kann, um Hilfe!
Er ist dankbar um jeglichen Beistand, der ihm nur zuteil werden kann.

Dass bei einem solchen Gebet aber Texte aus der Bibel entnommen und miteinander verbunden, kombiniert wurden, die biblisch gesehen, überhaupt nicht in Zusammenhang stehen, das hat eigentlich so niemanden interessiert und auch nicht gestört.
Ich möchte dieses Gebet, diesen wunderbaren Gruß der Mutter Maria ein wenig genauer beleuchten und versuchen, ihm unter einer heute hoffentlich veränderten Zeit und einem erneuerten - erweitertem- Bewusstsein - auch eine, **seine** ursprüngliche Bedeutung wieder zu geben. Der Engel Gabriel tritt bei Maria, einer „jungen“ Frau (aber auch „Jung“-frau) ein und sagt:: **„Sei gegrüßt, du Begnadete, der Herr ist mit dir!“ (Lk 1,26-38)**

Maria erschrickt über diese Anrede und überlegt, was dieser Gruß zu bedeuten habe.
Der Engel verkündet ihr, dass sie ein Kind empfangen werde, dem sie den Namen Jesus geben soll, und dass dieser Jesus eine große Aufgabe haben wird.
In ihr soll eine „Frucht“ heranreifen, - eine „göttliche“ Frucht...
Maria willigt mitsamt all ihrer offenen Fragen ein und bekennt:

**„Ich bin die Magd des Herrn.
Mir geschehe, wie du es gesagt hast.“**

Maria stellt sich für ein großes „göttliches Abenteuer“ zur Verfügung.
In diesem Gebet lässt sich klar die Struktur erkennen:

* ich grüße dich
  * ich ehre dich und mit dir die „ göttliche Frucht in deinem Leibe“, zu der du mit ganzem Herzen und ganzer Liebe JA gesagt hast...
    * ich bitte dich ...

Warum ich das hier so ausführlich darstelle, ist meine Frage,
warum dieses Gebet ausgerechnet in die Bitte um einen guten Tod und um eine gute Todesstunde mündet...wo sie zuvor doch der Engel Gabriel besucht hat und ihr die tollste Nachricht bringt, die sich eine junge Frau, deren Seele mit Gott innerlich verbunden ist, überhaupt vorstellen kann? Dass sich eine Göttliche Seele in ihrem jungen Mutterschoß „ein-nisten“ und dort Wohnung beziehen, ja, hier eine ganz besondere göttliche „Frucht“ heranreifen darf.

Maria steht hier ganz besonders in der Rolle der jungen werdenden Mutter!
Es geht hier also um das beginnende Leben und darum, wie Gott selbst in einem menschlichen Leib „in-karniert“, Fuß fasst auf dieser unserer irdischen Welt und keineswegs um den Tod, oder um unsere Todesstunde!

Im Evangelium des Apostel Thomas, das leider nicht im „Kanon“ der Evangelien mit aufgenommen wurde, wird auf diese „wunderbare Frucht“ im Leben des jungen Knaben Jesu noch einmal Bezug genommen.
In Kap.19 wird erzählt, wie Maria und Josef - sowie ihr junger Sprössling Jesus - von der großen Stadt Jerusalem über den langen Fußweg nach Hause zurückkehren. Jesus aber war im Tempel zurück geblieben. Als die erschrockenen Eltern zurückeilen, finden sie ihren Sohn mitten unter den Gelehrten wieder. Die Schrift-gelehrten und Pharisäer aber sagten: „Bist du die Mutter dieses Knaben? Sie sagte: Ja, ich bin´s“. Da sprachen sie zu ihr:

„Selig bist du unter den Frauen,
denn der Herr hat die Frucht deines Leibes gesegnet.
Denn solche Herrlichkeit, solches Vergnügen und solche Weisheit
haben wir niemals gesehen noch gehört.“

Jesus aber stand auf und folgte seiner Mutter und war seinen Eltern untertan; seine Mutter aber behielt alles Geschehene bei „sich“. Jesus aber nahm zu an Weisheit, Alter und Anmut.“ - In diesem Auszug wird die Aussage des Engel Gabriels aus dem Lukas-Evangelium noch fortgesetzt und noch mehr deutlich, dass es um die **Mutterschaft** Mariens geht.

Aus der Sicht der Theologie erscheint es somit noch fraglicher und denkwürdiger, warum das schöne Gebet des „Gegrüßet seist du Maria´s“ in die flehende Bitte um Mariens mütterlichen Beistand in unserer **Todes-**stunde mündet. Wenn dem so ist, wenn sie unser himmlischer „Beistand“, unsere himmlische Mutter ist, wäre es dann nicht viel schöner, hieße es in diesem schönen Gebet:

„Heilige Maria, bitte für deine Kinder,
jetzt und in der Stunde unseres Todes. Amen“

Sie will doch als „Mutter“ in erster Linie für ihr Kind sorgen und es lieben, und als „himmlische Mutter“ auch in erster Linie alles für **„ihre Kinder“** tun...!
Das große „Motiv“ für dieses Gebet war sicher, Maria zu ehren, aber mehr noch, jemanden zu haben, an den man sich wenden kann in der ganzen Hilflosigkeit und der großen Angst vor dem Tod!
Maria zu bitten um einen liebevollen Beistand in der Stunde des Todes, ist eine wunderbare und gute Tat. Denn Menschen, die im „Sterben liegen“, kann man sehr viel Gutes tun, indem wir sie mit unserem Gebet und unserer Liebe unterstützen, daran gibt es keinen Zweifel!
Unsere Bitten darum, dass ein Sterbender zu seiner Stunde gut „los-lassen“ kann, aber auch wir selbst gut los-lassen können in dem Wissen, dass sicher viele gute Helfer den Sterbenden bei der „Geburts-Stunde“ in den Himmel unterstützen, bleiben sicher nicht ungehört und zeigen auch ihre volle positive und heilbringende Wirkung. Dessen können wir uns ganz sicher sein!

Warum aber der Betende in diesem Zusammenhang von sich als „Sünder",
und nicht von Gottes geliebtem Kind spricht, hängt damit zusammen, weil die Kirchen das Denken und Handeln der Menschen bis ins kleinste Detail, ja, sogar bis in ihr Intimleben hinein bestimmte. Ihnen wurde immer und immer wieder ihre eigene Schuldhaftigkeit vor Augen geführt, bzw. Angst gemacht mit einem Gottesbild,
das den Menschen Angst und Schrecken einjagte.
Über Jahrhunderte hinweg durchlitten sie große Ängste, als „unvollkommener" Mensch einst vor einem vollkommenen Richtergott hintreten zu müssen, Angst, vor ihm nicht bestehen zu können und für alle Unzulänglichkeiten, alle Bosheiten **bestraft** zu werden.
Ein besonderer himmlischer Begleitschutz schien schon alleine deswegen **„NOT-wendig"** zu sein! Die Menschen haben in ihrer Not ihre Gebete so formuliert,
dass sie ihrem eigenen Empfinden entsprachen.
Deshalb auch die Bitte auf dem Sterbebildchen, das aus dem Jahre 1950 stammt:

„Maria steh uns bei,
dass uns Gott barmherzig sei!"

Das Empfinden der Gläubigen war von einer schier erdrückenden Angst und Unsicherheit geprägt, weil von es immer so von den Kirchenkanzeln herunter gepredigt wurde: das Bild des strengen und strafenden Gottes, die Vorstellung von einem jüngsten Gericht und der eigenen Sündenschuld, für die gebüßt werden muss.
Und schließlich noch die Ungewissheit, wie lange man in diesem Fegfeuer auszuharren hat, um der Gnade Gottes endlich gewiss zu sein.
Es wurde „gedroht" mit einem Gottesbild, eine Saat in die Herzen der gutgläubigen Christen gesät, die nicht gerade jener Saat entsprach, wie sie Jesus gemeint und sich für die Menschen gewünscht hatte. Und mit dieser Angst und den Schuldgefühlen Menschen eingeschüchtert, Macht über Menschen und deren Seelen ausgeübt! –

So war es ein leichtes, die Gläubigen bei der „Stange" zu halten,
denn für das „Himmelreich" musste in dieser **einen kurzen** Lebenszeit schon einiges getan und geleistet werden, - so einfach wurde es einem nicht „geschenkt"!

Immerhin wurde im 16. Jhd mit dieser „Angst der Sünder“ gute Geschäfte gemacht. Wer sich einen Sündenablass gegen Geld erkaufen konnte, war seine Sündenschuld mit einem Male einfach los. Damals – wie auch heute – galt die Devise : mit Geld ist alles „machbar“...! Mit Geld wurden sogar Gottes Geschicke bestimmt und gelenkt. Zumindest glaubte man lange, dass dies so funktionieren könnte.
Wer Geld hatte für einen „Ablass-Schuldenschein“, dessen Seele wurde aus dem Fegfeuer „frei-gekauft“. Nach der Devise....„wenn das Geldstück in dem Beutel klingt, dann sogleich die Seele aus dem Feuer springt..!“
Immerhin: mit diesem Geld konnten viele schöne und große Kirchenbauten finanziert werden. Eine prachtvolle Kirche war nicht nur die Zierde eines Ortes, sondern auch der Garant für eine florierende Wirtschaft, und somit für den Reichtum einer Stadt.
Und wer reich war, hatte auch die Macht.
Die Päpste damals sahen kein (offizielles) Unrecht in dieser Praxis.

Der Reformator Martin Luther hat aber eben diesem unchristlichen Treiben mit seinen Thesen wirksam entgegen gearbeitet, und auch vieles bewirkt. Aber die Saat, die damals bereits gesät wurde und das, was Jahrzehnte lang den älteren Generationen gepredigt wurde, das hat sich so verinnerlicht, dass es ganz schwer ist, nun zu glauben, dass Gott jeden Menschen bis in die kleinste Haar-wurzel hinein **un-endlich** liebt!
Auch heute noch wird es im KKK(Art:2677)so formuliert:

„Wenn wir Maria bitten, für uns zu beten,
bekennen wir uns als „arme Sünder“...!

Ich ehre und liebe Maria, empfinde sie als meine „Schwester im Glauben“, und es gibt wahrhaft viel mehr Gründe, sie auf meinem Lebensweg um ihre Hilfe zu bitten! Schon als Kind habe ich mich immer wieder gefragt, warum bin ich ein „Sünder“? Sicher, jeder Mensch hat seine Macken und Fehler, aber es gibt sicher keinen ein-zigen Grund, uns vor dem lebendigen Gott zu fürchten oder uns kleiner zu machen als wir es sind. Wir dürfen zwar, in bescheidener ehr-fürchtiger und liebevoller Demut - was anderes meint! - aber in „voller Größe“ vor Gott hintreten und sagen:

„Lieber Gott, hier bin ich, so wie ich bin, mit meinen Stärken
und Schwächen, mit meinen guten und mit meinen schlechten Seiten!“
Er weiß, dass in jedem von uns „mehr“ steckt, als nur ein „armer Sünder“.
Eine auf-rechte Demut meint anderes, als „buckeln“ zu müssen!

Was zählt mehr, das wir „Sünder“ sind,
oder dass wir von Gott „von Anfang an seine geschaffene und geliebte Geschöpfe sind“, die sein **„Eben- bild**“ tragen.... - seine „Kinder-**eben**“...?
Nur so konnte Gott uns zeigen, wie sehr er uns liebt, in dem seine Sehnsucht war, uns so gleich zu sein wie es **„eben“** nur geht, so „Mensch“ zu werden und so „Kind“ zu sein wie wir... in die gleichen Fußstapfen zu treten wie wir, in Jesus Christus, der die göttliche Liebe auf unserem Erdenkreis verströmte.

Die Hölle...

Gott hat uns zur „Freiheit" erschaffen, - und das ist einfach wunderbar!
Jeder Mensch darf und soll seine eigenen Erfahrungen machen,
soll suchen und finden können. Menschen können sich frei entscheiden,
für das Gute ebenso wie für das Böse im Leben und sogar im Moment des Todes,
auch wenn Gott das Heil **aller** Menschen will.

Ein Mensch kann sogar „Nein" zur Liebe Gottes sagen, auch wenn er unmittelbar von ihr umgeben ist. Sogar ein solches Verhalten kann seine Ursache haben in einem speziellen Erlebnis oder einer besonderen Erziehung und bewirken, dass eine innere Öffnung für die Liebe, die ja nur das Heil, die innere Heilung wollen kann, abgelehnt wird. Auch dies gehört zur Freiheit des Menschen, eigene Wege zu gehen,
doch das heißt noch lange nicht, dass der Mensch einfach tun kann, was er will!

Denn wenn er diese Freiheit auf Kosten anderer lebt, mit seinem Handeln anderen Menschen schadet, dann muss er auch selber die Verantwortung tragen, muss selber Rede und Antwort stehen können und für seine Taten einstehen, - gerade stehen.
Andere Religionen nennen dies eben das „Karma".
Es gibt Menschen, die bewusst gegen ihr gutes Gewissen handeln und vielleicht nicht nur einen Menschen, sondern eine ganze Familie, einen Ort, oder ja auch ein ganzes Volk ins Verderben führen können. Gott lässt uns immer die Freiheit, selbst zu entscheiden und zu handeln und respektiert diesen unseren eigenen Willen.
Das macht diesen unseren Gott auch aus!

Er zwingt niemanden an ihn zu glauben, aber ich bin überzeugt, dass er möchte, dass wir in unserem Leben folgendes begreifen: **ALLES, was von uns ausgeht, das Positive wie auch das Negative, kommt wieder auf uns zurück...!**
Wir selbst entscheiden über „Fluch oder Segen", über „Himmel oder Hölle"...!

Haben wir uns selbst in eine schwierige oder gar ausweglos scheinende Situation gebracht, dann reicht ER **jedem** Menschen zu **jeder** Zeit seine helfende Hand, im Diesseits wie auch im Jenseits. Denn in jeder Situation, so ausweglos und verfahren sie auch sein mag, ist die Hilfe Gottes da, an **mir** liegt es nur, dass ich seine ausgestreckte Hand ergreife!
Er will zwar nicht, dass wir auf dem Weg zu ihm Umwege gehen, aber er respektiert unsere Entscheidungen und bleibt auch auf unseren Umwegen **bei** und **in** uns! Wenn dieser - aus welchen Gründen auch immer - seine Liebe ablehnt, dann könnte ich mir nicht vorstellen, dass Gott es wäre, der zu ihm sagen würde: „Du hast die Wahl gehabt! Jetzt bekommst du die Quittung dafür, und jetzt musst du die end-gültigen Folgen für deine Entscheidung selber tragen, indem du für **ewige Zeiten** in der Gottesferne leiden musst!"

> *** (KKK 1033) :** „Wer in Todsünde stirbt, ohne diese bereut zu haben und ohne die barmherzige Liebe Gottes anzunehmen, schließt sich endgültig selber aus der Gemeinschaft mit Gott und den Seligen: diesen Zustand der Selbstausschließung nennt man „Hölle". **Sie dauert ewig**, verbleiben im „ewigen Feuer" und erleiden **für immer** die Qualen. Die schlimmste Pein ist die ewige Trennung von Gott.
> * In der ewigen Vergeltung – einem besonderen Gericht – wird das Leben auf Christus bezogen – entweder durch eine Läuterung hindurch oder indem er unmittelbar in die himmlische Seligkeit eintritt oder indem er sich selbst sogleich **für immer verdammt**. (1022 KKK)

Die Kirchen haben aus dem verzeihenden Gott, der „alle Zeit der Welt und auch alle Geduld mit seinen geliebten Geschöpfen" hat, einen Gott gemacht, der die Entscheidung des Menschen zwar respektiert, aber ihm als direkte und gnaden-lose Konsequenz den ewigen Aussschluss aus seiner Liebe spüren lässt: die **ewige** Gottesferne.

Gäbe es aber diesen Ort der ewigen Gottesferne,
ohne eine Möglichkeit des Umkehrens, dann hieße das,
dass die gottferne Macht stärker wäre als die Liebe Gottes!

Jakob Lorber schreibt in seinem Evangelium:
„Wie kann ein endlos weiser, ewiger Gott, aus dessen großen und kleinen Geschöpfen sicht- und fühlbar nur die Liebe atmet, eben die größte Anzahl der Menschen einzig darum nur ins Dasein gerufen haben, um sie nach einem kurzen Leben auf einer materiellen Welt, die ohnehin vor lauter Tod und Elend zusammengesetzt ist, nach dem Hintritte ins Jenseits ewig zu quälen und zu plagen für die Vergehen, die sie in ihrem Leibe auf der Welt begangen haben?"

Was wäre das für ein Gott, der bei den Schmerzensschreien und Hilferufen seiner höllisch gequälten Kindern in Ewigkeit nicht mehr reagieren kann oder will?
Weil Gott alle Zeit der Ewigkeit hat, lässt er jedem Menschen – im Diesseits wie auch im Jenseits so viel Zeit, um aus seiner **selbst geschaffenen** Hölle früher oder später wieder heraus zu finden. Wichtig ist dabei, dass die Menschen selbst den „Zustand ihrer Hölle" erkennen, indem sie verstehen, um wie viel schöner, heller und glücklicher das Leben sein kann und aus dieser Einsicht heraus schnellstmöglich die **eigene freie** Entscheidung treffen: „Ich will alles in meiner Macht stehende tun, um diesen Zustand wieder zu ändern, denn in diesem Zustand kann es kein Bleiben und keine Fortentwicklung für mich geben!"

Wir **alle** sind „Kinder Gottes", -Kinder des einen Vaters-Mutter-Gottes, dessen Liebe in Wahrheit grenzenlos und bedingungs-los ist und von daher schon nicht trennt zwischen „Gut" und „Böse", und niemals urteilen oder bewerten würde. Da wir also Gottes „Eben-bilder" sind, sind wir auch ein Teil von ihm.
Würde er aber sein **eigenes** Kind verurteilen, müsste er doch auch einen **Teil von sich selbst** verurteilen! – Warum sollte der Baum seine Blüten verurteilen, nur weil sie noch nicht Frucht, sondern erst am Reifen sind?
Warum sollte die „höchste" Intelligenz sich so etwas antun?

Auch die wenigen biblischen Stellen, die im Zusammenhang mit der Verdammnis mit dem griechischen Wort **„aionios"** ausgedrückt werden, bezeichnet eine **„lange Zeit"**, ein „Äon", aber keine Ewigkeit, im Sinne der Unendlichkeit!
Und auch: wenn man sich die „Hölle" als einen Ort absoluter Finsternis, an dem nur das Böse regiert, vorstellen möchte, dann gilt es eines klarzustellen: das absolute Dunkel, so wie wir es uns vielleicht vorstellen, gibt es gar nicht, zumindest nicht in unserem Sonnensystem.

„Dunkelheit" bedeutet immer nur: die Abwesenheit von Licht.
Ebenso wenig gibt es das „absolute Böse": es bedeutet nur, dass etwas weniger oder „nicht gut" war. Auch der Hl. Franziskus betonte stets: „Es gibt keine wirklich **bösen** Menschen, sondern nur **Un-glückliche**"... !
Aber unglückliche Menschen neigen vermehrt zu „bösen" Taten...!
Vor allem junge Menschen, die keine oder zu wenig liebevolle Erfahrungen gemacht haben in ihrem Leben, können dazu neigen, sich selbst - ihren Körper, ihr Leben und auch das der Anderen - zu zerstören.
Sie konnten es nicht: eine **liebevolle positive** Beziehung zu sich selbst aufzubauen.
Bei Johannes wird es klar ausgedrückt: (6,39)

„Es ist aber der Wille dessen, der mich gesandt hat, dass ich keinen von denen, die er mir gegeben hat, zugrunde gehen lasse!"

Die Botschaft Jesu besteht also darin, uns klar zu machen:

<u>Bei Gott ist niemand „verloren“!</u>

Er gibt niemanden auf, denn es ist nach „Gottes Plan“ gar nicht vorgesehen, dass eine Seele „<u>verloren</u>“ geht!

Gott respektiert den <u>freien</u> Willen des Menschen und zwingt ihn nicht zu seinem Glück, weder „hier, - noch dort“, aber er bietet ihm zu jeder Zeit seine Nähe und Hilfe an, und diese Chance reicht allemal über dieses **„EINE“** Leben hinaus!

In den vielfältigsten Gleichnissen will er dies seinen Zuhörern verständlich machen:
* Der Hirte lässt seine 99 Schafe, die in „Sicherheit“ sind, alleine zurück, um dem „einen“ so lange nachzugehen und es zu suchen, bis er es wieder gefunden hat. Und wenn er es gefunden hat, dann nimmt er es voll Freude auf die Schultern und wenn er nach Hause kommt, ruft er seine Freunde und Nachbarn zusammen und sagt zu ihnen: Freut euch mit mir, ich habe mein Schaf wieder gefunden, das verloren war!“ (Lk 15,1-6)

Spricht aus diesen Worten Jesu nicht eine un-glaubliche Liebe und Zärtlichkeit?
Eine liebende Verbundenheit mit seinem Vater, der liebt wie eine Mutter ihr kleines Kind?
Die Fürsorge und die Freude, der innige Wunsch, lieben und geliebt zu werden, der Ausdruck dessen, der weiß, was der Mensch wirklich braucht?

Die frühen Christen stellten Jesus noch nicht dar als den Gekreuzigten, sondern das „Bild“, das sie von Christus in sich trugen und pflegten, war das **Bild des „guten Hirten“.** –
Bewusst habe ich eines der ältesten erhaltenen Darstellung aus der Calixtus-Katakombe gewählt: die Christen, die sich dorthin versammelt hatten, waren noch nicht geprägt von der Höllenangst, sondern sie wussten und glaubten, vertrauten tief und unerschütterlich, dass ihr Erlöser Jesus Christus ihr „Seelenführer“ ist, der dafür sorgt, dass **keine einzige Seele „verloren“** geht.! - Jeder Mensch weiß, wie es ist, wenn man etwas, an dem man hängt, verloren hat! Man sucht wirklich bis zum Verrückt werden.
Und man bekommt erst wieder seine „innere Ruhe“ und Gelassenheit, wenn man weiß: „Ich habe es wieder gefunden! Alles ist wieder in Ordnung“.
Ein riesengroßer Stein ist es, der uns da von Herzen fällt!
Die ruhelose Anspannung, ja Zerknirschtheit kann sich auflösen in große Er-Leichterung. Jesus weiß, wovon er spricht!

Er spricht seinen Zuhörern aus dem Herzen, aus ihrer Seele, indem er von den ganz **„ALL“**-täglichen Erfahrungen erzählt, die **alle** Menschen nur zu genau kennen. Und sie Jesu Reden genau deshalb sehr gut nachvollziehen können “...
Egal, ob es sich um das verlorene Geldstück (Drachme) handelt oder um den Sohn, dessen Freiheit und Leben bei den Schweinen geendet hat und dort erst wieder zu „sich selbst“ – zu seinem eigenen „Selbst“ gefunden hat (Lk 15).

Ja, sogar der Feigenbaum, der wollte und wollte keine Früchte tragen (Lk 13,6):
„Jetzt komme ich schon drei Jahre und sehe nach, ob dieser Feigenbaum Früchte trägt, und finde nichts. Hau ihn um! Was soll er weiter dem Boden seine Kraft nehmen?“
Der Weingärtner erwiderte: „Herr lass ihn dieses Jahr noch stehen, ich will den Boden um ihn herum aufgraben und düngen. - Vielleicht trägt er doch noch Früchte...!“
- Wird nicht gerade hier die Geduld und Liebe Gottes zu seinen „Pflänzchen“ sichtbar? Der jedem noch so kleinen Trieb nochmals und nochmals eine Chance gibt, so lange, bis hoffentlich doch noch etwas zu „grünen“ beginnt?
Wie sehr glaubt ER doch an das „Gute“ und Wertvolle in jedem kleinen Keim?
Wie wunderbar und gnadenvoll leuchtet uns doch die Botschaft Jesu entgegen!

Wie konnte nur aus dieser frohen Botschaft eine solche „Droh-Botschaft“ werden?
Dass die Menschen stets **versucht** waren und es immer sein werden, Macht über andere auszuüben, andere zu beherrschen, **„dominus“** zu sein , das wissen wir. Von dieser jener Versuchung waren auch die christlichen Kirchen nie verschont geblieben, bestehen doch deren Mitglieder auch „nur“ aus „Menschen“.
Und wo Menschen sind, da „menschelt“ es, manchmal sogar ganz gewaltig!
Im KKK nimmt sich die Kirche nicht von diesen „Versuchungen“ aus...
Im Art.7 heißt es... **„Die Kirche wird schon auf Erden durch eine wahre, wenn auch unvollkommene Heiligkeit ausgezeichnet.**
Die jetzige Zeit ....ist auch noch eine Zeit der Not und der Prüfung durch das Böse, das selbst die Kirche nicht verschont.“(LG 48) - Jahrhunderte lang erschien die Hölle, die Angst vor den Sündestrafen als „geeignetes“ pädagogisches Mittel, um Menschen gefügig zu machen, über sie zu „domineren“, sie zum Gehorchen zu bewegen und einzuschüchtern, - nach dem Motto „wenn du jene Gebote nicht befolgst, wenn du das nicht glaubst oder dem nicht entsprichst, dann wirst du und dann wird auch Gott derjenige sein, der......!“
Gerade ältere –oft sehr gläubige Menschen – sind immer noch beeinflusst von Bildern und Vorstellungen, die sie ihr Leben lang hinweg gepredigt, vermittelt, ja sogar einget“**RICHTER**“t bekamen und die sie immer noch verfolgen wie ein düsterer Schatten, der in ihnen Angst und Schrecken einjagt.
Diese Ängste sitzen oft noch tief im Unterbewusstsein der eigenen Seele fest.
Die Bilder und Vorstellungen, die der Begriff „Hölle“- ebenso wie auch der Begriff „Himmel“ assoziiert, hat Künstler und Maler immer schon in ihren Phantasien angeregt, sie haben ihren Bildern in vielfältigster Art freien Lauf gelassen und damit Vorstellungen geprägt, die - was die Hölle betrifft - mehr Ängste ausgelöst, als von ihnen befreit hat. Welch immensen Schaden haben diese Bilder ange-**richtet**?

Sie wirken in den älteren Generationen immer noch nach, weil sie nicht gelöscht oder gegen andere, bessere, verständlichere und heilendere ausgetauscht oder ersetzt wurden. Oder sie haben immer noch Macht, weil sich viele noch nicht bemüht haben um eine andere, neue und glücklichere, - **befreiendere** Sichtweise...!

Wie lange hat es tatsächlich gebraucht, bis kleinen ungeborenen – nicht getauften – Kindern eine würdige Beerdigung zugestanden wurde, weil man glaubte, erst getaufte Kinder haben den Zutritt zur vollen Gnade Gottes und auch zu seinem himmlischen Reich? - Ganz zu schweigen von den „Selbst-Mördern"...? Wie sehr hatte man sich selbst zum „Richter" über diese Seelen gemacht? - Weil man glaubte, Gott würde diese Seelen - für immer! - verstoßen... - Welches kleinliche Bild wurde immer wieder von unserem allmächtigen Gott vermittelt, der nichts ist, als die: **bedingungs-lose** Liebe? Nichts fällt schwerer, als dies zu glauben...!

Ich habe in meiner ehrenamtlichen Tätigkeit viele liebe ältere Menschen ,
die ich über einige Jahre hinweg seelsorgerlich betreut habe, erlebt, wie sie sich – trotz ihres bedenklichen gesundheitlichen Zustandes zum sonntäglichen Gottesdienst - oft mit letzter Kraft- geschleppt haben, sicher auch ,weil sie für ihre Seele ihre „Kraft zum Leben" auftanken und ihr Glaube ihr „Anker" und Halt im Leben ist, - aber sicher auch, weil es sie tief innen enorm beruhigt zu wissen :
„Ich habe meine Christenpflicht sorgfältig erfüllt, ich bin gerüstet und mir kann nichts mehr **„passieren."** Es plagt sie ein schlechtes Gewissen, wenn sie vom Gottesdienst fern bleiben und haben Angst, etwas falsch zu machen.
Den älteren Generationen sind die kirchlichen Gebote von Kind auf in „Fleisch und Blut" über gegangen - und nicht nur die Gebote, sondern auch so viele dieser Ängste und Vorstellungen von Fegfeuer, Gericht und Hölle....

Gott will uns den Himmel „schenken", wir müssen ihn uns nicht „verdienen"!"

In der Sprache des Katholischen Katechismus dringen heute noch die Begriffe von „verdienen, schulden und lohnen" durch...
Im KKK Art 539 heißt es: „Es ist vom Menschen vermessen zu glauben, man könne die Vergebung Gottes erlangen, ohne sich zu bekehren und ohne es zu **„verdienen"...**
Oder in Art 2101: „Wir Christen **„schulden"** der göttlichen Majestät unsere Ehrerbietung und Liebe".... **Müssen wir uns die Liebe Gottes „verdienen"** wie Lohn-Arbeiter, stehen wir in Gottes „Schuld", weil wir ihm immer irgend etwas „schuldig" bleiben im Leben?

Wie schwer fällt es vielen Menschen, sich die Liebe einfach **„schenken"** zu lassen! Für jene, meist älteren Menschen, die sich abmühen, manchmal sich selbst unter Druck setzen, ist es eine wirkliche Herausforderung zu begreifen und auch zu leben, was Jesus uns gesagt hat : (Mt 9,13) „Darum lernt, was es heißt:

Nicht Opfer will ich, sondern Barm-HERZ-igkeit...!".

Er will damit sagen: sei gut zu dir selber, schenk dir selber, was dir gut tut und deine Seele braucht, befreie dich von allem unnötigen Druck und versuche, nicht **anderen** zu entsprechen in deinem Tun, denn Gott will und „braucht" diese deine Opfer nicht, er will nur eines: dass du liebst - dich selbst, den andern und auch Gott, dass du gut zu dir selber bist, denn dann kann es dir wirklich gut gehen und es beginnt eine Freude in dir selbst zu strahlen! Dann kannst du zu dir selber stehen und das tun, was **du** wirklich willst und nicht das, von dem du glaubst, dass es die **anderen** von dir wollen...!

Opfer bringen ist manchmal so wichtig, und zwar in den Dingen, die nicht ein **anderer** von mir erwartet, sondern in den Dingen, die **ich selber will.**
Für meine eigenen Lebens-Ziele, die ich mir vorgenommen und gesetzt habe.
Wenn **ich** also **will**, dass es meiner Familie gut geht, dann tu ich alles dafür, und gehe dafür mit meinen Liebes-Opfern schon mal an meine eigene Grenze, manchmal sogar an meine eigene Substanz. Das ist ein Opfer, das ich gerne leiste, weil ich jedes meiner Kinder über alles liebe und selber darin meine Lebensaufgabe und meine Erfüllung sehe. Und nicht zuletzt: weil ich weiß, dass ich meinen Einsatz, meine Mühe und auch meine „Opfer" vielfach wieder zurück bekomme, also ordentlich be-„lohnt" bekomme.
Wer für einen anderen Menschen ein Liebes-Opfer bringt, sollte das **frei** entscheiden können, frei sein von jeglichem Druck von außen sein, um dann zu sich selbst zu sagen: wie weit kann und will ich wirklich gehen, wie weit reicht meine „Opferbereitschaft", - und ab welchem Punkt fühle ich mich einfach überfordert...?!

Für einen anderen Menschen da zu sein, kann auch eine wichtige Aufgabe im Leben sein, aber das bitte nicht bis zur Selbst-Aufgabe!

Wer - manchmal jahrelang - seine Angehörigen pflegt, für sie - oft Tag und Nacht - da ist und seine ganze Kraft einsetzt, bedarf oft selbst der Hilfe! Sie sind selbst schweren - körperlichen wie auch psychischen - Belastungen ausgesetzt und laufen Gefahr, selbst depressiv oder auch krank zu werden...
Wer in der Arbeit für eine Firma oder als Ehrenamtlicher für einen Verein „alles" gibt, der darf, kann, soll wissen: wenn ich ein Opfer bringe, nur um einem **anderen** einen Gefallen zu tun, dann kann das als Ausnahme schon mal ein Liebes-dienst sein, für den ich bereit bin, wirklich ALLES zu geben.
Aber ich bin nicht dafür da, um mein „Selbst" für einen anderen Menschen **auf zu opfern!** Auch wenn es sich um meinem Nächsten bzw. um meinem Angehörigen handelt ! Dies erwartet selbst Jesus nicht von uns in seiner Nachfolge!
Er selbst ist es, der uns ermutigt, bei aller Nächstenliebe nicht die Selbst-Liebe zu vernachlässigen. In Mk 8,34 wird dies ganz deutlich:
„Wer mein Jünger sein will, der nehme **sein** Kreuz auf sich und folge mir nach."
Ich lebe nicht das Leben eines Anderen, sondern ich lebe **mein** Leben.

Und in diesem **meinem** Leben gibt es meine ganz eigenen Themen und auch Herausforderungen, - **mein Kreuz** - mit dem ich selbst **für mich** klar kommen muss.
Jesus will uns nicht be-lasten, sondern ent-lasten und uns Mut machen,
auf sich selbst zu schauen, was wirklich anderes meint als „egoistisch" zu sein!
Wenn ich **„meine"** Sache gut mache und dafür sorge, dass ich die Themen **meines** Lebens gut bewältige und darin meinen inneren Frieden finde,
dann hat jeder Mensch genug für sich selbst zu leisten!
Ich glaube, mehr erwartet Jesus von einem Jünger in „seiner" Nachfolge auch nicht.
Wir dürfen und sollen unsere eigene Grenze der Belastbarkeit achten, indem wir uns immer wieder mal die Frage stellen: **„Was bin ich mir selber Wert...?"**

Auch ich lebe mit meiner Mutter im gleichen Haus zusammen und habe heute noch keine Ahnung, was auf mich einst zukommen wird, wenn sie einmal nicht mehr für sich sorgen kann, geschweige denn „für uns" da sein kann. Aber der „Dienst" und das „Opfer", das jeder für den anderen zu bringen bereit ist, ist **immer** ein Geben und ein Nehmen. Dass ich, bzw. auch mein Mann für meine Eltern in unserem Leben gesorgt haben, ist **uns selbst** zugute gekommen! Ganz so, wie es im 4. Gebot heißt....
auf dass es **Dir wohl ergehe...!**
Doch irgendwann kommt der Tag, an dem vielleicht die „Waage kippt" und es heißt: „Jetzt kann ich all das zurückgeben was Du mir ein - mein- Leben lang geschenkt und ermöglicht hast. Und auch dann, wenn Du keine Arbeit mehr für uns verrichten, uns helfen kannst, dann sind **wir** es, die jetzt für dich sorgen und alles, was uns möglich ist, für Dich erledigen. Auch dann werden nicht nur ich und meine Familie es sein, die nur „gibt", wenn wir weiterhin in Liebe und Respekt vor den Grenzen des Anderen miteinander umgehen, auch dann werden wir jene sein, die „empfangen" und sich reich beschenkt wissen dürfen...!

Nochmals zurück zu jenen, bei denen die Saat des „Opfer-Bringens" bereits in ihrer Kindheit gesät und zwar so, dass heute in ihrem Leben jeder Freitag ein besonderer Tag ist: ein Opfer-Tag zum Gedenken an das Kreuzes-Opfer Jesu, das am Karfreitag vollbracht wurde.
Ich respektiere und bewundere diese Liebe, die einen freiwilligen Verzicht auf sich nimmt, denn auch ich bin nicht nur am Freitag, sondern an jedem Tag der Woche meinem Jesus überaus dankbar für den Weg der Liebe, den er hinein bis in die letzte Konsequenz gegangen ist. Im Leben immer wieder den Verzicht einzuüben und zu spüren: ich kann darin gut auf dieses oder jenes verzichten, ist und bleibt ein wichtiges Thema meiner „inneren" Freiheit, die mir zeigt, nicht abhängig zu sein von so vielen Dingen, die scheinbar wichtig sind...
Aber ich glaube, wenn ein frommer Christ im Laufe seines Lebens auf 327 frei-tägliche Wurstsemmeln verzichtet, um für das Jenseits noch mehr **„Lohnpunkte"** zu sammeln, dass auch dann die „himmlische Lohnabrechnung" nicht höher ausfällt.
Ich glaube vielmehr, dass der „himmlische Lohn" mir in diesem Leben bereits zuteil würde, wenn ich den „Wert" dieser Wurstsemmeln jenen zukommen ließe, die sich eine solche in ihrem Leben gar nicht leisten können....!

Hebr. 13,15: Vergesst nicht Gutes zu tun und mit anderen zu teilen, denn an solchen Opfern hat Gott gefallen.“

Das ist es, was Jesus meint mit : „Barmherzigkeit will ich, nicht Opfer...!“
Denn Jesus „braucht“ dieses unser Opfer nicht um **seinet-willen**!
Wenn du Jesus zeigen willst, dass du ihn so sehr liebst, dann bring ein Opfer, das **deinem Nächsten**, der dich so dringend braucht, eine wirkliche Hilfe, und vielleicht nur ein kleiner Liebesdienst ist.
Zeig deine Opfer-Liebe, indem du einen ersten Schritt in der Versöhnung mit einem Mitmenschen wagst, denn ein solcher Schritt fällt vielleicht 100-mal schwerer!

Das ist es, worauf es Jesus wirklich ankam.
Der „Lohn“ dafür wird dir ganz sicher – nicht erst **nach** diesem Leben, sondern **umgehend** zuteil werden !
Die Freude, die du bei deinem Mitmenschen auslöst, die Herzlichkeit, die du im Umgang mit deinem Nächsten ermöglichst und auslöst, sie tut auch **dir** gut und wird auch dein Herz „nähren“.

Es geht nicht darum, hier in unserem Leben so viele **„Punkte“** wie nur irgend möglich zu sammeln für ein besseres Jenseits, sondern darum, ein **erweitertes Bewusstsein** zu erlangen, das ein friedfertiges Leben mit dem Nächsten mit einschließt.
Ich respektiere aber das Freitagsopfer vieler katholischer Christen, weiß ich doch, sie wollen im Grunde einfach „nichts“ falsch machen bei einer Glaubenserziehung, die ihnen das Jahrzehnte lang in strengem Maße beigebracht hat.
Der Grundsatz für alle, die in der christlichen Pastoral tätig sind, muss lauten:
„Nimm niemandem seinen Glauben, wenn es dir nicht möglich ist, ihm „Besseres“ dafür zu geben oder er nicht bereit ist, dieses anzunehmen!

Gott ist die Liebe und Liebe kennt keinen Fanatismus!
... wenn im „Namen der Religion“
Menschenrechte verachtet und Macht missbraucht wird....

Es gibt Menschen, die es tatsächlich in ihrem Leben geschafft haben, das Leben der anderen Menschen zur „Hölle“ zu machen.
Das ist leider tagtägliche Realität: vergiftete Beziehungen, menschlicher Hass, der einen Menschen zum Killer macht (über mögliche Motive habe ich hier nicht zu „richten“....) bis hin zu den verblendeten Menschen, deren Ideologie ihnen sagt, dass Unterdrückung, Verfolgung und Töten erlaubt oder sogar nötig ist, um eine Machtherrschaft - ideologisch oder religiös motiviert - anzustreben und durchzusetzen, zu er-„**richten“.**

„Wer den anderen Menschen das Leben zur `Hölle´ macht, der stürzt sich selber in die Finsternis.“ (Mt 8,12), sagte bereits Jesus.

Eine Verblendung pur, wenn jungen Menschen einget-„**richtert**“ wird,
dass sie mit dem direkten Weg ins Himmelreich belohnt werden,
wenn sie bereit sind, als „Martyrer“ für Gott zu sterben,
indem sie unschuldige Menschen mit in den Tod reißen. -
Jene bekommen ein „Frei-Ticket ins Paradies“ - mit sofortiger Vergebung
aller Sünden also - ohne „Abrechnung“....Das sagt ihnen „ihr“ Glaube - .
Und Jesus sagt dazu: „Fürchtet euch nicht vor denen, die den Leib töten,
aber die Seele nicht töten können, sondern fürchtet euch vor dem,
der Seele und Leib ins Verderben der Hölle stürzen kann.“ (Mt 12,28)

Wenn Einzelpersonen - in oft führender Position - es ausnützen, dass Menschen in ihrer Armut und Not, meist ohne Schulbildung leicht zu manipulieren sind und für eigene egoistische Motive, Ziele und Ideologien zu Menschenhassern herangezogen und manipuliert werden. Mit himmlischen Versprechungen angelockt und zu Taten angestiftet werden, die alles andere als dem Frieden in der Welt dienen.
Ob das Motiv dafür die Liebe, oder aber selbstsüchtige beherrschende Macht,
vielleicht sogar in einem abgrundtiefen Hass begründet ist, -
Jesus Christus jedenfalls hat das **„Motiv“ für einen Märtyrer** anders gesehen.
„Niemand hat eine größere Liebe als der,
der bereit ist sein Leben hinzugeben für seine Freunde...“ (Joh 15,13) “

Ein barbarisches Handeln
- schlimmer noch: „Im Namen Gottes“ -
ist mit <u>nichts</u> auf der Welt und im Himmel zu „recht“-fertigen!

<u>Auch für eine solche Seele gilt: „Gleiches zieht Gleiches an“.</u>

In welcher Welt erwachen diejenigen wieder, die ihr Leben selbstsüchtig, gewalttätig oder verbrecherisch verbracht haben? Auch hier spiegelt sich deren irdische Umgebung wieder und ihre eigene seelische Verarmung wird zur gnadenlosen Realität.
Ein Leben in Dunkelheit, öde Landschaften und trostlose Räume.
In dieser kalten Sphäre hilft keiner dem andern, sind alle nur auf den eigenen Vorteil bedacht. Leider kann es sogar sein, dass die Betreffenden jenen, die aus höheren Ebenen dringend helfen wollen, diese Hilfe ablehnen oder gar mit Verachtung begegnen.
Eine solche Seele kann nicht im „Land der Liebe und des Lichtes“ erwachen,
sie wird wohl noch lange im „Land des Hasses und der Finsternis“ verweilen,
wenn sie nicht auf Erden bereit war, die Liebe und das Licht zu suchen und dafür
zu sorgen, dass dieses auch verbreitet wird.
Das gilt für alle Menschen, die hier durch Gewalt ein „Chaos“ hinterlassen.

Wenn das viele Leid und der Schmerz, das ein solcher Mensch auf Erden zurück gelassen hat, ihm nachfolgt, - und das wird es sicher tun ! -, wenn ihm in seiner „Rückschau“ bewusst wird, welchen immensen Schaden er ange-„**richtet**“ hat, dann wird er wohl viel zu tun haben und sehr lange brauchen, um dies alles wieder zu „richten“, bzw. „gut zu machen“.
Menschen, die sich in ihrem irdischen Leben so sehr verstrickt und sich wohl oft gegen das Gute bewusst und freiwillig entschieden haben, deren Seelen empfinden ihr Dasein in der neuen geistigen Welt eher als ziemlich „neblig und trüb“.

Wenn sie dem Licht in ihrer Seele, das ihnen zuvor im Leben eigentlich immer den guten Weg hätte zeigen wollen, gefolgt wären, würde es ihnen auch jetzt leichter fallen, den Weg ins Licht zu finden . So müssen sie aber wohl zuerst einmal „in ihrem eigenen Bewusstsein im Trüben schlummern“.
Wenn Angehörige für diese Seelen wirklich beten, dafür dass sie das Licht wieder finden, um ihm folgen zu können, dann ist das wirklich eine „Wohl-tat“ und wird auch von diesen Seelen so empfunden .
Im Bild ausgedrückt ist das, wie wenn eine helle lichte Postkarte aus einem dunklen Nebel heraus erscheint, zu seinem Adressaten findet und dort Liebe und Freude auslöst. Die Erinnerung an das Licht in der Seele kommt wieder nach und nach zurück. Sie kann sich wieder langsam auf den Weg ins Licht, in das Land der grenzenlosen Liebe, von dem sich die Seele seinerzeit **selbst** abgeschnitten hat, machen.

„Dschihad“ bedeutet die eigene <u>innere</u> Anstrengung um Läuterung, mit dem Ziel Gott näher zu kommen.

Ein Wort zu den terroristischen Aktivitäten,
die unter den Namen „Dschihad“ laufen und ihre Motivation haben.
Die Lehre des Islam lehrt eigentlich **Toleranz** und ist im Kern ihres Wesen eine absolut tolerante Religion, deren oberste Prämisse absolut „**Frieden**“ heißt.
Das Wort „Islam“ bedeutet Frieden !!!
Dennoch wird im „praktizierten Islam“ sehr stark zwischen den „Gläubigen“ und den „Ungläubigen“ unterschieden, das sogar ein Handeln rechtfertigen möchte.
(Mt 7,1+ Lk 6,37)

**Jesus sagte dazu „Richtet nicht, damit auch ihr nicht gerichtet werdet..
Mit dem Maß mit dem ihr messt, mit dem werdet auch ihr gemessen werden!“**

(Dabei muss unbedingt erwähnt werden, dass besonders das „christliche Mittelalter“ im „Praktizieren“ der Christen und Nächstenliebe nicht sehr viel vorbildlicher war!
Das Kreuzrittertum hatte sicher edle Motive, nämlich die christlichen Stätten und deren Kostbarkeiten im Heiligen Land vor den „Feinden“ zu schützen,
aber die Mittel die es dafür anwandte, waren alles andere als „edel“...
Auch das Motiv für die unzähligen Hexenverbrennungen waren sicher nicht aus dem Leben Jesu und den biblischen Lehren entnommen..!)

Nachdem heute besonders viele „westliche Länder" nicht dem Islam angehören und deshalb als „Ungläubige" bezeichnet werden, die es in erster Linie zu bekehren und in zweiter Linie sogar in manchen Ansätzen sogar zu bekämpfen gilt, wenn es darum geht, das Ziel eines „reinen Gottesstaates" anzustreben.
Dschihad bedeutet nicht einfach Krieg oder gar „Heiliger Krieg". Es bedeutet im Koran, aber auch im modernen Arabisch so ziemlich das genaue Gegenteil!
Es meint die **eigene innere Anstrengung,** die Bemühung auf dem Wege zur Läuterung und zu Gott, die Selbst-überwindung. Der wahre Kämpfer, Mudschahed, so wiederholt der Koran mehrfach, ist jener, der **gegen sich selbst in den Kampf zieht und die eigenen Fehler und Sünden überwindet, um Gott näher zu kommen**.

Es gibt zwar nach dem islamischen Recht Grenzsituationen,
in denen der Dschihad auch bedeuten kann, sein Leben für die Sache des Glaubens aufzuopfern, aber eben nur in einer ausweglosen Lage. Es ist traurig aber wahr,
dass viele dieser Glaubenskämpfer zwar eine Waffe in der Hand, aber nur eine geringe Ahnung von Theologie haben...!
Sie machen aus ihrer wunderbaren Religion nicht zuerst eine gelebte Spiritualität aus einem liebenden Herzen, sondern eine Ideologie, aus der politische Ziele – und vor allem ein Feindbild – abgeleitet wird, die nicht dem Frieden in der Welt dient, sondern eine Weltherrschaft mit Mitteln des Kampfes anstrebt und tag-täglich blutige Opfer fordert... Sie wissen wohl nicht - oder haben vergessen,
dass Abraham **unser aller** Stamm-Vater ist,
dass wir alle an den **gleichen EINEN Gott** glauben.
Jesus Christus wird im Islam als „ihr" Prophet Issa (Jesus) verehrt.
Allein die Tatsache, dass für uns Christen Jesus Christus der „erwartete und verheißene Messias" ist, heißt noch lange nicht, dass wir **„Un-Gläubige"** sind!
Viele der Christen wissen allerdings auch nicht, dass im Heiligen Koran auch uns Christen wunderbare Informationen über das Leben Mariens überliefert werden und auch ein Lehrbuch für uns Christen sein kann, - und sogar sein sollte !

Die Auseinandersetzung **mit sich selbst,** das heißt,
dieser „Kampf" mit sich selbst kann bedeuten:
auch einmal den **inneren** Schweinehund zu überwinden,
die **eigenen** Abgründe anzuschauen, die **eigenen** Motive zu überprüfen,
und die **eigenen** Unzulänglichkeiten und Schattenseiten zu beleuchten...
Das heißt, ich muss mich selbst bemühen, mich aufmachen wie Abraham,
offen, und im „richtigen" Sinne de-mütig sein wie Maria, um den Ruf Gottes
in meinem Herzen zu hören und eventuell auch bereit sein zur Umkehr wie Zachäus,
der jahrelang die Leute betrogen und in die eigene Tasche hinein gewirtschaftet hatte.
Es ist viel leichter, diesen „Feind im Außen" zu suchen und nach außen zu projezieren.
Dann stehe ich selber als der Gerechte und Gute da....
Was sagte Jesus zu den Leuten, die eine Frau steinigen wollten,
weil sie diese beim Ehebruch ertappt hatten....?
„Wer von Euch ohne Sünde ist, der werfe den ersten Stein...."

Es ist wenig bekannt, dass der Überlieferung nach der Prophet Mohammed, der Gründer des Islam, der um 560 nach Christus lebte, die Bibelschriften - die ja zu diesem Zeitpunkt schon existierten - in seinen Händen hielt und sie – wie Buddha am liebsten unter einem Baum – so lange meditierte, bis er sie auswendig konnte...
Er kannte unser Altes und Neues Testament in und auswendig....!
Islam bedeutet „Frieden“ und „Hingabe“....
Darin sollten, die wir alle Gottes-Kinder sind, lernen und dies be-**HERZ** –igen!

Die ursprüngliche Bedeutung des Begriffes „Hölle"...

Die Hölle, - eigentlich die „Höhle“ - in der vollkommene Dunkelheit herrscht, weil in diesem abgeschlossenen Raum kein Licht eindringen kann.
Bereits die Germanen kannten die Begriffe „Himmel und Hölle“.
Ich will hier gerne die erste Theologie -professorin Deutschlands Uta Ranke-Heinemann zitieren, die das so schön erklärt hat:
„Der Himmel ist das Reich eines Gottes, die Hölle das Reich einer Göttin Hel. Hölle und „Hel“ (im Englischen „hell“) hängen mit dem Wort „hehlen“ zusammen **und bedeutet „hüllen, bergen, schützen“.**

Die Göttin Hel war also die „Bergende“. Sie hüllte ihre Toten ein und beschützte sie. Auch die Wörter „Höhle und Halle“ haben darin ihren sinngemäßen Ursprung..
Die „Hölle“ der Hel ist die Höhle, die Halle, das Haus, in dem die Toten wie in einem göttlichen Mutterschoß in ihrer letzten Ruhe wohnen.
„Kein unbarmherziger Gott erweckt sie daraus im Namen der Gerechtigkeit zu einem höllischen Dasein voller sinnloser Leiden...“, so Prof. Ranke-Heinmann.

In dem **Märchen „Frau Holle“** ist schon der Name eine Anspielung auf die Mythologie, auf „Hel“, die Göttin der Unterwelt.
Zwei Mädchen nehmen den Weg durch den tiefen Brunnen in diese Unterwelt.
Der tiefe Brunnen, auch die Quelle wurde immer als Weg und Zugang zur „anderen“ Wirklichkeit - oder „Anders-welt“ - gedeutet.

„Durch den Tunnel hindurch“ ist auch ein Bild, das die Seele wirklich so empfindet, wenn sie den physischen Körper verlässt. Die Mädchen erwachen in der anderen, in der „Unter“-welt und erleben, dass dieser Ort bei Frau Hölle durchaus ein Platz ist, an dem es sich gut leben lässt und man alles bekommt, was man zu einem guten – auch erfüllten - Leben braucht. Nur ist es ein **„Ort der Entwicklung und der Prüfung“.**
Geprüft werden die Motive, die Gesinnung der beiden Mädchen.
Bin ich bereit, anderen zu dienen, zu helfen, ein Herz zu haben für die Not der Menschen, macht es mir Freude, anderen eine Freude zu bereiten, -
oder bin ich nur auf meinen Eigen-Nutz, meinen Vorteil bedacht,
lasse andere für mich arbeiten und spekuliere auf meine - materielle - Belohnung?

Bei Frau Holle bekommt jeder, was er braucht, erhält aber auch jeder, was er verdient hat. Das erste Mädchen, das die Liebe im Herzen trägt und andere damit reich macht, kehrt als „Gold-marie“ zurück, das zweite Mädchen das Liebe und Lohn erwartet, ohne aber bereit zu sein etwas dafür zu geben, geht leer aus und kehrt als „Pech-marie“ zurück.
Dieses Märchen ist ein Sinnbild für die „Hölle“...
Vom Feuer, das reinigt, ist hier nirgends die Rede und auch nicht „not-wendig“.
Pech-Mariechen muss aber trotzdem verstehen lernen, warum sie nicht wie ihre Schwester mit Gold belohnt werden kann. Sie muss lernen, dass es schöner ist, mit einem liebenden und nicht mit einem selbst-süchtigen Herzen durch die Welt zu gehen.
Dieses Gefühl, dass die Freude ins eigene Herz zurückkehrt, wenn sie anderen eine Freude bereitet, dieses Gefühl war ihr anfangs noch fremd.
Liebe zu geben und wieder zu empfangen ist ein Reichtum anderer Art, aber einer, der die Seele nährt und be-**reich**-ert. Diese Lern-erfahrung ist aber „ihre Lektion“, die ihr durch „Frau Holle“ oder durch die Erfahrung in der „Hölle“ zuteil wird.
Dieses Märchen will uns zeigen, worum es in Wirklichkeit geht:
Es ist ganz einfach und doch die schwierigste Herausforderung,
die es im Leben gibt:

Wir sollen lernen zu lieben - und zwar bedingungs-los!
Und auch wissen, dass wir so angenommen werden, wie wir „sind“ ,
und zwar Bedingungs-los!

So, wie Jesus es getan und uns vorgelebt hat.
Es ist das, was ihn im Innersten mit seinem himmlischen Vater verbindet.
Der Weg vom „Ego“ zum „selbst-losen Selbst“, das ist,
paradox wie es klingt, die innere Befreiung.
Das ist „Transformation“, Wandlung hin zum wesentlichen Kern meiner Seele.
Und das geschieht nur über: das Los-lassen.
Eine Lektion, die sehr schmerzen kann und dennoch das wunderbarste Geheimnis in sich birgt: Ich bin bedingungslos geliebt! Eine Liebe, die jeden Tod überdauert!

Die Bibel schenkt uns viele solcher Geschichten der „Transformation“.
Ich wähle hier eine solche **Geschichte aus dem Alten Testament** ,
weil auch sie einen inneren Bezug zu dem Thema „Lebens-auftrag- Tod – und Wiedergeburt“ aufweist, aber auch, weil sich Jesus selbst ganz direkt auf diese Geschichte bezieht:
Da ist **Jona**, der einen wichtigen Auftrag für die Stadt Ninive hat.
Die größte Stadt der damals bekannten Welt, sie soll untergehen.
Jonas hat das „Zeug“, diese zu retten. Zu wichtig, um diesen Auftrag zu verdrängen.
Doch er läuft von seinem inneren Auftrag davon, er will nicht auf die „Stimme seiner Seele“ hören. Er läuft genau in die entgegen gesetzte Richtung.
Will flüchten auf einem Schiff als blinder Passagier .

Doch die See um ihn herum brodelt wie wild.
Das, was so erfolgreich verdrängt wurde, schlägt wo anders himmelhohe Wellen.
(Ist es bei unseren Krankheiten manchmal nicht ebenso ???)
Der Kapitän des Schiffes hat keine andere Wahl.
Bevor er und seine Mannschaft untergehen, bleibt ihm nur eine Wahl:
Er muss Jona los werden, - und zwar so schnell als möglich!
Jona wird ins Meer geworfen, - doch er ertrinkt nicht in der stürmischen See.
Ein „guter" Wal kommt und nimmt ihn in seine „Höhle" für 3 Tage auf.
Danach wird er ans Land gespuckt. Ab jetzt weiß Jona wieder, was er zu tun hat.
Er hat jetzt die Kraft und den Mut, das anzupacken, wovor er sich zuvor so sehr gefürchtet hatte, **nämlich zu heilen und zu retten, was „verloren" ist.**

In der Höhle in der er geborgen war,
hat er wieder zu „sich", zu seiner „Mitte" gefunden.
Jona erlebte hier seine „Transformation", auch seine Wieder-geburt.
Denn eigentlich war der „Rausschmiss" von dem Schiff, mitten in die tosenden Wellen hinein, ein „Todeswurf", er war dem tod-sicheren Untergang geweiht.
Und mit der Tatsache, dass er von einem Walfisch verschlungen wurde,
wurde er gleich nochmals zu einem Todes-Kandidat.
Eigentlich hätte er jetzt doppelt „tot" sein müssen!

Doch das, was man als den Weg des „sicheren Todes" vermutet hätte, hatte sich dann überraschender Weise ganz anders, nämlich als den Weg der „sicheren Rettung" gezeigt! Denn in der Höhle des Wales war Jona in keinster Weise gefährdet,
ganz im Gegenteil: es war der Ort, an dem er zu **neuem** Leben fand.
Er fand nicht nur seinen inneren Auftrag wieder, sondern auch eine ganz neue Riesenportion Mut und Kraft und zwar so viel, dass er sich sofort auf den Weg und nun ans Werk machte. Seine „Stunde" war jetzt gekommen.
Jona scheint wie ausgewechselt, er tritt jetzt an die Menschen heran mit neuen Mut und einer Überzeugung, die ihm zuvor wohl niemand zugetraut hätte.
In der „Höhle" fand seine innere „Erneuerung" statt.
Der angebliche Tod wurde zur „Wieder-geburt"...!

Jesus selbst trug dieses „Bild" in seiner Seele: als „Symbol". (Mt 12,38 ff)
„Zu dieser Zeit sagten einige Schriftgelehrten und Pharisäer zu ihm:
Meister, wir möchten von dir ein Zeichen sehen!
Er antwortete ihnen: Diese böse und treulose Generation fordert ein Zeichen,
aber es wird ihr keine anderes gegeben werden als das Zeichen des Propheten Jona.
Denn wie Jona drei Tage und drei Nächte im Bauch des Fisches war,
so wird auch der Menschensohn drei Tage und drei Nächte im Innern der Erde sein."
„Jona" ist ein Symbol für Umkehr und der Erneuerung, dafür, sich seinem Auftrag, dem Wesentlichen zu zu wenden. Hier bezieht Jesus dieses Gleichnis als „Symbol" der Wandlung und Transformation direkt auf sich selbst.

Das Bild, dass Jesus in die „Unterwelt“ hinabgestiegen ist, wurde auch durch Vorstellungen anderer alter Kulturen (Ägypten – Leben in der Unterwelt, in der Welt der Griechen der Ort des Hades) sicher mit beeinflusst. Nach den drei Tagen im Grab war Jesus „erneuert“, wieder-hergestellt mit einem ganz besonderen Auftrag:
zu heilen und retten, was „verloren“ ist...!
Ein Auftrag, der an alle Menschen ge-**richtet** ist!
Auch mit der besonderen Botschaft, dass das Leben weitergeht,
hinüberreicht in die andere Welt und wir mit ihr tagtäglich verbunden sind.
Die Botschaft von einem neuen und er-neuerten Leben bei und mit Gott.

Die Höllenreden gibt es wirklich... .... im NT sind sie aber gemeint als eindringlicher Aufruf, doch den Mut nicht zu verlieren...!

Die „Höllenrede“ gibt es wirklich!
In den „Apokryphen“, jene Schriften, die nicht im Kanon der Evangelien aufgenommen wurden, gibt es im Evangelium des Nikodemus eine Unterredung zwischen Satan und Hades, dem Herrscher der Unterwelt: beide fürchten die Ankunft des auferstandenen Christus sehr, der in dieser Unterwelt nach seiner Auferstehung ankommt. Beide ärgern sich auch sehr darüber, dass Jesus ihnen bereits zu seinen Lebzeiten schwer zu „schaffen“ machte. „Er hat mir viel Böses in der Welt droben angetan, als er mit den Sterblichen zusammen lebte. Denn wo immer er meine Diener fand, trieb er sie aus und die Menschen, welche ich bucklig, blind, lahm, aussätzig und dergleichen mehr gemacht hatte, die heilte er durch bloßes Wort. Und viele die ich reif gemacht hatte, begraben zu werden, auch die machte er durch bloßes Wort wieder lebendig...!“, so Satan zu Hades.

Den Teufel in der Hölle, also gibt es ihn wirklich?
Hades, hebräisch die „Scheol“, bezeichnete damals den als Gebäude, Festungsanlage gedachten Bereich des Todes und aller Toten. Die Totenwelt, die man sich unter der Erde befindlich vorstellte, war jedoch nicht der Aufenthaltsort Satans oder der Dämonen.
Aber tatsächlich gibt es im AT den „Streiche-spieler“, genannt der Shet.
Er ist derjenige, der Termine platzen lässt, Treffen verhindert, dafür sorgt, dass Abkommen nicht eingehalten werden können, wichtige Dokumente nicht mehr gefunden werden oder Gegenstände verschwinden lässt, die Menschen in den Wahnsinn treibt und alles durcheinander bringt, einfach für Chaos sorgt.
Wer weiß, vielleicht hatte er seine listigen Finger mit im Spiel und empfindet eine „höllische Freude“ dabei, wenn im meinem PC-System hier immer wieder ganze Textpassagen abstürzen, die Schrift sich verändert und seine Scherze mit mir, wie auch mit den Menschen treibt? Oder gibt es für diese „Scherze“ ganz logische Erklärungen? - Wie oft muss dieser „Shet“ wohl für unser so schlechtes Gedächtnis herhalten und sind wir diejenigen, die für die Dinge, die wir so nicht erklären können, auf ihn abschieben?

Theologisch, biblisch gesehen sind die Textstellen im Neuen Testament ,
die sich auf die „Hölle“ beziehen, aber ernstgemeinte Mahnreden, in-„brünstige“
(kommt von brennen) Bitten, „Wesen-tlich“ zu sein und zu leben.
Es ist sogar für uns Theologen sehr schwierig, den „Originalton“ Jesu aus diesen
Mahnreden herauszu- „schälen“. Aber man muss wissen, dass die Evangelisten,
die zwischen 5o und 100 n. Chr. die Geschichten über Jesus niederschrieben,
absolut davon überzeugt waren, dass die Welt bald untergehen und sie nicht mehr
lange zu leben hätten. Deshalb auch der drängende und harte Unterton in den
Mahnreden. Es ging einfach um „Alles oder Nichts“. Und auch darum,
den Menschen Mut zuzusprechen, doch bis zum „Ende“ durchzuhalten...!

Auch von diesem Hintergrund muss man den HL. Paulus verstehen, wenn er sagt :
„Ich wünschte, alle Menschen wären (unverheiratet) wie ich (1 Kor 7,7)
oder wenn er einer Frau, die sich von ihrem Mann getrennt hat, empfiehlt,
sie solle unverheiratet bleiben...(Vers 36.)Nicht weil Paulus gegen eine Ehe etwas
einzuwenden gehabt hätte, sondern weil das Leben „solo“ angesichts der Tatsache,
dass die Menschen eh nicht mehr lange zu leben gehabt hätten,
er als ziemlich sinnlos einschätzte.
NATÜRLICH- der Mensch soll sich **frei** entscheiden **gegen** das Böse,
gegen die Gottlosigkeit und gegen die Ungerechtigkeit.
Wer sich **„nur“** auf sich selbst verlässt,
der wird die Erfahrung machen von „Heulen und Zähneknirschen“.(Mt 13,42+50)
Dieses Bild gilt für alle „irdischen“ Strukturen, für alles menschliche Streben,
das versucht, ohne die „göttliche“ Ebene auszukommen.

Wenn der Mensch nur noch „sich selbst“ sieht und sich mitreißen lässt von einer
schier grenzenlosen Gier nach „immer mehr und noch mehr...“, von einer Jagd
nach immer neuen Rekorden, wenn unsere ganzen Wirtschaftsstrukturen nur noch
dem grenzenlosen Wachstumsstreben, der Jagd nach immer neuen Höhepunkten
verfallen sind, also einem endlosen Materialismus dienen, wenn Menschen in
unseren leitenden Ämtern und Funktionen zu Marionetten von Banken und
Wirtschaftsinteressen werden, dann verbleibt vieles andere - „Wesent-liche“-
vor allem die „menschlichen Qualitäten“ - ganz einfach auf der „Strecke“.....!

Wer sein Leben **nur** auf „materiellen“ Gewinn hin aus-richtet, seine ganze Basis
darauf aufgebaut hat, der braucht sich nicht sehr zu wundern, wenn er auch
irgendwann wieder darin untergehen wird. Dieser Mensch muss sich dann wohl
auch selber fragen**....**
„wo ist eigentlich meine Seele, meine Wahrheit geblieben
und wie kann ich meinem „inneren Auftrag“ treu bleiben?“
Materielles Denken, das Menschlichkeit und Gerechtigkeit als ausgleichende Waage
nicht respektiert, wird auf Dauer keinen Bestand haben!
Auch da kann und wird es „Heulen und Zähneknirschen“ geben
und zwar nicht nur für jene, die bei diesem System auf der „Strecke“ bleiben.

Es gibt keinen wirklichen Verlass auf „äußere und scheinbare Sicherheiten“,
wer aber seine Welt darauf aufbaut, muss mit einem ernüchternden „Crash“ rechnen.
Jede Krise, im persönlichen Leben wie im öffentlichen wirtschaftlichen Leben,
hat seine Ursache und jede Krise birgt die Chance einer unvermeidlichen
Selbst-reinigung, eines Neuanfanges.
Altes, Überholtes, nicht mehr Passendes will abgelegt sein...
Wer sich den Veränderungen nicht anpasst,
wird von den Veränderungen irgendwann eingeholt werden,
und zwar vielleicht in manchmal sehr plötzlicher oder unliebsamer Weise...!

Alle Wertsysteme, die **nicht mehr** einem veränderten und er-NEU-erten
Be-wusstsein entsprechen im Sinne einer „Kultur der Liebe“,
die einen gerechten und umweltschonenden Umgang praktizieren,
die Menschlichkeit an oberste Stelle setzt,
können sehr schnell und plötzlich zerplatzen wie Seifenblasen.
Dies gilt ebenso für alle Institutionen und Systeme,
die starr und unbeweglich sind, weil deren Doktrine, Dogmen und Satzungen als feststehende Gebote gelten, die aber vielleicht nicht mehr unserer Zeit, dem „Zeit-Geist“ (der gerade in kirchlichen Kreisen eher ein negatives Image hat) entsprechen .
Der „Geist- Spirit“- ist nicht starr und fest, sondern entspricht dem „Element“ Feuer,
ist beweglich und dynamisch ! Der „Geist“, wie auch das Leben und selbst der **Tod**:
ihr Sinn und Ziel besteht im Wandel und in der „Erneuerung“!

Jesus selbst war von diesem „inneren Feuer“ bewegt und wollte andere bewegen.
Er hatte ein sehr feines Gespür und eine innere Wachsamkeit für Gebote, die dem Menschen nicht mehr dienten, bzw. seiner wahren Erfüllung dienten, deshalb warb er mit seinem ganzem Herzen um die Offenheit und Bereitschaft jener, die an den „Schalthebeln“ saßen, lebte es ihnen vor und setzte sich ein für die Erneuerung:
die erst „Innen“ ankommen muss, um nach außen hin wirksam zu werden.

„Was aber veraltet und überlebt ist,
das ist dem Untergang nahe....!“ (Hebräer 8,13)

Die Hölle auf Erden - tagtägliche Realität im 21. Jahrhundert

Menschen erleben auf dieser Erde oft schon die „Hölle“: das bedeutet, sie machen Erfahrungen, die das Leben nicht bewahren und schützen, sondern zerstören.
Die vielen unmenschlichen Unrechtssysteme auf unserer schönen Welt,
korrupte Regierungen, die in die eigene Tasche wirtschaften,
die aber Abertausende von Menschen – für deren Wohl und Gesundheit,
bzw. auch für deren Umwelt sie eigentlich Sorge und Verantwortung
tragen sollten– sich selbst und ihrem Elend überlassen...

Der Kapitalismus ist gut, so lange er sozial verantwortet, d.h. so lange jeder Bürger die ehrliche Möglichkeit hat, zu „Kapital“ zu gelangen und ALLEN, also auch den kleinsten und schwächsten Gliedern einer Gesellschaft **dient.**

Geld existiert, um dem Menschen zu dienen, -
nicht, um ihn zu be-HERR“-schen!

Wenn es nur um Profit und Macht – also um Ausbeutung geht, dann wird er zu einem selbstsüchtigen **„Höllen-Moloch“,** in dem die einfachen Bürger unter die Räder kommen, ausgezehrt und **„verbrannt“** werden.
Ein biblisches Beispiel wird in der geheimen Offenbarung von dem (Lieblings-) Jünger Johannes beschrieben, der auf der griechischen Insel Patmos seine Lebenszeit im Exil verbringen musste.

In „verschlüsselter“ Weise beschreibt er diesen „Höllen-Moloch“ als riesigen grausamen Drachen, „groß und feuerrot, mit 7 Köpfen und 10 Hörnern und mit 7 Diademen auf seinen Köpfen. Der Drache stand vor der Frau, die gebären sollte; er wollte ihr Kind verschlingen, sobald es geboren war.“(Offb 12,3-4)
Johannes hat angespielt auf die Titel der römischen Kaiser. Auch die Zahl 666 war ein „Synonym, ein Kürzel“ für Kaiser Nero, unter den ungezählte Christen ihr Leben lassen mussten. Die Frauen mussten Kinder gebären, weil die Kaiser zur Ausbreitung des Römischen Reiches Nachwuchskämpfer brauchten.
Der „Höllen-moloch“ rekrutierte bereits seine Kinder zu Soldatenkämpfern, der Feuerdrache verschlang seine Kinder.... In diesem Zusammenhang wird im 19.Kap. vom Sieg über dieses ver-**heer-**ende Tier geschildert,
„aber das Tier wurde gepackt und mit ihm der falsche Prophet. Bei lebendigem Leib wurden beide in den See von brennendem Schwefel geworfen...“.

Ist das jenes Bild, das über Jahrhunderte hinweg zu feurigen Höllen-Phantasien anregte? Wie auch immer, auch heute gibt es noch auf der ganzen Welt diese „selbstgefräßigen Drachen“, die erst noch besiegt werden müssen, um dem eigenen Volke zum Wohle und auch dem Weltfrieden **dienen** zu können, nicht um die Welt zu **be-herrschen.** Dabei braucht und sehnt sich der Mensch nur nach Verwirklichung seiner „Grund“-legenden Menschenrechte:

* ein gerechter Lohn für angemessene Arbeitsstunden;
* die Möglichkeit, sich aus diesem Lohn ein einfaches nettes Heim für die eigene Familie zu erwirtschaften,
* so viel Land, um für die eigene Familie und deren Wohl und Gesundheit sorgen zu können . - Ohne Schuldenfalle und Ausbeutung...!
* das Recht, die eigenen Talente in einer guten Schulbildung zu fördern, um eigene „Perspektiven“ entwickeln zu können.....
* das Recht, sich eine eigene Meinung bilden und diese auch äußern zu dürfen;
* eine erschwingliche Gesundheitsversorgung;

In vielen Ländern sind die gesellschaftlichen - für die „unteren“ Schichten benachteiligten -Strukturen seit der Kolonialisierung grundgelegt („sie kamen, sahen und siegten...“, - indem sie das christliche Kreuz auf dem neuen Boden anbrachten) . Nach 400- 500 Jahren leiden aber immer noch Millionen von Menschen unter diesen Strukturen, da ihnen einfach damals ihr eigener Boden – ihr Lebens-Kapital entrissen wurde. Diese sind immer noch nicht überwunden, weil die reichen Schichten, die seit damals Profit machten, eine heutige **„Landreform“** immer noch mit Macht und „höherer“ Gewalt zu verhindern schafften.
Es leiden ebenso immer noch Abertausende von Menschen unter „Höllen-moloch“-artigen Bedingungen und müssen so ihr Leben fristen .
Die Bankensysteme und die politischen Systeme sind immer noch so strukturiert, dass sie diese Ungerechtigkeiten – Macht und Reichtum für einige Wenige – eher fördern und unterstützen als unterbinden.

Im Jahre 1984 absolvierte ich mit einer Freundin ein 9-monatiges Praktikum für Sozialarbeit auf den Philippinen. Es schockierte mich, wie Zuckerrohrarbeiter auf der Insel Negros für einen Hungerlohn schuften müssen, um sich dann gegenseitig - bedingt durch eine mangelhafte Ernährung - mit Tuberkulose anstecken.
Da es aber weder für diese Arbeiter, noch für deren Familien eine Krankenversicherung gibt und sich niemand ein Medikament leisten kann, ist ein Krankenhausaufenthalt nur möglich, wenn sie sich bei ihrem Landbesitzer verschulden.
– **Die perfekte Schuldenfalle !**

Ganze Familien, ja ganze Dörfer sind ein ganzes Leben lang nur: verschuldet...

Sogar die Kinder müssen auf den Feldern Schwerstarbeit leisten, um die Schulden ihrer Eltern abzahlen zu können.

Die Kinder übernehmen bereits die „Erb-schuld“ ihrer Eltern. –
Ein weiterer Grund, warum in diesen Ländern auf die Kinderarbeit einfach nicht verzichtet werden kann! Die älteren Kinder haben oft gar keine Zeit, um in die Schule zu gehen. Sie müssen ihren Eltern helfen, diese lebenslange Schuldenlast abzubauen.

Die jüngeren Kinder, die die schwere Arbeit auf dem Feld noch nicht leisten können, müssen als „Babysitter" aushelfen.!
Ein Ausbrechen aus dieser Schuldenfalle ist fast aussichtslos!

Wer sorgt dafür, dass diese Strukturen so gewahrt bleiben ?
Die Politiker selber – in diesen Ländern meist noch unterstützt durch ihr Militär...!
Einfache Landarbeiter, die versuchen, kranken Familien mit alternativen Heilungsmethoden zu unterstützen, galten damals wie auch heute:
als „subversiv", ja sogar, als Untergrundkämpfer und auch als „Guerrillas".
Wir hatten alle Mühe, zusammen mit katholischen Nonnen und auch Bischöfen, oft wirklich unschuldige Jugendliche und auch junge Menschen, die ihren Mitmenschen nur halfen, sie unterstützten, damit diese nicht „abkratzten", aus den primitivsten Gefängnissen zu befreien. Der damalige Bischof von Negros besuchte fast täglich seine „Schäfchen" in den armseligen Hütten und Dörfern, verkleidet in Arbeiterkluft, um bei den Militärs nicht als Bischof erkannt zu werden.
In diesen Ländern haben Nonnen und Priester eine wahrhaft wichtige Aufgabe, sie sind zugleich Anwälte für die Ärmsten und auch Rechtlosen.
Jesus wirklich nach zu folgen, heißt für sie, in Kauf zu nehmen, dass auch sie als „subversiv" gelten und nicht selten auch ihren Einsatz mit ihrem ganzen Leben bezahlen müssen. **Wer den Mund aufmacht, muss um sein Leben und das seiner Familie bangen. Auch – und gerade heute noch!**
Und immer noch klammern sich zutiefst fromme christliche - meist- Katholische Seelen auch an den Hoffnungen des Evangeliums in den (Basis)-Gemeinden fest:
Denn sie wissen längst, dass auch Jesus einer der „Subversiven" war, und seine Botschaft voll ist mit „Zündstoff".

Da in dem Palais des Bischofs die Büros der Sozialarbeiter-/innen untergebracht waren, und von dort aus die sozialen Einsätze koordiniert wurden, war auch seine eigene Wohnstätte nicht nur ein Zufluchtsort , sondern auch den „weltlichen und politischen Mächten" ein Dorn im Auge. Wir konnten selbst spüren, welche Spannung und auch Gefahr in der Luft lag, wenn wir in diesem Haus aus und ein gingen, um die Nonnen oder Sozialarbeiter zu begleiten. Wir wurden selbst Zeugen, wie eines Nachts der gesamte Palais in Flammen aufging, als dieser bei einer Nacht- und Nebelaktion in Schutt und Asche gesetzt wurde. –
Brandstiftung oder Rache, oder Anschlag? An diesem Morgen hatte ich wirklich das Gefühl, ich sitze mitten in der lebendigen Hölle!

Eine Hölle auf Erden, aber menschen-gemacht!

Jugendliche landeten jahrelang im Gefängnis und niemand kümmerte sich um sie.
Man hatte sie einfach vergessen und die Appelle ihrer flehenden Familien überhört.
Nur mit Unterstützung von ai (amnesty international) hatten wir Erfolg.
Was hatten diese Jugendlichen verbrochen?

Sie hatten sich vom Wegrand Holzstangen abgeschnitten, um für zu Hause Feuerholz zu haben. Da sie sich diese aber unerlaubt vom Besitz des Landeigentümers nahmen, hatten sie sich schuldig gemacht. Diese jungen Menschen waren nicht nur jahrelang deswegen eingesperrt, sondern auch gefoltert worden, - manchmal zur bloßen Willkür der Soldaten, wie sich heraus stellte. Wir wurden selber Zeuge davon...
Noch schlimmer erlebte ich die Spannung auf der großen Insel Mindanao.
Als wir vom Leiter der Arbeitergewerkschaft eingeladen wurden, - ein bewunderns-werter Mensch und überzeugter Christ, waren uns vermutlich die Gefahren, auf die wir uns persönlich einließen, gar nicht so bewusst. Als wir in seiner Hütte übernachteten (wir schliefen auf dem Land draußen grundsätzlich nur auf Reismatten auf dem Boden), hätte ich mich gar nicht gewundert, wenn in der Nacht eine Kugel durch die leichten Bambuswände geflogen wäre...!

Es macht sich dort gut, bei einer Demo an vorderster Reihe von weißhäutigen Deutschen unterstützt zu werden. Unsere Aktivitäten, Aufenthalte und Reisen waren sicher genauestens registriert. War unsere Anwesenheit doch zugleich fast ein Garant dafür, dass Angriffe der Militärs unterblieben, weil sonst die Auslandspresse auf dieses Unrecht aufmerksam geworden wäre....Mit solchen Berichten aus dieser „Höllen-zeit" könnte ich wohl ein ganz eigenes Buch - mit vielen Bildern- füllen...!

Die Befreiungs-Theologie der 80-er Jahre zeigt uns auch heute noch, dass erst dann, wenn grundlegende menschenfeindliche Strukturen sich „gewandelt" haben,
erst dann auch die „Armen" wieder zu ihrem Lebens-Recht kommen, zu einem Leben in seiner vollen Menschen-Würde. Das Traurige an dieser Geschichte ist: es hat sich auch nach Jahrzehnten des Armut-Kreislaufs noch nicht wirklich viel zum Positiven geändert! Bereits damals wurden vor jeden politischen Wahlen Land-Reformen versprochen: das heißt, das Land sollte nach und nach den Bewohnern wieder zurück gegeben werden, das ihnen einst weggenommen wurde. Noch bis heute werden Versprechungen immer wieder neu gemacht, aber nie eingehalten.

Ein befreundeter Missionar, der Jahrzehnte im Norden des Landes verbracht hatte, schrieb mir in seinem Brief: „Meine frühere Bergprovinz hat endlich einen neuen Bischof erhalten. Sie brauchen gerade jetzt einen guten und mutigen Hirten, denn es gab schon wieder einige politische Morde in der Bergprovinz. Vor den Wahlen fanden schon immer blutige Machtkämpfe zwischen den einflussreichen Familien statt, ein Übel, das die Kirche immer schon dort bekämpft hat, auch wenn dieses Zeugnis auch oft viel Mut braucht. Unsere Apostolats-Helferin leitet den kirchlichen Radiosender, macht alles öffentlich und weist auf das Böse hin. Nachts erhält sie dann telefonische Morddrohungen. Sie tritt in Fernsehsendungen auf und informiert das ganze Land über die Zustände in der abgelegenen Bergregion. Alle, die sich in diesem Sinne für das Volk einsetzen, sind täglich in Lebensgefahr und werden bedroht."
„Kolonial"-Länder wie den Philippinen, in Südamerika, Afrika aber auch Länder wie China und Korea.... nicht zu vergessen der gesamte Nahost-Konflikt:
die Hölle existiert **<u>hier</u> auf Erden** ....und sie ist: **„<u>menschen-gemacht</u>"!** –

Die „Mission" eines Mahatma Ghandi war es, sein Land Indien wieder
- mit friedlichen Mitteln– von diesen Ketten der Abhängigkeit zu befreien. Heute noch ist dieser schmerzhafte Prozess in vielen weiteren Ländern mit vielen unschuldigen Menschenopfern verbunden. Zugleich unterstützt durch unsere westlichen Banken-Systeme. Diese heizen immer noch ordentlich mit in dieser „Erden-Hölle"...!

Das, was mich auch so bedenklich stimmt: die „Höllen-artigen" Strukturen ziehen sich quer durch die Länder und deren politischen Ämter und nicht selten stehen die „Kirchenmänner" - vor allem in den armen Ländern - „zwischen" den Stühlen.
Sie werden von den „Reichen" finanziell unterstützt und wissen deren „Gunst", nicht selten sogar das Wissen, selbst zu den „Privilegierten" zu gehören, sehr zu schätzen, sollen aber auch eintreten für die Benachteiligten und Armen, für die Verlierer...
Eintreten heißt aber auch somit Konfrontation, denn nichts ist so schwer auf dieser Welt als das „Teilen"....!

Unsere Welt wird regiert von etwa 500 großen Konzernen.

Wer Geld hat, hat die Macht und wer die Macht hat, glaubt kontrollieren zu können. Nicht nur das, sondern hat auch kein Interesse daran, dass sich irgendetwas an diesen für Millionen von Menschen lebensfeindlichen Strukturen grundsätzlich etwas ändert.
Unsere **„Mutter"** Erde ist so „angelegt",
dass sie - theoretisch- etwa 12 Milliarden Menschen ernähren könnte,
also doppelt so viele, wie etwa derzeit unseren Planeten bevölkern.
Niemand, kein einziger Mensch müsste hungern oder an **„mater"-**ieller Not leiden.
Auf einem Straßenplakat las ich folgenden Spruch:

„Unsere Welt ist groß genug,
um die Bedürfnisse aller Menschen zu stillen,
aber nicht deren Gier....."

Kennst du die Geschichte, in der viele Menschen um einen einzigen großen Suppentopf sitzen und jeder aus diesem Topf eine köstliche Suppe löffelt?
Die „Krux" besteht nur darin, dass jeder dieser hungrigen Menschen einen Löffel in der Hand trägt, der länger ist als der eigene Arm, also so lang ist, dass er ihn nicht zum eigenen Mund führen kann....Jeder kann also nur satt werden, wenn er mit seinem Löffel einen anderen speist, in der Hoffnung und dem Vertrauen, dass auch er von einem anderen Mitesser einen Löffel voller duftender Suppe zugeführt bekommt.... Jeder möchte nichts anderes, als einfach nur **satt** werden und von der köstlichen Suppe genießen zu dürfen, denn jeder hat das gleiche Recht darauf... –

Die Menschen, die gelernt haben, Bedingungen zu schaffen, unter denen auch der gegenüber liegende, ja –ALLE- satt werden können, jene leben im „Himmel".....

Die anderen, die deswegen verhungern, weil sie nur um ihren **eigenen Vorteil** bemüht sind, nur sich selbst der Nächste ist, für all jene wird der „Himmel“ zur „Hölle“. – Nicht, weil sie keine Suppe haben, - es ist ja genug für jeden da! – sondern weil sie am eigenen „Ego“ verhungern!

Aber, es ist nicht nur das „Ego“, es ist die Gleichgültigkeit in unserer Welt, die Neigung des Menschen, einfach die Not der anderen zu „ignorieren“, sie nicht wahr-nehmen zu wollen. „Gott sei Dank, es geht mir gut, das betrifft nur den andern und geht mich nichts an...!“
Wir alle - mich eingeschlossen! – stehen in diesem lebenslangen Lernprozess.

Nichts ist schwerer als das Teilen ....!
Es heißt manchmal, nicht nur von meinem „Über-schuß“ etwas abzugeben, sondern die „Hälfte des Mantels“ zu geben. Genau genommen: auch die Hälfte des Mantels – in Bezug auf den Heiligen Martin, der den frierenden Bettler vor dem Erfrierungstod rettete, war die Gabe dessen, was er selber nicht „brauchte“.
Ein halbierter Mantel war immer noch groß genug, um beiden das Leben zu sichern, das sie brauchen!
Es tröstet und ermutigt mich, dass auch Jesus von den „sogenannten Reichen“ nicht einmal verlangt oder erwartet hat, die „Hälfte“ des Mantels abzutreten, aber er wollte einem Zachäus ver-„mitteln“, dass ein Leben mit den „Mitteln“, die einem wirklich zustehen, weil sie **recht-mäßig** erworben wurden, ein befreiteres und ein glücklicheres ist! Jesus hat dies nicht einmal „gefordert“, sondern die bedingungslose Liebe, die Jesus dem Betrüger entgegen brachte, ja, dass er diesen kleinwüchsigen Hochstapler einfach so nahm „wie er ist“,- ihn dort „abholte“, wo er war, das warf diesen kleinen Zachäus so aus seiner gewohnten, aber sehr unglücklichen Bahn, dass er freiwillig seine alten Sicherheiten aufgab, bereit war, umzudenken und entschlossen war, ein neues Leben zu beginnen.

Ich wünsche und bete darum, dass die Enzyklika von Papst Benedikt XVI, mit dem Titel **„Caritas in veritate“**, (ihm Mai 2009 veröffentlicht), in der er scharf den Materialismus und auch den Egoismus kritisiert, Anstoß genug geben kann, um ganz grundlegende und konkrete Veränderungen, die eine **gerechtere** Wirtschaft-Weltordnung zum Ziele haben, Realität werden zu lassen. Papst Benedikt ruft nach einer neuen Ethik in der ganzen Wirtschaft und dem Finanzwesen auf, die Grundlage und Bedingung für eine gesunde und gerechtere Entwicklung des Menschen und aller Völker sein kann. Alle wir Christen können nur hoffen, dass auch eine Enzyklika in unserer Zeit stark genug sein kann, um den Verlierern im weltweiten Finanz-Kapitalismus beizustehen, damit auch sie leben und menschenwürdig existieren können.

Dieser Anruf gilt auch für all jene, die „Verwalter“ sind, das heißt die mit Werten umgehen, welche ihnen **anvertraut** sind, um sie zu verwalten, oder damit be-traut sind, sie für das Wohl ihrer Mitmenschen einzusetzen .

Jesus hat sehr wohl bewusst und überlegt in Form von Gleichnissen die Aufgabe des „Verwalters" an die Menschen herangetragen, und wollte ihnen das Bewusst-sein ihrer Verantwortung dafür einschärfen.
Denn an dieser Aufgabe hat sich auch in 2000 Jahren so gut wie nichts verändert: Menschen, die einen Wert, eine Summe verwalten, die sie aber nicht selbst erarbeitet haben, sondern **„nur"** verwalten, tragen eine riesige Verantwortung.
Das zeigt auch das nur allzu menschliche Verhalten eines Zöllners Zachäus , der seiner Versuchung, die Steuereinnahmen ordnungsgemäß zu verwalten, erlegen ist und einen nicht unbeträchtlichen Teil in seine **eigene** Hosentasche hinein gewirtschaftet hatte .
Jesus sagt sehr zutreffend**.....„Ein Mensch , der in den `kleinen Dingen´ nicht zuverlässig ist, wie sollte er es in den `Großen Dingen´ sein ?**(Lk 16,10)

Ich denke an die Menschen in unserem Lande, die mit der wichtigen Aufgabe betraut sind, kleine aber auch große Gelder, Informationen und Kapital zu verwalten, oder Verantwortung in den Ämtern tragen. Die Versuchung, mit Geldern oder mit anvertrauten Werten, für die ich selber nicht schuften musste, sie mit einer „lockeren Hand" auszugeben, war immer und ist heute noch sehr groß.
Auch die Versuchung, lieber die Hand aufzuhalten und sich mit Sozialgeldern durch zu bringen, auf Kosten jener ehrlicher Bürger, die Monat für Monat sich schwer abschuften, das ist Fakt. Warum sollte ein Arbeiter einen Job annehmen, für den er im Monat 800 € beziehen könnte, wenn er doch 850 € Sozialgeld pro Monat erhalten kann?
Warum sollte eine allein erziehende Mutter auf das Angebot verzichten, sich eine Wohnung vom Staat bezahlen zu lassen, auch wenn sie bei ihren Eltern eine Dachwohnung zu Verfügung hätte und dort kostenlos wohnen könnte?
Warum sollte eine Gemeinde darauf verzichten, alle die Fenster der Schulen auswechseln zu lassen, die alle im Grunde noch in Ordnung sind, wenn sich gerade eine günstige Gelegenheit anbietet - im Rahmen des Wirtschaft-Konjunktur-Programmes - und sie einen Großteil dieser Summe einfach bezahlt bekommt?

Wenn nicht ich, wenn nicht wir unsere Hand aufhalten, dann tut es eben ein anderer....!
Wir wissen es alle: wir sitzen auf einen riesigen Schuldenberg, und von diesen Schulden, bzw.Krediten wird weiterhin das Geld voll ausgeschöpft, obwohl faktisch längst keines mehr da ist! Genannt:: „Spar-Haushalt"...!
Da werden Unsummen von Geldern „verbrannt" und Milliardengräber geschaufelt.
Da werden tonnenweise Lebensmittel vernichtet, um den Preis stabil zu halten.
Da werden Tausende von Autos – über die sich Menschen in anderen Ländern nur freuen könnten – verschrottet, damit unsere eigene Wirtschaft angekurbelt wird.

Jesus hat vor 2000 Jahren ganz klar gesagt: jeder muss sich für die Art und Weise, wie er mit dem „Amt des Verwaltens" umgeht, absolut verantworten.
Dann heißt es: „Leg Rechenschaft ab über deine Verwaltung...!" (Lk 16,2)
Jeder, der an den „Schalthebeln" sitzt und die Möglichkeit hat, sich für eine moralisch vertretbare Ethik einer Wirtschaft einzusetzen, ist gefragt!

Wir können grundsätzlich davon ausgehen, egal, ob es ich um Geld, -Steuer-, Macht- oder um sexuellen Missbrauch handelt: alle „Missbrauchs-Fälle",
die öffentlich bekannt und verfolgt werden, sind nur die „Spitze" des Eisberges..!
Die hohen Dunkelziffern sind – wie auch bei dem viel größeren Anteil des Unter-Bewussten – **unter** dem Wasserspiegel verborgen, - aber die Zeit hat ihre „Stunde", um alles „Verborgene" ans Licht zu bringen. Jesus drückt es so aus:

„Jeder, der Böses tut, hasst das Licht und kommt nicht zum Licht, damit seine Taten nicht aufgedeckt werden." (Joh 3,20)

Und Paulus sagt: **„Alles, was aufgedeckt ist, wird vom Licht erleuchtet...!"**
(Eph 5,13) Was ich nochmals betonen möchte:
wer in diesem Leben absichtlich und bewusst auf Kosten **anderer** lebt und Vorteile für sich schamlos ausnutzt, der muss sich auch später in anderer Form wieder mit diesem Thema auseinander setzen, dem bleibt nichts „er-spart..."! Wer sich vor einer Aufgabe – der er sich eigentlich stellen sollte - drückt, der muss sie später nachholen!
Dieses „Karma" lässt sich auch in diesen Bereichen nicht einfach „auslöschen"!
Auf unserem christlichen Glaubensboden besteht aber bislang leider nur ein sehr bescheidenes, sprich geringes Bewusstsein für diese Zusammenhänge...!

Dies gilt aber auch für alle Menschen, die in der Politik und in der Wirtschaft an den kleinen oder auch großen Machthebeln sitzen und etwas gegen die himmel-schreienden ungerechten Zustände auf dieser unserer Welt etwas bewegen könnten, aber nichts unternehmen, weil die Wahrung und die Sicherung des **eigenen** Wohlstandes näher liegen. - Denn nichts fällt schwerer, als zu teilen!
Jeden Tag sterben laut einer Studie von UNICEF etwa 25.000 Menschen nur an Unterernährung und Hunger, bzw. an Krankheiten die durch einen schwach und mangel- ernährten Körper resultieren.
Fast eine Milliarde Menschen auf unserem wunderbaren Planten weiß,
was „Hunger" ist, obwohl in den Industrieländern **mehr als genug** Nahrungsmittel produziert werden. Menschen, die einfach keine Chance haben, irgendwie Fuß zu fassen, obwohl ihr Land in vielen Gegenden überaus fruchtbar und so reich an Bodenschätzen wäre.
Bereits im Jahre 2000 wurde in der Uno-Vollversammlung beschlossen,
dass bis zum Jahre 2015 die Zahl aller Hungernden auf dieser Welt halbiert werden soll, durch gemeinsame Anstrengungen in Politik und Wirtschaft aller westlichen Länder. Damals waren es etwa 850 Mio Menschen, 80 % von ihnen Kleinbauern, denen es einfach an Land oder an Kleinkrediten und an Kapital fehlt, um mit kleinen Investitionen einen Anfangsstart machen zu können.

Solange in unseren Landen durch subventionierte Produkte die Märkte in Afrika und auch Asien überschwemmt werden und dort den einheimischen Markt ruinieren, solange haben dort Kleinbauern keinerlei Chance, einen eigenen Handel aufzubauen

und mit ihrer Hände Arbeit so viel , bzw. wenig Geld für sich und ihre Familien zu verdienen, um ihre Kinder gut und gesund ernähren zu können.
Solange unsere Kleidermärkte immer noch voll sind mit Billigprodukten zu Schleuderpreisen, weil in anderen Ländern noch Bedingungen herrschen, die Menschen und vor allem Kinder für einen unwürdigen Lohn schuften lassen und so lange in unserem Land eigene Wirtschaft- und Machtinteressen im Vordergrund stehen, so lange werden in den armen Ländern die Menschen an der ausgestreckten Hand verhungern!
Und: so lange die **Händler** und die Nahrungsmittelindustrie ihr Geld schneller und leichter verdienen als die Produzenten, die die schwere Arbeit leisten und sich die Hände schmutzig machen, oftmals die Bauern und Arbeiter, die um ihr bloßes Überleben schuften, so lange kann die moralische Ethik der freien Marktwirtschaft nicht stimmen, solange werden zusätzlich Ursachen für Armut, Abhängigkeit und Elend geschaffen. Und dafür müssen auch wir Christen alles tun, damit die Gerechtigkeit siegen kann!

Wer sich dessen also in unseren Landen „bewusst" ist, weil sein Gewissen noch wach ist und etwas unternehmen könnte, aber es nicht tut, wer Verantwortung trägt und darum weiß, aber nicht fähig oder willens ist, klare Entscheidungen zugunsten von Millionen chancenlosen Menschen zu treffen, weil sie sich nachteilig auf die eigenen Wirtschaftsfaktoren auswirken könnten, der macht **sich selber** wirklich schuldig.
Und der muss wohl auch damit rechnen, selber irgendwann an einem riesengroßen Suppentopf zu sitzen, mit einem langen Löffel in der Hand, der so lang ist, dass er diesen nicht zum eigenen Mund führen kann!
Mit der grausamen Erfahrung, vor Hunger zu sterben, weil niemand von den anderen Mitessern bereit ist, von ihrem langen Suppenlöffel etwas abzugeben.

Bei diesem Thema möchte ich werben für eine besondere Geld-anlage:
Mein Mann und ich unterstützen seit einigen Jahren Banken mit einem **„christlichen Bank-Konzept":** Mit unseren Geldanlagen wird Menschen in aller Welt Klein-kredite als Startkapital ge-**währt** („Währung"), um in einem selbständigen Beruf oder einem Gewerbe arbeiten, ihren Lebensunterhalt verdienen zu können. Das „thesaurierende Geld-system" funktioniert so, dass sämtliche Bankgewinne sofort wieder als Klein-kredite umgewandelt werden. Wir erhalten für unser Geld (Stand 2010) mehr Zinsen als bei üblichen Banken und wissen zugleich, dass unser Geld bestens angelegt ist. Diese Banken (Steyler Bank; Oiko-Kredit) **investieren in Menschen**, nicht in Renditen und „spekulieren" auch nicht mit riskanten Geschäften.
Wenn in den politischen Bemühungen eines neuen Weltwirtschaftsforums über Neues „Welt-Währungssystem" nachgedacht wird, unter dem Motto „überdenken – umgestalten – erneuern", dann kann man nur hoffen und beten, dass der Focus auf die „frierenden Bettler" ge-**richtet** ist und eine Grundlage geschaffen werden kann, die es möglich macht, all jenen „Verlierern"- einer Gesellschaft deren ganze Lebenswürde wieder zurück zu geben!

Das nennt man „GERICHT“ halten:
nämlich - eine Gerechtigkeit zu schaffen, die ALLEN gerecht wird!

Zudem ist der Begriff Armut ein sehr „gedehnter“ Begriff: in Deutschland zählen (Stand März 2010) rund 11,5 Mio Bewohner zu den **„materiell“** Armen.
Doch uns muss hier klar sein: die „Armen“ in unserem Land lassen sich in keiner Weise mit den „Armen“ in Asien, Afrika oder Südamerika vergleichen!

Unser Sozialsystem lässt niemanden verhungern, verelenden oder kreppieren.
Was in vielen anderen Ländern als undenkbar oder als nur sehr schwer realisierbar gilt, nämlich krankenversichert zu sein, ist hier für uns fast selbstverständlich und gilt als **Pflicht**! Für die Kinder gibt es Kindergeld und finanzielle Hilfen. Ich nehme meine eigene Familie als Beispiel: alleine mit dem Kinder,- bzw. Elterngeld, das ich für meine Familie monatlich erhalte, ist im Grunde unser **„bloßes Über-leben“** gesichert!
- Wo gibt es das auf unserer großen Welt?
Jedem Bewohner steht eine wunderbare ärztliche Behandlung zu, wir haben die tollsten Krankenhäuser und brauchen keine Angst zu haben, uns für den Rest unseres Lebens zu verschulden, weil ein Familienmitglied sich einer OP unterziehen muss!
Auch wenn wir trotz satter Krankenkassenbeiträgen immer mehr Eigenleistungen erbringen müssen, die immer mehr belasten und vielen auch mittlerweile sogar an die eigene Substanz geht!
Jedes Kind „darf“ nicht nur, bzw. hat nicht nur das Recht, sondern die **Pflicht**, die Schule zu besuchen, sie werden bei Bedarf gefördert mit Therapien aller Art, kurzum, auch für „Arme“ ist gesorgt. Kein Kind braucht auf der Strasse zu schlafen, Kinderarbeit ist verboten. – Man könnte sagen:
wie gut ist es, dass wir nicht wirklich wissen, was es bedeutet „Arm“ zu sein...!

Wer heute von „Armut“ spricht, meint fast immer die **materielle** Armut.
Von der **„geistigen“ Armut** spricht kaum jemand... Doch wer es heute schafft, den Menschen „geistige“ Werte zu vermitteln: Achtung und Respekt, eine Liebe zum Leben und zur Umwelt, wenn in den Familien eine Atmosphäre von Harmonie und Zusammenhalt geschaffen wird, die eine Lebensfreude ausstrahlt, - welch großartiger Reichtum ist das? Einer, der sich in Geld niemals aufwiegen und auszahlen lässt...!
Und was unsere „materielle“ Not, bzw. Armut anbelangt:
Wie viele der wirklich armen Menschen in anderen Ländern würden neidisch auf die Behausungen blicken, die wir hierzulande alleine unseren Autos zu Verfügung stellen? Millionen Menschen auf unserer Erde wären überglücklich, wären sie Besitzer einer unserer -oft- gemauerter und überdachter Autogaragen!
Eine solche käme dort einer Luxusvilla gleich, nicht aber für ein Auto, sondern für eine ganze mehrköpfige Familie!

„Die Menschlichkeit eines Staates misst sich daran, wie er mit den Schwächsten in seiner Mitte umgeht...“

Armut und HUNGER ist in den allermeisten Fällen eine <u>FOLGE</u>:

Der Dokumentarfilmer Valentin Thurn hat im Oktober 2010 interessante Fakten einer **globalen Lebensmittelverschwendung** auf den Tisch gebracht:
Weil der Handel in unseren „zivilisierten Ländern" nur eine genormte, makel-lose Ware akzeptiert, landet bereits **die <u>Hälfte</u>** unserer gesunden Nahrungsmittel auf dem Müll!
40-50% der Kartoffeln oder Möhren, oder...? kommen gar nicht erst in den Handel oder bleiben einfach auf dem Feld liegen, weil sie: entweder zu klein oder zu groß sind.
Eine krumme Gurke oder ein zu großes Ei paßt eben nicht gut in den Karton!
Eine einwandfreie, schmackhafte und tolle Qualität, - aber der Handel **will** sie nicht!

Nur selten, im Glücksfall werden diese „ungenormten" Nahrungsmittel an Tiere verfüttert. Auch beim Brot: wer möchte schon kurz vor Ladenschluss noch das letzte kleine Brötchen erwerben? Weil die Verbraucher jederzeit aus dem **VOLLEN** schöpfen wollen, produzieren die Bäcker und auch die Supermärkte immer mehr, als wirklich der Nachfrage entspricht. Der Rest wird zu allermeist: **weggeworfen!**
Das Risiko, Kunden an die Konkurrenz zu verlieren durch ein unvollständiges oder nicht „perfektes" Waren-angebot ist größer, als die Waren einfach in die Mülltonne zu werfen.
Auf diese Weise hat sich seit den 70-er Jahren der Lebensmittel-müll um 50% erhöht! -
Die Stadt Wien wirft tagtäglich auf diese Weise so viel Brot einfach weg, wie die Stadt Graz zur Ernährung ihrer **gesamten** Bewohner bedürfte!

Alles Ware, die aber von uns Kunden ungefragt **MITBEZAHLT**, und von uns auch erst finanziert werden muss....
Und da können so manche „Kleinverdiener" irgendwann nicht mehr mithalten!
In unserem globalen Wirtschaftsnetz wird es nur allzu deutlich:
wir hängen – vor allem was den Getreidemarkt angeht- **<u>ALLE</u>** auf dem gleichen Weltmarkt zusammen. Die Preisrallye auf diesem Weizen- und Reismarkt entscheidet also, ob sich Millionen von Menschen überhaupt ihre Grundnahrungsmittel leisten können. Hunger entsteht in vielen ärmeren Ländern, weil der Preis dafür **<u>hier</u>** durch Angebot und Nachfrage entschieden wird.
Der Preis dafür wird also in **<u>unseren</u> Ländern** in die Höhe getrieben.
Was wir hier „säen", das müssen aber **andere** ausbaden!

<u>„Was der Mensch sät, das wird oder muss er wieder ernten"- oder: das Prinzip von Ursache und Wirkung</u>

Die Karma-Lehre - das Gesetz von Ursache und Wirkung - besagt, dass alles, was wir erleben, die Ursache in unserem **eigenen** Handeln, Denken und Sprechen hat.
Dieses „göttliche Naturgesetz" gehörte stets zum Urwissen der Menschheit und ist ur-christlicher Glaube, denn auch Jesus von Nazareth und die Urchristen lehrten dieses „Gesetz von Saat und Ernte".

„Was der Mensch sät, das wird er ernten....“ (Gal 6,7)

Dabei ist alles von Bedeutung: mit dem, was wir empfinden, denken, reden und tun, bestimmen **wir selbst** die Saat auf dem „Acker“ unseres Lebens. Die Göttliche Ordnung will es, dass dabei keine Energie in unserem Kosmos verloren geht.

Haben wir Gutes gesät, werden wir dafür Gutes ernten, haben wir Schlechtes gesät, bekommen wir immer wieder Hilfen, umzukehren und dies zu bereinigen, wieder gut zu machen, bzw. zu ändern, denn Gottes Barmherzigkeit zeigt sich uns immer wieder in unserem Leben. An **uns** liegt es aber, ob wir diese Impulse wahrnehmen und annehmen. Wenn wir nicht bereit sind, unsere negativen Verhaltensmuster zu ändern und schlagen diese Hilfe aus, wird das von uns bewirkte Negative immer wieder auf uns **selbst** zurückkommen, uns **selbst** treffen gleich einem Bumerang.
So lange, bis wir bereit sind, aus unserem Verhalten zu lernen, bereit sind, unsere Sichtweise oder uns selbst zu ändern.
Vieles, vielleicht sogar alles von dem, was uns in unserem Leben widerfährt oder einem geschieht, hat seine Ursache und ist eine **Folge** von dem, was wir vorher irgendwann ver-ursacht haben. Denn auch hier gilt: es gibt keinen Zufall.
Jede Wirkung hat eine Ursache, wurde **ver-**ursacht:
eine Grundregel auch in der Physik!

Jede Aktion bringt auch wieder eine Re-aktion hervor
und jedes Geschehen wurde durch ein voraus gegangenes Geschehen bewirkt.
Keine Energie geht dabei verloren, sondern wird umge-wandelt.
Was bei einfachen physikalischen Beweisen leicht nachweisbar ist, braucht man nur in den Bereich unserer Gedanken und Gefühle zu übertragen, denn diese sind ebenfalls Energien! Genauso auch unsere Handlungen und Aktionen.
Die Gedanken, Taten und Handlungen, die bewusst - oder auch unbewusst - von uns ausgehen, sie kehren - im positiven wie auch im negativen - wieder zu uns zurück...!

Der Himmel und die Ewigkeit, das sind die unvergesslichen Momente im Leben, die sich in die Seele so sehr „eingebrannt“ haben, deren Spuren und Energie so stark sind, dass sie sogar in die andere Ebene, in die „Ewigkeit“ hinüberreichen können oder sich sogar in einem nächsten Leben ihre Fortsetzung suchen...!
Aber auch Erfahrungen der Schuld, des Versagens und des Scheiterns, auch sie hinterlassen ihre Spuren in der Seele und können so tiefgreifend sein, dass sie ihre „Auf-lösung“ im Jenseits suchen, oder womöglich ein weiteres Leben dafür beanspruchen.

Der Mensch selber bestimmt auf seinem Acker die Saat des Lebens, kann gute Bedingungen schaffen und auch selber vieles leisten, damit die Ernte gut ausfallen kann...
Er kann „säen“ und das Reifen der Früchte dem Wirken Gottes anvertrauen.
Er muss aber auch wissen, dass er oftmals selber verantwortlich ist, wenn die Ernte nicht so gut ausfällt:
denn will ein Mensch einen anderen „prellen“, muss er damit rechnen, selbst im Leben wieder geprellt zu werden.
Ist ein Mensch vom starken Geiz geprägt und fällt es ihm schwer, von seinen materiellen Schätzen zu teilen, wird es ihm passieren, dass er immer wieder sehr schnell Geld oder auch Wertschätze los wird, in dem er selber Verlust erleidet.

Verschafft sich einer seine Vorteile im Leben durch Lügen, Bestechung oder Erpressung, muss er damit rechnen, selbst belogen und betrogen zu werden. Macht er andere zu seinem Opfer, wird er sich selber irgendwann wieder in der Opferrolle zurecht finden müssen...

„Steck Dein Schwert weg, denn alle, die zum Schwert greifen, werden durch das Schwert umkommen!" ,

so hat es Jesus formuliert, als er von den Soldaten festgenommen wurde. Petrus hatte in seiner spontanen Art das Schwert gezogen und so auf den Diener des Hohepriesters eingeschlagen, dass er ihm dabei das „Ohr abhieb".(Mt 26,52)

Das, was von Dir ausgeht, sei es, Freude und Liebe oder Wut und Hass, es kommt wieder zu Dir zurück. Wird der Mensch schuldig, bleibt die „negative Energie", die Ursache erhalten und er muss - vielleicht durch einen Rollentausch in einem anderen Leben – **selber** die Erfahrung machen, was er einem anderen zugefügt hat. Es sei denn, der Täter kann diese Schuld in der jenseitigen Welt wirklich in einer Begegnung mit dem Opfer „aufarbeiten".
Es bleibt aber grundsätzlich die Möglichkeit bestehen, dass diese Wirkung bis in ein nächstes Leben erhalten bleibt und sich zu anderer Zeit, an einem anderen Ort als neue Situation und Möglichkeit ergibt, in der dies dann wohl auch als „Prüfung" erlebt werden kann: als „Prüfstein" des Lernens und des Verstehens.

Wichtig ist, sich selbst auf dem inneren Weg der Erkenntnis, nicht zu ver-urteilen, wenn wir Verhaltensweisen an uns entdeckt haben, die nicht gerade „rühmlich" sind, denn auch Gott tut dies nicht...! Aber wir haben zu **jeder Zeit** die Möglichkeit, uns aus einem Kreislauf der negativen Rückkoppelung zu befreien, wenn wir diese einmal durchschaut haben. Vielleicht werden wir so lange in bestimmte Situationen geraten, bis wir gelernt haben, einem Menschen zu vergeben oder Dinge , bzw. Themen los zu lassen. Die Reinkarnation beinhaltet die Möglichkeit oder auch die „Gnade", Fehler immer wieder aus zu gleichen, wieder gut zu machen.

Und auch: wenn ich möchte, dass **mir** in der Not geholfen wird,
dann beginne ich damit, **anderen** selbstlos in deren Not zu helfen!
Denn der christliche Weg besteht gerade darin,
auch anderen Menschen zu einem Wegweiser für die Liebe Gottes zu werden.
Und dafür ist es zu allererst notwendig, das **Mitfühlen** zu lernen.
Ganz gleichgültig, welcher Religion wir folgen oder welchem Volk wir angehören.
Es gibt das Karma eines Menschen, einer Familie, eines Dorfes und sogar eines ganzes Volkes. Themen, denen wir uns als einzelne im Kleinen oder gemeinsam im Großen stellen müssen.
Und auch ein großes Problem darstellt für alle Menschen, die sich ernsthaft Gedanken machen über das **„WARUM?"** so vieler glücklicher oder auch unglücklicher Umstände, in denen wir immer wieder landen!

Denn ein Mensch, der von einer unheilbaren, schweren Krankheit gezeichnet ist,
weiß nicht, warum er diesen schweren Leidensweg gehen muss.
Und glaubt, dass Gott es ist, der sich für ihn sich dieses Leiden „erdacht" hat...
Ein Mensch, der in eine gewalttätige oder gar arme Familie hineingeboren wird,
weiß nicht, **warum** er dieses schreckliche Los erleben und eine Lösung in seinem Leben suchen muss, um sich daraus zu befreien...

Und glaubt auch, dass Gott sich für ihn dieses schreckliche Los „ausgedacht" hat..
Menschen, die in den Slum-, Elends- und Armenvierteln dieser Welt groß werden müssen oder auch bereits als kleines Baby mit Krankheiten wie Aids, ... ,
klarkommen müssen, auch sie fragen sich: **warum gerade ich, bzw. meine Familie?**
Wir erfahren Leid und finden keine Antwort auf das „Warum", können nicht hineinschauen und keine plausible Erklärung finden für den Unfall, die Krankheit, den Verlust, die Umstände oder einem Erlebnis, das uns verletzt und schmerzt...

Ein Wort zu dem Leiden, das Jesus am Ende seines Lebens durchstehen musste:
Jesus wurde nicht bekämpft und schließlich getötet, weil er zuvor „negative Ursachen" gesetzt hatte, deren Auswirkung er jetzt als „Karma" erlebte, sondern er trug den göttlichen Auftrag in sich, zu dem er sich frei-willig entschieden hatte:

* den Menschen zu helfen, den Weg zu Gott wieder zu finden,
* sich einzusetzen für ein neues, erweitertes Gottesbild, in dem es darum geht: „zu retten, was `verloren´ ist" (der ICH-BIN-DA für **alle** Menschen!)
* zu zeigen, dass Gottes Liebe stärker ist als der Tod und auch über den Tod hinaus mit uns, in uns lebt. Ja, in ihr auch alle Menschen die wir lieben und bereits in seinem lichten Reich mit Gottleben, mit uns leben, in unserem Herzen auch verbunden bleiben. Jesus zog sich in die Einsamkeit der Wüste zurück, suchte immer wieder die Stille und den Kontakt zu seinem Gott, um sich für diese seine Aufgabe vorzubereiten.

Was wir Menschen „säen" , das werden wir auch „ernten"...! Auch heute noch – und erst recht im 21. Jahrhundert !

Oder: das Bewusstsein bestimmt das Denken, das Denken die Taten, und diese wirken sich aus, wenn nicht heute, dann sicher morgen ....!

Jede Ursache hat seine Aus-Wirkung, im Kleinen wie auch im Großen.
Bereits die Kinder im Schulalter bekommen die Konsequenzen für ihr Tun oder auch Unterlassen sehr hautnah mit. - Wenn es um ihren Eifer und Einsatz in der Schule geht.
Aber dieses Prinzip umfasst weit mehr als unsere „Leistungen" im Leben.
Unser ganzes Denken bestimmt die Taten und beeinflusst die Entscheidungen und jene wirken sich als Ursachen im Zusammenleben oder sogar auch in ganz globalen wirtschaftlichen, sowie politischen Entscheidungen aus.

„Im Kleinen, wie im Großen..."
Das, was wir säen und die Ernte, die wir erwarten können und auch dürfen, steht in direktem Zusammenhang miteinander. Natürlich gibt es auch Faktoren, die **außerhalb** unseres Einflusses stehen und eine Ernte zunichte machen können. Global gesehen aber haben viele der „Auswüchse" auch mit **unserem** Denken und auch mit **unserem** Bewusstsein zu tun...!

Ein paar Beispiele:
* Weil ich soeben von den Schulkindern sprach: 70 % aller Gymnasiasten in Bayern schaffen das „G8" nur mit der Unterstützung eines Nachhilfe-Unterrichtes!
Der Unterrichtsstoff wird durchgepresst, die wöchentliche Schulstunden-Anzahl erhöht. Die Schüler stöhnen unter ihrem Lernpensum und vermissen eine druckfreie Spielzeit zu Hause. Ihr Leben wird in vielen Fällen zu einem echten Überlebens- Kampf.
Warum wird so gesät, in der Regierung so beschlossen? Weil eine „Hochschul -Elite" in noch kürzerer Zeit aus den Schulbänken heraus-„gezüchtet" werden soll?
Wenn eine gute Bildung von so hohem Gut und unschätzbarem Wert ist, warum lässt man den Kindern nicht die so wichtige Zeit gewähren zum „Reifen" der Reifeprüfung?

* Die IHK (Industrie und Handelskammer) gibt an, es gäbe jedes Jahr überaus viele Stellenangebote für junge Berufseinsteiger, doch: den Schulabgänger fehlt es absolut an der „Ausbildungsreife", das heißt, die Leistungen und Erwartungen können an einen Einstellungsbetrieb nicht erfüllt werden....Woran mag dies liegen? Warum ist das so? Deren Antwort und Vermutung: nicht zu hohe Erwartungen, die an einen jugendlichen Schulabgänger gestellt werden sind das Problem, sondern : ein übertriebener, ja oft maßloser Umgang mit TV, PC-Spielen oder ein unkontrollierter Konsum mit Spielen, in denen die jungen Menschen mit gespielter Gewalt umgehen. Zu wenig Bewegung, ungesunde Ernährung in Kombination mit übermäßigem Fernsehkonsum lassen den „Geist und die Seele" abstumpfen und die Konzentrationsfähigkeit leiden.

* **Schuldenplage:** Dass das „große" Amerika eine unerträgliche Schuldenlast plagt, hängt sicher auch damit zusammen, „wie mit dem Geld" im „Kleinen" umgegangen wird. Jeder Haushalt in Amerika verfügt durchschnittlich über 12 Kreditkarten....!
Und solange auch in unseren Landen Erfolg proklamiert wird mit der tollen Aussage „weniger Neuschulden", kann nicht von einem wirklichen Wandel im Bewusstsein – was den Umgang mit Geld anbelangt -gesprochen werden...!

* Durch das „Immer mehr, immer Größer, immer schneller" wurde in der **Landwirtschaft** eine Über- und Massen-Produktion gefördert und so manches lebendige Dorf auf dem Lande degenerierte zu einer Ansammlung von Agrar-Groß-betrieben.
Eine Produktion auf „Teufel komm raus" - auch im Kleinen- hat die Landwirtschaft im Großen- in Teufels Küche gebracht. Wenn in den Pflanzen und Tieren nicht mehr ein göttlicher Urgrund gesehen wird, in dem alles Leben gründet, sondern wie ein frei verfügbares Warenlager behandelt wird, dann ist die Misere vorprogrammiert!

Wundert es, dass seltene und schützenswerte Pflanzen- und Tierarten in unserer Natur einfach verschwinden, wenn durchschnittlich alle 10 Minuten die Fläche eines Fußballfeldes zugeteert, für Bauten versiegelt oder dem Verkehr zugeführt wird?

* Die Einstellung, dass ein „Junge" mehr zählt als ein Mädchen, und Mädchen – wegen ihres Geschlechtes – abgetrieben werden, hat in China bereits zur Folge, dass mehr als 24 Millionen Männer bald vergeblich eine Frau in ihrem Lande suchen: wenn junge Chinesen im Jahr 2020 das heiratsfähige Alter erreichen, wird der **Männer-Überschuss** einen neuen Höchststand erreichen. Nicht die „Ein-Kind-Politik" an sich hat diese Auswirkung zur Folge, sondern die Einstellung, wenn schon „nur" ein Kind, dann sollte es wenn möglich ein „Stammhalter" sein! Dieses bereits ur-alte „Denken" bestimmt die Taten, und jene haben auch heute katastrophale Folgen.
Es ist noch nicht lange her, dass sich auch in unseren Lande die Eltern „schämten", weil das zweite und auch das dritte Kind wieder eben „nur" ein Mädchen war.

* **Hochzeits-Mitgift**: Heute noch tagtägliche Tragödie in Indien.
Dort ist zwar nicht die Ein-Kind-Politik Schuld, sondern eine uralte Tradition, die ganze Familien in den Ruin treibt: wer sein Mädchen verheiraten will, muss die ganze Hochzeit „aus-richten" und das meist in so ungebührlichem Masse, dass Schulden entstehen, für die sogar noch die Kinder in der folgenden Generation aufkommen müssen. Niemand würde sagen: „Wir können uns das nicht leisten, wir machen da nicht mehr mit...!"
Um diesem Schulden-Dilemma zu entgehen, werden zahllose Mädchen abgetrieben.

* **Beschneidung von Mädchen**: Tagtäglich werden in afrikanischen, arabischen und einigen asiatischen Ländern Tausende (man vermutet etwa 6.000) Mädchen beschnitten. Die „Opfer" einer alten Tradition der Männerwelt werden immer jünger, ihr Alter reicht sogar bis herunter zum Babyalter. 5-10% dieser Mädchen sterben an den direkten Folgen dieser Operation – weitgehend unbemerkt von der Weltöffentlichkeit. Es sind ja „nur" Mädchen! Immerhin aber 150-300 Tausend im Jahr, die jene grausame Prozedur nicht überleben! Sogar die Mütter vermeiden es ihren Mädchen während der OP beizuwohnen, weil sie es nicht aushalten, ihre eigenen Kinder so leiden zu sehen, denn durch eine fehlende Betäubung und mangelnde Hygiene sind die kleinen Mädchen unsäglichen Schmerzen und Gefahren ausgesetzt.

Solche unmenschlichen Traditionen sorgen für „karmische Katastrophen"!

Warum das alles? Welche Einstellung liegt hier zugrunde?
Es ist immer noch die Machtstellung des Mannes, der nach Belieben über die Belange einer Frau bestimmen und verfügen kann, denn die Frau steht im „Besitz" des Mannes. Mit der Genital-Verstümmelung wird die Frau ein ganzes Leben lang eines wichtigen Sinnesorganes beraubt: ihrer Klitoris und ihr damit vermittelt: du bist zwar erwünscht zum Kinder-Kriegen, um den Nachwuchs und die Nachkommenschaft zu sichern, aber es ist dir nicht erlaubt, in deinem Leben als Frau Lust zu empfinden, geschweige denn

Wer sich bei Johannes dem Täufer taufen ließ, tauchte mit ganzem Leibe unter – und bekundete damit auch seine Entscheidung und seinen Willen:
„Ich bin bereit, ein **neues** Leben zu beginnen, ein Leben in Gottes Geist und Liebe. Bereit, mich von Gott in seinem Lichte führen zu lassen, auf seine Stimme zu hören, die in mir lebendig ist." Jesus hatte die Taufe am Fluss Jordan von seinem Vetter Johannes selber empfangen und damit den wunderbaren, endgültigen und ewigen Liebes-Bund mit Gott be-siegelt...(Mk 1,11;Mt 3,17;Lk 3,22))
Eine Stimme rief aus dem Himmel herab..**„Du bist mein geliebter Sohn...!"**
Wer sich heute als Christ taufen läßt, wird auch heute –symbolisch – im geweihten Taufwasser unter-getaucht und damit ein-getaucht in die grenzenlose und auch **bedingungs-lose(!)** Liebe Gottes.
Er hat Teil am großen Schatz der Liebe und Erkenntnis Christi, darf und soll leben als Kind Gottes in der Gemeinschaft der Kirche, soll **wandeln** in Jesu Fußstapfen, die Liebe und Freude in die Welt hinausstrahlen und sie im Kleinen ver-**wandeln,** mitwirken am „Sauerteig" des Reiches Gottes, es in seinem Sinne mitgestalten, wohlwissend, dass es nicht immer leicht ist, sich für „Erneuerung" einzusetzen!

Unser ganzes Leben steht unter dem Zeichen des „NEU"-werdens....

Es ist die Bestimmung der ganzen Natur, sich zu er-neu-ern, **„neu"** zu werden.
Auch der **Sinn** des „Ab-sterbens" besteht in der „Er-**NEU**-erung" des Lebens!
Unser ganzer physische Körper erneuert sich laufend und ständig.
Die Zellteilung ist ein fortwährender Prozess, der zwar nicht bewusst spür-bar, aber dennoch lebensnotwendig, so wie das Atmen zur Erhaltung des Lebens gehört. Tagtäglich sterben Millionen von Hautzellen ab; dieser Prozess ist wichtig, damit sich **neue** Haut bilden kann. Ebenso sterben Körperzellen ab und werden laufend er-**neuert**. Innerhalb von sieben Jahren ist der ganze Leib komplett erneuert, haben sich alle Zellen neu gebildet und wurden gegen die alten „ausgetauscht". Man könnte also sagen: alle sieben Jahre „stirbt" der gesamte Körper - die Materie - einmal, ohne dass wir das überhaupt so gemerkt oder wahrgenommen haben.
Doch der „Sinn" dieses Sterbens und des Todes besteht
in der Ver-**wandlung** und in der **„Erneuerung"** unseres Lebens!
Sinn und Zweck ist es, dem Leben zu dienen und es zu erhalten. Nichts in der Natur „stirbt ab", bevor nicht für seine Erneuerung und Weiter-Entwicklung gesorgt wurde!

Der „Sinn" des Sterbens ist nicht der Tod, sondern die „Erneuerung" des Lebens !

Denn der Tod ist nicht das Ende, sondern nur eine Wende,
ein Übergang, ein Wechsel und dient der **Er-NEU-erung**,
die unserer Seele die Chance gibt, sich weiterzu-ent-wickeln.
Die ganze Natur lebt es uns vor: ihr Wesen ist der **„Wandel"**,
ihre Aufgabe die stetige Erneuerung !

Das **„Wesen“** unseres Lebens und auch des Todes ist der **„Wandel“.**
Auch das **„Wesen“** unserer Seele ist es, dass sie in immer weiteren, neuen Erkenntnissen reifen, sich entwickeln und sich **„wandeln“** wird. – Ein Prozess, der sicher auch nach diesem Leben im Jenseits seine Fortsetzung findet und weitergeht. Die konfessionellen großen Kirchen sprechen von „ruhen“ und drücken in diesem Wort aus, dass es mit dem Ende des „**ein-**maligen irdischen Pilgerweges“ auch keinen „Wandel“ mehr für die Seele geben kann, denn Gott selbst ist es, der diesen voll-endet und auch abschließt. Ich sehe das aber anders:
Die Seelen wandeln weiterhin auf ihrem „Seelenpfad“ im Lichte Gottes, und nicht selten „wandeln“ sie sogar mitten unter uns, helfen und begleiten, unterstützen sie uns und sind sogar sie es, die uns „anregen“ zu unserer inneren Wandlung auf unserem Weg zur Heilung in der Liebe Gottes.

Dieser Wandel ist ein Geschenk, das aber auch von uns erfordert, uns aufruft, „wachsam“ und bereit zu sein, das Alte loszulassen, um uns für das „Neue“ zu bereiten. Denn wer am Alten festhält, wer den Wandel und das Neu-werden nicht zulassen kann, wer diesen nicht als Chance nutzen kann, dem wird es genommen werden, und das tut weh, schmerzt, ist „Sterben“....

Nicht nur der Körper, auch der Geist lebt aus seiner „Erneuerung“!

Unser Körper lebt von der tag-täglichen Erneuerung, und unser „Geist-Körper“ sollte ebenfalls - um frisch und lebendig zu bleiben – es ihm gleichtun. Dazu gehört auch die „geistige“ Nahrung, eine gute Lektüre, das Meditieren, das In-sich-hineinhören, das innere Gebet, eine tägliche kurze Aus-zeit. Papst Johannes XXIII: nahm sich auch immer wieder diesen Vorsatz:

„Nur für heute werde ich zehn Minuten meiner Zeit einer guten Lektüre widmen: wie die Nahrung für das Leben notwendig ist, so ist die gute Lektüre notwendig für das Leben der Seele.

Auch der Kontakt zu guten Menschen, mit denen ein Gedankenaustausch möglich ist, eine gute Gemeinschaft, in der man sich - mit seinen Anliegen, aber auch mit seinen Ideen und Visionen - vertrauensvoll getragen weiß.
Jesus drückte das so aus: (Mt+Lk 4,4)

„Der Mensch lebt nicht nur vom Brot allein,
sondern von jedem Wort, das aus Gottes Mund kommt...“

Übrigens: wer sich von dieser „geistigen Nahrung“ gut zu ernähren weiß, kann auf so manche der kulinarischen Kalorien wirklich gut verzichten! Ein „gut genährter“ Geist, der sich ausdrückt in einem erfüllten Herzen, braucht seine Nahrung nicht immer in Form eines üppigen Essens zuzuführen!

Wer sich also regelmäßig gut stärkt mit „innerer, geistiger" Nahrung, tut auch was für einen gesunden Körper auch: für eine schlanke Linie! Es ist mir aber auch möglich, eine „Wiedergeburt im Geiste" zu erleben, wenn wir neue Erkenntnisse und Einsichten erlangen, neue Wege aufspüren, es uns gelingt, alte und überholte Glaubensmuster aufzulösen. Dann, wenn wir uns unserer wahren Wesen-heit wieder voll bewusst werden, immer mehr uns in der Tiefe der eigenen Seele verbinden und verwurzeln können mit der allumfassenden Liebe Gottes, - die all-gegenwärtig ist, alles durchdringt und **un-sterblich** ist. Auch wer sich in Hilfsbereitschaft übt und die Liebe und Freundlichkeit des Herzens an die weiterschenkt, die wirklich Hilfe brauchen, nährt auch damit seinen eigene Seele und fördert deren sinnvolle Entwicklung.

Jesu Botschaft war es, offen und empfänglich zu sein für die Liebe Gottes, bereit zu sein, sich ver-wandeln zu lassen von dieser grenzen-losen Liebe, bereit, das Alte loszulassen und offen zu sein für die Er-neuerung im Herzen. Doch dafür ist es manchmal not-wendig, die eigene Sichtweise oder meine Perspektive zu überprüfen, ggf. zu korrigieren!

Gott in meiner Mitte, meinem „Zentrum" sein lassen..... Oder : was Kopernikus uns heute noch zu sagen hätte ...

Bei dieser „**inneren Erneuerung**" will ich noch einen wichtigen Gedanken, - ein kleines „Kapitelchen" anfügen. Ich muss dabei unwillkürlich an den alten Meister Kopernikus denken, der um 1530 seine - im wahrsten Sinne des Wortes - **„bahn-brechende"** Erfindung von seinen Vor-Denkern übernommen hatte. Wäre sein Onkel seines Zeichens Bischof nicht sein „Ziehvater" gewesen, der Scheiterhaufen wäre ihm sicher gewesen!

„Die Erde empfängt von der Sonne, nicht die Sonne von der Erde!"

Da er das, was er zwar wusste, nicht beweisen konnte, versteckte er sein Manuskript immerhin über 30 Jahre lang gut in der Schublade, um es dann bereits erblindet und gelähmt – kurz vor seinem Tod heraus zu ziehen und es der Öffentlichkeit zugänglich zu machen. Sein Nachfolger Galileo Galilei hatte es da nicht so leicht. Dieser wurde unter Androhung schwerster Folter dazu gezwungen, seine fortschrittlichen Überzeugungen zu widerrufen. So konnte er in letzter Minute dieses schreckliche, von der Kirche angeordnete Schicksal abwenden. Die Bücher wurden 70 Jahre später als „Teufels-Werke" verbrannt. Und es sollte auch nochmals gut 150 Jahre dauern, bis den „neuen" Erkenntnissen schrittweise zugestimmt wurde. Übrigens hat Papst Johannes Paul II. sich erst im Jahre 1992 –im Namen der kath. Kirche – für das Unrecht, das ihm damals zugefügt wurde, offiziell entschuldigt!

Was nicht sein „darf", - kann auch nicht so sein ???

Kopernikus hatte über Jahre seiner astronomischen Beobachtungen den Schluss gefolgert: Nicht die Erde steht im Mittelpunkt des Universums, sondern die Sonne. Was heißt, die Sonne die uns unser Leben überhaupt ermöglicht, dreht sich nicht um uns - unsere Erde-, sondern wir, unser Planet, wir Menschen, unser Leben, dreht sich um die Sonne, um die Quelle unseres Lebens.

Dieses Bild von der **„kopernikanischen Wende"** sollte mir in meinem spirituellen Bemühen immer wieder ein Anliegen sein...!
Warum?

Weil viele Menschen so denken und handeln, als wären **sie** der „Mittelpunkt", um den herum sich alles im Leben dreht...

Bei vielen Menschen existiert tatsächlich nur das „eigene **ICH**"...

Der Großteil der täglichen Gedanken dreht sich von morgens bis abends wirklich **nur** um das „Ich" und wird von diesem vollkommen ausgefüllt.
Ich möchte gar nicht behaupten, um ihr „Ego".
Ich will niemandem unterstellen, egoistisch zu sein.
Die ganze Wahrnehmung findet aber nur im **„ICH"** statt,
wie in einem abgeschlossenen Raum. Alle Gedanken, alles Planen und Handeln.
Viele leben so, als ob es Gott gar nicht gäbe, einfach nicht existiert....

Für 40 % der deutschen Bevölkerung spielt Gott eigentlich keine Rolle in ihrem Leben. Das Drehkreuz ihres Lebens ist beschäftigt mit Familie und Beruf, Existenz und sicher, - natürlich geprägt von einer tiefen Sehnsucht nach einem erfüllten und glücklichen Leben. - Wer träumt nicht davon, glücklich zu sein ?

Aber zu diesem Erfüllt-sein ist für jene Menschen Gott nicht allzu wichtig.
Das eigene Leben wird bestimmt von den eigenen Entscheidungen auf der ICH- und wohl auch auf der DU- Ebene.
Ab und zu, in seltenen Momenten bricht vielleicht eine „Ahnung",
ein kleiner Lichtstrahl von einem „höheren Wesen" durch, ein Gedanke, dass es so etwas wie „Gott" geben könnte, aber irgendwo **„außerhalb"** meiner „SELBST"....!
Das eigene Ich und mein Leben auf der einen Seite,
Gott und der Glaube an ihn auf der anderen Seite.
Wie zwei Bereiche, die getrennt voneinander gut existieren können,
aber nicht viel miteinander zu tun haben.

Verspürt der „Ich-Bereich" den Wunsch, mit dem „Gott-Bereich" in Verbindung zu treten, dann ist vielleicht ein Kirchenbesuch oder ein Gottesdienst angesagt.
Tritt man dann bei der Kirchentüre ein oder hört schöne Orgelmusik,
dann kann es sein, dass man angerührt wird von diesem göttlichen „Geheimnis",
erlebt man, wie die „Schwingungen" des Herzens erhöht werden.
Man erfährt, dass diese „Nahrung" der Seele **nicht nur** aus sich selbst erfolgen kann und dass es auch sehr wichtig ist, von Zeit zu Zeit die eigene Seele mit dieser „Speise" zu nähren....
Aber diesen Gott, oder diese Spuren der Liebe und Kraft, der Schönheit und der Größe im eigenen Leben, - im ganz normalen Alltag - zu entdecken und zu finden, fällt manchmal wirklich schwer und hat noch nicht unbedingt wirklich etwas mit dem eigenen Leben zu tun. Eine „kopernikanische Wende" würde bedeuten, ich muss die engen Grenzen meines **„ICH´s"** aufbrechen, durch - **lichten** und mit meinem Wesen, meiner Seele „GOTT", oder einfach die „LIEBE" umkreisen. Also „kopernikanisch" gesehen:

Nicht mein „Ich" steht im Mittelpunkt,
Gott ist es, der meine „Mitte" bestimmen soll.

Bitte nicht falsch verstehen !
Natürlich bleibe ich mir der wichtigste Mensch auf Erden,
aber nicht „ICH" bin der „Angelpunkt", um den sich alles dreht,
sondern ich muss mich mit meinen Gedanken, Wünschen, Plänen und Sehnsüchten um **„IHN"** drehen...Wie hat Jesus gesagt...?

Euer himmlischer Vater weiß, dass ihr das alles braucht.
Euch aber muss es zuerst um **sein** Reich und **seine** Gerechtigkeit gehen;
Dann wird euch alles andere dazu gegeben...!" (Mt 6,32)...

Du wirst Dich vielleicht jetzt fragen: „Was hat denn das alles mit dem Tod und dem Sterben, bzw. dem „Leben nach dem Tod" zu tun...?" - **Sehr viel !**
Jemand, der in seinem Leben nur um „sich selbst" gekreist ist,

seine Gedanken und Wünsche, seine Selbst-Bestimmung und -Verwirklichung, seine Ideale und Maßstäbe, seine Ziele und Lebenspläne, die vielleicht auch vorrangig „materiell" aus-ge-„**richtet**" waren, der darf sich auch nicht wundern, wenn er in der „neuen Welt" einst ankommt und auch vorwiegend nur **„sich selbst"** vorfindet.

Diese Seelen müssen, wenn sie es vorher im Leben nicht gelernt haben, erfahren, dass es einfach noch **„mehr"** gibt als **„sich selbst".**
Sie werden anfangen, das „Licht" zu suchen, das Licht das immer schon in ihrer Seele war, aber dessen Spuren sie vielleicht zu wenig gefolgt sind.
Oder aber bei der „Ankunft" gibt es schon ein wunderbares erstauntes „Aha-erlebnis", das Wahrnehmen von einem warmen, hellen Licht, das als so angenehm und wohltuend erlebt wird, dass sich diese Seele wohl fragen wird:

„Warum habe ich das nicht schon eher gesucht,
dieses Licht, das ja auch immer in meiner Seele da war?"

So hat es Jesus gemeint, auch wenn er Kopernikus damals nicht kannte.
Es geht auch darum, das alte Gebot – auch Jesu Gebot- zu be-**herz**-igen:

„Du sollst den Herrn deinen Gott lieben von ganzem Herzen,
mit ganzem Verstand, mit ganzer Seele und all deinen Kräften .
Dazu auch deinen Nächsten in dem Maße wie du dich selber liebst..."(Mt22,37-40)

Nur wer sich selber lieben kann.... - das gehört zur **größten Kunst des Lebens !!!** –

* meinen Körper als Geschenk annehmen,
* mein Aussehen und meine „Statur" so annehmen wie sie ist,
* mich lieben, wie ich bin (Lieben und Leib-lichkeit) gehören zusammen ... „leider" auch manchmal das „Leiden"...
* gesund leben zu wollen, (...mein Körper ist schließlich mein wertvollstes „Kapital" auf meiner irdischen Reise..! ... um meine körperlichen Grenzen zu respektieren, spüren kann, dass mein Leib ein „Tempel Gottes" ist, der für die Liebe und für die Er-füllung gedacht ist = „Wellness" für Leib und Seele!
* mich, auch mit meinen „Schatten-Seiten"...so annehmen kann wie ich bin, meinen „Selbst"- Wert ernst nehme, indem ich mir immer wieder mal die Frage stelle:

„Was bin ich mir SELBER WERT!?"
erst dann :.....kann ich einen anderen Menschen annehmen...
ihn lieben, annehmen - wie er ist und auch **Gott lieben**,
weil er in „sich selbst" ist, in seiner eigenen Mitte lebt.

.... „Nicht (nur) die Nächsten-Liebe ist der „Schlüssel" zum Glück, zum erfüllten Leben oder der „Maßstab" für einen „guten" Christen, sondern die Liebe zu sich selber, die **„SELBST-Liebe",** nicht zu verwechseln aber mit dem **„EGO"!**

Nur, wenn du dich selber bedingungslos annehmen kannst, so wie es auch dein himmlischer Vater tut, schenkst du deiner Familie und allen Menschen in deiner Umgebung mehr, als mit guten Taten oder mit Geld möglich ist. Du bist einfach friedlich in dir und kannst den Emotionen deiner Umgebung mit Wertschätzung begegnen.

Im Kath. Erwachsenen Katechismus wird darüber nachgedacht, woher das „Böse“ kommt. (S.126) und wie dieses sich im Laufe der Menschheitsgeschichte „deuten“ lässt.
Eine Antwort gibt dafür – nach kirchlicher Lehre – der Hl. Augustinus,
der in seinem „Gottes-Staat“ zeigt, dass die Geschichte ein ständiger Kampf
zwischen zwei Reichen ist: dem **Reich Gottes**, in dem es nur die Gottesliebe
und dem **Reich des Bösen** – des Satan - , in dem es „nur“ die Selbstliebe gibt.
Hier wird der Begriff „Selbst“-Liebe als **Gegen-satz** zur Gottesliebe gesehen
und verwendet als etwas „Schlechtes“, das es zu vermeiden, ja,
sogar zu bekämpfen gilt, da es vom „Bösen“ stammt.
Ich finde es sehr schade, dass dieser Begriff nicht unterteilt wurde in
„purem Egoismus“, in dem jeder Mensch sich selbst der Nächste ist und nur zu
seinem eigenen Vorteil handelt und der so wichtigen „Selbst-Liebe“,
ohne die es weder eine wahre Liebe zu sich selbst oder zu seinem Nächsten geben,
noch eine wahr-haftige Beziehung zu dem lebendigen Gott aufgebaut werden,
und es auch keine wirklich und echte „innere“ Erneuerung geben kann !

Bereits Jesus machte die Selbst-Liebe zum Hauptgebot des christlichen Lebens.
Es gilt nicht, sie zu bekämpfen, sondern sie ist der **Not-wendige Schlüssel** zu meinem „SELBST“ und auch zu meinem ganz eigenen - inneren - Glück!
Nur wer sich selber liebt, ist fähig, zum Du hin zu finden und auch zu Gott!
Meine Liebe, so sie nicht nur aus „EGO“ besteht und in ihr auch noch Platz ist
für mehr als das „Ich“, ist der **Weg** zu mir selbst!
Meine Liebe zu mir lässt mich meine eigene Identität und auch meine göttliche
Bestimmung finden. Sie lässt mich erfahren, wer ich wirklich bin und als wen ich
von Gott her gedacht bin, worin meine Lebens-Aufgabe besteht.

Wenn ich heute meine 80-jährige Mutter danach befrage, was sie denn unter
„Selbst-Liebe“ versteht, dann bekomme ich höchstens zur Antwort:
„,...das hört sich nach etwas Unanständigem an...! - In meiner Kindheit gab es dieses Wort nicht. Wir mussten als Kinder schwer arbeiten und mit unserem Tageslohn auf dem Feld zum Unterhalt der Familie beitragen. Jeder von uns wurde gebraucht.
Nach der Schulzeit musste ich auf einem Betonwerk schuften wie ein Mann. Und später auf dem Hof arbeitete ich von dunklen Morgen bis hinein in die Dunkelheit am Abend, um dann einfach nur todmüde ins Bett zu fallen. Erst jetzt im Alter erlaube ich es mir zu genießen, was mir gut tut, kann ich an mich selber denken und freue mich über jeden Tag, der mir noch geschenkt ist. Sich selber etwas Gutes zu tun, an sich selbst zu denken oder **sich zu „lieben“,** das haben wir so nicht gelernt, für uns war nur die „Nächstenliebe“ der Inbegriff für ein christliches Leben! Ich wurde nie danach gefragt, ob es mir „gut geht“, sondern es ging immer nur darum, dass wir `funktionieren´“!

Der „Wandel“ der Zeit birgt die Chance der „Erneuerung“, aber nur für den, der sich wirklich im Herzen bewegen lässt, für den, der sie nutzt und auch als „Chance“ sehen kann. ALLE sind davon betroffen...! Politik und Gesellschaft, aber:

Auch die großen Religionen unterliegen dem „inneren“ Wandel, und bedürfen einer „inneren Erneuerung“...!

Was Jesus uns in seinem Leben und seiner Lehre vermitteln wollte, war vor allem jener Gedanke: der Glaube und die Religion, sie sind nichts „statisches“, sondern immer in Entwicklung. Natürlich, es gibt heilige, unverrückbare Grund-wahrheiten, die sich nie ändern werden, weil sie wie Gott selbst „göttlich“ sind.
Und dazu gehören Prämissen wie die Liebe zu sich, zum Mitmenschen und zu Gott, die Bereitschaft zur Hingabe, das Bemühen in Frieden zusammen zu leben, sowie das Vertrauen in die „höhere Führung“.
Jesus gab uns die „Grundregeln“ des Zusammenlebens, die er selbst in einigen wenigen Sätzen klar formuliert und einfach zusammengefasst und uns genauso vorgelebt hat...
Dennoch von der Lehre zur gelebten Praxis ist oft ein weiter Weg.
Er war stets flexibel und offen, dynamisch, so wie der göttliche Geist es eben auch ist: feurig und stets in Bewegung, bereit Altes zu verbrennen, damit Neues entstehen kann.!
Ihm war die Befreiung von Regeln dann wichtig, wenn sie dem Menschen nicht mehr „dienten“, sondern einengten und ihn in seiner geistigen Weiter-Entwicklung ein-schnürten.

Im **Hinduismus** gilt das Kastensystem längstens als „Hemmschuh“ für neue Entwicklungen, das eine **„innere Erneuerung“** kaum zulässt. Warum auch?
Die oberen Kasten, denen Achtung und Respekt gebührt, es geht ihnen gut in ihrer gehobenen Schicht. Die unteren Schichten bis hin zu den „Unberührbaren“, sie verbleiben chancenlos in diesen ewigen Kreisläufen...!

Im **Buddhismus** – ähnlich wie auch bei den Hindus - setzen sich viele Gläubige oft selbst sehr massiv unter Druck, weil auch sie davon ausgehen, zahlreiche Gebete und Opfer **leisten** zu müssen, um altes Karma abzubauen und somit günstige Voraus-setzungen für eine gute Wiedergeburt schaffen zu können. Diese Einstellung ist dem „Lohndenken“ christlicher Glaubender etwas ähnlich und somit eine „Frage des Gottes-Bildes“!
Das einst aus dem Sklavenhaus Ägyptens befreite **jüdische Gottesvolk** der Hebräer bekam als wanderndes Gottesvolk der Wüste mit Gottes Weisung das „gelobte Land“ - ein Land, in dem ‚Milch und Honig´ fließen, versprochen und auch zugewiesen.
Die 12 Stämme Israels verteilten das neue wunderbare Land unter der Führung Josuas (1230 v. Chr) großzügig und auch sehr selbstbewusst unter sich, nur waren dort bereits Bewohner, die natürlich auch Anspruch auf ihr Eigentum und Besitz erhoben.

Wenn man einem Menschen, bzw. einem ganzen Volk das Beste was es hat, wegnimmt, wehrt und verteidigt es sich und kämpft um seine Rechte. Doch wer die besseren Waffen hat, hat das Sagen. Das musste das Volk Israel schmerzhaft erfahren, als es einst von den „Philistern“, den Bewohnern des einstigen Palästinas besiegt wurde. Eine Erfahrung, aus der Israel gelernt hatte. Das Buch Josua berichtet von den kriegerischen Unternehmungen, Eroberungen und Schlachten.
Wer Geld und auch gute Verbündete hat, hat Einfluss und auch Macht.
Doch das schafft jede Menge Feinde!
Das jüdische Glaubensvolk war in alle Winkel dieses Globus zerstreut und sie schafften es schließlich, einen eigenen Staat, eine eigene Heimat zu gründen, in die alle versprengten Kinder nach Hause zurückkehren konnten.
Aus der einstigen Landnahme Israels ist längst ein weltweites Politikum geworden. Wird, was einst im Kleinen begonnen und „gesät“ wurde, heute noch unter großen Schmerzen und vielem täglichen Blutvergießen wieder geerntet?
Oft habe ich mich – bereits während meines Studiums - gefragt: wie konnte Gott selbst dieses Versprechen an sein über alles geliebtes Volk geben? Dachte er nicht an die Folgen, oder hatte er sich dies alles anders – weniger kämpferisch, sondern friedlicher vorgestellt? Sicher, an dem jüdischen Volk wurde einst ein kolossal großes Unrecht verübt, aber auch sie selbst sind es heute, die in munterem Weiterbauen der jüdischen Siedlungen ihr eigenes Unrecht verdrängen, diesen vermeintlichen Anspruch an „ihr“ versprochenes Land weiter „zementieren“, - und die Weltbevölkerung schaut noch friedlich, aber nervös zu.... Denn Freunde, sie **„dürfen“** das?

Sie betreiben heute eine aggressive Siedlungspolitik und wollen nicht wahrhaben, dass sie, - die sie einst selbst in Ägypten gefangen, ausgebeutet wurden, in diesem Sinne „Opfer“ waren, heute wieder zu „Tätern“ werden, - im Namen Gottes, dessen Name der „Retter“ und „Befreier“ heißt.
Aber nur für **<u>sein</u>** geliebtes Volk? Nicht für die anderen ?
Hat Israel vergessen, dass sie einst selbst „Sklaven“ waren,- und nun handeln sie selbst wie ein großmächtiger Pharao, der das Volk, auf dessen Land sie siedeln, knechten, ja sogar vernichten will, indem es ihm die menschlichen Grund-rechte verwehrt?

Die jüdische Religion, ihre Identität, sie ist verquickt mit ihrem Staats-wesen und damit auch mit ihrer eigenen Selbstfindung. Doch ein Reicher, wie schwer fällt es ihm, zu teilen und zu verstehen, dass der Weg in das Himmelreich nur **gemeinsam** möglich ist? Dieser Weg zum Paradies des Friedens ist noch mit schweren Steinen zugepflastert und es wird wohl noch länger dauern, bis der „große Bruder“ beginnt, die ersten kleinen Steinchen aus dem Weg zu räumen, damit **„Shalom“,** - ein dauerhafter Friede möglich wird.
„Was du säst, wirst du ernten...“ – im großen Politikum wird das alte Gesetz des Karma - Ursache und Wirkung - wieder in seiner ganzen Brisanz und Aktualität deutlich! Erneuerung kann bedeuten, sich **einzig und allein auf den „EINEN“ Gott** der Liebe und des Friedens zu berufen, der nichts so sehr will als die Befreiung von allen Ketten der Unterdrückung. - **Sind wir nicht alle Kinder des „<u>einen</u> Vaters“?**

Wie bereits erwähnt: die Trennung beginnt nicht in der Religion selbst und Gott will diese nicht, sie beginnt einzig und allein in den **Köpfen** der Menschen.

In Deutschland lösten sich die erbitterten Kämpfe um den Streit der Konfessionen erst allmächlich auf durch die grausamen Erfahrungen der Pest und der bitteren Armut des 30-jährigen Krieges. Plötzlich spürten die Menschen, dass es nur darauf ankommt, in dem Nächsten den **Bruder und die Schwester** zu sehen, den man braucht zum Überleben und dass der Zusammenhalt viel wichtiger ist als alles „Trennende"... Schmerzvolle Erfahrungen, die den Menschen aber bewusst machten: es gibt viel Wichtigeres als den Streit um Konfessionen, sondern die Erkenntnis reifen ließ:

wir sitzen alle in demselben Boot und es kann nur darum gehen, sich auf das „Gemeinsame" zu besinnen!

Im **Islam** bedarf es einer zeitgerechten Übersetzung des Koran, damit auch heute islamische Gemeinden in offener und inspirierter Weise Impulse beziehen können für ein gläubiges und friedliches Zusammenleben in einer sich wandelnden Gesellschaft....! Viele gläubige Moslem sind bereits in der Neuzeit angekommen, es ist für sie kein großes Problem, von Liebe, Glaube und Hoffnung – und dem **EINEN GOTT** beseelt zu sein, wissen sie doch, dass Fanatismus die Menschen abschreckt und verängstigt, keine Lösung sein kann für die wirklichen Probleme einer modernen Gesellschaft.
Für jede der großen Religionen stellt der **„Wandel"** immer auch eine enorme Herausforderung zwischen „Tradition und Moderne" dar, gibt es Umbrüche, die nicht immer freudig begrüßt, sondern oft auch unterdrückt oder gar bekämpft werden.
Tabu-thema besonders aber im Islam ist eine emanzipierte Stellung der Frau!

*Auch im **Protestantismus** wird versucht, seinem Gründer gemäß seiner Lutherischen Übersetzung ganz treu zu bleiben, doch vor allem den jungen Gläubigen haucht ein starker „mittelalterlicher Flair" entgegen, der sie daran hindert, bei der Verkündigung des Gottes-Wortes jeden Satz wirklich zu verstehen! „Konservativ" sein, das bedeutet: das Gute, alte Bewährte zu bewahren und doch offen zu sein für das „Neue", das der Zeiten-Wandel eben mit sich bringt...!
Den Mut zu haben, Neues zu wagen, ohne jedoch am geliebten `Alten´ Verrat zu üben....Martin Luther würde sicher nicht beleidigt sein!
Er wäre be-geistert! Das „Wort Gottes" steht im Mittelpunkt der Lehre Jesu, doch viele Gläubigen empfinden die Gottesdienste heute als viel zu „Wort-Lastig"!
Menschen in dieser schnell-lebigen Zeit haben eine große Sehnsucht nach Ruhe und Einkehr, nach Spiritualität und Worten, die aus ihrer Seele sprechen, aus denen sie für ihren Alltag neue Kraft schöpfen können. Die Gläubigen heute, sie sind offen für neue Wege und Formen des Gebetes, für Meditation und auch für die Stille, um das Wort Gottes im Herzen ankommen zu lassen.
Die „Mission" eines Martin Luthers war es, „ver-rückte" Wahrheiten wieder dorthin zu rücken, wo sie hingehören, so, wie es auch Jesus zu seiner Zeit tat...

Für ihn war zwar die „verlorene Dimension" des Christentums im Sinne der Wiedergeburt und des Karma kein „brennendes Thema", dafür aber brannte es ihm auf den „Nägeln", für eine andere so wichtige verlorene Dimension zu kämpfen:
er stellte die Beziehung zwischen Gott und Mensch wieder in den Mittelpunkt:
sie ist „zentral", dann erst kommt die Beziehung zwischen Mensch und „seiner" Kirche, an der er sich fast sein ganzes Leben lang „aufrieb" und die er oftmals als sehr belastend empfand. Diese Sichtweise kann uns heute noch inspirieren!

Die christlichen Kirchen, vor allem auch die **katholische Kirche** ist sich dessen hoffentlich bewusst: **SPIRITUALITÄT ist der Mega-Trend!**

Doch laut Prof. Zulehner aus Wien geht dieser Super-Trend, die sich einer großen Offenheit, Sehnsucht und Neugier für spirituelle Fragen gerade auch bei den jungen Leuten zeigt, an den Kirchen vorbei: die große Mutterkirche ist zu moralisierend, zu sehr an Dogmen verhaftet. Auch ein katholisches Lehrbuch sollte stets versuchen, die Menschen dort abzuholen, wo sie stehen! Nicht der Mensch steht in diesem Lehrbuch im Mittelpunkt, sondern die **„Lehre"** der Kirche.
Bei Jesus war das anders:

Er stellte nicht eine, oder „seine" Lehre in den Mittelpunkt,
sondern er machte die bedingungslose Liebe Gottes zu seinen Kindern
und die Liebe zum Nächsten zum Mittelpunkt seiner Lehre.
Er stellte auch keine Institution in den Mittelpunkt die dem Machterhalt dient, sondern sprach vom Reich Gottes, das durch ihn für alle Menschen zugänglich ist. Eine Herrschaft, die heißt: grenzenlose Liebe!
Und zwar: für jeden Menschen, und auch über den Tod hinaus...

Jesu gelehrte und gelebte Theologie war gelebter Glaube, die sich in einer zärtlichen Gottesbeziehung und in der absolut bedingungslosen, liebevollen Annahme der Menschen, die nach Erfüllung suchen, ausdrückt.
Die Notwendigkeit einer Erneuerung in der katholischen Kirche darf keineswegs nur an die Gläubigen ge-**richtet** sein, sondern der Prozess der Erneuerung **hat bereits darin begonnen,** weil – in sehr schmerzhafter – Weise erkannt wurde, dass in mutiger und auf-**richtiger** Weise ein neuer Bezug zur **Wahr-haftigkeit** gelebt werden muss!
Diese Wahrhaftigkeit geht aber noch viel tiefer, als wohl bislang vielen kirchlichen Angestellten - in allen christlichen Kirchen - bewusst war.
Der Weg zur ursprünglichen und wahren Lehre Jesu kommt nicht am Jahr 553 vorbei!
Eine Wahrheit, die aber viele Vertreter der christlichen Lehre sehr schmerzt, und auch deshalb nicht **wahr-haben** wollen ..!

„Der Theologe hat keine Angst vor historischen Fakten...!"

(Kardinal Brandmüller)

Ihr müsst von „Neuem" geboren werden...: Dokumentation einer „Wieder-Geburt" im Jahre 1995...

Ganz „**global**“ gesprochen:
Im tibetanischen Buddhismus ist es völlig normal, wenn ein kleines Kind zur Welt gekommen ist, sich die Frage nach dem „Woher und dem Wohin“ zu stellen und sich Gedanken darüber zu machen, welche Seele aus der Großfamilie wieder zurück gefunden hat, - wieder einen neuen Platz einnehmen darf in einem neuen Leben. Aber nicht erst bei der Geburt: bereits bei der Empfängnis und während der Schwangerschaft haben die werdenden Eltern und die ganze Familie eine große Achtung, Respekt vor dieser „Seele“, die wieder zu ihnen findet.
Nicht nur das: für die Gläubigen wird der Zeitspanne vom Tod zu ihrer nächsten Wiedergeburt - genannt „Bardo“- eine überaus große Bedeutung beigemessen.

In Tibet gibt es weltweit die bekannteste und auch einzige Reinkarnations-Linie, die seit dem Tode des authentischen Buddhas als **„Living Buddha“** nahtlos nachgewiesen werden konnte. Buddha hatte seinerzeit prophezeit, dass etwa 1600 Jahre nach seinem Tod ein Mann mit großen spirituellen Fähigkeiten und unendlichem Mitgefühl das Licht der Welt erblicken würde. Man würde ihn „Karmapa“ nennen, den Meister des „erleuchteten Tuns.“. Dies geschah im Jahre 1110. Bis zu dem heutigen Zeitpunkt sind also alle „Leben“, alle Inkarantionen Buddhas – von der Geburt bis zum Tod und dann wieder zur nächsten Wieder-Geburt genau belegt.

Am 5.November 1981 war der sechzehnte Karmapa Rangjung Rigpe Dorje in Los Angeles in einer Klinik verstorben. Die Geburt und auch der Tod dieser ganz „besonderen Seelen“ sind immer auch mit ganz „wundersamen“ Ereignissen umgeben, die nicht auf Legenden, sondern auf dokumentierten Tatsachen beruhen.
So wurde vom Arzt, der Rigpe Dorje auf dessen letzten Lebensweg begleitet hatte, bestätigt, wie er selbst Zeuge davon wurde, dass der leblose Körper an der Herzgegend auch 48 Sunden nach dem eingetretenen Tod noch warm geblieben war!
Und auch dann, als der Leichnam in einer feierlichen Zeremonie verbrannt wurde, erschien am hohen blauen - wolkenlosen - Himmel ein leuchtender Regenbogen, - ein untrügliches Zeichen dafür, dass die Seele eines „Erleuchteten“ seinen Weg ins Licht gefunden hatte.
Die geistlichen Lamas - genannt „Tulkus“ – haben, bevor sie sterben und diese Welt verlassen, bereits ihre „innere Visionen“, - darüber, in welchem Jahr und in welcher Gegend sie „wieder geboren“ werden wollen. Der 16.Karmapa hatte - bereits von seiner Krankheit schwer gezeichnet, in dichterischer und verschlüsselter Form auf einem kleinen Schriftstück beschrieben, wann und wo er „wieder zu finden“ wäre. Angegeben waren bereits der neue Name des Kindes, die Wohngegend, die Namen der „neuen“ Eltern, und auch die Zeit der Geburt, in der sich Buddha selbst in einem neuen Körper „inkarnieren“ würde.

Dieses Schriftstück verstecke er in einem kleinen Umhänge-Talisman, den er kurz vor seinem Tod seinem besten – nichts ahnenden - Freund überreicht hatte als Geschenk und mit dem Hinweis: „...dieser wird dir zur rechten Zeit noch sehr nützlich sein...!"

Er selbst hatte auch noch vier „Leute seines Vertrauens" ausgewählt und sie damit betraut, sich nach seinem Tod auf die Suche zu machen nach dem „neugeborenen Kind", nach seiner eigenen Wieder-Geburt. Ganze neun Jahre suchten diese 4 Männer vergeblich und verzweifelt und hofften auf ein Zeichen, bis sich dieser Freund wieder auf den Talisman besann, der er sogar an seinem eigenen Körper getragen hatte.

Bewegt und inspiriert von der Frage nach dem „**Woher** und dem **Wohin** der menschlichen Seele", hatte der bekannte Autor und Journalist Clemens Cuby (München) bereits 1989 seine „Fährte" aufgenommen und sich die Erlaubnis gesichert, auch die des geistlichen Oberhauptes, des Dalai Lamas, diese Suche „nach dem neugeborenen Kind" dokumentieren zu dürfen. Die „Heiligkeit selbst" hatte ihm seine „inneren Vision" beschrieben, in der er genau das Tal gesehen hatte, in dem der „Living Buddha" wieder aufzufinden wäre.
Nach einer – nicht nur sehr unwegsamen und anstrengenden, sondern auch absolut lebensgefährlichen – Reise, hatten sie ihr Ziel gefunden. Sowohl das beschriebene Tal, das genau so mit der Beschreibung des Dalai Lama überein stimmte, als auch den angegebenen Ort. Sie fanden die Eltern und auch das Kind, das zu diesem Zeitpunkt bereits 5 Jahre alt war. Alle Namen stimmten mit jenen auf den Schriftstücken absolut überein. Die Menschen, die in diesem Tal leben, bestätigten, dass zum Zeitpunkt der Geburt dieses Kindes mit dem Namen Urgyen Thinley Dorje ganz „wunder"-same Dinge geschahen. Über dem ganzen Tal ertönte eine wunderbare leichte „Sphären"-Musik, ein Klingen von „schwebendem Hörner-schall", deren Instrumente diese Leute aber gar nicht zuordnen konnten.
Jedes Team, das sich auf die Suche macht nach einem „wieder" geborenen Kind, hat im Reisegepäck auch Gegenstände mit eingepackt, die aus dem Besitz des Verstorbenen stammen, aber auch solche, die nicht zu ihm gehört haben.
Es hat die Aufgabe, dieses Kind zu „testen": es soll selbst heraus finden, ob das „Gedächtnis der Seele" die Erinnerungen an seine „frühere Inkarnation" freigeben kann. In der Regel haben diese Kinder kein Problem damit, aus mehreren ähnlichen Gegenstände ihr Lieblingsspielzeug oder spezielle Besitztümer wieder zu erkennen.

Eine interessante Episode möchte hier noch erwähnen: 14 Tage, bevor der 16. Karmapa in Los Angeles verstarb, verabschiedete sich seine Dolmetscherin von ihm. Jetzt bei der Inthronisation des 17. Karmapas wohnte sie der Zeremonie bei und begrüßte das Kind persönlich. Sie brach völlig aufgelöst in Tränen aus. - Warum?
Weil der kleine Urgyen sie mit denselben Worten begrüßte und mit ihr eben denselben Gedanken aufnahm, mit dem er sich 14 Jahre zuvor von ihr verabschiedet hatte.
Ein Zufall? Oder ein Zeichen dafür, wie sehr „Ende und Anfang" zusammen gehören?
Clemens Cuby hat aus dieser Reise eine Dokumentation gedreht, die erstmals 1995 unter dem Namen „Living Buddha" im TV lief.

Wenn Hindus und Buddhisten ihre Toten zur „Ruhe betten", bzw. den irdischen Leib, die „abgestorbene Hülle" dem Feuer übergeben, „hüllen" sie sich in Weiß, da sie wissen, dass der Grund der Reise ihres Lieben ein Grund zur Freude ist. Sie tragen nicht die Farbe „Schwarz", die Farbe in der in unserer westlichen Welt „Trauer, Tod und Schmerz" ausgedrückt wird.

Die Schneedecke ist eine „Schutz" - Decke für alle Prozesse der Verwandlung, sie beschützt und fördert alle „inneren" Vorgänge, in - bzw., unter denen sich neues Leben entwickeln kann. Jeder Winter versinnbildlicht die „Ruhephase", die **nie eine Sterbe-oder End-phase,** sondern nur eine **Regenerations**-phase , eine Phase der Ver-„**wandlung**" ist.

Es gibt sogar viele Pflanzensorten, die den Frost und die lange Winterszeit **brauchen.** Winterweizen und Wintergerste, denen der lange Winter „erspart" bleibt und die erst im Frühjahr ausgesät werden, bilden nur die grasähnlichen Blätter, aber keine Ähren aus. Sie tragen in sich die „Information":
„Erst wenn wir durch den „Winter" und den Frost hindurch-gegangen sind, sind wir fähig zu unserer „Trans-formation", zu unserer wirklichen Frucht!"

Die Knollen und Zwiebeln in der Erde bereiten sich in der Ruhephase auf ihren „tollsten Auftritt" vor. Sie und auch die Knospen der Sträucher und Bäume entwickeln in der Ruhephase das „wahre Leben".

Die Erde, sie bewahrt, aber sie macht auch die „Ver-Wandlung" möglich.

Alles wartet nur darauf, dass der „Zeitpunkt" kommt, die dann **„seine Zeit"** ist. Jedes Samenkorn, jede Knolle, und auch die Seelen, - sie kennen „ihren" Zeitpunkt!

(rechts: eine Magnolien-Knospe)

Auch die „schein"- bare Winter-Ruhe bei den Bienen; - sie trügt!

Im frostigsten Winter rücken die Bienen ganz eng zusammen.
Je kälter es wird, umso mehr, um damit im Innern des Stockes wärmst-mögliche Temperaturen zu erzeugen. Wenn es auf diese Weise um die Königin herum am wärmsten wird – es draußen also am kältesten ist, dann bekommt die Königin ihren „Impuls" zum Eierlegen.

Bereits im Januar, also im tiefsten Winter, wird eifrig begonnen mit der Brut für den Sommer. Also in der „schein-baren" Toten-Zeit ist in der Natur die „Er-NEU-erung des Lebens", die Verwandlung bereits im vollen Gange!

Er ist es allerdings ist aber auch, der uns jedes Jahr neu zeigt,
wie sehr wir Menschen **Teil dieser Natur** sind: wie schwer fällt es ihm doch,
loszulassen, den Weg frei zu machen für das längst Neue, das kommen will!
Wie sehr kämpft er um seine Vorherrschaft und bäumt sich auf...
Mit aller Macht krallt er sich mit frostiger Eiseskälte ein und
wehrt sich mit allen Mitteln um jeden Tag, der ihm noch bleibt...!
Er lässt dem Neuen nicht kampflos den Vortritt!
Aber wenn die letzten „Wehen" ausgestanden sind, der letzte Schnee schmilzt,
dann siegt die Wärme über die Kälte und ist das „Neue" Leben
durch nichts mehr aufzuhalten und zu bremsen.
Das **„NEUE"**, es will kommen und geboren werden mit aller Macht!

Im Zyklus der Jahreszeiten wiederholt sich der Vorgang
des „Werdens, des Vergehens und der Wiedergeburt" , jedes Jahr neu.
Der Frühling bietet uns jedes Jahr neu die „Renaissance"
– die **„Wieder-geburt" des Lebens,** die aber im Winter „vorbereitet" wurde !

Zwei junge Eichenbäume, die in meinem Waldstück nur wenige Meter auseinander stehen, habe ich im Abstand von 4 Wochen fotographiert.
Noch im April zeigte der linke Baum sein volles „Totenkleid". –Jedes Jahr lässt er sich Zeit, sich seiner „alten Hülle", die er nun nicht mehr braucht, zu entledigen .
Binnen weniger Tage hat er es dann aber geschafft, sich zu erneuern.
Die Kraft des neuen Lebens trug er längst in sich.
Nun war der Zeitpunkt gekommen, die Zeit war reif,
das „volle" Leben ganz neu – und jedes Jahr wieder – zu entfalten.

„Lass los, was du nun nicht mehr brauchst, leg es ab, dein altes Kleid. -
Und spüre das neue Leben, das so lange schon reift in dir!
Streck dich aus und fühle das Neue-
das Lebendige will sich zeigen in Farbe und Form, in Geist und Leben !"

Auch in der Tierwelt erleben wir, wie die „Seiten gewechselt" werden.
Rückzug, Vorbereitung, um das eigene Werk wieder fort zu führen.

Das Bild der Schwalben...

Jedes Jahr wieder, wenn ihre Arbeit getan und ihr „Auftrag" erledigt ist, nämlich den Fortbestand ihrer Vogelart zu sichern, sammeln sie sich um den 8.September herum (an Mariä Geburt fliegen die Schwalben furt...) in großen Scharen, um gemeinsam die weite Reise in den Süden anzutreten...
Ich denke, sie kennen keinen Abschiedsschmerz, wissen sie doch, dass die Zeit wiederkommt, um zurück zu kehren und hier genau dort wieder weiter zu machen, wo sie aufgehört haben....um ihr Werk wieder fort zu setzen...Sie „wechseln" nur die Lebens-Räume in wärmere Gefilde und wenn es wieder an der Zeit ist, kommen sie wieder und

verbreiten in unserem ganzen Lande mit ihrer lautstarken Begrüßung eine Lebensfreude, die auch für alle Menschen ansteckend ist...
Wie freue ich mich jedes Jahr im Frühling, zähle die Tage und sehne mir mit jedem Frühlingstag diese gefiederten Freunde des Himmels wieder herbei!
Wenn die ersten Schwalben da sind, weiß ich, die Zeit des Winters ist vorbei, der Frühling und mit ihm der Sommer kann kommen...
Kaum ist die erste Schwalbe angekommen und zieht wieder in ihr „altes", - gewohntes Quartier ein, fangen sie lauthals zu zwitschern an, um es überall zu verkünden, die freudige Botschaft...Wenn sie Einzug halten, dann ist das die **„Freude PUR"** die sie verbreiten!

„Wir haben es geschafft, wir sind wieder da und freuen uns... wir sind dankbar, die weite schwere anstrengende Reise wieder hinter uns gebracht zu haben...
Wir haben für kurze Zeit die „Räume gewechselt", aber nun sind wir wieder da und freuen uns, von neuem unsere Aufgabe angehen und unseren Auftrag ausführen zu dürfen.."
Immer wieder wundere ich mich, wie zielsicher die Schwalben über Tausende von Kilometern wieder genau in **ihre** Heimat zurückfinden. Sie scheinen genau zu wissen, wohin sie gehören. Und ich bin mir jedes Mal sicher, so direkt und zielsicher wie die sie jedes Jahr ihr Nest einnehmen, das können nur unsere Freunde, die Familien aus dem Vorjahr sein...5 Monate verbringen die Vögel in der warmen Sommerszeit bei uns, die anderen 7 Monate überwintern sie im warmen Süden.
Ich denke, sie sind auf „beiden" Seiten zu Hause, jede „Seite", jeder Umzug, jeder Wechsel gehört zu ihrem Leben, - zum „Ganzen".

Ich vermute, dass sie sich wohl auch nicht die Frage stellen:
„Wo ist nun meine **eigentliche** Heimat, - im Norden oder im Süden....?“
Vielleicht eher die Frage: wo bin ich lieber: „Hier- oder Dort...?“
Jeder Wechsel bietet die Chance und das Geschenk eines Neuanfanges und dieser wird jedes Mal gebührend bejubelt, egal ob im Norden oder im Süden...!
Vielleicht sind die Schwalben ein Sinnbild, ein Gleichnis für das „Wechseln der Seiten“, und auch für die Wiedergeburt,-

Der Kreis des Lebens setzt sich immer fort...

Auch die Seele eines Menschen findet wieder zurück in den Kreis seiner Lieben und sucht sich seinen Platz, dorthin wo es gilt, das begonnene Werk weiter zu führen. Dorthin, wo noch Aufgaben für die Seele anstehen und warten für die „Er-füllung“. Es ist aber genauso möglich, dass eine Seele für die eigene Weiterentwicklung sich eine ganz neue andere Familie sucht, eine neue Herausforderung.
Im Jenseits entscheidet sie selbst – mit ihrem Engel als „Reise-Führer“, welches neue Reise-ziel und welche Aufgabe angenommen wird.

Zeugnisse vom Glauben an die Wiedergeburt bei den Dichtern und Schriftstellern....

Platon, Pythagoras und Sokrates,
Goethe, Schiller und Lessing, Friedrich der Große,
Schelling und Schopenhauer, Kleist, Kant und Friedrich Nietzsche,
Hauptmann, Richard Wagner, Heinrich Heine, Hermann Hesse, C.G.Jung....

Alle sie verband eine **gemeinsame Überzeugung**: der Glaube an die Wiedergeburt...
Pythagoras Lehre von der Seelenwanderung drückte sich bereits so aus:

„Der Wind bläst und du hörst sein Sausen wohl...“

(Ob Jesus wohl die Schriften von Pythagoras kannte...?) Für die griechischen Philosophen war deren Überzeugung der Eckstein ihrer Gedanken und Überzeugung..!

J.W.v. Goethe (1749-1833) sprach davon, dass jeder Mensch einen „göttlichen Funken“ in sich trägt, damit er sich in der Abfolge von mehreren Inkarnationen (aus eigener Kraft) zu einem immer vollkommeneren Menschen entwickeln kann...
Die große Liebe zu Charlotte von Stein konnte er nur so erklären:
„Ich kann mir die Bedeutsamkeit, die Macht, die diese Frau über mich hat, anders nicht erklären als durch die Seelenwanderung. Ja! Wir waren einst Mann und Weib! Nun wissen wir von uns – verhüllt, im Geisterduft. Wenn ich wieder auf die Erde komme, will ich die Götter um sie bitten zu dieser lieben Gefährtin.“

Als sein Freund Christoph M. Wieland 1813 verstarb, fand er großen Trost in dem Gedanken, ihn dereinst in einer anderen Existenz wieder zu sehen...
Er sagte: „Ebenso wie ich an ein Fortleben nach dem Tode glaube,
so glaube ich, auch ein Vorleben annehmen zu dürfen.

Ich bin gewiss schon 1000 mal da gewesen,
und hoffe, wohl auch 1000 mal wieder zu kommen !

In seinem „Gesang der Geister über den Wassern" drückt sich der große Dichter so aus:

„Des Menschen Seele gleicht dem Wasser:
Vom Himmel kommt es, zum Himmel steigt es
und wieder nieder zur Erde muss es, ewig wechselnd...
Seele des Menschen, wie gleichst du dem Wasser!
Schicksal des Menschen, wie gleichst du dem Wind!"

Friedrich d. Große sagte: „Ich fühle, dass es mit meinem irdischen Leben bald aus sein wird. Zwar werde ich im künftigen Leben nicht wieder König sein, aber desto besser: ich werde doch ein tätiges Leben führen und noch dazu ein mit weniger Undank verknüpftes!

C.G.Jung bekannte: „Ich kann mir gut vorstellen, dass ich in früherem Leben gelebt habe und dort auf Fragen gestoßen bin, die ich noch nicht beantworten konnte: dass ich wieder geboren werden musste, weil ich die mir gestellten Aufgaben nicht erfüllt habe....!"

Friedrich Schiller drückte seine Empfindung so aus „An Laura"(1782):
Waren unsre Wesen schon verflochten? War es darum, dass die Herzen pochten?
Waren wir im Strahl´ erloschner Sonnen, in den Tagen lang verrauschter Wonnen,
schon im Eins zerronnen?

Heinrich Schliemann schrieb seiner Frau kurz vor seinem Tode (1896) auf Alt-griechisch: Und beim Zeus! Ich verspreche Dir für das nächste Leben wiederum die Treue!

Nachdem **Hermann Hesse** 1911 von seiner Indienreise zurück gekehrt war, spielte das Thema Wiedergeburt eine herausragende Rolle und wurde zum „Motor" von Lebensgeschichten und Schicksalen in seinen Romanen.

Richard Wagner drückte seine Überzeugung sehr klar aus: Reinkarnation und Karma bilden einen wundervollen, ganz unvergleichlichen Weltmythos, gegen den wohl jedes andere Dogma kleinlich und borniert erscheinen muss...!

Fr. Nietzsche: Lebe so, wie wenn du nochmals leben könntest – dies ist deine Pflicht. Denn du wirst in jedem Falle nochmals leben!

„Ruhe in Frieden" bedeutet....
wir haben noch vieles zu entdecken und zu lernen ...!

Ich habe einen befreundeten Missionar, der mit seinen 85 Jahren tagtäglich noch so viele Aufgaben erledigen „muss“ und sich keine Ruhe gönnt, weil er sagt, nach seinem Tod kann er ja noch „ewig“ ausruhen!
Diese Einstellung kennen übrigens viele ältere Menschen.
Weil es ja nur **ein** Leben und auch nur diese **eine** Chance gibt, muss noch vieles erlebt, erledigt und auch abgeschlossen werden. In der „ewigen Ruhe“ ist das wohl alles nicht mehr möglich...! Dann wird eben nur noch: ge-„ruht“...!
Ihr Glaube hat es immer so vermittelt und weil es immer so gelehrt wurde, kommt man erst gar nicht auf den Gedanken, - warum sollte dies auch **anders** sein?
Ich sage da nur: „Höre auf deine innere Stimme! Was sagt sie dir?
Vielleicht bist du nach den vielen Aufgaben, die du in deinem Leben bewältigt hast, einfach wirklich nur „müde und reif für die Insel“ ?
Sehnst du dich nach ausgiebiger Erholung und einfach nur: nach „Ruhe“?
Was willst du ? Was steht für dich an und wonach sehnst du Dich?
Oder bist du voller neuem Tatendrang und willst noch vieles nachholen, weil dieses so kurze Leben viel zu schnell verflog oder wichtige Chancen verpasst wurden, es noch unerledigte Aufgaben gibt, Lebens-Träume noch nicht ausgelebt, Visionen, die man vielleicht Jahrzehnte in sich wahrgenommen hat, aber dann im Älter-sein unmöglich erfüllt werden konnten, weil die Zeit und die Umstände ungünstig waren oder die Gelegenheit dazu nicht mehr gegeben war...?
Was hast du in deinem jetzigen Leben erreicht und an eigenen Zielen umsetzen können, - und was fehlt dir noch ? Sei ehrlich und ganz spontan!
Wenn dir jemand sagen würde: Du hast einen „himmlischen“ Wunsch ganz für dich frei! Was wäre es? Merk es dir! Bewahre dir diesen Wunsch...
Wenn es für die Erfahrung deiner Seele wichtig ist, dann wird es auch dafür sicher, wenn die Zeit und die Umstände passen, eine Gelegenheit dafür geben.

Eine andere Freundin sagte zu mir....
„Ich war sicher schon Hunderte Male auf dieser Welt. Jetzt reicht´s mir.
Ich will wirklich nur noch Ruhe und Frieden, nur noch „heim-kommen“ und mich ausruhen von diesen vielen Mühen und auch den schwierigen Erfahrungen in meinem Leben, dir mir wirklich alle Kraft abverlangt haben.
Ich freue mich darauf, in der Liebe und im Licht Gottes verweilen zu dürfen, mit ihm zu sein, sonst bedarf ich nichts mehr.“ Ihr Wunsch war ehrlich und glaubhaft.

Vielleicht sollte dies das Ziel dieses Wunsches sein... **„Ruhe in ewigen Frieden...“?**
Auch die östlichen Religionen kennen dieses Ziel...
Irgendwann, wenn alle „Lektionen“ gelernt wurden, die für die Entwicklung meiner Seele wichtig waren, nicht mehr zurückkehren zu müssen in das „Klassenzimmer dieser irdischen Schule“, keine leid-vollen Erfahrungen mehr machen zu müssen,

sondern irgendwann nur noch in der „Einheit mit Gott, unserem Ursprung wieder zu verschmelzen...". Der Buddhismus nennt sein Ziel: das „Nirwana" - das **„Nichts"** zu erreichen, nicht mehr Zurückkehren zu müssen, sondern das „Rad" der Wiedergeburt , den Kreislauf des Lebens und die leid-vollen Erfahrungen verlassen zu können.
Lange Jahre habe ich über dieses Auf-lösen in **„Nichts"** nachgedacht:
Ich persönlich definiere dieses Nichts lieber mit **„Alles"...**
Nichts hat für mich etwas von „Leere", vom Inhalt eines „Vakuums",
Alles hat für mich einfach **„ALLES"** : die innere Glückseligkeit,
die vollkommene Erfüllung, den „Reichtum in Fülle", von dem Jesus stets sprach....!

Die Erfahrungen deines Lebens, deiner Seele – sie bleiben erhalten wie auf einer „Speicherkarte", auch wenn unser Gedächtnis unheimlich vergesslich ist...!

...ob wir es wissen oder nicht, ob wir es glauben oder ahnen oder nicht: auf unserer „Speicherkarte" ist schon wesentlich mehr „abgespeichert", als uns vielleicht bewusst ist. Wir alle tragen die „Schätze" – nicht nur aus diesem **einen** Leben mit uns, sondern auch jene aus all unseren früheren Leben.
Wenn eine Seele sich entschließt, wieder hier in „irdischen Gefilden" anzukommen..., dann heißt es: „Nun geh hinab zu Deiner Geburt und zu deiner Vergesslichkeit...".
...oder wie Wilhelm Busch es ausdrückt: **„Jede Geburt ist eine Wieder-Geburt!"**
Ein kleines Kind, das wieder hier ankommt, könnte dann sagen:
„Hallo, hier bin ich wieder! Mit meiner vollen Kraft bin ich wieder da,
und ich habe auch alle meine **inneren** Schätze wieder mit gebracht.
Ich werde meine Spuren suchen und sie wieder finden,
ich werde weiterhin alles entfalten, was in mir schon lange angelegt ist."

Ein kleiner Mensch, der zur Welt kommt, „fängt" zwar in seinem Lernen wieder fast bei „O" an. Er muss wieder das Gehen und das Sprechen lernen, sich das Schulwissen- Lesen, Schreiben und Rechnen - aneignen, aber die „inneren" Schätze, die es mitbringt und auch die viele Fähigkeiten, die sich bereits in den ganz jungen Jahren ihren ganz eigenen Ausdruck suchen, ebenso aber auch die „Aufgaben" und so manches, das es zu „lösen" gilt: alles dies fängt ganz sicher nicht beim „O-Punkt" an!
Auch ein kleiner Wolfgang Amadeus Mozart, der mit 5 Jahren in seinem ersten Konzert brillierte, fing sicher nicht bei „O" an! Das Talent und die Gene - für sich sind wichtig, aber machen es alleine **nicht** aus. Die Voraussetzungen dafür wurden bereits viel früher geschaffen, dessen bin ich mir absolut sicher! Die Kinder wissen viel mehr und spüren, was in ihnen steckt. Sie brauchen eine Zeit, - **ihre** Zeit - um diese Spuren wieder aufzunehmen, ihr Potenzial in ihre ganz **eigene** Richtung zu lenken und in „volle Fahrt" zu kommen. Viele dieser Schätze schlummern fast sehnsüchtig in den kleinen Seelen und warten nur darauf, endlich wieder entdeckt zu werden. Sie wissen sehr wohl um ihre eigenen Spuren und können auch sehr hartnäckig sein, was ja auch gut so ist!

Was mich anbelangt: ich spürte bereits als Kind die Namen jener Menschen, die für mich in meinem Leben wichtig sein würden. Es war, als ob sie bereits tief in meiner Seele eingezeichnet waren.... Und diese nun einfach sehnsüchtig darauf warteten, bis sich die Zeit erfüllen und die passenden Umstände sich „ergeben" würden...

Und: haben wir uns nicht schon oftmals gefragt oder gewundert, warum denn so manche unserer Kinder - obwohl genau die gleichen Gene - , sie doch **völlig** von unterschiedlichen Charakteren oder von gegensätzlichen Neigungen geprägt sind? Und sich die Kinder - zusammen mit ihren Eltern - manchmal selber am meisten wundern, wie es denn sein kann, dass sie **„Geschwister"** sind...?! –
Warum sind manche nur so komplett unterschiedlich?
Jedes Kind bringt eben „sein" Potenzial und seine ganz eigenen Erfahrungen in dieses geschenkte neue Leben mit herein. Natürlich: man könnte auch behaupten und glauben, Gott selbst habe sich die Seelen vor langer, langer Zeit genau so „genial" ausgedacht und sie so erschaffen, finden zur ihnen ganz bestimmten Zeit das Licht der Welt... Davon bin auch ich fest überzeugt und dennoch: warum sollte dies aber im Wider-spruch dazu stehen, dass es nicht nur ein einziges, sondern auch noch ein **weiteres** Leben hier geben kann?
Dass Mike - mein Ehemann - sich von „klein auf" sehnlichst wünschte, auf einem Bauernhof zu leben (und den auch Jahre später gefunden hat...!), dass er sich mit 13 Jahren seinen ganz eigenen Garten angepflanzt und ihn auch gepflegt hat, zusammen mit seinen eigenen Gänsen und Hasen, sich dort ganz in seinem Element fühlte, um später Gärtner zu werden und hier genau das weiterzuführen und zu leben, was längst schon in seiner Kinderseele angelegt war, wuchs und reifte.

Dass ich mir mit 4 Jahren eine alte defekte Harmonika als mein „Lieblingsspielzeug" auserwählte und darauf von den wenigen möglichen Tönen die ersten eigenen Lieder erschuf, um dann mit 15 Jahren in meinem ersten Orgelkonzert zu spielen, oder aber mir einen ruhigen Platz im Hause suchte, um ungestört meine ersten „Briefe" an den lieben Gott zu schreiben, - ja, dass ich von klein auf wusste, ich muss da hinein, in diese Spuren, denn in der Musik und auch im Schreiben, da bin ich ganz in meinem Element, - und so viele kleine andere Beispiele, sie zeigen mir und vielleicht auch anderen Menschen:

die Kinder, sie bringen ihre Schätze bereits in dieses junge Leben mit, - und sie fangen damit nicht erst bei „O" an !!!

Sie sind gut und sicher „abgespeichert", doch vielleicht soll es so sein,
dass wir nur sehr bedingt an diese „alten" Informationen dran können.
Das hat sicher seinen Sinn. Alles hat seine Zeit und darf es auch haben.
Auch unser Erinnerungsvermögen ist nur sehr schlecht ausgebildet.
Unser Gedächtnis ist zum „Vergessen" geschaffen,
doch **die Seele hat ihr ganz „eigenes" Gedächtnis!**

Das ist wie bei einem Eisberg, von dem nur die Spitze - ein Siebtel der Masse!- sichtbar aus dem Eismeer ragt. Der weitaus größere und wichtigere Teil, die „Hauptmasse“ ist **unsichtbar** unter der „Meeres-Oberfläche“ verborgen.

Wir leben hier im „Land des Vergessens“:

so ist es auch mit unseren Träumen: jede Nacht erleben wir bis zu 10 Träume.
Jeder Traum löst in unserem Inneren ein bestimmtes Gefühl aus:
Freude, Angst, Wut, Traurigkeit, Entsetzen, Stress,....
Dieses Gefühl aber ist es, das bewirkt, dass wir aus unserem Schlaf für einen kurzen Moment erwachen. Und dieses Erwachen macht es möglich, dass wir uns an den jeweils **letzten oder die letzten Träume** erinnern können. Die Mechanismen, die dafür sorgen, dass uns wir beim Erwachen an fast nichts mehr erinnern können, sie bleiben im Schlaf meist ausgeschaltet, wir wandeln durch die Träume und **er-innern** uns.
Und so ist es auch mit unserem Leben im Jenseits: dort steht uns all das klare Wissen um unsere Seele und ihre Vorleben zur vollen Verfügung, doch nach unserer Geburt verblasst es wieder. Wir tragen aber dieses „alte“ Wissen noch in uns - nicht in unserem Kopf, sondern in unserer Seele, und dieses ist aber genauso **real existent**, wie auch unser „Unter-Bewusstsein“ es ist! In diesem „Eisberg“, der sich **unter** der sichtbaren Oberfläche verbirgt, sind **alle** Informationen aus unseren früheren Leben gut „konserviert“... und manchmal haben auch unsere Krankheiten und Leiden mehr mit diesen alten Informationen zu tun, als uns bewusst, - oder wohl auch lieb ist....!

Seelen in der jenseitigen Welt haben offenen Zugang zu diesem „alten" Wissen, sie haben Einblick wie in einem „offenen Buch", in dem sich vorherige Lebens-Kapitel einfach „nachschlagen" lassen, wenn sie es denn wichtig für sich empfinden.

Unser, mein, dein Leben, ist aber eine **neue** Einheit „ganz für sich", - ein **neues** Leben und es wäre wohl nicht gut, alle früheren Informationen wie auf einer Festplatte zu speichern. Wer „voll" ist mit „Altem", kann vielleicht nicht offen sein für Neues. Sogar unsere Computer, wie auch unser komplettes Leben, müsste von Zeit zu Zeit radikal „entrümpelt" werden. Wer das nicht tut, läuft Gefahr, dass irgendwann die „gesamte Festplatte" abstürzt, im technischen, wie auch im richtigen Leben.
Obwohl es immer wieder Dinge gibt, die wir aus der „alten Kiste" kramen sollten, um die Ursachen von manchen Problemen, die unser Leben heute belasten, verstehen - und auch lösen ! - zu können. In unserem physischen jetzigen Leben speichert unser Gehirn „nur" das „Wesentliche", so scheint es zumindest....
- Was haben wir schon wieder alles vergessen,
was wir noch vor kurzem in unserer Schulzeit gelernt haben?
Die Vokabeln einer Sprache, die Formeln der Mathematik, den Inhalt von ganzen Romanen durch die wir uns hindurch gewälzt haben, die Namen von alten Freunden mit denen wir doch eine wunderbare Zeit in jungen Jahren verbracht haben...!

Sogar die Menschen, in die wir einmal richtig verliebt und die uns einst so wichtig und wertvoll waren, - die Namen und deren Daten, auch die Erinnerungen verblassen.
Wie oft erlebte ich dies: in der Zeit dieses Schreibens hatte ich oftmals vor dem nächtlichen Einschlummern noch wichtige Gedanken, war aber bereits zu müde, um diese auf einen Zettel zu notieren. Ich hatte genau die Worte für diese oder jene Gedanken im Kopf und dachte mir: ein Notieren erübrigt sich, das kann ich mir doch leicht merken...! - Von wegen, am Morgen war alles wie weggeblasen!
Ich konnte diese Gedanken einfach nicht mehr finden, keine Erinnerung war mehr da.
– Abgerutscht ins „Land des Vergessens", einfach weg, so scheint es zumindest...!
Hätte ich diese aber auf einen Zettel notiert, ein kurzes Stichwort hätte gereicht und ich hätte all das wieder entfalten können. So ähnlich verhält es sich mit unseren Träumen...

Wenn wir schon all dies in so kurzer Zeit in unserem jetzigen Leben vergessen,
wie sollen wir uns dann an all dies erinnern können,
was noch <u>vor</u> dieser meiner jetzigen Lebenszeit passiert sein soll?

Kurzzeit- und Langzeit-gedächtnis passen sich auch den entsprechenden Lebens-phasen an... mein Opa mit über 100 Jahren hat ein unschlagbares Langzeit-Gedächtnis. Stundenlang erzählt er in allen Einzelheiten die Episoden aus seinen früheren Jahren. Keine klitze-kleine Erinnerung erscheint ihm „un-wesentlich", nein sie haben sich in seine Seele als bleibende Bilder eingebrannt und diese begleiten ihn heute lebendiger denn je...Auch wenn wir viele Einzelheiten vergessen haben, die Seele vergisst ihre **Erfahrungen** die sie gemacht hat, nie ! Mit jeder wichtiger Erfahrung lernen wir – unsere Seele - dazu. Und sie lernt so schnell nicht aus...!

Mein Leben ist mein eigener Lehrmeister.

Das ist ein inneres Wissen, das ich mir nicht aus Schulbüchern erlernt und in einer Prüfung ein Zertifikat dafür erworben habe, nein, es sind **meine** Erfahrungen, durch ich sicherlich auch ein ganzes Stück innerlich reifer geworden bin, weil ich sie **selber ge-meistert** habe.
Jeder Mensch hat seine ganz eigenen Schwachstellen, über die er immer wieder stolpern und auch seine Fettnäpfchen, in die er immer wieder mal treten wird, aber irgendwann kommt die Zeit, dann hat man die jeweilige Lektion verstanden und verinner**-„licht“.** Darum geht es.
Es gibt sicher auch Schattenseiten, die ich nicht sehen kann oder will - und die sich vielleicht gut verdrängen lassen - aber durch die es immer wieder mal zu Problemen kommt, die ich aber in einem „inneren“ Erkennen spätestens im „Kama-Loka“- so wie es die buddhistische Religion nennt - verstehen und nachvollziehen kann. Warum sollte in einem „jüngsten Gericht“ jenseits unserer irdischen Grenze ein über alles liebender Gott mich dafür nochmals zu Rate ziehen oder als strenger Lehrmeister mit moralisch erhobenem Zeigefinger sogar „strafende Maßnahmen“ in Erwägung ziehen?

Eher ist es möglich, dass **ich selbst** mein strengster Kritiker und vielleicht zu streng mit mir selber bin oder es Dinge gibt, die ich mir selber nur schwerlich verzeihen kann. Es ist für mich entscheidend, dass ich **selbst** mein Leben beurteilen, - „richten“ kann, indem ich ehrlich versuche zu bewerten, wer ich wirklich bin.
Habe ich mir in diesem Leben immer wieder mal eine gesunde Portion Humor – „Indifferenz“- mit ein-verleibt und zu meinem Lebens-Elixier gemacht, dann fällt es mir auch sicher spätestens dann leichter, mit Humor und Gelassenheit gewisse Dinge aus meinem Leben zu betrachten und zu beurteilen.
Nur wer sich selbst so **„lassen“** kann, wie er ist, der kann auch **ge-lassen** sein!
Wir sind hier, um zu lernen und dazu gehört, dass wir Fehler machen dürfen.
Ohne einen Fehler als solchen zu erkennen und zumindest vor mir selbst einzugestehen, kann ich keine Lehre daraus ziehen. Aber dieses ist hier unsere Aufgabe, diese zu verstehen, aus ihnen zu lernen, um zu vermeiden, dass wir diese immer wiederholen...!

Dazu fällt mir ein kleines Beispiel meiner kleinen Tochter ein...
Welches Kind macht es nicht? – Mädchen sind hier weitaus mehr gefährdeter: dass es sich an einer Schere vergreift, um an der eigenen Haarpracht handgreiflich zu werden...
In einer - sehr ruhigen - Viertelstunde machte sich meine kleine – damals 3 jährige – Miriam an ihrem Haarschopf zu schaffen. Mit der linken Hand packte sie ihren ganzen Ponyschopf vor ihren Augen und schnitt mit der rechten Hand diesen direkt am Kopfansatz durch. Als sie das Ergebnis betrachtete, flossen reichlich die Tränen.
Ganze Monate brauchte es, bis sich ihre Haare wieder zu einem weitgehend normalen Haarschnitt verwuchsen... Sie lernte, dass es Fehler gibt, die man ganz selbst verschuldet und deren Konsequenzen auch selber zu tragen sind – von Klein auf...

Dass man sich oder anderen einen Schaden zufügen kann, der nicht immer sofort wieder gut zu machen ist, aber es auch manche gibt, die die Zeit selber wieder zu **heilen** vermag. - Als Miriam ein paar Wochen später ihr Experiment an ihrer geliebten, allerschönsten Barbiepuppe wiederholte, flossen die Tränen erst dann, als sie merkte, dass die Haare dort nicht wieder nachwuchsen, sondern diese Puppe Monate danach immer noch gleich ausschaute. – Miriam hat mit dieser Beobachtung wichtiges für sich gelernt. Jeder Mensch lernt durch seine Erfahrungen und das fängt bereits im Kleinst-Kindes-alter an. Fehler sind sehr wichtig, um aus ihnen zu lernen, allerdings voraus-gesetzt, man hat diese auch wirklich als seine Fehler erkannt und hat eingesehen, dass es besser ist, solche in Zukunft zu unterlassen oder zu vermeiden.

Mir fällt auf, dass in der christlich-kirchlichen Tradition dabei selten von der **„Erfahrung" des Menschen,** von der Erkenntnis und der Lehre, die er aus seinen „Lektionen" ziehen kann, gesprochen wird, sondern dass sehr oft die **„Schuld"** des Menschen und damit verbunden auch sein „un-würdig" sein im Vordergrund steht: angefangen von der „Erb-Schuld" von Adam und Eva im Paradiese, die nicht Gott in den Mittelpunkt ihres Lebens stellten, sondern sich selbst und ihren Eigen-willen. Auch in den Gottesdiensten erlebe diese Betonung der „Schuld" des Menschen, der vor Gott steht ... „durch meine Schuld, durch meine Schuld, durch meine große Schuld"......so heißt es im Schuldbekenntnis der katholischen Kirche .

Es geht dabei weniger um die **Erfahrung** des Menschen,
aus der die Menschen lernen und ihre Erkenntnisse sammeln können und sollen,
- auch, um daran selbst zu reifen mit der Bereitschaft, aus dem „Selbst-Verbocktem"
seine **eigenen** Lehren zu ziehen, den Schaden **selbst wieder gut zu machen** und
der gewonnenen Erfahrung, dass jeder **selbst** für sein Leben verantwortlich ist und
auch die Konsequenzen dafür tragen muss.

Sicher, Adam und Eva sind vor Gott „schuldig" geworden,
aber sie müssen auch die Konsequenz ihres Fehlverhaltens selber tragen:
und haben ganz sicher daraus gelernt ...!
Der Mensch lebt immer in dem Spannungsfeld seiner Experimente,
darf und soll seine Versuche wagen und sich auch den „Versuchungen" aussetzen.

Jesus wusste sehr wohl um die Verstrickungen, um den Kreislauf und die Zusammen-hänge von Schuld und Befreiung, wenn er uns in seinem Gebet gelehrt hat:
„Führe uns nicht in Ver-suchung, sondern er-löse uns von dem Bösen..."
Allerdings fände ich die Formulierung treffender:
„Führe uns **in** der Versuchung" (oder auch : - "**aus**" der Versuchung),
denn Gott selbst ist es keineswegs, der uns **in** die Versuchung führt!
Denn Gott hat ganz sicher kein Interesse daran, uns zu **„ver**-führen"!
Wir selbst sind es, die das Leben „testen", die Erfahrungen machen dürfen und sollen,
aber **wir bedürfen seiner Führung**, um den „Pfad des Lebens" nicht zu verlassen
und dem Licht in der Seele, der Spur seiner bedingungslosen Liebe folgen zu können.

Die französische Bischofskonferenz hat übrigens bereits im Jahre 2001 in allen französisch gesprochenen Ländern der Erde diese Neu-Formulierung des Vaters-unsers veranlasst: „Und führe uns **in** der Versuchung."
Es wäre sicher sinnvoll, wenn auch die anderssprachigen Bischofskonferenzen und die protestantischen Kirchen sich von diesem Vorbild inspirieren ließen und ihnen folgen könnten....!

Im gewissen Sinne helfen uns sogar in diesem meinem Leben „alte" Erfahrungen als innere Warnsignale, die auch aus früheren Leben stammen können.
Denn es hat durchaus seinen guten Grund, warum du bestimmten Menschen aus dem Weg gehst, bzw. dich auf eine Beziehung, die im Begriff ist sich an-zu-bahnen, nicht einlässt, weil du einfach ganz bestimmte Erfahrungen, die du in dieser ganz speziellen Beziehung machen würdest, vielleicht bereits sehr gut kennst, abgespeichert hast und dein **Gefühl** dir jetzt mitteilt: diese (negative)Erfahrung brauchst du jetzt nicht mehr, du kennst sie bereits, oder dieses oder jene Leiden brauchst du nicht noch einmal durch zu machen...es ist nicht mehr **not-wendig** für die Entwicklung deiner Seele.
Wer daraus für sich wirklich gelernt hat, seine Erkenntnis und Lehre gezogen hat, braucht sie in der Regel auch nur **ein-mal** zu machen!
Fazit: du wirst dich dieser Be-„ziehung" „ent-ziehen",
weil du **andere** Erlebnisse und Erfahrungen machen willst,
die du **noch nicht** kennst und für deine **„Ent-Wicklung"** viel eher angesagt sind....

Wichtig ist nicht mein „Kilometer-Stand", sondern der Entwicklungs-Stand meiner Seele, der „Ist-Zustand", - all das, was ich in meiner jetzigen Lebenszeit für mich erreichen konnte. Wir sammeln jetzt unsere „bleibenden" Schätze wie kleine Edelsteine und können getrost sein, dass wir - unsere Seele - dafür so viel Zeit in Anspruch nehmen dürfen, wie wir brauchen, wenn wir **„wachsam"** bleiben...!
Alle seelischen Werte müssen – oft sehr mühsam – erarbeitet werden,
aber sie gehen nie mehr verloren. Auch diese „Schätze" werden „abgespeichert" – aber ja, **wo** denn eigentlich ? Auf diese Frage habe ich eine Antwort gefunden in dem Buch von P. Anselm Grün „Was kommt nach dem Tod"?

Er sagt, unser **eigener Leib, unser Körper** ist der „Träger" aller Informationen aus unserem Leben. An unserm Körper drückt es sich aus, ob eine Seele leidet, ob sie glücklich ist, ob sie eine schmerzvolle Erfahrung macht oder eine selige...
Unser **Körper** wird alles an Informationen enthalten, wenn er im Reich Gottes ankommt. Doch als „verklärter", verwandelter Körper.
Am und im Körper spiegelt sich die Befindlichkeit der Seele, das ist wahr.
Sie drückt sich in ihrem Körper aus. Unser Körper hat sehr wohl ein- „sein" - Gedächtnis: Wenn ein Mensch lange Zeit geraucht hat, ein junges Mädchen magersüchtig, ein junger Mensch von Drogen abhängig war, oder wenn über längere Zeit Psychopharmaka eingenommen wurde - was mittlerweile auch immer mehr junge Menschen in Anspruch nehmen! Es gibt auch „innere Verletzungen", die vielleicht auch lange Zeit unterdrückt wurden, - auch sie werden im Körper abgespeichert.

Im Verdrängen oder „Überspielen“ wird oftmals die Saat für spätere Krankheiten gelegt. Irgendwann werden die Hilferufe der Seele lauter, Unterdrücktes will sich zeigen und „sucht“ sich den Weg über den Körper.
Auch alle „äußeren“ - körperlichen Verletzungen samt Operationen,
die ihre sicht-baren oder verheilten Narben hinterlassen haben im Laufe der Jahre:
der Körper hat sein Gedächtnis und merkt sich alles. Das stimmt.
Aber dieser Körper wird - das ist meine Überzeugung - bei seinem Tod als „Hülle“ komplett abgelegt. Die alten Narben und Verletzungen der „Hülle“, sofern sie nur diese betreffen, sind im „Normalfall“ nur noch Nebensache, nicht mehr wichtig.

Die Seele hat ihre eigenen Erfahrungen und auch ihren **eigenen** „Speicher“.
Die Empfindung von Liebe, Glück und Seligkeit, auch von Trauer, Leid und Schmerz wird zuerst im Herzen – in der „Mitte“ des Menschen wahrgenommen und gespürt, in der **eigenen Seele** ver-festigt und drückt sich **dann erst im Leib** aus. Oder?
Der seelische Schmerz einer tiefen Enttäuschung ist wie der Stich in die eigene Seele und hinterlässt ihre deutlichen Spuren auch im körperlichen Ausdruck, vielleicht auch in Depressionen.
Wahres Glück wird in der **Seele** gespürt und drückt sich **dann** im ganzen Körper aus.
Der Mensch lacht, springt in die Luft und beginnt zu tanzen.
Es sind die „Stimmungen“ der **Seele**, die nach „außen“ wirken, oft leicht abzulesen im Gesicht eines Menschen. Der „Körper“ ist der Träger der Informationen, aber jeweils nur für dieses irdische Leben, - obwohl Rückverbindungen zu „früheren“ Leben - die sich auch in der körperlichen Erscheinung Ausdruck verschaffen, möglich sind und nicht ausgeschlossen werden können. Unser Körper ist die wunderbarste „Fassung“ für ihren wunder-barsten Schatz den sie birgt: „die Seele“ !

Auch wenn diese Hülle kaputt geht, die Seele ist unverwüstlich !
In der Seele werden alle wichtigen Erfahrungen des Lebens gespeichert.
Das Unterbewusstsein kennt diese „Erinnerungen“ der Seele!

Und: Das was mich heute bewegt, was mich interessiert und begeistert, die Themen für die ich mich leidenschaftlich einsetze, - auch die körperlichen Beeinträchtigungen und Krankheiten- , sie haben sehr viel mit meinen „früheren“ Leben zu tun.
Es sind bei weitem nicht alle Informationen gelöscht.
Es gibt auch Menschen, denen ich in die Augen schaute und genau wusste,
die Vertrautheit die zu spüren war bei mir und meinem Gegenüber,
sie stammt nicht erst aus diesem einem kurzen Moment,
sondern sie hat überlebt in unseren Seelen: als Erinnerung an „frühere“ Zeiten.

Dass ich nur einen einzigen Abend brauchte, an dem ich meinem Mann Mike zum ersten Mal begegnete, um mir klar zu werden, dieser ist es, mit dem ich meine Lebensträume verwirklichen kann, hängt sehr damit zusammen, dass wir uns wohl schon längstens kannten. Dass mir mein Herz fast bis zum Hals hinauf klopfte, obwohl ich diesem Menschen erst nur wenige Stunden zuvor begegnet bin, war der Umstand, dass die Zeit jetzt reif war, ein schönes Kapitel - vermutlich begonnen vor sehr langer Zeit - jetzt wieder weiter zu führen. Auch die Tatsache, dass sich mein Mann von Anfang an in meiner „Sippe“ wohl, ja fast zu Hause fühlte und sofort damit begann, seine Talente und Vorstellungen von Familie, seine Lebens-träume zu verwirklichen, ist sicher damit verbunden. Bereits bei der dritten Begegnung mit mir bekannte er: „Mit dir will ich alt werden.“

Es gibt viele andere Begegnungen von Menschen, die nicht unbedingt von einer ersten Sympathie begleitet sind. Oder Beziehungen von Menschen, die wirklich kompliziert und schwierig sich gestalten. Paare, die versuchen sich zu trennen und doch nicht voneinander lassen können. Vielleicht ist noch nicht die Zeit reif dafür...?
Oder es sind noch die „alten Schnüre“ in ein früheres Leben, die hier für Verwirrung sorgen, aber gelöst werden können.
Ich denke an ein Paar, das sich liebte, aber nich heiraten wollte oder konnte, und sich doch über ganze Jahre nicht zur Trennung entschließen konnte. Beide sagten aus ihrem Gefühl heraus: „Ich glaube, wir waren in unserem früheren Leben Bruder und Schwester, und wir finden jetzt in dieser anderen Ebene als Ehepaar nicht die richtige Bindung für eine dauerhafte Ehe...“

In Zusammenarbeit mit einem guten Medium kann es möglich sein, solche alte Blockaden, altes Karma, das meist im Un-Bewussten schlummert, aufzulösen.

Klarheit in alte Verwirrungen zu bringen und mir selbst die Möglichkeit zu geben, meine heutige Situation besser zu verstehen und auch in Griff zu bekommen: es ist möglich, heutige Probleme und Krankheiten die dadurch ausge-löst wurden, wieder aufzu-lösen und zu heilen.

Denn viele heutige Beschwernisse und Depressionen kann man sich sparen, wenn man es schafft, aufzuräumen mit alten Dingen, die mich heute nicht mehr belasten müssen!

Dazu zählen auch „Phobien“ verschiedenster Art, die ernsthaft Probleme bereiten können: die Angst vor Feuer, Wasser oder Dunkelheit, vor bestimmten Tieren, die Angst zu ertrinken oder zu ersticken, die Angst, verfolgt, gejagt oder getötet zu werden. Viele unserer Ängste kann man aber lösen, wenn man sich ihrer Ursache be-wusst wird!

Viele himmlische Helfer stehen uns jederzeit beiseite, und sind bereit uns zu unterstützen.

Wir wachsen und reifen in Beziehungen

Richard Gere, der weltbekannte Schauspieler hat es so schön formuliert:
„Alle Menschen haben eines gemeinsam: wir sehnen uns nach Liebe und Zu-Neigung.
Wir suchen alle nach der Person, mit der wir durchs Leben gehen können,
egal in welcher Kultur, egal in welchem Alter. Das verbindet uns auf der ganzen Welt,
die Sehnsucht des Herzens, die Suche nach Erfüllung und nach einem Glück,
das nicht nur begrenzt ist auf die Endlichkeit. - Ich bin ein hoffnungsloser Romantiker..!“

Vom ersten Atemzug bis zum Letzten: wir entwickeln und leben,
wachsen und reifen durch Beziehungen. Wir werden in eine Familie hineingeboren,
wachsen vielleicht auf mit Geschwistern, finden Freunde oder einen Partner im Leben.
Doch diese Partnersuche ist nicht immer einfach...
Mit jedem Partner, auch jedem guten Freund im Leben werden andere „Saiten“
des Herzens angeschlagen, wird die „Chemie“ neu gemischt,
können neue Seiten der Seele entdeckt und entfaltet werden.
Selten bleibt die Romanze der ersten großen Liebe.
Oft scheitert sie oder auch andere Partnerschaften, vielleicht, weil die Gefühle einseitig
oder weil der Zeitpunkt, bzw. die Umstände noch nicht passend waren.
„Hätte ich dich früher kennen gelernt...!“, heißt es dann...

Das Leben ist so vielfältig und oft voller Überraschungen:
Menschen finden im Alter wieder ihre Jugendliebe ...oder das Herzblatt ist längst
vergeben und lebt bereits in einer glücklichen Ehe....Merke dir: **nichts geht verloren!**
Was jetzt nicht klappt oder „so“ sein soll, es findet sich später,
vielleicht in einem nächsten Leben die Möglichkeit, die Chance,
wieder zu einer anderen, vielleicht günstigeren Zeit das fortzuführen,
was im Keim hier einst begonnen wurde, wenn es der Weiterentwicklung
und Reifung beider Seelen dienlich ist. - Es gibt sicher nicht nur „einen“ Partner,
mit dem man im Leben glücklich werden kann.
Wer mit offenem Herzen durch sein Leben geht und sich nicht verschließt,
auch nicht vor der Liebe und Zuneigung unserer Mit-menschen,
findet zum richtigen Zeitpunkt sicher sein „Herzblatt“.
Dies macht das Leben manchmal auch ...so besonders reizvoll.

Wir können von dem „ganzen Großen“ wirklich immer nur einen klitze-kleinen Teil erfassen. Und diesen kleinen Teil, den ich persönlich als großes Staunen erlebt habe, möchte ich mit dir, meinem lieben Leser, teilen. Es ist meine bescheidene Erkenntnis darüber, in welch geheimnis-voller Weise wir „Lebenden“ mit unseren Vor-fahren und „Ahnen“ verbunden sind, wie wunderbar im Kosmos die Fäden von einem „Ende“ zum nächsten „Anfang“ miteinander verwoben sind.

Und wie schön ist es, manchmal so in ganz kleinen Ansätzen in den „Gedanken Gottes“ lesen zu dürfen. - Doch dazu muss ich erst ein bisschen „ausholen“.
- Ich hoffe, du bist bereit ? Ein Geburts-Horoskop zeigt die „Moment-Aufnahme“ der Planetenstände von deiner Geburtsminute, dem Zeitpunkt, in dem du die „Lebensbühne“ auf Erden betrittst und sehr viel darüber auszusagen vermag, was in dir steckt, welches „Repertoire“ sich in dir verbirgt und welche Möglichkeiten deiner Entfaltung es geben kann. (Nicht aber, was fälschlicherweise oft vermutet wird, eine Zukunftsprognose mit genauen Vorhersagen, **wie** sich ein Ereignis aus-wirken wird...!)

Nicht immer waren auch die christlichen Theologen diesen Wissenschaften gegenüber abgeneigt. - **Ganz im Gegenteil!** Die Forschungen der hohen Mathematik hatten über Jahrhunderte hinweg immer auch die gebildeten Schichten in den kirchlichen Kreisen fasziniert. Auch Thomas v. Aquin (+ 1274) hatte sich in seiner „Summa theologica“ an der Diskussion beteiligt und darin zum Ausdruck gebracht, dass der Mensch in seiner „leib-seelischen Natur“ von den Vorgängen in den Himmelskörpern beeinflusst, aber nicht festgelegt wird, sondern frei und selbst bestimmen kann.

Papst Leo X. (1513-21) hatte in Rom sogar einen Lehrstuhl für Astrologie eingerichtet. Damals war noch klar, dass die „kosmische Dimension“ auch im religiösen Leben der Kirche seinen Platz hat, also „Oben“ und „Unten“ zusammengehören.
Auch im kirchlichen Leben war es also Praxis, bei Klosterneugründungen nicht nur die **Plätze**, auf denen eine Kirche neu gebaut wurde, nach seinen geo-mantischen Gegebenheiten, also „Energie-Plätze“ zu nutzen, sondern auch den **Zeitpunkt** „günstig“ zu wählen.
So wurde bereits im 4. Jhdt. n.Chr. von einem „Horoskop“ der Kirche der Hagia Sophia - der „Heiligen Weisheit“ - berichtet, die Kaiser Konstantin erbauen ließ.
Der niederbayrische Benediktinerpater Gerhard Voss aus dem Kloster Niederaltaich, der 1980 sein Buch „Astrologie christlich“ veröffentlicht hat, entdeckte auf dem Grundstein der Klosterkirche ein eingemeißeltes Horoskop, datiert vom 24.7.1514 – aus der Zeit von Papst Leo X., das auch als Grundlage für eine **„Deutung“** seiner Klostergeschichte verwendet werden konnte, - und auch wurde !

Christliche Autoren wie Pater Gerhard Voss bemühen sich heute wieder um den Stellenwert der Astrologie, den sie immer hatte und der ihr auch unter christlichem Vorzeichen sehr wohl zusteht: nämlich der **„Wiedergewinnung der vergessenen kosmischen Dimension“ unseres christlichen Heils-glaubens**, die es ja auch immer schon gab.

In einer kleinen alten Kirche auf Zypern habe ich dieses Bild (S.417) abfotografiert : es drückt in wunderbarer Weise aus, dass der ganze Kosmos „göttlicher Natur“ ist und alle Wirkkräfte des Himmels und der Erde „in“ Christus und seinem göttlichen Vater zusammengehören, miteinander verwoben sind und einander durchdringen. Ja, nicht nur „oben und unten“, sondern auch der „Anfang und das Ende“ in einem wunderbaren Zusammenhang miteinander stehen, zusammen-gehören.

Die Versuchung der Astrologie, ein angeblich „unausweichliches Schicksal“ berechnen oder voraussagen zu können, hat es wohl immer gegeben. Dies war vermutlich auch der Grund, warum Martin Luther dieser Disziplin wirklich nichts abgewinnen konnte, und warum auch später in der Zeit der Aufklärung diese „Weise Kunst“ in den christlichen Kirchen sehr in Ungnade gefallen und schließlich ganz in der Schublade „Zauber und Magie, Aberglaube und Weissagung“ verschwand. Die Kirchen haben immer wieder – auch zurecht - versucht, an die „Grenzen der Vernunft“ zu appellieren und dies begründet mit dem Verbot, das bereits im Alten Testament gefordert wurde, nämlich „Orakel-Befragungen“ tunlichst zu unterlassen...
Aber die „Astrologie“, von der ich spreche, hat damit nichts, aber auch gar nichts gemein. Hier wird kein Orakel befragt, hier wird nicht wahr-gesagt, obwohl es Konstellationen „oben“ am Himmel gibt, die für ein „irdisches“ Lebewesen „hier unten“ sich sehr wohl als günstig oder auch schwierig erweisen, zur Heraus-forderung werden können. Aber da entscheidet immer wieder auch das **ganz eigene Bewusstsein**, wie ich mit dieser umgehe...!

Dafür kann es 1000 Möglichkeiten geben und ich bin schließlich ein freier, vernunft-begabter Mensch mit einem offenen Herzen: eine „Glückssträhne" kann sich so oder auch ganz anders in meinem Leben zeigen, ebenso das „Pech"...
Übrigens von den Tages, Wochen - oder Monats Horoskopen aus den Zeitschriften halte auch ich herzlich wenig! Diese Aussagen können nur viel zu vage und zu pauschal sein, um sich an ihnen orientieren zu können.
Für diese habe auch ich nur ein Schmunzeln übrig...!
Aber wer die Sprache und Symbolik der Astrologie versteht, der kann aus einem Geburts-Horoskop lesen wie aus einem offen Buch. Die Charaktere und Begabungen, das „Strickmuster" – das eigene, wie das der Menschen, mit denen wir unser Leben teilen, oder auch unserer Kinder können aus einem ganz anderen Blickwinkel „verstanden" werden.
Es wird klarer, warum sich bestimmte Menschen gut verstehen und warum es z.B. zwischen den Geschwistern immer wieder „Zoff" gibt. Ich muss nicht mehr gegen meine eigensinnige Mutter ankämpfen, sondern kann auch toleranter werden, ja sogar darüber lächeln, weil ich weiß: sie kann eben nicht anders....!

Absolut faszinierend und verblüffend ist die Tatsache, dass die „Moment-Aufnahme" der Sterbeminute, also des Momentes, in der ein Mensch diese Erde in seinem irdischen Leib verlässt, in absolutem Zusammenhang steht mit dem Horoskop der Geburtsminute, in der er wieder später in dieses Erdenleben eintritt.
Zu diesem Zweck ist es durchaus zu empfehlen, den Zeitpunkt der Sterbestunde von unseren Vorfahren, Groß- und Urgroßeltern aus den alten Kirchenbüchern oder in der Gemeinde zu erfragen und zu bewahren.
Meine Bekannte Bernardette - das hellsichtige Medium - spürte und erkannte, dass die Seelen meines Ur-Großvaters väterlicherseits mit jener meines jüngsten Sohnes Pauli „identisch" seien...Sie erzählte mir auch die damaligen Umstände um 1880, als dieser Vorfahre meinen jetzigen - damals verarmten - Hof aufkaufte und ihn mit größten Anstrengungen und Entbehrungen langsam, aber sicher wieder aufbaute.
Der kleine Paul sei jetzt gekommen, um zu ernten, was er selbst früher gesät hatte.
Seine Energie und sein Wunsch im Jenseits war stark genug und ich war sensibel genug, um zu spüren, dass da noch eine Seele war, die unbedingt noch „kommen" wollte. Ich wusste einfach, als ich unser viertes Kind Miriam als kleines winziges Baby im Arm trug, dass mit diesem Kind noch nicht „Schluss" sein würde und suchte in meinem Inneren noch nach einen weiteren Namen für das nächste Kind.
Auch war ich offen und bereit genug, um ein weiteres Kind willkommen zu heißen.
Doch der Grund, warum ich Bernardette aufsuchte, war nicht meine Neugier darüber, wissen zu wollen, welche Seele da auf dem Weg war zu uns, sondern meine Beunruhigung darüber, weil ich bis zu meinem 5. Schwangerschaftsmonat keine eindeutigen Bewegungen dieses Kindes in meinem Leibe spürte. Dies irritierte und beunruhigte mich sehr.
Bei den voran gegangenen Schwangerschaften nahm ich alle Babies ab dem vierten Monat sehr deutlich wahr und auch sehr regelmäßig am Tag, ja manchmal noch viel mehr in der Nacht. Doch bei diesem Kind blieb alles ruhig, Tag und Nacht!

Genaue Untersuchungen ergaben, dass sich das Kind zwar etwas „versteckt“ in der Bauchhöhle befand, aber ansonsten wirklich alles normal war: die Herztöne und auch alle Gehirnströme. Und doch war da etwas anders. Ich konnte nicht sagen, was...! Meine Unruhe und meine innere Stimme sagten mir aber, dass vielleicht Bernardette eine Antwort mir geben, bzw. mir auch weiterhelfen könne, falls es wirklich ein Problem gäbe, das in der Medizin nicht zu erkennen wäre...
Ich saß ihr ruhig gegenüber und ihr Blick legte sich aufmerksam über meinen Kopf und über meinen Körper.
Dann begann sie zu erzählen: „Das kleine Kind im Mutterleib hat eine sehr schwierige Erfahrung im letzten Leben hinter sich gebracht und es hat auch lange gedauert, bis es sich wirklich zu dieser Inkarnation entschließen konnte. Es geht ihm gesundheitlich zwar gut, aber es traut sich noch nicht wirklich, einfach „da“ zu sein, deshalb liegt es noch ganz versteckt in der Fruchtblase. Es traut sich noch nicht, einfach „drauf los zu leben“. Im Leben zuvor hatte er damals als mein Ur-Großvater mit seinem hart erarbeitetem Geld diesen Bauernhof gekauft, der zum Kauf angeboten war. Die alten kinderlosen Bauersleute hatten sich schwer verschuldet und mussten schweren Herzens diese ihre Hofstelle abtreten.
Als sie aber sahen, wie mein Ur-opa mit viel handwerklichem Geschick und allem Einsatz dieses Anwesen in kurzer Zeit nicht nur wieder zum Blühen brachte, sondern er es auch mit seiner Frau - meiner Ur-oma - in kurzer Zeit schaffte, dass drei Buben und sieben kleine Töchter - zusammen 10 Kinder - auf dem Hof herum liefen, konnten diese alten kinderlosen Leute ihren ganzen Neid nicht mehr zurückhalten. Sie machten es dieser jungen Familie mit allen Mitteln der Schikane und vielen Versuchen der Einschüchterung das Leben fast zur Hölle. Immer wieder fiel diesen Leuten eine neue Bosheit ein. Sie konnten es nicht verschmerzen, dass sie ihre „alte Heimat“ abgeben mussten und jetzt dort das volle, blühende Leben im Gange war.

Diese schwierige Erfahrung war als „Gefühl“ immer noch da in diesem kleinen Kind, das jetzt in ein neues Leben starten wollte. Aber dieses Gefühl gehörte noch dem „alten“ Leben an, hatte aber mit dem neuen Leben und der neuen Familie, der neuen Erfahrung nun nichts mehr zu tun. Wir beide - Bernardette und ich als „werdende“ Mutter - konnten bereits jetzt zu diesem Zeitpunkt unserm kleinen Paul helfen, indem wir diese „alten“ Erfahrungen und alle alten Verbindungen, die nun nicht mehr in dieses Leben gehören sollten, löschen und aufzulösen versuchten. – Wie Schnüre, die durchgeschnitten werden, weil sie in dem neuen Leben wirklich nichts mehr zu suchen haben.
Gemeinsam sprachen wir Gebete und baten den Erzengel Michael, alle Verbindungen zu diesem alten Leben zu lösen, die sich noch negativ auswirken konnten. Bernardette stellte sich hinter mich, legte ihre beiden Hände auf meine Schultern und ich legte meine Handflächen auf meinen Bauch. Ich sprach meinem kleinen Paul (denn ich wusste aus der fachärztlichen Untersuchung bereits, dass es ein kleiner Junge wird!) allen Mut zu und lockte ihn mit all meinen Gedanken der Liebe aus seinem „Versteck“.

In der folgenden Nacht wurde ich gegen 3 Uhr morgens mit einem kräftigen Rappeln in meinem ganzen Bauch geweckt. Ich war völlig verdutzt und konnte es zunächst gar nicht

glauben: mein Kind war da und es strampelte voller Lust und Freude, als ob ihm allein die Welt gehören würde. Es war wirklich das erste Mal, dass ich dieses kleine ungeborene Kind so voller Leben in mir spürte...!
Am nächsten Tag rief ich Bernardette an und erzählte ihr von diesem Erlebnis.
Beide freuten wir uns sehr und sie erkannte, dass es dem kleinen Paul jetzt einfach gut ginge, er jetzt absolut „frei" wäre und jetzt befreit „durchstarten" könne.
Die restlichen Monate der Schwangerschaft, sowie auch die Geburt verliefen - wie gewohnt - völlig unproblematisch. Doch es stellte sich auch heraus, dass Paulchen großes Glück hatte. Seine Nabelschnur wies einen „doppelten" Knoten , in der Form ähnlich einer Breze auf. Hätte er - so wie seine Geschwister - so viele Purzelbäume geschlagen und der Knoten hätte sich enger zusammen geschlungen, dann wären vermutlich seine Tage in meinem Bauche gezählt gewesen. Seine ruhige, bescheidene und zurückhaltende Art hatte ihm wohl sein eigenes Leben gerettet...

Ein paar Wochen später erstellte ich Paulchens Geburts-Horoskop, ausgehend von der Minute seiner Geburt. Zudem rief ich in meiner Gemeinde an, um mir die genaue Sterbestunde meines Ur-Opas sagen zu lassen. Kein Problem- ein Tag später bereits lag die Kopie seiner Sterbe-Urkunde - aus dem Jahr 1926 in meinem Briefkasten, geschrieben in wunderschönem Alt-Deutsch.

Die beiden Horoskope, das der Sterbezeit meines Uropas und gut 80 Jahre später Paulchens Geburts-Horoskop legte ich übereinander, - und traute meinen eigenen Augen nicht: wer sich von meinen Lesern ein bisschen auskennt in der Astrologie, der versteht, was es heißt, dass diese Achsen korrekt deckungsgleich sind.
Also von 360° x 360 Möglichkeiten (129.600) genau diese sehr genau zutrifft.
Der Zeitpunkt, diese Welt hier im Sterben zu verlassen und jener Zeitpunkt, das im letzten Leben beendete hier wieder neu aufzunehmen, fortzusetzen, steht in einem ganz bestimmten Zusammenhang, worüber wir nur sehr wenig Wissen haben und worüber unsere Kinder auch nichts in der Schule lernen...
In diesem konkreten Fall ist auch auffallend, dass auch einige der Planeten in ihrer Position genau übereinstimmen.

Für mich hieß diese Entdeckung zwar immer noch nicht: Hurra, mein kleiner Pauli ist tatsächlich die Wiedergeburt meines Ur-Opas, aber dieser „Zu-Fall" könnte auf einen solchen Zusammenhang tatsächlich hinweisen... Beweisen kann und muss ich das auch nicht! Die kommenden 10 - 20 Jahre werden dies wohl eher erweisen, denn dieser Junge wird sich seinen Platz in meiner Familie und auch hier im Leben auf dem Hof suchen und sicher (wieder) finden, wenn er das so (wieder) möchte...
Wer weiß, vielleicht erinnert sich Pauli, oder gar eines meiner anderen Kinder - bewusst oder unbewusst -, etwa an unsere alte Hof-Eiche, die auf etwa 300 Jahre geschätzt wird. Vielleicht rutscht ihm irgendwann ein Satz aus seinem kleinen Mund, der sich dann etwa so anhört...„Mama, unser großer Baum steht aber schon sehr lange auf diesem Platz...!"
Vor kurzem sagte er mit seinen jungen 3 Jahren einen anderen Satz:
„Mama, jeder Mensch braucht einen Engel...!"

Ich bin mir sehr sicher,
dass Pauli „seinen Engel" gut kennt und ihm auch sein ganzes Vertrauen schenkt.
Und dass dieser ihm auch helfen wird, seinen Platz und seinen Weg im Leben zu finden...

Vor kurzem entdeckte ich nach langer Zeit wieder ein altes Bild in unserem Keller:
Es zeigt das Toten-Andenken an meinen Onkel Tom, der Bruder meines Vaters,
der knapp vor Kriegsende an der russischen Front gefallen war. Seine Augen blickten mich an: er wurde mit seinen 17 jungen Jahren zusammen mit meinem Vater, der gerade mal 19 war, an die Front berufen. Auch ihr britischer Vater konnte ihnen das nicht ersparen: beide waren hier geboren.
Aus diesem jungen Leben wurde sie jäh herausgerissen und verbrachten ihre Jugend im Krieg. Beim Anblick des Bildes erschrak ich vor allem deshalb, weil sich nun noch mehr zeigte, wie sehr aus dem Gesicht geschnitten dieser Onkel meinem ältesten Sohn Manuel war! Ist es Zufall, dass bereits Jahre zuvor mir Bernardette klare Auskunft darüber gab, dass beide miteinander enge Seelenverwandtschaft verbindet? Ist es Zufall, dass gerade die beiden sich so ähnlich sehen? Und ist es Zufall, dass Manuel von einem absoluten „Kriegsthema" begleitet wird: immer, wenn es um den II. Weltkrieg geht, ist er absolut hellhörig, schaut sich dazu alle möglichen Dokumentationen und Filme an...ein Thema, das ihn mehr als alle meiner anderen Kinder sehr bewegt und ihn beinahe täglich zur inneren Auseinandersetzung drängt...!

Manuel, der sich von seinen ersten Schritten an hier auf unserem Hof als „Nach-folger", als Power-Bauer fühlte. Nie vergesse ich, wie stolz der kleine Knabe an der Hand meiner Mutter die täglichen Rundspaziergänge um unser Anwesen genoss. Er kam mir immer – und heute noch so vor, als ob er ausdrücken wollte: „Endlich bin ich wieder hier, es ist mein Reich und mein Wunsch, das einst hier Begonnene wieder weiterzuführen.
Der Hof, es war und es ist mein Reich und ich bin wieder da, in voller Kraft und Größe, glücklich und voller Tatendrang!"
Viele Erinnerungen schlummern tief in unserem Unter-bewusstsein.
Die Kinder unserer Zeit, vielleicht fällt es ihnen leichter, sich zu erinnern?
Für uns Eltern gilt es, sie auf ihrem Weg, den sie sich selber bahnen wollen, zu begleiten und sie mit unserer Liebe zu unterstützen, aber auch offen zu sein für Überraschungen.
Es bleibt das Staunen – die „Ahnung"- darüber, welche „Schätze" wir in unseren Familien beherbergen, welche Seelen nach langer Zeit wieder zu uns, in unsere Familie zurückgefunden haben und hier ein neues Kapitel ihrer eigenen Lebenserfahrungen schreiben dürfen.
Auf alle Fälle bedeutet es auch „offen sein": das Staunen darüber, dass nicht nur „Oben" und „unten", sondern auch „Anfang und Ende"-„Ende und Anfang" zusammen gehören, in einer **wunder**-baren Wechselwirkung.
Wir wissen, dass wir nur sehr wenig wissen können, aber so manches lässt sich Er-„**Ahnen".** Es ist vermutlich kein Zufall, dass in der deutschen Sprache das gleiche Wort verrät: wir können nur „ahnen", wer unsere „Ahnen" im heutigen Leben sind!
Denn es gibt in unserem Kosmos, zwischen Himmel und Erde viel mehr Geheimnisse und Zusammenhänge, als wir es nur **er-ahnen** können!

Seelen, die den Weg in das Licht noch nicht gefunden haben, können sich hier bei Lebenden „anhaften"...

Marlies, eine Bekannte von mir, war in ihrem Auto unterwegs.
In einer engen Kurve bremste sie leicht ab und entdeckte,
dass im angrenzenden Wiesenstück ein Motorradfahrer verunglückt war.
Der schwer Verletzte lag in der Wiese und als sie sich näherte, vernahm sie ein schweres Stöhnen. Marlies informierte mit ihrem Handy sofort den Rettungsdienst. Da sie wusste, dass es nicht klug war, den Helm abzunehmen, verblieb sie so lange bei dem Verletzten und legte beide Hände auf dessen Arme und Brust, versuchte mit ihm zu sprechen, bis die Sanitäter kamen und den Mann bergen konnten. Marlies konnte bei den notärztlichen Maßnahmen mithelfen, indem sie die Infusionsflasche hochhielt und den Verletzten beim Transport in den Sanka mit begleitete.
Der Sanka fuhr schon weg, doch da bremste er plötzlich ab.
Marlies spürte, jetzt musste das Tragische passiert sein.
Vielleicht war dieser junge Mann in diesem Augenblick verstorben. Sie betete inständig für diesen Menschen. Sie fuhr nach Hause und entdeckte am nächsten Tag dessen Todesanzeige in ihrer Heimatzeitung. Sie war tagelang von diesem Vorfall innerlich bewegt. Immer wenn sie an dieser Stelle vorbeifuhr, spürte sie einen richtigen Stich im Herzen. Ihr fiel auf, dass sie seit dieser Zeit von argen Schulterschmerzen und auch von heftigen Migräneanfällen geplagt war. Auch mehrere Besuche beim ihrem Hausarzt konnte keine weder eine organische Ursache, noch eine vernünftige Erklärung dafür finden. Der Arzt gab ihr zur Linderung der Schmerzen Spritzen, die vorübergehend etwas Leichterung brachten.
Bei einem Urlaub in Ägypten wurden diese Schulterschmerzen so heftig, dass sie weder ihren Kopf bewegen, noch aufrecht gehen konnte. Jede Bewegung in der Nacht ließ sie erwachen. Wieder zu Hause angekommen, ließ sie sich eingehend vom Orthopäden untersuchen und unterzog sie sich einer Akupunktur-behandlung .
Alle Maßnahmen brachten keinerlei Erleichterung. Die Ärzte wussten sich keinen Rat mehr. Es vergingen noch ganze Jahre, da lernte sie über Umwege Bernardette kennen und erzählte ihr von diesen Schmerzen.
Sie sah ein Bild vor sich: einen Verletzten am Straßenrand, ohne aber von dem damaligen Vorfall gewusst zu haben und erkannte deutlich, dass die Seele des jungen Motorradfahrers sich an Marlies „angehaftet" hatte. Er lebte in ihrer Aura und fühlte sich über diese Jahre hinweg sehr wohl. Marlies erinnerte sich sofort an den tödlichen Unfall und konnte nun die „Schwingung, bzw. die Anwesenheit" dieser Seele spüren.
Mit gemeinsamen Gebeten schickten beide diese Seele zurück in das Licht.
Dies erwies sich aber nicht als einfach, denn diese Seele wollte nicht gehen,
bzw. wusste noch gar nicht, was es bedeuten sollte, in das „Licht" zu gehen.
Die Mutter des Motorradfahrers war aber bereits in der jenseitigen Welt und hatte ihren Sohn bereits erwartet, wollte ihm helfen, konnte ihn aber nicht erreichen.
Die Seele dieser Mutter war auch jetzt anwesend und voller Freude, bereit,
ihren Sohn mitzunehmen und ihm den Weg in das Licht zurück zeigen zu dürfen.

Erst jetzt konnte sich die Seele des jungen Mannes allmählich entschließen, doch seiner Mutter zu folgen. Er hatte noch nicht verstanden was passiert war, als der Unfall sich ereignet hatte. Seine Seele schwebte über diesem Geschehen, aber das Mitgefühl, die Liebe und das Gebet von Marlies hatte ihn „angezogen".
Hier wusste er sich erst einmal geborgen und in Sicherheit. Bereits auf dem Heimweg von dieser Sitzung war ihr, als fiele eine zentnerschwere Last von ihr ab. Die Schmerzen lösten sich innerhalb von wenigen Tagen einfach auf. In der folgenden Woche suchte sie das Grab dieses Mannes auf und brachte ihm Blumen, die sie mit einem herzlichen Gebet aufstellte. Sie wusste, jetzt war wieder alles gut.

Was ist das, - ein „Dämon"?

Es gibt eine einfache Umschreibung: **Mächte, die uns nicht „frei sein" lassen,** in Beschlag nehmen, fremd-bestimmen, nicht mehr „Herr über uns selbst" sein lassen oder einem Menschen das Gefühl geben mit „zwei Seelen in der Brust" zu leben.
In der Bibel steht folgende Erklärung:
„Unter Dämonen verstand man `böse oder unreine´ Geister, die in Menschen oder Tiere hausen, schwere Krankheiten seelischer oder leiblicher Art verursachen und so die Menschen versklaven."(Hausbibel/ Einheitsübersetzung S. 1102)

Dieser Begriff meint nicht, dass die Seelen in der geistigen Welt „unrein" sind, aber Jesus selbst wusste sehr wohl darum, dass es „Anhaftungen" an menschliche Seelen gibt, die ein Leiden verursachen, die **nicht** aus einem selber stammen.
Sie können unterschiedlicher „Herkunft" sein und körperliche Leiden verursachen, die sich ganz unterschiedlich zeigen: als die „Abwesenheit" der Lebenskraft.
Dazu gehören z.B. auch Müdigkeit, Erschöpfung, körperliche oder seelische Schwäche, aber auch organische Krankheiten und Verwundungen.

Jesus sah die „unreinen" Geister und wusste, woher sie kamen und wohin sie gehörten, bzw. wohin man sie wieder zurückschicken sollte, damit sie nicht an einer Stelle einen Schaden anrichten konnten, wo sie nicht hingehörten und auch nichts zu suchen hatten.
Eine einzige Stelle im NT (1 Petr 3,19) bezeugt, dass Jesus sogar auch zu den Geistern gegangen ist, die im **„Gefängnis"** waren und ihnen gepredigt hat.
Diese „Ortsangabe" ist natürlich symbolisch zu verstehen. Jesus konnte die Geister, die in sich selbst gefangen waren, wieder befreien, den Menschen helfen, wieder ganz in ihre „eigene Mitte" zurück zu finden.
Das heutige „moderne" Wort für Dämonen lässt sich als „Psychose oder Neurose" bezeichnen. Grundsätzlich ist aber dieser Begriff eine Bezeichnung für all das, was mich: **unfrei** sein lässt. Die Umstände und Mächte, die mich beschweren, belasten und blockieren, daran hindern **„ICH SELBST"** zu sein oder verhindern, dass ich ganz in meiner Mitte leben kann.
Es gibt sehr wohl unzählige, psychische wie physische Leiden, deren Ursachen aus einem früheren Leben stammen können und auch solche Leiden, die verursacht werden durch „Seelen", die ihren Weg ins Licht noch nicht wirklich gefunden haben.

Jesus wusste, dass es „Dämonen", das bedeutet, auch Geistwesen, bzw. Seelen gibt, die ihren Weg zum Licht noch nicht zurückgefunden haben und in einer Parallel-welt existieren, sich in unserer menschlichen Umgebung, ja oft in unserer eigenen Aura sehr wohl fühlen können und gar nicht daran denken, den Weg ins Licht zu gehen, vielleicht auch Angst vor einer Veränderung haben.

Im 5. Kapitel des Evangelisten Markus wird die Heilung des Besessenen von Gerasa beschrieben: ein besonders hartnäckiger Dämon, der sich selbst als „Legion" (viele) bezeichnet, weigert sich diesen Mann zu verlassen. Zuerst beschimpft er Jesus ganz übel: „Was habe ich mit dir zu tun, Jesus, Sohn des höchsten Gottes? ", dann aber fleht er Jesus an, nicht aus dieser Gegend verbannt zu werden. Schließlich bitten sie darum, wenigstens in die Schweineherde fahren zu dürfen, was Jesus ihnen dann auch erlaubt..."

Wenn man die Heilungsgeschichten des Evangelisten Lukas nachliest, dann wird deutlich, wie wichtig Jesus es war, Dämonen, bzw. die „unreinen Geister" auszutreiben, denn die Menschen litten damals wie heute- unter diesen „fremden Mächten" oft unsäglich!
In Apg 19,16 heißt es: „Der Mensch, in dem der böse Geist hauste, sprang auf sie los, überwältigte sie und setzte ihnen so zu, dass sie nackt und zerschunden aus dem Haus fliehen mussten..." oder in Mt 8,28: „Als Jesus an das andere Ufer kam, liefen ihm aus den Grabhöhlen zwei Besessene entgegen. Sie waren so gefährlich, dass niemand den Weg benutzen konnte, der dort vorbei führte..."
Die Evangelien bergen eine ganze Anzahl von Heilungs-Geschichten, die erzählen, wie Jesus „alle Hände voll" zu tun hat damit, dass er Menschen von ihren Krankheiten und Leiden heilte, und auch „unreine Geister", - Dämonen austrieb.

Jede Heilungsgeschichte – ist zugleich eine „Lehr-Geschichte" des Heilens...!
Natürlich haben Krankheiten wie Blind-Stumm-Taubheit, Fieber und Blutfluss, Aussatz unterschiedliche Ursachen, auch wenn Menschen von unerklärlichen Mächten in den Wahnsinn getrieben werden, damals wie heute. Man wusste, dass Menschen „fremdbestimmt" sein konnten von Mächten und Kräften, die nicht aus ihnen selbst stammten und sie zu Taten anleiteten, die sie auch nicht immer selbst kontrollieren konnten oder beabsichtigten.

Vor allem sensible, „dünn-wandige"- psychisch angeschlagene Menschen sind - damals wie heute - gefährdet, in „ein Loch" zu fallen, aus denen sie sich selbst nur schwerlich wieder befreien können. Damals wie auch heute fragten und fragen sich die Menschen.... „Was ist nur los mit mir...? Ich fühle mich krank, kann aber keine sichtbare Wunde feststellen, weil die Wunde „innen", also „seelisch" bedingt ist..."

In Deutschland leiden 4 Millionen Menschen unter so schweren Depressionen, die es ihnen kaum möglich machen, ein „ganz normales" Leben zu bewerkstelligen. Auch heute noch im 21. Jahrhundert geht es auch um die vielen unterschiedlichen Ursachen für die Krankheiten eines Menschen, bei denen Ärzte der Schulmedizin an ihre medizinischen und auch wissenschaftlichen Grenzen kommen.

Ich bin in der glücklichen Lage einen Hausarzt zu haben, der kein Problem damit hat, wenn er in der Diagnose einer Krankheit seines Patienten an seine medizinischen Grenzen kommt, auch mal zu sagen: „Ich kann Sie nicht heilen. Die Ursache für das Problem, das hier eine Krankheit ausgelöst hat, muss auf Anderer, auf **„seelisch-geistiger“ Ebene** gelöst werden. Er scheut sich auch nicht, seine Patienten an spirituelle – oder „Geist-heiler“ weiter zu vermitteln, um dort nach der Ursache zu suchen, die eine ganz-heitliche Gesundung an Leib und Seele ermöglichen.

Von Jesus, dem „Heil-land“ lernen...

Jesus legte die Hände auf und ließ seine heilende Liebe in den geschwächten kranken Körper einströmen. Er spürte sehr wohl die **Ursache** für ein körperliches und seelisches Leiden .
Die Vater-Unser-Bitte „Erlöse uns von dem Bösen“, schließt sicher sehr wohl solche leidvollen Zusammenhänge mit ein, die es aufzulösen und zu befreien gilt.
Jesus kannte diese Zusammenhänge, er spürte und „sah“ sie sogar in der Aura eines Kindes oder eines Erwachsenen. Er war der beste „Therapeut und Lehrer“, den ich kenne und es ist sicher kein Zufall, dass die Menschen ihn liebe-und respektvoll **„Meister“** oder auch **„HEIL-AND“** nannten.

Anton, ein guter Freund von mir, praktiziert dieses „Geist-heilen“, indem er seine Hände auf kranke oder geschwächte Klienten auflegt. Er verbindet sich mit der göttlichen Heilkraft und spürt diese als heilende Kraft aus seinen Händen fließen, nimmt dies als „Kribbeln“ wahr.
Ein besonderes Heilungserlebnis war für ihn, als die damals 70-jährige Rosa zu ihm kam. Sie litt seit Jahren als unsäglichen Gelenkschmerzen. Ihre Zehen waren etwa 8 Jahre lang nach innen gekrallt und die Gicht verursachte an beiden Händen, dass sie die Finger nicht mehr ausstrecken konnte. Eine Tasse, ein Glas oder auch eine Scheibe Brot mussten jahrelang mit beiden gekrümmten Händen gehalten werden. Die Nächte waren nur mit Schmerztabletten zu überstehen. Für die Ärzte galt sie als unheilbar.

Als Anton seine Hände über die schmerzhaften Glieder gleiten ließ, spürte Rosa, wie ihr ganzer Körper zu „arbeiten“ anfing. Ihre Arme und Beine begannen zu „beben“. Die Arme wackelten immer mehr und die Beine schlugen regelrecht auf und ab.
Auf einmal merkte sie, dass sich ihre Zehen gerade stellten und diese wieder spreizen konnte. Nach der Be-**hand**-lungszeit von etwa 1 ½ Stunden Dauer war es ihr nach Jahren zum ersten Mal wieder möglich, ein Glas mit ihrer Hand zu halten.

In den Tagen danach ließ die Schwellung an den Händen nach, ein schmerzfreier Zustand stellte sich ein, sie konnte wieder durchschlafen und stellte fest, dass sich ihr Körper „so leicht“ anfühlt.
Nennt man das ein „Wunder“, das heutzutage einfach passiert mitten in unserer Welt, in einem unserer kleinen Dörfer und Städte? So etwas steht nicht in der Zeitung, darüber werden viel zu selten Schlagzeilen geschrieben, - leider!

Aber es gibt mehr Zusammenhänge zwischen Himmel und Erde,
als wir wissen und manchmal nur erahnen können.
Auf alle Fälle wird es in Zukunft noch viel mehr „**Not**-wendig" sein,
dass Schulmediziner jeglicher Art und spirituelle Heiler enger zusammen arbeiten,
sich austauschen, bereit sind, voneinander zu lernen und einander er-**gänz**- en.

Unser christlicher Auftrag zu „heilen"

Heute können Therapeuten (griechisch: Diener), also „moderne" Heiler oder Menschen mit spiritueller Erfahrung und Einfühlungsvermögen, mit viel Liebe und Hingabe auf den „Grund" der Ursachen von Krankheiten, oder auch dieser „Dämonen" spüren und sie auch heilen. - Vor allem dann, wenn es sich um „Anhaftungen" von Seelen handelt, dic einen Menschen – oft jahrelang - belasten und nicht frei sein lassen.
Die Ursache einer Krankheit **kann** in einem solchen Zusammenhang stehen.

Diese Aufgabe des „christlichen Heilens" sollte aber nicht nur Auftrag der Therapeuten sein, denn das **„HEILEN"** entspricht zutiefst unserem christlichen Sendungsauftrag, der **alle** Christen und natürlich auch alle Pfarrer, Priester und Mitarbeiter unserer christlichen Kirchen betrifft!

* „In meinem Namen werden sie Schwachen die Hände auflegen, und sie werden sich wohl befinden." (Mk 16,17 ff)
* „Als er aber die Zwölf zusammen gerufen hatte, gab er ihnen Kraft und Vollmacht zur Heilung von Krankheiten. (Lk 9,1-2) Und er sandte sie, das Reich Gottes zu predigen und die Kranken zu heilen."
* „Wieder andere schenkt Gott durch seinen Geist unerschütterliche Glaubenskraft und dem Nächsten die Gabe, zu heilen..." (1 Kor 12,8)

Ob sich der Heiler dessen bewusst ist oder nicht: nicht „Er" ist es, der den Patienten heilt, sondern die Kraft und die Liebe, die durch ihn fließt und zwar aus der **göttlichen Quelle, wenn wir selber aus ihr leben und aus ihr „trinken"...**

Gott heilt den kranken Menschen, - er heilt durch seine Kraft, Liebe und Gegenwart, aber auch durch unsere Hände und unser Herz, indem wir seine heilende Liebe durch uns als „Kanal" fließen lassen. Heutige „Heiler und Therapeuten" sollten dieses spirituelle Bewusstsein entwickelt haben, denn Spiritualität bedeutet nichts anderes als das:

**„Öffne dein Herz für das Licht der Liebe Gottes
und lasse sie durch dich hindurch fließen, verströme sie zu deinem Nächsten,
der dich und deine Unterstützung, deine Hilfe so dringend braucht.
So kannst du dich selbst annehmen und lieben,
aber auch helfen, deine Mitmenschen in der Heilung von seelischen
und körperlichen Krankheiten zu unterstützen."**

Unsere christliche Gemeinde als „Ort der Heilung- als Heil-Land“ gestalten und erleben, denn : Jeder kann heilen, jeder hat „heilende“ Hände...

Auch in unseren christlichen Gemeinden wächst wieder das Bewusstsein dafür, wie sehr **not-**wendig es ist, unsere Kirchen und Gemeindezentren als diesen **„Zentralen Ort der Heilung“ wirksam** und als diesen auch **„erstrahlen“** zu lassen. Heilungs-gottesdienste für Kranke gibt es vielerorts in unseren Gemeinden, aber dass das Heil und der Segen Gottes durch das Auflegen der Hände an „Müde, Schwache und Kranke“ weitergegeben wird und zwar durch jeden, der sich dazu berufen fühlt: diese Form etabliert sich erst wieder. Im „Auflegen“ der Hände können wir uns dem liebevollen und heilenden Wirken Gottes anvertrauen.
Ein wirkungsvoller Anfang in dieser Form eines christlichen Heilungsgottesdienstes ist unter „Kath. Erwachsenenbildung- **www.kbw-boeblingen.de** nachzulesen.

Wir sind immer noch mit unserem „früheren Leben“ verbunden... - wenn sich alte Ängste heute noch auswirken und nicht gelöst sind...

Mein jetziges Leben ist eine ganz „eigene“ Einheit für sich, mit eigenen Zielen, einer eigenen Aufgabe, die mir nicht einfach „verordnet“ wurde, sondern für die ich mich vielleicht irgendwann einmal selbst entschieden oder mir vorgenommen habe - oder von dem es gilt, sich „alten“ Themen in ganz neuer Weise zu stellen.
Es kann sein, dass ich in meinem jetzigen Leben „Kapitel“ weiterführe, die ich im letzten Leben einfach nicht mehr geschafft oder untergebracht habe, oder vielleicht damals „abbrechen“ musste, - oder aber: gewisse Lektionen, die ich damals (noch) nicht bereit war zu lernen, ich jetzt die Chance habe, zu erfahren und zu erleben, was ganz speziell jetzt für mich und meine Seele wichtig war und ist.
Dieses mein Leben steht sicher unter einem ganz „eigenen“ Thema, und dennoch gibt es sie: jene Verbindungen, die in mein letztes Leben zurückreichen - oder anders ausgedrückt: alte Verbindungen, die in mein jetziges Leben herein-reichen...wie Schnüre, die manchmal noch verdeckt und heimlich verwoben sind mit meinem heutigen Leben, und sich aber als belastend auswirken können.
Diese Webschnüre gehören zwar nicht mehr hierher, können aber dennoch ihre Auswirkungen zeigen und sich in meinem ganz normalen Alltag bemerkbar machen.

Sie können mich daran hindern, mein „volles“ Potenzial zu entfalten, oder sogar richtige Blockaden sein, die nicht zulassen, mein ganzes „Ich“ zu leben.
Es gilt, sich dieser alten Schnüre bewusst zu werden, wenn es solche sind, die sich wirklich als hinderlich und als echte Belastung in meinem Leben zeigen, sie herauszulösen, auf-zu-lösen, vielleicht sogar zu er-lösen aus meinem Lebensteppich.
Was ich damit meine, möchte ich in folgenden Beispielen erklären:

Unsere Gemeinde hatte in ihrem Sommerferien-Programm die Kinder eingeladen, die Hofbrauerei unseres Ortes zu besichtigen. Immer schon war ich neugierig, und auch meine Kinder wollten es nun genauer wissen, was sich denn hinter diesen hohen Mauern mit den großen Fenstern verbergen würde....
Man konnte silberne Kessel ausmachen und es dampfte ordentlich aus den hohen Kaminen. Also, ich meldete meine Kinder an und bot mich selber als Begleitperson an. So konnte ich auch meine eigene Neugier stillen.
Kaum hatte unsere Gruppe den ersten großen Raum mit einem hohen glänzenden Kessel betreten, befiel mich ein ungutes Gefühl in der Magengrube. Es war ein Druck in mir, der langsam, aber sicher nach oben stieg, ein beklemmendes Gefühl, das mir förmlich die Luft abschnitt. Diese Kessel, die so unter Druck dampften, lösten in mir eine ungeheure Angst aus, - Angst, diese könnten in jedem Moment explodieren. Mein Herz begann wie wild zu klopfen, ich rang nach Luft und bevor mir ein lauter Schrei auskam, lief ich nach draußen ins Freie.
Tommy, mein Sohn bemerkte dies und folgte mir: „Mama, was ist nur los mir dir...?“
Ich konnte es ihm nicht sagen, denn ich wusste es selber nicht!
Es gab wirklich keinen Anlass für die Befürchtung, dass es in dieser Brauerei zu einer Explosion kommen könnte...!
Ich schickte Tommy wieder zu unserer Gruppe zurück.
Noch einmal wagte ich einen Versuch, diese Räume zu betreten, aber da war eine Angst in mir, die mir die Tränen in die Augen schoss....Sie löste eine mir bis dahin unbekannte Panik aus. Erst an diesem Tag wurde mir bewusst, dass ich immer schon Angst davor hatte, irgendwo könnte sich eine plötzliche Explosion ereignen.
Immer dann, wenn ein Flugzeug etwas niedrig am Himmel über mich hinweg flog, hatte ich Ängste oder die Vorstellung, es könnte mit einem lauten Knall in der Luft explodieren und dann als brennender Feuerball zu Boden stürzen.

Sicher, man hatte solche Bilder schon mal in den Nachrichten gesehen, aber diese Angst war sicher nicht in solchen bildhaften Fantasien begründet. Auch heute noch, wenn ein Auto auf der Strasse mir sehr schnell entgegen fährt, war es mir manches Mal, als hörte ich einen plötzlichen lauten Knall.
An diesem Tag, als wir von dieser Brauerei heimkehrten, bekam eine Aussage, die mir Bernardette längere Zeit zuvor machte, eine neue Bedeutung. Sie hatte mir erzählt, ich wäre in meinem früheren Leben im ersten Weltkrieg in einem Lazarett als Krankenschwester tätig gewesen und hätte dort für die Verwundeten - mit einem Arzt zusammen - gesorgt. Bei einem Fliegerangriff war eine Rakete fehl-geleitet und traf mitten in unserem Lager ein. Mit einem lauten Knall und einer riesigen Wucht und Druckwelle flogen wir alle in die Luft. Ich kann diese alte Geschichte nicht beweisen.
Fakt ist aber, dass ich heute noch diese tiefsitzenden Ängste in mir trage und eigentlich keine plausible Erklärung dafür finden kann. Bislang dachte ich immer, das wären Bilder die ich vielleicht irgendwann einmal im TV gesehen habe, oder dass meine Phantasie mit mir etwas durchgeht. Aber dieses Erlebnis einer richtigen Panikattacke neben einem großen Kessel, der unter großem Druck arbeitet, das war auch neu für mich. Ich hielt es dort einfach nicht aus.

Da war eine Angst, die mir den Atem nahm, mich abschnürte.
Ich wusste, diese Angst konnte nicht aus **diesem** Leben sein, denn da kamen solche explosionsartigen Erlebnisse nicht vor. Für mich ist es gut zu wissen, dass ich eine solche Angst **„ein-ordnen“** kann und die Ursache zu kennen glaube.
Es gibt Gefühle, die „früheren“ Erlebnissen sehr stark „ähneln“ und deshalb ganz bestimmte Erinnerungen hervorrufen können. Ich muss deshalb solche Ängste nicht bekämpfen, sondern es reicht, dass ich um sie weiß und sie auch zulassen, mit ihnen umgehen und sie einordnen kann.
Natürlich könnte ich versuchen, solche Ängste zu heilen, indem ich wöchentlich in die Brauerei gehe, mich vor diesen Kessel hinstelle und mir eindringlich sage: „...es passiert auch wirklich nichts...!“ Dadurch, dass ich dort nicht täglich arbeiten muss, sind dies Ängste, die ich zwar kenne, aber mit denen ich durchaus „leben“ kann.
Aber ich kenne Menschen, denen gewisse Ängste das Leben so sehr erschweren und für die solche - oft unerklärlichen Gefühle - ein wahres Hindernis im Leben darstellen, mit dem sie wirklich nur schwerlich klarkommen.
Und oft auch das menschliche Miteinander schwer belasten.

Claudia traut sich nicht, ihr Haus zu verlassen....

Claudia aus Berlin litt seit Jahren an einer Angst-Störung, die ihr im Leben wahrlich zu schaffen machte. Sie selbst erzählt: „Schon wenn ich mich hundert Meter von meiner Haustüre entfernte, bekam ich Beklemmungen. Irgendwann konnte ich meine Wohnung kaum noch verlassen. Ich bekam Panikattacken, die wahre Todesängste in mir auslösten. Ich war so am Boden zerstört. Irgendwann hab ich sogar dran gedacht, mich umzubringen.“

Der kleine David bekommt Panik bei jeder Trennung von seiner Mama

Da ist der kleine David, der bereits in den Kindergarten geht.
Und da ist auch schon sein größtes Problem. Jeden Tag dasselbe.
Den Schritt weg von seiner Mama, das ist jedes Mal so, als ob eine ganze Welt für ihn zusammenbrechen würde. Für seine Mama Lisa ein Drama, das wochen- und monatelang an ihren Nerven zehrt. Dabei weiß sie, dass David eigentlich den Kindergarten und auch sein „Fräulein“ sehr liebt, aber der Abschied von der Mama ist an jedem Morgen erneut mit herzzerreißenden Tränen verbunden. Bereits abends beim Einschlafen überfällt ihn eine erdrückende Traurigkeit, die ihn daran hindert, in Ruhe und Frieden in seinen Schlaf zu finden.
Lisa hofft, dass sich der Trennungsschmerz allmählich bessert, je älter ihr Sohn und je vertrauter er mit dem Kindergartenalltag wird. Aber es ändert sich nichts.
Sie fasst schon den Entschluss, David wieder vom Kindergarten abzumelden und ihren 400 Euro Vormittagsjob zu kündigen. Da fällt ihr Bernardette ein.
Lisa entschließt sich, wegen dieser Sache von David bei ihr mal nachzufragen.

Bernardette sagt zunächst gar nichts, schließt die Augen und hört in sich hinein.
Dann fängt sie an:
„Lisa, diese irre Angst die deinen David bewegt und innerlich so zerreißt, ist eine Angst, die aus einem Erlebnis aus seinem letzten Leben herrührt und so stark war, dass er sie wieder in dieses neue Leben mitgebracht hat. David war das Kind einer jüdischen Familie und du, Lisa warst im II. Weltkrieg das Kindermädchen, das auf David und seine Schwestern in dieser Zeit aufpassen musste. Doch in einer Nacht wurde diese Familie abgeholt, und David wollte nicht weg von seinem Kindermädchen, da er dieses so sehr liebte und die Fürsorge dieses Mädchens um ihn immer so sehr genossen hatte. Diese Familie wurde abgeführt und erlebte eine schreckliche Zeit. Doch David hing immer noch an seinem Kindermädchen.
Diese Liebe war so stark, dass David in der jenseitigen Welt dich wieder als Mama suchte und seinen Platz schließlich wieder bei **DIR** fand. Dies war auch - wohl unbewusst - der Grund, warum du diesem Jungen einen jüdischen Namen geben wolltest.

Was wir heute tun müssen, ist es, diese Angst, dieses Trauma der Trennung von damals zu lösen und zu heilen. David soll heute verstehen, dass diese schwere Zeit von damals vorbei ist, dass heute niemand mehr ihn von seiner Lisa-Mama trennen möchte und auch dann, wenn er das Haus und seine Mama verlässt, jederzeit immer wieder zu seiner Mama zurückkehren kann. David kann sich deiner Liebe immer und überall gewiss sein."
Als Lisa das hörte, brach sie in Tränen aus und sie verstand jetzt all die Überreaktionen ihres Sohnes, die sie einfach nicht einordnen konnte. Beide - Lisa und Bernardette - sprachen intensive Gebete und baten um Heilung der Seele ihres Sohnes, auch um Heilung all dieser schrecklichen Ereignisse aus der damaligen Zeit.
Tief gerührt fuhr Lisa nach Hause und behielt diese Geschichte erst mal für sich.
Sie wollte zunächst abwarten. Es schien ihr aber unglaublich, als am nächsten Tag ihr kleiner David wie selbst-verständlich fröhlich aufstand und fragte: „Mama, wann fängt heute der Kindergarten an? Fährst du mich heute oder werde ich abgeholt?"
Lisa fuhr selbst und brachte ihn dorthin. David sprang hüpfend aus dem Auto und gab seiner Mama einen festen Kuss... „Also, bis später, wir sehen uns ja dann....!"
Keine Träne, kein Schmerz, die alte Wunde schien zu heilen.
So kannte Lisa ihren Sohn gar nicht.
Es schien, als hätte sich der ganze alte Schmerz einfach aufgelöst..!

Bäume als „altes Trauma", das beim Autofahren Todesängste auslöst

Ich kann mich gut erinnern, als mich in meiner „Teenie"-zeit ein lieber Bekannter nach einem netten Disco-Party-Abend mit seinem Auto nach Hause fuhr. Ich war ihm sehr dankbar für diesen kleinen Liebesdienst. Wir saßen noch lange im Auto und hatten einfach: nur gequatscht...
Da er spürte, dass er mit mir gut reden kann, sich verstanden fühlte, vertraute er mir etwas an, was er zu diesem Zeitpunkt noch niemandem gesagt hatte. Nämlich, dass er eine furchtbare Angst in sich trägt, die ihn schier zum Wahnsinn treibt, die Angst,

Auto zu fahren. Die Angst vor jedem Straßenbaum, die Angst, durch eine Baumallee hindurch zu fahren. Immerzu erdrückt ihn eine regelrechte Panik, an einen der Bäume zu knallen und dann sein Leben zu verlieren.
Er fühlt sich von den Bäumen fast wie magnetisch angezogen, weiß nicht, wie er diese Angst bezwingen kann. War eine längere Autofahrt geplant, hatte er bereits in der Nacht zuvor Albträume, die ihn regelrecht „Blut und Wasser" schwitzen ließen.

Ich konnte diesem sympathischen Kerl damals keinen Rat geben und ihn auch im Lauf der Jahre aus den Augen verloren, seinen Namen vergessen, nicht aber dieses Problem das ihn so sehr belastet hatte!
Heute wüsste ich anders damit umzugehen und ich wäre mir absolut sicher, ihm helfen zu können oder ihm einen Weg, eine Möglichkeit aufzeigen zu können, um von diesem alten „Dämon" befreit zu werden.

Lieselotte Pulver – eine bewundernswerte Schauspielerin...

In einer Zeitschrift, die sich sehr viel mit den Leben der Prominenten befasst, entdecke ich einen Artikel über Lieselotte Pulver.
Wer kennt sie nicht aus den alten Heimatfilmen, wie sie als junge blonde Frohnatur sich in unsere Herzen gespielt hat? Sie ist und bleibt eine meiner Lieblingsschauspielerinnen meiner Kindheit, weil sie immer die liebenswürdige, unbekümmerte, spontane und beschwingte Seite des Menschen darstellte und verkörperte.
Im wirklichen Leben dagegen wurde sie mit viel tragischeren Rollen konfrontiert....
Hier nur ein kurzer Abriss: Sieben ihrer engsten Verwandten begingen Selbstmord, darunter auch ihre eigene hübsche Tochter Melisande, die mit 21 Jahren nach einem Aufenthalt in der Psychiatrie ebenfalls mit einen Sprung vom Berner Münster den Freitod suchte.
Sowohl ihre Mutter als auch ihre Tante kamen nicht mehr aus den geschlossenen Anstalten frei...- Ob aus dem Kennedy oder dem Onassis – „Familienclan": -
Immer wieder macht es den Anschein, als ob ein alter belastender „Fluch" auf solchen Familien verhängt sei, die – falls sie in den jungen Generationen nicht aufgelöst werden können, immer noch weiter wirken und unschuldige Menschen belasten können.

Suicid, eine Tat aus Verzweiflung....

Suicid, das bedeutet, ein Mensch will freiwillig und absichtlich diesem Lebe ein Ende setzen, sei es, - weil er dieses Leben so nicht mehr ertragen kann,

...oder sich selbst nicht mehr aushält,
...oder nicht mehr weiß was er tut,
...oder weil eine harte Ent-Täuschung im Leben nicht mehr zu ertragen ist,
...oder weil zu vieles im Leben zu „beschissen" läuft und zu verkorkst ist,
...oder einfach weil man zu unglücklich ist und es nicht mehr aushält,

...oder weil man in abartigen Verstrickungen sich verhängt hat,
aus denen man es allein nicht mehr zu schaffen glaubt,
...oder weil man den Leidensweg einer schweren Krankheit abkürzen möchte,
...oder ...einfach keinen anderen Ausweg mehr weiß...
...oder......oder..... es gibt tausend Ursachen und Motive....!

Ich denke, die pure Verzweiflung kann einen Menschen wirklich dahin treiben, in diesem - wie man meint einzigen - Ausweg des selbstgewählten Todes eine Lösung der vielen oder des schweren Problems zu finden. Ein Leiden oder der daraus entstehende psychische Druck kann einen Menschen so sehr in ein „tiefes Loch" treiben, dieser Zustand kann so unerträglich werden, dass aus einem Leiden wirklich „Wahn" wird.
Junge Menschen vor allem, die vielleicht unter dem enormen Druck, sei es durch den Leistungsdruck in der Schule oder von einem strengen Elternhaus, einer schlimmen Enttäuschung leiden und dieses „tiefe Loch" nicht mehr erdulden wollen, kapseln sich in ihr Inneres ab.
Wenn sich keine „konstruktive" Hilfe auftut oder Auswege gefunden werden, die ein „Lichtblick" in der Dunkelheit der Seele sind„ kann der Sog nach „unten" immer drängender, schmerzhafter, intensiver, schneller und auch unausweichlicher werden. Bei den „Teenies" sind Trotzreaktionen nicht selten. Es gibt immer wieder ver-**zwei**-felte Situationen, in denen ein Mensch von diesem Gedanken ver-sucht oder heimge-sucht wird: „Wie es wäre, wenn....?".

Eine Flucht als „Selbsthilfe-Programm" für die eigene Seele wird konstruiert, vielleicht sogar geplant. Es tut es gut, „Pläne" zu schmieden, aus der eigenen Wut und Verzweiflung heraus aktiv zu werden, - Taten, auch wenn sie aus „Rache" geschehen, sie mobilisieren einen leidenden Menschen, weil sie nicht mehr „passiv" ihre vermeintliche Opfer-Rolle erdulden, sondern empfinden sich als „Aktive", die zu einem Befreiungsschlag ausholen wollen. In erster Linie sind das Gefühle, sich von einer Last zu befreien, auszubrechen und darin eine Not-Lösung zu suchen. Aber Gedanken, die in diese Richtung gehen, sind nichts anderes als ein bitterer „Hilfeschrei" der Seele, ein verzweifelter Versuch, der sagen will:

„Bitte , kümmert euch doch endlich um mich...!
Ich brauche so dringend Hilfe...!"

Zur wirklichen Tat dann zu schreiten, dazu gehört noch weitaus mehr...
Den letzten Schritt, die letzte Entscheidung - die bewusst oder unbewusst fällt - und den letzten Notschalter außer Kraft setzt, dazu gehört entweder unendlich viel Mut oder... ein absolutes Blackout, ein „nicht-mehr-wissen-was-man-tut".
Jeder Mensch ist von seinen „Astralkörpern" umgeben, die ihn auch im Normalfall beschützen, da sie ganz spezifische Energie-körper sind, die den physischen Körper um-„hüllen".

Und auch dieser Seele die Chance und die Möglichkeit schenken,
ihr die richtigen Helfer zur Seite stellen, um einen neuen Anfang zu finden.
Nur: zu den eigenen Problemen lastet sich diese Seele nun auch noch all das Schwere und die Bürde, die sie jetzt seinen liebsten Mitmenschen hinterlassen hat, mit all den offenen Fragen und den Vorwürfen, mit denen wohl andere ein Leben lang leben müssen, **selber auf.** Das unsägliche Leid, das ich anderen zufüge,
das begleitet auch mich, bekomme ich in meiner geistigen Welt zu spüren,
und das wird meinen „neuen" Himmel **gewaltig** trüben!

Einen solchen Berg kann ich nicht einfach hinterlassen, ohne dass es negative Folgen für mich hat, nicht weil Gott es ist, der mich für meine Tat in irgendeiner Weise ver-**urteil**-en würde, sondern weil ich auf der anderen Seite erst verstehe,
welchen Schaden ich bei meinen Liebsten „ange-**richtet"** habe...
Und schließlich auch, weil mir selber erst richtig bewusst wird,
an welcher Stelle in meinem „Lebensplan" ich selber das „Zeug hingeschmissen",
vielleicht auch versagt habe, oder wo ich noch einmal zu mir selber sage:
„Es tut mir leid, ich konnte einfach nicht mehr anders, ich sah keinen anderen Ausweg mehr, als diesem meinem Leben selber ein Ende zu setzen."

Jeder Mensch, der eine Lehre oder Ausbildung, ein Studium einfach abgebrochen hat, kennt vielleicht dieses Gefühl des **„nicht Voll-endeten"**...
Es ist, als ob eine Sache halb in der Luft hängt, weil sie nicht wirklich abgeschlossen wurde. Zumindest kenne ich dies: meine begonnenen „Lehrstücke", die ich freiwillig abgebrochen haben, sie tauchen immer wieder - auch heute noch - in meinen Träumen auf, so, als wollten sie mich fragen...„Was ist nun mit uns?
Wo gehören wir eigentlich in deinem Leben hin? Wo ist unser Platz?"

Auch wenn es hart klingen mag: wer sein Leben **selbst be**-endet und nicht **voll**-endet, wer den „kosmischen Schöpfungsplan", der für den jeweiligen Menschen gedacht ist, - man könnte auch sagen: den „Willen Gottes"... selbst durchkreuzt,
der wird auch nicht in den „Genuss" seiner „Feiertags-Halbe" kommen!
Das bedeutet, die Freude und der Stolz nach einer geleisteten Arbeit,
die wohl- verdiente Arbeits-Ruhe am Abend, das Gefühl,
jetzt endlich die Füße hochlegen und so richtig ausspannen zu können,
den Stolz über das, was man geschafft und auch abgeschlossen hat –
dieses zu-**frieden**-stellende Erleben bleibt nach einem Suicid wirklich aus...!

Auch wenn ein Mensch absolut an die Grenzen seiner Leidens-Fähigkeit kommt,
er hat zwar die Freiheit, selbst über sein Leben und auch über dessen Ende
bestimmen zu können, aber dieses Erleben und auch der Kampf :
Es hat seinen **Sinn, seine Aufgabe** in diesem jeweiligen Leben.
Auch, dass sich ein kleines Baby durch den engen „Tunnel" zwängen muss,
und von ihm dafür alle nur denkbare Kraft abverlangt wird,
um sich den Weg in das „neue" Leben zu erkämpfen: dieser Kampf hat **seinen** Sinn!

Und wem es gelingt, in einer solch schweren, vielleicht auch bitteren Situation sein Inneres zu öffnen für seine himmlischen Helfer, dem wird **aller** Trost und **jegliche** Kraft, sowie auch die **volle** Hilfe zuteil werden, deren er bedarf!
Dessen dürfen wir uns absolut sicher sein!
So wahr ich an Gott und seine ganze Herrlichkeit glaube!

Sterbebegleitung und Christliche Patienten-Verfügung : JA
Beihilfe zum Suicid: NEIN !
Oder: nicht nur die Liebe, auch der Tod ist „käuflich“....

Was in der Schweiz schon seit Jahren erlaubt ist, breitet sich auch in unserem Lande aus: „Lebens-Müden“ Menschen, die „frei-willig“ aus dem Leben treten möchten, „Bei-Hilfe“ zu leisten, - und das für nicht wenig Geld...
Wer bereit ist, eine Summe von bis zu 10.000 € auf den Tisch zu blättern, bekommt von einem „Arzt“, bzw. „Freitod-Begleiter“ ein giftiges Medikament besorgt und wird mit einer „Helium-Maske“ praktisch „vergast...!“

Was sich hier anhört wie ein altes „Relikt“ aus der NS-Zeit, ist eine - zu diesem Zeitpunkt - noch nicht verbotene - **„Dienst-leistung“** im Jahre 2010!

Ich will hier wirklich keine Werbung für „dignitas“ machen, aber es gibt sie, jene Organisationen, die sich auf das Selbstbestimmungs-Recht eines jeden Menschen beruft und dafür wirbt, dass jeder Mensch seinen eigenen freien Entschluss zum suicid selber fassen kann, wodurch sich prinzipiell keiner schuldig macht. Vor allem labile und psychisch schwer angeschlagene Menschen sind wirklich gefährdet, sich auf ein solches Angebot einzulassen.

Aber auch Schwerkranke, die einfach nicht mehr „wollen“ oder große Angst haben vor dem Leiden, - Angst, große Schmerzen ertragen zu müssen.
Meine Jugendfreundin Hanna (jene aus Taizé) bekam einen solchen Fall „hautnah“ mit: sie sorgte sich zusammen mit ihrem Ehemann täglich um ihre alte Nachbarin, beide schauten nach dem „Rechten“, kauften für sie ein, sorgten sich um deren Wohnung und hatten auch die Kontovollmachten übertragen bekommen.
Denn die eigenen Kinder lebten zu weit entfernt, um sich selbst um ihre kranke, alte Mutter kümmern zu können. Sie litt unter chronischen schweren Depressionen und ihr schauderte bei den Gedanken, in absehbarer Zeit in einem Pflegeheim „landen“ zu müssen. Sie hatte massive Angst vor einem körperlichen Verfall.
Eines Morgens betrat Hanna ihre Wohnung und fand die liebe alte Frau tot in ihrem Sessel. Die sofortige alarmierte Hausärztin und auch Hanna selbst waren sprachlos, denn am Tag zuvor war sie wirklich noch bei bester Gesundheit.
Die Ärztin schrieb auf den Totenschein „unklare Todes-Ursache“.

Auch die Polizei untersuchte die ganz Wohnung genauestens: ein Mord konnte aber ausgeschlossen werden. Die „Visitenkarte“ von Dignitas war aber augenscheinlich.
Im Kalender der Toten stand auf dem Datum des Vortages fest eingetragen: das „Date“- samt genauer Uhrzeit - mit dem „Todes-Kommando“.
Nachforschungen ergaben, dass die Nachbarin sich am Vortag des Suicids von ihrer Freundin telefonisch verabschiedete und angab, dass eine „Seelsorgerin“, sowie ein Arzt zu ihr kommen und sie so aus dem Leben scheiden würde.

Der umgehend alarmierte Sohn konnte aber nichts mehr bewirken. Auffällig war, dass im Kalender der alten Frau das Wort **„HELIUM“** von ihr eingetragen war, aber offensichtlich wieder heraus radiert wurde. Bei einem Übermalen mit Bleistift konnte dieses Wort aber wieder sichtbar gemacht werden.
Auffällig war zudem, dass, wie sich später heraus stellte, wenige Tage vor ihrem Ableben eine größere Geldsumme von ihrem Konto abgehoben wurde – ein Betrag, der nicht mehr aufgefunden wurde. Die Frau hatte sonst keine Bezugspersonen.
Nachforschungen über eine Obduktion waren nicht mehr möglich, denn der Leichnam der toten Frau wurde blitzschnell zur Beerdigung freigegeben. Bis meine Freundin und deren Mann wirklichen Verdacht schöpften, war die Nachbarin bereits beerdigt.
Auch die Polizeibeamten erklärten, „Anstiftung zum suicid“ sei **„nicht strafbar...“**
„Wenn ein Lebensmüder von einer hohen Brücke springen will, dann ist das **sein ganz eigener** fester Entschluss. Eine Möglichkeit der Anklage bestünde – wenn dann – nur in der Form der „unterlassenen Hilfeleistung““, so die Polizisten.

Also dass ein Vertreter von dignitas oder einer Instituion, die sich „exit" nennt, einem Todes-willigen die `Mittel´ zum Tode bereitstellt, allein dieser Tatbestand reicht nicht zu einer straffähigen Anklage...! Auch nicht der Nachweis, dass – wie in diesem mir bekannten Fall -eine größere Geldsumme einfach „fehlte".

Wie immer wieder in der Presse bekannt wird, sind es auffälligerweise ältere Menschen mit einem Adelstitel oder solche mit einem hohen Bekanntheitsgrad.
Ich nehme diesen „Fall" in mein Buch mit auf, weil mir sehr daran liegt, alle Menschen für dieses **Unrecht**, so wie ich es bezeichne, zu sensibilisieren, sie davon in Kenntnis zu setzen: denn ich bin mir sicher, dass die - vielleicht bereits betagten Eltern - meiner Leser noch am Leben sind oder diese sogar betreuen.
Vielleicht aber auch mit alten, manchmal leidgeprüften und auch psychisch belasteten Menschen zu tun haben: sei es in einem Pflegeheim, im Krankenhaus, oder auf einer Palliativstation. Es ist Vorsicht geboten!

Und es macht sehr bedenklich zu wissen, dass ein Drittel aller Mitglieder dieser Institution - mit Hauptsitz in Hannover - aus Deutschland kommen.
Dieses Angebot der „Freitod-Begleitung" richtet sich ja nicht nur an „ältere Menschen", sondern an alle jene, die in einer schweren Lebenskrise **„fest-sitzen".**
Eine Organisation, die aus Sterbewünschen Kapital schlägt, sowie ein menschen-un-würdiger geschäftsmäßiger Umgang mit dem Tod ist - zu diesem Zeitpunkt im Dezember 2010 - noch nicht gesetzlich zu verbieten.
Es gibt noch keine griffigen, ausdrücklichen Regelungen im deutschen Strafgesetz.
Was sich hoffentlich aber in naher absehbarer Zeit ändern wird...!

Wer einem sterbewilligen Menschen den Freitod ermöglicht, ihn dazu berät, wohl auch noch ermutigt und sich dabei nur auf das „Recht der freien Selbstbestimmung" beruft, macht sich – vielleicht noch nicht im deutschen Strafgesetz – strafbar, sicher aber auf ethischer, und nicht zuletzt auf religiöser und spiritueller Ebene, der sich jeder Mensch auch verpflichtet wissen sollte.

Ein Suicid kann zwar das „irdische" Leben und damit zwar so manche Probleme ab-brechen, nie aber „lösen" oder auch eine „spirituelle Lösung" bieten, denn das Leben geht in der jenseitigen Welt weiter.

Die Probleme, die dorthin mitgenommen werden, werden nur „ab-gebrochen", sicher aber nicht **voll-endet** oder „be-endet" und damit gelöst sein.
Lösen muss sie jeder Mensch selber, wenn er nicht mehr hier bereit dazu ist, so warten diese jene gleichen Aufgaben später - in anderer Form - auf einen.
Das Leiden eines Menschen hat „seinen" Sinn, aber es sollte weder „eigenhändig verkürzt" , - noch „verlängert" werden, und in diesem Punkt möchte ich an die

Möglichkeit der „christlichen Patienten-verfügung" verweisen.

<u>Christliche Patienten-Verfügung:</u>

Für den Fall, dass ich nicht mehr in der Lage bin,
meine Angelegenheiten selbst regeln zu können, verfüge ich:

An mir sollen keine lebensverlängernden Maßnahmen vorgenommen werden, wenn festgestellt wird,

* dass ich mich im unmittelbaren Sterbe-Prozess befinde, bei dem jede lebens-erhaltende Maßnahme das Sterben oder Leiden ohne Aussicht auf erfolgreiche Behandlung verlängern würde, oder
* dass es zu einem nicht behebbaren Ausfall lebenswichtiger Funktionen meines Körpers kommt, der um Tode führt.

Ärztliche Begleitung oder Behandlung, sowie sorgsame Pflege sollen in diesen Fällen auf die Linderung von Schmerzen, Unruhe und Angst gerichtet sein, selbst wenn durch die notwendige Schmerz-Behandlung eine Lebens-Verkürzung nicht aus zuschließen ist.
Ich möchte in Würde und Frieden sterben können, nach Möglichkeit in Nähe und Kontakt mit meinen Angehörigen und nahestehenden Personen und in meiner vertrauten Umgebung.
Ich bitte um seelsorgerlichen Beistand.
Maßnahmen aktiver Sterbehilfe lehne ich ab.
Ich unterschreibe diese Verfügung nach sorgfältiger Überlegung und als Ausdruck meines Selbst-Bestimmungsrechtes. Ich wünsche nicht, dass mir in der akuten Situation eine Änderung meines hiermit bekundeten Willens unterstellt wird.
Sollte ich meine Meinung ändern, werde ich dafür sorgen, dass mein geänderter Wille erkennbar zum Ausdruck kommt.

Name: ....

geb. am: ....

Anschrift: ....

Ort, Datum: ....

Unterschrift: ....

Diese Patientenverfügung wird von mir erneut bestätigt:
Ort, Datum: .... Unterschrift: ....
Ort, Datum: .... Unterschrift: ....

Christliche Patientenverfügung
Handreichung und Formular der Deutschen Bischofskonferenz und des Rates der Evangelischen Kirche in Deutschland in Verbindung mit den übrigen Mitglieds- und Gastkirchen der Arbeitsgemeinschaft Christlicher Kirchen in Deutschland 1998

Vorsorgevollmacht

Für den Fall, daß ich außerstande bin, meinen Willen zu bilden oder zu äußern, benenne ich hiermit als Person meines besonderen Vertrauens:

Frau/Herrn: ....
geb. am: ....
Anschrift: ....

und erteile ihr hiermit Vollmacht, an meiner Stelle mit der behandelnden Ärztin oder dem behandelndem Arzt alle erforderlichen Entscheidungen abzusprechen.

Die Vertrauensperson soll meinen Willen einbringen und in meinem Namen Einwendungen vortragen, die die Ärztin oder der Arzt berücksichtigen soll. Sie darf auch die Krankenunterlagen einsehen und in deren Herausgabe an Dritte einwilligen.

Zu diesem Zweck entbinde ich die mich behandelnden Ärzte oder Ärztinnen und deren nichtärztliche Mitarbeitende gegenüber meiner Vertrauensperson von der Schweigepflicht.

Diese Vorsorgevollmacht ist jederzeit ohne besondere Form widerruflich.

Ort, Datum: ....
Unterschrift: ....

Wichtig ist:

1) dieses Formular mit dem eigenen Namen, Anschrift, dem Geburtsdatum, sowie mit dem Ort, Datum und der eigenen Unterschrift zu versehen.
2) mir rechtzeitig in „guten“ Tagen eine Person meines wirklichen Vertrauens zu suchen, die dieses Formular unterschreibt und zu ihren Unterlagen nimmt.
3) Das Formular nehme ich in meine persönliche Unterlagen, oder lege eine Kopie zu meinen Ausweispapieren.

Eine solche Verfügung sollte aber nicht nur für kranke oder alte Menschen ein Thema sein: jeden Menschen kann es treffen und zwar: **mitten** in seinem Leben.

Wir sollten uns bereits in diesem Leben Klarheit darüber verschaffen, dass ein völlig unvorhergesehener Schicksalsschlag uns in eine solche Situation bringen kann, eine Patientenverfügung aber dann gerade den Menschen, die mir besonders am Herzen liegen und mir so wichtig sind, nicht in einen schweren Gewissenskonflikt bringen, sondern für sie eine große Hilfe und Erleichterung ist, guten Gewissens in meinem Sinne entscheiden und handeln zu können.

Als Horst Tappert, der weltweit bekannte Schauspieler und „Derrick"-Darsteller am 13.12.2008 verstarb, war ihm ein langer Weg des Leidens über die Patientenverfügung erspart geblieben. Diese hat er bereits einige Jahre zuvor mit seiner Frau Ursula bewusst verfasst und unterschrieben.
Sie hatte bekannt: „Als sein Zustand täglich schlimmer wurde, er nicht mehr sprechen konnte, nichts mehr wahrnahm, nicht mehr teilnehmen konnte, ich seine Hand nahm und er nichts mehr spürte, habe ich den Ärzten die Patientenverfügung gegeben. Sie haben wohl die Beatmung und die Infusionen abgestellt. Lange hatten sie es mit diesen Mitteln versucht, doch es brachte nichts, im Gegenteil.
Sie mussten schließlich entscheiden."

Organspende – ein Dienst ganz besonderer Nächstenliebe...!

Tag für Tag sterben Menschen, weil sie ein dringend benötigtes Organ nicht erhalten können. Sie stehen oft jahrelang auf einer Warteliste für ein ganz bestimmtes Organ, und jeder neue Tag bedeutet aufs Neue: warten, bangen und hoffen auf ihre letzte Lebens-rettung...Wer bereit ist, nach seinem Ableben einem hier lebenden Menschen seinen Körper, seine Organe zu Verfügung zu stellen, rettet und ermöglicht Leben. Auch hier trifft die Aussage Jesu voll zu: **„Wer hat eine größere Liebe als jener, der bereit ist, sein Leben für einen anderen Menschen hin-zu-geben...?"**
Natürlich, man könnte sagen: wer bereits „tot" ist, braucht es doch nicht mehr „her-zu-geben"? ...ganz so einfach ist es aber nicht....!

Denn wer in die Organspende einwilligt und sich einen Spenderpass ausstellen lässt, sollte sich auch im Klaren sein, worauf er dennoch verzichtet: ein Toter **braucht** seine Organe wirklich nicht mehr, aber worauf er wirklich verzichten können sollte:
das ist seine **Totenruhe**, denn das Sterben ist ein sanftes, allmähliches Loslösen des Astral-Körpers von seinem physischen Körper; - eine Phase, die nicht nur Stunden, sondern auch ganze Tage in Anspruch nehmen kann.
Für einen hellsichtigen Menschen ist es möglich, beim Sterbeprozess dies zu beobachten: der Astralkörper wird sichtbar als weißer Schatten, etwa wie heller Nebel, der aufsteigt. Auch Angehörige, die mit ihrem Liebsten eng verbunden sind, können in der Kraft ihrer Liebe in diesem so entscheidenden Moment dies wahrnehmen und auch spüren und **in diesem Erleben** mit ihrem Lieben noch lange Zeit besonders intensiv verbunden bleiben.

Wer also in die Organspende einwilligt, sollte sich vorher darüber im Klaren sein: ein Ärzteteam steht bereit und wartet bereits in der Sterbephase darauf, dass mit dem letzten Herzschlag, bzw. mit dem Ausbleiben der letzten Gehirnströme ihr Einsatz beginnen kann.
Es ist bereits auch zu diesem Zeitpunkt genau geklärt, falls die Todes-ursache nicht durch einen unvorhergesehenen, plötzlichen Unfall bewirkt wurde, wer, bzw. in welchem Teil der Erde über die Datenbank genau „mein" Organ dafür sorgt, dass ein anderer Mensch auf-atmet und überglücklich darüber ist, hoffentlich noch weitere Jahre gut und erfüllt leben zu dürfen!

Für die **Medizin** ist der Zeitpunkt, zu dem ein Mensch als „tot" erklärt wird, anders definiert, als für die **geistige Welt**: die Welt der Seele und des geistigen Bewusst-seins. Der „klinische Tod" berechtigt zwar zum **sofortigen** Entnehmen so wichtiger körperlicher Organe (was natürlich wichtig ist, damit diese weiterhin funktionieren können!), berücksichtigt aber **in keinster Weise**, dass der „Geist" des Menschen im Astralkörper noch **viel länger** braucht, um sich von seiner „Hülle" zu lösen!

Wer sich dessen aber bewusst ist und sich **aus Liebe dafür entscheidet,** in diesem Wissen und Bewusstsein sich darauf einstellt, für dieses Los-lösen nicht so viel Zeit zu Verfügung zu haben, für den wird es wohl auch Helfer in der geistigen Welt geben, die diesen Liebes-dienst in ganz besonderer Weise unterstützen.
Es gibt Menschen, die den Prozess des Los-lassens in ihrem Leben gut gelernt haben und die wirklich bereit sind, ja, sich sogar freuen auf die Ankunft im jenseitigen Reich der Liebe und des Lichts. – Sind sie zu einer Organspende bereit, ist es für sie aber bereits vorher möglich, sich ganz bewusst darauf einzustellen: ich werde keine Ruhe und nur sehr wenig Zeit für diese „neue Geburt" in den Himmel haben, wenig Zeit, um das neue Ankommen realisieren und auch ankommen zu können.

Auch muss uns klar sein: wer ein Körper-organ von einem anderen Menschen erhält, empfängt nicht nur lebens-notwendiges „organisches Material", sondern damit auch die **Energie dieses Menschen** und wird zum „Träger" von dessen Energie-körper. - Menschen, die ein ganzes Herz oder auch ein anderes Organ eingepflanzt bekommen von einem anderen, verstorbenen Menschen, können nach der Operation das Gefühl haben, als ob ein „anderer Mensch", bzw. eine andere Seele in ihnen weiterleben würde. Dies braucht uns aber nicht zu verwundern, denn dies ist ganz natürlich und entspricht auch uns Menschen, die wir nicht nur aus unserem physischen Körper bestehen, sondern auch Geist und Seele sind...!
Lebt ein Organ aus meinem Körper nach meinem Tod im Körper eines anderen weiter, wirkt sich dort sicher meine ganz eigene Energie, vielleicht auch mein Bewusstsein weiter aus. Meine Geist-seele, als die ich im Jenseits weiterlebe, bleibt mit dem Menschen, in dem mein Organ weiterleben darf, sicher ganz besonders verbunden und zwar so, dass dies für jenen Menschen sehr wohl spürbar sein kann!
Das kann für mich als diese Geistseele gut, aber auch hinderlich sein und hängt ganz von meinem **eigenen Bewusstsein** ab...!

Menschen, denen das Los-lassen von dieser irdischen Welt sehr schwer fiel, sie sind vielleicht sehr dankbar dafür, noch in dieser Weise „hier sein" zu können, aber es ist möglich, dass genau dies für ihre eigene geistige Weiter-entwicklung im Jenseits eher hinderlich ist, denn dazu bedarf es eines umfassenden Los-lassen-könnens...
Eine Person mit einem neuen Organ muss also damit rechnen, dass sie nun „Fremd-energien" wahrnimmt, die gut und förderlich, als sehr angenehm empfunden werden und sich sogar auf eine wunderbare schnelle Genesung des Körpers auswirken kann, aber auch als belastend erlebt werden und nun Stimmungen oder Probleme erfährt, die sie so früher nicht kannte.
In diesem Fall kann ein Medium sehr wertvolle Dienste leisten. Es ist möglich, diese geistigen Energien, die mit dem gespendeten Organ noch verbunden sind und sich als belastend und negativ auswirken, „abzulösen" und wieder dorthin zu schicken, wo sie zugehörig sind...
Wir sollten uns dieser Zusammenhänge noch mehr viel mehr bewusst werden, wenn es darum geht, dass wir als Mensch eine **EINHEIT von Körper, Geist und Seele** sind: was aber auch bedeutet, dass Menschen, die ein oder auch gar mehrere Organe, die vielleicht sogar in mehreren Menschen in verschiedenen Ländern dieser Welt weiter-leben dürfen, dann aber auch in gewisser Weise verbunden bleiben.

Wie gesagt: das kann ein ganz besonderer Liebes-dienst sein und mit der richtigen Einstellung, dem richtigen Bewusstsein nicht nur ein körperliches, sondern auch ein wundervolles „spirituelles" Geschenk, eine Gnade sein. Jene Menschen, die ein Organ empfangen haben und hier in dieser erfüllten Weise weiterleben dürfen, sollten also achtsam mit ihrer „Spenderseele" umgehen, in Liebe und Dankbarkeit mit ihr verbun-den bleiben. Eine Organspende kann in dieser Weise **ein wundervolles Geben und auch Nehmen** sein, eine Möglichkeit, in ganz besonderer Weise in Liebe miteinander verbunden zu sein und zu bleiben und für mich, wenn ich bereit bin, dieser Liebes-dienst - auch ganz sicher und besonders im Sinne Jesu - zu einer ganz besonderen Auf-Gabe werden!
Während in Deutschland die **Zustimmungsregelung** gilt (wer freiwillig dazu bereit ist, lässt sich einen Organspende-ausweis ausstellen), haben sich andere europäische Länder wie Österreich oder Spanien durch den dringenden, unbedingt notwendigen weltweiten Bedarf (der in vielen Ländern ganze Banden sogar mit erschreckender krimineller Energie zum Organraub veranlasst!) zur erweiterten **Widerspruchsregelung** durch-gerungen. Diese besagt, dass nach Eintritt des Todes keine Organe entnommen werden dürfen, wenn der Verstorbene zu Lebenszeiten **ausdrücklich widersprochen** hat und auch dann nur eine Organspende erfolgen darf, wenn die Angehörigen keine Einwände haben. - Tatsache ist, dass viel zu wenige Menschen auf dieser Welt zu einer freiwilligen Organspende bereit sind: dies liegt sicher aber auch daran, dass man sich eben nicht gerne frei-willig mit der eigenen Sterblichkeit auseinander setzen mag. Wer gesund ist und mitten im Leben steht, denkt eben nicht gerne freiwillig Gedanken des Todes oder auch darüber nach, dass meine Organe für einen anderen, der hier so gerne sich über ein „zweites Leben" erfreuen würde, zum **LEBENS-RETTER** werden könnten....!

„Glücksfall älter werden" oder....
Den besten Jahren Sinn und Erfüllung geben!

Auf dieses „Kapitelchen" habe ich mich in den letzten Monaten meines Schreibens am meisten gefreut ! Vielleicht deshalb, weil ich mit meiner Vorstellung „älter" zu werden nicht unbedingt die Erfahrung von Krankheit, Trauer, Leid und Schmerz verbinde, sondern das Gefühl, endlich und wirklich „Zeit" zu haben, frei zu sein für die Dinge, die ich immer schon tun wollte. Weil ich weiß, was ich alles **nicht mehr** haben, besitzen, leisten, erfüllen, arbeiten , ... muss - und dies so hoffentlich als einen sehr angenehmen Zustand empfinden werde!
Und weil mein fester Vorsatz, meine Lebens-Maxime seit meiner Jugendzeit lautet..:

„Träume nicht dein Leben, sondern lebe deinen Traum!"

oder anders ausgedrückt:

„Vermeide und reduziere alles, was dich daran hindert, wirklich glücklich zu sein...!

So lange ich morgens aufwache und mich freuen kann über den neuen Tag, der vor mir liegt und ich mir überlegen darf, wie mir dieser neue Tag zu einem Geschenk werden kann. – So lange ich mir morgens **„nicht nur"** über die Pflichten und Aufgaben Gedanken machen **„muss"**, über all jenes das erledigt sein will, (aber nicht immer die Kraft, Energie oder Freude dazu habe), sondern auch einfach **meinen** „Impulsen" folgen darf: was **„will"** ich tun, wozu habe ich Lust, was packe ich an, weil ich Freude daran habe oder anders ausgedrückt: worin „ver-wirkliche" ich mich heute....?

...auf dem „Gipfel" des Lebens...

-Wo ist das kleine Stück Freiheit, das mir Raum genug lässt, meine Zeit mit **„meinem" Leben** zu füllen...?
... So lange ich eine „Lebens-Aufgabe" habe und diese mich immer neu antreibt, mich inspiriert, - ja, **so lange fühle ich mich jung, - und keineswegs „alt"!**

Die „ältere" Generation- oder: ....wann fängt man an, „alt" zu werden ?

Ist es eine Frage des „Kilometer-Standes" oder der Zeitpunkt, an dem man merkt, dass man sich so manche Begriffe nicht mehr merken kann, das Gedächtnis nachlässt? Demnach hätte ich mich schon mit 30 zu den „Alten" zählen dürfen....!
Niemals je zuvor in unserer Mensch-heitsgeschichte konnten die Menschen dank medizinischer Möglichkeiten so alt werden wie jetzt in unserer Gegenwart...!

Galten früher die Leute mit 66 bereits als Greise, scheint bei den Rentnern von heute das Leben erst richtig anzufangen! Besang nicht Udo Jürgens diese Tatsache so treffend? ...mit 66 Jahren, da fängt das Leben an...!-
Laut aktueller Statistik stehen Männern in diesem Alter knapp 15 Jahre, Frauen sogar noch 20 Jahre bevor.
Vielleicht ist mein Opa, der mit seinen über 100 Jahren immer noch das „Herz" eines junggebliebenen Charmeurs in sich trägt, ein gutes Beispiel dafür, obwohl er zwei Welt-kriege und damit karge Hungerjahre zu bestehen hatte, mit einem zähen Überlebens-willen, aber auch mit großem Einfallsreichtum und Phantasie dafür sorgen musste, dass seine Frau und 6 Töchter nicht am Hungertuch nagen mussten, ja überleben konnten. Und auch heute noch - wenn auch mittlerweile gut im Pflegeheim angekommen-, zeigt er allen anderen, dass man mit Neugier und Interesse am Leben, mit positivem Denken lange und gesund leben kann.

Auch die Modebranche kämpft um die „Gunst der Alten":
sie will zeigen, dass es längst nicht mehr „unmodern" ist , mit 40 Jahren zu seinen grauen Haaren zu stehen und dass es auch „Ältere" gibt, die mit 6o, 70, oder auch 80 Jahren noch sehr wohl eine „gute Figur" abgeben, kurzum, sie will uns beweisen, dass es sie gibt : die **„Ästhetik" des Alters**. Laut einer Umfrage aber wünschen sich 75 % der Frauen und 65 % der Männer, dass sie auch im Alter noch „jung" aussehen und sind auch bereit, so einiges dafür zu tun.
Das „knackige Alter" beginnt ja schon manchmal mit 40, mal „knackt" es hier, und mal „knackt" es da...kleine Beschwerden und auch Sorgen wird es wohl immer geben. Aber man wird sich - hoffentlich auch frühzeitig bewusst- dass die Gesundheit an Leib und Seele kein selbst-verständliches Gut ist, sondern spätestens jetzt der Zeitpunkt erreicht wird, an dem mir klar werden sollte: ich sollte wirklich auch etwas für mich, für meinen Körper und für meine Gesundheit, aber auch für meine Seele tun! Wer in den 40- er angekommen ist und voll im Berufsleben steht, merkt schnell: man braucht mehr Pausen und ist nicht mehr so belastbar, man steckt den Stress und eine dauernde Belastung nicht mehr einfach so weg. Das Bedürfnis, sich zu regenerieren an den Wochenenden oder in den freien Tagen, wächst. Wer jung ist und sein Leben „im Außen" gestalten will, schwer und hart daran arbeitet, sich eine eigene Lebens-Existenz aufzubauen, der investiert und teils verpufft auch seine – manchmal ganze Lebens-Energie – in diese Ziele, die so wichtig sind.

Frauen und auch Männer, die in der Erziehung ihrer Kinder jahrelang ganze Arbeit geleistet haben, eine Zeit, in der vor allem die Kinder an erster Stelle standen und auch es in Kauf genommen oder es gar genossen haben (wie ich...!), **beruflich** für einige Jahre kürzer zu treten... Für sie ist es nur zu verständlich, wenn sie nach ihrem „Familienprogramm" plötzlich einen gesunden Egoismus entwickeln, und das Wörtchen **„ICH"** wieder zum Drehkreuz in ein neues Leben führen kann.
Für so manche Frau - mittlerweile auch immer mehr Männer in ihrer Elternzeit, - ist jetzt erst die Zeit gekommen, über einen beruflichen **Neustart** ernsthaft nachzudenken.
Nur, die Arbeitswelt zeigt dafür meist wenig Verständnis...!
Das ist die andere Seite. Hier klingen die Jahreszahlen „über 40, über 50" leider anders:

Es ist so ent-„setzlich", weil wir so er-„sätzlich" scheinen!

Erfahrene und altbewährte Angestellte werden „gnaden-los" ausrationalisiert und mit jungen, dynamischen, frisch ausgebildeten - oft auch ausländischen Fachkräften - der eigene Betrieb „verjüngt". – Wenn auch die jahrelange Betriebs- und menschliche Erfahrung noch fehlt und gerade hier die „Jungen" so unendlich viel von den „Alten" lernen könnten.... **Das Potential der „Alten" wird einfach oft verkannt..!**

Dafür zählen Grundsätze wie versicherungstechnische Angelegenheiten mehr oder Kostengründe, die für eine Firma ausschlaggebend zu sein scheinen...
Die Arbeitsjahre werden zwar bis zum Rentenalter von Politik und Wirtschaft eingefordert, die Beiträge in die Rentenkasse so dringend gebraucht, aber eigentlich und tatsächlich haben die Arbeiter, die ihren Dienst wirklich leisten bis zu ihrer Rente nur zu oft das Gefühl, allenfalls **geduldete „Auslauf-Modelle"** zu sein....!

Sie zählen nicht nur die Jahre, sondern sogar die Monate - und manchmal auch die Tage- weil sie sich ihren Abschied aus dem aktiven Arbeitsleben sehnlichst herbeisehnen...! Andere, die sich wirklich in ihrem Beruf ver-wirklicht haben und sich von einem sehr wichtigen Teil ihres Lebens verabschieden müssen, auch von ihren Kollegen, mit denen sie vielleicht über Jahre hinweg wertvolle Kontakte und auch Freundschaften aufgebaut haben, sie haben echte **„Trauer-Arbeit"** zu leisten!
Fällt es gerade ihnen besonders schwer, im Berufsleben los-lassen zu können, und ist es wichtig, sich einer **neuen** Lebensaufgabe widmen zu können, in der sie ihre Erfüllung finden können. Denn wer es wirklich geschafft hat, wer angekommen ist in seinem „Rentner-Neuland", muss sich oftmals erst wieder neu orientieren und erfährt, dass dieser „Ruhe-stand" sehr schnell wieder zu einem **„Unruhe"-Zustand** werden kann.
Einerseits spürt man, dass die „Zeit" das kostbarste Geschenk ist – neben der körperlichen und physischen Gesundheit - , Zeit und Muse zu haben für sich und für andere.... **doch auch mit dieser Frei-Zeit umzugehen, fällt nicht immer leicht:** wir haben gelernt zu „arbeiten", mit unseren Händen, dem Kopf – mit unserem Körper, aber wir haben nicht gelernt, uns mit **geistigen Dingen** zu beschäftigen, bzw. mit unserem „Geist" zu arbeiten, oder mit unserer Seele.

Viele ältere Menschen wissen nicht sehr viel mit ihrer Zeit anzufangen, wenn gerade keine „körperliche“ Arbeit ansteht oder keine interessante Sendung im TV läuft.
Sie empfinden dann Langeweile und Leere. Das Fernsehgerät wird zum Dauer-Unterhalter und schöne Filme oder Serien zum „Zeit-Schmelzer“.

Glücksstrategien für den (Un?)- Ruhe-(zu)-stand

* Wie kann und will ich diese meine guten und verbleibenden Jahren sinnvoll und zu meiner eigenen Zufriedenheit, vielleicht sogar glücklich gestalten?
* Wie kann ich - auch ohne „Arbeit“ meinen eigenen „Selbst-wert“ leben und es mir gelingen, los-zu-lassen, ohne dabei verbittert zu werden?
* Was bedeutet „Ruhe“-stand überhaupt? Gibt es ihn wirklich?
* Welche guten Freundschaften und Kontakte helfen mir, sind mir ein sinnvolles und geglücktes Beispiel und Vorbild, - auch dann, wenn ich alleine bin, um nicht zu vereinsamen?
* Was ist aus meinen **Lebens-Träumen** geworden und wie kann ich jetzt - **erst recht** - mich ihnen und mir selbst wieder widmen....?
* Wie kann ich meine Lust auf Leben, meine Energie noch erfüllt ausleben, wie mit einer sinnvollen Lebens-Aufgabe den Herbst meines Lebens gestalten und ge-lassen dem **„Sonnenuntergang meines Lebens“** entgegen gehen ?

Sind die eigenen Kinder aus dem Haus, kann langsam Verantwortung - in Familie und Beruf - abgegeben werden, eröffnen sich neue Freiheiten, die gelebt werden können. Dass das „Älter" werden auch ein absoluter „Glücksfall" sein kann, in dem auch unsere lange gehegten Lebensträume noch wahr werden dürfen, die neue Freiheit gelebt und aktiv gestaltet werden darf und somit eine Lebensphase ermöglicht, auf die sich so viele von uns einfach nur „freuen", zeigen uns positive Lebensbeispiele – oft in unserer unmittelbaren Umgebung.
Bereits kleine Kinder - so man sie danach fragt - haben oft sehr klare Vorstellungen von ihren Zukunfts-Plänen. „Wenn ich einmal „groß" oder „älter" bin, dann werde ich, oder möchte ich gerne...dies oder jenes tun...!" Sie sind oftmals kleine Meister „positiven Denkens". Von ihrem Optimismus können sich „ältere" Menschen wirklich manchmal ein echtes Beispiel nehmen...! Manche suchen sich neue Lebens-Aufgaben, die ganz sicher zur inneren Ausgeglichenheit beitragen, etwa ein Hobby oder ein Ehrenamt. Oder sie nutzen die Zeit für Reisen und für Fortbildung, oder aber auch dafür, um die Erfahrungen aus dem gelernten Beruf anderweitig nützlich zu machen:

Lebens-Beipiele, die es zeigen und Mut machen können:

* **Karl, 64 Jahre**: Dipl. Informatiker, und Mathematiker wurde an seinem Großbetrieb „ausgemustert" und hat sich freiwillig an einer Realschule, an der wochenlang der Matheunterricht wegen Lehrermangels ausfiel, beworben, um die Fehlstunden und Lerninhalte zu vermitteln: mit Erfolg und Freude!

* **Volker, 67, Zahnarzt**: Nachdem er seine Praxis seinem Sohn übergeben hatte, verwirklichte er seinen Lebenstraum: für 3 Monate ging er nach Indien, um dort kostenlos in einer Zahnarztpraxis Kinder und Erwachsene zu behandeln.

* **Rudi 66 Jahre und Amelie 64 Jahre**: Nachdem Rudi über 30 Jahre lang in der Forstwirtschaft - im Amt - tätig war und immer schon träumte von dem „Leben auf dem Land", kaufte er sich gleich nach der Pensionierung ein Stück Land, um dort eine Streuobstwiese, bzw. einen großen Garten anzulegen, und eine Hütte darauf zu erstellen: groß und gemütlich genug, um dort auch das Wochenende verbringen zu können. Die Verwirklichung seines Lebens-Traumes mit seiner Frau.

* **Franz, 77 Jahre:** Als katholischer Diakon mit Leib und Seele nutzt er seinen „Ruhe-stand" und betreut auch weiterhin die Senioren von 5 Altenheimen und nicht nur das: sondern bietet auch in jedem Jahr eine Fortsetzung seiner Pilgertour auf dem Jakobsweg nach Santiago de Compostela an und wandert mit über 30 netten Leuten in einer Woche 120 km. Als „Seelen"-mensch mit einer großen Liebe, wie ich nur wenige kenne, läßt er andere Menschen in wunderbarer Weise teilhaben an seinem Leben.

**„Älter-werden" muss noch lange nicht heißen,
krank und gebrechlich - oder auch häßlich zu sein...!"**

Wahre Schönheit kommt von „Innen“ !

Rosi Mittermaier, die deutsche Ski-Ikone der 7o-er Jahre sagte treffend:
„Das Innen und das Außen muss übereinstimmen. Mit 60 muss man nicht mehr aussehen wie mit 20. Das wäre nicht stimmig. Für mich ist ein Gesicht schön, wenn man die Geschichten des Lebens darin lesen kann. Wichtiger als das Äußere eines Menschen ist die Ausstrahlung!“ ...Und so denken auch 79 % der Deutschen.
Wer mit sich selbst zufrieden ist und im Einklang mit seiner Familie - auch mit seinen Freunden lebt, der strahlt das auch aus. Wer noch fröhlich lachen und mit seinem Humor auch andere anstecken kann, sein Glück den anderen spüren lässt, für den ist der Begriff „Schönheit“ einer, für den es das „Außen“ nicht gibt ohne das „Innen“.

...**Wahre Schönheit kommt eben von „Innen“ heraus!**
Der Begriff „Schönheit“ wie das „Alter“ auch, ist eben sehr „relativ“ !
Auch ein Gesicht, das voller Falten ist, kann „schön“ sein, wenn es Glück und Zufriedenheit ausstrahlt. - Wer in seinem Leben den Frieden mit sich selbst gefunden hat, wer glücklich ist über das, was er geschafft hat und sich nun an der „Ernte“ seines Lebens erfreuen kann, und auch- wer kein Problem hat, zu seinem Alter zu stehen, braucht auch kein Botox, um die Falten aus seinem Gesicht heraus zu glätten!

„Alt werden will wohl jeder, aber Alt sein dagegen niemand....“

diesen Eindruck habe ich auch, wenn Künstler und Stars ein klares Problem damit haben: da werden Falten überschminkt, hängende Mundwinkel hochgezogen, Altersflecken übermalt...es fällt schwer, einfach „so zu sein, wie man ist“, - fällt schwer, zuzugeben, welche Beschwernisse das Leben mit den Jahren wirklich mit sich bringt und im Alltag bedeutet. Vielleicht ist es auch der Druck eines Publikums, der auf einem solchen Star lastet: „Es will mich in Erinnerung behalten, so wie ich immer war, meine Stimme, mein Aussehen, mein Strahlen und mein Lächeln. Ich „darf“ einfach nicht „älter“ werden...!“ Auch dann, wenn ich einmal alt und gebrechlich sein werde: eines weiß ich jetzt bereits ganz sicher: **meine Seele wird es nicht sein**!

Denn ein Mensch, der liebt, an seinem Lebensglück arbeitet und mit Neugier und positivem Interesse dem Leben gegenüber aufgeschlossen bleibt, wird immer jung bleiben! Dafür kann ich bereits jetzt und hier, an jedem neuen Tag meines Lebens viel tun, damit es genährt wird mit dem Glück der Liebe, Erfüllung findet, auch und gerade durch die **kleinen** Freuden des Lebens.
Wer in seinem Herzen offen bleibt, auch für Begegnungen und Freundschaften, oder sogar nochmals das Glück der Liebe erfahren darf, - wer „Schmetterlinge“ zulassen kann, (denn das Alter schützt auch vor Liebe nicht...!) - der soll wissen:

Glückshormone - jeglicher Art –
sind die beste und effektivste Gesundheits-vorsorge!

Warum soll nicht auch nochmals für einen „betagten" Menschen, der im Herzen jung geblieben ist, ein neues „Märchen" beginnen?

Verströmt nicht eine voll erblühte Rose, eine gereifte Blüte ihren süßesten Duft?

Auch dann, wenn ich alt sein „darf" und ich nicht mehr gehen kann oder gebrechlich bin, auch dann weiß ich um diese „Schätze" meiner Seele, die mir niemand mehr nehmen kann, weil sie ganz **„meine"** sind!
Sie sind es dann, die mich dankbar zurückblicken lassen und mir helfen, los-zu-lassen, auch bereit für eine Reise zu jenen, die mich hier und jetzt bereits freudig erwarten.
Je älter ich werde und je mehr Menschen es in meinem Leben gibt, die die Grenze ins **Jen-seits** überschreiten und mit denen ich in Liebe verbunden bin, umso mehr kann ich getrost sein, dass dort Freunde sind, die sich bereits heute darauf freuen oder sich gar danach sehnen, wieder mit mir zusammen sein zu dürfen. Es wird ein Fest sein, und dieses Fest werden wir gebührend zu feiern wissen! Dessen bin ich mir sicher!

„Seid also wachsam!
Denn ihr kennt weder den Tag noch die Stunde..." (Mt 25,13)

Dieses „**Wachsam-sein**" bedeutet:
Höre stets auf dein Herz und deine „innere Stimme", bleibe mit ihr immer in Verbindung, denn die innere Stimme ist mehr als dein „Gewissen"...
Sie ist die Stimme deiner Seele, die dir sagt, was wichtig und richtig für dich ist.

„Sei wachsam"... bedeutet... tu etwas dafür,
dass diese Stimme nicht abstumpft, sondern dass dein Geist lebendig bleibt
und du als Mensch lebst, der sich nicht an der Oberfläche dahintreiben lässt,
mitschwimmt im Strudel des Alltags.
Wir werden tagtäglich zugeschüttet und zugepflastert mit einer Flut von Daten,
Informationen und Werbebroschüren, die man weder wünscht noch braucht, -
die Briefkästen und Computer quellen über...! Bombardiert mit Adressen und
Angeboten, die hereinquellen als Mail, Fax, SMS,... oder?
Alle diese Informationen können nicht mehr von uns aufgenommen,
geschweige denn verarbeitet, sondern nur noch an uns vorbei geschleust ,
um nicht von ihr aufgesogen und fortgeschwemmt zu werden....!
Lass dich nicht voll-rieseln von einem vollen Fernsehprogramm,
um alles zu konsumieren was geboten wird, von Werbung, Spots, Nachrichten,
Soaps und Talkshows... Eine tagtägliche Flut von Informationen,
die dich zwar berieseln und dafür sorgen, dass der Tag etwas schneller vergeht, aber
nicht wirklich deine Seele nährt, - eine Flut, die deine Seele niemals verdauen kann....!

„Hilfe, ich habe heute noch nicht gelebt...!"-

Kennst du dieses Gefühl?
Ich habe zwar meine Arbeit getan und meine Pflichten erledigt,
und mich um so viele kleine Dinge gekümmert, mich in Beschlag nehmen lassen
von tausend Nichtigkeiten, die der Alltag eben mit sich bringt.
Aber ich habe noch nicht die Zeit gehabt, um wirklich **das** zu tun,
was ich wirklich tun wollte, nämlich: Zeit **für mich** zu haben...,
Zeit für die Dinge, die **mir** wirklich Spaß machen und auch meine Seele atmen lassen,
den Ideen und Impulsen Zeit, Raum und Möglichkeit zu geben,
die in meinem Innern entstehen, meine Zeit mit einem Tun zu füllen,
das mich und auch andere glücklich machen kann.

CARPE DIEM, will mir sagen: **„nutze den Tag"** ... –
Lass nicht zu, dass du deine so kostbare Lebenszeit verschwendest
oder vielleicht sogar „tot"-schlägst, sondern überleg dir,
wie dir jeder neue Tag zu einem kleinen Geschenk oder Überraschung –
für andere oder nur für dich selbst - werden kann.
Setze deine wertvolle Energie für gute Taten ein, für dich und für die Menschen,
die zu liebst. Besuche oder kontaktiere einen Menschen, wenn du Zeit hast und
schenke ihm von deiner Zeit, sprich und lache mit ihm, erzählt euch Geschichten
die das Leben so schreibt, von den Freuden und Sorgen...
Die Zeit, - jeder Tag ist so kost-bar!
Lebe und er-lebe deine Gegenwart, gestalte sie, indem du **jetzt** das tust,
was später vielleicht einmal nicht mehr **so** möglich sein wird,
in deiner Beziehung, den Menschen mit denen du täglich zusammen lebst,
in den Wünschen die du hast, in dem, was du noch einmal gerne erleben möchtest.

„Sei wachsam“, bedeutet,
ich versuche, die Signale, die mein Körper und auch meine Seele mir zeigt, wahrzunehmen, auf sie zu hören.
Wenn ich in meinem Leben zurückdenke, habe ich immer wieder sehr deutliche „Signal-zeichen“ gespürt, war aber unfähig, entsprechend darauf zu reagieren.
Meine innere Stimme hatte mir längstens schon mitgeteilt,
dass eine bestimmte Schule, eine Studienrichtung, ein Arbeits- und Wohnort, dieser Job oder eine Beziehung nicht das „Wahre“ für mich war...
- Und trotzdem ließ ich es weiterlaufen, war nicht fähig, etwas zu ändern.
Herzklopfen, Angstzustände, Unmut, depressive oder gereizte Stimmungen, Appetitlosigkeit, ein verkrampfter Magen, ja, richtige Magen-„verstimmungen“, entsetzliche Müdigkeit und noch vieles mehr waren die unmittelbare Folge....
Ich hätte auf solche Signale viel **wachsamer** und viel eher reagieren müssen.
Meistens wurden die Signale so deutlich, sie stellten sich mir so klar in den Weg, dass ich wusste, .. **so** kann es nicht mehr weiter gehen!
So macht mir mein Leben keine wirkliche Freude mehr...

Ich hatte das Gefühl, irgendwie im **„falschen Zug“** zu sitzen.
War aber auch nicht fähig, einfach an der nächsten Station auszusteigen.
Warum nur war ich so unfähig, etwas zu ändern ?
Warum nur ließ ich es zu, so viel Lebenskraft, die ich wahrlich für andere – viel wichtigere - Aufgaben brauchte, für falsche Lebensziele zu investieren, so viel „Herzblut“ in eine Beziehung, die mir doch nicht „gerecht“ wurde, zu verlieren?
Vielleicht weil nicht die Zeit war, anders, in dem Moment besser zu entscheiden, oder weil ich zu feige war, zu bequem mir anderes zu suchen,
oder weil ich Angst hatte zu „versagen“, oder weil der Weg (Schule, Studium) schon zu weit fortgeschritten war, ein Umkehren mir zu kompliziert erschien.
Es gibt tausend Gründe und Motive, diesen Signalen auszuweichen.

Es gibt „Zug-strecken“, die ein sofortiges Aussteigen noch nicht erlauben, noch nicht möglich machen, aber allein schon zu **spüren**, die nächste oder auch über-nächste Station, das ist **mein Zeitpunkt** und meine ganz wichtige Chance, diese darf ich nicht übersehen, ist so wichtig.
Allein dieses „hineinhören, bereit sein“, spricht von der „Wach-samkeit“, die Jesus so dringend rät. Spür mal nach, wenn du abends einschläfst - und auch dann, wenn du morgens wieder aufwachst....
Mit welchem Gefühl schläfst du ein, - und **wachst** du wieder **auf**?
Bist du gelassen, freust du dich so richtig auf einen erholsamen Schlaf, oder spürst du Belastung, Stress oder auch Angst?
In dem Moment, in dem du auf**wachst**, -
bist du frei und gelöst und freust dich so richtig auf den neuen Tag, oder fällt es dir schwer, aus dem Bett zu steigen,
weil an diesem Tag eine Aufgabe auf dich wartet, die dich be-**drückt**?

Vielleicht sagt dir dein Gefühl schon lange, dass du „etwas" ändern solltest,
dass es Zeit ist, „Altes" loszulassen, damit sich ein neues Lebensgefühl einstellen kann
- und dieses „etwas" ist dir wohlmöglich auch schon länger klar,
aber du hast einfach noch nicht den Mut und die Kraft gefunden,
dieses „Etwas" in Angriff zu nehmen und umzusetzen...
Sei es dir selber wert! Dein Selbst-wert-gefühl wird es dir tausend mal danken !
Sei wachsam!
Jesus hat diese Wachsamkeit immer wieder betont mit einem
„Amen, wahrlich, ich sage Euch..."
Es gehört **wahrlich** zur Kunst des Lebens, den **Druck** aus meinem Leben so
zu reduzieren, dass meine Seele frei durchatmen kann.
Ich habe wahrlich mein „Recht" darauf....!

„Sei wachsam" – „Lebe" ich, oder „werde" ich gelebt ?

Es ist „wahrlich" immer schwieriger, ein einfaches, aber gesundes
und erfülltes Leben zu leben, der Spur der eigenen Seele treu zu bleiben.
Der „Trend" unserer Gesellschaft, die sehr geprägt ist vom Erfolg eines
wirtschaftlichen Lebens und die uns lehrt, wie wichtig es ist, sich im **„Außen"**
zu organisieren, - geht in die „andere" Richtung....
Es geht nicht mehr darum, für **sich „selbst"** etwas zu tun, sondern Politik und
Wirtschaft funktionieren nur, wenn so viele „Dienst"-leistungen als möglich in
Anspruch genommen werden, - und zwar von so vielen Menschen als nur möglich!
Unsere Marktwirtschaft ist abhängig von Menschen,
die lieber Tiefkühlkost in Anspruch nehmen, anstatt selber sich die Zeit zu nehmen,
lust- und geschmackvoll zu kochen, denn – es sind schließlich die **Dienst-leistungen**
gefragt....Alles muss schnell gehen, das Zubereiten, - das Verzehren etwa auch?
Der Schnell-imbiss ist ein wahrer Ausdruck unserer schell-lebigen Zeit!
Echten Genuss und auch die Zeit, zu genießen, auch das Mit-einander zu ver-kosten,
gibt es dann vielleicht wohl in der Pizzaria oder beim Griechen oder Chinesen? -
Ganz ehrlich!

Wer nimmt sich noch wirklich die Zeit, um gesundes frisches Gemüse zu einem
schmack-haften Mahl zuzubereiten, bei dem die ganze Familie zusammen sich stärkt,
gemeinsam verkostet und sich erfreut? Ein Mahl, bei dem die Familie Zeit und Spaß
hat, Körper, aber auch Geist und die Seele gestärkt werden?
Zudem werden wir eingelullt mit künstlichen Düften und Aromen aller erlaubter Art,
die unseren Geruchs- und Geschmacksnerven nur vortäuschen, was sie gar nicht
sind....Erdbeeren und Himbeeren, Pfirsich und Vanille...
Dabei wäre es manchmal so einfach, manchmal nur über die Strasse zu gehen und die
Augen, auch die Sinne aufzumachen...für all das, was unserem Körper wirkliche **Heil-**
nahrung (auch im Tee nur zu empfehlen...!) bieten könnte und das, oft sogar im
Überfluss! - Holunder und Hagebutte (Vitamin-Bomben), Kamille und Schafgarbe,
Spitzwegerich und Hirtentäschelkraut (um nur wenige zu nennen...)

„Sei wachsam“ bedeutet,
mir immer wieder klar zu werden, was will ich wirklich,
wofür will ich meine Zeit, Kraft und Energie spenden,
um das Gefühl zu haben: **„Ich <u>lebe</u> und nicht: ich <u>werde</u> gelebt....!“**

Unsere Wirtschaft und Politik sind abhängig von jungen Menschen und Paaren, die lieber ihre Kinder in die Kinderkrippen geben und sie dort erziehen lassen, um der Arbeit nachgehen zu können. Sie setzen auf die Bereitschaft der jungen Eltern, um das System von Arbeitsplätzen, Bruttosozialprodukt, Renten- und Krankenkassen im Gleichgewicht zu halten.
Diese Gründe sind triftig genug, um die Politik zu veranlassen, möglichst viele Kinder-krippen-Plätze bereit zu stellen. – Da die Kosten für die Betreuungszeit, und sogar auch die Kosten für die Putz- bzw. Haushaltshilfe steuerlich absetzbar sind, ist die Versuchung noch größer, seine eigene Zeit einem vermeintlich noch wichtigerem Thema zu widmen, als die der Erziehung der **eigenen** Kinder.
Es gibt natürlich die Ehepaare, die aus finanziellen und wirtschaftlichen Gründen beide Gehälter brauchen und sehr dankbar sind für die Zeit, in der sie ihre Kinder in guter Obhut wissen. Und auch jene, für die die Ausübung ihres Berufes ein ebenso wichtiger Teil ihres Lebens und ihrer **Selbst-Verwirklichung** darstellt.
Es ist nicht immer leicht, **beides** in **Ein-Klang** zu bringen!

Aber die kleinen Kinder werden meist nicht gefragt:
„Mein kleiner Schatz, **willst** du das eigentlich: dass ich dich frühmorgens in der KITA abgebe und die Zeit dort mit anderen Kindern, die nicht deine Geschwister sind und mit Erzieherinnen, die nicht deine Eltern sind, zu verbringen...?“
Diese kleinen Kinder lernen von früh auf, wie man sich gegen zehn andere Kinder gut durchsetzt, um das zu bekommen was man braucht, aber sie sind meist mit der frühzeitigen Eingliederung und damit auch un-freiwilligen Abnabelung komplett überfordert. Sie brauchen aber in den ersten jungen Jahren die **volle** „Nestwärme“; und dazu gehört einfach die Ruhe und die Zeit von Mama oder Papa, zu wissen,
<u>hier</u> sind meine Wurzeln, die kräftig und stark werden wollen und auch sollen,
<u>hier</u> ist meine „Seelen-heimat“, in der ich langsam ankommen darf,
<u>hier</u> erlebe ich meine volle Sicherheit, durch die ich langsam Schritte nach außen wagen kann. - Viele Schulkinder erleben den Hort als ihre „Nachmittagsfamilie“, werden dort gut betreut und mit Essen, bzw. Schulhilfe versorgt.
Sie müssen sich oft erst daran gewöhnen und sich der Entscheidung ihrer Eltern fügen. - Vor allem die kleinen Kinder, sie lernen schnell: „Das ist das Leben, in das ich hinein wachsen **soll...**“ Die eigenen Fragen, - sie kommen oft erst viel später: „Ist dies auch das Leben, in das ich wirklich hinein wachsen **will?“**

„Jesus nahm ein Kind und stellte es in ihre <u>Mitte</u>...“

...wer es schafft, seine Kinder in die **<u>Mitte</u>** seines Lebens zu stellen,
wird deren Segen und wunderbare Kraft zu spüren bekommen. – Leben wir daraus!

Vielleicht denke ich in diesem Punkt etwas konservativ, aber ich bin der absoluten Meinung, die kleinen Kinder haben – zumindest die ersten vollen drei Jahre - ihr volles Anrecht auf ihre „häusliche Nestwärme", um ihnen die Chance zu geben, ihre ganz eigenen Wurzeln dort schlagen zu können, wo ihr wirkliches Zuhause ist: bei Mama und Papa. - Eine gute Bekannte, die einen wunderbaren Job, eine tolle Karriere gemacht hat und mit 40 Jahren ihr ersten Sohn bekam: sie machte ihn nach 5 Monaten mit der KITA vertraut und auch jetzt mit 3 Jahren ist er bis spät nachmittags im Kindergarten untergebracht. - Ganz normal so!

Aber sie wundert sich, warum ihr Sohn mit 3 Jahren noch keine **einzige** Nacht durchgeschlafen hat und sie jede Nacht 3-4 mal weckt, um zu sehen, ob seine Mama, sein „Ein-und Alles", seine ganze Sicherheit noch da ist...! - Wundert sie das?
Die Kleinen, sie haben bald verstanden: „Bin ich krank, dann habe ich plötzlich Mama oder auch Papa wieder endlich ganz für mich alleine!" und auch, dass dies manchmal – leider – nur der einzige Ausweg bleibt, um sich ihr Recht zu erkämpfen: die ganze Liebe, Aufmerksamkeit und die Zeit, die sie so sehr brauchen!

Die **Zeit** mit unseren Kindern, sie verfliegt viel zu schnell und erst später wird uns manchmal bewusst, dass wir die Zeit, die uns mit unseren Kindern geschenkt ist und die uns bleibt, die wir hätten nützen können, **viel zu wenig intensiv gelebt haben**.

Unsere Zeit ist und bleibt unser größter Luxus!
Sie ist ein Geschenk, das <u>so</u> niemals wieder zurückkommt...!

Eine Chance, die es immer im **JETZT** zu nutzen gilt.
Unser Wirtschaftsgeschehen nimmt uns mit in einen Sog, zieht uns mit, beeinflusst uns in einem Maße, das wir sicher selber weitgehend mitbestimmen können.
Aber immer wieder heißt es : **„Sei wachsam..., was läuft da überhaupt, will ich das <u>so</u> für mich haben?**

Habe ich noch genügend Freiheit und Freiraum,
mein Leben so zu leben, wie ich es wirklich **für <u>mich</u>** leben möchte?
Mir wirklich Zeit zu nehmen für Dinge, die im Moment eigentlich noch
viel wichtiger wären, weil eben diese Zeit <u>so</u> nicht mehr zu mir zurück kommt...?

Im Mai 2009 hat eine Krankenkasse eine Studie erarbeitet, die zu folgenden Ergebnissen gekommen ist: 8 von 10 Menschen in Deutschland empfinden ihr Leben einfach nur als **„stressig"**. Und sogar jeder 3. Bürger gibt zu, im „**Dauer**-Stress" zu sein....
In unserer Zeit und Gesellschaft muss alles sehr schnell gehen und wer nicht schnell genug ist, bleibt womöglich – schneller als ihm lieb ist, auf der Strecke.
Bereits Kinder bekommen diesen Druck, auch den Zeitdruck enorm mit.
Nicht wenige Eltern verabreichen ihren Kindern bereits in der Grundschule ein Medikament, um die Aufmerksamkeit und Konzentrationsfähigkeit des Kindes zu erhöhen:

um mit dem Tempo der anderen mithalten zu können und nicht auf der „Strecke“ zu bleiben. Auch meine Kinder empfinden jede Schulwoche als eine „Kampf“-woche, die es zu durchkämpfen und zu durchstehen, zu überstehen gilt, mit dem Ziel: endlich Wochenende, - Zeit ohne diesen Druck...!
Da bleibt nicht viel Zeit, denn alles muss - von klein auf - sehr schnell gehen. Schulkinder, die krank werden, müssen schnell wieder gesunden, um nicht zu viel Schulstoff nachholen zu müssen und den Anschluss nicht zu verpassen...
Ich ertappe mich immer wieder in meinem Tagesgeschehen bei dem Satz:
„Ich muss jetzt **schnell** noch....“ Manchmal frage ich mich dann:
„**STOP!** Warum kann es denn nicht auch etwas **langsamer** gehen?

Ich stehe an der Kasse und will meine Waren bezahlen: 18.84 €, merke aber, dass mein Sohn den 20€-Schein eingetauscht hat gegen das ganze Kleingeld, das er besaß: ...so muss ich nun alle Kleinmünzen zu zählen beginnen. Eine ganze Schlange von Einkäufern steht hinter mir und sie strafen mich mit bösen Blicken, die ersten Leute fange an sich laut zu räuspern: wie lange soll das noch dauern, bis ich endlich meine Waren bezahlt habe? Kann es nicht etwas schneller gehen?
Dafür ist keine Zeit, Kleinmünzen zu zählen!

Wir sind ein „Rädchen“ in einem riesengroßen Getriebe, das „funktionieren“ muss, um bestehen zu können. Wird eines dieser Rädchen vorübergehend funktions-untüchtig und muss für eine Weile ausfallen, sei es, weil sich ein Zustand chronischer Erschöpfung, ein sog. „burnout“-Syndrom (Ausgebrannt-sein) eingestellt hat, dann wird alles Mögliche getan, um dieses Rädchen wieder so schnell als möglich zu ersetzen oder es wieder so herzustellen, dass es wieder weiter funktionieren kann. Wird ein Mensch, der vielleicht jahrelang in einem Betrieb gearbeitet und einen großen Teil seiner Lebenskraft hinein gesteckt und investiert hat, dann plötzlich ernsthaft krank, dann ist es schwer, ihm wirklich so viel Zeit zu geben, um wieder ganz „heil“ zu werden. Meist gilt es, nur schnell wieder „fit“ zu werden, um wieder weiter „funktionieren“ zu können.

Zeit für eine „echte“ Heilung oder dafür, die Ursachen zu finden oder die krankmachenden Verhaltensmuster zu ändern, Zeit für eine tiefgreifende Veränderung, ist echter LUXUS !

„Meine **Zeit** für mich“ – ist der größte Luxus, den ich habe!
Dadurch, dass in unserer westlichen zivilisierten und wohl noch wohl-habenden Welt immer alles noch schneller gehen muss, die Produktion und Fertigung, die Schulzeit und vieles mehr, laufen wir oft unserer eigenen Zeit und auch - unserer eigenen Seele hinterher. Zeit und Ruhe für mich sind aber lebens-not-wendig, denn die Seele hat ihre **eigene** Zeit der Entwicklung und der Reifung.
Vor einigen Jahren lebte ich in einer Siedlung, in der ich jede Nacht, wenn ich aus den Fenstern guckte, aus zwei verschiedenen Wohnzimmern das Licht eines laufenden TV´s flimmern sah. Die Geräte liefen von der Abendsendung bis in den frühen

Morgen hinein, wenn es Zeit war, wieder aufzustehen. Die Familienväter konnten abends nur vor laufendem Gerät „abschalten“ und schlafen. Ihr Schlafplatz neben der Ehefrau blieb leer. Wie ich erfuhr, gibt es dafür sogar einen festen Begriff:
das **„Fernsehschlafen“.** Der Mensch, der Körper und sein Geist laufen tagsüber auf Hochtouren und abends kann der „Knopf“ zum Abschalten nicht mehr gefunden werden. Dies ist vergleichbar mit einem PC, der nicht mehr herunter gefahren werden kann, weil immer etwas „laufen“ muss.
Die Seele kann nicht mehr zur Ruhe kommen.
Ich persönlich bin überzeugt, dass der Tiefschlaf – und dazu gehört für mich – ein **„komplettes Abschalten“** eine der wichtigsten Grundsäule der physischen und auch seelischen Gesundheit ist. Die Ursache für die innere Unruhe, die eine Seele nicht zur Ruhe kommen lässt, muss wohl ganz **woanders** im Leben ausfindig gemacht werden.

Eine ganze Tourismusbranche hat darauf reagiert: nicht nur der Leib, sondern auch die „gestresste“ Seele braucht und sehnt sich nach einer Tiefen-Entspannung, um ihre Balance wieder zu finden: genannt: **„WELLNESS“** .
Hier bekommt die vernachlässigte Seele wieder ihre Streichel-Einheiten, die im Taktschlag unserer pulsierenden Zeit einfach untergegangen oder vernachlässigt wurden. Ganze Hotelketten, Urlaubsreisen und Produkte bieten ihre tausendfältigen Wellness-Angebote an – eine Gesundungskur für Leib&Seele...
Doch manchmal ist es viel einfacher, mir meine **eigene Wellness-kur**
für meine Seele - meine Auszeit - zu gestalten, und zwar viel billiger !
Ein schönes Buch in der Sonne zu lesen,
Zeit für einen erholsamen Spaziergang in der frischen Luft,
Zeit zum (in mich hinein)-Hören, Lauschen und zum Schauen,
Zeit, einen Brief zu schreiben, den ich schon längstens schreiben wollte,
Zeit für ein nettes Telefongespräch mit einem lieben Menschen,
Zeit für ein ausgiebiges Bad oder einen Saunagang,
Zeit auch mal, um gar nichts zu tun und nur, um in die Stille zu lauschen,
Zeit, meinen Partner – vielleicht auch die Kinder – einzuladen zu einer Massage zu Hause. Auch mit schöner Musik und Duftöl, auch das erfrischt Herz und Sinne, und vor allem die Beziehung !!!
Wellness ist auch fast zu einem modernen „Ersatz-wort“ für die Spiritualität geworden. **Spiritualität meint aber mehr und will noch tiefer gehen...**

Meine Seele braucht nicht nur Ent-Spannung und die richtige Balance,
sie braucht auch ihre festen **inneren** Wurzeln,
um aus ihnen Kraft schöpfen und leben zu können.
„Re-ligio“, bedeutet, mich zurück-binden, auch mich an „Höheres“ zu binden,
das aber in meinem „Innersten“ verborgen ist.
Ruhe und Stille, nach **innen** hören, auch Meditiation und Gebet,
den Worten Jesu und den Worten der Wahrheit auch in den Religionen zu lauschen,
um darin ein Wort der Weisheit, der „Weisung“ für mein Leben zu finden: es meint
die **innere** Orientierung, mein Leben auf festen und nicht auf sandigen Grund zu

bauen, es meint den Kontakt, die Beziehung mit meinem lebendigen Schöpfer,
meinem Ur-grund und dem Ur-Grund meiner Seele,
ein Gespräch und lebendiger Austausch, ein „Rendez-vouz“ mit dem,
der **in mir** lebt und meine innere Kraftquelle ist.
Zu wissen, ich bin zutiefst innerst gehalten, getragen und auch geborgen.
In diesem Urgrund kann ich meinem Leben einen tiefen Sinn geben
und auch vielleicht die Antworten finden auf die wirklichen Fragen meines Lebens....

Alles Geschehen unter dem Himmel unterliegt dem „WANDEL"... - Nichts ist so beständig wie der „Wandel" selbst...!

Der Wandel ist in sich nichts „Schlechtes“,
- er ist völlig natürlich, weil er ein **wesen**-tlicher Teil unserer eigenen Natur ist!
Wir selbst sind ein Teil dieses Wandels, ja er macht unser **Wesen** aus...
Der „**Wandel** der Zeit“ – betrifft alle die wichtigen Themen in Wirtschaft und Politik,
alle Völker unserer Welt und sogar jedes Lebewesen im Universum.
Nur geht uns dieser Wandel im „Aussen“ oft selbst viel zu schnell, überfordert uns komplett. Allein die neuen Errungenschaften in der Technik oder dem PC-**Wesen**: kaum haben wir uns im Vista-Programm eingelebt, müssen wir uns mit der nächsten Neuerung auseinandersetzen, ob wir wollen oder nicht: wir kommen nicht aus.
Wer die Technik nutzen will, muss sich ständig mit dem „Neuen“ arrangieren.
Endlich habe ich den XP „kapiert“, mich eingearbeitet und sogar Freude entwickelt
an der Arbeit mit ihm, muss ich schon wieder Abschied nehmen,
weil die Updates zu der neuen Software nicht mehr auf meinem XP funktionieren!
Der Windows 7 muss her! -
Doch die Neuheit braucht wieder fast ein eigenes Studium, bis ich mich darin zurecht finde und orientieren kann, von **Be-herrschen** kann kaum die Rede sein!
Im Angebot heißt es: leicht zu bedienen, einfach zu installieren und merke, dass ich komplett überfordert bin! Ich stelle mir die Frage, warum die Firma keine Fachkraft zu Verfügung stellt, die das alles so leicht und einfach für mich installiert. Als Service, der zum Gesamt-Paket einfach gehört! Antwort: das nimmt zu viel Zeit in Anspruch und Zeit ist Geld. Geht also nicht! –
Und die neue Entdeckung: auf der Neuheit funktionieren viele meiner alten Programme nicht mehr! - Es lebe die Innovation und mit ihr die Wegwerf-gesellschaft!
Der Konsument wird nicht gefragt, ob er denn diese Neuheiten überhaupt will!
Werden wir manchmal nicht zum „Opfer“ dieses (technischen) Wandels?
Wir werden - im wahrsten Sinne des Worte - überrollt,
egal ob von den neuesten Automodellen, die immer noch schneller, eleganter,
aber noch immer nicht sparsamer und umweltfreundlicher sind....
Es stellt sich die Frage: „Was ist Fortschritt? Und was ist er uns wirklich wert?“
Die Wirtschaft und mit ihr die Marketingabteilungen, die Werbebranche und die Medien verklickern uns, was wir in unserem Leben **haben** müssen, um glücklich zu sein.

„Haben"- oder „Sein"? ...– Oder: **„Sein" <u>durch</u> das „Haben"?**
Egal, ob wir uns das leisten können oder nicht: macht nichts,
denn dafür gibt es ja das einfache Leasing-Modell und die bequeme Ratenzahlung.
Will der Mensch mithalten, bestehen können, dann muss er wohl oder auch übel mit.
Ein Aussteigen ist kaum möglich.
Kaufen auf Raten. Schulden machen, - ist doch ganz normal? –
Wird die „moderne Armut" nicht manchmal auf diese Weise „hergezüchtet"?
Uns Leitbilder der modernen Welt mit einem Lebensstandard vermittelt und suggeriert,
der aber **<u>so</u>** nicht immer realisierbar und haltbar sind?
Träume in der materiellen Welt lassen sich somit leicht(er) erfüllen,
aber das **menschliche Glück**, die Sehnsucht nach **innerer** Erfüllung?
- Wo bleibt das Glück, das über die menschliche Erfüllung hinaus unsere **Seele** nährt?
Gibt es jemanden, der hier „vernünftige" Grenzen setzen kann und sagt: „Es reicht !
Hier ist Halt! Bis hierher und nicht weiter?!"

Der Wandel vollzieht sich im „Außen" oft viel schneller, als die Seele im „Innen"
Schritt halten kann, - aber auch der Wandel im **„Innen"** ist nicht aufzuhalten...!
Und auch da tut sich so viel! Nur tritt dieser vielleicht nicht so **sichtbar** in Erscheinung!

Auch der „<u>innere</u> Wandel" ist im vollem Gange! Oder: vom „Zeitgeist des Individualismus"

Wenn der evangelische Pfarrer Wolfgang Huber vom „Zeitgeist des Individualismus" schreibt, dann trifft das natürlich die Realität insofern, als dass die Menschen unserer Zeit sich nicht mehr berufen auf Institutionen und Instanzen, auf Konfessionen und Autoritäten, um „ihre" Wahrheit des Glaubens zu finden, sondern längst **„individuell"** zu denken begonnen haben, prüfen und abwägen, **selber** entscheiden und bestimmen, was für sie „stimmig", echt und „wahr" ist, und dann diese Überzeugung auch oftmals offen vertreten. Sie berufen sich auf ihre „innere" Stimme, den Geist der Freiheit, der immerhin auch der „Geist" Jesu Christi ist, fühlen sich aber Institutionen gegenüber auch keine Rechenschaft mehr „schuldig".
Das war aber **nicht** immer so!
Noch vor wenigen Jahrzehnten war es ganz normal, dass die „Jungen" den Beruf der Eltern und deren Traditionen einfach übernommen und in ihrem Sinne weitergeführt haben. Da wurden auch Glaubens-Traditionen als „Wert-Systeme" - von Alt auf Jung- fast selbstverständlich weitergegeben, wenn vielleicht auch oft wenig reflektiert.
Am Sonntag ging „man" – wollte man Christ sein – in die Kirche.
Darüber wurde nicht diskutiert. Es wurde **<u>so</u>** gelebt. - Eben, weil es immer **<u>so</u>** war...
Glaubenssysteme und Traditionen boten und bieten eine Sicherheit, und nicht nur das: „früher" war dies auch eine willkommene Abwechslung zu einer arbeitsreichen Woche und zudem eine interessante Gelegenheit, andere Leute zu treffen.
Letzteres Bedürfnis wird heute bereits weitgehend durch Internet, Hany, SMS oder auch dem „Facebook" abgedeckt! - Auch ein Zeichen des **„Zeiten-wandels"...!**

Ich schätze viele unserer dörflichen Traditionen überaus, weil sie uns eine **innere** Heimat bieten und somit ein absolut wichtiger Teil der eigenen „Identität" darstellen. Dazu zähle ich vor allem auch unsere Sprachenvielfalt, die in den Dialekten und auch in vielen wunderschönen Bräuchen lebendig bleiben und in einem besonderen „Wir-Gefühl" Menschen untereinander verbindet, ihnen eine „Heimat" bietet.

Aber auch „Traditionen", und dazu zähle ich besonders auch „**Glaubens**-traditionen", unterliegen dem **„Wandel"** der Zeit. – Es ist möglich, dass solche Traditionen zu „Hülsen" aus längst vergangenen Zeiten werden, deren Inhalt und Botschaft nicht mehr in unsere Zeit passen, d.h. nicht mehr angenommen werden, weil sie einfach nicht mehr verstanden werden! Dann muss auch der christliche Glaube immer wieder **neu** in unsere Zeit hinein **„tradiert"** werden, indem die Menschen dort abgeholt werden, wo sie leben und stehen, - auch und ganz besonders in ihrem Denken!

Für die „älteren" Generationen (besonders auch in den kirchlichen Institutionen!) war und ist dieser „Wandel" immer eine besondere, stets neue und aktuelle Herausforderung, der dies erfordert: offen, flexibel und bereit sein, um-zu-denken und los-zu-lassen. Und das kann sehr schmerzvoll sein! Aber:
wer immer am „Alten" festhalten möchte, an dem, was einmal „war", der verpasst es, die **neuen Chancen** und den mit ihnen gegebenen Möglichkeiten positiv zu nutzen! Der nimmt nicht wahr, dass die neuen Herausforderungen zu einem **echten Geschenk** der „Erneuerung" werden können und läßt diese vielleicht ungenutzt verstreichen.

Der stille Rückzug aus den Kirchen ist im vollen Gange und die einst vielleicht – eifrigen Kirchgänger haben sich selbst - **„individuell"** - auf die Suche gemacht.
Sie finden ihre Antworten aber auch immer mehr **außerhalb** der Kirchenmauern.
Das müßte aber nicht so sein!
Die Alarmglocken in den kirchlichen Ämtern aber läuten bereits sehr laut und deutlich und der Ruf nach einer „inneren" Erneuerung wird immer lauter. Aber wie überall, wo Menschen denken, handeln und leben, ist die Bereitschaft zum diesem **inneren** Wandel erst gegeben, wenn ein gewisser „Leidens-Druck" entsteht.

Jesus stellte sich offen dem „Wandel" seiner Zeit. -

Ich fühle mich persönlich zutiefst der Lehre Jesu und seiner Botschaft verpflichtet und bin aufgewachsen mit „seinen" Geschichten, habe versucht, auch - so weit es mir halt möglich war und ist, mit „seinen" Augen in die damalige Welt hinein zu blicken. Mit 23 Jahren durfte ich in zwei mehrmonatigen Reisen,- als evangelische Studentin in einer katholischen Bibelschule - die Heimat Jesu kennen und auch lieben lernen.

Das Thema **„wandeln"** auf den Spuren Jesu, sein Leben und seine Rolle im **Wandel** der Gesellschaft damals und unser Leben in den Fußstapfen heute in einer Welt des **Wandels** mit dem Auftrag, in seinem Namen zu heilen und zu befreien, hat mich damals schon sehr - als persönliche Herausforderung- berührt und auch sehr beeindruckt.

Jesus selbst **„wandelte"** nicht nur durch dieses herrliche Land, er war stets bereit, sich durch den Geist Gottes selbst immer wieder neu in-spirieren und **„wandeln"** zu lassen, offen für eine „innere" Erneuerung. Durch Begegnung, Beziehung und Freundschaft, durch ein liebendes und offenes Herz all jenen gegenüber, die Hilfe brauchten und suchten – seelische wie auch körperliche.
Aus dieser Offenheit heraus deutete er die Botschaft der alten Schriften in einer, - vielleicht für viele etwas „neuen" Sichtweise, so dass sie für die Menschen der damaligen Zeit auch einen **neuen, erweiterten** Sinn ergaben, den aber natürlich nicht alle seine Zuhörer, ja sogar die eigenen Jünger nicht immer verstehen konnten.
Kein Jota wollte Jesus von den alten Schriften wegnehmen, aber diese mit einem erneuerten und erweiterten Bewusstsein **neu** beleben.

Dass der Vater im Himmel für **alle** seine Kinder sorgt und sie auch liebt wie seine eigenen Kinder, dass wir alle für ein Leben in Fülle bestimmt sind und die viel zu engen Sichtweisen der Priester das Leben der Menschen damals erschwerten und es nicht immer erleichterten. Jesus hatte sich stets das zum Thema gemacht,
was auch den Menschen in seiner Zeit auf der Seele brannte, was sie beschäftigte und ihnen Leben schwer machte. Es ging ihm damals bereits um „sozial-kritische und auch politische" Themen, darum, dem Menschen zu geben, was sie so sehr suchen und brauchen. Er hatte immer den Menschen und Gott als Einheit, die untrennbar zusammen gehören, im „Focus", aber auch die gesellschaftliche Situation, in der die Menschen ganz speziell Hoffnung und Trost suchten.
Er nahm sich die Freiheit, die Gesetze so zu deuten und so leben, dass sie dem **Menschen** und nicht dem Gesetz um seiner selbst willen, dienten. Er scherte sich wenig um die „Instanzen", die ihm den Mund verbieten wollten, so dass er bei den Oberen bald als „Aufwiegler" galt und damit eine „innere Gefahr" darstellte, die es so schnell und auch so unauffällig als möglich zu beseitigen galt.
Ganz ungeniert empfahl der unbequeme Jesus :„Füllt den neuen Wein nicht in die alten Schläuche, bzw. Neuer Wein gehört in neue Schläuche!" (Mk 2,22)
Er bot den Menschen an, ihren Blick und auch spirituellen Horizont - zu „weiten", doch dafür musste er einen sehr hohen „Preis der Freiheit und der Liebe" bezahlen.

Ich wünsche mir, dass sich auch unsere christlichen Kirchen am Beispiel Jesu, an seinem offenen Umgang mit dem „Wandel" immer wieder neu inspirieren lassen und den Mut haben, offen zu sein wie er und ebenso ungeniert wie er damals die erkannten Wahrheiten in unserer heutigen Zeit den Menschen und auch den Gemeinden zuteil werden zu lassen!

Im Buddhismus gilt der Widerstand gegen Veränderungen als eine der größten Quellen des Leids. Das Leben ist ein „Fluss", der sich nicht verhindern lässt, aber auch einer, der es eigentlich nur **gut** mit mir meint.
An mir liegt es aber, ob ich mich ihm anvertraue und mich „tragen" lasse, oder ob ich mich weigere und versuche, gegen diesen Strom anzukämpfen, weil ich selber das Ziel bestimmen möchte, wohin dieser Fluss zu laufen hat.

Die christlichen Kirchen in einer säkularen Gesellschaft können heute nur bestehen, wenn sie **offen** sind für diesen Wandel, der zuerst „innen" ankommt, um dann sich im „Außen" bemerkbar zu machen. – Diese Offenheit, **sich** bewegen und sich berühren zu lassen, die Bereitschaft zur „inneren" Erneuerung, darf aber nicht nur von den „Anderen" erwartet oder sogar gefordert werden, sondern sollte als Anspruch immer zuerst an **sich selber** gestellt werden.

Auch hier erfordert der „Wandel" – gerade im Hinblick auf die pastorale Situation in den Gemeinden – offen, flexibel und bereit sein los-zu-lassen. Und auch hier kann das sehr schmerzhaft sein, aber nur für jene, die „festhalten" wollen!

Seid offen für den Wandel – und habt Mut „zum" Wandel! Er ist das Geschenk der Erneuerung für jeden Menschen - auch an Politik, die Gesellschaft und die Kirchen

Ich empfinde die Menschen unserer Zeit als äußert sensibel für Wahrheiten und Un-wahrheiten allgemein, für Echtes, Authentisches und sie achten „zu-Recht" darauf, ob das Herz und die Seele in seiner Tiefe angesprochen und erreicht wird, um Heilung zu finden, aber auch, um die Spuren Gottes darin für sich zu entdecken. Sie suchen mehr und mehr **„ganz-heitliche"** Erfahrungen.
Vielleicht ist diese Suche nach den **inneren** Werten der Ausdruck einer Sehnsucht, der eigenen „ausgebrannten" Seele wieder mehr ihre wirkliche Mitte zu geben?
Nochmals:
Tatsache ist: **Spiritualität ist heute der MEGA-Trend !**
Nicht erst, seitdem Hape Kerkeling sich auf den Pilgerweg nach Santiago de Compostela gemacht hat, um seine spirituellen Erfahrungen in dem Buch „Bin dann mal weg!" zu verarbeiten und damit zum größten Best-seller nach dem II. Weltkrieg aufstartete! Das Pilgern erlebt einen regelrechten Boom und drückt die Sehnsucht der Menschen nach **gelebter Spiritualität** aus.

Der „geistige" Wandel ist in vollem Gange...

Alle Medien, Fernseh- und Radioanstalten orientieren sich an dem **„Bedürfnis"** der Menschen, ganz einfach auch deshalb, weil sie von derem Interesse abhängig sind! Sie sind offen und fühlen auf den „Puls" der Zeit, folgen den Themen, die den Menschen auf der Seele „brennen". Aber es ist ihnen möglich, viel flexibler zu sein, weil sie weder an Lehrmeinungen und an alten, teilweise starren und überholten Dogmen, noch an eine hierarchische Institution gebunden sind.
Sie „fühlen" auf den Puls der Zeit, wollen ausdrücken, was der Mensch heute sucht, suchen Antworten auf die tiefen Fragen und Sehnsüchte, die sie heute bewegen und versuchen, im Außen auszudrücken, was im Innen neu ankommen will...
Um zu bewegen, was längst bewegt werden müßte und auch sollte...!
Oder kurz ausgedrückt: **sie wollen neue Wege „ebnen und bereiten"...!**

Es beeindruckt mich immer wieder, wie sehr gute christlichen Sendungen und Morgenfeiern – auch Dank guter Zusammenarbeit mit den Kirchen – wertvolle christliche Impulse für einen überzeugenden Glauben - heute - vermitteln, weil sie versuchen, die Menschen dort abzuholen, wo sie stehen – mitten in ihrem Leben. Auch und **gerade** im „Wandel" der Zeit wertvolle Impulse geben können!

Noch vor wenigen Jahren gab es ganz einfach dieses „bunte" Angebot - oft auch mit Anregungen aus den östlichen Lehren - noch nicht: ZEN, Tai-chi, Gi-gong, - gute Sendungen zur „Seelen-pflege": Entspannung, Erholung und zum Kraftschöpfen. Und die das Ziel haben, „Leib **und** Seele" Gutes zu tun, innere Orientierung, aber auch sein „Selbst" wieder zu finden. Werden aber sehr dankbar angenommen!

Auch in den Volkshochschulen boomt diese Sparte „rundherum um **ganz-heitliches Heilen und Spiritualität",** neben Sprachen und Fortbildungen im PC-Bereich. Sie re-agieren auf das Bedürfnis der Menschen nach ganz-heitlichen Erfahrungen. Nie zuvor gab es diese bunte Palette neuer Heilberufe, die Menschen wieder helfen wollen, in ihre eigene „Mitte" hinein zu finden. Nie waren suchende Menschen offener für neue Ideen und auch bereiter, sich auf neue Heilweisen einzulassen.

Nie waren aber auch Medienanstalten offener für neue Filme,
um das Thema Leben, Tod und Jenseits-erfahrungen in neuer Weise aufzugreifen.
Heutige Medien - Filme in Fernsehen wie im Kino - reagieren und vermitteln
in humorvoller, auf-„richtiger", aber auch lehrreicher und mutiger Weise
viel-fältiges Wissen über die Themen **„Jen-seits der Grenzen..." -**
für Kinder wie auch für Erwachsene...
Spirituelle Themen, sowie die Auseinandersetzung mit dem „Jen-seits"
ist in unseren Medien wahrlich „präsent" und ein Bedürfnis,
weil die Menschen ein großes Bedürfnis danach in sich verspüren!
Ob durch Astralreisen in Barbie-filmen, ob Nahtoderlebnisse im Ice-Age Film, oder Jenseitskontakte in der Verbotenen Liebe, ob eine Ruth Drexel in der Rolle einer Heilerin mit hellsichtigen und übersinnliche Heilerfähigkeiten, ob ein Elmar Wepper, dessen Sehnsucht nach seiner verstorbenen Frau ihn im Film „Hanami-Kirschblüten" über den ganzen Globus reisen läßt, um dort zu erleben, dass die Toten uns viel näher sind, als wir selbst es uns manchmal sind, und einzig und allein die Liebe in unserem Herzen es ist, die diesen Weg zur Seele des andern wieder finden läßt....

Auch und gerade im Umgang mit den Schwerstkranken „wandelt" sich vieles...

Dieser Wandel hat sogar im Januar 2009 den ersten Lehrstuhl „Sozial-arbeit in der Palliativ-medizin" in München ermöglicht. Auch dazu braucht es mutige Menschen, die spüren, dass die Zeit reif ist für neue Formen und sich trauen, ihre „geistigen Impulse" in konkrete Taten umzusetzen und so an einem **neuen Bewusstsein** in der Gesellschaft mitwirken, zum Wohle der Menschen, - ganz im Sinne Jesu Christi!

Wer bereit ist für eine Öffnung in eine „neue“ Welt hinein,
der kann und darf sich dem „Wandel“ nicht entziehen! Macht sich das Wehen und das **Wirken des HL. Geistes** in positiver Weise nicht auch diesen „Zeit-geist“ zunutze, um in immer neuen Ideen, in neuen Gedanken und Worten das auszudrücken, was andere längst schon im Herzen gespürt haben?

Egal, in welchem Sektor unserer Gesellschaft ich hineinschaue:
„Geistige“ Impulse sind immer zuerst Ideen, Möglichkeiten die „innen“ ankommen, aufgenommen und dann umgesetzt werden, ihre „Außen-Wirkung“ bekommen, ob in Farbe oder Kunst, in Mode oder Schrift, in Wissenschaft oder Technik. Funk und Fernsehen, Medienanstalten, Schriftsteller, Filmproduzenten, Kunst-akademien, Komponisten, Workshops, Klöster, die Programme und Themen der Volkshochschulen ...
Unsere Aufgabe ist es, auch heute Jesu Botschaft der Liebe im heutigen „Wandel“ der Zeit so erklingen zu lassen, dass die **Menschen** sie als **Glaub-Würdige** Antwort auf unsere bewegenden Fragen verstehen können!

Ich erfahre und erlebe es immer wieder, dass gerade kirchliche Vertreter eher negativ vom heutigen „Zeitgeist“ sprechen - auch und besonders dann, wenn es darum geht, die **Weisheit des Ostens** (dazu gehört ganz unbedingt auch die Lehre und das Leben Jesu!) mit der **Logik des Westens** zu ver-einen und eine große Skepsis haben vor diesen „modernen Erscheinungen“, die man nicht mit den neuesten Modetrends verwechseln, ihnen unbedingt folgen sollte, um „mithalten“ zu können oder „in“ zu sein...

Auch wundere ich mich immer wieder: wenn ich einen sogenannten „Esoterik“-Laden betrete, finde ich ein Unmenge von Büchern über Engel, Meditation, spiritueller Lebenshilfe und Glaubensfragen, die bei den suchenden Gläubigen sehr gut ankommt. Es gibt dort viele Bücher, die ich aber in kirchlichen Bücherläden sehr vermisse. Und auch nicht wenige kirchliche Mitarbeiter - auch Pfarrer-, die sich aber gerade dort **„ihre“** Literatur besorgen, aber niemandem davon erzählen....!
Es gibt „Engel-Kongresse“ und Esoterik-Messen die „boomen“, -
und mit einem Zulauf, von dem die christlichen Kirchen nur **träumen** können!
Aber warum geht dieser „Boom“ an den großen Kirchen vorbei?
Oder tun sie so, als ob sie das nichts anginge?
Was haben die anderen, was in den Kirchen „fehlt“? Was stimmt hier nicht?
Ich persönlich habe keine „Berührungsängste“ mit esoterischen Sichtweisen,
wenn sich auch über so mancher ihrer modernen „Auswüchse“ streiten ließe...
Nur so viel: **„Eso“ heißt „Innen“**:
die Sichtweise der Dinge **„von <u>innen</u> her“** zu sehen, das war aber auch das, was Jesus getan hatte! Er hatte sich nie nur mit „Vordergründigem“ zufrieden gegeben, sondern wollte es stets genauer wissen, „hinter“ die Dinge schauen.
Von so gesehen, ist die „Innen“-sicht – also „Eso-terik“ sicher kein „schlechter“ Blickwinkel! Alle diese Schätze eines ganzheitlichen Lebens, der Liebe und des Vertrauens, des Glaubens und der Hoffnung sind aber in der **christlichen Botschaft** zugrunde gelegt. Sie sind alle da!

zeugung tätig sind. Aber besonders kirchliche Mitarbeiter, auch Pfarrer und Priester , befinden sich in einem inneren „Schwelbrand“ und kommen in ein „Feuer der Bedrängnis“, - nicht zuletzt auch, weil sie die **„verlorene“ Dimension** in der Kirche vermissen, aber sich nicht „outen“ können, um ihre Anstellung nicht zu riskieren. Für viele von ihnen wird sehr viel Energie „verbrannt“ allein mit dem Bemühen, in ihrer Gratwanderung, die Worte einer Predigt oder einer Aussage so zu wählen, dass sie ihrer Einstellung entsprechen, aber der kirchlichen Lehre nicht wider-sprechen.

Als ich mit diesem Buch begann, hatte ich **keineswegs** vor, so viele kirchliche Lehrmeinungen mit einfließen zu lassen. Es ging und geht mir vorrangig darum, den Menschen, die mit dem Tod und Sterben konfrontiert werden, die mit ihrem Schmerz und ihrer Trauer ihrer Liebsten fertig werden müssen, zu zeigen, dass der Tod nicht das Ende, sondern eine ganz natürliche Wende bedeutet, mit dem Ziel und der Chance, uns weiter zu entwickeln, uns zu er-neuern. Und dass es uns möglich ist, mit unseren Liebsten über den Tod hinaus in einer wunderbaren Freundschaft zu leben, ja, dass sie sogar zu einem Begleiter von Gott her in unserem Leben werden können.

Je mehr ich mich aber mit den kirchlichen Lehrmeinungen beschäftigte, um so mehr wurde mir klar, dass hier ein **„erneuertes“ Glaubens-Bild und vor allem auch: Gottes-bild** wichtig ist, eines, das aufgeschlossenen Suchern aller Couleur aus ihrer Seele sprechen kann und sie nicht nur im Kopf erreicht, sondern eines, in dem Platz genug ist für den **„ganzen“ Menschen** und ihn in seiner Seele berühren kann, und zwar deshalb, weil es zutiefst der Lehre Jesu entspricht und auch dem Gottesbild, das er zeitlebens so gelehrt und auch verkündet hatte.

Es ist wichtig, Abschied zu nehmen von vielen Glaubensbildern, die uns doch mehr belasten, als sie uns wirklich befreien können. In den kirchlichen Lehrbüchern werden Glaubenssätze formuliert, die absolut nicht im Einklang stehen mit einer „biblisch-kritischen“ Auslegung des historischen Jesus und in seiner Wortwahl offene, suchende Christen nicht unbedingt aufbauen, sondern eher abschrecken.
Auch deshalb, weil sie in zentralen theologischen Aussagen noch
vor die Zeit des II.Vatikanums zurück reichen!

Seine Botschaft will auch heute ankommen durch uns, indem wir mit einem offenen Herzen unsere Erfahrungen im Glauben mit-teilen, lebendig werden lassen und so die Gegenwart gestalten...!

Das, was Menschen heute brauchen, die unterwegs sind mit ihren Fragen nach dem Sinn des Lebens und des Sterbens, sind Menschen mit einem liebenden und offenen Herzen, die bereit sind, ihre **„Erfahrungen“** des Glaubens mit der Weisheit des Herzens zu verbinden und diese einander mitzu-**teilen.** Offene Menschen mit einem **wachsamen** Herzen, die ihre Impulse nicht nur aus den ge-**lehrten** Inhalten beziehen, sondern aus einer **erlebten** lebendigen Gottes-Beziehung, die alle Lebens-Geschichten zu füllen vermögen. (Das ist ein wahres „Vermögen“, das auch die Seele zu nähren vermag!)

Mir gefällt in diesem Sinne der „Freimut" eines Paulus und ich darf ein paar kleine Stellen aus den Vielen des NT´s zitieren...

* „Weil wir eine solche Hoffnung haben, treten wir mit großem „**Freimut**" auf" (2 Kor 3,12)
* „Er verkündete das Reich Gottes und trug ungehindert und mit allem **Freimut** die Lehre über Jesus Christus, den Herrn vor." (Apg 28,31).....oder
* „Betet auch für mich: dass Gott mir das rechte Wort schenkt, wenn es darauf ankommt, mit **Freimut** das Geheimnis des Evangeliums zu verkünden".(Eph6,19)

Ich möchte gerade uns Christen ermutigen, in den Fußstapfen Jesu offen zu sein für dieses Wehen des Geistes, für einen neuen Aufbruch auch in unseren Kirchen! Bei einem Ausflug in die Münchner Innenstadt fiel mir in einer katholischen Kirche ein Flyer in meine Hände. In einem Aufruf an die „jungen Christen" im Erzbistum lud Kardinal Reinhard Marx unter dem Motto **„UPDATE Kirche"** gerade die jungen Menschen ein, in einem „Jugend-Forum" die Zukunft des Glaubens mitzugestalten.

Er setzt auf die Phantasie, die Erfahrungen und Hoffnungen der Jugendlichen und ermutigt sie, einen „wachen" Blick auf unsere heutige Zeit zu werfen und vom Evangelium her Kirche und Gesellschaft „**heilsam zu be-unruhigen**".

Meiner Meinung nach kann aber dieser Weg in die Zukunft nur dann glaub-würdig gestaltet werden, wenn die Kirchenlehren unter dem Motto **„zurück zu den Wurzeln"** in einem erneuerten Bewusstsein neu überdacht und auch in einem erneuerten Gottes-bild neu formuliert werden.
„Vom Evangelium her heilsam be**un**ruhigen", - nichts anderes möchte ich mit meinem Buch bewirken! Auch wenn viele Christen heute ihren Kirchen den Rücken kehren und damit auch ein Signal zur Notwendigkeit einer „inneren Umkehr" ausdrücken: viel wichtiger finde ich es, **„in"** der Kirche seinen Mut und seine Offenheit, Zivil-courage zu beweisen, in Liebe seine Wahrheit zu sagen, damit der Geist Gottes sich auch in dieser Weise zeigen kann.
Das ist es, was ich vom Leben meines Lieblingsheiligen Franziskus verstanden und in Assisi so sehr ver-innerlicht habe. **„Baue meine Kirche auf",** dies ist eine Aufgabe, die immer von „Innen" her geschehen muss, um nach „Außen" wirken zu können. Das Wirken des Hl. Geistes zeigt sich in diesem „Wandel", - der damals wie heute zu immer neuen „Zeichen" drängt!
- Eine Aufgabe, die **allen** uns Christen zusteht!

Ich hoffe, Vertreter der katholischen Kirche sehen mein Buch und meine Absicht nicht als „Angriff", sondern als ein liebevolles Geschenk, das Anlass geben kann, um über Glaubensbilder und Lehrsätze, die nicht mehr in unsere Zeit passen, **neu** nach zu denken. Heute bedarf es **neuer Worte** und auch **neuer Taten**, **neuer Zeichen**, um Jesu Botschaft auch heute als eine Botschaft der Befreiung, in seinem Sinne leben zu können!

Nicht nur der Umgang mit dem **„Leben im Dies-seits"**,
auch die Art und Weise, wie wir mit unseren **„Lieben im Jenseits"** leben,
wird sich wandeln, wenn wir nur offen und bereit dafür sind.

Auch heute gilt es, Jesu Botschaft von der **bedinguns-losen** Liebe Gottes zu leben
als Menschen, die sich stets neu in-spirieren lassen,
mit einem **Kopf**, der Gottes wunderbare Gedanken weiterdenkt,
mit einem **Herzen**, das offen genug ist, seine große Liebe zu empfangen,
mit bereiten **Händen**, die ihre Finger stets auf den Puls unserer Zeit legen
und mit **Füßen,** die ihre Schritte dahin bewegen,
was der Geist in Kopf, Herz und Hände zu empfangen vermag.

In meinem Buch habe ich einfach die Geschichten erzählt, die ich selbst mit meinen Nächsten, Angehörigen und Freunden, auch von meinem Bekanntenkreis erlebt habe. Das Leben selbst ist und bleibt das spannendste Buch und es erzählt davon, wie sehr sich oft Himmel und Erde nahe sind, Oben und Unten zusammen gehören, und sich manchmal treffen...Wo ? ...

Mitten in deinem Herzen!

Ich wünsche dir von Herzen und uns allen eine gesunde Portion dieses „Frei-Mutes", Phantasie und Humor, um über unsere eigenen Erfahrungen, die wir mit unseren Lieben aus der „jenseitigen" Welt auch heute tagtäglich erleben können, anderen **Mut** zu machen. Über die Hoffnung und der Liebe, mit der immer neu diese Brücke entstehen kann, zu erzählen! Denn sie sind und bleiben: ein wichtiger Teil unseres Lebens! **Machen wir uns Mut!**
Es gibt viele „Geschichten", die es **immer** in unseren Familien, unserem Stamm-baum, in den Dörfern und Städten gegeben hat und heute überall gibt. Dieses Buch habe ich von Herzen und **„mitten"** aus dem Leben geschrieben und mein Wunsch ist es, dass es auch seinen Weg wieder dorthin – bei Dir – finden kann. Meine Hoffnung, dass ich vielen Menschen mit meinen Zeilen aus der Seele sprechen konnte, weil ich vielleicht mit meinen Worten ausgedrückt habe, was sie schon längst in ihrem Innern so ähnlich gefühlt haben. Ich habe hier meine e-mail Adresse angegeben.
Falls du mir schreiben willst und mir deine Gedanken, Erfahrungen oder auch deine Meinung mit-teilen willst, freue ich mich sehr!

Eine kleine Bitte noch: schenke oder reiche dieses Buch weiter an jene Menschen, an die Du beim Lesen gedacht hast, die Dir in deinem Herzen wichtig sind und die sich freuen über den Trost, die Hoffnung und die Liebe, die ich auch dir schenken konnte ! Und wenn Du der Meinung bist, dieses Buch sollte es auch in **anderen Sprachen** (der Situation dort entsprechend) geben und Du mich dabei unterstützen willst, dann melde Dich bei mir!

Liebe Grüße und Gottes reichen Segen allen meinen lieben Lesern...!

Elisabeth Howards - mail adresse: **Post.Lisa@web.de**

Nachwort: Wie dieses Buch entstand....

Es ist sicher schon einige Zeit - vielleicht etwa 3 Jahre her, dass „etwas in mir “- (war es meine „eigene“ Stimme??) bei mir „anklopfte“...,
so als wollte sie mal „so ganz unverbindlich“ meine Reaktion darauf „testen“....
-„Du, wie wäre es, könntest du dir eigentlich vorstellen, mal selber ein „Buch“ zu schreiben....?“ Meine spontane Reaktion war: „Nein, das ist völlig absurd!“, und ich schob diesen Gedanken ganz abrupt wieder beiseite. Dieses „Anklopfen“ hörte ich aber dann immer öfter. Irgendwann begann ich zurück zu fragen: „Worüber denn eigentlich..?“,bekam aber keine Antwort darauf. Es war mir, als hätte ich von irgend woher ein heimliches, aber schelmisches Grinsen vernommen, das mir sagen wollte: „Abwarten...!“
Da ich wirklich keine Ahnung hatte, worüber es denn wert wäre zu schreiben, um gelesen zu werden, nahm ich diese Idee auch nicht ernst. „Nein“, dachte ich mir, „das kann ganz sicher nicht sein, denn zum einen halte ich das überhaupt nicht für notwendig. Bücher gibt es eh schon viel zu viele, der Büchermarkt wird von so vielen Lektüren überschwemmt, da müssen meine Zeilen wirklich nicht auch noch mit-schwimmen...und da fehlt „mein“ Beitrag sicher nicht...!“
Lebens-Memoiren, die bloße Erinnerungen beinhalten,- gibt es viele interessante, aber meine Lebensgeschichte ist dafür sicher zu wenig spektakulär.

Für die „Aufzeichnungen“ des Lebens, dafür ist das lebendige Buch Gottes, auch genannt das „Buch des Lebens“ oder auch: die „Akasha-Chronik“, zuständig: das war und ist meine feste Überzeugung. Ich halte nicht viel davon, die eigenen Lebenskapiteln zu „verewigen,“ im eigenen Tagebuch für mich persönlich ja, da sind die vielen kleinen Dinge, die ich für mich klären und vor das „Herz Gottes“ hintragen, - dort vertrauens-voll „ablegen“ kann, von unschätzbarem Wert, aber in einem öffentlichen Buch, das ist mir einfach zu banal, zu un-wesentlich und zu irdisch“. –
„Windhauch“, wie der alte Prophet Hiob zu sagen pflegte...(Buch Kohelet)

Die Einstellung darüber, dennoch für die „Öffentlichkeit“ zu schreiben , änderte sich ganz auf einmal, nach einem ganz besonderen Erlebnis, während einer ganz banalen Tätigkeit. Und das kam so: ...im Herbst, noch bevor der Winter einbricht, erledige ich noch einmal ganz bestimmte Tätigkeiten. Dazu gehört es unter anderem auch, meinen Ziegenställen nochmals eine „pico bello-Grundreinigung“ zu verleihen.
Diesmal schob ich aber diese körperlich anstrengende Arbeit sehr lange hinaus.
Immer gab es noch wichtigere Dinge zu tun.
Als Manuel, mein großer Sohn an einem Morgen über Unwohlsein klagte, blieb mir nichts anderes übrig, als ihn zu Hause zu lassen. Ich wollte nicht unbedingt, dass er den Schulbus um sein spärliches Frühstück bereichern sollte. Da kam mir eine andere Idee. Und diese gab mir den richtigen Schub. Heute war „Mist-Tag“.

Dass er mir mit dem Radlader behilflich sein konnte, war für mich eine große Erleichterung. Ich stellte mein Radio in den Stall und fing meine Arbeit mit schöner beschwingter Musik an, sehr zur Freude meiner Tiere. Und dann begann etwas ganz leise, stetig unaufhörlich in mir zu arbeiten. Anfangs wollte ich gar nicht richtig hinhören.. Aber dann ließ ich es doch zu; die Gedanken, die sich zu einem „Muster" ausbreiteten, nahmen ihren eigenen Lauf...

Ich will hier nicht von der Idylle des Landlebens berichten, sondern zum Ausdruck bringen, dass die oft unschein-baren und **„wunder**-baren" Dinge unseres Lebens **mitten in unserem ALL-tag** und vor allem dann geschehen, wenn man überhaupt nicht mit ihnen rechnet...!
Eine „Stern-stunde" war mir mitten in einer ganz banalen Tätigkeit geschenkt, als zwar mein körperlicher Einsatz gefragt, aber der Kopf und mein Geist völlig frei und offen, -empfänglich - waren...
Etwas geschah in mir, - es war, als ob es leise von „oben" in mich hineinrieselte.
Es waren wichtige Gedanken, zumindest der Anfang von etwas, dessen Idee mich innerlich anrührte und auch sogleich faszinierte.
Ich konnte mich nicht verwehren, zu interessant war dieser „Gedanken-Teppich."
Man kann es „Inspiration", vielleicht auch ein „Berufungs-Erlebnis" nennen – oder wie Clemens Kuby es ausdrückt: „Empfängnis" .
Ich glaube, der Hl. Paulus nannte es sogar „Verzückung"...(Apg 22,17).

Schon einmal hatte ich ein solches „verzückendes" Erlebnis.
Damals saß ich - 15 Jahre zuvor an einem Muttertags-Sonntag - nachmittags zu einer Tasse Kaffee an meinem Esstisch, ganz alleine für mich, etwa eine Stunde lang.
Ich saß nur da, und schaute, ...auch damals „rieselte" eine neue Idee in mich hinein...Nach dieser Stunde war mir „sonnenklar", wo und wie mein weiterer Lebensweg verlaufen würde. Die Würfel waren gefallen, eine - meine - Entscheidung stand fest. Sie gehörte nun zu mir und nichts konnte mich jetzt noch davon abbringen, diese auch umzusetzen...!
In dieser Stunde war mir klar geworden, dass ich nach Hause gehen, auf den Hof meiner Eltern ziehen würde und dort „loslegen" wollte. Schon als Kind hatte ich mich in dieser reizvollen Umgebung und dem schönen Land sehr wohl gefühlt. Aber keine Sekunde darüber nachgedacht, dass das Leben auf diesem Hof jemals **„meines"** werden könnte. Dafür waren meine Brüder, nicht aber ich zuständig.
Plötzlich empfand ich diesen Hof so wie eine „Mutter" - meine „Erden-Mutter"? , die mich bereits als Kind „geborgen" hatte und nun zu mir sagte: „Komm, mein Kind, nun ist es an der Zeit, dass Du wieder nach Hause kommst. Ich habe auf Dich gewartet. Die Zeit ist nun reif, um dir zu sagen, dass dieses Leben hier bei mir und mit mir für **Dich** bestimmt war, dort wo die Wurzeln deiner Kindheit und auch deiner Ahnen sind!

Hier ist dein Platz, um den Traum vom erfüllten Leben, den du immer schon als Sehnsucht in dir wahrgenommen hast, in die Wirklichkeit umzusetzen.
Hier kannst du deine „Lebens-Rolle" leben!

Eine eigene Familie mit vielen Kindern sollte es sein....Jetzt konnte ich anfangen, zumindest den „Grundstein“ dafür legen...Der passende Mann würde sich schon noch finden! Dieser Tag - war auch der Tag meiner „Empfängnis“!
Ich rief sofort meine Eltern an, wünschte meiner Mutter alles Liebe und Gute zu ihrem Muttertag, und berichtete ihr von meiner Neuigkeit: meine Eltern waren fassungslos. Am liebsten hätte ich sofort meine Sachen gepackt und den Umzugswagen bestellt...
Nie wieder hatte ich es auch nur eine Sekunde bereut, diesen Schritt gewagt zu haben! Hätte mich jedoch auch nur einen Tag zuvor jemand danach gefragt, was ich für meine Zukunft plane: ich hätte ihm nichts Genaues darüber sagen können, außer, dass ich mir einen netten Mann und gemeinsame Kinder wünsche.
Oder hätte mir jemand gesagt, du wirst in kurzer Zeit den Hof Deines Vaters übernehmen und dort Tiere halten, deinen Beruf ausüben und viele kleine Kinder aufziehen: ich hätte ihn lauthals ausgelacht und gesagt: „Kinder und Familie ja, aber auf dem Hof meines Vaters...kann ich mir nicht wirklich vorstellen..!“

Solche „Berufungs“- Erlebnisse haben ihre ganz **„eigene“** Zeit.
Wenn diese Zeit kommt, dann wird es einem „gegeben“,
was wichtig ist und worauf es ankommt!
Es ist wie ein **„Tor“**, das sich plötzlich öffnet und nun neue Möglichkeiten und Chancen aufzeigt, an deren Verwirklichung zuvor noch niemand denken konnte.... Egal, ob es sich um eine Beziehungs-Geschichte oder um eine Lebens-Entscheidung handelt, **- alles im Leben hat „seine Stunde“**
und da gehört auch das Leben und das Sterben dazu....!

Auch diesmal – nach meiner getanen Stallarbeit war ich nicht nur zufrieden mit mir selbst, sondern etwas Wichtiges war geschehen. Es war ein Erlebnis, das ein klares „Ja“ zu einer Entscheidung in mir reifen ließ und ich genau wusste, was ab jetzt zu tun war...! Ich hatte einen „neuen Auftrag“ - und zwar nicht aus mir selbst, sondern von „oben“.... „Also gut“, sagte ich mir: „wenn es dein Ernst ist, an mir soll es nicht liegen! Du weißt, du kannst immer mit mir rechnen. Ich werde einfach mal beginnen, aber was daraus wird, wird sich wohl zeigen. Einfach anfangen, weil es mir Spaß macht zu schreiben. Wenn nichts daraus wird, dann habe ich wenigsten meinen Spaß gehabt...!“

Es gibt „Impulse“ im Leben, denen sollte man nicht aus dem Weg gehen, auch dann, wenn sie den eigenen Weg ganz **unvermittelt** kreuzen und einem dieser Zeit-punkt nicht so ganz in die eigene Lebensplanung hineinpasst. Natürlich, es gibt Ideen und Visionen, die entlarven sich später als „Luftschloss“, auch als „Hirngespinst“ , vielleicht sogar als „Versuchung“, von der man glauben könnte, dass sie einen in die „Irre“ führen möchte. Hoffentlich gelingt es in einem solchen Fall,- sollte sich eine tolle Idee als nicht realisierbar herausstellen -, dass es einem wieder gelingen möge, mit Humor diese „Luft abzulassen“..., frei nach dem Motto - :

„ Arm ist nur der, der nie geträumt hat...“

Ich kann dich, meinen lieben Leser nur ermutigen, immer wieder offen zu sein für die Impulse und Ideen, die wir in unserem Geist und unserem Herzen empfangen.
Es ist der Geist Gottes, der in uns wirkt und uns fortlaufend in-spirieren, -beschenken möchte. Nur wer sein Herz öffnet und es zulässt, dass Gottes „leises Wehen" in uns ankommen, vernommen und vielleicht sogar verstanden werden kann, der kann immer wieder Erstaunliches erleben...Dieser Geist ist es, der uns in „e-motion", sprich (innere) Bewegung versetzt, neue Horizonte eröffnet und Unmögliches möglich macht.
Der Heilige Paulus nennt den „richtigen" Zeitpunkt, eine gute Idee, oder eine Inspiration umzusetzen, den **„Chairos"**.
Es gibt diesen Zeitpunkt immer wieder, - für jeden, der einen „offenen Kanal" für die geistige Welt hat. Wer diese Chance aber verschläft oder ungenutzt verstreichen lässt, der hat zwar noch die „Grund-Idee", die sicher nicht mehr verloren geht und auch als Gedanke noch erhalten bleibt, vielleicht wieder verblasst, aber der „Impuls" und das „Feuer" verlischt langsam wieder...Die nötige Energie für einen so schwungvollen Anfang fehlt und geht auch schließlich wieder verloren. Aber es bleibt wohl das Gefühl, - vielleicht auch etwas Wehmut - über eine verpasste Chance, die es vielleicht nur **ein**-mal gibt im Leben!

In meinem Fall war die Idee, ein eigenes Buch zu schreiben, beim Stallmisten „geboren". Der „Stall" als solcher, schien ja bereits zu biblischen Zeiten ein sehr geeigneter zu sein für eine „Frucht", die zum einen nicht nur völlig ungeplant – aber vermutlich längst von anderer –„höherer" Stelle aus vorgesehen war und die auch nicht nur aus „menschlichem" Zutun heraus entstehen sollte.
Die Zeit meiner „Empfängnis bis zur Geburt" jener Frucht aber, die da in mir heranreifte, dauerte nicht nur 9 Monate, sondern über zwei Jahre ..
Die Idee zu diesem Buch aber kam zu einem Zeitpunkt, in der ich mich eigentlich ausschließlich meinem Kleinsten und den Kindern, einfach meiner Familie widmen wollte; mich freute auf diese Rolle, einfach „nur" Mama zu sein, - darauf, jede Minute mit meinen Sprösslingen zu genießen. Ich hatte also für dieses Jahr ganz andere Pläne und ehrlich gesagt, mir passte diese „neue Idee" überhaupt nicht in den „Kram"!
Doch wie sagt Werner Tiki Küstenmacher?

„Nichts ist so stark wie eine Idee,
deren Zeit gekommen ist...!", und er hat Recht!

Ob es der so jungen Maria mit ihren etwa 14 Jahren gepasst hat, dass sie der liebe Gott für eine so wichtige Aufgabe „gewinnen" wollte? Vielleicht hatte auch sie sich so manches Mal insgeheim gedacht...„Du hättest dir –und mir– mit dieser wichtigen Aufgabe doch noch ein bisschen Zeit schenken können!" Aber es gibt „Dinge", sie drängen und wenn die Zeit **„da"** ist, dann dulden sie keinen Aufschub!
- Wobei ich meine „kleine" Aufgabe wirklich nicht messen möchte an dem schönsten Auftrag, nach dem sich heute noch im 21. Jahrhundert jede gläubige jüdische Frau sehnt: die Mutter des erwarteten Messias zu werden...!

Nur wer sich verschließt, den „neuen“ Gedanken keine neue Nahrung mehr gibt, kann sie langsam auch wieder „aus-hungern“, - wird diese Idee auch wieder los.
In meinem Fall wollte und konnte ich mich aber nicht verwehren. Es gibt Überraschungen im Leben, die alles andere als geplant sind; sie stellen sich urplötzlich in den eigenen Lebensweg und sie sind nicht dazu da, dass man sie einfach beiseite schiebt, sondern deren wunderbare Chance man erkennt.
Ereignisse, denen man sich stellen, mit ihnen umgehen sollte, um an ihnen zu reifen und um letztendlich zu begreifen, dass sie uns zu einem großen Geschenk im Leben werden wollen.

Nachdem ich mein „JA“-Wort, meine volle Zustimmung zu dieser neuen Idee gegeben hatte, fing es sofort in meiner „Quelle“ zu sprudeln an.
Ich habe Herz und Geist mit meinem PC vernetzt und wusste, jetzt darf alles fließen, was sich in den letzten Jahren darin angesammelt hatte: im 4-Fingersystem tippte ich die ersten Zeilen in „meine“ Seiten und spürte: es floss aus meinen Händen, nein aus meiner Seele und von meinem Herzen durch meine Hände. Jedes Mal, wenn ich den PC wieder herunterfuhr, freute ich mich schon auf meine Fortsetzung. Das ist etwa so, als wenn ich meinen Kindern zurufe, dass das Mittagessen auf dem Tisch steht und sicher eines von ihnen rummosert, weil die Stelle in seinem Buch gerade so interessant war, und jetzt „wegen mir“ wieder weggelegt werden muss. Und dieses Kind nur darauf wartet, endlich dieses Buch weiter ungestört lesen zu können. In dieser Zeit verstand ich das Psalmwort besonders gut:

„Denn der Herr gibt es den Seinen im Schlaf...“ (Ps 127,2).

Immer wieder, wenn ich am frühen Morgen erwacht bin, war bereits der nächste „Puzzlestein“ in meinem Herzen und ich musste mich beeilen, diesem Impuls zu folgen oder ihn zumindest auf einem Zettel festzuhalten, denn sonst war er wieder verblasst oder gar verschwunden. In dem Vertrauen, dass die geistige Welt nichts verloren gehen lässt, hatte ich volles Vertrauen, dass das „Verlorene“ zur richtigen Zeit wieder kehrte, oder es nicht so wichtig war.

**„Der Mensch lebt nicht nur vom Brot allein,
sondern von jedem Wort, das aus Gottes Mund kommt“(Mt 4,4).**

Wer mit Gott und „seinem Reich“ lebt, wird wirklich auf Schritt und Tritt mit guten Ideen, in-„spiriert“, - erlebt so viele kleine, aber wahre Wunder und kann nicht sicher sein vor so vielen netten kleinen Überraschungen.
Wurde ich bereits früh am Morgen – meist von den Vögel - geweckt, und hatte einen neuen Gedanken und Worte bereits im Kopf, war es auch nicht mehr möglich, in den Schlaf zurück zu finden. Konnte ich dann an meinem PC alles „ablassen“, war ich so erfrischt und gut gelaunt, als meine Kinder erwachten, als hätte ich einen herrlichen Waldspaziergang gemacht und so zufrieden, als hätte ich bereits die wichtigste Arbeit des Tages erledigt. Welche Schriftsteller und geistigen Arbeiter stimmen mir da zu?

Bis zu einer bestimmten physischen Grenze lässt sich so manche Stunde Schlaf wunderbar mit geistiger Arbeit ersetzen! – Allerdings aber nur im Sommer! –
Im Winter lässt sich der Schlaf wirklich nur mit - noch mehr - Schlaf ersetzen.
Da holt sich der Körper das zurück, was er so dringend braucht:
Ruhe und viel Schlaf, um sich zu regenerieren!

Das Witzigste an diesem „meinem Unternehmen" so finde ich - ist die Tatsache, dass ich in meiner Gymnasiumszeit um ein Haar am Ende eines Schuljahres durchgefallen wäre, weil ich ausgerechnet im Fach Deutsch fast „im Bereich un-genügend" gelandet war.
Diese Zeugnisnote setzte sich fast ausschließlich von unseren Aufsatz-Noten zusammen. Und der Aufsatz war mein allergrößtes Problem. Ich bekam einfach nichts Vernünftiges auf mein Papier. Wir durften damals unsere Entwürfe vorschreiben, um sie danach in schöner „Rein"-Form auf dem weißen Papier präsentieren zu können. Nur, meine Entwürfe waren schrecklich. Mir fiel einfach nichts ein. In mir war nur „Leere"; die wenigen Sätze, die ich auf meinen Zettel brachte, strich ich immer wieder durch. Egal, ob es sich um eine Phantasie-Erzählung oder um einen Abenteuer-Aufsatz handeln sollte. Etwas blockierte in mir. Vor jeder Deutsch-Schulaufgabe wurde mir fast übel...Da wollte und konnte nichts „fließen".

Ganz anders war es dann, als ich anfing, mit 12 Jahren mein Tagebuch zu schreiben. Das war immer die schönste Zeit am Tag, all das, was in meiner „Seele" war, „fließen" zu lassen, Ordnung in meine Gefühle zu bringen, denn im Schreiben floss all das, was in meiner Seele war, durch meine Finger auf das weiße Papier. Hier konnte ich frei, so wie ich wollte, meine ganz eigenen Gedanken fassen und sie auch ordnen. Hier konnte ich meiner Sehnsucht und der Liebe, die ich in mir verspürte, ihren freien Ausdruck geben, sie in Worte fassen, einfach: mein Herz ausschütten.

Und ich: **„ICH SELBST"** sein. Es ist vielleicht das, was eigentlich „beten" meint...
Denn es war für mich auch so etwas wie ein Bedürfnis, mein Leben vor „ihm" zur Sprache zu bringen, die Freude, auf diese Art mit „Gott" zu kommunizieren.
Aber all das war ja in einem Aufsatz nicht gefragt...
Es blieb einfach : „mein Geheimnis".
Die Bilder in meinem Buch stammen von mir selbst. Ich habe selbst fotografiert und sogar alle „Himmelsbilder" von meinem Dachfenster aus geknipst, und das innerhalb weniger Wochen! Man sieht, wie abwechslungs,- facettenreich unser „Himmel" ist, einfach fantastisch, ja - sogar gigantisch ist!

Ich denke, unser sichtbarer Himmel ist wirklich ein Ab-Bild,
ein Symbol für die wunderbare Welt **„in heaven..."!**
Auch meine Bilder habe ich - bis auf wenige Ausnahmen - selber gemalt. Ich habe noch nie zuvor „so einfach" für mich gemalt, aber da ich die Bilder in meinem Herzen so „sah", wagte ich mich an die bunten Malstifte und die Wasserfarben heran.

Auch wenn mein Name nicht „Picasso“ heißt, so habe ich mich dennoch getraut, diese auf ein weißes Papier zu bringen. Ich möchte dich ermutigen, auch deine eigenen Ideen und Inspirationen **ernst zu nehmen** ,- Dinge auszuprobieren, Spaß und Freude zu finden an den Möglichkeiten, an die du vielleicht immer schon gedacht hast, aber nie dich wirklich „herangewagt“ hast. Jeder Mensch hat sein ganz eigenes Potential, das nur darauf wartet, entdeckt zu werden. Man muss dafür kein Profi sein...
Wichtig ist nur die Freude, die man dabei empfindet, und die hatte ich !

Allerdings, meine größte Herausforderung an diesem Buch, ist und war es nicht, meine Gedanken und Inspirationen in Worte zu fassen, sondern das, was zu meiner Lieblingsbeschäftigung geworden war, mit meiner „Familien-Firma“ in Einklang zu bringen. Meine Familie, - unsere Kinder, sie sind unser „Ein und Alles“,- wenn sie mich brauchen, dann gilt es einfach „DA“ zu sein! – Dann kommen die Hausarbeiten, denn meine „Putzfrau“, das bin ich selbst! Ein Fulltime-Job also !
Mein „himmlischer Chef“ kennt mich aber gut genug und weiß, dass er mich nicht damit überfordert, dass ich viele dieser Zeilen zwischen Kehrbesen, Windelwechseln, Stallarbeit und Kochtopf eingetippt habe! Ganz im Gegenteil - auch das Kartoffelschälen und bügeln, staubsaugen kann zu einer sehr inspirierenden Arbeit werden...!

Aber es erforderte in dieser Zeit der „Schwanger-Schaft“, die eine Zeit der Reifung, des Wachsens und der vollen Entwicklung ist, alle Geduld und Disziplin an mich selbst, denn manchmal dauerte es Tage, in den Schulferien auch Wochen, bis ich die Gedanken, die ich längst in mir getragen und auf Zetteln vermerkt habe, dann endlich „loswerden“ konnte. Jede Schwangerschaft erfordert das Aushalten, die „Frucht“ voll ausreifen zu lassen, so viel Zeit zu geben, wie nötig ist. Auch das braucht Disziplin! Schließlich gilt es, die ersten „Wehen“ abzuwehren, um eine „Frühgeburt“ zu verhindern. Jeder Schriftsteller wird mir das hier bestätigen können!

Man kann es kaum erwarten, endlich die fertige „Frucht“ in Händen halten zu können, doch die letzten Wochen einer Schwangerschaft, sie sind jene, die dieser Frucht noch wirklich gut tun, um einem super Start ins wirkliche Leben hinein nichts mehr im Wege zu stehen! Ich freue mich nun über alles, diese „meine“ Frucht in sein eigenes Leben schicken, entlassen zu dürfen und hoffe, dass sie vielen Menschen Freude im Leben bereitet und In-spiration geben kann , wenn es darum geht:

„Bewusst leben, erfüllt glauben, getröstet sterben....!“

Dass ich dafür – ausgerechnet heute an dem Tag, an dem die katholische Kirche die Empfängnis Mariens im Schoße ihrer Mutter Anna feiert – am 8.12.2010 – einen wunderbaren strahlenden Regenbogen am Nordhimmel bestaunen durfte, bei aufgehender Wintersonne, ohne eine Regenwolke am Himmel, werte ich hier einfach als ein kleines nettes „Geschenk des Himmels“, sehe es als gutes Zeichen und Omen! Möge es so sein!

Literatur-Verzeichnis:

* die Bibel (Einheitsübersetzung) – ISBN 3-451-19997-1
* Katholischer Erwachsenen-Katechismus (KEK)
(das Glaubensbekenntnis der Kirche) ISBN-3-7666-9388-3
* Katechismus der Kath.Kirche (KKK)- ISBN 3-486-55999-0
* Weltkatechismus (KKK) M. Buschkühl ISBN 3924109214
* Kleiner Katechismus des katholischen Glaubens
* Wolfgang Huber – „der christliche Glaube“
- eine evangelische Orientierung ISBN-978-3-579-06449-9
* „Kehret zurück, ihr Menschenkinder“
(Die Grundlegung der christlichen Reinkarnationlehre) Till. A. Mohr
Aquamarin-Verlag ISBN 3-89427-275-9
* P. Anselm Grün „Was kommt nach dem Tod“
* Waris Dirie „Wüstenblume“ - ISBN 3 548 35912 4
* Sabine Kraemer „Dschungelkind“- droemer-Verlag; ISBN:-10:3-426-27361-6
* Sylyia Barbanell: „Ich lebe im jenseitigen Reich“
– Verlag Silberschnur (ISBN 3-89845-099-6)

Bücher, die ich gerne zum Weiterlesen empfehlen möchte:

* Paul Meek: - „Der Himmel ist nur einen Schritt entfernt“
- „Mein Weg zum Medium ISBN 978-3-426-87354-0
- „Das Tor zum Himmel ist immer offen“ (ISBN 3-980-7865-1-X)
- „Das Leben ohne Ende“
* Sylvia Wallimann : „Brücke ins Licht“ –
Tamaron Verlag (ISBN 3-908530-02-4)
* Martina Krämer „Ich spreche mit Toten“ –
amadeus.verlag- ISBN 3-938656-07-7

**Ich möchte mich hier nochmals
ausdrücklich und herzlich bedanken
für die unkomplizierte und wunderbare Zusammenarbeit
mit dem Verlag MXM, München und dem Team
um Marion und Rita Möller,
für die herzliche und kompetente Beratung,
die schnelle Abwicklung
und hervorragende Zusammenarbeit!
Danke dafür, dass auf beiden Seiten
der „Funke“ sofort übergesprungen ist!**